21 世纪高等教育工程管理系列规划教材

工程项目管理

第 2 版

主　编　蔺石柱　闫文周

副主编　桑培东

参　编　宋德耀　惠彦涛　崔宝霞

姜芳禄　骆正山　赵　娜

袁永福

主　审　侯渡舟

机 械 工 业 出 版 社

本书第2版是在上一版的基础上，依托最新颁布的建设行业相关法律法规以及目前高等院校培养目标修订了相关内容，充分体现了教材的先进性和前瞻性，更加适应当前教学需求。

本书以工程项目整个实施过程为主线，全面系统地讲述了工程项目管理的理论、内容、方法和应用，在编写过程中，注重工程项目管理理论和工程实践相结合，突出了教材的实用性。全书共分十二章，分别讲述了工程项目管理概述、工程项目组织管理、工程项目前期策划与投资决策、工程项目招标与投标、工程项目合同管理、工程项目勘察设计管理、工程项目施工管理、工程网络计划技术与进度管理、工程项目费用管理、工程项目质量管理、工程项目风险管理与信息管理、工程项目竣工验收。

本书主要作为工程管理专业的本科教材，也可作为高等院校土建类及其他相关工程技术类专业的本科教材，还可作为从事工程项目管理实践的工程技术人员和管理人员的学习参考书。

图书在版编目（CIP）数据

工程项目管理/蔺石柱，闫文周主编．—2版．—北京：机械工业出版社，2015.6（2021.9重印）

21世纪高等教育工程管理系列规划教材

ISBN 978-7-111-50037-7

Ⅰ.①工…　Ⅱ.①蔺…②闫…　Ⅲ.①工程项目管理－高等学校－教材

Ⅳ.①F284

中国版本图书馆CIP数据核字（2015）第083421号

机械工业出版社（北京市百万庄大街22号　邮政编码100037）

策划编辑：冷　彬　　责任编辑：冷　彬　崔立秋

责任校对：刘怡丹　　封面设计：张　静

责任印制：张　博

涿州市般润文化传播有限公司印刷

2021年9月第2版第5次印刷

184mm×260mm·24.5印张·604千字

9001—10500册

标准书号：ISBN 978-7-111-50037-7

定价：65.00元

电话服务　　网络服务

客服电话：010-88361066　　机　工　官　网：www.cmpbook.com

010-88379833　　机　工　官　博：weibo.com/cmp1952

010-68326294　　金　书　网：www.golden-book.com

封底无防伪标均为盗版　　机工教育服务网：www.cmpedu.com

序

随着21世纪我国工程建设进程的加快，特别是经济的全球化大发展和我国加入WTO以来，国家工程建设领域对从事项目决策和全过程管理的复合型高级管理人才的需求逐渐扩大，而这种扩大又主要体现在对应用型人才的需求上，这使得高等学校工程管理专业人才的教育培养面临新的挑战与机遇。

工程管理专业是教育部将原有本科专业目录中的建筑管理工程、国际工程管理、投资与工程造价管理、房地产经营管理（部分）等专业进行整合后，设置的一个具有较强的综合性和较大的专业覆盖范围的新专业。应该说，该专业的建设与发展还需要不断地改革与完善。

为了能更有利于推动工程管理专业教育的发展及专业人才的培养，机械工业出版社组织编写了一套该专业的系列教材。鉴于该学科的综合性、交叉性以及近年来工程管理理论与实践知识的快速发展，本套教材本着“概念准确、基础扎实、突出应用、淡化过程”的编写原则，力求做到既能够符合现阶段该专业教学大纲、专业方向设置及课程结构体系改革的基本要求，又可满足目前我国高等学校工程管理专业培养应用型人才目标的需要。

本套教材是在总结以往教学经验的基础上编写的，主要突出以下几个特点：

(1) 专业的融合性　工程管理专业是个多学科的复合型专业，根据国家提出的“宽口径、厚基础”的高等教育办学思想，本套教材按照该专业指导委员会制定的四个平台课程的结构体系方案，即土木工程技术平台课程及管理学、经济学和法律专业平台课程来规划配套。编写时注意不同的平台课程之间的交叉、融合，不仅有利于形成全面完整的教学体系，同时可以满足不同类型、不同专业背景的院校开办工程管理专业的教学需要。

(2) 知识的系统性、完整性　因为工程管理专业人才是在国内外工程建设、房地产、投资与金融等领域从事相关管理工作，同时可能是在政府、教学和科研单位从事教学、科研和管理工作的复合型高级工程管理人才，所以本套教材所包含的知识点较全面地覆盖了不同行业工作实践中需要掌握的各方面知识，同时在组织和设计上也考虑了与相邻学科有关课程的关联与衔接。

(3) 内容的实用性　教材编写遵循教学规律，避免大量理论问题的分析和讨论，提高可操作性和工程实践性，特别是紧密结合了工程建设领域实行的工程项目管理注册制的内容，与执业人员注册资格培训的要求相吻合，并通过具体的案例分析和独立的案例练习，使学生能够在建筑施工管理、工程项目评价、项目招标投标、工程监理、工程建设法规等专业领域获得系统深入的专业知识和基本训练。

（4）教材的创新性与时效性　本套教材及时地反映工程管理理论与实践知识的更新，将本学科最新的技术、标准和规范纳入教学内容。同时在法规、相关政策等方面与最新的国家法律法规保持一致。

我们相信，本套系列教材的出版将对我国高等学校工程管理专业教育的发展及高素质的复合型工程管理人才的培养起到积极的作用，同时也为高等学校专业教育资源和机械工业出版社专业的教材出版平台的深入结合，实现相互促进、共同发展的良性循环而奠定基础。

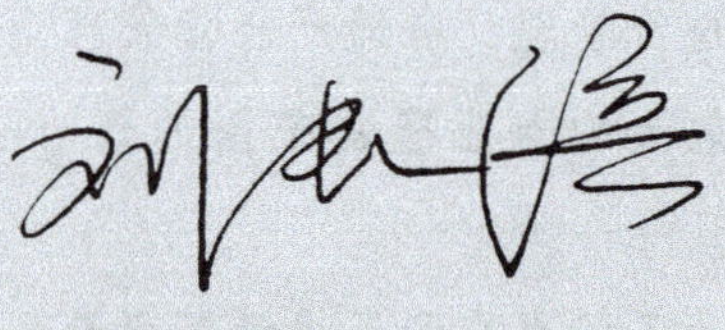

第 2 版前言

本书自 2006 年出版以来，得到广大读者的关心与支持，先后多次印刷。为了不断满足工程项目管理的发展需求以及专业人才培养的需要，编者在第 1 版的基础上，以新专业规范为依托，结合目前院校的人才培养目标，按照我国新颁布的建设行业相关法律法规及新技术、新规范进行了本次修订。

本书第 2 版保持了第 1 版的特色，基本概念、基本理论和基本计算依然作为此次修订的第一要务。在“概念准确、基础扎实、突出应用、淡化过程”这一原则指导下，对书中一些重要概念和计算，在第 1 版的基础上，进行了进一步的完善，力图更好、更准确地阐述书中的内容。

本次修订在保持第 1 版系统、实用、易读的特点和基本框架的基础上，主要做了以下几方面的修改和补充：首先，对第四章、第五章、第六章、第十章的内容做了相应的调整，使其与国家现行法律法规相适应；其次，对第九章的工程费用部分进行了重新编写，以适应工程计价改革的需要；最后，对第十一章的全部内容进行了重新编写，使其结构更加系统、合理。

本书由蔺石柱、闫文周任主编，桑培东任副主编，全书由蔺石柱统稿。编写分工为：西安建筑科技大学闫文周编写第一章、第二章、第九章（部分）；内蒙古科技大学蔺石柱编写第五章（部分）、第六章、第七章、第八章；山东建筑大学桑培东编写第四章；平顶山工学院宋德耀编写第三章；西安建筑科技大学惠彦涛编写第五章（部分）；骆正山编写第十一章（部分）；河北工业大学姜芳禄编写第十章（部分）；内蒙古科技大学崔宝霞编写第九章（部分）；赵娜编写第十章（部分）和第十一章（部分）；西安市建设工程质量安全监督站袁永福编写第十二章。西安建筑科技大学侯渡舟教授任主审，并提出了许多宝贵意见，在此表示衷心的感谢。

由于编者水平有限，书中难免存在遗漏与不妥之处，敬请广大读者、同行指正。

编　者

第 1 版前言

就目前高等学校工程管理专业的教材而言，结合国内外建筑业的发展现状和我国加入WTO后工程项目管理理论与实践知识的快速发展，及时编写、出版一本实用性较强的适用于“工程项目管理”课程的教材是非常必要的。本书正是以高等学校土建学科工程管理专业教学指导委员会制定的《工程项目管理教学大纲》为基本依据，在“概念准确、基础扎实、突出应用、淡化过程”这一编写原则指导下，为适应培养应用型、复合型人才的要求，参考国内外工程项目管理的最新理论和先进经验而编写的。

本书是工程管理专业的主干课教材，由长期从事工程项目管理教学和工程项目管理实践的教师以及工程技术人员共同编写。本书由蔺石柱、闫文周任主编，桑培东任副主编，全书由两位主编共同统稿。各章的编写分工如下：西安建筑科技大学闫文周编写第一章、第二章、第九章，内蒙古科技大学蔺石柱编写第六章、第七章、第八章，山东建筑大学桑培东编写第四章，平顶山工学院宋德耀编写第三章，西安建筑科技大学惠彦涛编写第五章、骆正山编写第十一章（部分），河北工业大学姜芳禄编写第十章、第十一章（部分），西安市建设工程质量安全监督站袁永福编写第十二章。西安建筑科技大学侯渡舟教授任主审，并提出了许多宝贵意见，在此表示衷心的感谢。

由于编者水平所限，书中难免存在缺点和不足之处，敬请各位读者、同行批评指正。

编　者

目　录

工程项目管理概述

第一章

【主要内容及学习要求】

本章在对项目、项目管理、工程项目和工程项目管理科学定义的基础上，分析和阐述了其基本特征与内容，要求了解工程项目管理不同阶段、不同参与方的管理工作，掌握实用可行的项目管理方法。

第一节 项 目

人们所从事的社会经济活动按其是否具有重复持续性的特征，大体可分为两种类型：一类是连续不断具有较稳定的重复性特征，如一般社会行政事务活动、企业日常的商务活动和生产活动等；另一类则具有较明显的一次性特征，如某项工程的投资建设活动、某项新产品或新技术的研发过程等。这两种不同类型的社会经济活动，具有不同的运作规律和特点，因而需要不同的管理方法和组织形式，前者构成了一般的行政管理、社会管理或企业管理的对象，后者则构成了项目管理的对象。

一、项目的定义

项目本指事物分出的门类，但随着“项目”一词被越来越广泛地应用于社会经济活动的各个方面，其含义有了新的扩展。目前比较有代表性的观点如下：

1）美国项目管理协会在其《项目管理知识体系》中称：“项目是可以按明确的起点和目标进行监控的任务。”

2）国际标准化组织把项目界定为：“项目是由一组有起止日期、相互协调的受控活动组成的独特过程，过程的实施要达到规定的目标，要满足时间、费用、资源等约束条件限制。”

3）《中国项目管理知识体系纲要》中称：“项目是创造独特产品、服务或其他成果的一次性工作任务。”

由此可见，尽管不同组织、不同行业对项目概念的理解和表述不完全相同，但基本含义是一致的：项目是在一定的时间、费用、质量标准等约束条件限定下，具有完整的组织机构，为实现其特定的目的而进行的一次性活动。

项目是一系列复合工作的统称，是一项有待进行的活动。如某新产品、新技术的研发，项目指的是研发过程，不是研发者，也不是研发的新产品、新技术。项目的含义极为广泛：可以是建设一项工程，如修建一座水电站、一栋大楼，也可以是从事某项科研课题，或开发一项新技术，举办一次体育活动，甚至写一封信。但是否要作为项目来管理，还取决于项目的客观特征和管理目标。许多相对简单、不甚重要的一次性事务未必需要作为一个项目来管理。

二、项目的特征

1）一次性。项目的一次性，也称项目的单件性，是项目的最主要特征，项目的一次性是指就项目任务本身而言，没有与这项任务完全相同的另一项任务。因此，只能对它进行单件处理。项目的一次性主要表现在项目的功能、目标、环境、条件、过程、组织等诸方面的差异。项目的一次性是对项目整体而言的，并不排斥项目实施过程中存在重复性工作。

项目的一次性从客观上提示了项目总是互不相同、不断变化的，项目管理者不能用固定的组织方式和生产要素配置形式去管理项目，而必须根据项目任务的具体条件和特殊要求，采取针对性措施管理项目，以保证项目目标得以顺利地实现。

2）目标明确性。项目的实施是一项社会经济活动，任何社会经济活动都是有其目的的。所以，项目必须有明确的目标，即项目的功能性要求，它是完成项目的最终目的，是项目的最高目标，是项目产生的依据。

认识项目的目标性，可以使我们在项目管理活动中坚持正确的工作方向，按照目标管理的原则和方法把项目各方面的利益有机地协调起来，确保项目任务有效地完成。同时，明确项目的目标，也为选择和评价项目经济活动提供了测度标准，从而有助于作出科学的决策和控制。

3）约束性。项目是一种任务，任务的完成有其限定条件，这些限定条件就构成了项目的约束条件，主要包括时间、质量、资金等方面的限制或要求。没有约束性就不能构成项目。但是有些项目的约束性是明显的、严格的，有些项目的约束性则是暗含的、宽松的。项目的约束性为完成项目提供了一个最低的标准要求。

认识项目的约束性特征，为项目规划、组织、设计、控制活动提供了依据，也为确定和落实项目各方面的责任提供了参考标准。

4）系统性。当某项任务的各种要素之间存在着某种密切关系，只有有机地结合起来并互相协助才能确保其目标的有效实现时，就需要将其作为一个项目来处理，客观上也就形成了一个系统。

每一项目都是一个系统，只能有一个统一的目标，所有的项目要素都应为之服务，这些要素以什么方式、什么样的质和量结合都需以项目总体目标的优化为原则，同样项目的完成可能要经历若干阶段，这些阶段也必须统一在一个目标的指导之下。

项目的系统性表明，系统工程的理论和方法在许多方面都可应用于项目管理领域，在项目管理中，局部必须服从整体，阶段必须服从全过程，项目全过程的整体优化才是项目管理的最高准则。

5）相对独立性。项目是相对于特定的过程和管理主体而存在的。对某一主体构成的项目，对另一主体未必能构成项目。如一栋大楼的施工是承担此项任务的某施工企业的一个项目，但对未承担此项任务的施工企业来说就不是一个项目。同样对于不同管理主体，项目的范围也不相同，如对该大楼的投资者而言，其任务不是负责具体的施工活动，而是负责全部的投资活动。这种相对于特定主体而存在的特性即是项目的相对独立性。

认识项目的相对独立性，对于科学地界定项目的范围、内容有着重要的意义，从而对完善和发展项目管理理论和发挥项目管理的实践效力有着重要的作用。

6）生命周期性。项目既然是一次性的任务，必有起点和终点。任何项目都会经过启动、开发、实施、结束这样一个过程，通常把这一过程称为项目的“生命周期”。

7）相互依赖性与冲突性。项目依赖于特定的主体、组织而存在，项目常与组织中的其他项目、其他职能部门的工作相互作用，既有联系又有冲突，项目主管应清楚这些冲突并与有关部门保持紧密联系。

三、项目的生命周期

1. 项目生命周期的定义

一个项目由始到终的整个过程构成了项目的生命周期。为便于管理和控制项目，一般将这个过程划分成启动、规划、实施和收尾四个阶段。

在项目管理领域里，界定项目生命周期的意义在于：①虽然不同项目实施内容各有不同，甚至千差万别，但是不同项目在实施过程中都会经历几个类似的阶段，这是项目特殊性掩盖之下的项目本质所具有的一般规律性，为项目管理提供了理论基础；②将项目划分为生命周期中的几个不同阶段，可以更方便地管理和控制项目，更好地借鉴以往项目在各个阶段的经验和教训。

2. 项目生命周期的阶段划分

（1）项目的启动阶段　也称项目决策或概念阶段，是项目生命周期的第一个阶段，是项目的孕育诞生阶段。在这一阶段中，首先基于项目客户解决某个特定问题的需要提出一个项目意向，并对项目意向进行必要的需求分析和识别，然后提出具体的项目建议书。在项目建议书或项目提案获得通过以后，需要进一步开展详细程度不同的项目可行性分析，为项目决策提供依据。这一阶段的主要任务是提出项目、定义项目和做出项目决策。其输出物是项目委托合同的签订或是项目可行性研究报告被批准。

（2）项目的规划阶段　项目诞生之后，首先由项目组织方正式任命项目经理，组建项目团队；再由项目经理组织制订项目的管理目标，编制各种各样的项目计划，进行必要的项目设计工作，全面界定项目以及项目各阶段所需开展的工作，提出有关项目产出物的技术、经济、质量等方面的要求和规定。这一阶段是对项目工作做出的全面设计和规划，其输出物是有关项目的设计文件和计划。

（3）项目的实施阶段　在完成项目规划和设计工作以后，项目组织方开始投入大量的人力、物力等资源，按照既定的计划实施项目，监控项目的实施过程，发现项目实施与项目计划之间的偏差，并及时采取纠偏措施，以保证项目实施的结果与项目计划的要求和目标相一致。这一阶段是整个项目产出物的形成阶段，是以逐渐生成的方式输出项目的中间成果、最终成果以及相应的各种报告文件。

（4）项目的收尾阶段　项目实施阶段的结束并不意味着整个项目工作的全部结束，还需要经过一个完工交付的工作阶段才能够真正结束。在这一阶段，首先由项目组织方按照项目规划阶段提出的项目目标和各种具体要求，全面检验项目的整个工作和项目的产出物，然后进行项目验收和移交工作，直至项目客户最终接受了项目的整个产出物和工作结果，项目才算最终结束。这一阶段输出的内容包括项目产出物和有关项目的验收与交付文件。另外还需要注意，在项目收尾阶段的一项重要工作内容是项目绩效评估，这是项目管理中不可缺少的一项内容。

项目之所以可以划分为项目生命期中的四个阶段，并可将各个阶段进一步划分为详细的子阶段，是因为每一个阶段都有需要完成的特定任务和可交付的成果，前一阶段的可交付成果经过审核、认定为合格后，将输入到下一个项目阶段，作为下一阶段开展工作的基础和依据。项目的各个阶段是一个互相连贯、互为依据的整体。准确及时地完成项目各个阶段的工作是确保项目成功的关键，任何一个阶段出现差错，都可能导致整个项目失败。

将项目的生命周期划分为启动、规划、实施、收尾四个阶段，是一般项目所具有的共性。但在生产实践中，所实施的项目种类和内容千差万别。因此，项目生命周期的长短和具体阶段的划分也会有很大的不同。有的项目生命周期仅有几天或几个星期，而大型项目的生命周期需要几年或者几十年。项目生命周期的阶段划分也不一定局限在启动、规划、实施、收尾四个阶段。根据项目的特点和项目管理的需要，某些复杂的项目可以划分为七八个甚至十几个阶段，而某些小型或者一些非正规的项目，就可以简化合并为一两个阶段，应视具体情况而定。具有代表性的项目生命周期划分见表1-1。

表1-1　项目生命周期的划分

划分类型	第一阶段	第二阶段	第三阶段	第四阶段
项目管理学	启动	规划	实施	收尾
工程项目	可行性研究	设计	施工	交工验收
世界银行贷款项目	项目选定	项目评估	付款与监测	总结评价
美国防务系统	方案探索	论证确认	全面研制	生产使用
管理过程	概念	开发	实施	结束

3. 项目生命周期的特点

在项目生命周期的各个阶段，资源投入水平和工作量是有较大差别的。项目刚开始时，资源投入较少，工作量较小，随着项目的进展，资源投入逐步增多，工作量逐步增大；当项目接近尾声时，资源投入又开始下降，工作量逐步减少，这个过程基本呈现正态分布。由此导致了项目累计资源投入水平和工作量呈现S形分布，即在项目启动和规划阶段进展速度比较缓慢，项目实施阶段进展速度较快，到项目收尾阶段进展速度又比较缓慢。

由上述规律可见，项目生命周期的不同阶段具有下列特性：

（1）资源需求不同　表现在：

1）资源需求强度不同。在初期阶段，项目正处于计划期间，对资源的需求数量低。随着项目的进行，其各项工作和活动不断展开，资源需求逐渐增多。到了项目收尾阶段，资源需求量逐渐减少，项目验收交工后，便停止了资源的投入。

2）资源需求结构不同。在项目的启动和规划阶段，项目主要进行的是一些研究性和计划性的工作，对科研人员和设计人员的需求数量较多。到了项目的实施阶段，需要大量的技术人员和生产人员，同时对管理人员的需求数量也会增多。到了项目的收尾阶段，各类人员都会逐渐减少，直至项目全部结束，项目成员全部退出项目。

（2）面临的风险程度不同　在项目的初期，项目只是一个概念，各方面的设想、计划还不成熟，其成功的概率比较低，不确定性因素很多，风险很高。到了项目的实施阶段，其各项计划逐步落实，各种不确定性因素日趋明朗，项目已经由概念向实体形式转化。随着项目的推进，其成功的概率逐渐提高，所面临的风险和不确定性逐渐减少。到了收尾阶段，项目所面临的风险和不确定性基本趋于零。

（3）外界因素对项目的影响程度不同　在项目启动、规划阶段，其一切目标和预期结果都由项目相关利益者来制定，项目的不确定性因素较多，外界因素及项目利益相关者对项目的影响力最高。在项目的实施阶段，随着项目的进展和项目阶段性可交付成果的出现，项目计划更改的可能性越来越小，或者是更改项目所需付出的成本越来越大而不便更改，因此这种影响力会逐步降低。到了项目的收尾阶段，这种影响力主要体现在对项目实施工程中既成事实的善后处理。

四、项目的分类

1）按项目成果的实体形态，可将项目分为工程项目和非工程项目。前者如建筑工程、水利工程、市政工程项目等，后者如软件开发、技术改造、科技攻关、文艺演出项目等。

2）按项目的规模，可将项目分为大型项目、中型项目和小型项目。

3）按行业领域，可将项目分为国防项目、环保项目、农业项目、公路项目等。

4）按项目所属主体不同，可将项目分为政府项目、企业项目、私人项目。

5）按项目生命周期不同，可将项目分为长期项目、短期项目。

6）按项目复杂程度不同，可将项目分为大型集成项目、复杂项目、一般项目等。

五、项目的相关组织方

项目的相关组织方也称项目干系人，或项目利益相关者，是指在项目实施过程中与项目有某种联系的组织。主要包括：

1）用户。即项目产品的使用者、消费者。用户决定项目需求，决定项目存在的价值。

2）业主。即项目的所有者。业主决定了项目的目标系统，业主与用户有时合二为一，如商品房购买者；有时是两个不同的概念，如软件开发商与软件用户。

3）投资者。即项目的出资者，为项目提供资金，以投资回报或社会公益事业为目的。投资者通过项目招标或委派代表组建项目业主，如政府投资项目或股份合作项目；有时项目投资者即为项目业主，如企业内部进行的新产品、新技术开发项目。

4）承包商。主要包括咨询单位、设计单位、施工承包商、分包商和供应商。承包商为项目提供设计、咨询、施工、设备供应等服务。

5）生产运营者。即项目生产运营任务的承担者，如住宅小区的物业管理单位、地铁项目的运营管理单位等。

6）政府。任何项目的实施都不能脱离特定的社会经济环境，政府关于项目的管理制度、政策等对项目的成功与否尤为重要。

7）其他组织。如市场中潜在的竞争对手、合作伙伴、项目移民及项目周边组织等。他们决定了项目的一些特殊要求，如文物保护、拆迁安置、青苗补偿、噪声污染的消除等。

以上项目利益相关者，在不同项目中不一定同时存在，也不一定角色单一，如房地产开发商对承包商而言是建设单位，而对房屋业主而言又是一个承包商。

第二节　项 目 管 理

一、项目管理的概念

项目管理是指项目管理主体在有限的资源约束条件下，为实现其目的，运用现代管理理论与方法，对项目活动进行系统化管理的过程。

1）项目管理是一种管理思想和管理模式。它是以项目为对象，以合同为纽带，以项目目标为目的，以现代化技术为手段，按项目内在客观规律组织项目活动的科学化方法。

2）项目管理的根本目的是满足或超越项目有关各方对项目的要求与期望。项目的不同利益相关者对项目有着不同的要求和期望，如业主要求以最小的投资获得最大的收益，承包商期望以最小的成本获得最大的利润，供应商希望能够获得更多的销售收入，政府要求扩大就业和提高社会效益等。项目管理的根本目的是要努力实现项目目标和项目总体效益最大化，并最大限度地满足这些不同的要求和期望，甚至超越这些要求和期望。

3）项目管理需要运用各种知识、技能、方法和工具去开展管理活动。这既包括项目工期、质量、成本、风险管理等方面的理论和方法，也包括项目本身所涉及的相关专业知识，同时还包括一般管理中的计划、组织、控制、协调等一系列的具体方法和手段。

二、项目管理的基本特性

项目管理的基本特性如下：

（1）普遍性　项目作为一次性的任务和创新活动普遍存在于社会生产活动之中，现有的各种文化物质成果最初都是通过项目的方式实现的，现有的各种持续重复活动都是项目活动的延伸和延续，人们各种有价值的想法或建议迟早都会通过项目的方式得以实现。由于项目的这种普遍性，使得项目管理也具有了普遍性。

（2）目的性　一切项目管理活动都是为了实现“满足或超越项目有关各方对项目的要求与期望”。项目管理的目的性不但表现在要通过项目管理活动去保证满足或超越项目有关各方已经明确提出的项目目标，而且要满足和超越那些尚未识别和明确的潜在需要。例如，建筑设计项目中对建筑美学很难定量和明确地提出一些要求，项目设计者要努力运用自己的专业知识和技能去找出这些期望的内容，并设法满足甚至超越这些期望。

（3）独特性　项目管理既不同于一般的生产运营管理，也不同于常规的行政管理，它有自己独特的管理对象和活动，有自己独特的管理方法和工具，具有独特性。虽然项目管理也会应用一般管理的原理和方法，但是项目管理活动有其特殊的规律性，这正是项目管理存在的前提。

（4）集成性　项目管理的集成性是指把项目系统的各要素，如管理信息、技术、方法、目标等，有机地集合起来，形成综合优势，使项目系统总体上达到相当完备的程度。相对于一般管理而言，项目管理的集成性更为突出。一般管理的管理对象是一个组织持续稳定的日常性管理工作，由于工作任务的重复性和确定性，一般管理的专业化分工较为明显。但项目管理的对象是一次性工作，项目相关利益者对于项目的要求和期望又不同，如何将项目的各个方面集合起来，在多个相互冲突的目标和方案中权衡，保证项目整体最优化是项目管理集成性的本质所在。

（5）创新性 项目管理没有一成不变的模式和方法，必须通过管理创新去实现对于具体项目的有效管理。现实生活中，即使以前有过类似的项目，但由于新项目在内容、时间、环境等方面的改变，仍然需要各种各样的管理创新。

尽管项目管理有许多特性，但项目管理毕竟是管理科学的一个分支，项目管理与一般管理在原则上是一致的，它与一般管理也有一些共性，只是在内容和方法上有所差异。下面仅以企业管理为例，分析一下项目管理和企业管理的联系与区别。

三、项目管理与企业管理的联系和区别

（1）项目管理和企业管理的联系 主要包括：

1）项目管理和企业管理相互依存、相互作用，企业的发展离不开项目的开发，项目管理是企业管理的组成部分。成功的项目管理是企业发展的基础，企业管理水平的高低决定了项目的成功与否。

2）项目管理和企业管理是管理学科的组成部分，在管理思想、管理方法等方面都具有共性。

（2）项目管理和企业管理的区别 主要包括：

1）对象不同。项目管理的对象是项目，即一次性的活动；企业管理的对象是企业，即一种持续稳定的经济实体。不同的对象，有着不同的目标、内容、特点与运行规律，相应地也就需要进行不同的管理。项目管理需要按项目的特征及项目生命周期的运行规律进行组织管理，企业管理需要按企业的特点及其生产经营活动的规律进行管理。

2）目标不同。企业管理是以持续稳定的利润增长为目标，项目管理则以项目成果和项目约束条件为目标。项目的目标是临时的、短期的，企业的目标是长远的、稳定的。

3）特点和运行规律不同。项目进行的是一次性和多变性的活动，其管理的基础是项目生命周期和项目活动的内在规律，其管理的特殊性在于管理的灵活适应性；而企业进行的是一种持续性的稳定活动，其管理的基础是现代企业制度和企业经营活动的内在规律，其管理的特殊性在于生产活动的规范化。

4）内容不同。项目管理局限于一个具体项目从诞生到完成的全过程，主要包括项目立项、规划设计、执行、总结评估等活动，是一种任务型的管理。企业管理是职能管理与作业管理的复合，主要包括企业综合性管理、专业化管理和作业管理，本质上是一种实体型管理。

5）手段不同。项目管理的手段主要是以单次性任务为基础的管理技术，如分析论证技术、规划控制技术等。企业管理的手段十分广泛，包括许多综合性的管理技术，如财务会计技术、企业战略技术、市场开拓技术等。

6）管理的直接责任主体不同。项目管理是以项目经理作为项目全过程的全权负责人，是一种相对集中的个人负责制；而企业管理是以企业领导班子作为全权负责人，企业经理一般只是主要的执行代理人，是一种有约束条件的个人负责制。

四、项目管理的产生与发展

项目管理科学的发展是人类生产实践活动发展的必然产物。项目管理从经验走向科学的

过程，经历了相当漫长的历史时期，从原始潜意识的项目管理经过长期大量的项目实践之后才逐渐形成了现代项目管理的理念，这一过程大致经历了如下四个阶段：

（1）潜意识的项目管理　从远古到20世纪30年代以前，人们是无意识地按照项目的形式运作的。人类早期的项目可以追溯到数千年以前，如古埃及的金字塔、古罗马的尼姆水道、古代中国的都江堰和万里长城。这些前人的杰作在展示人类智慧的同时，也展示了项目管理的成就。但是直到20世纪30年代以前，项目管理还没有形成一套科学完整的管理方法，对项目的管理还只是凭个人的经验、智慧和直觉，缺乏普遍性和规律性。

（2）传统项目管理阶段　这一阶段从20世纪30年代到50年代初期。此阶段的特征是利用横道图进行项目的规划和控制。早在20世纪初，人们就开始探索管理项目的科学方法。第二次世界大战前夕，横道图已成为计划和控制军事工程与建设项目的重要工具。横道图是由亨利·甘特于20世纪初发明的，故又称为甘特（Gantt）图。甘特图直观而有效，便于监督和控制项目的进展状况，时至今日仍是管理项目的常用方法。但由于甘特图难以展示各项工作间的逻辑关系，不适应大型项目的需要，因此在此基础上，卡洛尔·阿丹密基于1931年研制出协调图以克服上述缺陷，但没有得到足够的重视和承认。与此同时，在规模较大的工程项目和军事项目中广泛采用了里程碑系统。里程碑系统的应用虽未从根本上解决复杂项目的计划和控制问题，但却为网络图概念的产生充当了重要的媒介。项目管理通常被认为是第二次世界大战的产物，始于1942年6月~1945年7月美国研制原子弹的曼哈顿计划，这一阶段明确提出了项目管理的概念。

（3）近代项目管理　这一阶段从20世纪50年代初期到70年代末期。本阶段的重要特征是开发和推广应用网络计划技术。20世纪50年代，美国军事界和各大企业的管理人员纷纷为管理各类项目寻求更为有效的计划和控制技术。在各种方法中，最为有效和方便的技术莫过于网络计划技术。网络计划技术克服了甘特图的种种缺陷，能够反映各项工作间的逻辑关系，能够描述各项工作的进展情况，并可以事先进行科学安排。网络图的出现，促进了1957年出现的系统工程的发展。项目管理也有了科学的系统方法并逐渐发展和完善起来。

（4）现代项目管理的发展　这一阶段是从20世纪80年代到现在。此阶段的特点表现为项目管理范围的扩大，以及与其他学科的交叉渗透和相互促进。进入20世纪80年代以后，项目管理的应用范围由最初的航空、航天、国防、化工、建筑等领域，广泛普及到了医药、矿山、石油等领域。计算机技术、价值工程和行为科学在项目管理中的应用，极大地丰富和推动了项目管理的发展。在这一阶段，项目管理在理论和方法上得到了更加全面深入的研究，逐步把最初的计划和控制技术与系统论、组织理论、经济学、管理学、行为科学、心理学、价值工程、计算机技术等同项目管理的实践结合起来，并吸收了控制论、信息论及其他学科的研究成果，发展成为一门具有完整理论和方法基础的学科体系。

当前，项目管理的发展有了新的突破，其特点是面向市场，迎接竞争；项目管理除了计划和协调外，对采购、合同、进度、费用、质量、风险等给予了更多的重视，项目管理更加注重人的因素、注重顾客、注重柔性管理，其追求的目标是使项目参与方都得到最大的满意及项目目标的综合最优化。在这个阶段，应用领域进一步扩大，尤其在新兴产业中得到了迅速发展，譬如电信、软件、信息、金融等领域。

国内现代项目管理发展相对较晚，20世纪60年代华罗庚倡议推广统筹法，80年代统筹法在建筑领域等到了较广泛的应用。1982年，在我国利用世界银行贷款建设的鲁布革水电站饮水导流工程中，日本大成建筑公司运用项目管理方法对这一工程的施工进行有效管理，取得了很好的效果。这对我国建筑业以至整个投资建设领域产生了强烈的冲击。1983 年 5 月，国家计委通过了“大中型项目前期项目经理负责制”的规定。1984 年，企业进行组织整顿，任命建筑企业项目经理；1987 年，国家计委、建设部发出通知，在一批试点企业推行项目法施工；1991 年，建设部要求建筑业全面推广工程项目管理。1991 年 6 月，中国项目管理研究委员会正式成立，这是一个跨行业的项目管理专业组织。目前，项目管理作为一种管理方法已在各行各业全面推行和应用。

五、项目管理协会及其资质认证

1. 主要项目管理协会简介

（1）国际项目管理协会　国际项目管理协会 IPMA（International Project Management Association）是一个在瑞士注册的非营利性组织，它的职能是成为项目管理国际化的主要促进者。IPMA 创建于 1965 年，是国际上成立最早的项目管理专业组织，它的目的是促进国际间项目管理的交流。IPMA 于 1967 年在维也纳召开了第一届国际会议，项目管理从那时起即作为一门学科而不断发展。

IPMA 的成员主要是各个国家的项目管理协会，到目前为止共有英国、法国、德国、中国、澳大利亚等 30 多个成员国组织，这些国家的组织用他们自己的语言服务于本国项目管理的专业需求，IPMA 则以被广泛接受的英语作为工作语言提供有关需求的国际层次的服务。为了达到这一目的，IPMA 开发了大量的产品和服务，包括研究与发展、教育与培训、标准和证书制以及有广泛的出版物支撑的会议、讲习班和研讨会等。对于那些已经成为 IPMA成员的各国项目管理组织，他们的个人会员或团体会员已自动成为 IPMA 的会员。在那些没有项目管理组织或本国项目管理组织尚未加入 IPMA 的国家的个人或团体，可以直接加入 IPMA 作为国际成员。

《国际项目管理杂志》是 IPMA 的正式会刊，为全世界的专业人员提供了一个了解所需技术、实践和研究领域的平台，同时也为读者提供了一个论坛，在这里读者可以分享到各个行业应用项目管理的共同经验，也可以分享在项目管理中应用各种技术的共同经验。其内容覆盖项目管理的各个方面，并通过刊登案例分析和探讨最新重大问题，将理论与实践相联系。

国际项目管理专业资质认证是 IPMA 的重要工作之一。

（2）美国项目管理学会　美国项目管理学会 PMI（Project Management Institute）创建于 1969 年，PMI 在推进项目管理知识和实践的普及中扮演了重要角色。PMI 的成员主要以企业、大学、研究机构的专家为主，现在已经有 4 万多名会员。它卓有成效的贡献是开发了一套项目管理知识体系。1976 年的一次会议上，有人提出能否对已有的项目管理共性的实践经验进行总结，形成项目管理标准。1981 年，PMI 组委会批准了这个项目。1983 年取得了初步成果，形成了 PMI 项目管理专业化的基础内容。1984 年，PMI 组委会批准了进一步开发项目管理标准的项目，1987 年研究报告发表。此后的几年，广泛地讨论和征求了关于 PMI 的主要标准文件的形式、内容和结构的意见，1991 年进行了修订。1996 年再一次进行了修订，成为现在的项目管理知识体系（Project Management Body of Knowledge，PMBOK）。

（3）中国项目管理研究委员会　中国项目管理研究委员会 PMRC（Project Management

Research Committee, China）正式成立于1991年6月，是我国跨行业的项目管理专业组织，其上级组织是中国优选法统筹法与经济数学研究会。PMRC是一个行业面宽、人员层次高的组织。行业覆盖航空、航天、信息技术、冶金、煤炭、水利、建筑、造船、石化、矿产、机电、兵器、教育及政府部门等。PMRC自1996年起加入国际项目管理协会IPMA，是IPMA的成员国组织（National Association，NA）。

PMRC自成立至今，做了大量的开创性工作，为推进我国项目管理事业的发展，促进我国项目管理与国际项目管理专业领域的沟通与交流起了积极的作用，特别是在推进我国项目管理专业化与国际化发展方面，起着越来越重要的作用。这些工作包括：

1）1994年启动了我国项目管理知识体系的研究工作。

2）1996年开始研究如何在我国推进国际项目管理专业资质认证工作。

3）1999年签署国际项目管理专业资质认证体系在中国的认证工作协议，2000年7月，PMRC正式在中国推出国际项目管理专业资质认证，并在全国范围内进行推广。该认证目前已得到国际上30多个国家的项目管理专业组织的认可。

4）2001年5月，正式推出中国项目管理知识体系和国际项目管理专业资质认证标准。

2. 项目管理专业资质认证简介

（1）国际项目管理专业资质认证体系（IPMP） 国际项目管理协会IPMA的项目管理专业资质认证体系称为IPMP（International Project Management Professional）。IPMA的项目管理专业资质认证标准为ICB（International Competence Baseline）。结合各国的一些特殊要求，形成国际上认可的各国项目管理专业资质认证标准称为NCB（National Competence Baseline），并以NCB作为在该国进行国际项目管理专业资质认证的考核标准。IPMP认证有四个级别：

Level A：高级项目经理，承担多个大型复杂项目管理。

Level B：项目经理，承担大型复杂项目管理。

Level C：项目管理专家，承担一般项目管理。

Level D：项目管理专业人员，承担专业项目管理。

（2）美国项目管理专业资质认证体系（PMP） 美国项目管理学会PMI的项目管理专业资质认证称为PMP（Project Management Professional）。PMI的资格认证制度从1984年开始，目前已经有一万多人通过认证，成为“项目管理专业人员”。PMP证书体系只有一个级别，PMP的考核标准是PMBOK。

（3）中国项目管理专业资质认证标准（C-NCB） IPMA已授权中国项目管理研究委员会PMRC在中国进行IPMP的认证工作，PMRC建立了国际项目管理专业资质认证中国标准（C-NCB）。认证程序有申请、笔试、面试等。

六、项目管理知识体系

项目管理知识体系首先是由美国项目管理学会提出的，他们将项目管理知识划分为范围管理、时间管理、费用管理、质量管理、人力资源管理、沟通管理、风险管理、采购管理及综合管理等9个领域。国际项目管理协会在项目管理知识体系方面也作出了卓有成效的贡献，从1987年就着手进行“项目管理人员能力基准”开发工作，1997年推出了ICB。

中国项目管理知识体系的研究工作始于1993年，1994年正式开始了“中国项目管理知识体系结构”的分析与研究。1997年在山东泰安召开的第三届全国项目管理学术交流会上公布了“中国项目管理知识体系框架”。以后几年，专题组成员与国内外项目管理专家就“中国项目管理知识体系框架”方案进行了广泛的交流。2001年5月，正式推出了《中国项目管理知识体系》。

中国项目管理知识体系以项目生命周期为主线，将项目管理知识领域分为88个模块，其基本框架见表1-2。

表1-2　中国项目管理知识体系框架

2 项目与项目管理			
2.1 项目 2.2 项目管理			
3 概念阶段	**4 规划阶段**	**5 实施阶段**	**6 收尾阶段**
3.1 一般机会研究 3.2 特定项目机会研究 3.3 方案策划 3.4 初步可行性研究 3.5 详细可行性研究 3.6 项目评估 3.7 商业计划书的编写	4.1 项目背景描述 4.2 目标确定 4.3 范围规划 4.4 范围定义 4.5 工作分解 4.6 工作排序 4.7 工作延续时间估计 4.8 进度安排 4.9 资源计划 4.10 费用估计 4.11 费用预算 4.12 质量计划 4.13 质量保证	5.1 采购规划 5.2 招标采购的实施 5.3 合同管理基础 5.4 合同履行和收尾 5.5 实施计划 5.6 安全计划 5.7 项目进展报告 5.8 进度控制 5.9 费用控制 5.10 质量控制 5.11 安全控制 5.12 范围变更控制 5.13 生产要素管理 5.14 现场管理与环境保护	6.1 范围确认 6.2 质量验收 6.3 费用决算与审计 6.4 项目资料与验收 6.5 项目交接与清算 6.6 项目审计 6.7 项目后评价
7 共性知识			
7.1 项目管理组织形式 7.2 项目办公室 7.3 项目经理 7.4 多项目管理 7.5 目标管理与业务过程 7.6 绩效评价与人员激励	7.7 企业项目管理 7.8 企业项目管理组织设计 7.9 组织规划 7.10 团队建设 7.11 冲突管理 7.12 沟通规划	7.13 信息分发 7.14 风险管理规划 7.15 风险识别 7.16 风险评估 7.17 风险量化 7.18 风险应对计划	7.19 风险监控 7.20 信息管理 7.21 项目监理 7.22 行政监督 7.23 新经济项目管理 7.24 法律法规
8 方法和工具			
8.1 要素分层法 8.2 方案比较法 8.3 资金的时间价值 8.4 评价指标体系 8.5 项目财务评价 8.6 国民经济评价方法	8.7 不确定性分析 8.8 环境影响评价 8.9 项目融资 8.10 模拟技术 8.11 里程碑计划 8.12 工作分解结构	8.13 责任矩阵 8.14 网络计划技术 8.15 甘特图 8.16 资源费用曲线 8.17 质量技术文件 8.18 并行工程	8.19 质量控制的数理统计方法 8.20 挣值法 8.21 有无比较法

第三节 工程项目

一、工程项目的含义及特征

工程项目是最为常见、最典型的项目类型，它属于投资项目中最重要的一类，是一种既有投资行为又有建设行为的项目活动。这里的“工程”不是一般广义的工作或劳动，而是指最终成果是一个“实体”的工作或劳动。因此，工程项目是指通过特定工作或劳动建造某种“工程实体”的过程。工程实体一般指建筑物或构筑物。建筑物是满足人们生产、生活需要的场所，即房屋。构筑物是不具有建筑面积特征，不能在其上活动、生活的路桥、隧道、水坝、线路、电站等土木产出物。

工程项目具有以下基本特征：

1）在一定的约束条件下，以形成固定资产为特定目标。约束条件主要包括时间约束，即建设工期目标；资源约束，即资金、设备、材料等投入目标；功能性约束，即一个工程项目都有预期的生产能力、技术和质量水平或使用效益目标。

2）工程项目的建设需要遵循必要的建设程序和经过特定的建设过程。即一个项目从提出建设设想、方案拟定、评估决策、勘察设计、施工到竣工投产是一个有序的全过程。这个过程也就是项目的生命周期。

3）工程项目的建设周期长、投资大。一项工程项目的建设少则需要几百万元，多则需要数亿元的资金投入，如香港机场项目总投资为200亿港元，总工期3年；三峡工程静态投资900亿元、动态投资2500亿元，总工期17年；英吉利海峡隧道工程耗资150亿美元，历时8年。

4）工程项目建设活动具有特殊性。表现为资金的一次性投入、建设地点的固定性、设计施工任务的一次性、机械设备及生产力的流动性。

5）不确定因素多，风险大。

6）具有投资限额标准。只有达到一定的限额标准才作为工程项目，不满足限额标准的称为零星固定资产购置。

二、工程项目的分类

1. 按管理主体和内容不同划分

（1）业主项目　其管理主体是业主，即建设单位，其内容包括项目建设全过程。业主项目可以是一个建设项目或群体工程，也可能是一个单项工程。

（2）设计项目　其管理主体是设计承包商，即设计单位，其内容主要是项目设计阶段的一系列工作。设计项目可能是一个建设项目或群体工程，也可能是一个单项工程。

（3）施工项目　其管理主体是施工承包商，即施工单位，其内容主要是项目施工阶段的一系列工作。施工项目可能是一个建设项目或群体工程，也可能是一个单项工程，或是一个单位工程。

2. 按专业不同划分

工程项目按专业不同可分为建筑工程、安装工程、桥梁工程、公路工程、铁路工程、水电工程等。住建部将工程项目按专业分为33类，包括：工业与民用建筑工程、冶金有色工程、化工石油工程、水利水电工程、航务工程、航道工程、公路工程、铁路综合工程、铁路电务工程、火电工程、送变电工程、核工程、矿山建筑安装工程、市政建设工程、古建筑工程、海洋石油工程、设备安装工程、建材工业安装工程、邮电通信工程、建筑装饰工程、地基与基础工程、建筑防水工程、土石方工程、爆破工程、预应力专项工程、钢结构网架工程、广播电影电视设备工程、消防工程、隧道工程、机械工程、机械工业设备安装工程、电子工程、防腐保温工程。

3. 按工程项目的建设性质不同划分

（1）新建项目　指原来没有现在开始建设的项目，或对原有的规模较小的项目，扩大建设规模，其新增固定资产价值超过原有固定资产价值三倍以上的建设项目。

（2）扩建项目　指原有企事业单位，为了扩大原有主要产品的生产能力或效益，或增加新产品生产能力，在原有固定资产的基础上，兴建一些主要车间或工程的项目。

（3）改建项目　指原有企事业单位，为了改进产品质量或改进产品方向，对原有固定资产进行整体性技术改造的项目。此外，为提高综合生产能力，增加一些附属辅助车间或非生产性工程，也属改建项目。

（4）恢复项目　指对因重大自然灾害或战争而遭受破坏的固定资产，按原来规模重新建设或在重建的同时进行扩建的项目。

（5）迁建项目　指为改变生产力布局或由于其他原因，将原有单位迁至异地重建的项目，不论其是否维持原来规模，均称为迁建项目。

4. 按工程项目的用途不同划分

（1）生产性建设项目　指直接用于物质生产或满足物质生产需要的建设项目。它包括工业、农业、林业、水利、气象、交通运输、邮电通信、商业和物资供应设施建设、地质资源勘探建设等。

（2）非生产性建设项目　指用于人民物质和文化生活需要的建设项目，包括住宅建设、文教卫生建设、公用事业设施建设、科学实验研究以及其他非生产性建设项目。

5. 按工程项目建设过程不同划分

（1）预备项目　按照中长期投资计划拟建而又未立项的工程项目，只作初步可行性研究不进行实际建设准备工作。

（2）筹建项目　经批准立项正在进行建设准备，还未开始施工的项目。

（3）在建项目　指计划年度内正在建设的项目，包括新开工项目和续建项目。

（4）投产项目　指计划年度内按设计文件规定建成主体工程和相应配套工程，经验收合格并正式投产或交付使用的项目，包括全部投产项目、部分投产项目和建成投产单项工程。

（5）收尾项目　以前年度已经全部建成投产，但尚有少量不影响正常生产或使用的辅助工程或非生产性工程，在本年内继续施工的项目。

6. 按建设投资规模不同划分

按建设项目总规模和投资的多少不同，可分为大型项目、中型项目、小型项目。其划分的标准各行业并不相同。一般情况下，生产单一产品的企业，按产品的设计能力来划分；生产多种产品的，按主要产品的设计能力来划分；难以按生产能力划分的则按其全部投资额划分。

7. 按建设投资来源渠道不同划分

(1) 国家投资的建设项目　指国家预算直接安排的建设项目。

(2) 银行信用筹资的建设项目　指通过银行信用方式进行贷款建设的项目。

(3) 自筹资金的建设项目　指各地区、各部门、各企事业单位按照财政制度提留、管理和自行分配用于固定资产再生产的资金进行建设的项目。

(4) 引进外资的建设项目　指利用外资进行建设的项目，外资的来源有借用国外资金和吸引外国资本直接投资。

(5) 资金市场筹资的建设项目　指利用国家债券筹资和社会集资而建设的项目。

三、工程建设项目的组成

为了对工程项目实行统一管理和分级管理，国家统计部门统一规定将建设项目划分为若干个单项工程，即一个建设项目是由若干个单项工程组成的，一个单项工程是由若干个单位工程组成的，一个单位工程又是由若干个分部工程组成的，一个分部工程是由若干个分项工程组成的。个别情况下，也存在一个建设项目只含一个单项工程，一个单项工程只含一个单位工程的情形。

1. 建设项目

统计意义上的建设项目是指在一个总体设计范围内，经济上实行独立核算，行政上具有独立的组织形式的建设工程。例如，一座工厂、一所学校、一所医院，即是一个建设项目。

2. 单项工程

单项工程是建设项目的组成部分，一般是指在一个建设项目中，具有独立的设计文件，建成后能够独立发挥生产能力或效益的工程。工业建设项目的单项工程，一般是指各个生产车间、办公楼、食堂、住宅等；非工业建设项目中，每栋住宅楼、剧院、商店、教学楼、图书馆、办公楼等，各为一个单项工程。

3. 单位工程

单位工程是单项工程的组成部分，一般是指具有独立组织施工条件及单独作为计算成本对象，但建成后不能独立进行生产或发挥效益的工程。民用项目的单位工程较容易划分。以一栋住宅楼为例，其中一般土建工程、给水排水、采暖、通风、照明工程等各为一个单位工程。工业项目由于工程内容复杂，且有时出现交叉，因此单位工程的划分比较困难。以一个车间为例，其中土建工程、机电设备安装、工艺设备安装、工业管道安装、给水排水、采暖、通风、电器安装、自控仪表安装等各为一个单位工程。

从投资构成角度而言，一个单项工程可以划分为建筑工程、安装工程、设备及工器具购置等单位工程。

4. 分部工程

分部工程是单位工程的组成部分，一般是按单位工程的结构部位、使用的材料、工种或设备种类和型号等的不同而划分的工程。例如，一般土建工程可以划分为土石方工程、打桩工程、砖石工程、混凝土及钢筋混凝土工程、木结构工程、楼地面工程、屋面工程、装饰工程等分部工程。

5. 分项工程

分项工程是分部工程的组成部分，一般是按照不同的施工方法、不同的材料及构件规格，将分部工程分解为一些简单的施工过程，是建设工程中最基本的单位内容，即通常所指的各种工程实物量。如土方分部工程，可以分为人工平整场地、人工挖土方、人工挖地槽地坑等分项工程。安装工程的情况比较特殊，通常只能将分部分项工程合并成一个概念来表达工程实物量。

四、工程项目建设程序

建设程序是指项目在建设过程中，各项工作必须遵循的先后顺序。建设程序是对基本建设工作的科学总结，是项目建设过程中所固有的客观规律的集中体现，其内容如下所述。

1. 项目建议书阶段

项目建议书是拟建某一项目的建议文件，是投资决策前对拟建项目的轮廓设想和初步说明，是建设单位通过项目建议书的形式，向国家推荐项目，供国家决策部门选择项目，也是建设单位向有关部门报请立项的主要文件和依据。项目建议书应根据国民经济发展规划、区域综合规划、专业规划、市场条件，结合矿藏、水利等资源条件和现有生产力布局状况，按照国家产业政策和国家有关投资建设方针进行编制，主要论述建设的必要性、建设条件的可行性和获利的可能性。

项目建议书编制一般由政府或建设单位委托有相应资格的咨询、设计单位承担，并按国家现行规定权限向主管部门申报审批：大中型及限额以上项目的项目建议书报省级发改委（原计委，下同）及行业归口主管部门初审，初审通过后报国家发改委审批。其中特大项目（总投资 4 亿元以上的交通能源项目，总投资 2 亿元以上的其他项目）由国家发改委审核后，报国务院审批；凡属小型或限额以下项目，按隶属关系由主管部门或地方发改委审批；地方投资安排的地方院校、医院及其他文教卫生事业的大中型项目，其项目建议书均不再报国家发改委审批，由省级发改委审批，同时抄报国家发改委和有关部门备案。项目建议书被批准后，可开展下一建设程序工作，但项目建议书不是项目的最终决策。

2. 可行性研究阶段

可行性研究是在投资决策之前，对拟建设项目进行的全面技术经济分析和论证，是投资前期工作的重要内容和基本建设程序的重要环节。项目建议书被批准后，可组织开展可行性研究工作。对与项目有关的社会、技术和经济等方面的情况进行深入的调查研究，论证项目建设的必要性，并对各种可能的建设方案进行技术经济分析和比较，对项目建成后的经济效益进行科学的预测和评价，是建设项目决策的依据和基础。

可行性研究的内容可以根据不同行业的建设项目有不同的侧重点。一般要求具备的内容大体可概括为市场研究、技术研究、财务评价、国民经济评价、社会评价、环境评价等内容。

可行性研究报告，应按国家现行规定的审批权限报批：大中型和限额以上项目的可行性研究报告，报国家发改委审批。总投资在 2 亿元以上的项目，经过国家发改委审查后报国务院审批。中央各部门所属小型和限额以下项目由各部门审批。地方投资 2 亿元以下项目，由地方发改委审批。申报项目可行性研究报告，必须同时提出项目法人组建方案及运行机制、资金筹措方案等。

可行性研究报告经批准后，不得随意修改和变更。如果在建设规模、产品方案、主要协作关系等方面有变动，以及突破投资控制数额时，应经原批准机关复审同意。可行性研究报告批准后，应正式设立项目法人，并按项目法人责任制实行项目管理。经过批准的可行性研究报告，是项目最终决策立项的标志，是据此进行初步设计的重要文件。

3. 设计阶段

可行性研究报告批准后，工程建设进入设计阶段。我国大中型建设项目的设计阶段，一般是采用两阶段设计，即初步设计、施工图设计。重大项目和特殊项目，根据各行业的特点，实行初步设计、技术设计、施工图设计三阶段设计。民用项目一般采用方案设计、初步设计、施工图设计三个阶段。

(1) 初步设计 初步设计是根据批准的可行性研究报告和必要的设计基础资料，对设计对象进行通盘研究和总体安排，规定项目的各项基本技术参数，编制项目总概算。各类建设项目的初步设计，内容不尽相同，其深度应能满足国家或行业的规定要求。经过批准的初步设计和总概算，是编制施工图设计文件或技术设计文件，确定建设项目总投资，编制基本建设投资计划，签订工程总承包合同和贷款合同，控制工程贷款，组织主要设备订货，进行施工准备，推行经济责任制的依据。

初步设计的审批权限是：大型项目，由主管部委或省、自治区、直辖市组织审查提出意见，报国家发改委审批。其中重大项目的初步设计，由国家发改委组织，聘请有关部门的工程技术和经济管理专家参加审查，报国务院审批；中小型项目，按隶属关系由主管部委或省、自治区、直辖市发改委自行审批，其中中型项目要报国家发改委备案。

经审查批准的初步设计，不得随意修改。凡涉及总平面布置、主要工艺流程、建筑面积、建筑标准、总定员和总概算等方面的修改，需报经原设计审批机关批准。

(2) 技术设计 技术设计是为了进一步确定初步设计中所采用的工艺流程和建筑、结构上的主要技术问题，校正设备选择、建设规模及一些技术经济指标，而对一些技术复杂或有特殊要求的建设项目所增加的一个设计阶段。技术设计应根据批准的初步设计文件编制。其内容视工程的特点而定，深度应能满足确定设计方案中，重大技术问题以及有关科学试验和设备制造方面的要求。

技术设计的内容应包括：①总布置图；②生产；③运输；④动力；⑤给水排水；⑥采暖通风；⑦人员及住宅；⑧房屋建筑物；⑨施工组织等。我国对技术设计的详细内容有专门的规定。

技术设计阶段要编制修正总概算。技术设计和修正总概算由主管部门或地方有关部门审批。

(3) 施工图设计 施工图设计是把初步设计（或技术设计）中确定的设计原则和设计方案根据建筑安装工程或非标准设备制作的需要，进一步具体化、明确化，把工程和设备各构成部分的尺寸、布置和主要施工方法，以图样及文字的形式加以确定的设计文件。

施工图设计根据批准的初步设计（或技术设计）文件编制。施工图设计的内容包括：总平面图，建筑物、构筑物详图，公用设施详图，工艺流程和设备安装详图等。其深度也应能满足规定要求。经审定后的施工图设计和预算是建设工程施工和工程结算的依据。

4. 列入年度固定资产投资计划

一个建设项目在完成了上述各阶段的工作后，就可以报请国家有关部门列入国家年度固定资产投资计划。按国家现行政策规定，大中型建设项目申请列入国家年度固定资产投资计划，由国家发改委批准。小型项目则按隶属关系，在国家批准的投资总额内，由国务院各部门、各省、自治区、直辖市自行安排。用自筹资金建设的项目，也要在国家确定的控制指标内安排。

5. 设备订货和施工准备

组织好设备订货和施工前的准备工作，是保证建设项目顺利实施的基础。工程项目设备的订货和施工准备工作，需满足以下条件：可行性研究报告或初步设计已经批准；项目法人已经设立；项目已列入国家或地方固定资产投资计划，筹资方案已经确定；有关土地使用权已经批准；已办理报建手续。

施工准备工作主要内容有：①施工现场的征地、拆迁；②编制具体的建设实施方案，制订年度工作计划；③组织设计的招标，选择设计单位；④组织设备和物资采购等服务；⑤组织建设监理和工程施工招标投标；⑥完成施工用水、电、通信、路和场地平整等工程，建造临时设施；⑦落实建筑材料、施工机械，组织进货；⑧准备必要的施工图；⑨申请贷款，签订贷款协议、合同等。

6. 施工阶段

施工是设计意图的实现，也是整个投资意图的实现阶段。在施工准备就绪之后，项目法人必须按审批权限，向主管部门提出工程开工申请报告，经批准后，方能正式开工。我国对大中型项目规定的开工条件是：①项目法人已经设立，项目组织机构和规章制度健全；②初步设计和总概算已经批复，施工图设计可以满足主体工程施工需要；③建设项目已列入国家或地方年度固定资产投资计划，年度建设资金已落实，施工组织设计大纲已经编制完成；④现场施工准备和征地移民等建设外部条件能够满足主体工程开工需要；⑤建设管理模式已经确定，投资主体与项目主体的管理关系已经理顺；⑥项目建设所需主要设备和材料已经订货，并已备好连续三个月施工的需要。

关于项目开工建设时间，一般规定，项目的任何一项永久性工程第一次正式破土开槽日期即为项目开工时间。不需要开槽的工程，以建筑物的基础打桩作为正式开工时间。建设工期从开工时间算起。

7. 生产准备

生产准备是项目投产前所要进行的一项重要工作，是建设阶段转入生产经营的必要条件。建设单位在项目进入施工阶段以后，应加强施工管理，并适时做好有关生产准备工作，保证工程一旦竣工，即可投入生产。生产准备是从建设到生产的桥梁，是保证收回投资的重要环节，特别是对一些现代化的大型项目来说，生产准备工作显得尤为重要。

生产准备的主要内容有：

1）生产组织准备。建立生产经营的管理机构及相应的管理制度，招收和培训必要的生产管理人员。生产管理人员要尽早介入工程的施工建设，参加设备的安装调试，熟悉情况，掌握好生产技术和工艺流程，为顺利衔接基本建设和生产经营阶段做好准备。

2）生产技术准备。主要包括技术资料的汇总、运行技术方案的制定、岗位操作规程的制定和新技术准备。

3）生产物资准备。主要是落实投产运营所需要的原材料、协作产品、燃料、水、电、气和工器具、备品备件和其他协作配合条件。

4）正常的生活福利设施准备。

8. 竣工验收交付使用

竣工验收是投资成果转入生产或使用的标志，是全面考核基本建设成果、检验设计和工程质量好坏的重要环节。竣工验收合格的项目即从基本建设转入生产或使用。竣工验收对促进建设项目及时投产，发挥投资效果，总结建设经验，都有重要作用。当建设项目的建设内容全部完成，并经过单位工程验收，符合设计要求；完成竣工报告、竣工决算等必须文件的编制后，项目法人按规定向验收主管部门提出申请，根据国家和部委颁布的验收规程组织验收。国家对建设项目竣工验收的组织工作，一般按隶属关系和建设项目的重要性而定。大中型项目，由各部门、各地区组织验收；特别重要的项目，由国务院批准组织国家验收委员会验收；小型项目，由主管单位组织验收。竣工验收，可以是单项工程验收，也可以是全部工程验收。经验收合格的项目，写出工程验收报告，办理移交固定资产手续，交付生产使用。

9. 项目后评价

建设项目竣工投产后，一般经过1~2年生产运营后，要进行一次系统的项目后评价，主要内容包括：影响评价，即项目投产后对各方面的影响进行评价；经济效益评价，即对项目投资、国民经济效益、财务效益、技术进步和规模效益、可行性研究深度等进行评价；过程评价，即对项目的立项、设计施工、建设管理、竣工投产、生产运营等全过程进行评价。项目后评价一般按三个层次组织实施，即项目法人的自我评价、项目行业的评价、计划部门（或主要投资方）的评价。建设项目后评价工作必须遵循客观、公正、科学的原则，做到分析合理、评价公正。通过建设项目的后评价以达到肯定成绩、总结经验、研究问题、吸取教训、提出建议、改进工作、不断提高项目决策水平和投资效果的目的。

为规范建设活动，国家通过监督、检查、审批等措施加强工程项目建设程序的贯彻和执行力度。除了对项目建议书、可行性研究报告、初步设计等文件的审批外，对项目建设用地、工程规划等实行审批制度，对建筑抗震、环境保护、消防、绿化等实行专项审查制度。

第四节 工程项目管理

一、工程项目管理的概念及特征

工程项目管理是以工程项目为对象，在有限的资源约束条件下，为最优地实现工程项目目标和达到规定的工程质量标准，根据工程项目建设的内在规律性，运用现代管理理论与方法，对工程项目从策划、决策到竣工交付使用全过程进行计划、组织、协调和控制等系统化管理的过程。

工程项目管理具有如下特征：

1）工程项目管理具有复杂性。工程项目投资规模一般较大，项目组成复杂，建设周期长、阶段多，工程项目生产工艺技术和建造技术具有专业特殊性，决定了项目管理工作内容的复杂性。

2）工程项目管理主体是多方面的。工程项目建设过程涉及建设单位、监理单位、设计单位、施工单位、政府职能部门、材料设备供应商、出资者以及其他相关者等，如某些大型建设项目的工程合作合同多达数百份。他们站在各自立场上，出于不同目的对同一项目进行管理，既有冲突又有统一，增加了项目协调和沟通的难度。

3）工程项目管理具有科学性。系统理论是现代工程项目管理的指导思想和理论基础，计算机应用技术、信息论、控制论等现代化技术是工程项目管理的主要手段和方法。

4）目标管理是工程项目管理的核心。工程项目管理的基本目标就是有效利用有限资源，在确保工程质量标准的前提下，用尽可能少的费用和尽可能快的速度建成项目，实现项目的预定功能。因此，工程项目管理目标可概括为：质量、工期和费用三大目标，它们是实现项目“功能”目标的基础和保证。项目三大管理目标互相联系，互相影响，某一目标的变化必然引起其他目标的变化。工程项目必须保证三者结构关系的均衡性和合理性，任何强调最短工期、最高质量、最低费用都是片面的。项目三大目标管理是一个由总体到具体、从概念到实施、从简单到详细的过程。项目的三大目标必须分解落实到具体的各个阶段和各个项目单元上，形成目标控制系统，这样才能保证总目标的实现。所以工程项目管理的核心内容是工程项目目标管理。

5）合同管理是工程项目管理的纽带。工程项目建设中参与者较多，他们的目的既对立又统一。为实现项目总目标，各主体及当事人都要通过签订合同来明确自己的权利和义务。严格履行合同是确保工程项目顺利实施的主要措施之一。

6）社会经济环境是工程项目管理的组织保证。社会制度、经济环境、法律法规体系等决定了工程项目的管理模式、程序及制度。国内外项目管理发展史上为数众多的项目管理模式，如设计—建造模式、设计—采购—建造模式、建造—运营—移交模式、项目管理承包模式、项目法人责任制、建设监理制度、招投标制度等，对项目管理效率有着直接的影响。

综上所述，工程项目管理的宗旨是“以项目为主线，以合同为纽带，以目标管理为核心，以制度创新为保证，顺利实现项目目标”。

二、工程项目管理的内容

1. 管理职能和工程项目特点方面体现的内容

从管理职能和工程项目特点看，工程项目管理主要有以下工作内容：

1）工程项目组织管理及人力资源管理。由于工程项目建设的各个阶段在相关的层次、相关的部门之间存在大量的结合部，构成了复杂的关系和矛盾，应科学有效地进行组织协调和安排使用人力资源，包括项目组织的规划设计、组织结构模式及选择、项目管理班子和项目经理的选择等。

2）工程项目范围管理。指确保工程项目成功地完成规定的全部工作的界定，包括项目的批准、范围定义、范围规划、范围变更控制和范围确认等。

3）工程项目进度管理。指确保工程项目按期完成的一系列工作过程安排，包括工程项目活动定义和顺序安排的方法、活动时间估计、进度计划的制定和优化、进度的监测与调整等。

4）工程项目费用管理。指为确保工程项目的总费用不超过批准的投资限额而进行一系列工作的过程，包括项目费用构成的确定、费用估算、费用计划编制、费用监测与控制等。

5）工程项目质量管理。在工程项目建设的不同阶段，根据国家有关标准和规定，对工程项目质量进行监督和检查，包括质量计划、质量控制方法和保证措施等。

6）工程项目信息管理。主要是指对有关项目建设的各类信息快速有效地收集、储存、加工整理、传递与使用等一系列工作。信息管理是工程项目管理的基础工作，是实现项目目标的保证。

7）工程项目风险管理。指通过采用科学的方法对工程项目建设过程存在的风险进行识别、估计、评价、应对和监控，选择最佳风险管理措施，以保证以较低的成本投入，最大限度地减少风险损失，获得较高安全保障的过程。

8）工程项目招标投标与合同管理。主要指围绕项目所组织的咨询监理招标投标、勘察设计招标投标、材料设备采购招标投标、施工招标投标以及相应的合同订立履行等工作。

9）工程项目环境保护管理。工程项目的实施过程和结果存在着影响甚至恶化环境的种种因素，如空气、水质、噪声污染，自然生态环境的破坏等。强化环保意识，加强环保管理，是工程项目管理的重要任务之一。

2. 管理过程体现的内容

从管理过程看，工程项目管理可概括为决策、计划、实施与控制等过程。

（1）起始与决策过程　它包含定义一个项目阶段的工作与活动，决策一个项目阶段的起始以及决定是否将一个项目阶段继续进行下去等工作。这是由一系列决策性的工作与活动所构成的项目管理过程。

（2）计划过程　它包含确定项目总目标和各阶段工作目标，确定工作顺序和具体工作过程，编制项目总计划、各阶段和各专业工作计划，制定工作准则和方法，对项目计划进行评审批准。围绕工程项目建设的全过程和总目标，将实施过程的全部活动都纳入计划轨道，用动态的计划系统协调与控制整个工程项目，保证建设活动协调有序地实现预期目标。

（3）实施与控制过程　实施过程就是资源投入到成果实现的过程，主要是协调各项工作及各种资源以执行工程项目计划，并对项目计划的执行过程进行控制。控制过程可细分为监测与处理过程。

1）监测过程。指通过对工程进展情况进行不断的跟踪检查和分析，保障项目目标得以实现，防止偏差积累而造成项目失败。它包括监督和测量项目工作的实际情况、分析差异和问题、采取纠偏措施等内容。这是由一系列控制性的工作与活动所构成的项目管理工作过程。

2）处理过程。指根据项目环境的变化和项目计划实施中出现的问题，采取针对性的措施，如技术措施、组织措施、经济措施等，并调整计划或做出相应的变更，使管理工作持续改进。

（4）结束过程　它包括制定一个项目阶段的移交与接受条件，并完成项目阶段成果的移交，从而使项目顺利结束。这是由一系列文档化和移交性的工作与活动所构成的项目管理工作过程。

项目管理工作过程之间首先是一种前后衔接的关系，管理工作过程的输入和输出是它们相互之间的关联要素，前一个过程的输出，是后一个过程的输入。其次，项目管理过程在时间上有不同程度的交叉和重叠，并不是前一阶段结束后一阶段才能开始。最后，项目管理过程是一个循环过程，不断计划—执行—检查—处理的循环过程构成项目建设全过程。

3. 建设阶段体现的内容

（1）工程项目策划与决策阶段的工作　主要有：

1）项目建议书的编制与审批。
2）可行性研究报告的编制与审批。
3）项目法人的组建及项目管理模式的确定。
4）建设用地、协作条件等各项的审批。

（2）勘察设计阶段的工作 主要有：
1）提出设计要求，组织设计方案评选。
2）选择设计单位及其他咨询机构。
3）编制设计文件，协调设计过程。
4）设计文件的审查与审批。
5）设计阶段的质量、投资、工期控制。

（3）施工招标投标阶段的工作 主要有：
1）选择施工发包方式。
2）准备施工招标文件，组织施工招标。
3）建立项目实施控制系统。

（4）施工阶段的工作 主要有：
1）施工过程的监督和控制。
2）组织协调及管理。
3）隐蔽工程验收及中间验收。
4）施工阶段的质量、工期、费用控制。
5）施工阶段的合同管理、信息管理等。

（5）竣工验收阶段的工作 主要有：
1）编制工程竣工结算及竣工决算。
2）组织试车。
3）竣工验收，交付使用。
4）项目后评价。

三、工程项目管理的类型

从不同角度可将工程项目管理分为不同的类型，通常是按管理主体不同进行分类。一项工程的建设，涉及不同的管理主体，如项目业主、项目使用者、科研单位、设计单位、施工单位、生产厂商、监理单位等。从管理主体看，各实施单位在各阶段的任务、目的、内容不同，也就构成了项目管理的不同类型，概括起来大致有以下几种工程项目管理。

1. 业主方的项目管理

（1）业主方项目管理的概念和目的 项目业主是指项目在法律意义上的所有人，是指由各投资主体依照一定法律关系组成的项目法人（1996 年国家计划委员会应国有企业转换经营机制，建立现代企业制度的需要，根据《公司法》精神，将原来的项目业主责任制改为法人责任制。人们习惯仍称项目业主）。业主方的项目管理是指由项目业主或委托人对项目建设全过程进行的监督与管理。

业主对工程项目管理的根本目的是实现投资者的投资目标，保证工程项目建成后在项目功能与质量上达到设计标准和使用要求，并且要将工程投资控制在预定的范围之内。

（2）业主方项目管理的组织形式和任务　按项目法人责任制的规定，新上项目的项目建议书被批准后，由投资方派代表，组建项目法人筹备组，具体负责项目法人的筹建工作。待项目可行性研究报告批准后，正式成立项目法人，由项目法人对项目的策划、资金筹措、建设实施、生产经营、债务偿还、资产的增值保值，实行全过程负责，依照国家有关规定对建设项目的建设资金、建设工期、工程质量、生产安全等进行严格管理。

项目法人可聘任项目总经理或其他高级管理人员，由项目总经理组织编制项目初步设计文件，组织设计、施工、材料设备采购的招标工作，组织工程建设实施，负责控制工程投资、工期和质量，对项目建设各参与单位的业务进行监督和管理。项目总经理可由项目董事会成员兼任或由董事会聘任。项目总经理及其管理班子应具有丰富的项目管理经验，具备承担所任职工作的条件，从性质上讲是代替项目法人，行使项目管理职权的。

（3）业主对工程项目管理的特点　主要有：

1）业主对工程项目的管理表现了各投资方对项目的要求。

2）业主是对工程项目进行全面管理的中心。

3）从管理方式上看，在项目建设过程中业主对工程项目管理大都采用间接方式。

（4）业主项目管理的工作内容　主要有：

1）项目决策阶段的主要任务。包括：①对投资方向和内容作初步构想；②选择专业咨询机构，组织编制项目建议书和可行性研究报告；③组织对工程项目建议书和可行性研究报告进行评审，并落实项目建设相关条件；④根据项目可行性研究报告和国家有关规定对项目进行决策。

2）项目准备阶段的主要任务。包括：①取得项目选址、资源利用、环境保护等方面的批准文件，及原料、燃料、水、电、运输等方面的协议文件；②明确勘察设计的范围和设计深度，选择勘察设计单位进行勘察、设计工作；③及时办理有关设计文件的审批工作；④组织落实项目建设用地，办理土地征用、拆迁补偿及施工场地的平整等工作；⑤聘请监理咨询机构，组织开展设备采购、工程施工招标及评标等工作。

3）项目实施阶段的主要任务。其主要工作是按合同规定为项目顺利实施提供必要的条件，并在实施过程中督促检查并协调有关各方的工作，定期对项目进展情况进行研究分析。主要有：①需由业主办理的项目有关批准手续，如施工许可证等；②解决施工所需的水、电、道路等必备条件；③向承包方提供施工场地的工程地质和地下管线等资料，协调处理施工现场周围地下管线和邻近建筑物、构筑物及有关文物、古树等的保护工作，并承担相应费用；④协调设计、施工、监理等方面的关系，组织进行施工图会审和设计交底；⑤确定水准点和坐标控制点，以书面形式交给承包方，并进行现场交验；⑥督促检查合同执行情况，按合同规定及时支付各项款项。

4）竣工验收阶段的主要任务。包括：①组织进行联合试车；②组织有关方面进行竣工验收，办理工程移交手续；③做好项目有关资料的管理工作。

2. 咨询监理方的项目管理

较长时间以来，我国工程项目建设组织方式一直采用工程指挥部制或建设单位自营自管制。由于工程项目的一次性特征，这种管理组织方式往往有很大的局限性，使我国工程建设管理水平长期在低水平徘徊。为提高投资效果和工程建设管理水平，通过对我国几十年工程建设管理实践经验的反复总结，并借鉴国外工程项目管理的先进经验，我国于1988年开始建设监理制度的试点，1997年全面推行建设监理制度。2001年12月原人事部和国家计委联合发文推行注册咨询工程师执业资格制度。目前，虽然咨询工程师侧重于工程项目前期决策阶段的工作，监理工程师侧重于工程实施阶段的工作，但从国际惯例和发展趋势看，咨询工程师应是一个包含我国现行注册建造师、注册造价师、注册监理师等执业资格在内的更为广泛的概念。故在此将监理工程师和咨询工程师对工程项目的管理合称咨询监理方的项目管理。

咨询监理方对项目的管理是指咨询监理工程师接受业主的委托，为保证项目的顺利实施，按照委托规定的工作内容，以执业标准和国家法律法规为尺度，对项目进行有效的组织、监督、协调、控制、检查与指导。

（1）咨询监理工程师对工程项目管理的目的 主要是保障委托方实现其对工程项目的预期目标和按合同规定取得合法收入。

（2）咨询监理工程师对工程项目管理的特点 主要有：

1）咨询监理工程师的工作具有较强的科学性和知识性，属智力服务性工作。

2）咨询监理工程师的管理内容视委托合同而定。

3）不直接从事工程项目实体的建设。

4）职业的规范性。工程咨询监理作为一支专业队伍，有其独立的行业管理组织，规范的市场准入、执业规则和道德准则。

5）服务的有偿性。咨询监理工程师以提供的咨询服务按国家有关规定收取费用。

（3）咨询监理工程师项目管理的主要任务 根据委托，咨询监理工程师对工程项目的管理可以是项目某一个阶段，或项目建设全过程的管理工作。

1）项目决策阶段。咨询监理工程师在这一阶段的主要任务是根据业主的委托，为项目决策提供科学依据。其主要任务：①根据国家宏观政策与发展规划，结合市场调查分析，提出项目的建设内容、产品方案、工艺技术方案、建设方案、厂址布置、环境保护方案等；②在项目相关方案研究的基础上，根据有关要求，完成项目的融资方案、投资估算，以及在财务、风险、社会及国民经济等方面的评价，完成相应报告；③按委托方及有关项目审批方的要求，对项目的可行性研究报告进行评估论证；④根据委托，协助完成项目的有关报批工作。

2）项目准备阶段。在工程项目准备阶段，根据业主的委托，可以部分或全部完成以下工作：①受业主委托直接承担勘察设计工作，或进行项目勘察设计招标和监理工作；②按业主委托要求完成项目进度安排，融资方案落实及相应协议的起草工作；③协助业主完成或接受业主委托进行设备采购、施工招标工作；④协助业主完成项目有关设计文件及项目开工等报批工作；⑤按业主要求，向施工单位进行设计图的技术交底工作；⑥按业主要求和国家有关规定，做好项目设计内容的调整与修改工作；⑦业主委托的其他工作，如征地、周边关系的协调等。

3）项目实施阶段。其主要任务：①根据委托，对项目施工过程进行监督管理，并按有关规定或授权对项目施工过程中的有关问题及时妥善地进行处理；②及时向业主报告项目有关进度、质量及费用等方面的情况；③为项目投产后的运营做好人员培训、操作规程和规章制度的建立等准备工作。

4）项目竣工验收和总结评价阶段。其主要任务：①协助业主，做好项目的竣工验收和试生产工作；②开展项目的后评价工作；③业主委托的其他工作。

3. 承包商的项目管理

（1）承包商项目管理的目的 承包商分为设计承包商、施工承包商、设备承包商。承包商对工程项目的管理是指承包商为完成合同约定的任务，在项目建设的相应阶段对项目有关活动进行计划、组织、协调、控制的过程。承包商进行工程项目管理的目的主要是为了在项目建设与设备制造过程中实现其相应的收益。具体是：

1）保证承包的工程项目或设备制造达到合同规定的要求，这是承包商的主要义务。

2）追求利润的最大化。承包商在完成合同规定的任务后，有权取得相应的报酬。

（2）承包商对工程项目管理的特点 主要是：

1）管理直接作用于工程项目实体。承包商管理的对象是项目的组成部分或是完成项目组成部分的劳动者、原材料和设备等。

2）以承包合同为根本要求。承包商在实施管理的过程中，对项目的管理与控制完全以合同规定的内容为依据。

（3）承包商项目管理的主要任务 作为承包方，采用的承包方式不同，项目管理的任务不同。

1）工程总承包方项目管理的主要任务。在设计施工总承包的情况下，业主在项目决策之后，通过招标择优选定总承包单位全面负责工程项目的实施过程，直至最终交付使用功能和质量标准符合合同文件规定的工程目的物。因此，总承包方的项目管理是贯穿于项目实施全过程的全面管理，既包括设计阶段也包括施工安装阶段。其性质和目的是全面履行工程总承包合同，以实现其企业承建工程的经营方针和目标，取得预期经营效益为动力而进行的工程项目自主管理。显然他们必须在合同条件的约束下，依靠自身的技术和管理优势或实力，通过优化设计及施工方案，在规定的时间内，按质按量地全面完成工程项目的承建任务。

2）设计方项目管理的主要任务。设计单位受业主委托承担工程项目的设计任务，以设计合同所界定的工作目标及其责任义务作为工程设计管理的对象、内容和条件，通常简称设计项目管理。设计项目管理也就是设计单位对履行工程设计合同和实现设计单位经营方针目标而进行的设计管理，尽管其地位、作用和利益追求与项目业主不同，但他们也是建设工程设计阶段项目管理的重要方面。只有通过设计合同，依靠设计方的自主项目管理才能贯彻业主的建设意图和实施设计阶段的投资、质量和进度控制。

3）施工方项目管理的主要任务。施工企业为实现履行工程承包合同和落实企业生产经营方针目标，依靠企业技术和管理的综合实力，对工程施工过程进行计划、组织、指挥、协调和监督控制的系统管理活动，简称施工项目管理。其主要任务包括：①制订施工组织设计和质量保证计划，经监理工程师审定后组织实施；②按施工计划组织施工，认真组织好人力、机械、材料等资源的投入，并向监理工程师提供年、季、月工程进度计划及相应进度统计报表；③按施工合同要求在工程进度、成本、质量方面进行过程控制，发现偏差及时纠正；④遵守有关部门对施工场地交通、施工噪声以及环境保护和安全生产等方面的管理规定，办理相关手续；⑤按专用条款约定，做好施工现场地下管线和邻近建筑物、构筑物，及有关文物、古树等的保护工作；⑥保证施工现场清洁，使之符合环境卫生管理的有关规定；⑦在施工过程中按规定程序及时主动、自觉接受监理工程师的监督检查，提供业主和监理工程师需要的各种统计数据的报表；⑧及时向委托方提交竣工验收申请报告，对验收中发现的问题及时进行改进；⑨负责已完工程的保护工作；⑩向委托方完整及时地移交有关工程资料档案。

4）供应方项目管理的主要任务。从系统分析角度看，设备制造厂、建设物资供应商可以将加工生产制造和供应合同所界定的任务，作为项目进行管理和控制，以适应项目管理总目标的要求，供应方项目管理的主要任务主要有：①按合同规定的价格、时间、质量和数量提供设备和建设物资，并做好现场服务，及时解决有关设备的技术质量、缺损件等问题；②按照合同约定，完成设备的有关包装、保险、运输、安装、设备调试、技术援助、培训等相关工作；③保证提交的设备和建设物资与技术规范和委托文件的要求一致；④保证业主在使用其所提供的设备或建设物资时，不受第三方提出的侵犯其专利权、商标权和工业设计权方面的要求；⑤完成合同规定的其他工作。

4. 银行对工程项目的管理

（1）银行对工程项目管理的目的　为项目提供资金贷款的各金融机构（统称为银行），从对其所提供资金的安全性、流动性等方面考虑，对项目进行分析与控制，是一种不完全意义上的项目管理。这类管理重点是资金投入的评审、使用、控制与监督，以及风险控制措施等。银行对工程项目管理的目的主要是：

1）保证资金的安全性。商业银行的注册资本一般只占全部资金来源的8%左右，90%以上的经营资金是存款和其他负债。因此，商业银行必须保证放款的及时收回，否则将影响银行的清偿能力，动摇银行的信用。银行通过其对资金投放的控制保证资金的安全性。

2）保证资金的流动性。由于商业银行是负债经营，如果没有一定量的资金及时回流，就无法保证客户的存款及时足额提取，后果将不堪设想。因此，除了保证资金的安全性外，银行还要合理安排贷款的种类和期限，并采取措施，使贷款能及时收回。

3）保证投入资金的效益性。在保证投入资金的安全性和流动性的前提下，取得收益是商业银行贷款的最终目的。

（2）银行对工程项目管理的特点　银行对工程项目的管理其实是银行信贷管理的一部分，主要特点为：

1）管理的主动权随着资金的投入而降低。银行为工程项目提供贷款是根据贷款方的申请而自愿提供资金的一种行为，是银行认为能保证资金安全和取得一定收益后做出的承诺与决策。在银行决定是否为工程项目提供资金这一点上，银行是有主动权的。在银行的资金逐步投入以后，银行对项目的控制程度就随之降低。资金全部贷出后，银行就无法具体控制项目的建设、管理与运作。因此，银行对工程项目的前期管理更为重要。

2）银行对工程项目的管理主要采取金融性手段。银行在对投资项目资金管理上往往采取金融性较强的专业手段进行控制。如前期对项目进行全方位评价、进行企业信用评价、要求用贷方提供担保与抵押、制订资金投放计划、监督用贷方资金的使用、必要时采取保全措施等。

3）银行对工程项目的管理主要是对项目资金安全性的监控。为保证银行对工程项目投入资金的安全性和一定的收益，银行对用贷方的监控范围包括企业信用、设备采购、费用支出等相关方面，这些方面都是会对资金安全产生影响的环节。

（3）银行对工程项目管理的主要任务 其管理可分为贷前管理和贷后管理两个阶段。

贷前管理的主要任务有：

1）受理借款人的借款申请，进行贷款基本调查。

2）对借款人进行财务评价和信用评价分析。

3）对贷款项目进行评估。

4）制定贷款的法律文件，主要有借款合同、保证合同、抵押合同和质押合同等。

5）贷款审批。银行对贷款的审查重点是：①贷款的直接用途是否符合国家与银行的有关规定；②借款人是否符合借款资格条件；③借款人的信用情况；④借款人的发展前景；⑤借款人偿还贷款的资金来源及偿债能力；⑥贷款担保人的情况；⑦贷款抵押、质押物的情况；⑧根据贷款方式、贷款结构和附加条件进行审批。

6）贷款发放。在银行与借款人签订借贷合同后，若无正当理由或借款人没有违约的情况下，银行必须按借款合同的约定发放贷款。银行在发放贷款中要注意检查有关合同条款，检查用款申请材料是否符合有关规定和合同要求。在贷款的发放中还要注意严格执行贷款的发放程序。

贷后管理的主要任务包括：

1）贷后检查。贷后检查是指在贷款发放之后，定期或不定期地对贷款的运行情况进行检查分析。主要有：以检查借款人是否按规定使用贷款和按规定偿还本息为主要内容的贷款检查；以保证贷款顺利偿还为目的的借款人检查；以把握担保的有效性及应用价值为目的的检查等。

2）贷款风险预警。通过对项目的绩效追踪以及一些与贷款密切相关情况的收集和先行指标的测算，及时预测和发现贷款可能存在的风险，以便采取相应措施。

3）贷款偿还管理。在项目建成后，银行还要进行贷款偿还管理，主要包括本息的催收，有限延长还款期限的贷款延期，以及借款人归还贷款的全部本息后，对结清贷款进行评价和总结等。

此外，当借款人不能按期向银行偿还贷款时，银行还要根据不同情况采取相应的贷款清收与保全措施，包括办理延期等方式重新确定还款期；采取企业兼并、破产、债权转股权、股份制改造、资产证券化、以物抵债等措施来保证银行贷款的收回；对于逃避债务的，可通过法律手段解决等。

5. 政府对工程项目的管理

（1）政府对工程项目管理的目的 政府对工程项目的管理是指政府为了履行社会管理的职能，以相关法律为依据，由有关机构与部门对工程项目所进行的强制性监督和管理。世界上无论是发达国家还是发展中国家的政府，都要对所有的工程建设项目（无论项目的大小，无论是私人项目还是公共项目）进行监督和管理。

从政府角度，项目资金来源主要有两大类：一是政府出资的项目，二是非政府出资的项目。对不同类型的项目，政府对其管理的内涵不完全一样。

对于非政府出资的项目，政府对其管理主要通过政策、法律法规、税收、审批等手段，对建设项目在投资方向、投资规划、外债规模和环境保护等方面进行控制和管理。

对于政府出资项目的管理，其管理具有业主管理和政府管理的双重内涵。一方面主要是通过政策、法律法规等手段对项目进行宏观管理与调控；另一方面是通过实行项目法人责任制，由项目法人对项目实施管理，并往往委托相关资产管理公司或国有投资公司进行管理，重点项目还要实行稽查管理。

总体而言，政府对工程建设项目的管理贯穿于前期准备、立项和规划审批、项目建设报建、承发包以及质量的监督，到工程竣工验收备案管理的全过程，主要是通过程序和相关法律法规的制定和执行来实现的。

政府对工程项目管理的目的主要在于维护社会公共利益，为了保证社会经济能够健康、有序和稳步发展，保证工程建设的顺利进行。具体而言主要目的是：

1）保证投资方向符合国家产业政策的要求。为保证投资项目符合国家经济和社会发展的需要，国家通过有关产业政策，对项目进行鼓励和限制，同时政府部门在审批项目时也依据这一政策进行控制。

2）保证工程项目符合社会经济发展规划和环境与生态等的要求。政府通过项目建设程序保证社会经济发展规划、国土规划、行业规划、环境与生态保护等规划能够得到切实的执行。保证工程建设项目符合城市规划的要求，维护工程建设项目所在地区的环境。

3）保证工程建设项目遵守有关的工程技术标准与规范。工程建设项目是业主的行为，建成后归业主所拥有，但它并非一般的产品，它关系到使用者的人身安全，同时也影响临近地区的安全与卫生。所以，为了维护公共的利益，政府还要对所设计的工程项目在防火、结构安全、人员疏散、卫生条件等方面进行审查和施工中的监督检查。

4）保证国家整体投资规模达到合理的经济规模。为保证国家经济的健康发展，增强整体经济实力，政府通过对项目的审批，引导和控制某些项目的建设规模，以保证国家整体投资规模控制在一个合理的范围内。

（2）政府对工程项目管理的特点　政府对工程项目的管理有以下特点：

1）具有权威性和强制性。由于政府的特殊地位与身份，使政府对工程项目管理具有较大的权威性。政府是法规的制定者，也是执行的监督者。政府可以通过立法、发布命令、制定政策等方式要求项目必须达到某种要求。

2）具有指导性。政府对工程项目的管理在具有强制性的同时，还具有指导性。政府主要对项目的规模、布局、内容等进行引导与调控，以保证国民经济健康有序发展。政府不可能也不应该过多地介入工程项目管理的具体环节，项目法人、承包商等有较大的自主权。

3）管理手段多样，以宏观管理为主。政府对工程项目管理的手段是多样的，有行政命令等行政手段，也有法律法规等法律手段，还可以使用税收等各种经济手段。这些手段多属于宏观性管理。

4）加强市场准入，强调行业协会的作用。在充分发挥政府宏观管理的同时，发挥行业协会的作用，实行建筑市场准入制度和个人执业资格制度。

（3）政府对工程项目管理的主要任务　政府对工程项目管理的主要任务表现在：

1）制定各种宏观经济政策。政府通过制定各种宏观经济政策来引导和控制工程项目的投资方向和规模，通过制定各种法律法规来引导和控制工程项目建设活动。宏观经济政策主要有货币政策、财政政策、投资政策、产业政策等；建设法规主要有《建筑法》《合同法》《建设工程招标投标法》等。

2）制订经济与社会发展规划。政府通过制订各种经济与社会发展战略、发展规划、年度计划，包括国家的长远发展战略规划，地区、行业发展规划，城市发展规划等，对工程建设项目进行引导和调控。

3）加强重要资源的管理。国家对工程项目建设中土地资源的合理利用，对涉及矿产资源和重要自然资源的开发利用等规定了极为严格的审批程序与批准条件。为了保证国家经济的健康发展，国家对国内资金进行总量平衡管理，对涉及外资、外债的项目，根据外资、外债的不同规模与种类报国家有关部门审批。

4）环境与安全管理。工程项目的建设对自然环境势必会产生一定的影响。为了保护人类生存环境，保证国家可持续发展战略的实施，国务院制定了《环境保护法》和《建设项目环境保护管理条例》。要求工程建设项目在环境保护方面应做到与项目主体工程同时设计、同时开工和同时投入使用。

工程项目的安全问题是指项目建设与将来生产过程中的财产和人身安全。国家制定了项目建设和运营中在安全施工、生产，防火、消防等方面的安全防护标准，工程项目在进行设计与施工时必须严格贯彻执行这些标准。项目建成后，还必须经有关部门检查，取得许可后方可投入使用。

（4）政府对工程项目管理的主要内容 按工程项目建设阶段来划分，政府对工程项目管理的主要工作内容有：

1）工程项目建设前期所进行的监督与管理。主要包括：审查工程项目建设的可行性和必要性；确定工程建设项目的具体位置、用地面积和范围。

2）工程项目设计和施工准备阶段所进行的监督与管理。主要包括：审查工程项目的设计是否符合有关建设用地、城市规划的要求；审查工程项目是否符合建筑技术性法规、设计标准的规定；工程项目施工招标投标过程的监管。

3）工程项目施工阶段所进行的监督与管理。主要包括：开工条件审核，施工阶段定期、非定期检查，竣工检查等。

此外，政府对工程项目的管理还表现在其他一些方面，如特别技术的进出口方面，税收方面，防止使用淘汰工艺技术方面，使用一些特殊物资作为原料或生产特殊药品、化学物质等项目的建设都有专门规定。

上述内容目前在我国是由不同政府职能部门负责的，比较分散。例如规划、设计、环保、防火、供电等均由不同的政府职能部门审批。这带来多头管理、多头报批的局面，既花精力，又花时间，在我国体制转轨过程中还易滋生腐败。近年来我国有的地区已在逐渐进行改进，减少业主与不同职能部门分别打交道的情况。其中一种方式是将一些职能部门的审批工作进行合并；另一种方式是由一个牵头部门来协调各有关部门的意见，业主则只与这个牵头部门打交道，以此达到政府应有的职能既不致削弱，又有利于简化审批程序，提高工作效率。

复习题

1. 试述工程项目管理各参与方的权利与职责。

2. 斯坦迪国际公司对软件开发项目进行了统计研究，发现有31%的项目在完成之前即被取消，53%的项目超预算成本达189%以上，只有16%的项目在预算内完成。影响项目成功的因素：用户参与19%，高层管理人员的支持16%，要求明确的表述15%，适当的计划11%，现实的预期10%，详细的里程碑9%，项目经理才干8%，团队及其他12%。试对工程项目的完成情况作一类似的调查分析。

3. 旧金山市的中央高速公路高架桥在1989年的洛玛普里塔地震中遭到了严重的损毁，近期需要安全拆除。该项任务非常复杂，因为这种立体交叉的多方向桥梁距离人口密集的建筑物只有1.829m（6ft）之遥，非常接近顶部和地下的各种设施（天然气管道、供水管道、电缆和污水管道），并且穿过的商业和住宅区域都具有振动和噪声方面的限制。所以，对整个拆除工作进行管理，而又要保证当地人口和现有设施的安全，是该项目面临的主要挑战。

完成这项工作所需的基本条件是进行详细的计划，其计划包括：安全实践准则；拆除工作的进度计划；灰尘控制计划；噪声水平监控；荷载确定和结构分析。

这项拆除工作中的大部分内容是对桥梁的上层使用轧碎机，而对桥梁的下层使用粉碎机。首先拆除高架桥下的铁路路基，然后是支架部分，接着再将所有的残骸推到地面上去。接下来是拆除顶棚、支柱和护栏。在整个桥梁的拆除过程中一直持续这一过程，直到完全被拆除。在项目进行的过程中，噪声、振动、安全和程序都得到了严密的监管。期间同公用事业公司和与所拆除路段有关的其他方面也保持了良好的沟通。按照这种方式，整座高架桥顺利拆除，没有发生任何重大的事故或人员伤亡。问题：

（1）这一项目应考虑的主要问题有哪些？

（2）项目生命周期是“S”形吗？

（3）该项目与新建项目有什么区别？

工程项目组织管理

第二章

【主要内容及学习要求】

本章对传统和现阶段的工程项目组织管理模式进行分析，要求理解项目经理和项目团队对建设项目目标实现的重要性。

第一节 概 述

一、工程项目组织的含义

现代社会“组织”一词用途广泛，在不同场合含义不完全相同，如医学领域的组织是指由许多形态和功能相同的细胞按一定方式结合构成器官的单位。管理领域的组织一词有两方面含义：其一是指为了某种目的按照一定功能和要求建立起来的集体或系统，如一个企事业单位或社会团体；其二是指安排分散的人或物使之具有一定的功能和系统性的行为过程，即强调组织关系建立的行为和方式。

组织一词的两方面含义派生出组织管理理论的两个分支，即组织结构学和组织行为学。组织结构学侧重于组织的静态研究，以建立高效的组织机构为目的；组织行为学侧重于组织的动态研究，以建立良好的组织关系和实现组织职能为目的。

工程项目组织是指为完成工程任务而建立起来的，从事项目工作的组织系统。它包括两个层面，一是项目业主、承包商等管理主体之间的相互关系，即通常意义上的项目管理模式；二是某一管理主体内部针对具体工程项目所建立的组织关系。

二、工程项目组织的特点

工程项目的特点决定了工程项目组织的特殊性。

1）项目组织具有临时组合性特点，是一次性的，暂时性的。项目组织的寿命与它所承担的工程任务时间长短有关，即使项目管理班子人员未变，但项目的改变也应该认为这个组织是一次性的，这是有别于企业组织的一大特点。

2）项目目标和任务是决定项目组织结构和运行的最重要因素。由于项目管理主体来自不同单位或部门，各自有独立的经济利益和责任，必须在保证项目总目标的前提下，按项目合同和项目计划进行工作，完成各自的任务。

3）项目的组织管理既要研究项目各参与单位之间的相互关系，又要研究某一单位内部的项目组织形式。这是项目组织有别于企业组织的又一大特点。

4）项目各参与单位之间的组织关系主要是合同关系。某一企业内部的项目组织关系，即通常意义上的项目经理部对内是一种分工与协作的关系，对外代表企业行使权利，与企业组织一般采用内部承包责任制，依附于企业组织而存在。

5）项目组织较企业组织更具有弹性和可变性。这不仅表现为项目组织成员随项目的进展而不断地调整其工作内容和职责，甚至变换角色，而且当采用不同的项目管理模式或承发包模式时，则表现为不同的项目组织形式。

6）项目组织管理较一般企业组织管理困难和复杂。由于项目组织的一次性和可变性，以及参与单位的多样化，很难构成较为统一的行为方式、价值观和项目组织文化。

三、工程项目组织的建立步骤

由于工程项目组织的上述特点使得其组织机构的建立既有与一般组织机构相同之处，又有其不同点。这主要表现在：首先必须考虑工程项目建设各参与单位之间的相互组织关系，即项目管理模式；其次才是各参与单位内部针对具体项目所采用的项目组织形式，即通常意义上的组织机构形式。所以，从工程项目管理学科角度看，工程项目组织的建立步骤如下：

（1）确定工程项目管理模式　根据现阶段我国《合同法》《招标投标法》等相关法律法规，以及建设项目法人责任制和建设监理制度等的规定，基本上已决定了项目建设各参与单位之间的相互关系。此外，还可借鉴国际上项目管理的一些新模式，如 BOT（Build-Operate-Transfer，建设-经营-转让）、EPC（Engineer Procurement Construction，公司受业主委托）等。

（2）项目建设各参与单位根据项目特点和合同关系建立本单位的项目组织　具体为：

1）确定项目管理目标。项目管理目标是项目组织存在和设立的前提，也是确定项目组织形式和工作内容的基础。项目管理目标对承担工程建设项目不同任务的单位而言是有区别的，如设计承包商不用考虑施工承包商的项目目标。建立项目组织时应该明确本组织的项目管理目标。

2）确定项目管理工作内容。明确项目组织工作内容，一方面是项目目标的细化和落实，另一方面也是项目组织的根本任务和确定项目组织机构形式的基础。

3）确定项目组织结构形式。不同组织结构形式有不同的优缺点，应根据项目管理目标和工作内容选择合适的项目组织形式。

4）确定项目组织结构管理层次和跨度。管理层次和管理跨度构成了项目组织结构的基本框架，是影响项目组织效益的主要因素，应根据项目具体情况确定相互统一、协调一致的管理层次和跨度。

5）确定工作岗位和职责，配置工作人员。以事设岗，以岗定人是项目组织机构设置的一项重要原则。根据项目工作内容划分工作岗位，根据工作岗位安排不同层次、不同特长的人，并确定相应工作岗位职责，做到权责一致。

6）确定工作流程和信息流程。组织形式确定后，项目组织大致的工作流程基本已明确了，但具体的工作流程和信息流程要在工作岗位和职责明确后才能确定下来。合理的工作流程和信息流程是保证项目管理工作科学有序进行的基础，是确定工作岗位考核标准的依据，是严肃工作纪律、使工作人员人尽其责的主要手段。

7）制定考核标准，规范化开展工作。为保证项目目标的最终实现和项目工作内容的完成，必须对各工作岗位制定考核标准，包括考核内容、考核时间、考核形式等。

第二节 工程项目管理主体间的相互关系

一、传统计划经济体制下的工程项目管理组织模式及弊端

从新中国成立直至20世纪80年代，我国固定资产投资基本上是由国家统一安排计划、统一财政拨款。在我国当时经济基础薄弱、建设资金和物资短缺的条件下，这种方式对国家集中有限的人力、财力、物力进行经济建设起到了积极作用。当时的工程项目建设管理模式主要采用工程建设指挥部制和建设单位自营自管制两种形式。

1. 工程建设指挥部负责制

工程建设指挥部负责制是我国计划经济体制下，大中型工程建设项目管理所采用的一种基本组织模式，它主要是以政府派出性质的工程建设指挥部形式对项目建设进行的管理和监督。

工程建设指挥部一般是在前期工作阶段先成立项目筹建处，在工程开工前正式组建。指挥部由项目主管部门从本行业、本地区所管辖的单位中抽调专门人员组成。对一些投资规模大、协作关系复杂的大型项目，在指挥部之上还要成立由中央部门和地方主要领导参加的项目建设领导小组。少数特大型项目，由国务院派出代表，与各有关部门、各有关地方的主要领导共同组成高层次的项目建设领导小组。

工程建设指挥部全面负责从项目建设前期工作开始，直至投产验收的组织管理工作。其主要职责是：认真贯彻执行国家有关投资与建设的方针、政策、法规、规范和标准，按照国家计划和批准的设计文件组织工程建设，统一领导、指挥参加工程建设的各有关单位，确保建设项目在国家核定的投资范围内，保质、保量、按期建成投产，发挥效益。其组织形式如图2-1所示。

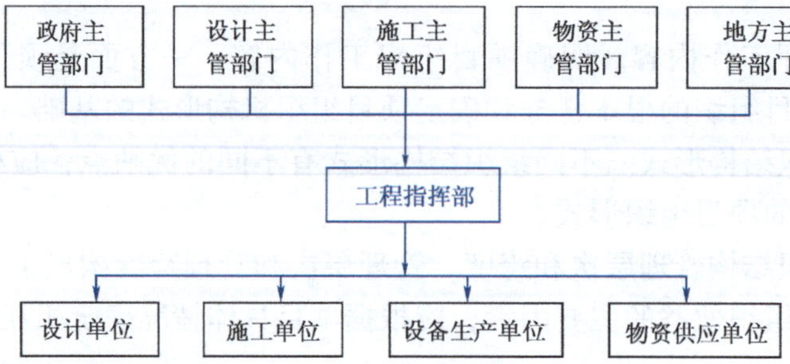

图2-1 工程建设指挥部组织形式

由于工程建设指挥部是政府主管部门的派出机构，又有各方面主要领导组成的领导小组的指导与支持，因而在行使建设单位的职能时有较大的权威性，指挥部可以依靠行政手段协调各方面关系，有效解决征地、拆迁等外部协调难题，调配项目建设所需要的设计、施工队伍和材料、设备等。特别是在建设工期要求紧迫的情况下，能够迅速集中力量，加快工程建

设进度。实践证明，工程建设指挥部负责制这种管理模式在我国工程建设史上发挥了巨大的作用。但同时应看到，这种采用纯行政手段来管理工程建设活动的模式也存在着以下弊端：

1）工程建设指挥部不是一个独立的经济实体，缺乏明确的经济责任制。政府对工程建设指挥部没有严格、科学的经济约束，指挥部拥有投资建设管理权，却对投资的使用和回收不承担任何责任。也就是说，作为管理决策者，却不承担决策风险。

2）工程建设指挥部是一个临时组建的机构，并非是一个专业化、社会化的管理机构，人员的专业素质难以保证。而当他们在工程建设过程中积累了一定经验之后，又随着项目的建成投产而转入其他工作岗位，难以培养专门的项目管理人才，导致工程建设的管理总在低水平上徘徊。

3）工程建设指挥部管理模式基本上采用行政管理的手段，过于强调管理的指挥职能，忽视了客观经济规律的作用和合同手段。

由于这种传统的工程项目管理模式的不足，使得我国工程项目管理水平和投资效益长期得不到提高，建设投资和质量目标失控现象时有发生。

2. 建设单位自营自管制

在建设单位内部设立固定或临时基本建设管理机构，是目前建设单位进行工程建设活动普遍采用的一种组织管理模式。采用这一形式的大多是一些规模较大、建设任务多的大中型企业。有的企业拥有较强的项目管理班子，而且还有自己的设计、施工队伍；有的企业只拥有较完整的项目管理机构，设计、施工队伍则需要通过招标形式进行选择，其组织形式如图2-2所示。

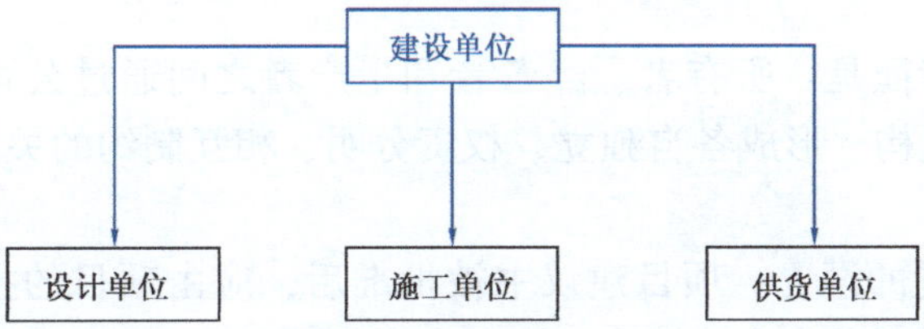

图2-2　建设单位自营自管制组织形式

与指挥部不同的是，企业的基建管理机构一般不独立对外，有关建设方面的问题都以其企业的名义进行联系，即真正的建设单位还是企业，但从企业基建管理机构的工作内容上看，它实际上行使着建设单位的职能，因而其职责和任务与指挥部大体相同。

建设单位自营自管制的主要优点是：建设与生产紧密结合，可减少建设部门与生产部门之间的矛盾，可以充分利用现有企业的资源和有利条件，加快建设速度。对自属设计队伍、施工队伍的调动也比较灵活。不足之处是：企业集生产单位、建设单位两种职能于一身，往往无法正确核算生产与建设的效益；基建管理人员专业化程度低，不利于积累建设经验。此外，自己拥有设计、施工队伍的企业，易造成吃企业内部“大锅饭”的现象，在建设任务不足时，这些队伍的存在可能成为企业的包袱。

二、工程建设管理体制的改革

20世纪80年代，我国进入了改革开放的新时期，为了从根本上解决工程建设传统管理体制的弊端，基本建设管理体制也进行了一系列的改革和完善，归纳起来主要有以下重大举措。

1. 建设项目法人责任制

（1）项目法人责任制的提出背景　项目法人责任制的前身是项目业主责任制，它是西方国家普遍实行的一种项目管理模式。自1987年以来，我国一些利用外资或合资建设的水电项目相继引入这种项目管理模式，并取得了投资少、工期短、质量好的效果。有鉴于此，原国家计委于1992年11月印发了《关于建设项目实行业主责任制的暂行规定》，要求国有单位基本建设项目原则上都要实行业主责任制。

经过几年的实践证明，实行项目业主责任制有助于落实投资责任，初步改变了筹资建设与经营还贷脱节的弊端，这对控制建设投资、提高工程质量、加快建设进度起到了积极作用。但同时也发现，项目业主责任制在投资责任约束机制方面尚有不足。为此，原国家计委又在《公司法》的基础上，于1996年3月印发了《关于实行建设项目法人责任制的暂行规定》，要求“国有单位经营性基本建设大中型项目在建设阶段必须组建项目法人”，做到先有法人，后有项目。实行建设项目法人责任制，明确了产权关系，真正落实了投资责任。项目法人责任制是对项目业主责任制的超越，是以现代企业制度为基础的一种创新制度，它可以解决建设项目业主责任制所难以解决的问题。

（2）项目法人的组织形式　按照原国家计委《关于实行建设项目法人责任制的暂行规定》要求，“项目法人可按《公司法》的规定设立有限责任公司和股份有限公司形式”。有限责任公司是由法律规定的一定人数的股东组成，每个股东以其出资额为限对公司负有限责任，公司以其全部资产对债务承担责任的项目法人；股份有限公司是指全部资本由等额股份构成，股东以其所认购的股份金额为限对公司承担财产责任，公司以其全部资产对债务承担责任的项目法人。

项目法人的组织特征是：所有者、经营者和生产者之间通过公司的权力机构、决策机构、管理机构和监督机构，形成各自独立、权责分明、相互制约的关系，并以法律和公司章程加以确立和实现。

（3）项目法人机构的设置　项目建议书被批准后，应由项目的投资方派代表组成项目法人筹备组，具体负责项目法人的筹建工作。在申报项目可行性研究报告时，须同时提出项目法人的组建方案，否则可行性研究报告不被审批。在项目可行性研究报告被批准后，正式设立项目法人，及时办理公司设立登记。

由原有企业负责建设的大中型工程项目，需设立子公司的，要重新设立项目法人；只设立分公司或分厂的，原企业即是项目法人，原企业法人应向分公司或分厂派遣专职管理人员，实行专职考核。

项目法人可聘请项目总经理，全权负责项目的建设及建成投产后的生产经营。工程设计、施工的具体管理工作，由项目经理通过招标选择建设监理单位承担。

（4）项目法人的职责　项目法人设立后，由他对项目生命周期的各个过程实行统一管理和全面负责。项目法人在不同阶段的主要职责是：

1）前期工作阶段。负责筹集建设资金，提出项目的建设规模、产品方案、厂址选择，落实项目建设所需的外部配套条件。

2）设计阶段。负责组织设计方案竞选或设计投标工作，编制和确定招标方案；对投标单位的资质进行全面审查，综合评选，择优选定中标单位；签订设计委托合同，并按设计要求提供有关设计资料；及时了解设计文件的编制进度，落实设计合同的履行；设计完成后，要及时组织设计文件（含概预算）的审查，提出审核意见，上报初步设计文件和概算文件；进一步审查资金筹措计划和用款计划等。

3）施工招标阶段。负责组织工程施工招标和设备材料采购招标工作，编制和确定招标方案；对投标单位的资质进行全面审查，择优选定工程施工和设备材料供应的中标单位，签订工程施工合同及设备材料采购合同；落实开工前的各项施工准备工作。

4）施工阶段。负责编报并组织实施项目年度投资计划、用款计划及建设进度计划；组织工程建设实施，负责控制建设投资、施工进度和质量；建立建设情况报告制度，定期向建设主管部门报送建设情况；项目投产前，要组织好运营管理班子，培训管理人员，做好各项运营生产准备工作；项目按批准的设计文件建成后，要及时组织工程预验收，并负责提出项目竣工验收申请报告；编报工程竣工决算报告。

5）生产运营阶段。负责组织生产运营工作的内部管理机构；组织生产管理和运营管理；按时向有关部门报送生产信息和统计资料；制订债务偿还计划，并按时偿还债务，实现资产的保值增值，按组建项目法人的章程进行利润分配；组织项目后评价，提出项目后评价报告。

（5）实行项目法人责任制的优越性 实行建设项目法人责任制，使政企分开，把投资的所有权与经营权分离，这不仅是一种新的项目管理组织形式，而且是社会主义市场经济体制在投资建设领域实际运行的重要基础。实行建设项目法人责任制具有以下优越性：

1）有利于实现项目决策的科学化和民主化。由于项目法人要承担决策风险，为了避免盲目决策和随意决策，项目法人必须组织技术、经济、管理等方面的专家对项目进行充分论证，提供若干可供选择的方案进行优选，有助于项目决策的科学化和民主化的实现。

2）有利于拓宽建设项目的筹资渠道。建设项目资金需用量大，通过设立项目法人，可以采用多种方式向社会多渠道融资，同时还可以吸引外资，从而在短期内实现资本集中，满足项目建设的资金需要。

3）有利于分散投资风险。实行项目法人责任制，可以更好地实现投资主体多元化，使所有投资者利益共享、风险共担。项目建设和运营也完全处于董事会、监事会和股东会的监督之下，使投资责任和风险可以得到更具体的落实。

4）有利于避免建设与运营的相互脱节。长期以来，我国工程建设多采用工程建设指挥部负责制模式，不仅无法落实投资责任，而且还造成建设与运营相互脱节。实行项目法人责任制，项目法人不仅负责建设，而且还负责建成后的经营与还贷，对项目建设与建成后的生产经营全面负责，可以较好地克服基建管花钱、生产管还贷，建设与生产经营相互脱节的弊端。

5）有利于促进招标承包和建设监理等现代管理制度的健康发展。实行项目法人责任制，明确了由项目法人承担投资风险，因而强化了项目法人及各投资方的自我约束意识，从而推动我国招投标和建设监理等制度的健康发展，不断提高我国工程建设管理水平。

2. 建设工程监理制度

（1）建设工程监理制度的产生 通过对我国几十年建设工程管理实践的反思和总结，并借鉴国外工程管理经验，项目管理实践和理论界普遍认识到了建设单位的工程项目管理是一项专门的学问，需要专门的机构和人才，建设单位的工程项目管理必须走专业化、社会化的道路。在此基础上，原建设部于 1988 年发布了《关于开展建设监理工作的通知》，要求开展监理试点工作，1995年12月原建设部和原国家计委联合颁布737号文件——《工程建设监理规定》，1997年11月建设工程监理制度纳入《中华人民共和国建筑法》的规定范畴，2000年12月原建设部发布《建设工程监理规范》，为提高建设工程监理水平，规范建设工程监理行为提供了标准依据。

（2）建设监理单位的任务　不同阶段的任务是：

1）前期工作阶段。建设监理单位在建设项目前期决策阶段的主要任务是能够为项目法人提供决策咨询。目前在该阶段尚未形成系统、成熟的经验，需要通过实践进一步研究探索。

2）设计阶段。组织设计招标，协助项目法人确定设计方案，优选设计单位；协助项目法人签订设计合同，并根据合同要求及时、准确、完整地提供设计工作所需要的基础和资料；审查设计单位提交的设计进度计划，并控制其执行；审查工程设计概算和施工图预算，组织验收工程设计文件。

3）施工招标阶段。协助项目法人编制施工及设备材料采购招标文件和标底；做好投标单位的资质审查工作；组织开标、评标和定标工作；参加合同谈判工作，协助项目法人签订工程施工合同及设备材料采购合同。

4）施工阶段。协助项目法人做好施工现场的准备工作；审查承包商提交的施工组织设计，下达工程开工令；审查施工分包单位的资质；在项目法人的授权范围内对工程施工质量、进度和费用支出情况实施控制；对重大变更设计提出审核意见，并根据监理合同负责处理一般的变更设计；严格工序交接检查制度，做好各项隐蔽工程的检查工作；核查已完工程量，验收分部分项工程，签署工程进度款支付凭证；监督管理工程施工合同的履行，主持协商合同条款的变更，调解合同双方的争议，及时处理索赔事项；主持召开施工进度现场协调会，及时协调有关各方的关系。

5）竣工验收阶段。参与工程竣工预验收，并签署监理意见；审核承包商提交的工程结算书；编写竣工验收申请报告；建设监理合同终止后，向项目法人提交监理工作总结报告。

为了使监理单位的工作能够有效的进行，按照责权一致的原则，项目法人应授予监理单位相应的权力。这些权力包括：工程建设组织协调工作的主持权、设计质量与施工质量以及建筑材料和设备质量的确认权与否决权、工程计量与工程价款支付的确认权与否决权、工程建设进度和建设工期的确认权与否决权，以及围绕工程项目建设的各种建议权等。其中特别是工程质量否决权、工程计量与工程价款支付的确认权必须授予，否则，就不能发挥建设监理应有的作用。项目法人授予监理工程师的权限，应在建设监理合同及工程承包合同中予以明确。

3. 工程建设招标投标制度

1983年6月7日原城乡建设环境保护部颁发了《建筑安装工程招标办法》，这是我国第一个关于招标投标的部门规章，1984年9月18日，国务院《关于改革建筑业和基本建设管理体制若干问题的暂行规定》中提出要“大力推行工程招标承包制”，这是第一个关于招标投标制度的国家法规。1999年8月30日九届人大第十一次常务委员会通过了《中华人民共和国招标投标法》。2011年11月30日国务院第183次常务会议通过了《中华人民共和国招标投标法实施条例》。

招标投标制是社会主义市场经济条件下建筑市场买卖双方的一种主要交易方式，是由建筑生产特有的规律所决定的。推行工程建设招标投标制度，是促使建筑市场各主体之间进行公平交易、平等竞争，以确保工程建设质量和建设工期，实现投资计划的需要。

4. 工程建设合同管理制度

为了使勘察、设计、监理、施工、材料设备供应单位依法履行各自的责任和义务，在工程建设中必须实行合同管理制度。我国从1979年开始原国家建委相继颁发了《关于试行基本建设合同制的通知》《建筑安装工程合同试行条例》《勘察设计合同试行条例》等法规文件，开创了我国工程项目合同管理事业。到1999年3月15日全国人大二次会议通过《中华人民共和国合同法》，使我国工程建设进入一个法制化和科学化的新时期。

工程建设合同管理制度的基本内容是建设工程的勘察、设计、监理、施工、材料设备采购都要依法订立合同。各类合同都有明确的质量要求、履约担保和违约处罚条款。违约方要承担相应的法律责任。

三、现阶段工程项目管理基本模式

经过以上相关法律法规的贯彻和相关制度的实施，形成了现阶段我国工程项目管理体制的基本框架：以工程项目为中心，以经济为纽带，以合同为依据，以项目法人为工程招标发包主体、以设计施工承包商为工程投标承包主体、以建设监理单位为咨询管理主体，相互协作、相互制约的三元主体结构（见图2-3）。这是一种适应社会主义市场经济的运行机制，也是接近国际惯例的新模式。

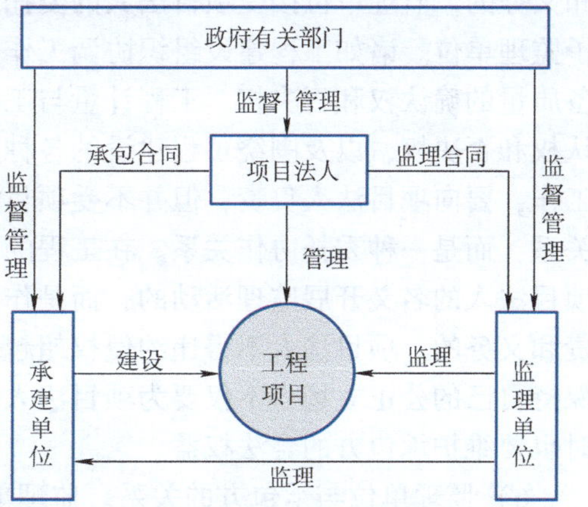

图2-3 项目相关方组织关系

1）项目法人与政府部门的关系。项目法人是独立的经济实体，要承担投资风险，要对项目的立项、筹资、建设和生产运营、还本付息以及资产的保值增值进行全过程负责。为此，项目法人必须拥有相应的自主权，政府不再直接干预项目法人的投资与建设活动，政府对建设活动的管理，由原来的直接管理为主转变为间接管理为主，由原来的微观管理为主转变为宏观管理为主。

2）项目法人与金融机构的关系。金融机构是指向工程项目提供贷款的各类银行、非银行金融机构和信用合作社，以及国际金融组织和外国商业银行等。项目法人和金融机构是平等的民事主体，双方通过借款合同，明确其权利和义务。

3）项目法人与投资方的关系。投资方是项目法人的股东。各投资方必须按照组建项目法人时签订的投资协议规定的方式、数量和时间足额出资，且出资后不得抽回投资。投资方作为股东，以其出资额为限对项目法人承担责任，同时按其投入项目法人的资本额享有所有者的权利，包括资产受益、重大决策和选择管理者等权利。

项目法人享有各投资方出资形成的全部法人财产权，对法人财产拥有独立支配的权利。项目法人以其全部法人财产，依法自主经营，自负盈亏，照章纳税，对出资者承担资产保值增值的责任。项目法人生产经营活动所产生的盈利由项目法人依法获得应有的收益，项目法人因经营管理不善所造成的亏损由项目法人承担全部责任。如果项目法人的生产经营亏损严重，不能清偿到期债务时，应依法破产。

4）项目法人与承包方的关系。承包方是指参与工程建设的设计、施工和物资供应等单位。项目法人与承包方是地位平等的民事主体，他们之间的关系是一种经济法律关系，相当于买卖双方的关系。项目法人和承包商应负有的责任、权利和义务由承包合同规定。生效的承包合同具有法律效力，对双方均有约束力，不得擅自变更或解除，任何一方违约，都要承担相应的违约责任。

承包商按其组织性质可以是独立的法人组织，也可以是联合集团。联合集团则是由几家公司联合起来投标承包一项或多项工程，并不一定要求它们以联合集团名义注册成为独立的法人，只要求各公司具有法人资格，各公司分别对所承担的工程任务负责，这种方式在国际上更为多见。

5）项目法人与监理单位的关系。项目法人与监理方之间也是一种经济法律关系，即委托与被委托的关系。这种关系是通过签订建设监理委托合同确定下来，并各自负有一定权利和义务的。监理单位接受项目法人的委托之后，项目法人就把工程建设管理权力的一部分授予监理单位。诸如工程建设组织协调工作的主持权、设计质量和施工质量以及建筑材料与设备质量的确认权和否决权、工程计量与工程价款支付的确认权和否决权，工程建设进度的确认权和否决权，以及围绕工程建设的各种建议权等。监理单位在项目法人的授权范围内开展工作，要向项目法人负责，但并不受项目法人的领导，监理方与项目法人之间不是某种从属关系，而是一种委托协作关系。在工程的实施中，监理单位不是项目法人的代理人，不是以项目法人的名义开展监理活动的，而是作为独立于项目法人与承包商之外的第三方执行其职责和义务的。项目法人不得违约侵权超越合同，不得随意干涉监理方的工作，而监理方也应保持自己的公正立场，不仅要为项目法人提供高质量的服务，维护项目法人的合法权益，同时也要维护承包方的合法权益。

6）监理单位与承包方的关系。监理单位与承包方之间没有也不应当有任何经济合同关系，他们在工程建设中是一种监理与被监理的关系，这种关系是通过项目法人与承包商签订的工程承包合同确定的。也就是说承包人应接受监理方的监理和管理，并按照承包合同的要求和监理方的监督指导进行设计或组织施工。监理单位根据项目法人的授权，监督管理承包方履行工程承包合同或设备材料供应合同。项目法人委托监理单位后，关于工程建设活动的具体工作承包方不再与项目法人直接交往，而转向与监理单位直接交往，并接受监理工程师对其所从事的工程建设活动的监督管理。监理工程师既要监督检查承包商是否履行合同的职责，也要注意按照合同规定公正地处理有关索赔和工程款支付等问题，维护承包人的合法权益。

四、不同发承包方式引起相关方组织关系的变化

由于工程发承包方式不同以及承包商从业资质的差别，项目相关方组织关系形式会发生相应的变化。主要有设计施工分别平行分包、设计施工分别总承包、工程项目总承包等方式。

（1）工程项目总承包　指业主将工程设计、施工、材料和设备采购等一系列工作全部发包给一家公司，由其进行设计、施工和采购工作，最后向业主交出一个已达到使用条件的工程项目。按这种模式发包的工程也称“交钥匙工程”，组织关系如图2-4所示。在工程项

目总承包模式下，业主与总承包单位只签订一份工程承包合同，一般宜委托一家监理企业进行监理。在这种模式下，监理工程师需具备较全面的知识。

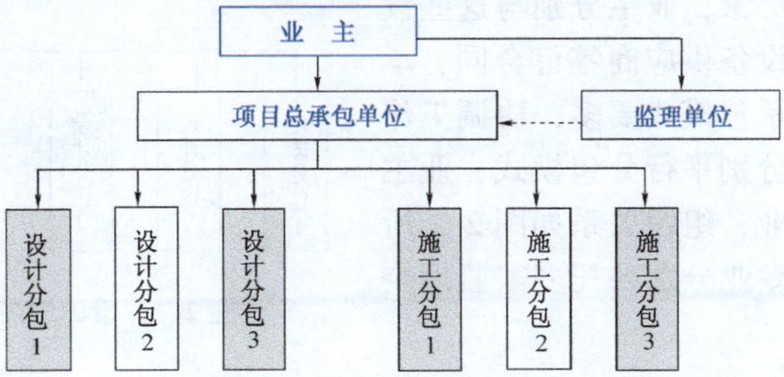

图 2-4　工程项目总承包模式

（2）设计施工分别总承包　指业主将工程设计、施工、设备采购等工作分别发包给设计单位和施工单位等。业主分别只与一个设计总包单位和一个施工总包单位签订合同，承包合同数量比设计、施工分别平行分包模式要少很多，业主方协调工作量减少，可发挥监理与承包单位多层次协调的积极性。

对设计施工总分包的发承包模式，业主可以委托一家监理企业进行全过程监理，也可以按设计阶段和施工阶段分别委托监理企业。相应的组织关系如图 2-5、图 2-6 所示。

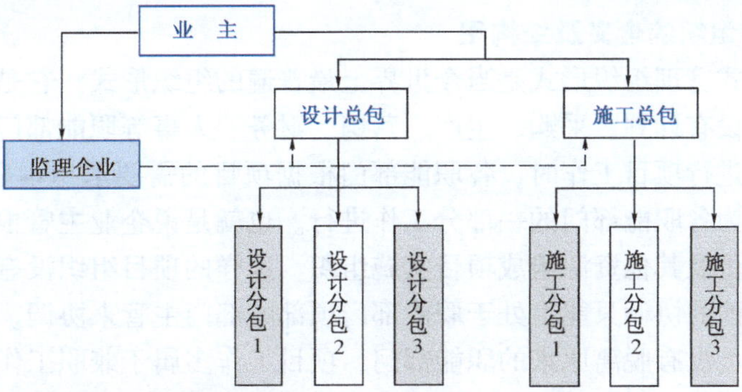

图 2-5　设计施工分别总承包（一）

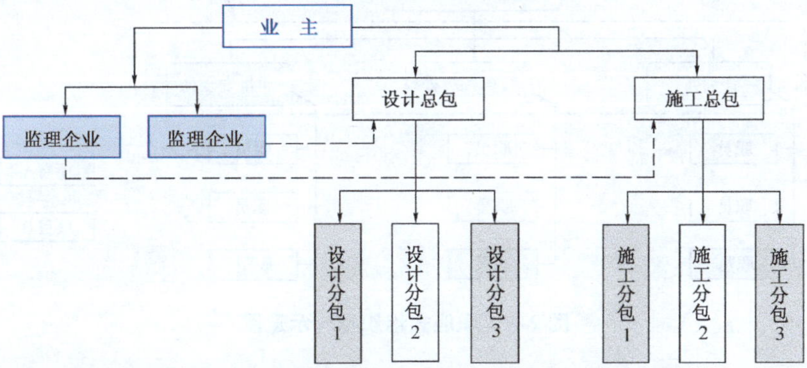

图 2-6　设计施工分别总承包（二）

(3) 设计施工分别平行分包　指业主将项目设计和施工直接平行分包给若干设计、施工单位和材料设备供应厂家，业主分别与这些设计、施工单位和材料设备供应商签订合同，承包合同数量比其他发承包模式要多，协调工作量大。对于设计施工分别平行分包模式，业主可以委托一家监理企业，组织关系如图2-7所示，也可以按阶段和专业分别委托多家监理企业进行监理。

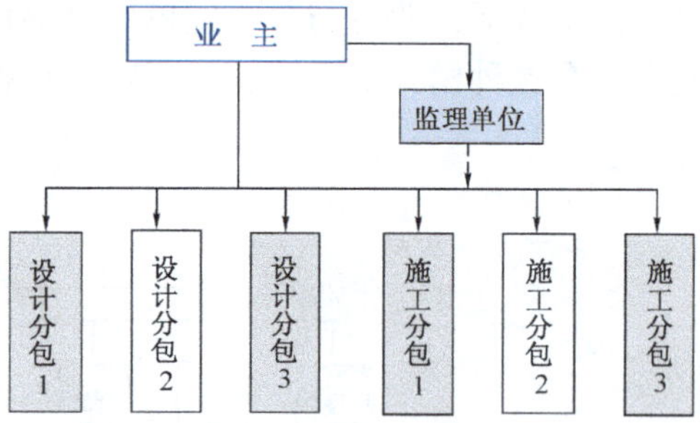

图2-7　设计施工分别平行分包

第三节　工程管理主体内的项目组织形式

项目法人、监理单位、承包商等的相互协作是实现项目投资目标的根本保证，而项目建设各相关单位针对其合同范围内的工作任务采取何种组织形式至关重要。就项目当事者一方而言，无论是监理单位，还是承包商，一般采用的项目组织形式有职能式、项目式和矩阵式等。

一、职能式项目组织形式

1. 职能式项目组织的含义及结构图

层次化的职能式管理组织形式是当今世界上最普遍的组织形式。它是指企业按职能划分部门，如一般企业设有计划、采购、生产、营销、财务、人事等职能部门。采用职能式项目组织形式的企业在进行项目工作时，各职能部门根据项目的需要承担本职能范围内的工作，项目的全部工作作为各职能部门的一部分工作进行。也就是说企业主管根据项目任务需要从各职能部门抽调人员及其他资源组成项目实施组织，这样的项目组织没有明确的项目主管经理，项目中各种职能的协调只能由处于职能部门顶部的部门主管来协调。项目组织的界限不十分明确，小组成员没有脱离原来的职能部门，项目工作多属于兼职工作性质。一般职能式项目组织形式如图2-8所示。

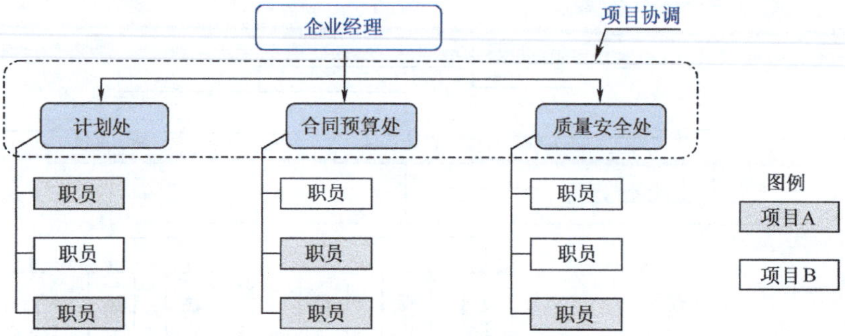

图2-8　职能式组织结构示意图

2. 职能式项目组织的优点

1）资源利用上具有较大的灵活性。各职能部门主管可以根据项目需要灵活调配人力等资源的强度，待所分配的工作完成后，可做其他日常工作，降低了资源闲置成本。尤其是技术专家在本部门内可同时为其他项目服务，提高了资源利用率。

2）有利于提高企业技术水平。职能式项目组织形式是以职能的相似性划分部门的，同一部门人员可交流经验，共同研究，提高业务水平。而且还可保证项目不会因人员的更换而中断，从而保证项目技术的连续性。

3）有利于协调企业整体活动。由于职能部门主管只向企业领导负责，企业领导可以从全局出发协调各部门的工作。

3. 职能式项目组织的缺点

1）责任不明，协调困难。由于各职能部门只负责项目的一部分，没有一个人承担项目的全部责任，各职能部门内部人员责任也比较淡化，而且各部门常从其局部利益出发，对部门之间的冲突很难协调。

2）不能以项目和客户为中心。职能部门的工作方式常是面向本部门的，不以项目为关注焦点，分配给项目的人员，其积极性也不高，项目和客户的利益往往得不到优先考虑。

3）技术复杂的项目，跨部门之间的沟通更为困难，职能式项目组织形式较难适用。

4. 职能式项目组织的应用

职能式项目组织主要适合于生产、销售标准产品的企业，工程承包企业和监理企业较少单纯采用这一组织形式，项目监理部或项目经理部常可采用这种形式，如图 2-9 所示。

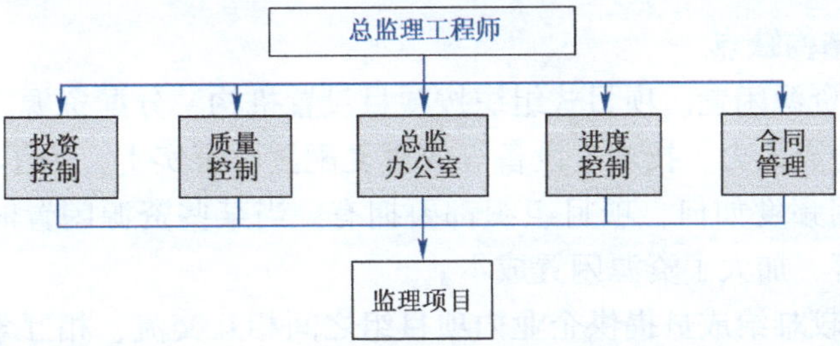

图 2-9 某项目监理部职能式项目组织

二、项目式组织形式

1. 项目式组织形式的含义及结构图

项目式组织结构是指根据企业承担的项目情况从企业组织中分离出若干个独立的项目组织，项目组织有其自己的营销、生产、计划、财务、管理人员。每个项目组织有明确的项目经理，对上接受企业主管或大项目经理的领导，对下负责项目的运作，每个项目组之间相对独立。如某企业有甲、乙、丙三个项目，企业主管则按项目甲、乙、丙的需要分配人员及资源，形成甲、乙、丙三个独立的项目组，项目结束以后项目组织随之解散。项目式组织结构如图 2-10 所示。

2. 项目式组织结构的优点

1）以项目为中心，目标明确。项目式组织是基于项目而组建的，项目组成员的中心任务是按合同完成工程项目，目标明确单一，团队精神能得以充分发挥。所需资源也是依据项目划分的，便于协调。

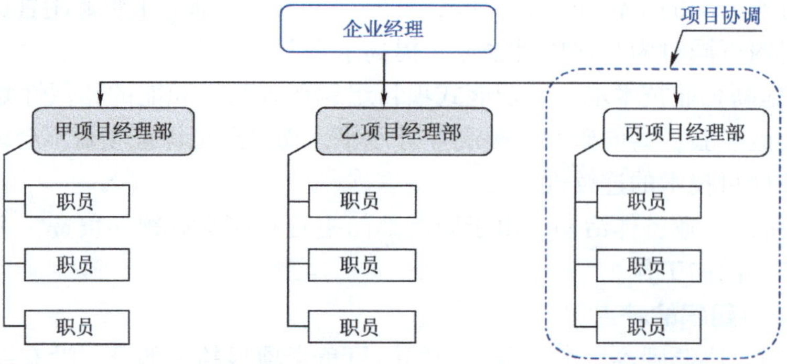

图 2-10　项目式组织结构示意图

2）权力集中，命令一致，决策迅速。项目经理对项目全权负责，项目组成员对项目经理负责，项目经理在项目范围内具有绝对控制权，避免了多重领导、无所适从的局面。权力的集中使项目组织能够对业主的需求和高层管理的意图做出更快的响应。

3）项目组织从职能部门分离出来，使得沟通变得更为简洁。从结构上来说，项目式组织简单灵活，易于操作。

4）有利于全面型管理人才的成长。项目组织涉及到多种管理职能，为全面型管理人才提供了成长之路。

3. 项目式组织结构缺点

1）机构重复，资源闲置。项目式组织按项目设置机构、分配资源，每个项目都有自己的一套机构，这会造成人力、技术、设备等的重复配置。事实上，为了保证项目随时所需，不论每种资源的使用频度如何，项目组织都要拥有。当某些资源闲置时，其他项目也难利用，就企业整体而言，加大了资源闲置成本。

2）项目式组织较难给成员提供企业内项目组之间相互交流、相互学习的机会，不利于企业技术水平的提高。

3）不利于企业领导整体协调。项目经理容易各自为政，项目成员无视企业领导，造成只重视项目利益，忽视企业整体利益。

4）项目成员与项目有着很强的依赖关系，但项目成员与其他部门之间有着清晰的界限，不利于项目与外界的沟通。

5）项目式组织形式不允许同一资源同时分属不同的项目，对项目成员来说，缺乏工作的连续性和保障性，进一步加剧了企业的不稳定性。

4. 项目式组织结构的适用范围

广泛应用于建筑业、航空航天业等价值高、周期长的大型项目，也能应用到非营利机构，如募捐活动、小镇百年庆祝活动、大型聚会的组织等。

三、矩阵式项目组织形式

1. 矩阵式组织结构的含义及基本形式

职能式组织结构和项目式组织结构各有其优点和不足，为了最大限度地发挥项目式和职能式组织的优势，尽量避免其弱点，产生了矩阵式组织结构。事实上，职能式组织和项目式组织是两种极端的情况，矩阵式组织将按职能划分的纵向部门与按项目划分的横向部门结合起来，在职能式组织的垂直层次结构上，叠加了项目式组织的水平结构，构成类似于数学矩阵的管理组织系统。

作为职能式组织和项目式组织的结合，矩阵式组织可采取多种形式，这取决于它偏向于哪个极端，即取决于项目经理被授予的权力。一般有三种形式：强矩阵组织形式、弱矩阵组织形式、平衡矩阵组织形式。

1）强矩阵组织形式。强矩阵组织形式类似于项目式组织，因此，也称项目矩阵，但项目并不从公司组织中分离出来作为独立的单元。项目成员来自不同的职能部门，根据项目的需要，全职或兼职地为项目工作。在强矩阵组织中，项目经理直接向企业最高管理层或大项目经理负责，并由最高管理层授权，在项目活动的内容和时间方面对职能部门行使权力。而职能部门对各种资源做出合理的分配和有效的调度。职能部门经理既要对他们的直线上司负责，也要对项目经理负责（见图2-11）。

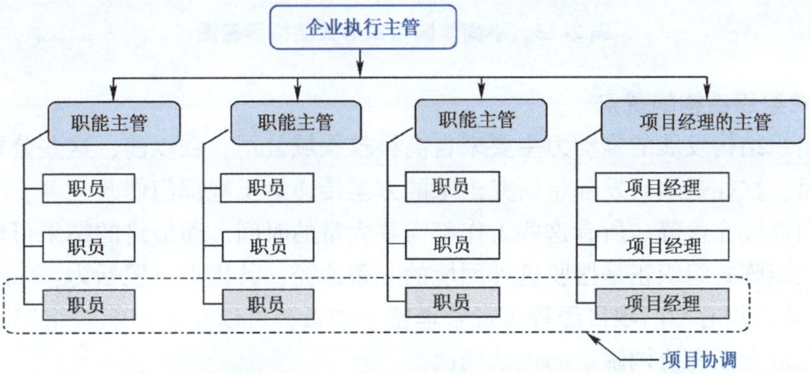

图2-11　强矩阵组织形式结构示意图

2）弱矩阵组织形式。矩阵式组织的另一极端是与职能式组织类似的弱矩阵组织形式，也称职能矩阵。与职能组织形式不同的是除项目经理被授权负责项目的协调以外，职能经理负责项目大部分工作，以及哪些人做哪些工作，何时完成工作。项目成员不是从职能部门直接调派过来，不是项目全职人员，而是在职能部门为项目提供服务。项目所需要的技术、资源及其他的服务，都由相应职能部门提供（见图2-12）。

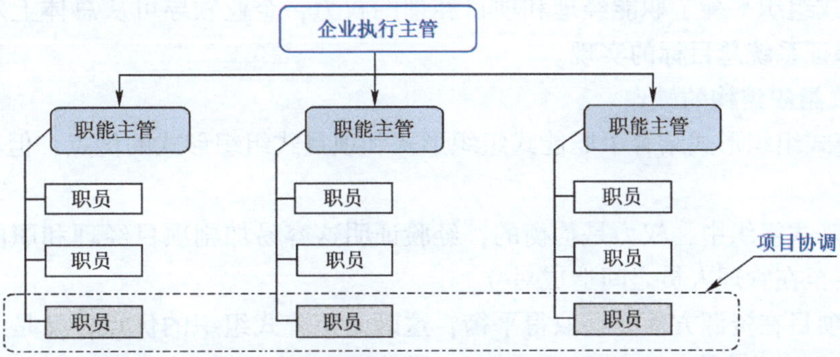

图2-12　弱矩阵组织形式结构示意图

3）平衡矩阵组织形式。在强矩阵和弱矩阵两个极端形式之间的是平衡矩阵组织形式，这是一种经典的矩阵形式，项目经理负责设定需要完成的工作，负责制订项目计划，分配任务，监督工作进程。职能部门经理负责人事安排和项目完成的方式，并执行所属项目部分的任务（见图2-13）。

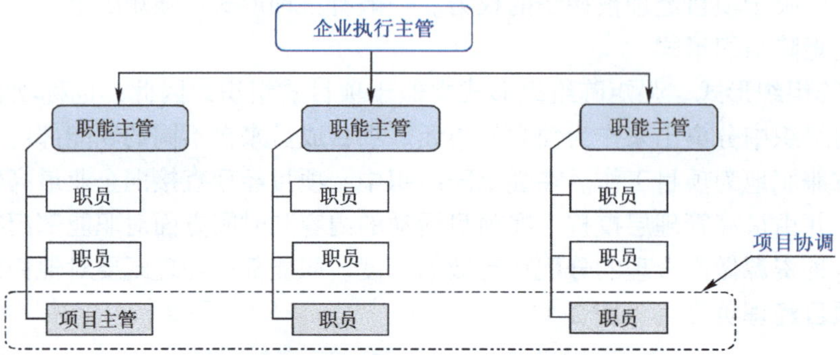

图2-13　平衡矩阵组织形式结构示意图

2. 矩阵式组织结构的优点

矩阵式组织结构发展的推动力主要来自高科技领域公司，在以前，这些公司要进行一项高科技的项目，往往是从研发部将研究出来的方案传递给工程部门修改完善，工程部门再传递给生产部门修改完善等。所有这些工作都需要大量的时间，而最终的结果可能与最初的要求相距甚远。矩阵式组织正是摆脱这种困境的一条途径，其优点可概括为：

1）矩阵式组织有专门项目经理负责管理整个项目，可以克服职能式组织责任不明，无人承担项目全部责任和协调困难的被动局面。

2）矩阵式组织是将项目组织加载在职能部门上的，可以共享各个部门的技术储备，摆脱项目式组织形式资源闲置的困境，尤其是当有多个项目时，这些资源对所有项目都是可用的，从而可以大大减少像项目式组织中出现的资源冗余。

3）项目组成员对项目结束后的忧虑减少，当指定的项目不再需要时，项目人员有其职能归宿，大都返回原来的职能部门。

4）对环境的变化以及项目的需要能迅速地做出反应，而且对公司组织内部的要求也能做出较快的响应。

5）矩阵式组织平衡了职能经理和项目经理的权力，企业领导可从总体上对资源进行统筹安排，以保证系统总目标的实现。

3. 矩阵式组织结构的缺点

尽管矩阵式组织形式结合了职能式组织形式和项目式组织形式的优点，但其缺点也是较明显的。

1）在矩阵式组织中，权力是均衡的，经验证明这容易加剧项目经理和职能经理之间的紧张局面，甚至在管理人员之间造成对立。

2）多个项目在资源方面能够取得平衡，这既是矩阵式组织的优点，又是它的缺点，任何情况下的跨项目分享资源都会导致冲突和对稀缺资源的竞争。每个项目经理都更关心自己项目的成功，而不是整个公司目标。

3）在矩阵式组织的项目中，项目经理主管项目的行政事务，职能经理主管项目的技术问题。但项目经理在执行过程中要将项目和职能部门的责任及权利分清楚，却不是件容易的事。由于责任不明、权利不清，项目的成功将受到怀疑。

4）矩阵式组织与命令统一的管理原则相违背，项目成员至少受到两个上级领导，即项目经理和部门经理。当两者的命令有分歧时，会令项目成员感到左右为难，无所适从。

5）项目经理需要花费相当多的时间用在与各职能部门之间的协调上，会影响决策的速度和效率，在平衡矩阵中尤其如此。

4. 矩阵式组织结构的应用

矩阵式组织结构适合于大型企业及高科技企业，也适合于工程总承包企业，以及从事大型建设项目的公司。值得注意的是，实践中较难有单纯而规则的矩阵式组织结构，可能出现不规则的鱼网状形态或其他形式。另外，矩阵式组织的管理难度有时足以抵消其低成本和易获得广泛技术支持所带来的好处。

四、项目组织结构的选择

任何一种组织形式都有它的优点和缺点，加之工程项目在组织目标、资源、规模、技术、环境、行业类型及当前发展趋势等方面的差异，几乎没有完全理想和能适用于一切场合的组织形式，甚至是在同一个项目生命周期的不同发展阶段或同一个公司中，可同时存在项目式的、职能式的或混合式的组织方式，只要这些方式对实际情况是有利的。因此，选择合适的项目组织结构形式，要视具体情况而定，可以说是项目管理者知识、经验及直觉等的综合结果。

在具体的项目实践中，究竟选择何种项目的组织形式没有一个可循的公式。一般在充分考虑各种组织结构的特点、企业特点、项目的特点和项目所处的环境等因素的条件下，才能做出较为适当的选择。表 2-1 列出了选择项目组织结构形式应考虑的一些因素。

表 2-1 影响项目组织结构形式选择的关键因素

组织结构 / 影响因素	职 能 式	矩 阵 式	项 目 式
不确定性	低	高	高
所用技术	标准	复杂	新
复杂程度	低	中等	高
持续时间	短	中等	长
规模	小	中等	大
重要性	低	中等	高
客户类型	各种各样	中等	单一
对内部依赖性	弱	中等	强
对外部依赖性	强	中等	强
时间限制性	弱	中等	强

一般来说，职能式组织结构比较适用于规模较小、偏重于技术的项目，而不适用于环境变化较大的项目。当一个公司中包括许多项目或项目的规模较大、技术复杂时，则应选择项

目式组织结构。同前两种组织结构相比，矩阵式组织结构无疑在充分利用企业资源上显示出了巨大的优越性，由于其融合了两种结构的优点，这种组织形式在进行技术复杂、规模巨大的项目管理时呈现出了明显的优势。

第四节 项目经理

一、项目经理的类型与设置

项目经理制自 1941 年于美国产生以来，在一些工业发达国家得到普遍推广。我国于 1984 年在建筑企业试行项目经理负责制至今已推广到建设领域的各个方面以及其他领域。这是加强项目管理所采取的一项有力的组织措施。

项目经理是其上级任命的一个项目管理班子的负责人，项目经理是一个管理岗位，他的任务仅限于从事项目管理工作，项目经理的管理权限由其上级决定。项目经理组织则是指以项目负责人为首的项目管理工作班子。项目经理是项目管理的核心，在项目管理中起着关键的作用，是项目组织的灵魂，是决定项目成功与否的关键人物。项目经理的管理素质、组织能力、知识结构、经验水平、领导艺术等都对项目管理的成败有决定性的影响。而其在企业中的地位则取决于企业采用的是什么样的组织结构形式以及项目的重要性。

项目经理包括业主的项目经理、咨询监理单位的项目经理、设计单位的项目经理和施工单位的项目经理。业主的项目经理是项目法人委派的领导和组织一个完整工程项目建设的总负责人。咨询监理单位的项目经理即为咨询监理单位派出的项目管理总负责人即总监理工程师。设计单位的项目经理是指设计单位领导和组织一个工程项目设计的总负责人。施工单位的项目经理是指受施工企业法定代表人的委托对工程项目施工过程全面负责的项目管理者，是施工单位法定代表人在工程项目上的代表人，是施工单位在施工现场的最高责任者和组织者。2003 年国发［2003］5 号文及原建设部相关文件规定：我国取消建筑施工企业项目经理资质核准，由注册建造师代替，并设立过渡期。建造师是一种专业执业资格名称，项目经理是一个工作岗位名称，两者不能混淆。

二、项目经理的业务素质

项目经理业务素质是各种能力的综合体现，包括核心能力、必要能力和增效能力三个层次。其中，核心能力是创新能力，必要能力包括决策能力、组织能力和指挥能力，增效能力包括控制能力和协调能力。这些能力是项目经理有效地行使职责，充分发挥领导作用所应具备的主观条件。

（1）创新能力　创新能力是项目经理在项目管理活动中，善于敏锐地发现问题，提出大胆而新颖的推测和设想，继而拿出可行的解决方案的能力。项目经理的创新能力关系到项目的成败和投资效益的好坏。

（2）决策能力　决策能力是指项目经理根据外部经营条件和内部经营实力，构建多种建设管理方案并选择合理方案，确定建设方向的能力。项目经理的决策能力是项目组织生命机制旺盛的重要因素，也是检验其领导水平的一个重要标志。

（3）组织能力　组织能力是指项目经理为了实现项目目标，运用组织理论指导项目建设活动，有效地、合理地组织各个要素的能力。组织能力主要包括：组织分析能力、组织设计能力和组织变革能力。

组织分析能力是指项目经理依据组织理论和原则，对项目现有组织的效能、利弊进行正确分析和评价的能力。组织设计能力是指项目经理从项目管理的实际出发，对项目管理组织机构进行基本框架设计，以提高组织管理效能的能力。组织变革能力是指项目经理执行组织变革方案的能力和评价组织变革方案实施成效的能力。

(4) 指挥能力　项目经理的指挥能力表现在正确下达命令的能力和正确指导下级的能力两个方面。坚持下达命令的单一性和指导的多样性的统一，是项目经理指挥能力的基本内容。而要使项目经理的指挥能力有效地发挥，还必须制定一系列有关的规章制度，做到赏罚分明，令行禁止。

(5) 控制能力　项目经理的控制能力体现在自我控制能力、差异发现能力和目标设定能力等方面。自我控制能力是指项目经理通过检查自己的工作，进行自我调整的能力；差异发现能力是对执行结果与预期目标之间产生的差异能及时测定和评议的能力。目标设定能力是指项目经理应善于制定量化的工作目标和与实际结果进行比较的能力。

(6) 协调能力　协调能力是指项目经理解决各方面的矛盾，使各部门以及全体职工，为实现项目目标密切配合、统一行动的能力。现代大型工程项目的管理，除了需要依靠科学的管理方法、严密的管理制度之外，很大程度上要靠项目经理的协调能力。协调主要是协调人与人之间的关系。协调能力具体表现在：解决矛盾的能力，沟通的能力，鼓动和说服的能力。

当然，项目经理业务能力的高低，在很大程度上取决于其知识水平的高低，因此他应具有广博的理论知识和丰富的实践经验。

三、项目经理的责任

项目经理的任务就是要对项目实行全面的管理，项目经理的责任可以分为对企业应负的责任和对项目及项目组成员应负的责任。

1. 项目经理对企业应承担的责任

1）保证项目的目标与企业的经营目标相一致，项目的实施以实现企业经营战略目标为前提。

2）保证企业分配给项目的资源能够被充分有效地利用。

3）与企业高层领导进行及时有效地沟通，及时汇报项目的进展状况，成本、时间消耗以及可能发生的问题。

2. 项目经理对项目及项目组成员应承担的责任

1）对项目的成功负有管理责任，保证项目按时、在预算内达到预期结果。

2）保证项目组成员形成一个好的工作团队，拥有良好的工作氛围与环境。

3）项目经理有责任对项目小组成员进行绩效考评，激励项目组成员为项目工作。

四、项目经理的权力

不同管理主体单位项目经理的权力不同，但对项目经理的授权遵循一些共同规律。

(1) 授权的原则　项目经理的授权需要根据下列原则：

1）根据项目目标的要求授权。一般来说，工程项目质量要求越高、工期要求越紧，则授予项目经理的权力也应越大。这样才能保证工程项目按质按时的完成。

2）根据项目风险程度授权。项目风险越大，项目经理承担的责任越大，对项目经理赋予的权力也应越大。这样才能使项目经理在变化多端的项目环境中果断地作出决策。

3）按合同的性质授权。根据项目合同性质，授予项目经理较为灵活的权限，以便使其能有充分的自主权，作出正确的决策。

4）按项目的性质授权。从项目的复杂程度来看，大型复杂的工程项目，则应授予项目经理较大的权限；反之，则无需授予项目经理过大的权限。

5）根据项目经理个人情况授权。对于组织管理能力较强、经验丰富的项目经理，应授予其足够的权限，以便其能充分发挥自己的创造性。相反，则应适当保留部分权力，以免其决策过于草率，导致项目风险加大，造成不应有的损失。

6）根据项目班子和项目团队授权。如果项目经理班子成员较多、配备精良，则应授予项目经理较大的权限。相反，授予的权力可以适当地少些。

总之，对项目经理的授权有较高的艺术性。授权过多，会导致项目经理自主权过大，增加项目的风险；授权过少，又会限制项目经理行动和决策的自由度。

（2）授权的范围 一般来说，应授予项目经理以下权限：

1）项目团队的组建权。包括项目经理班子的组建权和项目团队队员的选拔权。

2）项目实施过程中的决策权。项目在实施过程中必然会面临各种决策，授予项目经理独立的决策权对于项目目标的实现至关重要。除了少数重大的战略决策外，大部分问题可以让项目经理自行决策、自行处理。

3）项目的财务权。项目经理必须拥有与责任相合的财务决策权，否则项目就难以顺利展开。一般来讲，这一权力包括经济利益分配权、费用控制权、资金调配权。

4）对项目所获得的资源进行支配的权力。

5）项目实施控制权。

第五节 项 目 团 队

一、项目团队的概念

1. 团队的定义

团队是指为了达到某一确定目标，具有不同分工及不同层次权力和责任的一群人。其具体含义：

1）团队必须具有明确的目标。目标是团队存在的前提。

2）没有分工与合作不能称为团队。分工与合作的关系是由团队目标确定的。

3）团队要有不同层次的权力与责任。赋予每个人相应的权力和责任，是实现团队目标的基础。

团队是相对部门或小组而言的。部门或小组的一个共同特点是：在存在明确内部分工的同时，缺乏成员之间的紧密协作。团队则不同，队员之间的工作内容交叉程度高，相互间的协作性强，淡化分工。团队在组织中的出现，从根本上讲，是为了组织适应快速变化环境要求的结果。为了适应环境变化，企业必须简化组织结构层级和提供客户服务的程序，将不同层级中提供同一服务的人员或服务于同一顾客的不同部门、不同工序的人员结合在一起，从而在组织内形成各类跨部门的团队。

2. 项目团队的定义

项目团队就是为实现项目目标及适应项目环境变化而建立的团队。项目团队的具体职责、组织结构、人员构成和人数配备等方面因项目性质、复杂程度、规模大小和持续时间长短而异。项目团队的一般职责是项目计划、组织、指挥、协调和控制。项目团队不仅仅是指被分配到某个项目中工作的一组人员，它更是指一组相互联系、同心协力工作，以实现项目目标，满足项目需求的人员。一个有效率的项目团队不一定能决定项目的成功，而一个效率低下的团队，则注定要使项目失败。

3. 项目团队的特点

1）共同的目标。对于一个项目，为使项目团队工作有成效，就必须有明确的目标，并且每个团队成员必须对要实现的项目目标及其带来的收益有共同的思考。因为项目成员要完成的任务是项目目标分解的结果。

2）合理分工与协作。每个成员都应该明确自己的任务、权力和职责，以及各个成员之间的相互关系。这才能形成一个真正的项目团队。

3）高度的凝聚力。凝聚力指成员在项目内的团结与吸引力、向心力，也是维持项目团队正常运转的所有成员之间的相互吸引力。一个有成效的项目团队，必定是一个有高度凝聚力的团队。

4）团队成员相互信任。一个团队成效能力的大小受到团队成员相互信任程度的影响，在团队建立之初就应当树立信任。通过公开交流、自由交换意见来促进彼此之间的信任。

5）有效的沟通。高效的项目团队还需具有全方位的、各种各样的信息沟通渠道，保证沟通直接、高效、层次少，提高项目团队凝聚力。

4. 项目团队的职责

（1）项目团队领导者的职责　主要是：

1）实现团队的目标。一个团队的领导者，应当保证团队的目标通过以下过程得以实现：选择足够的、合适的人选参与计划的制订；召开团队会议，就团队目标和价值展开讨论；保证项目目标得以实现，尤其是集体工作的价值，为大家所共识，迅速并准确地分析和修正失误；无论对内还是对外，都担负起代表整个团队的责任。

2）保证团队的效率。确保团队所有成员都了解他们的责任，并接受挑战，鼓励队员为团队的工作倾其所能；监督团队工作以确保队员朝着同一个方向努力；将团队目标设定在一个适当的层次上，以鼓励队员的士气。

（2）项目团队成员的职责　团队成员的首要任务是做好自己的工作，尽其所能地完成分配给自己的任务。为了使团队能成功地共同工作，团队职责一定要放在个人职责之前。团队成员要明确自己的全部职责，要有一种责任感。

二、项目团队的发展与建设

一个项目团队从开始到终止，是一个不断成长和变化的过程。一般分为五个阶段：组建阶段、磨合阶段、规范化阶段、执行与成效阶段和解散阶段。

1. 组建阶段（forming）

组建阶段即团队形成阶段。团队成员从原来不同的组织调集在一起，大家开始互相认识，这一时期的特征是队员们既兴奋又焦虑，他们必须在承担任务前相互熟悉。一方面团队成员收集有关项目的信息，试图弄清项目的意义；另一方面团队成员研究和学习项目，明确自己的目标和任务。

2. 磨合阶段（storming）

团队形成之后，队员们已经明确了项目的工作内容及各自的职责，于是开始执行分配到的任务，进入磨合阶段，也称风暴阶段。在此阶段，问题逐渐暴露，工作气氛趋于紧张，团队士气较组建阶段明显下沉，成员之间由于立场、观念、方法、行为等方面的差异而产生各种冲突，甚至出现敌视、强烈情绪以及向领导者挑战的情形。团队的冲突和不和谐是这一阶段的显著特点。冲突可能发生在领导与个别队员之间，领导与整个团队之间以及团队成员相互之间。这些冲突可能是情感上的，或与事实有关的，或建设性的，或破坏性的，或争辩性的，或隐瞒性的。不管怎样，应当力图采用理性的、无偏见的态度来解决团队成员之间的争端，而不应当采用情感化的态度。

在这一时期，团队成员与周围的环境之间也会产生不和谐，如队员与项目技术系统之间的不协调，团队成员可能对项目团队采用的信息技术系统不熟悉等。另外，项目在运行过程中，与项目外其他部门要发生各种各样的关系，也会产生各种各样的矛盾冲突，这需要进行很好的协调。当这些冲突得到解决之后，项目经理的领导权才会被接受，而团队也进入规范化阶段。

3. 规范化阶段（norming）

经受了磨合期的考验，团队成员之间、团队与项目经理之间的关系已确立好了。绝大部分矛盾已得到解决。人们逐渐发展成融洽的关系。同时随着个人期望与现实情形的统一，队员的不满情绪也减少了。项目团队接受了这个工作环境，项目规程得以改进和规范化。群体开始表现出凝聚力，有了团队的感觉，每个人觉得他是团队的一员，他们也接受其他成员作为团队的一部分。每个成员为实现项目目标所做的贡献得到认同和赞赏。团队经过这个社会化的过程后，建立了忠诚和友谊。当团队结构比较巩固、团队成员对一起工作建立了一系列的期望之后，这一阶段即告完成。

4. 执行与成效阶段（performing）

在该阶段团队运营结构完全有效并被成员所接受。团队的注意力不再停留在“如何相互熟悉一起工作”上，而是将注意力集中于“如何完成项目目标”之上。相互的理解、高效的沟通、密切的配合、充分的授权，这些宽松的环境加上队员们的工作激情使得这一阶段容易取得较大成绩，实现项目的创新。团队精神和集体的合力在这一阶段得到了充分的体现，每位队员在这一阶段的工作和学习中都取得了长足的进步和巨大的发展，这是一个 $1+1>2$ 的阶段。

5. 解散阶段（adjourning）

随着项目的竣工，该项目团队准备解散。这时，团队成员开始骚动不安，成员们考虑自身今后的工作和发展，并开始做离开的准备。团队成员在这个阶段的反应各不相同，有人为项目团队的成就而兴高采烈，有人因为团队即将解散而感到失落。这时，团队仿佛回到了组建阶段，必须改变工作方式才能完成最后的任务。也正是这时，成员们领悟到了凝聚力的存在。

这个模型对管理项目团队有重要启示。第一，项目经理应该将最初的注意力放在如何帮助团队尽快跨入具备生产能力的第 4 阶段（即执行与成效阶段）。第二，该模型为团队提供了一个理解自身成长规律的框架。第三，该模型强调了“风暴阶段”的重要性，它对第 4 阶段的生产力水平有重大的贡献。第四，规范化阶段对项目的最终成功十分关键，项目经理不得不在该阶段的形成过程中扮演积极的角色。

三、建立高绩效的项目团队

1. 高绩效项目团队的标准特性

项目管理专家科兹纳认为高绩效项目团队具有的特征是：项目团队具有较高的业绩和工作效率；具有革新性和创造性行为；团队成员责任明确、职业目标与项目要求相一致；具有解决冲突的能力，但当冲突可能引起有益的结果时，鼓励冲突；有效的交流；较高的信任度；相互合作和高度的工作热情，以及高昂的士气。相反，较差绩效的项目团队表现为：较低业绩；完成项目目标的责任心低；不明确的项目目标，主要参与人责任心和水平参差不齐；不计一切代价的混乱和冲突；蓄意的破坏或工作拖延。

2. 建立高绩效项目团队的方法

1）招聘项目成员。重视成员解决问题的能力，以及技术专长与创造性。

2）召开项目会议。第一次会议项目经理力图实现三个目标：提出对项目总的看法，确定项目团队的任务及关系，解决项目团队如何合作。管理好以后的项目会议。

3）制定基本规则。项目经理要迅速建立起具有可操作性的基本规则，以规范团队的合作形式和行为。

4）建立奖励系统。制定关心项目成员措施以及奖罚分明的工作制度。

3. 应用优胜基准学习法建立高绩效的项目团队

（1）优胜基准学习法的概念　20 世纪 70 年代末 80 年代初，美国施乐公司总裁发现日本的复印机与自己的产品功能相同，但价格却大大低于施乐的产品，而且当时施乐的市场占有率从原来的 80% 降到 70 年代末的 30% 时，他不是简单地以压低原材料及产品价格来解决问题，而是派了一个考察团去日本参观学习，了解日本厂商从原材料供应到生产制造的全过程，想从中找到一个“参照点”，从而明确自己的目标，自己与“参照点”的差异，确定自己的行动。施乐通过“了解自己，了解自己的对手以及那些行业中的一流企业，研究他们并向他们学习，善于利用他们的有益经验”的活动，使质量问题减少了 2/3，制造成本降低了 1/2，生产周期缩短了 2/3，并且在提高产量的同时减少一线工人 50% 以及职员 35%。这种由施乐公司率先采用并迅速推广扩散到全球范围的绩效改善优化活动就是优胜基准学习法。

（2）优胜基准的类型　根据“优胜基准”对象所处的领域可以将其划分为四种类型。

1）内部“优胜基准”。内部“优胜基准”以本项目团队内部某优秀操作为“优胜基准”的对象。一方面由于项目团队内部有很多相似的职能或操作，以效果最佳的职能或操作为参照，进而改进自身的绩效。另一方面内部“优胜基准”也是明确项目团队自身优势及缺陷的过程。

2）竞争“优胜基准”。竞争“优胜基准”以竞争对手为“优胜基准”的对象。它将自身的业务过程与那些与自己有同样的市场，具有竞争性产品、服务或过程的优势项目团队相比较，从而学习竞争对手的优点。竞争“优胜基准”对于市场、国家及消费者来说是非常有益的。

3）行业“优胜基准”。行业“优胜基准”是以与本项目团队相关的行业中的优势项目团队为“优胜基准”对象。由于行业“优胜基准”削减了竞争性因素，因此“优胜基准”的伙伴们很容易进行信息的共享。

4）最优“优胜基准”。在选择“优胜基准”对象时，不在意对象之间在业务、产品等方面的相同或相似，而将“优胜基准”的注意力聚焦于工作过程，也就是说不管“优胜基准”对象从事的行业与自己相似度如何，只要其处理业务过程相似且具有优势地位就可以作为学习的对象。

(3)“优胜基准”学习法的应用步骤 通常为：

1）制订“优胜基准”学习计划。包括：明确进行“优胜基准”操作的目的；选择“优胜基准”对象；决定那些与“优胜基准”有关的诸因素。

2）组建“优胜基准”小组。小组中应包括三种类型人员：领导负责“优胜基准”活动能有始有终地在组织中进行；准备人员完成细致的分析工作；访问人员完成到“优胜基准”对象处的访问。

3）信息收集。包括对与优势项目团队即“优胜基准”对象的最优实践及效果相关的信息的收集工作。

4）差距分析。明确自己项目团队与优势项目团队的差距，并分析造成差距的原因。

5）采取改进行动。这一过程决定项目团队应做哪些改进活动以便超越优势项目团队并付诸行动。包括对与项目团队绩效有关的变量如成本、质量、工期等的测量；决定“优胜基准”活动要达到的绩效水准及怎样达到这样的水准；制订并实施改进计划。

要建立高绩效的项目团队，并在市场中永远处于胜者之位就必须使“优胜基准”活动日常化、规范化、持久化和全员化。

复习题

1. 某计算机公司计划设计、生产和销售一种便携式个人电脑，其配置高档，零售价不超过2万元。项目预计持续时间18~24月。该计算机公司在人力上完全有能力完成这个项目，在硬件和操作系统的设计上也能达到当前的先进水平，但要将零售价控制在2万元以下，需要开发更先进的技术。项目的关键任务和相关的职能部门为：①描述产品的需求（市场部、研发部）；②设计硬件，做初步测试（研发部）；③建造生产线（生产部）；④编写操作系统（软件开发部）；⑤测试操作系统（质保部）；⑥编写用户手册（生产部、软件开发部）；⑦建立服务体系，制订营销计划（市场部）。试选择合适的项目组织形式。

2. 某私人制造公司近几年财务状况极差，公司各职能部门都是由能干的专业人员进行管理的，但却不能有效地协同工作。问题：

（1）公司近几年财务状况极差的可能原因是什么？经济形势对其有影响吗？

（2）如何解决？

3. 1994年3月8日，南非的一家重要的化工厂的二氧化碳再生罐发生起火事故。这个长70.41m（231ft）、宽5.79m（19ft）的容器必须移开进行维修，才能使设施得以重新使用，关键的是时间问题，维修时间只有 40 天。为了完成这个艰巨的任务，制定了一些特殊原则，采取了一些有效措施。结果，项目提前 15 天完成，而实际成本也比预算的 8500 万美元降低了 2100 万美元。

试问，如果你是项目经理会采取哪些措施提高项目进度？

4. 1997 年太阳能驱动的、自我导航的、微波炉大小的漫游者探测器探索火星地表，这一事件标志着太空探索的一个里程碑。舍利是漫游者火星探索计划的管理者，是她领导了主要由科学家组成的团队设计制造了这一设备。显然，团队成员比舍利更有创造性、专业知识更丰富。

试问，舍利应如何管理这种团队？

工程项目前期策划与投资决策

第三章

【主要内容及学习要求】

本章从经济评价、社会评价和环境评价的角度，深刻揭示了前期策划对工程项目的重要性。要求熟悉项目前期策划的基本内容，掌握可行性研究报告的主要内容。

第一节　工程项目前期策划

一、概述

从项目构思到项目批准正式立项，定义为项目的前期策划阶段。工程项目的立项是一个极其复杂同时又十分重要的过程。这个阶段主要是从上层系统，即从全局和战略的角度出发研究和分析问题，主要是上层管理者的工作。

项目前期策划工作的主要任务是寻找项目机会、确立项目目标、定义项目，并对项目进行详细的技术经济论证，使整个项目建立在可靠、坚实、优化的基础之上。

二、工程项目前期策划的过程和主要工作

项目前期策划的过程如图3-1所示。

(1) 工程项目构思的产生　任何工程项目都起源于项目的构思。项目的构思是对项目机会的寻求，它产生于为了解决上层系统（如国家、地区、企业、部门）的问题，或为了满足上层系统的需要，或为了实现上层系统的战略目标和计划等。

(2) 项目的目标设计和项目定义　这一阶段主要是通过对上层系统的情况和存在的问题进行进一步研究，提出项目目标因素，进而构成项目目标系统，通过对目标的书面说明形成项目定义。

1）项目的目标设计。针对情况和问题提出目标因素，对目标因素进行优化，建立目标系统，确定工程项目要达到的预期总目标。

工程项目采用目标管理方法，在项目的早期就必须确定总目标，并将它贯彻在工程项目的整个实施过程中，以指导总体方案的策划、可行性研究、设计和计划以及施工过程，并作为工程项目后评价的依据。

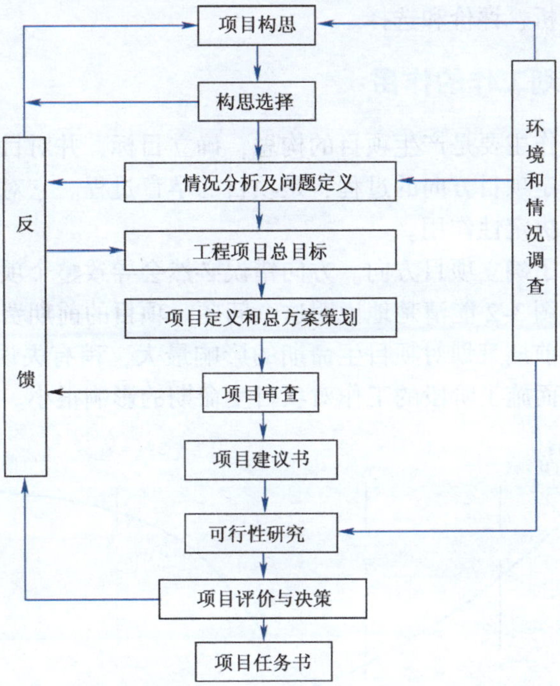

图 3-1 项目前期策划过程

2）项目的定义和总体方案策划。项目的定义是指确定项目的目标系统的构成和范围界限，对项目的各个目标指标作出说明，并根据项目总目标，对项目的总体实施方案进行策划。

3）项目的审查。这里的审查主要是对项目构思、情况和问题的调查和分析、目标设计的过程和结果的审查。

4）提出项目建议书。项目建议书是对项目总体目标、情况和问题、环境条件、项目定义和总体方案的说明和细化，同时提出在可行性研究中所研究的各个细节和指标，作为后继的可行性研究、技术设计和计划的依据。它已将项目目标转变成具体实在的项目任务。

5）可行性研究。即对实施方案进行全面的技术经济论证，其结果作为项目决策的依据。包括产品市场研究和销售预测、项目产品的生产计划、项目的生产工艺和设备选择、厂址选择、工程的建设计划、项目的运营计划、项目整个生命期的资金计划和融资计划等。

6）工程项目的评价与决策。在可行性研究的基础上，对工程项目进行财务评价、国民经济评价和环境影响评价。根据可行性研究和评价的结果，由上层组织对项目的立项作出最后决策。

在我国，可行性研究报告经过批准后项目即立项，并作为项目初步设计的依据。经批准的可行性研究报告就作为工程项目的任务书。

7）其他相关工作。

在整个过程中必须不断地进行环境调查，并对环境发展趋势进行合理的预测。环境是确定项目目标、进行项目定义、分析可行性的最重要的影响因素，是进行正确决策的基础。在整个过程中有一个多重反馈的过程，要不断地进行调整、修改、优化，甚至放弃原定的构思、目标或方案。

在项目前期策划过程中，阶段决策是非常重要的。在整个过程中必须设置几个决策点，对阶段工作结果进行分析、评价和选择。

三、项目前期策划工作的作用

项目的前期策划工作主要是产生项目的构思，确立目标，并对目标进行论证，为项目的批准提供依据。这是确定项目方向的过程，是项目的孕育过程。它对项目的整个生命期，对项目的实施和管理起着决定性作用。

项目前期策划是为了确立项目方向。方向错误必然会导致整个项目的失败，而且这种失败常常是无法弥补的。图3-2能清楚地说明这个问题。项目的前期费用投入较少，而主要投入在施工阶段；但项目前期策划对项目生命期的影响最大，稍有失误就会导致项目的失败，产生不可挽回的损失，而施工阶段的工作对项目生命期的影响很小。

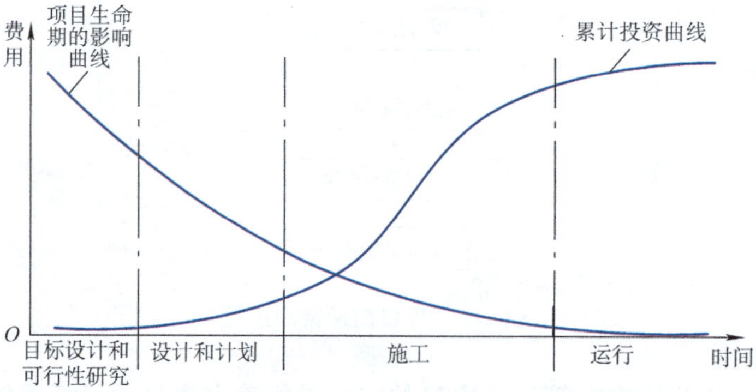

图3-2　项目累计投资和影响对比

工程项目是由目标决定任务，由任务决定工程的技术方案和实施方案或措施，再由工程技术方案产生工程活动，进而形成一个完整的项目系统和项目管理系统。所以，项目目标规定着项目和项目管理的各个阶段和各个方面，形成一条贯穿始终的主线。如果目标设计出错，常常会产生如下后果：

1）工程建成后无法进行正常的运行，达不到使用效果。

2）虽然可以正常运行，但其产品或服务没有市场，不能为社会所接受。

3）运营费用高，没有效益，没有竞争力。

4）项目目标在工程建设过程中不断变动而造成超投资、超工期等等。

工程项目必须符合上层系统的需要，解决上层系统存在的问题。如果上马一个项目，其结果不能解决上层系统的问题，或不能为上层系统所接受，便会成为上层系统的包袱，给上层系统带来历史性的影响。一个工程项目的失败常常会导致经济损失、社会问题和环境的破坏。

第二节　工程项目可行性研究

一、可行性研究的作用和阶段

工程项目可行性研究是从市场、技术、法律（包括政策）、经济、财力、环境等方面对项目进行全面策划和论证。

(1) 可行性研究的作用　在工程项目投资决策前进行可行性研究，是保证工程项目以最少投资耗费取得最佳经济效益的科学手段。可行性研究的作用主要体现在以下几个方面：

1）作为工程项目投资决策的依据。项目投资决策者主要根据可行性研究的评价结果决定一个项目是否应该投资及如何投资。可行性研究的评价结论是项目投资的主要依据。

2）作为工程项目融资的依据。银行在接受项目建设贷款申请时，对贷款项目进行分析评估后，确定项目具有偿还能力，不会承担过大风险时，才有可能同意贷款。

3）作为项目主管部门商谈合同、签订协议的依据。根据可行性研究报告，项目主管部门可同有关部门签订项目所需的原材料、能源资源和基础设施等方面协议和合同，以及进行引进技术和设备的正式签约。

4）作为项目进行工程设计、设备订货、施工准备等建设前期的依据。可行性研究中对产品方案、建设规模、厂址、工艺流程、主要设备选型和总图布置等方案评选论证的结果，可作为初步设计、设备订货和施工准备工作的依据。

5）作为项目采用新技术、新材料、新设备研制计划和补充地形、地质工作和工业性试验的依据。

6）作为环保部门审查项目对环境影响的依据，并作为向项目建设所在地政府和规划部门申请建设执照的依据。

(2) 可行性研究的阶段　可行性研究是一个由粗到细的分析研究过程，按照国际惯例，可行性研究可以分为投资机会研究、初步可行性研究和详细可行性研究三个阶段。

1）投资机会研究。投资机会研究为项目的投资方向和设想提出建议。根据国民经济发展长远规划和行业地区规划、经济建设方针、建设任务和技术经济政策，在一个确定的地区和部门内，利用对自然资源和市场的调查、预测，寻找最有利的投资机会，提出项目投资建议。在投资机会研究阶段，需要编制项目建议书，提出项目的大致设想，初步分析项目建设的必要性和可行性。

2）初步可行性研究。项目建议书经国家计划部门批准后，对于投资规模较大、工艺技术复杂的大中型骨干工程项目，在进行全面分析研究之前，往往需要先进行初步可行性研究。初步可行性研究是介于机会研究和详细可行性研究的中间阶段。其目的是对项目初步评估进行专题辅助研究，广泛分析，筛选方案，鉴定项目的选择依据和标准，确定项目的初步可行性。通过编制初步可行性研究报告，决定是否有必要进行下一步的详细可行性研究。

3）详细可行性研究。详细可行性研究为项目决策提供技术、经济、社会及商业方面的依据，是项目投资决策的基础。研究的目的是对工程项目进行深入细致的技术经济论证，重点对工程项目进行财务效益和经济效益的分析评价，经过多方案比较选择最佳方案，确定工程项目的最终可行性。本阶段的最终成果是可行性研究报告。

在可行性研究的各个阶段，由于基础资料的占有程度、研究深度及可靠程度要求不同，决定了各阶段的工作内容和投资估算精度也不同（见表3-1）。

表 3-1 可行性研究阶段

工作阶段	投资机会研究	初步可行性研究	详细可行性研究
工作性质	项目设想	项目初选	项目拟定
工作内容及成果	鉴别投资方向，寻找投资机会，提出项目建议，为初步选择项目提供依据	对项目进行专题辅助研究，编制初步可行性研究报告，确定是否有必要进行详细可行性研究，进一步判明工程项目的生命力	对项目进行深入细致的技术经济论证，编制可行性研究报告，提出结论性意见，作为项目投资决策的重要依据
投资估算精度	±30%	±20%	±10%
费用占投资总额百分比（%）	0.2～1.0	0.25～1.25	大项目0.2～1.0 小项目1.0～3.0
所需时间/月	1～3	4～6	6～12或更长

二、可行性研究报告内容

不同的项目，其具体研究内容不同。按照联合国工业发展组织（UNIDO）出版的《工业可行性研究手册》，其可行性研究内容包括以下10个方面。

（1）实施要点　对各章节的所有主要研究成果的扼要叙述。

（2）项目背景和历史　主要有：项目的业主；项目启动过程；已完成的调查和研究工作。

（3）市场和工厂生产能力　主要有：

1）需求和市场分析。包括：①该工业现有规模和生产能力的估计（具体说明在市场上领先的产品），以往的增长情况，今后增长情况的估计，具体说明主要发展计划；当地的工业分布情况，主要问题和前景，产品的质量；②以往进口及其今后进口的趋势、数量和价格；③该工业在国民经济和国家政策中的作用，与该工业有关的或为其指定的优先顺序和指标；④目前需求的大致规模，过去需要的增长情况，主要决定因素和指标。

2）销售预测和营销情况。包括：①预期现有的及潜在的当地和国外生产者和供应者对该项目产品的竞争；②市场的当地化；③销售计划；④产品和副产品年销售收入估计（本国货币/外币）；⑤推销和经销的年费用估计。

3）生产计划。包括：①产品；②副产品；③废弃物（废弃物处理的年费用估计）。

4）工厂生产能力的确定。包括：①工厂可行的正常生产能力；②销售、工厂生产能力和原材料投入之间的数量关系。

（4）原材料投入　投入品的大致需要量，现有的潜在的供应情况，以及对当地和国外的原材料每年投入的费用粗略估计。

（5）厂址选择　分析厂址对建设投资和生产成本的影响，包括对土地费用的估计。

（6）项目设计　主要有：

1）项目范围的初步确定。

2）技术和设备。包括：①按生产能力大小所能采用的技术和流程；②当地和外国技术费用的粗略估计；③拟用设备（主要部件）的总体布置；④设备费用的粗略估计。

3）土建工程。①土建工程的粗略布置、建筑物的安排、所用的建筑材料的简略描述；②土建工程费用的粗略估算。

(7) 工厂机构和管理费用　其中，机构设置包括生产、销售、行政、管理；管理费的估计包括：工厂的、行政的、财政的管理费。

(8) 人力　包括人力需要量的估计和每年人力费用估计。

(9) 实施时间安排　主要有项目大致实施时间表和根据实施计划估计的“时间—费用”计划。

(10) 财务和国民经济评价　主要有：

1）总投资费用。包括：①周转资金需要量的粗略估计；②固定资产的估计；③总投资费用，由上述（3）～（10）项所估计的各项投资费用总计得出。

2）项目筹资。包括：预计的资本结构及预计需筹措的资金（本国货币/外币）；利息。

3）生产成本。由上述（3）～（10）项所估计的、按固定和可变成本分类的各项生产成本的概括。

4）在上述估计值的基础上作出财务评价，包括：①清偿期限；②投资利润率；③收支平衡点；④内部收益率。

5）国民经济评价。包括：①初步测算项目换汇率和有效保护；②利用估计的加权数和影子价格（外汇、劳力、资本）进行总体的成本-利润分析；③对其他工业部门的促进作用；④创造就业机会的效果估计；⑤外汇储备估计。

三、可行性研究报告的审查与报批

(1) 可行性研究报告的审查　可行性研究报告是业主作出投资决策的依据，因此要对该报告进行详细的审查和评价。审核其内容是否确定、完整，分析和计算是否正确，最终确定投资机会的选择是否合理、可行。业主对可行性研究报告审查的主要内容如下：

1）项目建设的必要性。包括：①建设项目是否符合国家的产业政策、行业规划和地区规划，是否符合经济和社会发展的需要；②市场预测是否准确，项目规模是否经济合理，产品的性能、品种、规格是否符合国内外市场需求的趋势和有无竞争能力。

2）建设条件与生产条件。包括：①项目所需资金能否落实，资金来源是否符合国家有关政策规定；②选址是否合理，总体布置方案是否符合国土规划、城市规划、土地管理和文物保护的要求和规定；③项目建设过程中和建成后原料、燃料的供应条件及供电、供水、供热、交通运输等要求能否落实；④项目的“三废”治理是否符合保护生态环境的要求。

3）工程方案和标准。包括：①工程有无不同方案的比选，分析推荐的方案是否经济、合理；②工程地质、水文、气象、地震等自然条件对工程的影响和采取的治理措施；③工程采用的标准是否符合国家的有关规定，是否贯彻了勤俭节约的方针。

4）基础经济数据的测定。包括：①投资估算的依据是否符合国家和地区的有关规定，工程内容和费用是否齐全，有无高估冒算、任意提高标准、扩大规模，以及有无漏项、少算、压低造价等情况；②资金筹措方式是否可行，投资计划安排是否得当；③报告中的各项成本费用计算是否正确，是否符合国家有关成本管理的标准和规定；④产品销售价格的确定是否符合实际情况和预测变化趋势，各种税金的计算是否符合国家规定的税种和税率；⑤对预测的计算期内各年获得的利润额进行审核与分析；⑥报告中确定的项目建设期、投产期、生产期等时间安排是否切实可行。

5）财务效益。从项目本身出发，结合国家现行财税制度和现行价格，对项目的投入使用费用、产出效益、偿还贷款能力以及外汇效益等财务状况等进行分析，来判别项目财务上的可行性。审查效益指标主要是复核财务内部收益率、财务净现值、投资回收期、投资利润率、投资利税率和固定资产借款偿还期。涉外项目还应评价外汇净现值、财务换汇成本等指标。

6）国民经济效益。国民经济效益评价是从国家、社会的角度，考虑项目需要国家付出的代价和给国民经济带来的效益。一般审查时用影子价格、影子工资、影子汇率和社会折现率等，以判别项目经济上的合格性。审查的评价指标主要是经济内部收益率、经济净现值、投资效益率等。

7）社会效益。包括生态平衡、科技发展、就业效果、社会进步等方面。应根据项目的具体情况，分析和审查可能产生的主要社会效益。

8）不确定性分析。审查不确定性分析一般应对报告中的盈亏平衡分析、敏感性分析进行鉴定，以确定项目在财务上、经济上的可靠性和抗风险能力。

业主对以上各方面进行审核后，对项目的投资机会进一步作出总的评价，进而作出投资决策。若认为推荐方案成立，可就审查中所发现的问题，要求咨询单位对可行性研究报告进行修改、补充、完善，并提出结论性意见和上报有关主管部门审批。

（2）可行性研究报告的报批　按照国家投资融资体制改革有关规定，各类建设项目可行性研究的报批制度如下：

1）政府投资建设的项目。使用中央预算内投资2亿元以上的项目，其可行性研究报告由国务院投资主管部门审批后报国务院审批；使用中央预算内投资2亿元以下的项目，可行性研究报告由国务院投资主管部门审批，其中总投资在1亿元以下，可以自行平衡和落实建设资金的国务院各部门的直属项目，授权各部门审批；使用中央统借还国外贷款的项目，视同中央预算内项目进行管理。使用中央专项建设基金的重大项目，其可行性研究报告由国务院投资主管部门审批或审核后报国务院审批；非重大项目的可行性研究报告由国务院行业主管部门审批。

2）企业不使用政府资金投资建设的项目。实行核准制和登记备案制，政府不再进行投资决策性质的审批，由企业自主决策、自担风险，并依法办理环境保护、城乡规划、土地、劳动安全、优惠政策等许可手续。企业自主决策的项目，申请政府投资补助或者贴息资金的，政府投资主管部门只审核资金申请报告。需要实行政府核准制的项目是企业投资建设的重大项目、限制类项目和其他需要核准的项目，政府核准项目目录由国务院投资主管部门会同有关行业部门研究提出，报国务院批准后实施，并适时调整。这里政府主要从维护国家经济安全、合理开发使用资源、保护生态环境、平衡整体布局、保障公众利益、防止出现过度竞争等方面审核项目的投资申请报告，政府有关部门要建立严格规范的核准制度，明确核准的内容、程度和时限并向社会公布，增强透明度。对于企业不使用政府资金投资建设的项目，除实行政府核准制的项目以外，其余项目均实行登记备案制。对于实行登记备案制的项目，由企业按照属地原则向地方政府投资主管部门登记备案。

3）外商投资项目和境外投资项目。对于外商投资项目和企业赴境外投资项目，实行核准制，政府主要从市场准入和资本账户管理等角度审核项目的投资申请报告。申请享受进口税收优惠的外商投资项目，统一由国务院投资主管部门出具减免确认书。

4）大型企业集团投资的建设项目。基本建立现代企业制度的大型企业集团，在国家需要调控的产业领域内进行投资建设，可编制中长期发展建设规范，经国务院或国务院投资主管部门批准后，规划内的重大项目和境外投资项目不再审核，由企业集团依法办理相关手续，并报国务院投资主管部门和项目所在地方政府投资主管部门备案。

对于需要报批可行性研究报告的项目，当可行性研究报告经过正式批准后，应当严肃执行，任何部门、单位或个人都不能擅自变更。确有正当理由需要变更时，需将修改的建设规模、项目地址、技术方案、主要协作条件、突破原定投资控制数、经济效益的提高或降低等内容报请原审批单位同意，并正式办理变更手续。

第三节　工程项目经济评价

一、工程项目经济评价的内容

工程项目经济评价是项目决策阶段可行性研究和评估的核心内容，它是采用现代经济分析方法，对拟建项目计算期（建设期和生产经营期）内投入产出诸多经济因素进行调查、预测、研究、计算和论证，比较选择推荐最佳方案的过程。经济评价是在完成一项技术方案或同一经济目标所取得的劳动成果与劳动消耗的比较的评价，它的评价结论是项目决策的重要依据。

（1）财务评价和国民经济评价的异同　项目的经济评价分为财务评价和国民经济评价。财务评价是指从项目或企业的财务角度出发，根据国家现行财税制度和市场价格体系，分析、预测项目投入的费用和产出的效益，计算财务评价指标，考查拟建项目的财务盈利能力、清偿能力，从而判断建设项目的财务可行性。国民经济评价是从国家整体的角度出发，按照合理配置资源的原则，采用影子价格等国民经济评价参数，分析计算项目需要耗费的社会资源和对社会的贡献，考查投资行为的经济合理性和宏观可行性。在市场经济条件下，大部分项目的财务评价结论可以满足投资决策的要求。但有些项目需要进行国民经济评价，以便从国民经济角度评价其是否可行。需要进行国民经济评价的项目主要是铁路、公路等交通运输项目，较大的水利水电项目，国家控制的战略性资源开发项目，动用社会资源和自然资源较大的中外合资项目，以及主要产出物和投入物的市场价格不能反映其真实价值的项目。

财务评价与国民经济评价的共同点是：①它们都是经济评价，都要寻求以最小的投入获得最大的产出；②都用货币作为统一的尺度，都考虑货币的时间因素；③都采用现金流量分析方法，通过编制基本报表计算净现值、内部收益率等指标；④都是在完成产品需求预测、厂址选择、工艺技术路线和技术方案论证、投资估算和资金筹措等基础上进行的。

财务评价与国民经济评价的不同点是：①评价角度不同；②项目费用、效益的含义和范围划分不同（见表3-2）；③采用的价格不同，财务评价对投入物和产出物采用财务价格，国民经济评价采用影子价格；④采用的主要参数不同，财务评价采用财务基准收益率或银行贷款利率，国民经济评价采用国家统一测定的影子汇率和社会折现率等。

表 3-2 财务评价与国民经济评价中项目费用及效益方面的区别

财务评价	国民经济评价
根据项目的实际收支情况确定项目的直接效益和费用，补贴计为效益	根据项目给国家带来的效益和项目消耗资源的多少，考查项目的效益和费用，补贴不计为效益
税收和利息计为费用	税收和国内借款利息不计为费用
只计算项目的直接效益和直接费用	计算直接效益和直接费用，还要计算间接效益和间接费用

建设项目投资决策中，财务评价与国民经济评价的结论均为可行的项目，应予通过。国民经济评价结论为不可行的项目，一般应予否定。对某些国计民生急需的项目，如国民经济评价合理，而财务评价不可行，应重新考虑方案，必要时也可向主管部门提出采取相应经济优惠措施的建议，使项目具有财务上生存的能力。

（2）经济评价的步骤 主要有：

1）财务评价的步骤。财务评价是在确定的建设方案、投资估算和融资方案的基础上进行的财务可行性研究。具体步骤为：①选取财务评价基础数据与参数，包括主要投入品和产出品财务价格、税费、利率、汇率、计算期、固定资产折旧率、无形资产摊销年限、生产负荷及基准收益率等基础数据和参数；②计算销售（营业）收入，估算成本费用；③编制财务评价报表；④计算财务评价指标，进行盈利能力分析和偿债能力分析；⑤进行不确定性分析，包括敏感性分析和盈亏平衡分析；⑥编写财务评价报告。

2）国民经济评价的步骤。国民经济评价的步骤为：①识别国民经济效益和费用，不仅包括直接效益和直接费用，而且还要考虑间接效益和间接费用；②计算和选取影子价格：影子价格是指依据一定原则确定的，能够反映投入物和产出物真实的经济价值，反映市场供求状况，反映资源稀缺程度，使资源得到合理配置的价格。影子价格是计算国民经济效益和费用时的专用价格，在进行国民经济评价时，项目的主要投入物和产出物价格，原则上都应采用影子价格；③编制国民经济评价报表；④计算国民经济评价指标并进行方案比选。

（3）经济评价报表 主要有：

1）财务评价报表。包括：①新设项目法人的项目财务评价报表主要有财务现金流量表（包括项目财务现金流量表、资本金财务现金流量表和投资各方财务现金流量表）、损益和利润分配表、资金来源与运用表、借款偿还计划表等；②已有项目法人的项目财务评价，应按增量效益与增量费用的数据，编制项目增量财务现金流量表、资本金增量财务现金流量表，按“有项目”的效益与费用数据，编制项目损益和利润分配表、资金来源与运用表、借款偿还计划表等。

2）国民经济评价报表。国民经济效益费用流量表一般在项目财务评价基础上进行调整编制，有些项目也可直接编制。主要有两种：①项目国民经济效益费用流量表：以全部投资（包括国内投资和国外投资）作为分析对象，考查项目全部投资的盈利能力；②国内投资国民经济效益费用流量表：以国内投资作为分析对象，考查项目国内投资部分的盈利能力。

二、财务评价的主要指标

1. 财务盈利能力分析指标

项目财务盈利能力分析指标主要包括财务内部收益率、财务净现值、投资回收期等。其中，财务内部收益率是项目的主要盈利性指标，其他指标可根据项目特点及财务评价的目的、要求等选用。

(1) 财务内部收益率　财务内部收益率（FIRR）是指项目在整个计划期内各年净现金流量现值累计等于零时的折现率，它是评价项目盈利能力的动态指标。其表达式为：

$$\sum_{t=1}^{n}(CI-CO)_t(1+FIRR)^{-t}=0$$

式中，CI 为现金流入量；CO 为现金流出量；$(CI-CO)_t$ 为第 t 年的净现金流量；n 为计算期年数。

财务内部收益率可根据财务现金流量表中的净现金流量，用内插法试算或利用专用软件的财务函数计算求得。按分析范围和对象不同，财务内部收益率分为项目内部收益率、资本金收益率（即资本金财务内部收益率）和投资各方收益率（即投资各方财务内部收益率）三种。

1）项目财务内部收益率。是在确定项目融资方案前（未计算借款利息），用以考查所得税前整个项目盈利能力的指标。该指标可供决策者进行项目方案比选和银行金融机构进行信贷决策时参考。由于项目各融资方案的利率不尽相同，所得税税率与享受的优惠政策也可能不同，因此，在计算项目财务内部收益率时，不考虑利息支出和所得税，是为了保持项目方案的可比性。

2）资本金收益率。是以项目资本金为计算基础，考查所得税税后资本金可能获得的收益水平。

3）投资各方收益率。是以投资各方出资额为计算基础，考查投资各方可能获得的收益水平。

项目财务内部收益率（FIRR）的判别依据采用行业发布或评价人员设定的财务基准收益率 i_c。当 FIRR≥i_c 时，即认为项目的盈利能够满足要求，可以接受该项目；反之，不能接受该项目。资本金收益率和投资各方收益率应与出资方最低期望收益率相比较，判断投资方收益水平。

(2) 财务净现值　财务净现值（FNPV）是指按行业基准收益率或设定的折现率 i_c，计算项目计算期内各年净现金流量的现值之和。其计算公式为：

$$FNPV=\sum_{t=1}^{n}(CI-CO)_t(1+i_c)^{-t}$$

财务净现值反映项目在满足设定折现率前提下的盈利要求之外，获得的超额盈利的现值。一般只计算所得税前财务净现值。当 $FNPV \geqslant 0$ 时，表明项目的盈利能力达到或超过按设定的折现率计算的盈利水平，可以考虑接受该项目。$FNPV$ 越高，项目的经济效益越好。如果 $FNPV<0$，说明项目的盈利能力达不到要求水平，该项目不可行。

(3) 投资回收期　投资回收期（P_t）是指项目的净收益偿还项目全部投资所需要的时间。投资回收期一般以年为单位，并从项目建设起始年算起。若从项目投产年算起，应予以特别注明。其表达式为：

$$\sum_{t=1}^{P_t}(CI-CO)_t=0$$

投资回收期可根据现金流量表计算，现金流量表中累计现金流量（所得税前）由负值变为零时的时点，即为项目投资回收期。其计算公式为：

$$投资回收期(P_t)=\left(\begin{matrix}累计净现金流量\\开始出现正值年份\end{matrix}-1\right)+\frac{上年累计净现金流量的绝对值}{当年净现金流量}$$

投资回收期越短，表明项目的盈利能力和抗风险能力越好。在财务评价中，求出的投资回收期（P_t）与行业的基准投资回收期（P_0）比较，当 $P_t \leqslant P_0$ 时，表明项目投资能在规定的时间内收回，可以考虑接受该项目。反之，不能接受该项目。

以上计算的是静态投资回收期，如果考虑资金的时间价值，就可以计算动态投资回收期。动态投资回收期指标计算较繁，但结果比较真实。建设项目投资回收期较长时，可以考虑采用动态投资回收期指标。

（4）投资利润率　投资利润率是指项目在计算期内正常生产年份的年利润总额与项目总投资的比率，它是考查项目单位投资盈利能力的静态指标。对生产期内各年的利润总额变化幅度较大的项目，应计算生产期年平均利润总额与项目总投资的比率。其计算公式为：

$$投资利润率=\frac{年利润总额或年平均利润额}{项目总投资}\times 100\%$$

$$年利润总额=年产品销售(营业)收入-年产品销售税金及附加-年总成本费用$$

$$\begin{aligned}年产品销售税金及附加=&年增值税+年销售税+年营业税+年资源税+\\&年城市维护建设税+年教育费附加+年地方教育附加\end{aligned}$$

$$项目总投资=固定资产投资+建设期利息+流动资金$$

投资利润由损益表求得。在财务评价中，将项目的投资利润率与行业平均投资利润率对比，来判别项目单位投资盈利能力是否达到本行业的平均水平。

2. 财务偿债能力分析指标

根据有关财务报表，计算借款偿还期、利息备付率、偿债备付率等指标，可以评价项目借款偿还能力。如果采用借款偿还期指标，可不再计算备付率指标；如果计算备付率指标，则不再计算借款偿还期指标。

（1）借款偿还期　借款偿还期（P_d）是指以项目投产后获得的可用于还本付息的资金，还清借款本息所需的时间。一般以年为单位表示。该指标可由借款偿还计划表推算，不足整年的部分可用内插法计算。其计算公式为：

$$P_d=(借款偿还后出现盈余的年份数-1)+\frac{当年应偿还借款额}{当年可用于还款的收益额}$$

借款偿还期满足贷款机构的要求期限时，即认为该项目是有偿债能力的。借款偿还期指标旨在计算最大偿还能力，适用于尽快还款的项目，不适用于约定借款偿还期的项目。对于已约定借款偿还期限的项目，应采用利息备付率和偿债备付率指标分析项目的偿债能力。

（2）利息备付率　利息备付率也称已获利倍数，是指项目在借款偿还期内各年可用于支付利息的息税前利润与当期应付利息费用的比值。其计算公式为：

$$利息备付率=\frac{息税前利润}{当期应付利息费用}$$

其中，息税前利润=利润总额+计入总成本费用的利息费用；当期应付利息费用是指计入总成本费用的全部利息。

利息备付率可以按年计算，也可以按整个借款期计算。利息备付率表示项目利润偿付利息的保证倍率。对于正常运营的企业，利息备付率应当大于2。否则，表示项目的付息能力保障程度不足。

(3) 偿债备付率　偿债备付率指项目在借款偿还期内，各年可用于还本付息的资金与当期应还本付息金额的比值。其计算公式为：

$$偿债备付率=\frac{可用于还本付息资金}{当期应还本付息金额}$$

可用于还本付息的资金包括：可用于还款的折旧和摊销、在成本中列支的利息费用、可用于还款的利润等。当期还本付息金额包括：当期应还贷款本金及计入成本的利息。

偿债备付率可以按年计算，也可以按项目的整个借款期计算。偿债备付率表示可用于还本付息的资金偿还借款本息的保证倍率。偿债备付率在正常情况下应当大于1，且越高越好。当指标小于1时，表示当年资金不足以偿付当期债务，需要通过短期借款偿付已到期债务。

三、国民经济评价的主要指标

(1) 经济内部收益率　经济内部收益率（EIRR）是反映项目对国民经济贡献的相对指标，它表示项目占用资金所获得的动态收益率，也是项目在计算期内各年经济净效益流量的现值累计等于零时的折现率。其表达式为：

$$\sum_{t=1}^{n}(B-C)_t(1+\mathrm{EIRR})^{-t}=0$$

式中，B为国民经济效益流量；C为国民经济费用流量；$(B-C)_t$为第t年的国民经济净效益流量；n为计算期。

经济内部收益率的判别标准是社会折现率i_s。如果$\mathrm{EIRR}\geqslant i_s$，表明项目对国民经济贡献达到或超过要求的水平，应认为项目可以接受。

(2) 经济净现值　经济净现值（ENPV）是反映项目对国民经济净贡献的绝对指标，是用社会折现率将项目计算期内各年的净效益流量折算到建设期初（基准年）的现值之和。其计算公式为：

$$\mathrm{ENPV}=\sum_{t=1}^{n}(B-C)_t(1+i_s)^{-t}$$

式中，i_s为社会折现率。

当ENPV≥0时，表示国家为拟建项目付出的代价可以得到符合社会折现率要求的社会盈余，或者除得到符合社会折现率要求的社会盈余外，还可以得到以现值计算的超额社会盈余。这时，该项目是可以接受的。经济净现值越大，表示项目所带来的经济效益的绝对值越大。

按分析效益费用的口径不同，可分为全部投资的经济内部效益率和经济净现值、国内投资经济内部收益率和经济净现值。如果项目没有国外投资和国外借款，全部投资指标与国内投资指标相同；如果项目有国外资金流入与流出，应以国内投资的经济内部收益率和经济净现值作为项目国民经济评价的指标。

四、经济评价中方案比较的基本方法

1. 互斥方案比较方法

投资者对同一项目，不论方案多少，总要选择最佳的方案进行投资。这些方案是由不同的工程方案形成的，如不同的规模、建设地点等；有些是由不同的财务安排形成的，如不同的资金筹措和利润分配方案等。为达到同一目标所设置的彼此可以相互替代的方案称为互斥方案。根据互斥方案的计算期是否相同，可以有不同的比较方法。

（1）计算期相同的互斥方案比较方法　常用的经济评价方法有以下几种。

1）净现值（NPV）法。首先计算各方案的净现值（NPV），剔除 $NPV<0$ 的方案后，选择净现值最大的方案为最优方案。

如果各方案所产生的效益相同或基本相同，但效益无法或很难用货币直接计量时，对互斥方案的比较常用费用现值代替净现值进行评价。为此，首先计算各方案的费用现值，然后进行对比，以费用现值较低的方案为最优方案。

2）差额内部收益率（ΔIRR）法。由于内部收益率不是项目初始投资的收益率，而且内部收益率对现金流量分布的影响很大，净现值相同但分布状态不同的两个现金流量，会得出不同的内部收益率。因此，直接按各互斥方案的内部收益率的高低来选择方案，并不一定能选出净现值最大的方案。为此，可以采用差额内部收益率法进行比选。差额内部收益率是使两个投资额不相等方案各年净现金流量差额的现值之和等于零时的折现率。其表达公式为：

$$\sum_{t=1}^{n}[(CI-CO)_2-(CI-CO)_1](1+\Delta IRR)^{-t}=0$$

式中，$(CI-CO)_2$ 为投资大的方案的净现金流量；$(CI-CO)_1$ 为投资小的方案的净现金流量；ΔIRR 为差额内部收益率。

在两个方案均可行的前提下，当 ΔIRR 大于基准收益率 i_c 时，选择投资大的方案；当 ΔIRR 小于基准益率 i_c 时，选择投资小的方案。

3）净年值（NAV）法。首先计算各方案的净年值，然后直接比较各方案净年值的大小即可得出最优可行方案。在具体评价时常分两种情况：①当给出“+”“-”现金流量时，分别计算各方案的等额年值，凡等额年值小于0的方案，先行淘汰，在余下方案中，选择等额年值大者为最优方案，若各方案的等额年值均为“-”时，则选择其绝对值小者为最优方案；②当只给出“-”的现金流量时，即只给出投资和年经营成本或作业成本时，计算的等额年值也为“-”值，选择其绝对值小者为最优方案，即通常所说的年费用（AC）法。

当项目所产生的效益无法或很难用货币直接计算时，可以用年费用（AC）法替代净年值（NAV）法进行比较，以年费用（AC）较低者为最优方案。采用年费用（AC）法或净年值（NAV）法进行比较所得出的结论是完全一致的。因此，在实际应用中，对于效益相同或基本相同但又难以具体估算的互斥方案，可以采用年费用法进行比较。

（2）计算期不同的比较方法　当互斥方案的计算期不同时，为了保证得到合理的结论，必须对计算期做出某种假定，以便使方案在相等期限的基础上进行比较。常用的比较方法有以下几种。

1）净年值（NAV）法。在对计算期不等的互斥方案进行比较时，首先计算各方案的等额年值（NAV），剔除 NAV <0 的方案后，选择 NAV 最大者即为最优方案。用净年值进行计算期不等的互斥方案比较时，实际上隐含着这样一种假定：各方案在其寿命结束时均可按原方案重复实施或以与原方案经济效果水平相同的方案接续。由于净年值法是以“年”为时间单位比较各方案的经济效果，一个方案无论重复实施多少次，其净年值是不变的，从而使计算期不等的互斥方案间具有可比性。

在对计算期不等的多个互斥方案进行比较时，净年值法是最为简便的方法，它比内部收益率（IRR）法更为简便。同时，用等值年金可不考虑计算期长短不同的问题，故它比净现值（NPV）法也简便。

2）净现值（NPV）法。为了能在相同的计算期下比较净现值（NPV）的大小，常用的比较方法有：①最小公倍数法：又称方案重复法，是以各方案计算期的最小公倍数作为所有方案的共同计算期，并假设各个方案均在共同的计算期内重复进行，计算各个方案的共同的计算期内的净现值，取净现值较大的方案为最优方案；②研究期法：一般以互斥方案中年限最短或最长方案的计算期作为互斥方案评价的共同研究期，然后比较各个方案在共同研究期内的净现值，取净现值大者为最优方案。

例如，方案 A 的计算期为 4 年，方案 B 的计算期为 5 年，若应用最小公倍数法，则两个方案的共同计算期取 20 年。在 20 年中，方案 A 重复 5 次，方案 B 重复 4 次。这样，就得到计算期都是 20 年的两个方案。然后通过比较这两个方案的净现值选出最优方案。

需要注意的是，最小公倍数法不是在任何情况下都适用的，对于某些不可再生资源的开发项目，在进行计算期不等的互斥方案比较时，方案可重复实施的假定不再成立，这时就不能用最小公倍数法确定计算期。此外，如果采用最小公倍数法求得的计算期过长，也不适合采用这种方法。应用研究期法需要注意的是，对于计算期比共同研究期长的方案，要对其在共同研究期以后的现金流量情况进行合理估算，以免影响结论的正确性。

3）差额内部收益率（ΔIRR）法。在进行计算期不同的互斥方案比较时，可以通过建立两个可行方案净年值（或年费用）相等的方程来求解差额内部收益率（ΔIRR）。在 ΔIRR 存在的情况下，如果 $\Delta IRR > i_c$，则初始投资大的方案为最优方案；如果 $\Delta IRR < i_c$，则初始投资小的方案为最优方案。

2. 投资项目组合

有时投资者会面对众多的投资项目，而这些项目中的每一个都是可以独立进行的。当投资者有明确的资金限制时，就不可能接受所有经济上合理的项目。为了使总投资不超过资金限制又能获得最大盈利，就需要将项目组成各种可能组合，每一组合看做是一个投资方案。这些投资方案是相互排斥的，利用互斥方案比较方法进行两两比较，即可找出最优的投资项目组合方案。有资金约束条件下的独立方案选择，其常用的方法有独立方案组合互斥化法和净现值率排序法。

1）独立方案组合互斥化法。假设有 N 个项目，每个项目可以投资，也可以不投资，于是便构成 2^N 个互斥的组合方案。列出每个组合方案的投资和净现值，就可以在投资不超过资金限制的组合方案中选择净现值最大的组合方案。

2）净现值率（NPVR）排序法。净现值率大小说明该项目单位投资所获得的超额净效益的大小。净现值率定义如下：

$$NPVR=\frac{NPV}{I_p}$$

式中，I_p 为项目全部投资的现值。

应用NPVR法比较方案时，将净现值率大于或等于零的各个项目按净现值率的大小依次排序，并依此次序选取项目，直至所选取的项目组合的投资总额最大限度地接近或等于投资限额为止。按净现值率顺序原则选择项目方案，其基本思想是单位投资的净现值越大，在一定投资限额内所能获得的净现值总额就越大。在有明显的资金量限制且项目占用资金远小于资金总拥有量时，以净现值率进行方案选优能够得出正确的结论。

3）独立方案互斥化法和净现值率排序法的比较。净现值率排序法的优点是计算简便，选择方法简明扼要。缺点是由于投资方案的不可分性，即一个项目只能作为一个整体被接受或放弃，经常会出现资金没有被充分利用的情况，因而不一定能保证获得最佳组合方案。而独立方案互斥化法的优点是在各种情况下均能保证获得最佳组合方案，但其缺点是在方案数目较多时，其计算比较烦琐。

第四节　工程项目社会评价

一、社会评价的概念与主要内容

1. 社会评价的概念和范围

工程项目社会评价，是指分析拟建项目对当地社会的影响以及当地社会条件对项目的适应性和可接受程度的系统分析过程。工程项目社会评价旨在系统调查和预测拟建项目的建设、运营产生的社会影响与社会效益，分析项目所在地区的社会环境对项目的适应性和可接受程度。通过分析项目涉及的各种社会因素，评价项目的社会可行性，提出项目与当地社会协调关系、规避社会风险、促进项目顺利实施、保持社会稳定的方案。

经济评价主要是从经济可行性方面判断一个项目的好与坏，以经济收益水平的高低来决定项目的取舍。但是，一个建设项目的实施，不仅对经济产生影响，而且还会影响到当地社会的各个方面。一个在经济方面可行的项目，有可能在社会方面不可行，甚至产生负面影响。因此，对建设项目进行社会评价是十分必要的。

原则上讲，所有的工程项目都应进行社会评价。但由于各类项目各具特点，实现的目标及功能各不相同，因而使社会评价在各类项目中的作用相距甚远。对于教育、文化、卫生体育项目和城市基础设施项目，以创造社会效益为主，应重点进行社会评价。农业、林业、水利项目及交通项目，社会效益往往比经济效益明显，也是社会评价的重点。工业项目以经济效益为主，一般不重点进行社会评价。但在边远地区、少数民族地区和贫困地区建设的工业项目，所涉及的社会环境因素比较复杂，应通过社会评价进行重点分析。

2. 社会评价的主要内容

社会评价应遵循以人为本的原则，其主要内容包括项目的社会影响分析、项目与所在地区的互适性分析和社会风险分析三个方面。

（1）社会影响分析　项目的社会影响分析旨在分析预测项目可能产生的正面影响（社会效益）和负面影响。其影响主要有：

1）项目对所在地区居民收入的影响。主要分析预测由于项目实施可能造成当地居民收入增加或减少的范围、程度及其原因；收入分配是否公平，是否扩大贫富收入差距，并提出促进收入公平分配的措施建议。对于扶贫项目，应着重分析项目实施后减轻当地居民的贫困和帮助贫困人口脱贫的程度。

2）项目对所在地区居民生活水平和生活质量的影响。主要分析预测项目实施后居民居住水平、消费水平、消费结构、人均寿命的变化及其原因。

3）项目对所在地区居民就业的影响。主要分析预测项目的建设、运营对当地居民就业结构和就业机会的正面影响与负面影响。其中正面影响是指可能增加就业机会和就业人数，负面影响是指可能减少原有就业机会及就业人数，以及由此引发的社会矛盾。

4）项目对所在地区不同利益群体的影响。主要分析预测项目的建设、运营会使哪些人受益或受损，以及对受损群体的补偿措施和途径。兴建露天矿区、水利枢纽、交通运输工程、城市基础设施等一般都会引起非意愿移民，应特别注重这方面的分析。

5）项目对所在地区弱势群体的影响。分析预测项目的建设和运营对当地妇女、儿童、残疾人员利益的正面影响和负面影响。

6）项目对所在地区文化、教育、卫生的影响。分析预测项目建设和运营期间是否可能引起当地文化教育水平、卫生健康程度的变化及对当地人文环境的影响，提出减少不利影响的措施和建议。公益性项目应特别注重这方面的分析。

7）项目对当地基础设施、社会服务容量和城市化进程等的影响。分析预测项目建设和运营期间，是否可能增加或占用当地的基础设施，包括道路、桥梁、供电、供水、供气、服务网点，以及产生的影响。

8）项目对所在地区少数民族风俗习惯和宗教的影响。分析预测项目的建设和运营是否符合国家的民族和宗教政策，是否充分考虑了当地民族的风俗习惯、生活方式和当地居民的宗教信仰，是否会引发民族矛盾、宗教纠纷，影响当地的社会安定。

以上分析可以通过编制项目社会影响分析表来完成，见表3-3。

表3-3　项目社会影响分析表

序号	社会因素	影响的范围、程度	可能出现的后果	措施和建议
1	对居民收入的影响			
2	对居民生活水平和生活质量的影响			
3	对居民就业的影响			
4	对不同利益群体的影响			
5	对弱势群体的影响			
6	对地区文化、教育、卫生的影响			
7	对地区基础设施、社会服务容量和城市化进程的影响			
8	对少数民族风俗习惯和宗教的影响			

（2）互适性分析　互适性分析主要是分析预测项目能否为当地的社会环境、人文条件所接纳，以及当地政府、居民支持项目存在与发展的程度，考查项目与当地社会环境的相互适应关系。主要包括：

1）分析预测与项目直接相关的不同利益群体对项目建设和运营的态度及参与程度。选择可以促使项目成功的各利益群体的参与方式，对可能阻碍项目存在与发展的因素提出防范措施。

2）分析预测项目所在地区的各类组织对项目建设和运营的态度。可能在哪些方面、在多大程度上对项目予以支持和配合。对需要由当地提供交通、电力、通信、供水等基础设施条件，粮食、蔬菜、肉类等生活供应条件，医疗、教育等社会福利条件的，当地是否能够提供，是否能够保障。对于国家重大建设项目，应特别注重这方面的分析。

3）分析预测项目所在地区现有技术、文化状况能否适应项目建设和发展。对于为发展当地经济、改善当地居民生活条件兴建的水利项目、公路交通项目、扶贫项目，应分析当地居民的教育水平能否适应项目要求的技术条件，能否保证实现项目既定目标。

项目与所在地的互适性分析可通过编制社会对项目的适应性和可接受程度分析表来完成，见表3-4。

表3-4 社会对项目的适应性和可接受程度分析表

序号	社会因素	适应程度	可能出现的问题	措施和建议
1	不同利益群体			
2	当地组织机构			
3	当地技术、文化条件			

（3）社会风险分析　社会风险分析是对可能影响项目的各种社会因素进行识别和排序，选择影响面大、持续时间长，并容易导致较大矛盾的社会因素进行预测，分析可能出现这种风险的社会环境和条件。对于那些可能诱发民族矛盾、宗教矛盾的项目，应特别注重这方面的分析，并提出防范措施。社会风险分析可以通过编制社会风险分析表来完成，见表3-5。

表3-5 社会风险分析表

序号	风险因素	持续时间	可能导致的后果	措施和建议
1				
2				
3				

二、社会评价的步骤与方法

1. 社会评价的一般步骤

社会评价一般分社会资料调查、社会因素识别和方案比选论证三步。

（1）社会资料调查　调查的内容包括项目所在地区的人口统计资料；基础设施与服务设施状况；当地风俗习惯、人际关系；各利益群体对项目的反应、要求与接受程度；各利益群体与项目活动的可能性，如项目所在地区干部、群众对参与项目活动的态度和积极性，可能参与的形式、时间，妇女在参与项目活动方面有无特殊情况等。社会调查可采用多种方法，如查阅历史文献、统计资料，问卷调查，现场访问、观查，召开座谈会等。

(2) 社会因素识别 分析社会调查获得的资料，对项目涉及的各种社会因素进行分类。一般可分为三类，即：影响人类生活和行为的因素；影响社会环境变迁的因素；影响社会稳定与发展的因素。从中识别与选择影响项目实施和项目成功的主要社会因素，作为社会评价的重点和论证比选方案的内容之一。

(3) 方案比选论证 对项目可行性研究拟定的建设地点、技术方案和工程方案中涉及的主要社会因素进行定性、定量分析，推荐社会正面影响大、社会负面影响小的方案。

2. 社会评价的基本方法

项目的社会因素多而复杂，而且多数是无形的，甚至是潜生的。如项目对社会安全稳定的影响，人们对项目的态度，社区的人际关系，项目对卫生保健、文化水平提高的影响，对人口素质提高的影响等。有的社会因素可以采用一定的计算公式进行定量分析，如就业效益、收入分配效益等，但多数则难以进行定量分析。因此，世界各国项目的社会评价方法很不一样。有的采用定量分析法，有的采用定性分析法，有的则采用定量与定性相结合的方法。

(1) 定量分析方法 定量分析要有一定的计算公式和判别标准（参数），通过数量演算反映评价结果。但如果将建设项目的所有社会评价因素都进行定量计算，难度极大。鉴于这种情况，我国的社会评价采用定量分析与定性分析相结合、参数评价与经验判断相结合的方法。能够定量分析的，尽量采用定量分析方法。不能定量分析的，采用定性分析方法加以补充说明。社会评价定量分析指标大多应结合项目特点确定，以下是各类项目的通用评价指标：

1）就业效益指标。就业效益指标可按单位投资就业人数计算，即

$$\text{单位投资就业人数}=\frac{\text{本项目与相关项目新增就业人数}}{\text{项目直接投资与间接投资总额}}$$

从国家层面分析，一般是单位投资就业人数越大越好。但项目所创造的就业机会，往往与其所采用的技术和经济效益密切相关。劳动密集型企业与资金密集型企业，就业效益相差很大。前者创造就业机会多，后者增加就业人数少而技术经济效益高。行业不同产品不同，单位投资创造的就业机会也相差悬殊。项目的就业效益与经济效益之间经常发生矛盾。从地区层面分析，我国各地区劳动就业情况不同，有的地区劳动力富余，要求多增加就业机会；有些地区劳动力紧张，希望多建设资金、技术密集型企业。因此，很难说单位投资就业人数越大就越好。具体在评价就业效益指标时，应根据项目的行业特点，并结合地区劳动就业情况进行具体分析。从社会就业角度考查，在待业率高的地区，特别是经济效益相同的情况下，就业效益大的项目应为优先项目。如果当地劳动力紧张，或拟建项目属于高新技术产业，就业效益指标的权重应相应减小，可以作为次要的或仅供参考的评价指标。

2）收入分配效益指标。收入分配是否公平，不仅是一个经济问题，更是一个社会问题。在我国，项目社会评价中设置了贫困地区分配效益指标，以促进国家经济在地区间的合理布局，并促进国家扶贫目标的实现。贫困地区分配效益指标可按下式计算：

$$\mathrm{ENPV_p}=\sum_{t=1}^{n}\left[(\mathrm{CI}-\mathrm{CO})_t D_i(1+i_s)^{-t}\right]$$

其中
$$D_i=(G_0/G)^m$$

式中，$\mathrm{ENPV_p}$ 为贫困地区收入分配效益；D_i 为贫困地区收益分配系数；G_0 为项目评价时全

国人均国民收入；G 为项目评价时当地人均国民收入；m 为国家规定的扶贫参数，m 值越大，贫困地区收益分配系数就越大，m 可取 1～1.5。

项目经济净现值乘以 D_i 将使项目的经济净现值增值，有利于贫困地区的建设项目优先通过经济评价，得以被国家接受。

(2) 定性分析方法　定性分析方法基本上是采用文字描述，说明事物的性质。在需要与可能的情况下，定性分析也应尽量采用直接或间接的数据，以便更准确地说明问题的性质和结论。

工程项目社会评价的定性与定量分析一样，要确定分析评价的基准线；要在可比的基础上进行“有项目”与“无项目”的对比分析；要制定定性分析的核查提纲，以利于调查分析的深入；并要在衡量影响程度的基础上，对各种指标进行权重排序，以便于综合分析评价。

第五节　工程项目环境影响评价

一、环境影响评价的概念、分类以及环境影响评价文件

工程项目的建设一般会引起项目所在地自然环境、社会环境和生态环境的变化，对环境状况、环境质量产生不同程度的影响。为了实施可持续发展战略，预防因规划和建设项目实施后对环境造成不良影响，促进经济、社会和环境的协调发展，国家特制定《中华人民共和国环境影响评价法》。该法于2003年9月1日起施行。

(1) 环境影响评价的概念　工程项目环境影响评价是在研究确定场址方案和技术方案中，调查研究环境条件，识别和分析拟建项目影响的因素，提出预防或减轻不良环境影响的对策和措施，比选和优化环境保护方案。进行工程建设应注意保护场址及周围地区的水土资源、海洋资源、矿产资源、森林植被、文物古迹、风景名胜等自然环境和社会环境。项目环境影响评价应坚持以下原则：

1) 符合国家环境保护法律、法规和环境功能规划的要求。

2) 坚持污染物排放总量和达标排放的要求。

3) 坚持“三同时”原则。环境治理设施应与项目的主体工程同时设计、同时施工、同时投产使用。

4) 力求环境效益与经济效益的统一。在研究环境保护治理措施时，应从环境效益与经济效益相统一的角度进行分析论证，力求环境保护治理方案技术可行和经济合理。

5) 注重资源综合利用。对环境治理过程中项目产生的废气、废水、固体废弃物，应提出回收处理和再利用方案。

(2) 环境影响评价的分类　国家根据建设项目对环境的影响程度，对建设项目环境的影响评价实行分类管理。建设单位组织编制的环境影响评价分为环境影响报告书、环境影响报告表和环境影响登记表三类。建设项目的环境影响评价分类管理名录，由国务院环境保护行政主管部门制定公布。

1) 环境影响报告书。对于可能造成重大环境影响的建设项目，应当编制环境影响报告书，对产生的环境影响进行全面评价。建设项目环境影响报告书的内容包括：建设项目概

况，建设项目周围环境现状，建设项目对环境可能造成影响的分析、预测和评估，建设项目环境保护措施及其技术、经济论证，建设项目对环境影响的经济损益分析，对建设项目实施环境监测的建议，环境影响评价的结论。涉及水土保持的建设项目，还必须有经水土行政主管部门审查同意的水土保持方案。

2）环境影响报告表。对于可能造成轻度影响的建设项目，应当编制环境影响报告表，对产生的环境影响进行分析或专项评价。

3）环境影响登记表。对环境影响很小、不需要进行环境影响评价的建设项目，应当填写环境影响登记表。

环境影响报告表和环境影响登记表的内容和格式，由国务院环境保护行政主管部门制定。

(3) 环境影响评价文件的编制、审批及实施　具体内容为：

1）环境影响评价文件的编制。环境影响评价文件中的环境影响报告书或者环境影响报告表，应当由具有相应环境影响评价资质的机构编制。任何单位和个人不得为建设单位指定对其建设项目进行环境评价的机构。除国家规定需要保密的情况外，对环境可能造成重大影响、应当编制环境影响报告书的建设项目，建设单位应当在报批建设项目环境影响报告书前，举行论证会、听证会或者采取其他形式，征求有关单位、专家和公众的意见。建设单位报批的环境影响报告书应当附具对有关单位、专家和公众的意见采纳或者不采纳的说明。

2）环境影响评价文件的审批。建设项目的环境影响评价文件，由建设单位按照国务院的规定报有审批权的环境保护行政主管部门审批；建设项目有行业主管部门的，其环境影响报告书或环境影响报告表应当经行业主管部门预审后，报有审批权的环境保护行政主管部门审批。建设项目的环境影响评价文件未经法律规定的审批部门审查或审查后未予批准的，该项目审批部门不得批准其建设，建设单位不得开工建设。

3）环境影响评价文件的实施。项目建设过程中，建设单位应当同时实施环境影响报告书、环境影响报告表及环境影响评价文件审批部门审批意见中提出的环境保护对策和措施。在项目建设、运行过程中产生不符合经审批的环境影响评价文件的情形，建设单位应当组织环境影响的后评价，采取改进措施，并报原环境影响评价文件审批部门和建设项目审批部门备案；原环境影响评价文件审批部门也可责成建设单位进行环境影响的后评价，采取改进措施。

二、环境影响评价的主要内容

(1) 环境条件调查　环境条件调查主要包括：

1）自然环境。调查项目所在地的大气、水体、地貌、土壤等自然环境状况。

2）生态环境。调查项目所在地的森林、草地、湿地、动物栖息、水土保持等生态环境状况。

3）社会环境。调查项目所在地的居民生活、文化教育、卫生、风俗习惯等社会环境状况。

4）特殊环境。调查项目周围地区名胜古迹、风景区、自然保护区等环境状况。

(2) 环境影响因素分析　主要分析项目建设过程中破坏环境、生产运营过程中污染环境，导致环境质量恶化的主要因素。

1）污染环境因素分析。分析生产过程中产生的各种污染源，计算排放污染物数量及其对环境的污染程度。主要有：①废气：分析气体排放点，计算污染物产生量和排放量、有害成分和浓度，研究排放特征及其对环境的危害程度；②废水：分析工业废水（废液）和生活污水的排放点，计算污染物的产生量和排放量、有害成分和浓度，研究排放特征、排放去向及其对环境的危害程度；③固体废弃物：分析计算固体废弃物的产生量与排放量、有害成分及其对环境的污染程度；④噪声：分析噪声源位置，计算声压等级，研究噪声特征及其对环境造成的危害程度；⑤粉尘：分析粉尘排放点，计算产生量与排放量，研究组分与特征、排放方式及其对环境造成的危害程度；⑥其他污染物：分析生产过程中产生的电磁波、放射性物质等污染发生的位置、特征，计算强度值及其对周围环境的危害程度。

2）破坏环境因素分析。分析项目施工和生产运营对环境可能造成的破坏因素，预测其破坏程度。主要分析：①对地形、地貌等自然环境的破坏；②对森林草地植被的破坏，如引起的土壤退化、水土流失等；③对社会环境、文物古迹、风景名胜区、水源保护区的破坏。

（3）环境影响评价指标　在环境影响评价定量分析中，主要设置环境质量指数指标来分析评价项目对各项污染物治理达到国家和地方规定标准的程度，从而全面反映项目对环境治理的效果。为便于计算，环境质量指数采用各项环境污染物治理指数的算术平均值。如果该项目对环境影响很大，则可以根据各项污染物对环境影响的聚集程度不同给予不同的权重，然后再求平均值。计算公式为：

$$r = \sum_{i=1}^{n} \frac{Q_i}{Q_{i0}} W_i / n$$

式中，r 为环境质量指数；n 为项目排出的环境污染物种类，如废气、固体废弃物、噪声、放射物等；Q_i 为第 i 种有害物质排放量；Q_{i0} 为国家和地方规定的第 i 种有害物质最大允许排放量；W_i 为第 i 种有害物质对环境影响的权重。

（4）环境保护措施　在分析环境影响因素及其影响程度的基础上，应根据国家有关环境保护法律、法规的规定提出治理方案。

1）治理措施方案。根据项目的污染源和排放污染物的性质不同，应采取不同的治理措施。具体为：①废气污染治理：可采用冷凝、吸附、燃烧和催化转化等方法；②废水污染治理：可采用物理法（如重力分离、离心分离、过滤、蒸发结晶、高磁分离等）、化学法（如中和、化学凝聚、氧化还原等）、物理化学法（如离子交换、电渗析、反渗析、气泡悬上分离、汽提吹脱、吸附萃取等）、生物法（如自然氧池、生物滤化、活性污泥、厌氧发酵）等方法；③固体废弃物污染处理：有毒废弃物可采用防渗漏池堆存，放射性废弃物可以封闭固化，无毒废弃物可以露天堆存，生活垃圾可采用卫生填埋、堆肥、生物降解或者焚烧方式处理，利用无毒固体废弃物加工制作建筑材料或者作为建筑添加物，进行综合利用；④粉尘污染治理：可采用过滤附尘、湿式除尘、电除尘等方法；⑤噪声污染治理：可采用吸声、隔音、减振、隔振等措施；⑥建设和生产运营引起环境破坏的治理：对岩体滑坡、植被破坏、地面塌陷、土壤劣化等，应提出相应的治理方案。

2）治理方案比选。应对环境治理的各个局部方案和总体方案进行技术经济比较，并作出综合评价。环境保护治理方案经比选后，提出推荐方案并编制环境保护治理设施和设备表。比选评价的主要内容有：①技术水平比较：分析比较不同环境保护治理方案所采用的技术和设备先进性、适用性、可靠性和可获得性；②治理效果比较：分析比较不同环境保护治理方案在治理前及治理后环境指标的变化情况，以及能否满足环境保护法律法规的要求；③管理及监测方式比较：分析比较各治理方案所采用的管理和监测方式的优缺点；④环境效益比较：将环境治理保护所需投资和设施运行费用与所获得的收益相比较，优选效益费用比值较大的方案。

复习题

1. 试述工程项目前期策划的过程和主要工作。
2. 财务评价和国民经济评价的关系是什么？
3. 工程项目社会评价的主要内容有哪些？
4. 以本校或本单位某一拟新建工程为例，简述可行性研究报告的主要内容。

第四章 工程项目招标与投标

【主要内容及学习要求】

本章对工程项目招标与投标的主要理论及方法进行了介绍，要求能够熟练掌握工程项目咨询监理、勘察设计、施工、物资采购以及国内和国际工程施工招标与投标的相关知识，理解招标与投标在工程项目管理中的作用。

第一节 工程项目招标与投标概述

一、工程项目招标投标概念

招标投标是市场经济中一种重要的商品交易方式，是在市场经济条件下进行大宗货物买卖、工程项目承发包以及服务项目采购与提供时，所采用的一种交易方式。招标与投标是交易过程的两个方面，相互依存、不可分割。工程项目招标投标是建筑业活动中一系列招标投标活动的总称，它包括可行性研究招标投标、咨询监理招标投标、勘察设计招标投标、工程施工招标投标、物资设备招标投标等。

工程项目招标是指工程项目的建设单位在发包工程项目或购买机器设备或合作经营某项业务时，通过一系列程序选择合适的承包商或供货商以及其他合作单位的过程。具体来说，是指招标单位将拟建工程规模、内容和要求，或购买机器设备的名称、型号、数量等内容以招标文件的形式告知愿意承担该建设工程任务或愿出售机器设备的单位或公司，要求他们按照招标文件的要求，各自提出对建设工程的实施方案和造价或机器设备的报价，招标单位通过对他们递交的投标文件进行评标，从中优选出信誉可靠、技术能力强、管理水平高、可信赖的承包商或合作单位，并与之签订承包合同。招标人通过招标的手段，利用投标人之间的竞争，进行“货比三家”“优中选优”，达到节约投资、提高工程或设备质量等目的。另外，投标人在中标后，也可按规定条件对部分专业性工程（如土石方工程、管道工程、设备安装工程等）进行二次招标，进行技术优势互补，确保工程质量。

工程项目投标是指投标人利用报价的经济手段及其他优势来销售自己的商品或提供服务的交易行为，是投标人在接受招标文件中所提出的条件和要求后，对招标项目进行估价和设计实施方案，在规定的日期内填写投标书并递交给招标人，参加竞争并争取中标的过程。

二、工程项目招标投标的发展过程

纵观工程项目招标投标制的推广使用过程，可分为两个发展阶段：

(1) 第一阶段　采用原始招标办法。这种办法的评标条件只有一个，就是报价最低。在生产手段基本相同的条件下，价格和质量有着一定的关系。对劳动力来说，技术水平高和工作熟练的工人，其工资就高；质量好的材料就比质量差的材料价格高。在通常情况下，贪图便宜，往往会招来不可靠的承包商。

(2) 第二阶段　采用现代工程项目招标办法。与原始招标办法相比，现代招标办法具有三个特点：①在招标前编制标底，对招标项目做到心中有数；②对参加投标的承包商进行资格审查，只有通过“投标资格审查”的承包商才准许参加投标；③扩大了评标条件，从过去“谁报价最低给谁干”，发展为预选前几名作为评标对象，然后再从其中选定一个为“中标单位”。评选条件可以从技术能力强弱、施工质量高低、信誉好坏和资金是否雄厚等多方面进行评价。

在招标投标发展过程中，还出现了议标方式，其特点是公开招标，但不公开“开标”。招标人在接到各家承包商的报价后，先进行调查，从技术、工程质量和信誉等方面，预选一家较理想的承包商进行商谈，如能取得一致意见，则选定它为中标单位，如协商不成功，再找第二家信誉好的承包商进行商谈，直到选中为止。

三、工程项目招标的类型

根据招标的公开性、竞争性和公平性的基本特性，招标活动按照不同的分类标准可以划分为多种形式：如按招标的性质划分，可分为公开招标和邀请招标；按招标竞争范围划分，可分为国内竞争性招标和国际竞争性招标；按工程项目的价格确定方式划分，可分为固定价格招标、可调价格招标和工程成本加酬金招标。

根据招标的基本性质，结合我国近20年来招标活动实践，《招标投标法》对我国的法定招标方式作出了明确规定：“招标分为公开招标和邀请招标”，并对这两种法定招标方式进行了界定。

(1) 公开招标　也称无限竞争性招标，是指招标人以招标公告的方式邀请不特定的法人或者其他组织投标。即招标人必须按法定程序，在规定的公开出版物、公用媒体如报纸、杂志、广播、电视或网络上发布招标公告吸引所有符合条件的潜在投标人前来平等参与竞争，招标人从中择优选定中标者的方式。公开招标的特点是竞争性强、透明度高、招标人择优选定中标者范围广、余地大，因此可以最大限度地择优选定中标者。《招标投标法》和《招标范围和规模标准规定》特别规定了依法必须进行公开招标的项目，如“全部使用国有资金投资或者国有资金投资占控股或者主导地位的，应当实行公开招标”。招标投标活动不受地区、部门的限制，不得对潜在投标人实行歧视待遇。

(2) 邀请招标　也称有限竞争性招标，是指招标人以投标邀请书的方式邀请特定的法人或其他组织投标。即招标人事先选择若干个符合条件的潜在投标人，向其发出投标邀请书，由被邀请的潜在投标人投标竞争，投标人从中择优选定中标者的方式。邀请招标与公开招标方式相比，其公开程度和竞争的广泛性不及公开招标方式，但它可以弥补公开招标耗时长、花费大等缺陷，所以也是我国法定招标方式。

四、工程项目招标与投标程序

虽然招标的内容各有差异，但通常的招标投标程序都是类似的，一般都经过以下三个阶段：

(1) 招标准备阶段　从办理招标申请开始到发出招标公告或邀请招标函为止的时间段。

(2) 招标阶段　也是投标人的投标阶段，从发布招标公告之日起到投标截止之日的时间段。

(3) 决标成交阶段　从开标之日起到与中标人签订承包合同为止的时间段。

以施工招标为例，各阶段业主和监理方以及承包商的工作内容见表4-1。

五、我国《招标投标法》简介

《招标投标法》经第九届全国人民代表大会常务委员会第十一次会议通过，1999年8月30日颁布，2000年1月1日起施行。另外，《中华人民共和国招标投标法实施条例》（以下简称《条例》）也于2011年11月30日国务院第183次常务会议通过，自2012年2月1日起施行。《条例》对《招标投标法》的相关条文进行了细化，解决了与《政府采购法》等相关法律的衔接问题。《招标投标法》及《条例》为明确各方权益与职责，规范我国招标投标市场行为提供了法律保障。

(1)《招标投标法》的立法目的　主要有：

1）规范招标投标活动。我国在推行招标投标制的过程中，存在着一些突出问题，如在招标投标过程进行“暗箱操作”、搞虚假招标投标，招标投标程序不规范、投标人串通投标等行为，违反了公平、公开、公正的原则。在总结我国招标投标制的实践经验和借鉴国外招标投标立法通行做法的基础上，制定了《招标投标法》，以法律的形式规范招标投标行为。

2）保护国家利益。《招标投标法》的实施，对保障我国财政资金和其他国有资金的节约和合理使用有重大作用。在国有资金采购项目中实行招标投标，使采购活动在公开、公平、公正的环境中运作，这对于有效消除工程发包和其他采购活动中的腐败行为有重大意义。

表4-1　招投标各阶段业主、监理方以及承包商的工作内容

阶段	主要工作步骤	各方完成的主要工作	
		业主/监理方	承包商
招标准备	申请批准招标	向建设主管部门的招标管理机构提出招标申请	准备投标资料、项目资料、企业内部资料等；研究投标法规
	组建招标机构	—	
	选择招标方式	① 决定分标数量和合同类型 ② 确定招标方式	组成投标小组
	准备招标文件	① 招标广告 ② 资格预审文件及申请表 ③ 招标文件	
	编制标底	① 编制标底 ② 报主管部门审批	

（续）

阶段	主要工作步骤	各方完成的主要工作	
		业主/监理方	承包商
招标阶段	邀请承包商参加资格预审	①刊登资格预审广告 ②编制资格预审文件 ③发出资格预审文件	索购资格预审文件；填报和申请资格预审；回函收到通知
	资格预审	①分析资格预审材料 ②提出合格投标商姓名 ③邀请合格投标商参加投标	回函收到邀请
	发招标文件	发招标文件	购买招标文件；编制
	投标者考察现场	①安排现场踏勘日期 ②现场介绍	参加现场踏勘；询价；准备投标书
	对招标文件澄清和补遗	向投标者澄清和补遗招标文件的有关内容	回函收到澄清和补遗
	投标者提问	①接受提问，准备答复 ②答复（信件方式或会谈方式）	提出问题；参加标前会议；回函收到答复
	投标书的提交和接受	①接受投标书，记下日期和时间 ②退还过期投标书 ③保护有效投标书安全至开标	递交投标文件（包括投标保函）；回函收到过期投标书
决标阶段	开标	开标	参加开标会议
	评标	①初评标 ②评投标书 ③要求投标商提交澄清资料 ④召开澄清会议 ⑤编写评标报告 ⑥做出授标决定	提交澄清资料；参加澄清会议
成交阶段	授标	①发出中标通知书 ②要求中标商提交履约保函 ③进行合同谈判 ④准备合同文件 ⑤签订合同 ⑥通知未中标者，并退回投标保函 ⑦发布开工令	回函收到通知；提交履约保函；参加合同谈判；签订合同 未中标者收到通知及回函；中标者签约

3）保护社会公众利益。按照《招标投标法》第三条的规定，将大型基础设施、公用事业等关系社会公共利益、公众安全的建设项目，不论其资金来源，都纳入强制招标投标的范围，以充分利用招标投标制的竞争作用，确保这类与公众利益有关的工程建设质量。

4）保护招标投标活动当事人的合法权益。针对实践中存在的一些侵犯招标投标活动当事人合法权益的主要问题，《招标投标法》对各方当事人应当享有的基本权利作了规定，以保障双方的合法权益。

5）提高经济效益和工程质量。实行招标投标制，依照法定招标投标程序，通过竞争，选择可靠的投标人中标，有利于节约投资，缩短工期，提高质量，从而有利于提高项目建成后的经济效益。从我国建设工程领域推行招标投标制实践情况来看，通过招标，一般可节约建设资金1%～3%，缩短工期10%左右。

(2)《招标投标法》概述　《招标投标法》共分六章，分别为：

1）总则。共七条，规定了《招标投标法》制定目的、适用范围；必须进行招标投标的项目；招标投标活动应遵循的原则以及对招标投标活动的行政监督管理规定等。

2）招标。共十七条，包括招标人和招标项目的规定；招标方式的规定；招标代理机构资格、工作内容的规定；招标过程中招标人行为的规定；招标文件内容及其澄清、修改的规定以及招标截止时间的规定等内容。

3）投标。共九条，包括对投标人条件的界定；投标人投标行为的规定，投标文件内容的规定。另外，还包括成立联合体投标的具体规定和禁止投标活动中非法行为的规定等内容。

4）开标、评标和中标。共十五条，规定了开标的时间、参加人员、开标程序；评标委员会的组成、评标的要求；成为中标人的条件，中标通知书的发布，承包合同的签订等内容。

5）法律责任。共十六条，包括对招标人、招标代理机构、投标人、评标委员会、中标人、招标投标行政管理机构在招标过程中所承担的法律责任的规定和违法行为的处罚等内容。

6）附则。共四条，说明可不进行招标投标的行为或可不适用本法的规定，以及本法施行的时间。

第二节　工程项目咨询监理招标与投标

一、工程项目咨询监理的概念与性质

工程项目实行咨询与监理制度，是现行建筑市场规范化管理的一项重要制度，并能与国际市场接轨。

(1) 工程项目咨询监理的概念　工程项目咨询监理是指业主聘请咨询监理单位，对项目的建设活动进行咨询，并将业主与承包商为实施项目建设所签订的各类合同履行的过程，交与其负责管理。推行工程项目咨询监理制，有利于提高工程项目投资决策科学化水平，有利于规范工程项目建设参与方的建设行为，有利于促使承包商保证工程项目质量和使用安全，有利于实现工程项目投资效益最大化。

(2) 工程项目咨询监理的性质　咨询监理的内容由业主（委托单位）提出，我国目前大多仅局限于工程项目施工阶段的咨询监理。工程项目咨询监理具有如下性质：

1）科学性。科学性来源于咨询监理人员的高素质。工程项目咨询监理人员必须具有相当的学历，有从事工程工作的丰富经验，通晓相关的技术、经济、管理和法律，经权威机构考核合格并在政府建设主管部门登记注册、发给证书，才能取得从事咨询监理业务的合法

资格。

2）公正性。咨询监理单位在工程项目建设中具有组织有关各方协作、配合的职能，同时是合同管理的主要承担者，具有调节各方之间权益矛盾，维护双方合法权益的职能。为使这些职能得以实现，它必须坚持公正性。

3）服务性。咨询监理单位通过工程项目建设活动进行组织、协调、监督、控制，保证建设合同的顺利实施，主动为业主（委托方）提供服务。咨询监理单位除了坚持合同严格监督外，还要向业主提供合同之外的帮助和指导。

二、工程项目咨询监理招标

咨询监理招标需要的是提供“监理服务”，而非某一种物化劳动，即监理单位在项目建设过程中不承担物质生产任务，只是对建设生产过程提供监督、管理、协调、咨询等服务。

（1）工程项目咨询监理招标特点　主要如下：

1）招标宗旨是指对监理单位能力的选择。监理服务是监理单位的高智能投入，监理任务完成的好坏，不仅依赖于执行监理业务是否遵循了规范化的管理程序和方法，更多地取决于参与监理工作人员的业务专长、经验、判断能力、创新想象力以及风险意识。因此，采用竞争性的招标方式选择监理单位时，鼓励的是能力竞争，而不是价格竞争，只有在能力相当的监理公司之间才存在价格比较问题。

2）邀请投标单位较少。选择监理单位，一般采用邀请招标，邀请数量以3~5家为宜。因为监理招标是对知识、技能和经验等方面的综合能力选择，如果邀请过多的单位投标，不仅要增大评标工作量，而且定标后还要给予未中标单位一定补偿。

（2）工程项目咨询监理招标程序　工程项目咨询监理招标应遵循以下程序：

1）招标人组建项目管理班子，确定委托咨询监理的范围，自行办理招标事宜，应在招标办办理备案手续。

2）编制招标文件。

3）发布招标公告或发出邀标通知书。

4）向投标人发出投标资格预审通知书，对投标人进行资格预审。

5）招标人向投标人发出招标文件，投标人组织编写投标文件。

6）招标人组织必要的答疑、现场勘察、解答投标人提出的问题，编写答疑文件或补充招标文件等。

7）投标人递送投标书，招标人接受投标书。

8）招标人组织开标、评标、决标。

9）招标人确定中标单位后向招标管理机构提交招标投标情况的书面报告。

10）招标人向投标人发出中标或者未中标通知书。

11）招标人与中标单位进行谈判，订立委托咨询监理合同。

监理招标实际上是征询投标人实施监理工作的方案建议。为了指导投标人正确编制投标书，招标文件应包括的内容并需提供的资料是：①工程概况；②委托的监理工作范围和内容；③投标文件的格式、废标的规定、投标截止日期、投标地址等；④开标、评标、定标的时间和地点，评标的原则和方法；⑤对监理单位的资质要求。

三、工程项目咨询监理投标

工程项目咨询监理投标的主要工作是：

(1) 接受资格预审 在接到投标邀请书或得到招标方公开招标的信息后，咨询监理投标单位应主动与招标方联系，获得资格预审文件，按照招标人的要求，提供参加资格预审的材料。资格预审文件的内容应与招标人资格预审的要求相符，一般包括：①企业营业执照、资质等级证书和其他有效证明文件；②企业简介；③主要检测设备一览表；④近3年来的主要咨询监理业绩等。

(2) 投标书的编制 投标书既是投标人评选的主要书面依据，也是与中标人谈判咨询监理合同的基础。投标人应按照招标文件中的要求编制投标书（也称建议书），并按规定封装、递送。为了不使投标的价格因素对选择过程产生较大影响，通常招标文件都要求将投标书分成技术建议书和财务建议书两部分分别封装，并在封套上标明。投标文件中的工作任务大纲是编制技术建议书的依据，但不是绝对的约束条件，允许投标人提出更有创造性的合理建议，不同于施工投标必须严格地按招标文件规定的条件编制投标书。

技术建议书的主要内容是：①咨询监理单位简介及组织结构概况，特别应说明从事同类工程咨询监理服务的经验和能力；②对委托任务的目的和工作范围的理解，以及打算如何执行咨询监理任务的计划或方案；③派驻现场承担各阶段和各方面咨询监理工作的人员组成；④派驻现场的咨询师或总监理工程师的人选及简历；⑤派驻现场从事咨询监理工作的工程师以上人员的履历表；⑥每一阶段或工作部位拟派驻的咨询监理人员的月人数估算等。

财务建议书的主要内容是：①人员酬金报价表；②提供自备计算机、仪器、设备等，按费率和估计使用时间计算的报价表；③包括管理费、税金、保险费等几项费用在内的总报价表；④要求招标单位提供为开展正常监理工作所必需的设备和设施清单。

(3) 递送投标文件 投标人应当在招标文件要求提交投标文件的截止时间前，将投标文件送达指定地点。在招标文件要求提交投标文件的截止时间后送达的投标文件，被视为废标，招标人可以拒收。投标书应当使用专用投标袋并密封，投标袋密封口处必须加盖投标人两枚公章和法定代表人的印鉴。

(4) 签订监理合同 待收到招标人发来的中标通知书后，中标的咨询监理单位应与业主进行合同签订前的谈判，主要就合同专用条款部分进行谈判，双方达成共识后投标即告结束。

第三节 工程项目勘察设计招标与投标

一、工程项目勘察设计招标投标的概念

勘察设计招标投标是指由项目法人作为招标方，通过发布招标公告或向特定的勘察设计单位发出招标邀请书，提出对工程项目进行勘察设计的技术要求、提交成果的时间、对投标人的资格要求、合同条件等招标文件，表明将选择最能满足项目勘察设计的单位与之签订勘察设计合同的意向，由各有意提供勘察设计服务的单位作为投标方，向招标方书面提出自己的勘察设计方案、实施计划和报价参加投标竞争。经招标方对各投标者进行审查比较后，择

优选定中标者，并与其签订合同的全部交易过程。

二、工程项目勘察设计招标

按照《招标投标法》和《招标范围和规模标准规定》的规定，关系社会公共利益、公共安全的基础设施项目，公共事业项目，使用国有资金投资的项目，国家融资项目和使用国际组织或国外政府资金项目（各种项目包括的项目范围详见《招标范围和规模标准规定》）的勘察、设计服务，单项合同估算价在50万元人民币以上的，或单项合同估算价低于50万元人民币但项目总投资额在3000万元人民币以上的，必须进行招标。依法必须进行招标的勘察设计项目，如果全部使用国有资金投资或者国有资金投资占控股或者主导地位的，应当公开招标。

勘察设计任务的招标发包形式既可以将勘察任务单独招标，发包给具有相应资质的勘察单位，也可以将其工作内容合并在设计招标任务中。由于勘察工作所取得的工程建设技术基础资料是设计的依据，直接为设计服务，满足设计需要，因此将勘察任务包括在设计招标范围内，由有相应资质的勘察单位来完成或由设计单位再去选择承担勘察任务的分包单位，对招标单位更为有利。

三、工程项目勘察设计投标

勘察设计单位应按照招标文件的要求进行投标工作，具体为：

（1）报送投标申请书　勘察设计单位应按照招标公告规定的时间报送投标申请书，同时应提交资格预审的有关文件，其内容包括：

1）单位名称、地址、负责人姓名、勘察设计证书编号和开户银行账号等。

2）单位性质和隶属关系。

3）单位简况，包括成立时间、近期勘察设计的主要工程情况、技术人员的数量。

4）招标书要求的有关复印件。

（2）按照招标文件要求编制报送投标文件　主要内容有：

1）综合说明书。

2）勘察设计方案及其实施的组织和技术措施。

3）需要招标单位提供配合的条件。

4）勘察设计开工、完工和提供勘察设计资料的日期。

5）勘察设计费用报价。

6）其他说明的内容。

四、工程项目勘察设计评标与定标

由于设计招标采用方案竞选方式，每份投标书内都包含有投标单位对该工程项目设计的创造性方案设想。为了保护投标单位的知识产权，开标后对有效的工程勘察、设计投标书，应在招标投标管理机构的监督下进行保密处理后移交给评标委员会。

（1）勘察标书的评审　勘察标书评审的原则是：

1）勘察方案是否合理。

2）勘察技术水平是否先进。

3）各种所需勘察数据能否准确可靠。

4）报价是否合理。

（2）设计标书的评审 虽然投标书设计方案各异，需要评审的内容很多，但大致可以归纳为以下几个方面：

1）设计方案的优劣。设计方案的优劣评审内容主要包括：①设计的指导思想是否正确；②设计方案的先进性，是否反映了国内外同类工程项目较先进的水平；③总体布置的合理性，场地利用系数是否合理；④工艺流程是否先进；⑤设备选型的适用性；⑥主要建筑物、构筑物的结构是否合理，造型是否美观大方，是否与周围环境协调；⑦“三废”治理方案是否有效；⑧其他有关问题。

2）投入产出，经济效益的好坏。主要涉及：①建筑标准是否合理；②投资估算是否超过投资限额；③先进的工艺流程可能带来的投资回报；④实现该方案可能需要的外汇额估算等。

3）设计进度快慢。评价投标书内的设计进度计划，要看其能否满足招标单位制订的建设项目总进度计划要求。尤其是某些大型复杂的工程项目，招标单位为了缩短工程项目的建设周期，往往初步设计完成后即进行施工招标，在施工阶段陆续提供施工详图。此时应重点审查设计进度是否满足施工进度的要求，不应妨碍或延误施工的顺利进行。

4）设计资质和社会信誉。没有设置资格预审程序的邀请招标，在评标后还要进行资格后审，作为对各申请投标单位的比较内容之一。

5）报价的合理性。不仅评定总价，还要审查各分项取费的合理性。

（3）定标 评标委员会通过评审标书和投标人的评标答辩后，在评标报告中推选出备选中标方案。招标单位在定标前，还要与备选中标人进行决标前谈判。谈判的主要内容涉及改正或补充原投标方案的可能性，以及将其他投标人的某些设计特点融于该设计方案之中的可能性等有关事项。但为了保护非中标单位的权益，当使用非中标单位的技术成果时，应首先征得其同意，并有偿使用。

招标单位根据投标书所表明的设计方案合理，特色鲜明，工艺、技术水平先进，综合效益好，设计进度能够满足工程需要的原则，最终选定中标单位，并与之签订合同。对未中标单位也应依据标书设计工作量的大小，予以一定的经济补偿。

第四节 工程项目施工招标与投标

一、工程项目施工招标投标的概念

工程项目施工招标是指工程项目建设单位（业主）将工程项目施工的内容和要求以文件的形式标明，招引工程项目施工承包单位（承包商）来报价（投标），经比较选择理想承包单位并达成协议的活动。工程项目施工投标是指工程项目承包商向招标单位提出承包该工程项目施工的价格和条件，供招标单位选择以获得承包权的行为。

施工招标与设计招标、监理招标相比，其特点是发包的内容明确、具体，各投标人编制的投标书在评标时易于进行横向对比。虽然投标人按招标文件工程量表中既定的工作内容和工程量投标报价，但价格的高低并非确定中标人的唯一条件，投标过程实际上是各投标人完成该项任务的技术、经济、管理等综合能力的竞争。

施工招标的发包工作范围：为了规范建筑市场有关各方的行为，《建筑法》和《招标投标法》明确规定不允许采用肢解工程的方式进行招标。

二、工程项目施工招标

招标投标是一个整体活动，招标作为整体活动的一部分主要是从业主的角度揭示其工作内容，但同时又须注意到招标与投标活动的关联性。

(1) 工程项目施工招标程序 招标程序是指招标活动内容的逻辑关系，不同的招标方式，具有不同的活动内容。根据招标工作的特点，可以将招标过程分为招标准备、招标和决标成交三个大阶段，具体工作步骤为：建设项目报建；编制招标文件；投标者的资格预审；发放招标文件；开标、评标与定标；签订合同。

(2) 工程项目招标的准备工作 主要工作有：

1）施工招标前应完成的工作。按照建设法规的要求，初步设计完成后即可开始施工招标。通常，招标人必须完成的工作是：①完成建设用地的征用和拆迁；②有能够满足施工需要的实际施工图和技术资料；③建设资金的来源已落实；④施工现场的前期准备工作如果不包括在承包范围内，应满足“三通一平”的开工条件。

2）申请招标。《招标投标法》第九条规定，招标项目按照国家有关规定需要履行项目审批手续的，应先履行手续，取得批准。原国家发展计划委员会等七部委发布的关于《工程建设项目施工招标投标办法》规定，建设项目的实施必须符合国家制定的基本建设管理程序，按照有关建设法规的规定，工程项目的初步设计完成后，才可以进行施工招标。招标单位填写“建设工程招标申请表”，并经上级主管部门批准后，连同“工程建设项目报建审查登记表”报招标管理机构审批。

3）招标方式的选择。工程项目的施工采用何种方式招标，是由业主决定的。业主对自身的管理能力、设计进度情况、工程项目本身的特点、外部环境条件等因素充分考虑后首先决定施工阶段分标的数量和合同类型，再确定招标方式。全部施工内容一般只发一个合同包招标，招标人仅与一个中标人签订合同，施工过程中管理工作比较简单。如果招标人有足够的管理能力，也可以将全部施工内容分解成若干个单位工程标段和特殊专业工程分别发包，一则可以发挥不同投标人的专业特长增强投标的竞争性；二则每个独立合同比总承包合同更容易落实。一般在确定招标发包的数量时，主要应考虑：①施工内容的专业要求，如将土建施工和设备安装分别招标；②施工现场条件，应充分考虑施工过程中几个独立承包商同时施工可能发生的交叉干扰，现场施工尽可能避免平面或不同高度作业的干扰，还需考虑合同施工中空间和时间的衔接，避免两个合同交界面工作责任的推诿和扯皮；③对工程总投资影响，合同数量划分的多与少，应根据项目的具体特点进行客观分析，应以工程总投资最省且质量、工期等均满足要求为目标；④其他因素影响，如建设资金的到位时间、施工图完成的进度等条件。总之，分标是选择招标方式和正式编制招标文件之前一项很重要的工作，必须对上述因素综合考虑，经比较后再确定。

(3) 编制招标文件 工程项目的发包数量、合同类型和招标方式一经确定后，即应编制为招标服务的有关文件。这些文件包括：招标公告、资格预审文件、招标文件、协议书以及评标方法等。

(4) 编制招标项目的标底 编制标底是工程项目招标前的一项重要工作，而且是较复杂和细致的工作，标底是工程项目的预期价格，通常由业主委托设计、咨询监理等单位制定，如果是由设计或者其他咨询单位编制，监理单位在招标前还要对其进行审核。

1）编制标底应遵循的原则。标底必须报经招标投标主管机构审定。标底一经审定应密封保存至开标时，所有接触过标底的人员均负有保密责任，不得泄露。实行议标的工程，其承包价格由承发包双方商议，报招标投标主管机构备案。标底编制应遵循的原则是：①根据设计图及有关资料、招标文件，参照国家规定的技术、经济标准定额及规范，确定工程量和编制标底；②标底价格应由成本、利润、税金组成，一般应控制在批准的总概算（或修正概算）的限额内；③标底价格作为业主的期望计划价，应力求与市场的实际变化相吻合，要有利于竞争和保证质量；④标底价格应考虑人工、材料、机械台班等价格变动因素，还应包括施工不可预见费、包干费和措施费等，工程要求优良的，还应增加相应的费用；⑤一个工程只能编制一个标底。

2）标底编制依据。主要依据有：①经上级主管部门审批的初步设计和概算投资等文件；②全部设计图和有关设计说明；③已经批准的招标文件；④当地现行的建筑安装工程预算定额及其相配套的材料预算价格和市场材料、设备价格；⑤当地现行的各项收费标准及其他有关规定；⑥住建部颁发的现行建筑安装工程工期定额及当地的补充定额或实施细则等规定；⑦根据工程技术复杂程度、施工现场条件和提前工期等要求而必须采取的技术措施。

3）标底文件内容。主要内容是：①招标工程综合说明：包括工程名称、建筑总面积、设计概算、施工质量要求、工期、开工日期等；②招标工程一览表：包括单项工程名称、建筑面积、结构类型、建筑物层数、室外管线工程及绿化工程等；③标底价格：包括工程总造价、单方造价、建材总用量及其单方造价；④招标工程总造价中所含各项费用的说明：包括包干系数、不可预见费和工程特殊技术措施费等。

(5) 招标工作的实施步骤 具体步骤为：

1）招标公告或招标邀请书。公开招标可通过报刊、广播、电视等或在信息网上发布“资格预审通告”或“招标通告”。招标公告的具体格式可自定，内容一般包括：①业主及招标单位名称；②工程项目的投资额及资金来源；③项目概况；④购买资格预审文件的地点、时间、价格等有关事项。

2）资格预审。资格预审是在招标阶段对申请投标人的第一次筛选，主要是侧重于对承包商总体能力是否适合招标工程要求进行审查。资格预审的内容应根据招标工程项目对投标人的要求来确定，中小型工程的审查内容可适当简单，大型复杂工程则要对承包商的能力进行全面审查。资格预审的内容主要包括：①法人资格和组织机构；②财务报表；③人员报表；④施工机械设备情况；⑤分包计划；⑥近5年完成同类工程项目调查；⑦在建工程项目调查；⑧近2年涉及的诉讼案件调查；⑨其他资格证明。

资格预审内容必须满足的条件，包括基本条件和强制性条件。其中基本条件包括：①营业执照；②资质等级；③财务状况；④流动资金；⑤分包计划；⑥履约情况。而强制性条件并非是每个招标项目都必须设置的条件。对于大型复杂工程或有特殊专业技术要求的施工招标，通常在资格预审阶段需考查申请的投标人是否具有同类工程的施工经验和能力。强制性条件根据招标工程的施工特点设定具体要求。

对满足上述申请的投标人的资格预审文件，采用加权打分法进行量化评定和比较。权重的分配依据招标工程的特点和对承包商的要求配设，打分过程中应注意对承包商报送资料的分析。

3）发售标书。将招标文件、设计图和有关技术资料发放给通过资格预审获得投标资格的投标单位。投标单位收到招标文件、设计图和有关技术资料后，应认真核对，核对无误后，应书面形式予以确认。

4）现场勘察和情况介绍会。招标单位组织投标单位进行勘察现场的目的在于使其了解工程场地和周围环境，以获取投标单位认为有必要的信息。情况介绍会的目的在于澄清招标文件中的疑问，解答投标单位对招标文件和勘察现场中所提出的疑问和问题。

5）接受标函。投标单位根据招标文件的要求，编制投标文件，并进行密封和标志，在投标截止时间前按规定的地点递交至招标单位。招标单位接受投标文件并将其秘密封存。

6）开标。在投标截止日期后，按规定时间、地点，在投标单位法定代表人或授权代理人在场的情况下举行开标会议，按规定的议程进行开标。

7）评标。按有关规定成立评标委员会，在招标管理机构监督下，依据评标原则、评标方法，对投标单位标价、工期、质量、主要材料用量、施工方案或施工组织设计、以往业绩、社会信誉，以及优惠条件等方面进行综合评价，公正合理、择优选择中标单位。施工招标需要评定比较的要素较多，用综合评分法可以比较全面地反映投标人的素质。大型复杂工程的评分标准最好设置几级评分目标，以利于评委控制打分标准、减小随意性。评分的指标体系及权重应根据招标工程项目特点设定，报价部分的评分又分为用标底衡量和不用标底衡量两大类。其中，以标底衡量报价得分的综合评分法是评标委员会首先以预先确定的允许报价浮动范围（如 ±5%）确定入围的有效投标，然后按照评标规则计算各项得分，最后以累计得分比较投标书的优劣。以标底作为报价评定标准时，有可能因编制的标底没有反映出较为先进的施工技术水平和管理水平，导致报价得分的评定不合理。为了弥补这一缺陷，采用以修整标底值作为报价评分衡量标准的综合评分法，该方法将标底的修正值作为衡量标准，其具体步骤为：①计算各投标书报价的算术平均值。②将标书平均值与标底再作算术平均。③以第②项平均值为中心，按预先确定的允许浮动范围（如 −10% ~ +10%）确定入围的有效投标书。④计算入围有效投标书的报价算术平均值。⑤将标底和第④项平均值进行平均，作为确定报价得分的衡量标准。此步计算可以是简单的算术平均，也可以采用加权平均法。⑥依此评标规则确定的计算方法，按标价与标准的偏离度计算各投标书的该项得分。

8）定标。评标委员会首先通过对各投标书的审查，淘汰技术方案不满足基本要求的投标书，然后对基本合格的标书按预定的方法将某些评审要素按一定规则折算为评审价格，加到该标书的报价上形成评标价，以评标价最低的标书为最优（不是投标价最低）。评标价仅作为衡量投标人能力高低的量化比较方法，与中标人签订合同时仍以投标价格为准。可以折算成价格的评审要素一般包括：①投标书承诺的工期提前给项目可能带来的超前收益；②实施过程中必然发生而标书又属明显漏项部分，给予相应的补项；③技术建议可能带来的实际经济效益；④投标书内提出的优惠条件可能给招标人带来的好处；⑤对其他可以折算为价格的要素，按照对招标人有利或不利的原则，增加或减少到投标价上去。

（6）签订合同 中标单位选定后由招标管理机构核准，获准后招标单位发出“中标通知书”，建设单位与中标的单位在规定的期限内书面签订工程项目承包合同。

三、工程项目施工投标

《招标投标法》第二十五条规定，投标人是响应招标、参加投标竞争的法人或其他组织。投标人应具备承担招标项目的能力，投标人应当具备国家有关规定及招标文件对投标人资格的规定。工程项目施工投标应完成的工作和投标程序是：①填写资格预审表；②购买招标文件；③组织投标班子、选择咨询单位或者委托代理人；④投标前调查和勘察现场；⑤分析招标文件，审核工程量、编制施工组织设计；⑥工程估价、确定利润方针，计算和确定报价；⑦编制投标文件；⑧办理投标保函；⑨递送投标书。

第五节 工程项目物资招标与投标

一、工程项目物资招标与投标概述

按时供应项目建设过程中所需的物资和设备，是保证施工顺利进行的基本条件。项目所需建设物资和设备数量大、品种多，采购的质量好坏和价格高低，对项目的投资有着重大的影响。实践证明，通过招标投标的方式采购和供应建设物资和设备，可以保证建设单位所需物资和设备优良的质量、合理的价格以及及时的供应，也可以为物资设备的供应商提供公开、公平的竞争机会。物资设备招标投标是招标人通过招标的方式，择优选择物资设备供应单位并与其签订供应合同的一系列法律活动的总称。

二、工程项目物资招标投标程序

工程项目物资招标与投标应遵循以下步骤：

1）由主持招标的单位编制招标文件。招标文件应包括招标通告、投标者须知、投标格式、合同格式、货物清单、质量标准（技术规范）以及必要的附件。

2）刊登招标公告。

3）投标单位购买标书（在需要进行资格预审的招标中，招标书只发售给资格预审合格的厂商）。

4）投标报价。投标单位应在指定的时间、地点投标报价。

5）开标、确定中标单位。招标单位应在预定的时间、地点公开开标，当场决定中标单位。

6）签订合同。

三、划分合同包的基本原则

由于材料、设备的种类繁多，不可能有一个能够完全生产或供应工程所有材料、设备的制造商或供货商存在。这样不可避免地遇到分标的问题。这里主要介绍机电设备招标的分标工作内容，材料或其他机电设备的询价、直接订购分标可参照此方法。

（1）分标的原则　有利于吸引更多的投标者参加投标，以发挥各个供货商的专长，降低机电设备价格，保证供货时间和质量，同时要考虑便于招标工作的管理。机电设备采购分标和工程招标不同，一般是将一个工程有关的机电设备采购划分为若干个标，也就是说将机电设备招标内容按工程性质和机电设备性质划分为若干个独立的招标文件，而每个标又分为若干个包，每个包又分为若干项。每次招标时，可根据货物的性质只发一个合同包或划分成几个合同分别发包，如电气设备包、电梯包等。供货商投标的基本单位是包，在一次招标时可以投全部的合同包，也可以只投一个或其中几个包，但不能仅投一个包中的某几项。

（2）机电设备采购分标　需要考虑的因素主要有：

1）招标项目的规模。根据工程项目中各设备之间的关系、预计金额大小等因素来分标。分标时要大小适当，以吸引众多的供货商，这样有利于降低报价，便于买方挑选。

2）机电设备性质和质量要求。如果分标时考虑到大部分或全部机电设备由同一厂商制造供货，则可减少招标工作量，吸引更多竞争者。有时考虑到某些技术要求国内完全可以达到，则可单列一个标向国内招标，而将国内制造有困难的设备单列一个标向国外招标。

3）工程进度与供货时间。如果一个工程所需供货时间较长，而在项目实施过程中对各类设备、材料的需要时间不同，则应考虑资金、运输、仓储等条件来进行分标，以降低成本。

4）供货地点。如果一个工程地点分散，则所需机电设备的供货地点也势必分散，因而应考虑外部供货商、当地供货商的供货能力以及运输、仓储等条件来进行分标，以保证供应和降低成本。

5）市场供应情况。有时一个大型工程需要大量的建筑材料和设备，如果一次采购，势必引起价格上涨，应合理计划、分批采购。

6）贷款来源。如果买方是由一个以上单位贷款，各贷款单位对采购的限制条件有不同要求，则应合理分标，以吸引更多的供货商参加投标。

四、物资采购的资格预审

物资采购招标程序中，对投标人的资格审查，包括投标人资质的合格性审查和所提供货物的合格性审查两个方面。

（1）审查投标人的资质　投标人填报的“资格证明文件”应能表明他有资格参加投标和具有履行合同的能力。要求投标人提交供审查的证明资格文件包括：营业执照的复印件；法人代表的授权书或制造厂家的授权书；银行出具的资信证明；产品鉴定书；生产许可证；产品获得的国优、部优等荣誉证书；制造厂家的情况调查表；其他证明材料。

（2）审查提供物资的合格性　投标人可用手册、图样、资料等材料，说明所提供物资及辅助服务的合格性。证明材料应说明以下情况：

1）表明货物的主要技术指标和操作性能。

2）为使货物正常运行和连续使用，应提供货物使用期间所需的零配件和特种工具等清单，包括货源和现行价格等情况。

3）资格预审文件或招标文件中指出的工艺、材料、设备、参照的商标等基本要求的说明。它不作为严格的限制条件。投标人可以在标书说明文件中选用替代标准，但替代标准必须优于或相当于技术规范所要求的标准。

五、评标

物资、设备供货评标的特点是，对合格标书进行评审比较时，不仅要看所报价格的高低，还要考虑招标单位在货物运抵现场过程中可能要支付的其他费用，以及设备在评审预定的生命期内可能投入的运营和管理费用的多少。货物采购评标，一般采用评标价法或打分法。

（1）评标价法　评标价法是指以货币价格为指标的评标方法。依据标的性质和特点不同，可选择最低投标价法、综合评标价法和以生命周期成本为基础的评标价法之中的任何一种方法。

1）最低投标价法。采购简单商品、半成品、原材料，以及其他性能、质量相同或容易进行比较的货物时，仅以投标价格作为评标考虑的唯一因素，选择投标价最低者中标。国内生产的货物，投标价应为出厂价。如果货物是投标单位从国外进口，目前已在国内的，则投标价应为仓库交货价或展室价。

2）综合评标价法。综合评标价法是指以投标价为基础，将评定各要素按预定的方法换算成相应的价格，在原投标价上增加或扣减该值而形成评标价格。评标价格最低的投标书为最优。采购机组、车辆等大型设备时，较多采用这种方法。评标时，将投标价格以外还需考查的因素折算为价格的方法，一般包括：①运输费用：招标单位可能支付的额外费用；②交货期：当投标书中提出的交货期早于规定时间，一般不给予评标优惠，若交货日期推迟且在可接受的范围之内，每延迟一个月，按投标价的某一百分比（一般为2%）计算折算价，将其加到投标价上去；③付款条件：投标人应按招标文件中规定的付款条件来报价，当支付要求的偏离条件在可接受范围内，应将因偏离要求而给项目法人增加的费用（资金利息等）按招标文件中规定的贴现率换算成评标时的净现值，加到投标函中提出的更改报价上后作为评标价格；④零配件和售后服务：评标时如何对待这两笔费用，要视招标文件的规定区别对待，当这些费用要求在投标价之外单报时，则应将其加到投标价上去；⑤设备性能、生产能力：如果所提供设备的性能、生产能力等某些技术指标没有达到技术规范要求的基准参数，则每种参数比基准参数降低1%时，应以投标设备实际生产效率单位成本为基础计算，在投标价上增加若干金额。

将以上各项评审价格加到投标价上去后，累计金额即为该标书的评标价。

3）以设备生命周期成本为基础的评标价法。采购生产线、成套设备、车辆等运行期内各种后续费用（备件、油料及燃料、维修等）较高的货物时，可采用以设备生命期成本为基础的评标价法。评标时应首先确定一个统一的设备评审生命期，然后再根据各投标书的实际情况，在投标价上加上该年限运行期内所发生的各项费用，再减去生命期末设备的残值。计算各项费用和残值时，都应按招标文件中规定的贴现率折算成净现值。这种方法是在综合评标价法的基础上，进一步加上一定运行年限内的费用作为评审价格。

（2）打分法　打分法是按预先确定的评分标准，分别对各投标书的报价和各种服务进行评审记分，得分最高者中标。

1）评审记分内容。评价货物采购标书优劣的因素包括：①投标价格；②运输费、保险费和其他费用；③投标书中所报的交货期限；④偏离招标文件规定的付款条件；⑤备件价格和售后服务；⑥设备的性能、质量、生产能力；⑦技术服务和培训；⑧其他有关内容。

2）评审要素分值的分配。评审要素确定后，应依据采购标的物的性质、特点以及各要素对采购方总投资的影响程度来具体划分权重和记分标准。如世界银行贷款项目常用的分配比例是：①投标价65～70分；②备件价格0～10分；③技术性能、维修、运行费0～10分；

④售后服务 0 ~ 5 分；⑤标准备件等 0 ~ 5 分。

打分法的好处是简便易行，评标考虑因素更为全面，可以将难以用金额表示的各项要素量化后进行比较，从中选出最好的标书。缺点是各评标人独立给分，对评标人的水平和知识面要求高，否则主观随意性较大。另外，加工订购招标时，投标人提供的设备型号各异，难以合理确定不同技术性能的有关分值和每一性能应得的分数，有时甚至会忽视某一投标人设备的一些重要指标。若采用打分法评标，评分要素和各要素的分值分配均应在招标文件中加以说明。

第六节 国际工程施工招标与投标

一、国际工程施工招标与投标的概念

国际工程是一个工程项目从咨询、投资、招标投标、承包（包括分包）、设备采购、培训到监理，各个阶段的参与者来自不止一个国家，并且按照国际上通用的工程项目管理模式进行管理的工程。广义的国际工程不仅包括我国去国外投资的工程、我国咨询和施工单位去国外参与咨询、监理和承包工程，还包括由外国公司参与投资、咨询、投标、承包（包括分包）、监理的我国国内工程。本节的“国际工程”的意思是狭义的，是指工程建设地在国外的国际工程。

国际工程施工招标与投标是以建设的工程项目为对象的具有跨国经济技术特征的商务活动，是一种综合性的商业交易行为，是劳务、技术和物资的综合出口。其主要特征是标的在买方境内，而由境外的承包商派出人员，带着技术、就地采购或由本国出口或去第三国采购设备、材料，在买方境内实施工程，分期、分批收取酬金。

二、国际工程施工招标与投标的特点

国际工程招标投标受国际工程市场的影响，具有以下特点：

（1）合同主体的多样性　签约各方属于不同国别，可能涉及多国的不同建设工程法律制度的制约。对于大型和复杂的国际工程项目，其承包建设可能涉及许多国家，有多个不同的合同和协议来规定他们之间的法律关系，使国际工程承包的法律关系问题变得极为复杂和难以处理。

（2）货币和支付方式的多样性　国际工程承包要使用的货币在合同中有约定。一般来说，承包商要使用部分国内货币来支付其国内应缴纳的费用和总部开支，要使用工程所在国的货币支付当地费用，可能要使用不同外汇用以支付不同来源的材料、设备采购费用等。国际工程承包的支付方式除了现金和支票支付手段外，还有银行信用证、国际托收、银行汇付等不同方式，而且是在整个漫长的工期内按陆续完成的工程内容逐步支付，这就使承包商时刻处于货币汇率浮动和利率变化的复杂国际金融环境之中。

（3）国际政治、经济影响因素的权重明显增大　除了工程本身的合同义务和权利外，国际工程项目可能受到国际政治和经济形势变化的影响。例如，某些国家对于承包商实行地区和国别的限制或者歧视性政策，还有些国家的项目受到国际资金来源的制约，可能因为国际政治经济形势变动影响（例如制裁、禁运等）而中止。至于因工程所在国的政治形势变

化（例如内乱、战争、派别斗争等）而使工程中断的情况并非鲜见。

(4) 规范标准庞杂、差异甚大　国际工程都要采用在国际上被广泛接受的技术标准、规范和各种规程，承包商进入国际工程市场就必须熟悉国际标准、规范和有关惯例的要求。

三、国际工程施工招标与投标中应注意的问题

(1) 确定分项工程单价应注意的问题　主要有：

1) 在国外，分项工程单价一定要符合当地市场的实际情况，不能按照国内价格折算成外币进行计算。

2) 国际工程中对分项工程单价的计算与国内的计算方法有所不同。国外每一分项工程单价还包括工程所需的开办费、管理费及利润的摊销费用在内。

3) 分摊在分项工程单价中的分摊费（亦称待摊费）。分摊费除了包括国内预算造价中的施工费、独立费和利润之外，还应包括为该工程施工而需支付的其他全部费用，如投标费、担保费、保险费、税金、贷款利息、临时设施费及其他杂项费用等。

(2) 分包工程应注意的问题　主要有：

1) 分包工程估价的组成。对分包出去的工程项目，同样也要根据工程量清单分列出分项工程的单价，但这一部分的估价工作可由分包商去进行。通常总包的估价师一般对分包单价不作估算或仅作粗略估计，待收到来自各分包商的报价之后，对这些报价进行分析比较选出合适的分包报价。另外，对分包的工程应收取总包管理费、其他服务费和利润，再加上分包合同价就构成分包工程的估算价格。

2) 确定分包时应注意的问题。这里主要介绍指定分包和总承包合同签订后选择分包商的情况。在某些国际承包工程中，业主或业主工程师可以指定分包商，或者要求承包商在指定的一些分包商中选择分包商。一般来说，这些分包商和业主都有较好的关系。因此，在确认其分包工程报价时必须慎重，应明确规定对指定分包商的工程付款必须由总承包商支付。另外，应尽量避免在总合同签订后再选择分包商的做法。总合同生效后，由于开工的时间紧迫，要想在很短时间内找到资信条件好、报价又低的分包商比较困难。相反，某些分包商可能趁机抬高报价，迫使总承包商做出重大让步，不能实现降低成本、转移风险的目的。

(3) 暂定（项目）金额和指定单价　“暂定金额”包括在合同内的工程量清单内，以此名义标明用于工程施工，或供应货物与材料，或提供服务，或应付意外情况的暂定数量的一笔金额，亦称特定金额或备用金。这些项目的费用将按业主或工程师的指示与决定，或全部使用，或部分使用，或全部不予动用。暂定金额还应包括不可预见费用。一般情况下，不可预见费用不再计算利润，但对列入暂定金额项目中而用于货物或材料采购的可计取管理费。

四、我国对外投标报价的具体做法简介

(1) 工料、机械台班消耗量的确定　可以国内任一省市或地区的预算定额、劳动定额、材料消耗量定额等作为主要参考资料，再结合国外具体情况进行调整，如工效一般应酌情降低10%～30%，混凝土、砂浆配合比应按当地材质调整，机械台班用量也应适当调整，缺项定额应加以实地测算后补充。

(2) 工资确定　国外工资包括的因素比国内复杂得多，大体分为出国工人工资和当地

雇用工人工资两种，目前国家鼓励使用前者。出国工人的工资一般应包括：国内包干工资、服务费、国内外差旅费、国外零用费、人身保险费、伙食费、护照及签证费、税金、奖金、加班工资、劳保福利费、卧具费、探亲及出国前后所需时间内的调迁工资等。工资可分为技工和普工两类。国外当地雇用工人的工资，一般包括工资（含包干工资）、加班费、津贴以及招聘、解雇等费用。各国工资水平不一，有的一般只雇普工，主要是受当地国家保护主义的规定，不得不雇用一定比例内的工人。国外当地雇用工人的工资较国内出国工人工资稍高，有的稍低。在国际上，我国的工资与西方发达国家相比是较低的，这对投标是有利因素。

(3) 材料费的确定　所有材料须实际调查，综合确定其费用。工期较长的投标工程还应酌情预先考虑每年涨价的百分比。材料来源可有：国内调拨材料、我国外贸材料、当地采购材料和第三国定购材料等几种。应进行方案比较，择优选用，也可采用招标采购，力求保质和低价。对国际上的运杂费、保险费、关税等均应了解掌握，摊进材料预算价格之内。

(4) 机械费的确定　国外机械费往往是单独一笔费用列入"开办费"中，也有的包括在工程单价之内，其计量单位通常为"台时"，鉴于国内机械费定得太低，到国外则应大大提高，尤其是折旧费至少可参考"经援"标准，1 年为重置价的 40%，2 年为 70%，3 年为 90%。4 年为 100%，经常费则可另计。工期在 2～3 年以上者，或无后续工程的一般工程，均可以考虑一次摊销，另加经常费用。此外，还应增加机械的保险费。如租用当地机械更为合算者，则即采用租赁费计算。

(5) 管理费的确定　在国外的管理费率应按实测算。测算的基数可以按一个企业或一个独立计算单位的年产值的能力计算，也可以专门按一个较大规模的投标总承包额计算。有关管理费的项目划分及开支内容，可参考国内现行管理费内容，结合国外当前的一些具体费用情况灵活确定。据初步在中东地区某些国家预测，我国的管理费率约在 15% 左右，比西方国家要高。这是投标报价中的一项不利因素，应采取措施加以降低。

(6) 利润的确定　国外投标工程中利润由投标人自已灵活确定，根据投标策略可高可低，但由于我国的管理费率较高，本着国家对外开展承包工程的"八字方针"（即守约、保质、薄利、重义）的精神，应采取低利政策，一般毛利润率可定在 5%～10% 范围。

五、世界银行贷款项目招标与投标程序

世界银行贷款项目招标中的主要步骤按其发生的顺序为：准备招标文件→刊登广告→资格预审→发行招标文件→投标准备和投标→开标→评标与授标→签订合同。现就各步骤详述如下：

1. 准备招标文件

招标文件是招标者招标承建工程项目或采购货物及服务的法律文件。招标文件编制质量的高低、准备的充分与否，是招标工作成败的关键。按照世界银行规定，招标者在开标后不得再对招标文件进行更改，因各投标者的标价已在开标时完全公开，若此后修改招标文件，相应的投标报价都需变动，而这种变动将被认为是不合法的。因此要求必须认真地、充分地准备招标文件。

2. 刊登广告

国际竞争性招标方式的根本特点之一在于国际竞争性的投标机会必须通过国际公开广告的途径予以通告，以使所有合格国家的投标者都有同等的机会了解投标要求，以形成尽可能

广泛的竞争局面。这种国际广告形式是国际竞争性招标方式与国内竞争性招标方式之间的主要区别，它分两步进行：

（1）刊登一般采购公告　在项目评估结束后，借款者必须准备一般采购公告，并在发行资格预审文件或招标文件前60天寄给世界银行项目官员，由其通过联合国《发展论坛报》联络办公室，安排在《发展论坛报》商业版上刊登。它仅是对具体招标通告的补充，并不能代替具体招标通告。一般采购公告提供的采购情况应足以使未来的供货商或承包商判断是否对将来的招标有兴趣。

（2）刊登具体通告　在发行资格预审文件或招标文件前，要至少在借款者国内一份广泛发行的报纸或官方杂志上刊登具体预审或招标通告。具体招标或预审通告要复印给将来可能提供所需货物或进行工程的合格国家在当地的代表，并发给对一般采购公告做出反应的厂商。还可安排刊登在《发展论坛报》上，只是具体招标或预审通告要尽早提交给世界银行，使在《发展论坛报》上刊登的时间与在国内刊登的广告时间相一致。对大型、复杂或重大的项目，世界银行可要求借款者在国际上广泛发行的著名技术杂志、报刊和贸易刊物上刊登具体通告。另外，关于在国外登广告，按照世界银行过去已同意的先例，由此发生的广告费用可作为贷款项下的一项开支予以偿付。

3. 资格预审

资格预审是指在招标投标活动中，招标人在发放招标文件前，对报名参加投标的申请人的承包能力、业绩、资格和资质、历史工程情况、财务状况和信誉等进行审查，并确定合格的投标人名单的过程。《工程建设项目施工招标投标办法》（七部委第30号令）第十七条规定：资格审查分为资格预审和资格后审。进行资格预审的，一般不再进行资格后审，但招标文件另有规定的除外。

4. 发行招标文件

在需进行资格预审的招标中，招标文件只发售给资格预审合格的厂商。在不拟进行资格预审的招标中，招标文件可发售给对招标通告做出反应并有兴趣参加投标的合格国家的厂商。在招标通告上要清楚地规定发行招标文件的地点，起止时间以及招标文件的费用。在招标文件收费的情况下，一般只收成本费，以免投标者因价格过高而失去购买招标文件的兴趣。

另外，要做好购买记录，内容包括购买招标文件厂商的详细名称、地址、电话、包号等。这样做是为了便于掌握购买招标文件的厂商的情况，便于将购买招标文件的厂商与日后投标厂商进行对照，对于未购买招标文件的投标者，将取消其投标资格。同时，便于在需要时与投标者进行联系，如在对招标文件进行修改时，能够将修改文件准确、及时地发给购买招标文件的厂商。

5. 投标准备和投标

（1）投标准备　为了使投标者更好地准备投标，在招标时要注意以下几点：

1）要合理规定投标准备时间。投标准备时间规定得是否合理，会直接关系到招标的结果。确定时应根据各个具体工程项目或货物的具体情况，以确保投标者有足够的时间购买招标文件，准备投标，并在规定的投标截止时间前提交投标。

2）对于大型工程项目或复杂货物，要考虑召开标前会和安排现场考察。在召开标前会和现场考察后，投标者一般应有一个月时间继续做投标准备工作。为开好标前会和安排现场考察，最好要求投标者提前以书面形式提出问题，以便尽早准备答复。对投标者所提出的主要问题应以书面形式澄清、答复，并要发给每一投标者。对标前会和现场考察的情况及对主要问题的澄清、解答还应做出书面纪要并报送世界银行。

3）对投标者以电传、函件形式就招标文件提出的问题，要及时给予澄清、答复。澄清、答复内容（尤其是重要的澄清、答复内容）要发给所有购买招标文件的投标者。

4）对招标文件的修改。招标者要及时将修改意见发给所有已购买招标文件的投标者，并根据情况延长投标准备时间，以便投标者有适当时间考虑修改意见。

（2）投标　投标方式为密封投标，并在投标的封面上标记投标者的详细名称及地址、项目名称、招标号、标号或包号，正本或副本、开标日期。投标应在投标截止日期前寄达或由专人送达招标者。对在投标截止时间前收到的投标，要做好登记、编号。投标截止时间后收到的投标和电传投标以及没有投标担保的投标（在要求提供的情况下）不应接受或应作为废标处理。在投标截止日期后不得再修改投标。

6. 开标

开标应在招标通告规定的时间、地点公开进行，并允许投标者或其代表参加。在开标时，公开公布投标者名称、投标价格、投标价格修改（折扣），投标撤销、有无投标担保或招标者认为适当的其他情况。电传或电报投标不予开标。开标后，不得要求也不得允许对投标进行实质性修改。开标时，要做好记录，并在开标后尽快向世界银行发送开标纪要。开标纪要通常包括：项目名称、贷款号、招标号、标号或包号、刊登招标通告日期、发行招标文件日期及地点、购买招标文件厂商的名称、投标截止日期、投标厂商名称、投标货币表示的投标价格、选择方案的投标价格（如要求）、在开标时发现的重大偏离招标文件的情况并附厂商代表参加开标签到表（包括厂商名称、代表名称及与厂商的工作关系）。

7. 评标与授标

国际竞争性招标方式的另一个根本特点就是必须根据招标文件中规定的评标准则，将合同授予评估价格最低的投标者。这是保证国际竞争性招标方式得以公正进行的决定性环节。在评标过程中，需要注意以下问题：

（1）评标目的　评标目的是选定最低评估价格的投标，并应由最低评估价格的投标者中标。

（2）评标根据　评标的根据是招标文件，评标必须符合招标文件的要求，尤其是评标的标准、准则、因素应基于招标文件的规定。

（3）对投标的初步评估　初步评估主要是核查：投标文件是否包括所要求的全部文件；是否对招标文件作出了根本性反应；投标文件是否都经过适当签字；是否有计算错误。计算错误应予以修改，不能作为废标的理由。如修改计算错误显然会给投标者带来严重的财务损失（如单价中的小数点放错位置），投标者可选择接受修改或者撤消其投标，并被没收投标担保。

（4）评标货币　按开标之日中国银行公布的汇率将各种投标货币价格折算成美元，如标书规定以人民币报价（一般系土建工程项目），则应以开标之日中国银行公布的汇率，将各种货币统一折算成人民币，进行评标。如授标前汇率发生很大变化，则按授标日（但不得晚于投标有效期）的汇率重新进行折算评标。

（5）评标价格基础　评标的价格基础：从中国境内提供的货物，为中国工厂出厂价；

从中国境外提供的货物，为成本加运输保险费（目的港）价格。

(6) 评标不考虑的因素　除招标文件中明确规定不考虑的因素外，在成本加运输保险费（目的港）价格情况下，不考虑授标后拟对货物征收的关税和进口税；在中国工厂出厂价情况下，不考虑授标后拟对货物征收的销售税和其他类似税收。

(7) 评标中实施国内优惠　在评标中要注意实施国内优惠。

(8) 评标中的澄清　在评标过程中，可邀请投标者就其投标以书面形式进行澄清。招标者可以有重点地选择投标者，对投标中的某些内容澄清而不要求所有投标者都进行澄清；在进行澄清时，不得要求或允许投标者对其投标进行实质性修改。

(9) 评标中的资格后审　对那些不进行资格预审的招标，在确定最低评估投标后，仍要从财务、技术、生产能力等方面对投标者进行资格审查。如资格不合格，则应废标，并对下一个最低评估价的投标者进行资格审查。

(10) 评标中要注意投标有效期　招标者应在投标有效期内完成评标、授标工作。如由于特殊情况致使评标、授标不能在投标有效期内完成，则应在投标有效期满前以书面形式要求投标者延长投标及投标担保有效期，并通知世界银行。在要求延长投标有效期时不得要求或允许投标者修改投标价格或其他条件。投标者有权在不被没收投标担保的情况下拒绝延期；但同意延长投标有效期的投标者则应相应延长其投标担保的有效期。如投标有效期已到，而又没有及时要求投标者延长原投标有效期，则投标在原投标保证期满后对投标者不再具有约束力。在此情况下，投标者可撤回其投标，也有权修改其投标（包括投标价格），或其他条件，但招标者不得没收其投标担保。

(11) 评标的保密性　除招标者要求澄清外，任何投标者在评标、授标期间不得就投标事宜与招标者进行探询性的联系。投标者在评标、授标过程中企图影响招标者的行为将导致废标。同样，在评标、授标期间，招标者也不得向投标者或其他无关人员泄露有关评标、澄清和授标的情况。

(12) 废标　按照世界银行的规定，通常在出现下述三种情况中任何一种情况时可以废标：

1）最低评估投标价大大高于成本概算。

2）投标者对招标文件没有作出根本性反应。

3）缺乏有效的竞争。

此外，废标应征求世界银行同意。

(13) 评标报告及其审核　主要有：

1）评标报告的主要内容。为便于世界银行尽快审核评标报告，评标报告的内容应包括：①广告程序以及购买招标文件的投标者清单；②开标日期及开标汇率；③投标者名单及国别；④开标总价及调整后的总价（包括对重大计算错误的修改）；⑤评标价格基础：即离岸价或成本加运输保险费价格，或买方国家工厂出厂价，或买方国家仓库价；⑥评估价：采用招标文件中规定的汇率，或实施招标文件中规定的国内优惠（如有规定时），或考虑招标文件中规定的其他评标因素（如竣工时间或交货时间、运行成本等）；⑦评标意见：建议中标，包括中标者名称、中标金额、中标者资格符合要求的有效文件，或建议不中标（包括判定没有做出根本性反应的投标情况），对投标价格低而评估价高或技术不合格，从而导致不中标的投标，要详细说明评估价格的构成或技术不合格的具体理由。

2）世界银行对评标和授标的原则意见。其原则意见是：①评标所采用的准则必须是招标文件中明确规定的；②评标、授标须由借款者和（或）项目咨询公司提出意见；③借款者必须按贷款协定的规定将评标报告（包括授标建议）报送世界银行审核；④如借款者违反世界银行意见而坚持其授标建议，则世界银行可停止对所授合同提供贷款。

3）评标报告的审批。评标报告在经国家评标委员会审批后，要报世界银行最终认可。

当评标阶段的工作全部完成之后，招标者应在投标有效期内以书面形式（包括函件、电传或电报）向中标者发出中标通知书。中标厂商应以书面形式答复招标人，表示已接受其授标，并在规定的时间内进行合同谈判。招标者不得要求投标人承担招标文件中没有规定的义务或修改其投标来作为授标的条件。同时，招标人要及时通知未中标人，并及时退回投标担保。

8. 签订合同

（1）签订合同应注意的问题　主要有：

1）合同文件内容。合同一般应包括招标文件规定的内容。有时合同文件未列入投标人须知这部分，对这种情况要注意检查原招标文件投标人须知这部分所包括的合同规定，是否已在现行合同文件的其他部分中得到了体现。

2）合同价格。合同价格应是中标的投标价。在签订合同过程中，不应与投标人进行价格谈判，迫使中标人降价或要求中标人对合同作重大改变，承担招标文件中没有说明的额外义务。世界银行竭力反对在签订合同阶段与中标人谈判价格。如果只有一家投标或只有一家技术合格的投标，或其投标价格大大高于估算价格，则可在评标报告中向世界银行提出谈判价格的建议。在此情况下，世界银行一般都会同意谈判价格。如果多家投标，而且投标价格高出估算价格很多的情况下，也可在废标前向世界银行建议先与最低投标人谈判价格。如最低投标人的价格不能降到可接受的价格水平，则可按投标价由低到高的顺序与下一家投标人谈判价格。

3）与合同价格相关的其他因素。应注意：①合同货币：投标人用什么货币投标，就用什么货币签订合同，若中标者要求采用其他货币而不是投标货币签订合同，按照世界银行的规定，这种要求是不能被允许的。②合同货物数量：合同货物数量的增减是造成合同价格增或减的一个重要因素，在增加合同货物数量的情况下，由于合同价格将超出已经由世界银行审核的投标价格，所以，尽管在招标文件中已规定招标者有增减货物数量的权力（通常为15%），但招标人必须事先征得世界银行的同意，才能增加合同货物数量；在减少合同货物数量的情况下，只会导致合同价格的减少，可考虑在签订合同后向世界银行说明合同货物数量减少的理由及价格减少情况，但如对数量作较大幅度的削减，则也要事先征得世界银行的同意。③合同货物的规格：在签订合同阶段，时常发现原规定的规格不能完全满足项目的要求，需要对合同货物的规格进行调整，调高货物的规格性能标准，投标人往往要求增加费用，造成最终合同价格超过已经世界银行审核的原投标价，在这种情况下，签订合同也要经世界银行确认同意。④任选设备、备件、工具和服务：任选设备、备件、工具和服务是由用户根据项目需要选择确定的，一般不作为基本投标价格的一部分，其价格要在签订合同时在基本价格外另外列入合同中。对于任选设备、备件、工具和服务，如由于在评标时不能确定而无法列入评标报告要求世界银行确认时，则在签订合同前应将已确定的任选设备、备件、工具和服务的具体内容及价格通知世界银行。

（2）签订合同的方式　主要有以下两种：

1）多数情况下，邀请投标人前来洽谈签订合同的方式。在大型工程项目和复杂货物的招标中，在收到中标通知书后30天内，中标人应派其授权代表前来洽谈签订合同。

2）招标人将准备好的合同文件寄给中标人的方式。中标人在收到合同文件后30天内签字退回。此方式适用于较简单的仪器、工具和设备。如中标人不能按上述要求签订合同，招标人可有充分理由取消其中标资格，并没收投标担保。

在签订合同后，除内部办理有关手续外（如申报批准生效，向有关部门发送合同副本和（或）订货通知单），应尽快（最晚在向世界银行提出申请用款前）将合同副本一式两份寄给世界银行，其中一份由世界银行项目官员存档留用，另一份由项目官员提交给发放贷款的官员，作为世界银行支付的依据之一。

第七节　国内工程国际招标与投标

一、国内工程国际招标与投标的概念

随着我国改革开放的深入和发展以及加入WTO（世界贸易组织）的机遇，我国建筑业与国际建筑业的交往日益扩大，利用世界银行贷款的工程、成套设备引进工程、成套设备出口工程、经援成套项目和国际建设工程承包逐渐增多，同时，国内工程开展国际招标工作也日益增多。国内工程国际招标是指工程建设地在我国的工程项目，所进行的面向国际承包商的工程招标行为。国内工程国际投标是指国外承包商响应工程建设地在我国的工程项目的招标，进行投标的行为。

二、国内工程国际招标与投标的程序

1. 资格预审

资格预审是国际招标过程中的一个重要程序，主要包括：

（1）资格预审文件　资格预审文件主要是指资格预审邀请函，它的主要内容包括：

1）引言及工程概况。

2）业主提供的设施和服务。

3）合同条件的形式和要点。

4）资格预审要求。即要求承包商按表格填写其主要情况。

（2）资格评审　评审时按预审文件中其资格作出分析，评审标准分以下两类：

1）必须达到的标准，即“及格或不及格”标准。

2）计分标准。用以确定申请人资格达到工程项目要求的何种程度。

同时，评审标准还可进一步分为：技术标准（公司经验、管理人员及施工设备）、财务标准（反映申请人的财力）、与联营体有关的标准。

2. 招标和投标

（1）招标文件　招标文件是业主为招标而编制的文件。投标文件则是投标人在购买招标文件以后，为投标而编制的文件。在招标文件中详细说明了业主对本项目进行招标的基本条件和要求，是投标人编制投标文件的基础和依据。而且根据国际竞争性招标的规定，招标文件中除“投标者须知”以外的绝大多数内容，都将构成今后合同文件的主要内容。由于

合同文件是在工程实施过程中若干年间合同双方都应该严格遵守的准则，也是发生纠纷时进行判断、裁决的标准，所以，招标文件不但决定了业主在招标期间能否选择一个优秀的承包商，而且关系工程能否顺利实施，它更涉及业主和承包商双方巨大的经济利益。所以，编制招标文件是竞争性招标中极为重要的工作。

（2）现场考察与标前会议　现场考察是土建工程项目招标和投标过程中的一个重要环节。通过考察，投标人可以在报价前认真、全面、仔细地调查、了解项目所在地及其周围的政治、经济、地理、水文、地质和法律等方面的情况。这些不可能全部包括在招标文件之内，投标人提出的投标报价一般被认为是在审核招标文件后并在对现场全面而深入了解的基础上编制的，一旦投标，投标人就无权因现场情况不了解而提出修改标价或补偿。标前会议是在开标日期以前就投标人对招标文件所提出问题或业主关于招标文件中某些不当的地方所作修改而举行的会议。

（3）投标和开标　准备投标和送交标书之间需留出适当的时间间隔，以便使预期的投标人有足够的时间进行调查研究和准备标书。这个时间一般从邀请投标之日或发出招标文件之日算起，根据项目的具体情况及合同的规模和复杂性进行确定。对大型项目一般不应少于90天。在投标截止日期后收到的标书，一概不予考虑。同时，一般情况下不应要求或允许任何投标人在第一个投标书开启后再进行任何变更。除非出于评标的需要，业主可以要求任何投标人对其标书进行澄清，但在开标后，不得要求或允许任何投标人修改其标书的实质性内容或价格。

3. 评标

评标是根据招标文件规定的评标准则，对所有投标商的投标书进行科学的、客观的、公正的、全面的审查、比较和筛选，评选出中标的投标商。评标是招标采购中一个重要的、关键的环节。选择的原则是将合同授予评标价最低的标书，但不一定是报价最低的标书。

（1）初步评审　初步评审的主要内容包括：

1）投标书的符合性检验。检验的主要内容是：①投标人是否按照招标文件的要求递交投标书；②对招标文件有无重大或实质性修改；③有无投标保证金，是否按规定格式填写；④投标书是否完全签署，有无授权书；⑤有无营业执照；⑥如果是联营体，是否有符合招标文件要求的联营体协议；⑦是否根据招标文件的要求，填写工程量清单和补充资料细目表等。

2）投标书标价的算术性校验和核对。即对那些能符合招标文件的全部条款和技术规范规定的标价进行细致的算术性校核。

在以上两项工作的基础上，将符合要求的投标书按标价由低到高进行排队，从而挑选出在标底以下或接近标底的、排在最前面的数家有竞争性的投标人进入终评。

（2）最终评审　其内容主要有：

1）技术和进度评审。对投标书的施工组织方案、所采取的主要措施、派往现场的主要管理和工作人员、提供的主要施工机械设备等进行详细的审阅。同时，对施工方案、主要技术措施以及进度的可靠性、合理性、科学性和先进性进行深入具体的分析，主要包括：①分析设备数量、能力、适应性和可靠性是否满足工程实际需要；②对投标人现场机构及人员的经验、资历和数量进行审核；③投标人对劳务、材料及临时设施是否做出了详细计算和安排；④确定施工进度、完工日期是否满足招标文件的要求；⑤审查主要的施工方案和方法，并确定是否有切实可行的措施保证，分析投标商的施工布置是否符合招标文件的要求；⑥审查分包商的资格和能力；⑦检查投标人的质量保证体系和措施。

2）确定评估价。评估标价一般由以下因素构成：基本标价，即经评审小组进行算术校核后并已被投标人所认可的标价；汇率引起的差价；现金流动不同而引起的利差；预付款的利息；投标书所规定的国内优惠；扣除暂定费用和应急费，但须计入计日工费用。

4. 合同谈判和授标

在确定中标单位后，招标单位要按照招标文件的规定或国际惯例与中标单位进行合同谈判，并授标和签订合同。

三、国内工程国际招标与投标中应注意的问题

1. 招标通告

凡是公开向国际招标的项目，均应在官方的报纸上刊登招标通告，有些招标通告还可寄送给有关国家驻我国的大使馆。世界银行贷款项目的招标通告还要求在国内报纸刊登之前60天向世界银行递交一份总的公告，世界银行把它刊登在《联合国开发论坛报》商业版、世界银行的《国际商务机会周报》以及《业务汇编月报》等刊物上。亚洲开发银行贷款项目的招标通告，也同样要求提前报送该银行，它除在亚洲开发银行出版的《项目信息》上公布外，也将刊登在《联合国开发论坛报》商业版中的“亚洲开发银行采购通告”专栏内。

2. 投标货币的规定

投标前投标人应搞清商务条款中有关报价货币和支付货币的有关规定，如支付货币的种类和比例，外汇兑换和汇款规定，向国外订购的材料、设备需用的外汇申请和支付办法等。

3. 劳务国籍的限制

劳务国籍的限制对劳务成本影响很大，应符合我国的有关规定和国际惯例的要求。

复习题

1. 什么是工程项目招标投标？
2. 试述工程项目咨询监理的招标程序。
3. 简述工程项目施工招标程序及评标委员会的组成。
4. 试述工程项目施工投标程序和投标文件的组成。
5. 世界银行贷款项目招标的主要步骤有哪些？
6. 某建设单位拟新建一幢办公楼，采用公开招标方式选择施工企业，提交投标文件截止时间为2015年6月15日，投标保证金有效期同投标有效期。发包人于2015年3月21日发出招标公告，后有A、B、C、D、E共5家建筑企业参加投标，E企业由于工作人员疏忽于6月17日提交投标保证金。开标会于6月18日由该省建设委员会招标机构主持，D企业在开标前向发包人要求撤回投标文件。经过综合评选，最终确定B企业中标，双方按规定签订了施工承包合同。问题：

（1）E企业的投标文件按要求如何处理？为什么？

（2）对D企业撤回投标文件的要求应当如何处理？为什么？

（3）上述招标投标程序中，有哪些不妥之处？请说明理由。

第五章 工程项目合同管理

【主要内容及学习要求】

本章主要介绍工程项目合同及合同法的基本知识，要求熟悉勘察、设计合同、物资采购合同及国际工程合同等内容，熟练掌握建筑工程施工合同的相关内容。

第一节 合同的法律基础

一、法律的概念及性质

1. 法律的概念

法律是指由一定的物质生活条件所决定的国家意志的体现，是由国家制定或认可并由国家强制力保障实施的具有普遍效力的行为规范的总称。

2. 法律的性质

1）法律是统治阶级意志的表现。

2）统治阶级的意志表现为国家意志。

3）法律的内容由物质生活条件所决定。

二、法律规范的概念及特征

1. 法律规范的概念

法律规范是指统治阶级依照自己的意志，由国家机关制定或认可，并由国家强制力保障实施的行为规则。

2. 法律规范的特征

1）法律规范是法律的具体化。

2）法律规范的表现形式是法律文件。

3）法律规范须由有权力的国家机关制定。

4）法律规范是单一的和系统的规范的结合。

三、合同法律体系

1. 合同法律、法规体系

(1) 合同法律　合同法律是指由全国人民代表大会及其常务委员会审议颁布的，调整合同关系的，在全国范围内有效的规范性文件，如《中华人民共和国合同法》。

(2) 合同行政法规　合同行政法规是指国务院依据法律制定或批准发布的，调整合同关系的，在全国范围内有效的规范性文件，如《招标投标法实施条例》。

(3) 合同部门规章　合同部门规章是国务院所属行政部门根据国务院规定的职责范围，依据法律、行政法规制定并发布的，调整合同关系的，在全国有效的规范性文件，如住建部制定并发布的《房屋建筑和市政基础设施工程施工分包管理办法》等。

(4) 合同地方性法规　合同地方性法规是指在不与宪法、法律、行政法规相抵触的前提下，由省、自治区、直辖市人民代表大会以及常务委员会制定并发布，或者由省、自治区人民政府所在地的市和经国务院批准的较大的市人民代表大会及其常务委员会制定，报省、自治区人民代表大会常务委员会批准后实施的，调整合同关系的规范性文件。地方性法规在本地方区域内有效，如《广东省建设工程招标投标管理条例》等。

(5) 合同地方规章　合同地方规章是指省、自治区、直辖市和省、自治区人民政府所在地的市，以及经国务院批准的较大的市人民政府根据法律和国务院的行政法规制定并发布的有关调整合同关系的规范性文件，如《上海市建设工程质量监督管理办法》等。

2. 合同法律规范

我国现行合同法律规范是《中华人民共和国合同法》。为适应建立社会主义市场经济体制的要求，1999年3月15日第九届全国人民代表大会常务委员会第二次会议通过《中华人民共和国合同法》的决定，1999年10月1日执行，该法共23章，428条。

四、合同法律关系

1. 法律关系的概念

法律关系是指人与人之间的社会关系为法律规范调整时，所形成的权利和义务关系。人们在社会生活中结成各种社会关系，当某一社会关系为法律规范所调整并在这一关系的参与者之间形成一定权利义务关系时，即构成法律关系。因此，法律关系是诸多社会关系中的一种特殊的社会关系。

社会关系的不同方面需要不同的法律规范去调整。由于各种法律规范所调整的社会关系和规定的权利义务不同，因而形成了内容和性质各不相同的法律关系，如行政法律关系、民事法律关系、合同法律关系、经济法律关系等。

2. 合同法律关系的概念

合同法律关系是指由合同法律规范调整的当事人在民事流转过程中形成的权利和义务关系。合同法律关系同其他法律关系一样，都是由主体、内容和客体三个不可缺少的部分组成，因此称之为合同法律关系的构成要素。

(1) 合同法律关系主体　合同法律关系主体是指参加合同法律关系，依法享有权利，承担义务的当事人。合同法律关系主体的种类包括：

1) 自然人。自然人是指基于出生而成为民事法律关系主体的有生命的人。自然人作为合同法律关系的主体应当具有相应的民事权利能力和民事行为能力。

2）法人。法人是具有民事权利能力和民事行为能力并依法独立享有民事权利和承担民事义务的组织。应具备的条件是：①依法成立；②有必要的财产和经费；③有自己的名称、组织机构和场所；④能独立承担民事责任。

3）其他组织。其他组织是指依法成立，但不具备法人资格，而能以自己的名义参与民事活动的经济实体或者法人的分支机构等社会组织。

（2）合同法律关系客体 合同法律关系的客体是指法律关系主体的权利和义务所指向的对象。在法律关系中，主体之间的权利义务之争总是围绕着一定的对象所展开的，没一定的对象，也就没有权利和义务之分，当然也就不会存在法律关系了。合同法律关系客体的种类包括：

1）行为。行为在这里是指人们在主观意志支配下所实施的具体活动，包括作为和不作为。如义务人向权利人支付一定的货币，交付一定的物，完成一定的工作，提供一定的劳务等，还包括权利人对其所有物的支配行为。

2）财。财一般是指货币资金，也包括有价证券。它是生产和流通过程中停留在货币形态上的那部分资金，如借款合同的信贷资金。

3）物。物是指可为人们控制，具有使用价值和价值的生产资料和消费资料。我们所说的物即是合同中的标的，其种类和范围均由法律加以规定。

4）智力成果。智力成果亦称非物质财富，它是指脑力劳动的成果。如专利权、商标权和著作权等。

（3）合同法律关系内容 合同法律关系的内容即合同一般条款所规范的主体的权利和义务。

1）权利。指权利主体依据法律规定和约定，有权按照自己的意志做出某种行为，同时要求义务主体做出某种行为或者不得做出某种行为，以实现其合法权益。当权利受到侵犯时，法律将予以保护。权利受到国家保护，权利有行为界限，权利主体不能以实现自己的权利为目的而侵犯他人的合法权利或侵犯国家和集体的利益。

2）义务。指义务主体依据法律规定和权利主体的合法要求，必须做出某种行为或不得做出某种行为，以保证权利主体实现其权益，否则要承担法律责任。义务人履行义务是权利人享有权利的保障，法律规范针对保障权利人的权利规定了具体的法律义务。法律义务对义务人来说是必须履行的，如果不履行，国家要依法强制执行，因不履行造成后果的，还要追究其法律责任。

五、建设工程质量与安全生产制度

1. 建设工程质量

（1）建设工程质量的概念 建设工程质量是指在国家现行的有关法律、法规、技术标准、设计文件和合同中，对工程的安全、适用、经济、美观等特性的综合要求。

（2）建设工程质量的法律规范 国家住建部及有关部委自1983年以来，先后制定了多项建设工程质量管理的监督法规，主要有：《建筑法》《建筑工程质量责任暂行规定》《建筑工程保修办法》《建筑工程质量检验评定标准》《建筑工程质量监督条例》《建筑工程质量监督站工作暂行规定》《建设工程质量管理条例》《工程建设标准强制性条文》《建筑工程质量检测工作规定》和《建设工程质量监督管理规定》等。特别是《建筑法》和《建设工程质量管理条例》的颁布，对建筑工程质量作出更加明确的规定。

2. 建筑安全生产管理

(1) 建筑安全生产管理的概念　建筑安全生产管理是指建设行政主管部门、建筑安全监督管理机构、建筑施工企业及有关单位，对建筑生产过程中的安全工作进行计划、组织、指挥、控制、监督等一系列的管理活动。其目的在于保证建筑工程安全和建筑职工以及相关人员的人身安全。

(2) 建筑安全生产管理的法律规范　国家住建部及有关主管部门先后制定了多项建筑安全生产管理的法规和规范性文件，主要有：1980年颁发的《建筑安装工人安全技术操作规程》、1989年颁发的《工程建设重大事故报告和调查程序规定》、1991年颁发的《建筑安全生产监督管理规定》、2002年颁发的《中华人民共和国安全生产法》等。另外，在《建筑法》中也有建筑安全生产管理的专门规定。

六、建筑工程监理制度

1. 建筑工程监理的概念

建筑工程监理是指工程监理单位受建设单位的委托对建筑工程进行监督和管理的活动。建筑工程监理制度是我国建设体制深化改革的一项重大措施，它是适应市场经济的产物。建筑工程监理随着建筑市场的日益国际化，得到了普遍推行。《建筑法》第三十条规定："国家推行建筑工程监理制度"。

2. 建筑工程监理的范围

《建筑法》第三十条第二款规定："国务院可以规定实行强制监理的建筑工程的范围。"《建设工程质量管理条例》明确规定，属于下列范围的建设工程项目均必须实行监理：

1) 国家重点建设工程。

2) 大中型公用事业工程。

3) 成片开发建设的住宅小区工程。

4) 利用外国政府或者国际组织贷款、援助资金的工程。

5) 国家规定必须实行监理的其他工程。

七、担保制度

1. 担保的概念

担保是指合同的当事人双方为了使合同能够得到全面按约履行，根据法律、行政法规的规定，经双方协商一致而采取的一种具有法律效力的保护措施。

2. 担保法

担保法是调整债务人、担保人与债权人之间所发生的民事关系的法律规范的总称。1995年6月30日第八届全国人民代表大会常务委员会第十四次会议通过，并于1995年10月1日起施行的《中华人民共和国担保法》是规范担保活动的专门法律。该法共7章96条，明确了担保的基本方式。

3. 担保方式

我国《担保法》规定的担保方式有五种，即抵押、质押、留置、定金和保证。

(1) 抵押　抵押是指债务人或第三人不转移对抵押财产的占有，将该财产作为债权的担保。当债务人不履行债务时，债权人有权依法以该财产折价或以拍卖、变卖该财产的价款优先受偿。

1）可以抵押的财产。根据《担保法》第三十四条的规定，可以抵押的财产有：①抵押人所有的房屋和其他地上定着物；②抵押人所有的机器、交通运输工具和其他财产；③抵押人依法有权处分的国有土地使用权、房屋和其他地上定着物；④抵押人依法有权处分的机器、交通运输工具和其他财产；⑤抵押人依法承包并经发包方同意抵押的荒山、荒沟、荒丘、荒滩等荒地的土地使用权；⑥依法可以抵押的其他财产。

2）不可以抵押的财产。《担保法》第三十七条规定，不得抵押的财产包括：①土地所有权；②耕地、宅基地、自留地、自留山等集体所有的土地使用权，但第三十四条第（五）项的乡村企业厂房等建筑物抵押的除外；③学校、幼儿园、医院等以公益为目的的事业单位、社会团体的教育设施、医疗设施和其他社会公益设施；④所有权、使用权不明确或有争议的财产；⑤依法被查封、扣押、监管的财产；⑥依法不得抵押的其他财产。

以抵押作为履行合同的担保，还应依据有关法律、法规签订抵押合同并办理抵押登记。

（2）质押　质押是指债务人或第三人将其动产或权利移交债权人占有，用以担保债权的履行，当债务人不能履行债务时，债权人依法有权就该动产或权利优先得到清偿的担保。质押的种类包括动产质押和权利质押两种。

（3）留置　留置是指债权人按照合同约定占有债务人在合同中的动产，债务人不按照合同约定的期限履行债务的，债权人有权依法留置该财产，以该财产折价或以拍卖、变卖该财产的价款优先受偿。

1）留置担保范围。留置担保范围包括主债权及利息、违约金、损害赔偿金、留置物保管费用和实现留置权的费用。

2）留置的期限。留置的期限是指债权人与债务人应在合同中约定债权人留置财产后，债务人应在不少于两个月的期限内履行债务。债权人与债务人在合同中未约定的，债权人留置债务人财产后，应确定两个月以上的期限，通知债务人在该期限内履行债务。

（4）定金　定金是指合同当事人一方为了证明合同成立及担保合同的履行在合同中约定应给付对方一定数额的货币。合同履行后，定金可收回或抵作价款。给付定金的一方不履行合同，无权要求返还定金；收受定金的一方不履行合同的，应双倍返还定金。定金应以书面形式约定。当事人在定金合同中应该约定交付定金的期限及数额。定金合同从实际交付定金之日起生效，定金数额最高不得超过主合同标的额的20%。

（5）保证　保证是指保证人和债权人约定，当债务人不履行债务时，保证人按照约定履行债务或承担责任的行为。保证人必须是具有代为清偿债务能力的人，既可以是法人，也可以是其他组织或公民。不可以做保证人的情况是：①国家机关不得做保证人，但经国务院批准为使用外国政府或国际经济组织贷款而进行的转贷除外；②学校、幼儿园、医院等以公益为目的的事业单位、社会团体不得做保证人；③企业法人的分支机构、职能部门不得做保证人，但有法人书面授权的，可在授权范围内提供保证。

第二节　合　同　法

一、合同法概述

1. 合同法的概念

合同法是调整平等主体的自然人、法人、其他组织间所发生的合同关系的法律规范的总称。1999年3月15日，九届全国人大二次会议审议通过了《中华人民共和国合同法》，并于当年10月1日起施行。这是我国第一部统一的合同法，它是在原来的《经济合同法》《涉外经济合同法》和《技术合同法》的基础上修改、制定的。新的《合同法》适用于两个以上的民事主体之间设立、变更、终止债权债务关系的协议，即债权合同，它不适用婚姻、收养、监护等有关身份的协议。

《合同法》分为总则、分则和附则，共23章，428条。在分则中规定了买卖合同，供用电、水、气、热力合同，赠予合同，借款合同，租赁合同，融资租赁合同，承揽合同，建设工程合同，运输合同，技术合同，保管合同，仓储合同，委托合同，行纪合同，居间合同等15种列名合同。

2. 合同法的基本原则

《合同法》对合同法的基本原则作了明确的规定。这些基本原则是合同当事人在合同的订立、履行、变更与转让、终止、违约责任等以及各项分则规定的全部活动中均应遵守的基本准则，也是人民法院、仲裁机构在审理、仲裁合同纠纷时应当遵循的原则。

1）平等、自愿原则。合同当事人的法律地位平等。当事人无论具有什么身份，其在合同关系中相互之间的法律地位是平等的，都是独立的、享有平等主体资格的合同当事人。法律地位平等是自愿原则的前提。合同当事人应当通过协商，自愿确立和调整相互间的权利义务关系。

2）公平、诚实信用原则。公平、诚实信用是民事活动的最重要的基本原则。公平、诚实信用原则，要求当事人在订立和履行合同，以及合同终止后的全过程中，都要讲诚实，重信用，相互协作，不得滥用权利。首先，在订立合同时，应当遵循公平原则确定双方的权利和义务，不得欺诈，不得假借订立合同恶意进行磋商或其他违背诚实信用的行为；其次，在履行合同过程中，当事人应当遵循诚实信用的原则，根据合同的性质、目的和交易习惯履行法定和约定的各项义务；最后，在合同法律关系终止后，当事人也应当遵循诚实信用的原则，根据交易习惯履行通知、协助和保密等称为契约后的义务。

3）遵守法律、维护社会公共利益的原则。当事人订立、履行合同，应当遵守法律、行政法规，尊重社会公德，不得扰乱社会经济秩序，损害社会公共利益。

4）依法成立的合同对当事人具有约束力的原则。《合同法》规定，“依法成立的合同，对当事人具有法律约束力。当事人应当按照约定履行自己的义务，不得擅自变更或者解除合同”。订立合同实行自愿原则，但是，依法成立的合同，对当事人具有法律约束力，受法律保护。当事人应按照合同的约定履行各自的义务，非依法律规定或者取得相对人的同意，不得擅自变更或者解除合同，如果不履行合同义务或者履行合同义务不符合约定，必须承担违约责任或者受到法律制裁。

二、合同的订立

1. 合同的概念

合同是平等主体的自然人、法人、其他组织之间设立、变更、终止民事权利义务关系的协议。

2. 合同的形式

合同的形式是指合同的当事人达成的协议的表现形式。当事人订立合同有书面形式、口头形式和其他形式。法律、行政法规规定采用书面形式的，应当采用书面形式；当事人约定采用书面形式的，应当采用书面形式。书面形式是指合同书、信件和数据电文（包括电报、电传、传真、电子数据交换和电子邮件）等可以有形地表现所载内容的形式。

3. 合同的内容

《合同法》第十二条规定："合同的内容由当事人约定"。一般包括以下条款：

1）当事人的名称或者姓名和住所。当事人的名称或者姓名是指法人和其他组织的名称，住所是指当事人的主要办事机构所在地。

2）标的。标的是指合同当事人双方权利和义务共同指向的对象，即合同法律关系的客体。标的可以是货物、劳务、工程项目或者货币等。依据合同种类的不同，合同的标的也各有不同。例如，建筑工程合同的标的是工程建设项目；借款合同的标的是货币等。

3）数量。数量是计算标的的尺度。它把标的定量化，以便确立合同当事人之间的权利和义务的量化指标，从而计算价款或报酬。签订合同时，必须使用国家法定计量单位，做到计量标准化、规范化。

4）质量。质量是标的物内在素质和外观形态的综合。当事人签订合同时，必须对标的物的质量作出明确的规定。标的物的质量，有国家标准的按国家标准签订；没有国家标准而有行业标准的，按行业标准签订，或者有地方标准的按地方标准签订；如果标的物是没有上述标准的新产品时，可按企业新产品鉴定的标准（如产品说明书、合格证标明的内容），写明相应的质量标准。国家鼓励企业采用国际质量标准。

5）价款或者报酬。价款通常是指当事人一方为取得对方出让的标的物，而支付给对方一定数额的货币；报酬通常是指当事人一方为对方提供劳务、服务等，从而向对方收取一定数额的货币报酬。

6）履行期限、地点和方式。履行期限是指当事人交付标的和支付价款或报酬的日期，也就是依据合同的约定，权利人要求义务人履行义务的请求权发生的时间。履行地点是指当事人交付标的支付价款和报酬的地点，义务人完成义务的地理位置。合同当事人双方签订合同时，必须将履行地点写明，并且要写得具体、准确，以免发生差错而引起纠纷。履行方式是指合同当事人双方约定以哪种方式转移标的物和结算价款。履行方式应视所签订合同的类别而定。例如，买卖货物、提供服务、完成工作合同，其履行方式均有所不同。

7）违约责任。违约责任是指合同当事人一方或双方不履行或不完全履行合同义务时，按约定或法定必须承担的法律责任。违约责任包括支付违约金、偿付赔偿金以及发生意外事故的处理等其他责任。违约责任条款是一项十分重要而又往往被人们忽视的条款，它对合同的履行具有法律保障作用，是一项制裁性条款，因而对当事人履行合同具有约束力。

8）解决争议的方法。解决争议的方法是指合同当事人选择解决合同纠纷的方式。根据我国法律的有关规定，当事人解决合同争议时，实行"或裁或审制"，即当事人可以在合同中约定选择仲裁机构或人民法院解决争议。

4. 合同的订立程序

当事人订立合同，采用要约、承诺方式。要约与承诺是当事人订立合同必经的程序。订立合同的过程，一般先由当事人一方提出要约，再由另一方作出承诺的意思表示，经签字、盖章后，合同即告订立。在法律程序上，把订立合同的全过程划分为要约与承诺两个阶段。要约与承诺属于法律行为，当事人双方一旦做出相应的意思表示，就要受到法律的约束，否则必须承担法律责任。

（1）要约 要约是希望和他人订立合同的意思表示。该意思表示应当符合：①内容具体确定；②表明经受要约人承诺，要约人即受该意思表示约束。

要约是指合同当事人一方向另一方提出订立合同的要求，并列明合同的条款，以及限定其在一定期限做出承诺的意思表示。要约是一种法律行为，它表现在要约规定的有效期限内。要约人要受到要约的约束。受要约人若按时和完全接受要约条款时，要约人负有与受要约人签订合同的义务。否则，要约人对由此造成受要约人的损失应承担法律责任。

要约生效是指要约发生法律效力，对要约人和受要约人发生的法律约束力。要约到达受要约人时生效。采用数据电文形式订立合同，收件人指定特定系统接收数据电文的，该数据电文进入该特定系统的时间，视为到达时间；未指定特定系统的，该数据电文进入收件人的任何系统的首次时间，视为到达时间。

（2）承诺 承诺是指合同当事人一方对另一方发来要约，在要约有效期限内，做出完全同意要约的意思表示。

承诺也是一种法律行为。承诺必须是承诺人完全同意要约，方为有效。如果要约的相对人对要约中的某些条款提出修改、补充、部分同意、附有条件，或者另行提出新的条件，以及迟到送达的承诺，都不被视为有效的承诺，而被称为新要约。

承诺生效是指承诺发生法律效力，也即承诺对承诺人和要约人产生法律约束力。承诺生效时合同订立。承诺生效与合同订立是密不可分的法律事实。

三、合同的效力

1. 合同的法律效力

依法成立的合同自合同订立时生效。

2. 无效合同

无效合同就是当事人虽然协商订立，但因违反法律要求，国家不承认其法律效力的合同。无效合同从订立的时候起，就没有法律约束力，不受国家法律的保护。有下列情形之一的，合同无效：①一方以欺诈、胁迫手段订立合同，损害国家利益的；②恶意串通，损害国家、集体或第三人利益；③以合法形式掩盖非法目的；④损害社会公共利益；⑤违反法律、行政法规的强制性规定。

3. 当事人请求人民法院或仲裁机构变更或撤销的合同

（1）可撤销合同 当事人一方有权请求人民法院或仲裁机构变更或撤销合同的情形是：因重大误解的、订立合同时显失公平的；一方以欺诈、胁迫的手段或乘人之危，使对方在违背真实意思的情况下订立的合同，受损害方有权请求人民法院或仲裁机构变更或撤销。

当事人请求变更的，人民法院或仲裁机构不得撤销的情形是：①具有撤销权的当事人自知道或应当知道撤销事由之日起一年内没有行使撤销权；②具有撤销权的当事人知道撤销事由后明确表示或以自己的行为放弃撤销权。

（2）无效和被撤销合同的法律效力 无效合同或被撤销合同自始没有法律约束力。合同部分无效，不影响其他部分效力的，其他部分仍然有效。合同无效，被撤销或终止的，不影响合同中独立存在的有关解决争议方法的条款的效力。

合同无效或被撤销后，因该合同取得的财产，应当予以返还；不能返还或者没有必要返还的，应当折价补偿。有过错的一方应当赔偿对方因此所受到的损失，双方都有过错的，应当各自承担相应的责任。当事人恶意串通，损害国家、集体或第三人利益的，因此取得的财产归国家所有或返还集体、第三人。

四、合同的履行

1. 合同履行的概念

合同履行是指合同当事人双方依据合同条款的规定，实现各自享有的权利，并承担各自负有的义务。合同当事人在合同生效后，全面地、适当地完成合同义务。合同的履行是《合同法》的核心内容，也是合同当事人订立合同的根本目的。

2. 合同履行的原则

当事人应当按照约定全面履行自己的义务。当事人应当遵循诚实信用原则，根据合同的性质、目的和交易习惯履行通知、协助、保密等义务。

合同当事人履行合同时，应遵循以下原则：

1）全面、适当履行的原则。全面、适当履行是指合同当事人双方应当按照合同约定全面履行自己的义务，包括履行义务的主体、标的、数量、质量、价款或者报酬以及履行的方式、地点、期限等，都应当按照合同的约定全面履行。

2）遵循诚实信用的原则。诚实信用原则，贯穿于合同的订立、履行、变更、终止等全过程。因此，当事人在订立合同时，要讲诚实，要守信用，要善意，当事人双方要互相协作，合同才能圆满地履行。

3）公平合理，促进合同履行的原则。合同当事人双方在合同的订立、履行、变更、转让以及合同纠纷的解决中，都应当依据公平合理的原则，按照《合同法》的规定，根据合同的性质、目的和交易习惯善意地履行通知、协助、保密等附随义务。

4）当事人一方不得擅自变更合同的原则。合同依法成立，即具有法律约束力，因此，合同当事人任何一方均不得擅自变更合同，应按《合同法》的规定对合同进行变更。

五、合同的变更和转让

1. 合同的变更

合同的变更是指对已依法成立的合同，在承认其法律效力的前提下，对其进行修改或补充。合同变更的前提是当事人协商一致，任何一方不得擅自变更合同。当事人对合同的变更内容约定不明确的，推定为未变更。

法律、行政法规规定变更合同应当办理批准、登记手续的，依照其规定执行。当事人因重大误解、显失公平、欺诈、胁迫或乘人之危而订立的合同，受损害一方有权请求人民法院或者仲裁机构依照法律专门规定变更或撤销。

2. 合同的转让

合同的转让是当事人一方取得另一方同意将合同的权利、义务转让给第三方的法律行为。合同权利、义务的转让是合同变更的一种特殊形式。它不是变更合同中规定的权利义务的内容，而是变更合同主体。

3. 合同当事人合并、分立后的债权债务关系

当事人订立合同后合并的，由合并后的法人或者其他组织行使合同权利，履行合同义务。当事人订立合同后分立的，除债权人和债务人另有约定的以外，由分立的法人或者其他

组织对合同的权利和义务享有连带债权，承担连带债务。

六、合同的权利义务终止

1. 合同权利义务终止的概念

合同权利义务终止是指合同规定的权利义务已经消灭或不再履行义务。合同权利义务终止，不影响合同中结算和清理条款的效力。

2. 合同权利义务终止的原因

1）债务已按照约定履行。债务已按照约定履行是按照合同约定实现债权目的的行为。清偿是合同权利义务终止的最主要的、最常见的原因。

2）合同解除。合同解除是指当事人一方在合同规定的期限内未履行、未完全履行或不能履行合同时，另一方当事人或者发生不能履行情况的当事人可以根据法律规定的或者合同约定的条件，通知对方解除双方合同关系的法律行为。合同解除是一种单方的法律行为，其结果是该合同的权利义务归于消灭。

3）合同债务相互抵消。当事人互负到期债务，该债务的标的物种类、品质相同的，任何一方可将自己的债务与对方的债务相互抵消，但依法律规定或按合同性质不得抵消的除外。

4）标的物的提存。标的物提存是指由于债权人的原因致使债务人无法向其交付标的物，债务人可以将标的物交给有关机关保存，以此终止合同的制度。

5）债权人免除债务。债权人以消灭债务人的债务为目的而抛弃债权的意思表示。债权人免除债务人部分或全部债务的，合同的权利义务部分或全部终止。

6）债权债务同归一方。是指债权债务同归一人而导致合同权利义务归于消灭的情况。

7）合同权利义务终止的其他情形。除了上述原因外，法律规定或当事人约定合同终止的其他情形出现时，合同也告终止。如时效的期满，合同的撤销，作为合同主体的自然人死亡而其债务又无人承担等。

3. 合同终止后的结算和清理

合同终止是合同债权债务关系的消灭，此种债权债务关系的消灭不影响合同中当事人关于经济往来的结算以及合同终止后如何处理合同中遗留问题的效力。

合同终止并不是合同责任的终止，如果因当事人一方严重违约而引起另一方要求解除合同，合同因解除而终止时，违约方并不能因合同终止而不承担违约责任，例如当事人一方享有要求违约方承担损害赔偿的权利。

七、违约责任

1. 违约责任的概念

违约责任是指合同当事人因违反法律的规定及合同的约定所应承担的继续履行、采取补救措施或赔偿损失等民事责任。

当事人违约行为指当事人不履行和不适当履行合同义务。不履行合同义务是指当事人不能履行或拒绝履行合同义务；不适当履行是指履行合同义务不符合约定。只要违约人有违约行为就应承担违约责任，对于不可抗力的原因方可免责。

2. 构成违约责任应具备的条件

构成违约责任必须同时具备的条件包括：

1）行为。即一方当事人必须有不履行合同义务或者履行合同义务不符合约定的行为，这是构成违约责任的客观条件。违约行为发生的前提是，当事人之间已经存在着合同关系。如果合同关系并不存在，则不发生违约行为。

2）过错。即违约一方当事人主观上有过错，这也是违约责任的主观要件。当事人违约可能有各种原因，如不可抗力、对方违约等。因这些原因引起违约，当事人不能承担违约责任。只有因违约当事人的原因造成违约的，即有可归责于合同义务人的原因，违约当事人才能承担违约责任。

3）事实。即当事人的违约行为造成了损害事实。损害事实是指当事人违约给对方造成了财产上的损害和其他不利的后果。从权利角度考虑，只要有违约行为，合同债权人的权利就无法实现或不能全部实现，其损失即已发生。在违约人支付违约金的情况下，不必考虑对方当事人是否真的损害及损害的大小；而在需要支付赔偿金的情况下，则必须考虑当事人所受到的实际损害。

4）因果关系。即违约行为和损害结果之间存在着因果关系。违约当事人承担的赔偿责任，只限于因其违约而给对方造成的损失。违约行为造成的损害包括直接损害和间接损害，对这两种损害违约人都应赔偿。

第三节 建设工程合同概述

一、建设工程合同的概念及法律特征

1. 建设工程合同概念

建设工程合同是承包人进行工程建设、发包人支付价款的合同。

由于一项工程的建设需要经过勘察、设计、施工等若干过程才能最终完成，所以，工程建设合同包括勘察合同、设计合同、施工合同。这几种合同分别是由建设人或承建工程的承建人与勘察人、设计人、施工人订立的关于完成工程的勘察、设计、施工任务的协议。

2. 建设工程合同的法律特征

1）合同的主体是法人。建设工程合同对主体是有限制的，发包人是经过批准建设工程的法人，承包人也只能是具有从事勘察、设计、施工任务资格的法人。作为发包人必须持有已经批准的基建计划、工程设计文件、已落实资金及做好基建应有的场地、交通、水电等准备工作，持有规划部门及建设主管部门核发的相应许可证。作为承包人必须持有效的技术资质证书、施工许可证和营业执照。

2）合同的标的仅限于基本建设工程。建设工程合同的标的只能是属于基本建设的工程。为完成不能构成基本建设的一般工程的建设项目而订立的合同，不属于工程建设合同，而应属于承揽合同。如个人为建造个人住房而与其他公民或建筑队订立的合同，就为承揽合同，而不属于工程建设合同。

3）具有一定的计划性和程序性。在市场经济条件下，建设工程合同已有相当一部分不再是计划合同。但基本建设项目的投资渠道多样化，并不能完全改变基本建设的计划性，国家仍然需要对基建项目实行计划控制。

由于基本建设工程建设周期长、质量要求高、涉及的方面广，各阶段的工作之间有一定

的严密程序，因此，建设工程合同也就具有程序性的特点。国家对建设工程计划任务书、建设地点的选择、设计文件、建设准备、计划安排、施工生产准备、竣工验收、交付生产方面都有具体规定。双方当事人必须按规定的程序办事。

4）在签订和履行合同中接受国家多种形式的监督管理。建设工程合同因涉及基本建设规划，其标的物为不动产的工程，承包人所完成的工作成果不仅具有不可移动性，而且须长期存在和发挥效用，事关国计民生，因此，国家要实行严格的监督和管理。

5）对合同形式有严格的法律要求，须为书面形式。这是国家对基本建设工程进行监督管理的需要，也是由建设工程合同履行的特点所决定的。不采用书面形式的建设工程合同不能有效成立。

二、建设工程合同的分类、订立和管理

1. 建设工程合同的分类

从承发包的不同范围和数量可以将建设工程合同分为建设工程总承包合同、建设工程承包合同、建设工程分包合同三种。发包人将工程建设的全过程发包给一个承包人的合同即为建设工程总承包合同。发包人将建设工程的勘察、设计、施工等的每一项分别发包给一个承包人的合同就是建设工程承包合同。经合同约定和发包人认可，从工程承包人承包的工程中承包部分项目而订立的合同就是建设工程分包合同。

从完成承包的内容来划分建设工程合同，可以分为建设工程勘察合同、建设工程设计合同和建设工程施工合同三种。

2. 建设工程合同的订立

建设工程合同的订立需要经过要约与承诺两个阶段。一般地，建设工程合同都应当通过招标、投标确定承包商且应当采用书面形式签订合同。

3. 建设工程合同管理

在工程项目的建设过程中，其主体的行为必定会形成各个方面的社会关系，政府建设管理机关依照法律、法规对工程建设主体行使行政监督管理这是一种纵向关系，其他各方面的社会关系即横向关系都是通过“合同”关系形成的，工程建设活动中投资控制、质量控制、进度控制都是在合同管理的调整、保护和制约之下进行的，建设工程合同管理已经成为依法治理国家建设事业，加强科学管理的重要环节，是保证工程建设质量，提高工程建设社会效益和经济效益的法律保障和重要工具。

第四节　建设工程勘察、设计合同

一、建设工程勘察、设计合同概述

1. 建设工程勘察、设计合同概念

建设工程勘察设计合同是为完成一定项目的勘察设计任务，委托方和承包方之间签订的明确双方权利和义务的协议。委托方是建设单位或建设工程承包单位，承包方是持有勘察设计证书的勘察设计单位。

2. 建设工程勘察、设计合同的法律特征

1）具有建设工程合同的基本特征。

2）勘察、设计合同的当事人双方必须是有民事权利能力和民事行为能力的特定的法人资格的组织。以承包方为例，其民事权利能力是指持有国家批准的勘察、设计许可证；其民事行为能力是指它持有经有关部门核准的资质等级。某一资质等级的勘察设计单位只能接受相应等级或限额的项目设计任务，不能越级承包，否则该勘察、设计合同是无效合同。

3）勘察、设计合同必须符合国家规定的基本建设管理程序。合同应以国家批准的设计任务书或其他有关文件为基础。

二、建设工程勘察、设计合同的订立与履行

1. 建设工程勘察、设计合同的订立

（1）建设工程勘察、设计合同的主体资格　建设工程勘察、设计合同的主体一般应是法人。承包方承揽建设工程勘察、设计任务必须具有相应的权利能力和行为能力，委托工程设计任务的建设工程项目应当符合国家有关规定：①建设工程项目可行性研究报告或项目建议书已获批准；②已经办理了建设用地规划许可证等手续；③法律、法规规定的其他条件。发包方应当持有上级主管部门批准的设计任务书等文件。

（2）建设工程勘察、设计合同订立的形式与程序　勘察、设计是两种不同的经济活动形式，通常对勘察合同签订条件的要求较为简单，只要有建设单位、设计单位或有关单位等需要勘察的单位提出委托，经过委托方与承包方协商一致后，就可以签订勘察合同。设计合同须具有上级机关批准的设计任务书方能签订。

（3）建设工程勘察、设计合同应当具备的条款　主要有：①建设工程名称、规模、投资额、建设地点；②发包人提供资料的内容、技术要求及期限，承包方勘察的范围、进度和质量，设计的阶段、进度、质量和设计文件份数；③勘察、设计取费的依据，取费标准及拨付办法；④协作条件；⑤违约责任；⑥其他约定条款。

2. 建设工程勘察、设计合同的履行

（1）勘察合同承包人与发包人的义务　在建设工程勘察合同中，建设人的义务即是承包人的权利，承包人的义务即是建设人的权利。

1）勘察合同发包人的义务。勘察合同发包人的义务指的是由其负责提供的资料内容、技术要求、期限以及应承担的工作和服务项目。

在勘察工作开始前，发包人应当向承包人提交勘察或者设计的基础资料，即提交由设计人提供、经发包人同意的勘察范围，提出由发包人委托、设计人填写的勘察技术要求及其附图；发包人应负责勘察现场的水、电、气的畅通供应，平整道路、现场清理等工作，以保证勘察工作的开展；在勘察人员进入现场作业时，发包人应当负责提供必要的工作和生活条件；发包人应支付勘察费，勘察工作的取费标准是按照勘察工作的内容，如由工程勘察、工程测量、工程地质、水文地质和工程物探等的工作量来决定，其具体标准和计算办法按《工程勘察取费标准》中的规定执行。

2）勘察合同承包人的义务。承包人的义务是指承包人应当依据订立的合同和发包人的要求，通过自己的实际履行来完成其应负的职责，以求得发包人权利和目的的实现。承包人应当按照规定的标准、规范、规程和条例，进行工程测量和工程地质、水文地质等勘察工

作，并按合同规定的进度、质量要求提交勘察成果。对于勘察工作中的漏项应当及时予以勘察，对于由此多支的费用应自行负担并承担由此造成的违约责任。

(2) 设计合同发包人和承包人的义务 其义务具体为：

1）设计合同发包人的义务。主要是：①如果委托初步设计，委托人应在规定的日期内向承包人提供经过批准的设计任务书或者可行性研究报告、选址报告，以及原始资料或者经过批准的资源报告、燃料、水电、运输等方面的协议文件和能满足初步设计要求的勘察资料、需经科研取得的技术资料；②如果委托施工图设计，委托人应当在规定日期内向承包人提供经过批准的初步设计文件和能满足施工图设计要求的勘察资料、施工条件以及有关设备的技术资料；③发包人应及时向有关部门办理各设计阶段设计文件的审批工作；④明确设计范围和深度；⑤依照双方的约定支付设计费用；⑥委托配合引进项目的设计，从询价、对外谈判、国内外技术考察直到建成投产的各个阶段，都应当通知有关设计的单位参加，这样有利于设计任务的完成；⑦在设计人员进入施工现场开始工作时，发包人应当提供必要的工作和生活条件；⑧发包人应当维护承包人的设计文件，不得擅自修改，也不得转让第三方使用，否则要承担侵权责任；⑨合同中含有保密条款的，发包人应当承担设计文件的保密责任。

2）设计合同承包人的义务。主要是：①承包人要根据批准的设计任务书或者可行性研究报告或者上一阶段设计的批准文件，以及有关设计的技术经济文件、设计标准、技术规范、规程、定额和勘察技术要求进行设计，并按合同规定的进度和质量要求，提交设计文件，设计文件还应包括概预算文件、材料设备清单；②承包人对所承担的设计任务的建设项目应配合施工，进行施工前技术交底，解决施工中的有关设计问题，负责设计变更和修改预算，参加隐蔽工程验收和工程竣工验收，设计人要对其设计的质量负责。

三、违约责任

1. 委托方的违约责任

1）委托方如果不履行合同，就无权请求退回定金。

2）由于变更计划，设计工作的返工、停工、窝工或修改设计时，委托方应该按照承包方实际消耗的工作量增付费用。因为委托方责任造成重大返工或者变更设计时，应另增加勘察、设计费。

3）勘察、设计的成果按期、按质、按量交付后，委托方要按合同的约定，按期、按量地偿付勘察、设计费。委托方超过合同规定的日期付费时，应偿付逾期违约金。偿付办法与具体金额，由双方按照国家的有关规定协商确定。

2. 承包方的违约责任

1）因勘察、设计质量低劣引起的返工，或者未按期提交勘察、设计文件，拖延工期造成损失的，由承包方继续完善勘察、设计工作，并视造成的损失、浪费的大小，减收或免收勘察、设计费。

2）对于因勘察、设计错误而造成工程重大质量事故的，承包方除了免收受损失部分的勘察设计费用外，还应支付与直接损失部分勘察、设计费相当的赔偿金。

3）如果承包方不履行合同，应该双倍返还定金。

第五节　建设工程施工合同

一、建设工程施工合同概述

1. 建设工程施工合同的概念

建设工程施工合同是建设工程的主要合同，建设工程施工合同即建筑安装工程承发包合同，是发包方与承包方之间为完成商定的建设工程项目，确定双方权利和义务的协议。

2. 建设工程施工合同的主体

1）发包方。应是具备法人资格的国家机关、事业单位、国有企业、集体企业、私营企业、经济联合体和社会团体，及以合法完备手续取得甲方资格的合同当事人。发包方既可以是建设单位，也可以是取得建设项目总承包资格的项目总承包单位。

2）承包方。应是具备与工程相应资质和法人资格的、并被发包方接受的合同当事人及其合法继承人。承包方是施工单位。

3. 建设工程施工合同的特点

（1）合同标的的特殊性　施工合同的标的是各类建设工程项目。建筑产品是不动产，具有固定性，这就决定了施工生产的流动性。每一个建设工程项目都需单独设计和施工（即使可重复利用的标准设计或重复使用施工图，也应采取必要的修改设计才能施工），即建筑产品是单体性生产，这就是施工合同标的的特殊性。

（2）合同履行期限的长期性　建筑物的施工由于结构复杂、体积大、建筑材料类型多、工作量大，使得工期都较长。

（3）合同内容的多样性和复杂性　虽然施工合同的当事人只有两方，但其涉及的主体却有许多种。与大多数合同相比较，施工合同的履行期限长、标的额大，涉及的法律关系则包括了劳动关系、保险关系、运输关系等，具有多样性和复杂性。

（4）合同监督的严格性　由于施工合同的履行对国家的经济发展、公民的工作和生活都有重大的影响，因此，国家对施工合同的监督是十分严格的。

1）对合同主体监督的严格性。建设工程施工合同主体一般只能是法人。发包方一般只能是经过批准进行工程项目建设的法人，必须有国家批准的建设项目落实投资计划，并且应当具备相应的协调能力；承包方则必须具备法人资格，而且应当具备相应的从事施工的资质。

2）对合同订立监督的严格性。订立建设工程施工合同必须以国家批准的投资计划为前提，即使是国家投资以外的、以其他方式筹集的投资也要受到当年贷款规模和批准限额的限制，纳入当年投资规模的平衡，并经过严格的审批程序。建设工程施工合同的订立，还必须符合国家关于建设程序的规定。

3）对合同履行监督的严格性。在施工合同的履行过程中，除了合同当事人应当对合同进行严格的管理外，合同的主管机关（工商行政管理机构）、金融机构、建设行政主管机关等，都要对施工合同的履行进行严格的监督。

4. 施工合同的订立

1）订立施工合同应具备的条件。主要有：①初步设计已批准；②工程项目已列入年度建设计划；③有能够满足施工需要的设计文件和有关技术资料；④建设资金和主要建筑材料、设备来源已落实；⑤招标投标完成、中标通知书已下达。

2）订立施工合同应当遵守的原则。主要是：①遵守国家的法律、行政法规和国家计划原则；②平等、自愿、公平的原则；③诚实信用原则。

3）订立施工合同的程序。施工合同作为合同的一种，其订立也应经过要约和承诺两个阶段。对于必须进行招标的建设项目工程建设的施工都应通过招标、投标来确定施工企业。

5.《建设工程施工合同（示范文本）》简介

根据有关工程建设施工的法律、法规，结合我国工程建设施工的实际情况，并借鉴了国际上广泛使用的土木工程施工合同条件（特别是FIDIC土木工程施工合同条件），国家住房城乡建设部、国家工商行政管理总局对《建设工程施工合同（示范文本）》（GF-1999-0201）进行了修订，制定了《建设工程施工合同（示范文本）》（GF-2013-0201）（以下简称《示范文本》）。《示范文本》适用于房屋建筑工程、土木工程、线路管道和设备安装工程、装修工程等建设工程的施工承发包活动。

1）《示范文本》的组成。《示范文本》由“协议书”“通用合同条款”“专用合同条款”三部分组成，并附有11个附件：①承包方承揽工程项目一览表；②发包方供应材料设备一览表；③工程质量保修书等。

2）施工合同文件的组成及解释顺序。组成建设工程施工合同的文件包括：①合同协议书；②中标通知书（如果有）；③投标函及其附录（如果有）；④专用合同条款及其附件；⑤通用合同条款；⑥技术标准和要求；⑦图样；⑧已标价工程量清单或预算书；⑨其他合同文件。上述各项合同文件包括合同当事人就该项合同文件所作出的补充和修改，属于同一类内容的文件，应以最新签署的为准。在合同订立及履行过程中形成的与合同有关的文件均构成合同文件组成部分，并根据其性质确定优先解释顺序。

二、施工合同的主要内容

1. 施工合同的主要条款

施工合同的主要条款包括：工程名称、地点、范围；建设工期及开、竣工时间；中间工程的开、竣工时间；工程质量要求及交工验收条件；工程质量保证期及保证条件；设计文件、技术资料等的提交时间；材料和设备的供应和进场时间；工程造价，付款和结算方法；设计变更；双方相互协作的其他事项；违约责任；合同争议的解决方式。

2. 发包方与承包方的工作内容

（1）发包方工作　发包方按照专用条款的时间和要求一次或分阶段地完成以下工作：①办理土地征用，青苗树木赔偿，房屋拆迁，清除地面、架空和地下障碍物等工作，使施工场地具备施工条件，并在开工后继续解决以上事项的遗留问题；②将施工所需的水、电、电信线路从施工场地外部接至专用条款约定的地点，并保证施工期间的需要；③开通施工场地与城乡公共道路，以及专用条款约定的施工场地内的主要交通干道，满足施工运输的需要，保证施工期间的畅通；④向承包方提供施工场地工程地质和地下管网线路资料，保证数据真实准确；⑤办理施工所需的各种证件、批件和临时用地、占道及铁路专用线的申报批准手续（证明承包方资质的证件除外）；⑥组织承包方和设计单位进行施工图会审，向承包方进行设计交底；⑦将水准点与坐标控制点以书面形式交给承包方，并进行现场交验；⑧协调处理施工现场周围地下管线和邻近建筑物、构筑物（包括文物保护建筑）、古树名木的保护工作，并承担有关费用；⑨发包方应做的其他工作，双方在专用条款内约定。

发包方不按合同约定完成以上工作造成延误，承担由此造成的追加合同价款，赔偿承包方有关损失，承担工期相应顺延等有关违约责任。

（2）承包方工作　承包方按专用条款约定的时间和要求做好以下工作：①向工程师提供年、季、月工程进度计划及相应进度统计报表和工程事故报告，工程师是指监理单位委派的总监理工程师或发包方指定的履行合同的负责人；②按工程需要提供和维修非夜间施工使用的照明、看守、围栏和警卫等。如承包方未履行上述义务造成工程、财产损失和人身伤害，由承包方承担责任及所发生的费用；③按专用条款约定的数量和要求，向工程师提供在施工现场办公和生活的房屋及设施，发生的费用由发包方承担；④遵守地方政府和有关部门对施工场地交通、施工噪声以及环境保护和安全生产管理规定，经发包方同意后办理有关手续，发包方承担由此发生的费用，因承包方责任的罚款除外；⑤已竣工工程未交付发包方之前，承包方按照专用条款规定负责已完工程的成品保护工作，保护期间发生损坏，承包方自费予以修复，要求承包方采取特殊措施保护的单位工程的部位和相应的追加合同价款，在专用条款内约定，发包方提前使用后发生损坏的修理费用，由发包方承担；⑥按合同的要求做好施工现场地下管线和建筑物、构筑物的保护工作；⑦保证施工现场清洁符合有关规定，交工前清理现场达到合同文件的要求，承担因违反有关规定造成的损失和罚款（合同签订后颁布的规定和非承包方原因造成的损失和罚款除外）；⑧承包方应做的其他工作，双方在专用条款内约定。

承包方不履行上述各项义务，造成工期延误和工程损失，应对发包方的损失给予赔偿，承担违约责任。

3. 违约责任

（1）发包方违约　发包方应当完成合同约定应由其完成的义务，如果发包方不履行合同义务或不按合同约定履行义务，则应承担相应的民事责任。发包方的违约行为包括：①发包方不按时支付工程预付款；②发包方不按合同约定支付工程款；③发包方无正当理由不支付工程竣工结算价款；④发包方其他不履行合同义务或者不按合同约定履行义务的情况。

发包方承担违约责任的方式有：

1）赔偿损失。赔偿损失是发包方承担违约责任的主要方式，其目的是补偿因违约给承包人造成的经济损失。承发包双方应当在专用条款内约定发包方赔偿承包方损失的计算方法。损失赔偿额应当相当于因违约所造成的损失，包括合同履行后可以获得的利益，但不得超过发包人在订立合同时预见或者应当预见到的因违约可能造成的损失。

2）支付违约金。支付违约金的目的是补偿承包方的损失，双方也可在专用条款中约定违约金的数额或计算方法。

3）顺延工期。对于因为发包方违约而延误的工期，应当相应顺延。

4）继续履行。承包方要求继续履行合同的，发包方应当在承担上述违约责任后继续履行施工合同。

（2）承包方违约　承包方的违约行为包括：①因承包方原因不能按照协议书约定的竣工日期或者工程师同意顺延的工期竣工；②因承包方原因工程质量达不到协议书约定的质量标准；③其他承包方不履行合同义务或不按合同约定履行义务的情况。

承包方承担违约责任的方式有：

1）赔偿损失。承发包双方应当在专用条款内约定承包方赔偿发包方损失的计算方法。损失赔偿额应当相当于违约所造成的损失，包括合同履行后发包方可以获得的利益，但不得超过承包方在订立合同时预见或者应当预见到的因违约可能造成的损失。

2）支付违约金。双方可以在专用条款内约定承包方应当支付违约金的数额或计算方法。

3）采取补救措施。对于施工质量不符合要求的违约，发包方有权要求承包方采取返工、修理、更换等补救措施。

4）继续履行。如果发包方要求继续履行合同的，承包方应当在承担上述违约责任后继续履行施工合同。

第六节　建设工程物资采购合同

一、建设工程物资采购合同的概念、特征和种类

1. 建设工程物资采购合同的概念

建设工程物资采购合同是指具有平等主体的自然人、法人以及其他组织之间为实现建设工程物资买卖而设立、变更、终止相互权利义务的协议，建设工程物资采购合同一般分为材料采购合同和设备采购合同。

2. 建设工程物资采购合同的特征

建设工程物资采购合同是一种买卖合同，具有买卖合同的一般特点，是当事人在平等互利的基础上，经过充分协商达成一致的意思表示，体现了平等互利、协商一致的原则。其特征如下：

1）建设工程物资采购合同应依据工程承包合同订立。无论是业主提供建设物资，还是承包商提供建设物资，均须符合工程承包合同对物资的质量要求和工程进度需要的安排，也即建设物资采购合同的订立要以工程承包合同为依据。

2）建设工程物资采购合同以转移物资和支付货款为基本内容。依照建设工程物资采购合同，卖方收取相应的价款而将建设物资转移给买方，买方接受建设物资并支付价款，这是建设工程物资采购合同属于买卖合同的重要法律特征。

3）建设工程物资采购合同的标的品种繁多，供货条件复杂。建设物资的特点在于品种、质量、数量和价格差异大，根据不同的建设工程的需要，有的数量庞大，有的则技术条件要求严格。因此，在合同中必须对各种所需物资逐一明细，以确保工程施工的需要。

4）建设工程物资采购合同应实际履行。由于建设工程物资采购合同是基于工程承包合同的需要订立的，物资采购合同的履行直接影响工程承包合同履行。因此，建设工程物资采购合同成立后，卖方必须按合同规定实际交付标的，不允许卖方以支付违约金或损害赔偿金的方式代替合同履行，除非卖方延迟履行合同，使合同标的交付对于买方已无意义。

5）建设工程物资采购合同采用书面形式。鉴于建设工程物资采购合同一般数额较大，

有些物资需要分期分批供货，有些涉及维修服务。因此，建设工程物资采购合同应采用书面形式，以作为双方履行合同的依据。

3. 建设工程物资采购合同的种类

根据建设工程物资采购合同的法律特征，按照不同的分类标准，可将建设工程物资采购合同作如下分类：

1）材料采购合同和设备采购合同。根据建设物资的分类，建设工程物资采购合同的标的所属建设物资的种类不同，可将建设工程物资采购合同分为材料采购合同和设备采购合同两种。

材料采购合同是指以工程项目所需材料为标的，以材料买卖为目的，明确当事人相互权利义务关系的协议。设备采购合同是指以工程项目所需设备为标的，以设备买卖为目的，明确当事人相互权利义务关系的协议。

2）建设工程物资国内采购合同和建设工程物资国际采购合同。根据建设工程物资采购于国内卖方还是国外卖方的不同，可将建设工程物资采购合同分为国内采购合同和国际采购合同两种。区分建设工程物资的国内采购合同和国际采购合同的意义在于调整这两类合同关系所适用的法律不同。

建设工程物资国内采购合同是指买卖双方均为国内法人或其他经济组织，物资的转移不需作跨越国界的合同。建设工程物资国际采购合同是指买方为国内的法人或其他经济组织，卖方为外国的法人、其他经济组织或个人，物资的转移需作跨越国界的合同。

3）计划供应合同和市场采购合同。根据建设工程物资合同的订立是否以国家计划为前提，可将建设工程物资采购合同划分为计划供应合同和市场采购合同两类。

属于国家重点项目、建设所需物资纳入国家计划、当事人根据国家下达的计划签订物资供应合同的，即为计划供应合同。根据市场需要，当事人自由协商议定的合同，即为市场采购合同。

二、材料采购合同

1. 材料采购合同的概念

材料采购合同是指平等主体的自然人、法人、其他组织之间，以工程项目所需材料为标的、以材料买卖为目的，出卖人（简称卖方）转移材料的所有权于买受人（简称买方），买受人支付材料价款的合同。

2. 材料采购合同的订立方式

材料采购合同的订立方式为：

1）公开招标。即由招标单位通过新闻媒介公开发布招标广告。采用公开招标方式进行材料采购，适用于大宗材料采购合同。其招标程序如下：①招标单位主持编制招标文件，招标文件应包括招标通告、投标者须知、投标格式、合同格式、货物清单、质量标准及必要的附件；②刊登招标广告；③投标单位购买标书（在需要进行资格预审的招标中，标书只售给资格合格的厂商）；④投标报价；⑤开标、确定中标单位。招标单位应在预定的时间、地点当众开标，当场决定中标单位；⑥签订合同。

2）邀请招标。

3）询价、报价、签订合同。物资买方向若干建材厂商或建材经营公司发出询价函，要求他们在规定的期限内作出报价。在收到厂商的报价后，经过比较，选定报价合理的厂商并与其签订合同。

4）直接定购。由材料买方直接向材料生产厂商或材料经营公司报价，生产厂商或材料经营公司接受报价、签订合同。

3. 材料采购合同的主要条款

1）双方当事人的名称、地址、法定代表人的姓名。委托代订合同的，应有授权委托书并注明代理人的姓名、职务等。

2）合同标的。材料的名称、品种、型号、规定等应符合施工合同的规定。

3）技术标准和质量要求。质量条款应明确各类材料的技术要求、试验项目、试验方法、试验频率以及国家法律规定的国家强制性标准和行业强制性标准。

4）材料数量及计算方法。材料数量的确定由当事人协调，应以材料清单为依据，并规定交货数量的正负尾差、合理磅差和在途自然减（增）量及计量方法。计量单位采用国家规定的度量衡标准，计算方法按国家的有关规定执行，没有规定的，可由当事人协商执行。

5）材料的包装。材料的包装是为了保护材料在储运过程中免受损坏。包装质量可按国家和有关部门规定的标准签订，当事人有特殊要求的，可由双方商定标准，但应保证材料包装适合材料的运输方式，并根据材料特点采取防潮、防雨、防锈、防震、防腐蚀的保护措施和提供包装物及包装品回收等。

6）材料交付方式。材料交付可采取送货、自提和代运三种不同方式。由于工程用料数量大、体积大、用品繁杂、时间性较强，当事人应采取合理的交付方式，明确交货地点，以便及时、准确、安全、经济地履行合同。

7）材料的交货期限。

8）材料的价格。材料的价格应在订立合同时明确定价，可以是约定价格，也可以是政府定价或指导价。

9）违约责任。在合同中，当事人应对违反合同所负的经济责任作出明确规定。

10）特殊条款。如果双方当事人对一些特殊条件或要求达成一致意见，也可在合同中明确规定，成为合同的条款。当事人对以上条款达成一致意见形成书面协议后，经当事人签字盖章即产生法律效力。若当事人要求鉴证或公证的，则经鉴证机关或公证机关盖章后方可生效。

11）争议解决的方式。

4. 材料采购合同的履行

材料采购合同订立后，应依《合同法》的规定予以全面地、实际地履行。

1）按约定的标的履行。卖方交付的货物必须与合同规定的名称、品种、规格、型号相一致，除非买方同意，不允许其他货物代替合同，也不允许以支付违约金或赔偿金的方式代替履行合同。

2）按合同规定的期限、地点交付货物。交付货物的日期应在合同规定的交付期限内，交付的地点应在合同指定的地点。实际交付的日期早于或迟于合同规定的交付期限，即视为提前或逾期交货。提前交付，买方可拒绝接受；逾期交付的，应承担逾期交付的责任。如果逾期交货，买方不再需要，应在接到卖方交货通知后15天内通知卖方，逾期不答复的，视为同意延期交货。

3）按合同规定的数量和质量交付货物。对于交付货物的数量应当场检验，清点账目后，由双方当事人签字，对质量的检验，外在质量可当场检验，内在质量需做物理或化学试验的，试验的结果为验收的依据。卖方在交货时，应将产品合格证随同产品交买方据以验收。

4）按约定的价格及结算条款履行。买方在验收材料后，应按合同规定履行付款义务，否则承担法律责任。

5. 违约责任

1）卖方的违约责任。卖方不能交货的，应向买方支付违约金；卖方所交货物与合同规定不符的，应根据情况由卖方负责包换、包退、包赔由此造成的买方损失；卖方亦应承担不能按合同规定期限交货的责任。

2）买方违约责任。买方中途退货，应向卖方偿付违约金；逾期付款，应按中国人民银行关于延期付款的规定向卖方偿付逾期付款的违约金。

三、设备采购合同

1. 设备采购合同的概念

设备采购合同是指平等主体的自然人、法人、其他组织之间，以工程项目所需设备为标的，以设备买卖为目的，出卖人（简称卖方）转移设备的所有权于买受人（简称买方），买受人支付设备价款的协议。

2. 设备采购合同的内容与条款

（1）设备采购合同的内容　设备采购合同通常采用标准合同格式，其内容可分为：第一部分是约首，即合同开头部分，包括项目名称、合同号、签约日期、签约地点、双方当事人名称或者姓名和住所等条款；第二部分为正文，即合同的主要内容包括合同文件、合同范围和条件、货物及数量、合同金额、付款条件、交货时间和交货地点及合同生效等条款。其中合同文件包括合同条款、投标格式和投标人提交的投标报价表、要求一览表、技术规范、履约保证金、规格响应表、买方授权通知书等；货物及数量、交货时间和交货地点等均在要求一览表中明确；合同金额指合同的总价，分项价格则在投标报价中确定；合同生效条款规定本合同经双方授权部分为合同的约尾，即合同的结尾部分，包括双方名称、签字盖章及签字时间、地点等。

（2）设备采购合同条款　包括：

1）技术规范。提供和交付的货物和技术规范应与合同文件的规定相一致。

2）专利权。卖方应保证买方在使用该货物或其他任何一部分时不受第三方提出侵犯其专利权、商标权和工程设计权的起诉。

3）包装要求。卖方提供货物的包装应适应于运输、装卸、仓储的要求，确保货物安全无损运抵现场，并在每份包装箱内附一份详细的装箱单和质量合格证，在包装箱表面作醒目的标记。

4）装运条件及装运通知。卖方应在合同规定的交货期间以电报或电传形式将合同号、货物名称、数量、包装箱号、总毛重、总体积和备妥交货日期通知买方，同时应用挂号信将详细的交货清单以及对货物运输和仓储的特殊要求和注意事项通知买方。如果卖方交货超过合同的数量或重量，产生的一切法律后果由卖方负责。

5）保险。对出厂价合同，货物装运后由买方办理保险。目的地交货价合同，由卖方办理保险。

6）交付。卖方按合同规定履行义务后，买方可按卖方提供的单据和交付资料交付款项，并在发货时另行随货发运一套。

7）质量保证。卖方须保证货物是全新的、未使用过的，并完全符合合同规定的质量、规格和性能的要求，在货物最终验收后的质量保证期内，卖方应对由于设计、工艺或材料的缺陷而发生的任何不足或故障负责，费用由卖方负担。

8）检验。在发货前，卖方应对货物的质量、规格、性能、数量和重量等进行准确而全面的检验，并出具证书，但检验结果不能视为最终检验。

9）违约罚款。在履行合同过程中，如果卖方遇到不能按时交货或提供服务的情况应及时以书面形式通知买方，并说明不能交货的理由及延误时间。买方在收到通知后，经分析，可通过修改合同，酌情延长交货时间。如果卖方毫无理由地拖延交货，买方可没收履约保证金，加收罚款或终止合同。

10）不可抗力。发生不可抗力事件后，受事故影响一方应及时书面通知另一方，双方协调延长合同履行期限或解除合同。

11）履约保证金。卖方应在收到中标通知书30天内，通知银行向买方提供相当于合同总价10%的履约保证金，其有效期到货物保证期满为止。

12）争议的解决。执行合同中所发生的争议，双方应通过友好的协商解决。如协商不能解决时，当事人应选择仲裁解决或诉讼解决，具体解决方式应在合同中明确规定。

13）破产终止合同。卖方破产或无清偿能力时，买方可以书面形式通知卖方终止合同，并有权请求卖方赔偿有关损失。

14）其他。合同生效时间，合同正本份数，修改或补充合同的程序等。

3. 设备采购合同的履行

（1）交付货物　卖方应按合同规定，按时、按质、按量地履行供货义务，并做好现场服务工作，及时解决有关设备的技术质量、缺损件问题。

（2）验收　买方对卖方交货应及时进行验收，依据合同规定，对设备的质量及数量进行核实检验，如有异议，应及时与卖方协商解决。

（3）结算　买方对卖方的货物检验没有发现问题，应按合同的规定及时付款；如果发现问题，在卖方及时处理达到合同要求后，也应及时履行付款义务。

（4）违约责任　在合同履行过程中，任何一方都不应借故延迟履约或拒绝履行合同义务，否则应追究违约当事人的法律责任。

1）由于卖方交货不符合合同规定，如交付的设备不符合合同的标的，或交付设备未达到质量技术要求，或数量、交货日期等与合同规定不符时，卖方应承担违约责任。

2）由于卖方中途解除合同，买方可采取合同的补救措施，并要求卖方赔偿损失。

3）买方在验收货物后，不能按期付款的，应按中国人民银行有关延期付款的规定交付违约金。

4）买方中途退货，卖方可采取合理的补救措施，并要求买方赔偿损失。

第七节 国际工程合同概述

一、国际工程

1. 国际工程的概念

不属于同一个国家的业主与承包商建设的工程项目即为国际工程。国际工程是一种包括设备、技术、资金、劳务在内的，内容复杂的综合性国际经济技术合作形式。国际工程的业主与承包商是平等的主体，两者的权利义务关系靠国际工程合同来确定。

国际工程的产生和发展能够在国际上起到优化资源配置的作用。工程项目在国际上进行招标，使本国资源能够与他国资源互补，从而使资源配置优化，推动了国际经济的发展。

2. 国际工程的特点

1）国际性。国际工程是一种国际经济技术使用形式，其国际性体现在：①国际工程的建设需要所属国籍不同的多方进行合作；②国际工程的建设往往要受几个国家法律的调整（特别是当事人的"意思自治"使与工程无关的第三国法律也可能适用于该工程）；③国际工程的付款条件，绝大多数都规定支付两种或两种以上货币。

2）经济和法律关系的多元性。国际工程具有极强的综合性，在国际工程的建设过程中，需要涉及多种法律关系，如设计承包法律关系、施工承包法律关系、物资采购法律关系、保险法律关系等等。这些法律关系的主体相互之间又构成了多元的经济关系。

3）工程建设的长期性和连续性。国际工程往往具有较大的规模和较复杂的技术要求，其建设过程也往往较长。另外，国际工程的建设周期绝大多数都在一年以上，国际工程性质决定了工程建设必须是连续的和渐进的，而国际贸易是通过一次性确认完成的。国际工程的中断或临时中断都会给工程建设带来很大的损失。

4）风险性。国际工程的以上特点决定了国际工程具有极大的风险性。工程的国际性，使得与工程建设有关的任何一个国家的政策、法律的变化，汇率的浮动，政局的动荡都将给工程建设带来损害。工程建设的连续性和长期性使得工程建设遭受不可抗力的影响的可能性大大增加。经济和法律关系的多元性使任一关系所涉及的一方产生问题，都会给工程建设的正常进行带来极大的不利影响。所有这些，使得国际工程建设具有极大的风险性。

二、国际工程合同

1. 国际工程合同的概念

国际工程合同是指不属同一国家的业主与承包商为了建设工程项目设定权利义务关系所签订的协议。业主是国际工程的所有者，而承包商则是从事国际工程建设的公司，他们既可能是只从事勘察设计、咨询或施工的公司，也可以是能够承包工程建设全过程的大型工程公司。

在国际工程的建设过程中，各方的权利义务关系，业主对工程的质量、进度、投资的要求，承包商进行工程建设的依据，都是通过合同来确定的。因此，在国际工程建设中，合同的重要性是非常突出的。

2. 国际工程合同的分类

(1) 按合同主体分类　可分为总承包合同、分项工程承包合同、分包合同、转包合同等。

1）总承包合同。总承包合同是指业主与承包商签订的、由承包商完成某一工程项目全部工作的协议。采取这一承包形式，对承包商的要求相当高，它要求承包商具有多方面的人才，既能进行工程可行性研究和勘察设计，也能进行施工管理。

2）分项工程承包合同。当业主将工程项目分成若干个阶段（包括某个阶段的工程分为若干个部分），分别与若干承包商签订独立的承包合同时，即为分项工程承包合同。采用这一合同形式，每个合同的承包商只对自己承包的具体项目向业主负责，同业主发生联系，整个工程的协调工作由业主自己负责。

3）分包合同。分包合同是指总承包合同签订后，再由总承包商将自己承包的工程项目中的一部分分包给其他承包商（即分包商）而签订的合同。采用分包合同形式，分包商只对总承包商负责，与业主不存在直接的权利义务关系（指定的分包商除外）。

(2) 按合同计价方式分类　可分为单价合同、总价合同、成本加酬金合同等三大类。

1）单价合同（Unit Price Contract）。单价合同是指整个合同期间执行同一合同单价，而工程量则按实际完成的数量进行计算的合同。这类合同的量变但单价不能变。目前在国际工程中采用得最为普遍，特别是当准备发包的工程项目的内容和设计一时不能十分准确确定或工程量的计算可能出现较大误差时，这一合同形式更为适宜。

2）总价合同（Lump Sum Contract）。总价合同要求投标者按照招标文件的要求，对工程项目报一个总价。采用这一合同形式，要求在招标时能详细而全面地准备好设计图和说明书，以便投标者能准确地计算工程量。它主要适用于工程风险和工程规模都不太大的工程项目。

3）成本加酬金合同。成本加酬金合同要求按照已完成的工程项目的成本加上应支付给承包商的酬金进行结算。对于承包商为完成工程项目和合同所规定的任务实际支付的费用，如设备、材料、施工用料、工具、工资、保险及其费用等，由承包商向业主实报实销。由于这类合同的价款随成本的不同而变化，因而也叫开口价合同。

成本加酬金合同要求承包商承担的风险是很小的，因而是承包商乐于接受的合同形式。当然，由于风险小，承包商的利润也不太高。采用成本加酬金合同时，业主对工程总价无法控制，且承包商对降低工程成本缺乏动力，容易造成浪费，因而对业主不利。但对于工程内容、技术经济指标尚未完全确定而又急于上马的工程，或者风险很大的工程（包括工程是新型的，成本很难估计），可以采用这种合同形式。

(3) 按合同的内容分类　可分为：工程借款合同、工程勘察设计合同、工程施工合同、工程设备和材料采购合同、工程咨询合同、劳务供应合同、工程保险合同、机电工程安装合同等。

1）工程借款合同。工程借款合同是业主或承包商为了确保工程建设的顺利进行而作为借款人，从银行或其他机构、政府部门取得一定数额的金钱（货币），经过一段时间后归还相同数额金钱并支付利息的合同。

2）工程保险合同。在工程建设过程中，由于存在着巨大的风险，业主和承包商应对自己承担的风险进行保险。否则，一旦发生大的风险，业主或承包商很难承担责任。在国际上，有的国家对工程保险有强制性的要求。无论是自愿还是强制，投保方与保险方的保险权利义务是由工程保险合同来明确的。因此，工程保险合同也是国际工程合同的一种。

3）工程咨询合同。工程咨询合同的含义是非常广的。既包括业主就工程建设的有关事务向工程咨询公司或咨询专家进行的咨询，也包括受业主委托进行的服务工作。

4）工程勘察设计合同。工程勘察设计合同是委托方与承包商为完成一定的勘察、设计工作，明确双方权利义务关系的协议。该合同的委托方一般是项目业主或建设工程承包单位。

5）工程施工合同。这类合同是国际工程建设中最主要的合同，有的合同实际是为这一类合同服务的，因为这类合同确定的合同金额往往占了国际工程总投资的大部分。狭义的国际工程承包合同往往指的就是这类合同。

6）工程设备和材料采购合同。工程设备和材料采购合同是业主或承包商为了工程建设的需要而与工程设备、材料的供应商签订的，明确双方权利义务关系的协议。这类合同是确保国际工程能够顺利完成的物资基础。

7）机电工程安装合同。此类合同属于技术密集型的制造业工程项目及安装合同。由于技术的发展、国际工程中需要安装的机电设备趋向复杂化、精密化、大型化。这类合同在国际工程合同中所占的比重在逐渐增大。

8）劳务供应合同。这类合同也可称为劳务合同或雇佣合同。这类合同是业主、承包商或分包商为建设工程项目，与劳务供应者就雇佣劳务人员参加工程建设活动所签订的协议。

复习题

1. 我国《担保法》规定的担保方式有哪些？
2. 试述合同的订立程序。
3. 建设工程合同的类型有哪些？各有什么特点？
4. 如何履行建设工程勘察、设计合同的义务？
5. 简述建设工程施工合同的主要内容。
6. 建设工程物资采购合同的特征有哪些？
7. 某建筑公司 A 与建设单位 B 签订了建筑工程施工包工包料合同，在施工过程中由于某设备需要从国外采购，A 无法满足该要求，经与 B 协商，由 B 负责采购该设备，B 从应预付工程款中扣除了 56000 元支付该设备的费用。该工程竣工后，双方在结算工程款时，B 又从应付 A 的工程款中扣除了购买该设备的 56000 元。A 经核算当即提出其扣除购买设备款属再次扣除，是计算失误，要求 B 立即给付多扣的工程款 56000 元。但 B 拒不付款。A 遂起诉至法院，要求 B 给付欠款 56000 元及相应的银行利息。A 的要求可以得到法院的支持吗？为什么？

第六章

工程项目勘察设计管理

【主要内容及学习要求】

本章主要介绍工程项目勘察设计管理的相关内容，要求熟悉工程项目勘察设计的概念和勘察设计单位资质管理，掌握工程勘察、设计阶段的管理内容。

第一节　工程项目勘察设计管理概述

一、工程项目勘察设计的概念

1. 工程项目勘察的概念

工程项目勘察是指根据建设工程的要求，查明、分析、评价建设场地的地质地理环境特征和岩土工程条件，编制工程项目勘察文件的活动。工程项目勘察的内容主要包括：工程测量、水文地质勘察和工程地质勘察，是为查明拟建项目建设地点的地形地貌，地层地基的土性、岩性、地质构造、水文地质状况、各种自然地质现象和特殊地质条件而进行的以测量、测绘、测试、观察、地质调查、勘探、试验、分析、研究、鉴定和评价等为内容的各项工作。工程项目勘察的主要任务是按勘察阶段的要求，正确反映工程地质条件，提出岩土工程评价，为设计、施工提供依据。

2. 工程项目设计的概念

设计是一门涉及科技、经济和方针政策等各个方面综合性的应用技术科学。工程项目设计是指根据工程的要求，对工程项目所需的技术、经济、资源、环境等条件进行综合分析、论证，编制工程项目设计文件的活动。工程项目设计是对拟建工程在技术和经济上进行全面的安排，是工程建设计划的具体化，是组织施工的依据。它根据工程项目的总体需求和地质勘察报告，对工程的外形和内在的实体进行筹划、研究、构思、设计和描绘，形成设计说明书和设计施工图等相关文件，使得工程项目的质量目标和水平具体化。

工程设计需严格贯彻执行国家经济建设的方针、政策，符合国家现行的工程建设标准和设计规范，遵守设计工作程序，以提高经济效益、社会效益、环境效益为核心，大力促进技术进步。设计要切合实际、安全可靠、技术先进、经济合理、美观适用，要节约用地、节约能源，有利生产、方便生活，要实行资源的综合利用，要重视环境保护工作，重视技术与经济的结合，积极采用新技术、新工艺、新材料、新设备以保证工程建设项目的先进性和可靠性。

二、勘察设计的依据与阶段划分

1. 勘察设计的依据

工程项目勘察设计管理决不单纯是对其报告及成果的质量进行管理，而是要从整个社会发展和环境建设的需要出发，对勘察、设计的整个过程进行全方位管理，包括它的工作程序、工作进度、费用及成果文件所包涵的功能和使用价值，其中也涉及法律、法规、合同等必须遵守的规定。工程项目勘察设计的主要依据是：

1）有关工程建设及质量管理方面的法律、法规，城市规划，国家规定的工程项目勘察、设计深度要求。铁路、交通、水利等专业建设工程，还应依据专业规划的要求。

2）有关工程建设的技术标准，如勘察和设计的工程建设强制性标准规范及规程、设计参数、定额、指标等。

3）项目批准文件，如项目可行性研究报告、项目评估报告及选址报告等。

4）体现建设单位建设意图的勘察、设计规划大纲、纲要和合同文件。

5）反映项目建设过程中和建成后所需要的有关技术、资源、经济、社会协作等方面的协议、数据和资料。

6）其他。如环境保护部门的要求，工程项目所在地区周围的机场、港口、码头、文物以及其他军事设施对工程项目的要求、限制或影响等方面的文件。

2. 勘察设计的阶段划分

（1）工程地质勘察阶段的划分　工程地质勘察应结合工程项目的特点，与设计阶段划分相适应。一般情况下分为三个阶段，即：选址勘察、初步勘察和详细勘察。另外，对工程地质条件复杂或有特殊要求的重大建筑工程地基，应进行施工勘察。

选址勘察（又称可行性研究勘察）主要是对拟选厂址在地质上的稳定性和适宜性做出岩土工程评价，进行技术经济论证和方案比较，推荐一个经济、合理和稳定的场址。其目的是要通过搜集、分析已有资料，进行现场踏勘，必要时，进行工程地质测绘和少量勘探工作。

初步勘察是指在可行性研究勘察的基础上，对场地内建筑地段的稳定性做出岩土工程评价，并为确定建筑总平面布置，主要建筑物地基基础方案及对不良地质现象的防治工作方案进行论证，满足初步设计或扩大初步设计的要求。初步勘察阶段要提出初步勘察报告，初步勘察报告是初步设计或扩大初步设计和编制工程概算的依据文件。

详细勘察是对具体建筑物、构筑物地基基础处理与加固、不良地质现象的防治工程进行岩土工程计算与评价，满足施工图设计的要求，是具体工程地质问题的勘察。

施工勘察不是一个固定勘察阶段，而是根据一定需要所进行的勘察工作，其目的是配合设计、施工单位解决与施工有关的工程地质问题，它不仅是在施工阶段对与施工有关的工程地质问题进行勘察，提出相应的工程地质资料以制定施工方案，而且对工程竣工后一些必要的勘察监测工作也属于施工勘察的内容。

（2）工程设计阶段的划分　项目决策后，工程设计依据工作进程和深度不同，一般分为初步设计和施工图设计两个阶段。大型和重要的民用建筑工程，在初步设计前，还需进行设计方案优选。对技术复杂而又缺乏设计经验的工程项目，根据主管部门的要求，可按初步设计、技术设计和施工图设计三个阶段进行。技术简单的小型工程项目，可以方案设计代替初步设计，方案设计确定后，即可做施工图设计。对一些牵涉面广的大型矿区、水利水电枢纽、油田、林区、垦区和联合企业等工程项目，应做总体设计。

两阶段设计和三阶段设计，是我国工程设计行业长期形成的基本工作模式。其目的在于通过不同阶段设计深度的控制来保证设计质量。

总体设计是对一个大型联合企业、矿区、林区或一个小区内若干建设项目中的每一个单项工程的设计而言的，是与这些单项设计相对应而存在的，它本身并不代表一个单独的设计阶段。

初步设计是指编制拟建工程的方案图、说明书和总概算，实质上是一项带有规划性质的“轮廓”设计。它要解决拟建项目的技术可靠性和经济合理性问题，它是根据批准的可行性研究报告或设计任务书和可靠的设计基础资料进行编制的。

技术设计是根据批准的初步设计文件进行编制的，是对一些技术复杂或有特殊要求的项目，为进一步解决某些具体技术问题或确定某些技术方案而进行的设计，是协调编制拟建项目的各有关工种施工图、说明书和修正总概算的依据，是初步设计的深化，使工程项目的设计工作更具体、更完善，对初步设计所采用的工艺流程和建筑结构中的重大问题做出进一步的确定，或校正设备选型与数量。

施工图设计是根据批准的初步设计文件（或技术设计文件）和主要设备订货情况绘制建筑安装工程和非标准设备需要的施工图，完整地表现建（构）筑物外型、内部空间的分割、结构体系、构造状况以及建筑群的组成和周围环境的配合。具有详细的构造与尺寸，它还包括各种运输、通信、管道系统、建筑设备的设计。在工艺方面，应具体确定各种设备的型号、规格及各种非标准设备的施工图。在施工图设计阶段应编制施工图预算，经审定后，作为预算包干、工程结算的依据。

三、勘察设计文件的内容和深度要求

（一）工程勘察文件的内容与深度要求

工程项目勘察应按照有关工程项目质量的法律、法规、工程建设强制性标准和勘察合同进行勘察工作，勘察文件应当符合国家规定的勘察内容和深度要求，必须真实、准确。建设部对建筑工程初步勘察和详细勘察阶段勘察文件的内容和深度要求都有具体规定，其他工程可参照执行。下面仅以建筑工程详细勘察阶段为例阐述勘察文件的内容和深度要求。

详细勘察报告应满足施工图设计和施工方法设计的要求，主要是补充和修正初步勘察报告。详细勘察报告一般由文字部分和图表部分构成。

（1）文字部分　文字部分一般应包括以下内容：

1）拟建工程概况。

2）勘察目的、任务要求和依据的技术标准。

3）勘察方法和勘察工作布置及其完成情况。

4）场地地形、地貌、地质构造。

5）场地各层岩土的类型、分布、工程特征，岩石的产状、结构和风化情况。

6）埋藏的河道、浜沟、墓穴、防空洞、孤石等对工程不利的埋藏物。

7）场地地下水埋藏情况、类型、水位及其变化，判定水和土对建筑材料的腐蚀性。

8）岩土参数的统计、分析和选用。

9）分析和评价场地和地基的稳定性。

10）分析和评价采用天然地基的可行性，建议天然地基持力层，并提出承载力等参数。

11）选用桩基础时，应提出适宜的桩型及桩端持力层建议，提供桩基设计所需要的岩土参数，必要时估算单桩承载力。

12）需进行地基变形计算时，应提供变形计算参数，必要时预测建筑物的变形特征。

13）需进行地基处理时，应提出地基处理方案建议，并提供相应的岩土参数。

14）存在特殊土的场地，应满足相关专门规范的要求，提供相关参数，分析、论证及评价工程建设适宜性，提出治理措施的建议。

15）存在可能影响工程稳定的不良地质作用的场地，应对其进行描述、分析，评价其对工程的危害及工程建设的适宜性，提出防治建议。

16）当场地抗震设防烈度等于或大于6度时，应对场地和地基的地震效应进行评价。

17）边坡工程应提供边坡稳定计算参数，评价边坡稳定性，提出潜在的不稳定边坡整治措施的建议。

18）基坑工程应提供边坡稳定分析及支护设计、施工所需岩土参数，提出支护措施、环境保护和监测工作的建议。

19）有季节性冻土的地区，应提供场地土的标准冻结深度。

20）必要时，预测地基土和地下水在建筑施工和使用期间可能产生的变化及其对工程和环境的影响，提出防治方案的建议。

21）规范或任务要求的其他内容。

（2）图表部分　应附下列图表：建筑物与勘探点平面位置图；工程地质剖面图；原位测试成果图表；室内试验成果图表。

详细勘察报告可根据需要另附一些图表，如区域地质图、地下水等水位线图、综合柱状图等其他图表。也可根据需要附一些附件，如区域稳定性调查与评价专题报告、专门性试验或专题研究报告、重要函电等。

上述详细勘察报告文字和图表中的内容还有其详细内容和深度要求介绍，如勘察报告在叙述拟建工程概况时，应写明工程名称、委托单位、勘察阶段、位置、层数（地上和地下）或高度，拟采用的结构类型、基础形式和埋置深度；当设计条件已经明确时，应写明地坪高程、荷载条件、拟采用的地基和基础方案及沉降缝设置情况、大面积地面荷载、沉降及差异沉降的限制，振动荷载及振幅的限制等。在拟建工程位置图或位置示意图要求：①拟建工程位置应以醒目的图例表示；②城市中的拟建工程应标出邻近街道和特征性的地物名称；③不在城市中的拟建工程应标出邻近村镇、山岭、水系及其他重要地物的名称；④规模较大或较重要的拟建工程宜标出经纬度或大地坐标。其余可详见住建部最新颁发的有关建筑工程勘察文件编制深度规定中的有关条款，且给定的勘察文件编制深度是一个最低要求，必要时勘察单位可根据各地条件和任务需要适当增加勘查文件的深度。

（二）设计文件的内容与深度要求

设计文件的编制必须贯彻执行国家有关工程建设的政策和法令，应符合国家现行的工程建设标准、设计规范和制图标准，并遵守设计工作程序。各阶段设计文件要完整，内容、深度要符合规定，文字说明、设计施工图要准确清晰，整个文件要经过严格审核，避免“错、漏、碰、缺”。

1. 总体设计文件的内容和深度要求

总体设计应根据已批准的设计任务书、厂址选择报告在单项工程设计前编制。

(1) 总体设计的内容　一般应包括文字说明、必要的设计图和工程投资估算等。

1) 文字说明。包括的内容有：①设计依据说明；②工艺设计说明；③总图设计说明；④建筑设计构思造型及立面处理，建筑消防安全措施，建筑物技术经济指标及建筑设计特点等说明；⑤电力、热力、给水排水、动力资源需求，“三废”治理和环境保护方案；⑥结构设计的依据条件、风荷载、地震基本烈度，工程地质报告、结构类型及体系的简要说明；⑦建设总进度及各项工程进度配合要求等；⑧基地布置和地方材料来源。

2) 总体设计图。包括的内容有：①总平面图：厂区红线位置、建筑物位置、道路、绿化、厂区出入口、停车场布置、总平面设计技术经济指标；②主要生产用房的建筑平面图、立面图、剖面图，其中应标注轴线尺寸、总尺寸、门窗、楼电梯、室内外标高、楼层标高等。

3) 工程投资估算。其内容包括编制说明和投资估算表等。

(2) 总体设计编制的深度要求　总体设计的深度应能满足以下要求：初步设计的展开；主要大型设备、材料的预安排；土地征用谈判的需要。

2. 初步设计文件的内容与深度要求

初步设计是根据选定的总体设计方案进行更具体、更深入的设计，并可据此编制工程建设项目的总概算。

(1) 初步设计的内容　初步设计文件根据设计任务书进行编制，由设计说明书（包括设计总说明和各专业的设计说明书，若工程简单或规模较小，设计总说明和各专业的设计说明书可合并编写，有关内容亦可适当简化）、设计图、主要设备及材料表和工程概算书等四部分组成，其编排顺序为：封面，扉页，初步设计文件目录，设计说明书，设计图，主要设备及材料表，工程概算书。

(2) 初步设计的深度要求　初步设计文件的深度应满足审批的要求：应符合已审定的设计方案；能据以确定土地征用范围；能据以准备主要设备及材料；应提供工程设计概算，作为审批确定项目投资的依据；能据以进行施工图设计；能据以进行施工准备。

(3) 初步设计中其具体内容及要求介绍　现以初步设计文件中总平面为例说明国家《建筑工程设计文件编制深度规定》(2008年版) 中的具体内容及要求。总平面包括设计说明书和设计图两部分。其中设计说明书包括：

1) 设计依据及基础资料。

2) 场地概述。

3) 总平面布置。

4) 竖向设计。

5) 交通组织。

6) 主要技术经济指标表。

需要注意的是：①当工程项目（如城市居住区）有相应的规划设计规范时，技术经济指标的内容应按其执行；②计算容积率时，通常不包括 ±0.00 以下地下建筑面积。

初步设计图包括：

1) 区域位置图（根据需要绘制）。

2) 总平面图。

3）竖向布置图。

在上述具体内容规定中有更为详细的内容和编制深度要求。如场地概述中要求的主要内容有：①说明场地所在地的名称及在城市中的位置（简述周围自然与人文环境、道路、市政基础设施与公共服务设施配套和供应情况，以及四邻原有和规划的重要建筑物与构筑物）；②概述场地地形地貌（如山丘范围、高度，水域的位置、流向、水深，最高最低标高、总坡向、最大坡度和一般坡度等地貌特征）；③描述场地内原有建筑物、构筑物，以及保留（包括名木、古迹、地形、植被等）、拆除的情况；④摘述与总平面设计有关的自然因素，如地震、湿陷性或胀缩性土、地裂缝、岩溶、滑坡与其他地质灾害。

3. 技术设计文件的内容与深度要求

技术设计根据批准的初步设计进行，其具体内容视工程项目的具体情况、特点和要求确定，有关部门可自行制定其相应内容。技术设计阶段应在初步设计总概算的基础上编制出修正总概算。技术设计文件要上报主管部门审批，技术设计文件经批准后，是编制施工图设计文件的依据。技术设计应满足下列要求：

1）各项工艺方案逐项落实，主要关键生产工艺设备可以根据提供的规格、型号、数量订货。

2）对建筑安装和有关土建、公用工程提供必要的技术数据，从而可以编制施工组织总设计。

3）修正总概算，并提出符合建设总进度的分年度所需资金的数额，可作为投资包干的依据。

4）列举配套工程项目、内容、规模和要求配合建成的期限。

5）为使工程项目能顺利建成投产，做好各项组织准备和技术准备而提供必要的数据。

6）以能指导施工图设计为原则。

4. 施工图设计文件的内容和深度要求

施工图设计文件编制的目的是指导建筑安装工程的施工，设备、构配件、材料的采购和非标准设备的加工制造，并明确工程项目的合理使用年限。

（1）施工图设计的内容　施工图设计是在初步设计、技术设计或方案设计的基础上进行详细具体的设计，并编制施工图预算。施工图设计内容以图样为主，应包括：封面、图样目录、设计说明（或首页）、施工图、工程预算书等。其主要内容如下：

1）全项目性文件。设计总说明，总平面布置及说明，各专业全项目的说明及室外管线图、工程总概算。

2）各建筑物、构筑物的设计文件。建筑、结构、水暖、电气、弱电、卫生、热机等专业施工图及说明，以及公用设施、工艺设计和设备安装，非标准设备制造详图、单项工程预算等。

3）各专业的工程计算书、计算机辅助设计软件及资料等。各专业的工程计算书、计算机辅助设计软件及资料等应经校审、签字后，整理归档，一般不向建设单位提供。

（2）施工图设计的深度要求　施工图设计文件的深度要求应满足：能据以编制施工图预算；能据以安排材料、设备订货和非标准设备的制作；能据以进行施工和安装；能据以进行工程验收。

（3）施工图设计中其具体内容及要求介绍　现以施工图设计文件中结构以及其中的结

构设计说明为例，说明我国《建筑工程设计文件编制深度规定》（2008 年版）中一般应有的内容及要求。在施工图设计阶段，结构专业设计文件应包括图样目录、设计说明、设计图、计算书。其具体内容及要求为：

1）图样目录。应按图样序号排列，先列新绘制图样，后列选用的重复利用图和标准图。

2）结构设计总说明。每一单项工程应编写一份结构设计总说明，对多子项工程应编写统一的结构设计总说明，当工程以钢结构为主或包含较多的钢结构时，应编制钢结构设计总说明。当工程较简单时，亦可将总说明的内容分散写在相关部分的图纸中。

3）设计图。①基础平面图；②基础详图；③结构平面图；④钢筋混凝土构件详图；⑤混凝土结构节点构造详图；⑥钢结构设计施工图；⑦其他图样。如楼梯图、预埋件、特种结构和构筑物（如水池、烟囱、工作平台等）。

4）计算书。①采用手算的结构计算书，应给出构件平面布置简图和计算简图、荷载取值的计算或说明。结构计算书内容宜完整、清楚，计算步骤要条理分明，引用数据有可靠依据，采用计算图表及不常用的计算公式，应注明其来源出处、构件编号，计算结果应与图样一致。②当采用计算机软件计算时，应在计算书中注明所采用的计算软件名称、代号、版本及编制单位，计算程序必须经过有效审定（或鉴定），电算结果应经分析认可。总体输入信息、计算模型、几何简图、荷载简图和输出结果应整理成册。③采用结构标准图或重复利用图时，宜根据图集的说明，结合工程进行必要的核算工作，且应作为结构计算书的内容。④所有计算书应校审，并由设计、校对、审核人（必要时包括审定人）在计算书封面上签字，作为文件归档。

四、设计成果技术经济指标介绍

工程设计技术经济指标是指工程设计方案或文件进行分析和评价时所采用的一系列技术的和经济的指标，通过对这些指标的计算和对比，用科学的定量数据，说明设计方案或文件技术的先进性和经济的合理性。由于设计对象不同，设计方案或文件的技术经济指标不完全相同。现分别介绍几种类型设计方案或文件的技术经济指标。

1. 工业建筑设计技术经济指标

（1）工厂总平面设计技术经济指标　主要有：厂区占地面积；建筑物和构筑物的占地面积；露天仓库、露天操作场地面积；堆场面积；道路及广场面积；标准（窄）轨铁路占地面积；建筑系数（建筑密度）；土地利用系数；工程量指标，如场地平整土方工程量、挡土墙长度等。

（2）单项工业建筑设计技术经济指标　主要有：建筑面积、使用面积、建筑体积等指标。同时还应考虑的指标有：生产面积、辅助面积和服务面积之比；单位产量占用建筑面积；单位设备占用生产面积；每个工人占用生产面积等。

2. 民用建筑设计技术经济指标

（1）公共建筑设计技术经济指标　公共建筑包括行政办公、文化教育、科学技术、医疗卫生、旅馆饭店、商业服务、公用事业等，常用的指标有：用地面积、建筑面积、使用面积、辅助面积、有效面积、平面系数、建筑体积、单位指标（m^2/床、m^2/座等）等。

（2）住宅建筑设计主要技术经济指标　住宅建筑除上述用地面积、建筑面积、使用面积、辅助面积、有效面积等指标外，其主要指标还有：居住面积、平面系数、建筑周长指标、面积定额指标（m^2/户、m^2/套）、户型比等。

3. 居住小区（或工矿生活区）规划设计技术经济指标

主要有：总用地面积、总建筑面积、总居住户数、总居住人口、住宅平均层数、建筑系数、容积率、建筑密度、绿化率、人口密度、工程量指标（如小区土方工程量、围墙长度、拆迁房间数）等。

第二节　工程勘察设计单位的资质管理

勘察设计单位是指依照国家规定经批准成立，持有国家规定部门颁发的工程勘察、设计资格证书，从事工程项目勘察设计活动的单位。国家对从事工程项目勘察、设计活动的单位，实行资质管理制度，对从事工程项目勘察、设计活动的专业技术人员，实行执业资格注册管理制度。工程项目勘察设计资质分为工程勘察资质和工程设计资质两大类。

一、工程勘察资质分类和分级

1. 资质等级的设立

工程勘察资质范围包括建设工程项目的岩土工程、水文地质勘察和工程测量等专业，其中岩土工程的内容包括：①岩土工程勘察；②岩土工程设计；③岩土工程测试、监测、检测；④岩土工程咨询、监理；⑤岩土工程治理。工程勘察资质分综合类、专业类和劳务类三类。综合类包括工程勘察所有专业，其只设甲级；专业类是指岩土工程、水文地质勘察、工程测量等专业中的某一项，其中岩土工程专业类可以是岩土工程的勘察、设计、测试监测检测、咨询监理中的一项或全部，专业类资质原则上设甲、乙两个级别，确有必要设置丙级勘察资质的地区经住建部批准后方可设置专业类丙级；劳务类是指岩土工程治理、工程钻探、凿井等，其资质不分级别。

2. 分级标准

工程勘察资质分级标准是核定工程勘察单位工程勘察资质等级的依据。

（1）综合类　其标准为：

1）资历和信誉。要求：①符合企业法人条件，具有10年及以上工程勘察资历；②实缴注册资本不少于1000万元人民币；③社会信誉良好，近3年未发生过一般及以上质量安全责任事故；④近5年内独立完成过的工程勘察项目应满足以下要求：岩土工程勘察、设计、物探测试检测监测甲级项目各不少于5项，水文地质勘察或工程测量甲级项目不少于5项，且质量合格。

2）技术条件。①专业配备齐全、合理。主要专业技术人员数量不少于“工程勘察行业主要专业技术人员配备表”规定的人数。②企业主要技术负责人或总工程师应当具有大学本科以上学历、10年以上工程勘察经历，作为项目负责人主持过的本专业工程勘察甲级项目不少于2项，具备注册土木工程师（岩土）执业资格或本专业高级专业技术职称。③在“工程勘察行业主要专业技术人员配备表”规定的人员中，注册人员应作为专业技术负责人主持过所申请工程勘察类型乙级以上项目不少于2项；主导专业非注册人员中，每个主导专业至少有1人作为专业技术负责人主持过相应类型的工程勘察甲级项目不少于2项，其他非注册人员应作为专业技术负责人主持过相应类型的工程勘察乙级以上项目不少于3项，其中甲级项目不少于1项。

3）技术装备及管理水平。①有完善的技术装备，满足“工程勘察主要技术装备配备表”规定的要求；②有满足工作需要的固定工作场所及室内试验场所，主要固定场所建筑面积不少于3000m^2；③有完善的技术、经营、设备物资、人事、财务和档案管理制度，通过ISO9001质量管理体系认证。

（2）专业类 其分级标准为：

1）甲级。要求：①资历和信誉：符合企业法人条件，具有5年及以上工程勘察资历；实缴注册资本不少于300万元人民币；社会信誉良好，近3年未发生过一般及以上质量安全责任事故。②技术条件：专业配备齐全、合理。主要专业技术人员数量不少于“工程勘察行业主要专业技术人员配备表”规定的人数；企业主要技术负责人或总工程师应当具有大学本科以上学历、10年以上工程勘察经历，作为项目负责人主持过本专业工程勘察甲级项目不少于2项，具备注册土木工程师（岩土）执业资格或本专业高级专业技术职称；在“工程勘察行业主要专业技术人员配备表”规定的人员中，注册人员应作为专业技术负责人主持过所申请工程勘察类型乙级以上项目不少于2项；主导专业非注册人员作为专业技术负责人主持过所申请工程勘察类型乙级以上项目不少于2项，其中，每个主导专业至少有1名专业技术人员作为专业技术负责人主持过所申请工程勘察类型甲级项目不少于2项。③技术装备及管理水平：有完善的技术装备，满足“工程勘察主要技术装备配备表”规定的要求；有满足工作需要的固定工作场所及室内试验场所；有完善的质量、安全管理体系和技术、经营、设备物资、人事、财务、档案等管理制度。

2）乙级和丙级。乙级分级标准要求也包括上述甲级中的三项内容，只是相应要求比甲级低。丙级分级标准也包括上述甲级中的三项内容，其相应要求比乙级低，两者在《工程勘察资质标准》中有详细规定。

（3）劳务类 其标准为：

1）工程钻探。要求：①资历和信誉：符合企业法人条件；社会信誉良好，实缴注册资本不少于50万元人民币。②技术条件：企业主要技术负责人具有5年以上从事工程管理工作经历，并具有初级以上专业技术职称或高级工以上职业资格；具有经考核或培训合格的钻工、描述员、测量员、安全员等技术工人，工种齐全且不少于12人。③技术装备及管理水平：有必要的技术装备，满足“工程勘察主要技术装备配备表”规定的要求；有满足工作需要的固定工作场所；质量、安全管理体系和技术、经营、设备物资、人事、财务、档案等管理制度健全。

2）凿井。要求：①资历和信誉：符合企业法人条件；社会信誉良好，实缴注册资本不少于50万元人民币。②技术条件：企业主要技术负责人具有5年以上从事工程管理工作经历，并具有初级以上专业技术职称或高级工以上职业资格；具有经考核或培训合格的钻工、电焊工、电工、安全员等技术工人，工种齐全且不少于13人。③技术装备及管理水平：有必要的技术装备，满足“工程勘察主要技术装备配备表”规定的要求；有满足工作需要的固定工作场所；质量、安全管理体系和技术、经营、设备物资、人事、财务、档案等管理制度健全。

3. 承担任务的范围

1）综合类甲级工程勘察单位承担各类建设工程项目的岩土工程、水文地质勘察、工程测量业务（海洋工程勘察除外），其规模不受限制（岩土工程勘察丙级项目除外）。

2）专业类甲级工程勘察单位可承担本专业资质范围内各类建设工程项目的工程勘察业务，其规模不受限制。

3）专业类乙级工程勘察单位可承担本专业资质范围内各类建设工程项目乙级及以下规模的工程勘察业务。

4）专业类丙级工程勘察单位可承担本专业资质范围内各类建设工程项目丙级规模的工程勘察业务。

5）劳务类工程勘察单位可承担相应的工程钻探、凿井等工程勘察劳务业务。

二、工程设计资质分类和分级

1. 资质等级的设立

工程设计资质分为工程设计综合资质、工程设计行业资质、工程设计专业资质和工程设计专项资质四类。

工程设计综合资质只设甲级。工程设计行业资质和工程设计专业资质设甲、乙两个级别；根据行业需要，建筑、市政公用、水利、电力（限送变电）、农林和公路行业设立工程设计丙级资质，建筑工程设计专业资质设丁级。建筑行业根据需要设立建筑工程设计事务所资质。工程设计专项资质根据需要设置等级。工程设计范围包括本行业建设工程项目的主体工程和配套工程（含厂/矿区内的自备电站、道路、专用铁路、通信、各种管网管线和配套的建筑物等全部配套工程）以及与主体工程、配套工程相关的工艺、土木、建筑、环境保护、水土保持、消防、安全、卫生、节能、防雷、抗震、照明工程等。

2. 建筑工程设计资质分级标准

建筑工程设计范围包括建设用地规划许可证范围内的建筑物构筑物设计、室外工程设计、民用建筑修建的地下工程设计及住宅小区、工厂厂前区、工厂生活区、小区规划设计及单体设计等，以及所包含的相关专业的设计内容（总平面布置、竖向设计、各类管网管线设计、景观设计、室内外环境设计及建筑装饰、道路、消防、智能、安保、通信、防雷、人防、供配电、照明、废水治理、空调设施、抗震加固等）。其资质分级标准也是按单位资历和信誉、技术条件、技术装备及管理水平等方面考核确定。

（1）甲级

1）资历和信誉。要求：①具有独立企业法人资格；②社会信誉良好，注册资本不少于600万元人民币；③企业完成过的工程设计项目应满足所申请行业主要专业技术人员配备表中对工程设计类型业绩考核的要求，且要求考核业绩的每个设计类型的大型项目工程设计不少于1项或中型项目工程设计不少于2项，并已建成投产。

2）技术条件。要求：①专业配备齐全、合理，主要专业技术人员数量不少于所申请行业资质标准中主要专业技术人员配备表规定的人数；②企业主要技术负责人或总工程师应当具有大学本科以上学历、10年以上设计经历，主持过所申请行业大型项目工程设计不少于2项，具备注册执业资格或高级专业技术职称；③在主要专业技术人员配备表规定的人员中，主导专业的非注册人员应当作为专业技术负责人主持过所申请行业中型以上项目不少于3

项，其中大型项目不少于1项。

3）技术装备及管理水平。要求：①有必要的技术装备及固定的工作场所；②企业管理组织结构、标准体系、质量体系、档案管理体系健全。

具有施工总承包特级资质的企业，可以取得相应行业的设计甲级资质。

（2）乙级和丙级　其资质分极标准要求与甲级雷同，只是乙级的标准要求比甲级低，比丙级高，详细内容可参阅住建部颁发的《工程设计资质标准》中的有关规定。

3. 承担任务的范围

1）取得工程设计综合资质的企业，可以承接各行业、各等级的建设工程设计业务。

2）取得工程设计行业资质的企业，可以承接相应行业相应等级的工程设计业务及本行业范围内同级别的相应专业、专项（设计施工一体化资质除外）工程设计业务。

3）取得工程设计专业资质的企业，可以承接本专业相应等级的专业工程设计业务及同级别的相应专项工程设计业务（设计施工一体化资质除外）。

4）取得工程设计专项资质的企业，可以承接本专项相应等级的专项工程设计业务。

三、工程勘察设计资质的管理

为加强工程项目勘察设计市场管理，规范工程项目勘察设计市场行为，保证工程项目勘察设计质量，国务院建设行政主管部门对全国的工程项目勘察、设计资质实施统一的监督管理。国务院交通、水利、信息产业、民航等有关部门配合国务院建设行政主管部门对相应的行业资质进行管理。

1. 资质申请和审批

工程项目勘察、设计资质的申请由建设行政主管部门定期受理，企业申请工程勘察甲级资质、建筑工程设计甲级资质及其他工程设计甲、乙级资质，应当向企业工商注册所在地的省、自治区、直辖市人民政府建设行政主管部门提出申请。其中，中央管理的企业直接向住建部提出申请，其所属企业由中央管理的企业向住建部提出申请，同时向企业工商注册所在地省、自治区、直辖市人民政府建设行政主管部门备案。企业申请工程勘察乙级资质、工程勘察劳务资质、建筑工程设计乙级资质和其他建设工程勘察、设计丙级以下资质（含丙级），向企业工商注册所在地县级以上地方人民政府建设行政主管部门提出申请。新设立的建设工程勘察、设计企业申请资质和勘察、设计企业申请晋升资质等级或者申请增加其他工程勘察、工程设计资质时，需向建设行政主管部门提供相应要求的资料。

申请工程勘察甲级、建筑工程设计甲级资质及其他工程设计甲、乙级资质的，应当经省、自治区、直辖市人民政府建设行政主管部门审核，由国务院建设行政主管部门审批。申请铁道、交通、水利、信息产业、民航等行业的工程设计甲、乙级资质，由国务院有关部门初审。申请工程勘察乙级资质、工程勘察劳务资质、建筑工程设计乙级资质和其他建设工程勘察、设计丙级以下资质（含丙级），由企业工商注册所在地省、自治区、直辖市人民政府建设行政主管部门审批，审批结果应报住建部备案。

申请工程勘察甲级资质、工程设计甲级资质，以及涉及铁路、交通、水利、信息产业、民航等方面的工程设计乙级资质的，省、自治区、直辖市人民政府建设主管部门应当自受理申请之日起20日内初审完毕，并将初审意见和申请材料报国务院建设主管部门。国务院建设主管部门应当自省、自治区、直辖市人民政府建设主管部门受理申请材料之日起60日内完成审查，公示审查意见，公示时间为10日。其中，涉及铁路、交通、水利、信息产业、民航等方面的工程设计资质，由国务院建设主管部门送国务院有关部门审核，国务院有关部门在20日内审核完毕，并将审核意见送国务院建设主管部门。工程勘察乙级及以下资质、劳务资质、工程设计乙级及以下资质的许可应当自省、自治区、直辖市人民政府建设主管部门作出决定之日起30日内，将准予资质许可的决定报国务院建设主管部门备案。

2. 资质监督与管理

县级以上地方人民政府建设行政主管部门负责对本行政区域内的建设工程勘察、设计资质实施监督管理。县级以上人民政府交通、水利、信息产业等有关部门配合建设行政主管部门对相应的行业资质进行监督管理。任何部门、任何地区不得采取法律、行政法规规定以外的其他资信、许可等建设工程勘察、设计市场准入限制。建设工程勘察、设计资质监督管理的主要内容是年检制度的实施。资质年检主要对是否符合资质标准，是否有质量、安全、市场交易等方面的违法违规行为进行检查。资质年检结论分为合格、基本合格和不合格。具体年检程序是：首先企业在规定时间内向建设行政主管部门提交资质年检申请，然后建设行政主管部门在收到企业资质年检申请后40日内对资质年检作出结论，或者向住建部提出年检意见。

工程项目勘察、设计企业的资质条件符合资质标准，且在过去一年内未发生对申请晋升资质等级、转为正式等级、申请增加其他工程勘察、工程设计资质不予批准行为之一的，资质年检结论为合格。资质年检不合格或者连续2年基本合格的，应当重新核定其资质，新核定的资质达不到最低资质等级标准的，应当取消其资质。连续2年资质年检合格，方可申请晋升资质等级。在资质年检通知规定的时间内没有参加资质年检的，其资质等级证书自行失效，且1年内不得重新申请资质。

工程项目勘察、设计企业变更企业名称、地址、注册资本、法定代表人等，应当在变更后的1个月内，到发证机关办理变更手续。工程项目勘察、设计企业在领取新的资质证书的同时，应当将原资质证书交回发证机关。若因其破产、倒闭、撤销、歇业的，应当将资质证书交回发证机关。遗失证书的，应当在公众媒体上声明作废。

第三节 工程勘察管理

一、工程勘察的工作要求和程序

1. 工作要求

工程勘察工作是一项技术性很强的工作，不仅要满足工程设计的需要，更要以科学求实的精神保证所提交工程勘察报告的准确性、及时性。各勘察阶段的工作要求是：

（1）选址勘察阶段　此阶段的工作要求是：①搜集和分析各比较方案区域的地形、地质、地震、建筑材料等的档案资料和当地建设经验；②进行现场工程地质调查，测绘工程地质平面图；③在认为有重要的地质因素影响方案评价时，可进一步布置勘探工作予以查明；④编制选址勘察的工程地质报告，对照工程地质平面图说明各分区的工程地质条件，比较各个方案在工程地质上的优缺点，推荐最优方案。

（2）初步勘察阶段　此阶段的工作要求是：①初步查明地层、构造、岩石和土的物理力学性质、地下水埋藏条件及冻结深度；②查明场地不良地质现象的成因、分布范围、对场地稳定性的影响及发展趋势；③对抗震设防烈度为7度及7度以上的建筑物，应判定场地和地基的地震效应。

(3) 详细勘察阶段　此阶段的工作要求是：①查明建（构）筑物范围内的地层结构、岩石和土的物理力学性质，并对地基的稳定性及承载力做出评价；②提供不良地质现象防治工程所需的计算指标及资料；③查明地下水的埋藏条件和侵蚀性，必要时，还应查明地层的渗透性，水位变化幅度及规律；④判定地基岩石、土和地下水在建（构）筑物施工和使用中可能产生的变化及影响，并提出防治办法及建议。

工程地质条件复杂或有特殊施工要求的重要工程，应进行施工勘察，施工勘察的主要内容及工作要求是：①施工验槽；②深基础施工勘察和桩应力试验；③地基加固处理勘察和加固效果检验；④施工完成后的沉陷监测工作；⑤其他有关环境工程地质的监测工作。

2. 工作程序

勘察各阶段的工作，一般应按下列程序进行：

(1) 承接勘察任务　工程勘察应依法实行招标投标制度获得工程勘察任务，直接发包承接的勘察任务，应符合相应直接发包条件并经有关主管部门批准。

(2) 搜集资料　搜集已有资料如场地地形、地貌、地质构造、埋藏物、地下水等资料和拟建工程基本情况。

(3) 现场踏勘　到现场踏勘，掌握实际勘察条件等真实情况。

(4) 编制勘察纲要　按照有关勘察文件编制深度等要求，编写符合要求的勘察纲要。

(5) 勘察前准备　包括人员组织准备，设备仪器等的准备。

(6) 现场调查、测绘、勘探、测试、室内试验、分析资料。

(7) 编制图件和报告等。

对于大型工程或地质条件复杂的工程，工程勘察单位要做好施工阶段的勘察配合、地质编录和勘察资料验收等工作。如发现有影响工程设计的地形、地质问题，应进行补充勘察和过程监测，并要做好回访总结工作。

勘察各阶段工作的程序，如图6-1所示。

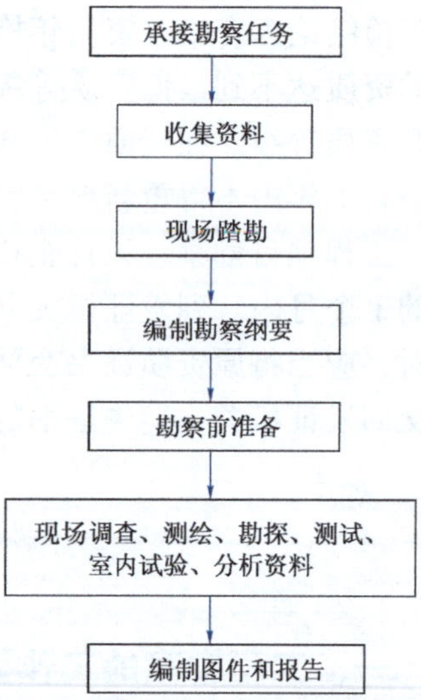

图6-1　各勘察阶段工作程序框图

二、工程勘察的全过程管理

从工程项目勘察的概念、工作要求及程序可以看出，工程项目勘察管理工作决不单纯是对其报告成果的质量进行有效管理，而是要从整个社会发展和环境建设的需要出发，对勘察的整个过程进行全过程管理，包括对它的工作程序、工作进度、费用、信息及成果文件所包涵的功能和使用价值，其中也涉及法律、法规、合同等必须遵守的规定进行全方位、全过程管理。工程项目勘察管理的管理要点是：

1. 资质资格管理

按照国家有关规定，对从事工程项目勘察活动的单位实行资质管理制度，对从事工程项目勘察活动的专业技术人员实行执业资格注册管理制度。工程项目勘察单位应当按照其拥有的注册资本、专业技术人员、技术装备和勘察业绩等条件申请资质，经审查合格，取得工程项目勘察资质证书后，方可在资质等级许可的范围内承揽工程项目勘察业务。禁止工程项目勘察单位超越其资质等级许可的范围或者以其他工程项目勘察单位的名义承揽工程项目勘察业务。禁止工程项目勘察单位允许其他单位或者个人以本单位的名义承揽工程项目勘察业务。未经注册的工程项目勘察人员，不得以注册执业人员的名义从事工程项目勘察活动。工程项目勘察注册执业人员和其他专业技术人员只能受聘于一个工程项目勘察单位，未受聘于工程项目勘察单位的，不得从事工程项目的勘察活动。

2. 工程项目勘察发包与承包

按照《建设工程勘察设计管理条例》（国务院第293号令）的规定，工程项目勘察发包依法实行招标发包或者直接发包，并应当依照《中华人民共和国招标投标法》的规定。在国家《工程勘察资质标准》规定范围内的工程建设项目，建设单位均应委托具有相应资质等级的工程勘察单位承担勘察业务工作，委托可采用竞选委托、直接委托或招标三种方式，其中竞选委托可以采取公开竞选或邀请竞选的形式，招标亦可采用公开招标和邀请招标形式，但规定了强制招标或竞选的范围。建设单位原则上应将整个工程建设项目的勘察业务委托给一个勘察单位，也可以在保证整个工程建设项目完整性和统一性的前提下，根据勘察业务的专业特点和技术要求分别委托几个勘察单位。但必须选定其中一个勘察单位作为主体勘察单位，负责对整个工程建设项目勘察的总体协调，承接部分勘察业务的勘察单位直接对建设单位负责，并应当接受主体勘察单位的指导与协调。工程项目勘察评标，应当以投标人的业绩、信誉和勘察人员的能力、资格以及勘察方案的优劣为依据，进行综合评定。

勘察单位应当自行完成其承接的勘察业务，不得接受无证组织和个人的挂靠。分包勘察单位未经建设单位同意，不得将所承接的业务再次分包。工程项目勘察的发包方与承包方，应当执行国家规定的工程建设项目勘察程序，应当依法签订建设工程勘察合同，明确双方的权利和义务。建设单位或勘察单位有不按合同约定履行义务的，应依法承担其违约责任。签订勘察合同，应当采用书面形式，使用或参照使用国家制定的《建设工程勘察合同》文本。合同内容应符合国家有关工程建设合同的规定和要求。勘察费用应当依据国家的有关规定在合同中约定，合同双方不得违反国家有关最低收费标准的规定，任意压低勘察费用。

3. 勘察工作方案的编制

工程勘察单位在实施勘察工作之前，应结合各勘察阶段的工作内容和深度要求以及工程项目的特点，按照有关规范、规程的规定，编制勘察工作方案（即勘察纲要）。勘察工作方案要体现规划、设计意图，如实反映现场的地形和地质概况，满足任务书上深度和合同工期的要求，要求工程勘察等级明确、勘察方案合理、人员、机具配备满足需要，项目技术管理制度健全，各项工作质量责任明确，勘察工作方案应由项目负责人主持编写，由勘察单位技术负责人审批、签字并加盖公章。

4. 勘察现场作业管理

建设单位应当为勘察工作提供必要的现场工作条件，保证合理的勘察工期，提供真实、可靠的原始资料。在勘察工作期间，勘察单位的现场作业也是十分重要的，主要应做好以下几方面的管理内容：

1）现场作业人员如观测员、试验员、记录员、机长等人员应进行专业培训，重要岗位要实施持证上岗制度，并严格按“勘察工作方案”及有关“操作规程”的要求开展现场工作并留下印证记录。

2）原始资料取得的方法、手段及使用的仪器设备应当正确、合理，应当确保仪器、设备的完好，钻探、取样的机器设备，原位测试、室内试验及测量仪器等应当符合有关规范、规程的要求。勘察仪器、设备、实验室应有明确的管理程序，现场钻探、取样的机具应当通过计量认证。

3）工程勘察工作的原始记录应当在勘察过程中及时整理、核对，确保取样、记录的真实和准确，严禁离开现场追记或补记。原始记录表格应按要求认真填写清楚，并经有关作业人员检查签字。

4）项目负责人应始终在作业现场进行指导、督促检查，并对各项作业资料检查验收签字。

5. 勘察文件的编制与实施

（1）勘察文件的编制　编制工程项目勘察文件应当真实、准确，应当符合国家规定的勘察内容和深度要求，满足工程项目规划、选址、设计、岩土治理和施工的需要。勘察文件的编制和勘察结果的审核与评定是工程项目勘察管理最重要的工作。勘察文件的编制内容及深度要求已在本章第一节内容中阐述过，现重点阐述勘察成果的审核与评定工作。

1）应检查勘察成果是否符合以下条件：①工程勘察资料、图表、报告等文件要依据工程类别按有关规定执行各级审核、审批程序，并由负责人签字；②工程勘察成果应齐全、可靠，满足国家有关法律及技术标准和合同规定的要求；③工程勘察成果必须严格按照质量管理有关程序进行检查和验收，质量合格方能提供使用。对工程勘察成果的检查验收和质量评定应当执行国家、行业和地方的有关工程勘察成果检查验收评定的规定，如北京市应执行《工程勘察质量评定标准》。

2）由于工程勘察的最后结果是工程勘察报告，故对工程勘察报告必须详细审查，其报告中不仅要提出勘察场地的工程地质条件和存在的地质问题，更重要的是结合工程设计、施工条件，以及地基处理、开挖、支护、降水等工程的具体要求，进行技术论证和评价，提出岩土工程问题以及解决问题的决策性具体建议，并提出基础、边坡等工程的设计准则和岩土工程施工的指导性意见，为设计、施工提供依据，服务于工程项目建设的全过程。

3）针对不同的勘察阶段，应对工程勘察报告的内容和深度进行检查，看其是否满足勘察任务书和相应设计阶段的要求。如在选址勘察阶段，要得到建筑场地选址的可行性分析报告，对拟建场地的稳定性和适宜性做出评价；在初步勘察阶段，要注明地层、构造、岩土物理力学性质、地下水埋藏条件以及冻结深度，描绘出场地不良地质现象的成因、分布、对场地稳定性的影响及其发展趋势，对抗震设防烈度等于或大于7度的场地，应判定场地和地基的地震效应；在详细勘察阶段，要提供满足设计、施工所需的岩土技术参数，确定地基承载力，预测地基沉降及其均匀性，并且提出地基和基础设计方案建议。

（2）勘察文件的实施　工程项目勘察文件在实施中，建设单位、施工单位、监理单位不得修改工程项目勘察文件；确需修改的，应当由原建设工程勘察单位修改。经原建设工程勘察单位书面同意，建设单位也可以委托其他具有相应资质的建设工程勘察单位修改。修改单位对修改的勘察文件承担相应责任。施工单位、监理单位发现工程项目勘察文件不符合工程建设强制性标准、合同约定的质量要求的，应当报告建设单位，建设单位有权要求建设工程勘察单位对工程项目勘察文件进行补充、修改。若工程项目勘察文件内容需要做重大修改的，建设单位应当报原审批机关批准后，方可修改。工程项目勘察文件中规定采用的新技术、新材料，可能影响工程项目质量和安全，又没有国家技术标准的，应当由国家认可的检测机构进行试验、论证，出具检测报告，并经有关建设工程技术专家委员会审定后，方可使用。建设工程勘察单位应当在工程项目施工前，向施工单位和监理单位说明工程项目勘察意图，解释工程项目勘察文件。

6. 后期勘察服务管理

勘察文件交付后，勘察单位应根据工程建设的进展情况，做好施工阶段的勘察配合及验收工作，对施工过程中出现的地质问题要进行跟踪服务，做好监测、回访。特别是要及时参加验槽、基础工程验收和工程竣工验收等勘察工作，并解决与勘察工作有关的问题。工程勘察单位应当参与建设工程质量事故的分析，特别是与地基基础有关的工程事故处理工作，要提出相应的技术处理方案，保证整个工程项目建设的总目标得以实现。

7. 勘察技术档案管理

工程勘察单位应当加强技术档案的管理工作。工程项目施工完成后，必须将全部勘察资料，特别是质量审查、监督主要依据的原始资料，分类编目，装订成册，归档保存。

第四节 工程设计管理

工程设计管理的好坏直接影响到工程项目管理的成功与否。工程设计管理的内容包括工程设计的投资（限额设计）管理、进度管理、质量管理、合同管理、信息管理和组织协调等方面的管理内容。若从工程设计阶段划分的角度考虑，工程设计管理涉及从工程项目设计任务的承接、总体设计、初步设计、技术设计、施工图设计以及设计文件实施时相关的设计交底、施工图会审、设计变更、现场跟踪服务、技术档案管理等各个阶段或环节的管理。

一、工程设计的特点和工作程序

1. 工程设计的特点

工程设计的特点主要表现在以下几个方面：

（1）设计工作表现为创造性的脑力劳动　工程项目设计往往需要灵感，设计的创造性主要体现在因时、因地根据实际情况解决具体的技术问题。设计劳动投入量与设计产品的质量之间并没有必然的联系。尤其是随着计算机辅助设计（CAD）技术的不断发展，设计人员将主要从事设计工作中创造性劳动的部分。

（2）设计工作需要进行大量的协调和修改完善工作　工程项目的设计工作需要进行大量的、多方面的协调和修改完善工作，主要表现在：

1）工程项目的设计涉及到许多不同的专业领域。设计需要进行专业化分工和协作，同时又要求高度的综合性和系统性。为避免和减少设计上的矛盾，需要各专业设计之间进行反复沟通与协调。

2）工程项目的设计是由方案设计到施工图设计不断深化修改完善的过程。各阶段设计的内容和深度要求都有明确的规定。下一阶段设计要符合上一阶段设计的基本要求，而随着设计内容的进一步深入，可能会发现上一阶段设计中存在某些问题，从而需要进行不断修改。

3）工程项目的设计还需要与外部环境因素进行反复协调，尤其是与业主需求和政府有关部门审批工作的协调。

4）工程项目设计还要因地质条件、气象条件、规范修订等变化因素而不断修改完善。如基础土方开挖时或开挖后，因地质条件与原地质勘察文件不符或局部发生变化，此时需对设计进行修改和变更等。

（3）设计是决定工程项目价值和使用价值的主要因素 通过设计工作使工程项目的规模、标准、组成、结构、构造等各方面都确定下来，从而也就基本确定了工程项目的价值。另一方面，任何工程项目都有预定的基本功能，这些基本功能只有通过设计才能具体化、细化，这也体现了设计工作的魅力。

（4）设计是影响工程项目投资的关键环节 工程项目实施各个阶段影响投资的程度是不同的。经分析论证，影响项目投资最大的阶段是约占工程项目建设周期1/4的技术设计结束前的工作阶段。在初步设计阶段，影响项目投资的可能性为75%～95%；在技术设计阶段，影响项目投资的可能性为35%～75%；在施工图设计阶段，影响项目投资的可能性则为5%～35%。很显然，项目作出投资决策后，控制项目投资的关键就在于设计。

（5）工程设计质量是决定工程质量的关键环节 在设计阶段，通过设计工作将工程项目的总体质量目标进行具体落实，工程实体的质量要求、功能和使用价值质量要求等都已确定下来，工程内容和建设方案也都十分明确。从这个角度讲，工程项目实体质量的安全性、可靠性、经济性、可实施性在很大程度上取决于设计的质量，设计质量在相当程度上决定了整个工程项目的总体质量。

2. 工程设计的工作程序

设计单位的工作模式在实践中因工程规模、性质和特点的不同有较大的灵活性。现按设计准备和设计展开两大阶段给出工程设计的工作程序。图6-2为设计准备阶段工作程序框图，图6-3为设计展开阶段的工作程序框图。

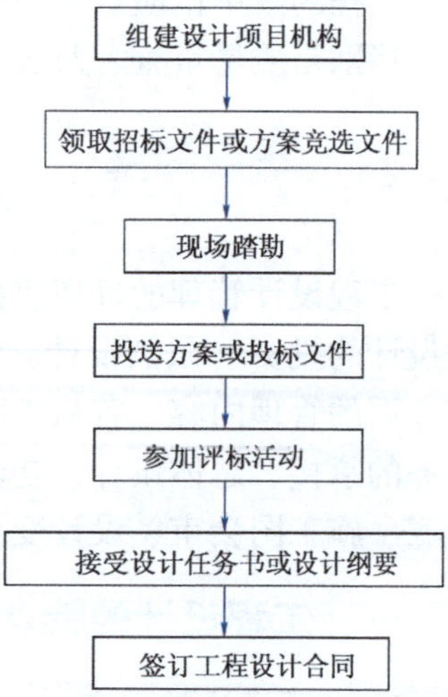

图6-2 设计准备阶段的工作程序框图

二、设计方案阶段的管理

工程设计方案阶段的管理内容主要包括工程设计发包与承包、总体设计管理、初步设计阶段的管理和技术设计阶段的管理，现就各部分管理内容作要点阐述。

1. 工程设计发包与承包管理

工程项目设计应当依照《中华人民共和国招标投标法》的规定实行招标发包或直接发包，工程设计的招标人应当在评标委员会推荐的候选方案中确定中标方案，但若推荐的候选方案不能最大限度的满足招标文件规定的要求时，应当依法重新招标。工程设计单位不得将所承揽的工程项目设计任务转包，承包方必须在工程项目设计资质证书规定的资质等级和业务范围内承揽设计业务。设计的发包方与承包方应当执行国家规定的设计程序，签订建设工程设计合同，执行国家有关建设工程设计费的管理规定。

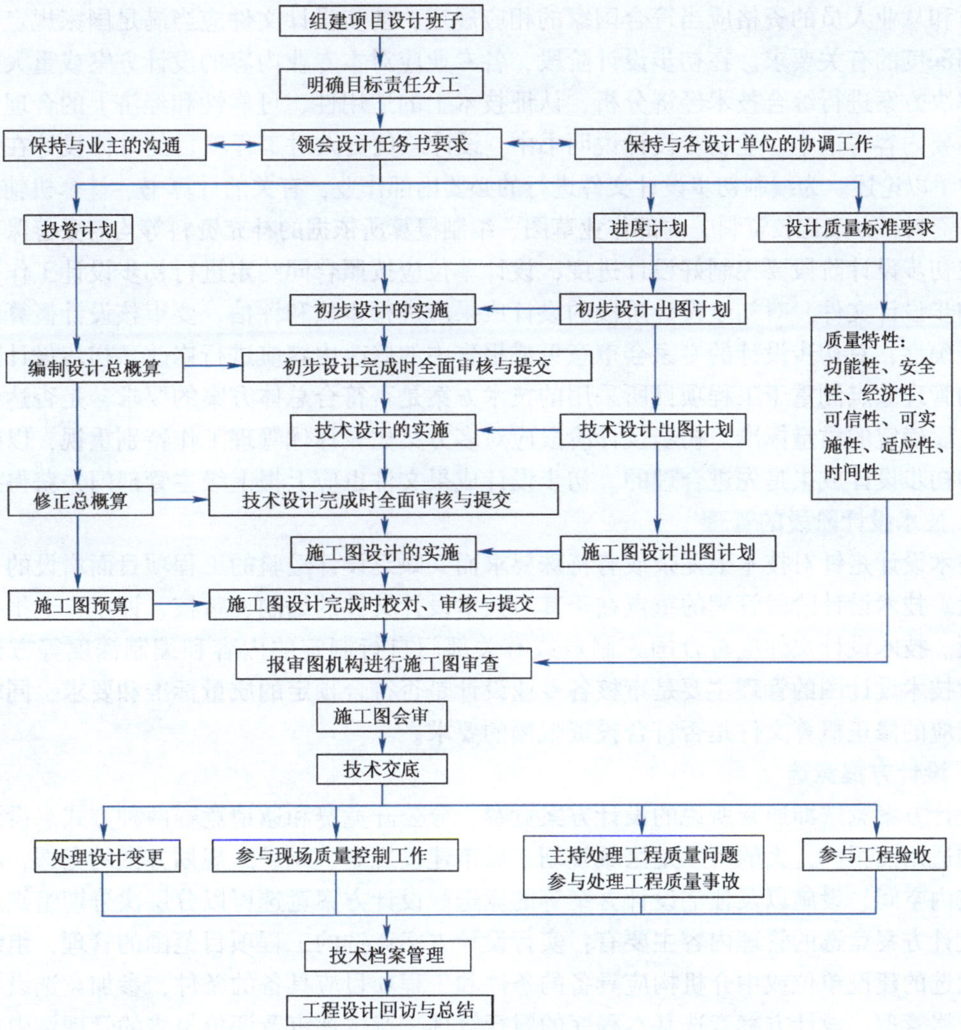

图 6-3 设计展开阶段的工作程序框图

2. 总体设计阶段的管理

总体设计是为解决总体开发方案和工程项目的总体部署等重大问题所进行的总体规划设计或总体设计。总体设计应满足国家规定的内容和深度要求，应当满足业主的期望和受益者的要求，并符合社会要求。总体设计文件应当进行多方案技术经济评价和相类似项目的比较，应侧重对生产工艺安排的先进合理，生产技术的先进与能否达到预计的生产规模，“三废”治理和环境保护方案是否满足当地政府的要求，各种能源的需求是否合理，工程估算、工程建设周期等是否符合有关要求等方面进行管理。总体设计文件经评审和修改后，应上报上级主管部门审查，取得上级主管部门的批准。

3. 初步设计阶段的管理

初步设计阶段的管理对整个设计阶段的管理是非常重要的，因为在此阶段对工程项目的投资、质量、进度等各方面都有重大影响作用。初步设计阶段管理首先是对设计单位资质的管理和从业人员的资格管理，重要的是对初步设计文件的管理。从事初步设计工作的设计单位资质和从业人员的资格应当符合国家的相应规定；初步设计文件应当满足国家规定的内容和编制深度的有关要求。在初步设计阶段，各专业应对本专业内容的设计方案或重大技术问题的解决方案进行综合技术经济分析，认证技术上的适用性、可靠性和经济上的合理性，并将其主要内容写进本专业初步设计说明书中，设计总负责人对工程项目的总体设计在设计总说明中予以论述。为编制初步设计文件进行的必要内部作业，有关的计算书、计算机辅助设计的计算资料、方案比较资料、内部作业草图、编制概算所依据的补充资料等均需妥善保存。

在初步设计阶段要控制好设计进度，设计单位应按照合同约定进行初步设计工作并按时提交初步设计文件。对初步设计阶段的设计成果应进行审核和评估，要审核设计概算的合理性和准确性，对初步设计的专家会审意见或报告中的修改内容应进行修改。初步设计阶段设计图的管理重点侧重于工程项目所采用的技术方案是否符合总体方案的要求，是否达到项目决策阶段确定的质量标准。初步设计阶段应对多方案比较择优管理工作特别重视，以确保其最终的初步设计成果是先进合理的。初步设计成果文件也应上报上级主管部门，获得批准。

4. 技术设计阶段的管理

技术设计是针对技术上复杂或有特殊要求而又缺乏设计经验的工程项目而增设的一个设计阶段。技术设计阶段管理的重点在于其对技术设计文件的编制、审核、评审、上报批准等各方面。技术设计文件应符合国家制定或有关部门自行制定的内容和编制深度等方面的要求，对技术设计图的管理主要是审核各专业设计是否符合预定的质量标准和要求，同时还要审核相应的修正概算文件是否符合投资限额的要求。

5. 设计方案竞选

设计方案竞选即通常所说的设计方案竞赛，分公开竞赛和邀请竞赛两种方式。设计方案竞选的适用面很广，大的可以是区域规划、城市建设规划、风景区规划方案的竞选，小的可以是室内空间、设施以及住宅设计方案等的竞选。设计方案竞选可以分层次分期组织进行。

设计方案竞选的管理内容主要有：实行设计方案竞选的工程项目范围的管理，组织设计方案竞选的建设单位或中介机构应具备的条件和工程项目应具备的条件，参加竞选设计单位资质资格管理，设计方案竞选基本程序的履行管理，竞选评审及评价报告的管理，中选方案修改与整合方面内容的管理等。其中最主要的管理内容是对设计方案的技术经济评价。据统计，技术经济合理的设计，可以降低工程造价5%～10%，有时甚至可达到10%～20%。设计方案竞选就是通过对可行工程设计方案的经济分析，从若干设计方案中选出最佳方案的过程。由于设计方案的经济效果不仅取决于技术条件，而且还受不同地区自然条件和社会条件的影响，故取舍方案时，需综合考虑各方面因素，对方案进行全方位技术经济分析与比较，需结合当时当地的实际条件，选择功能完善、技术先进、经济合理的设计方案。在设计方案技术经济评价中，需管理的具体内容是多方面的，因此要重点加强。

三、施工图设计阶段的管理

施工图是指导施工的直接依据，也是设计阶段质量管理的一个重点，因此在工程设计管理中施工图设计阶段的管理是极其必要的。

1. 施工图设计的管理

施工图设计管理涉及设计班子的组成与配合，设计内容及深度要求的满足，使用功能及质量要求的满足，设计进度管理、设计合同管理，设计标准化的推广，设计规范以及工程建设强制性标准的遵守，设计人员之间的协调配合、校对，以及施工图的审核、施工图的出图、签字、盖章，施工图预算的编制等方面的管理内容。其中施工图设计质量的管理尤为重要。完成的施工图设计文件应具备相应的质量特性，如功能性、安全性、经济性、可信性、可实施性、适应性和时间性。设计单位要严格履行委托工程设计合同约定的日期，保质、保量、准时交付施工图及概（预）算文件。

2. 施工图设计文件的审查管理

为加强工程项目设计质量监督与管理，施工图设计文件必须进行审查，施工图审查是指国务院建设行政主管部门和省、自治区、直辖市人民政府建设行政主管部门，依照《建筑工程施工图设计文件审查暂行办法》（建设［2000］41号文件）认定的设计审查机构，根据国家的法律、法规、技术标准与规范，对施工图进行结构安全和强制性标准、规范执行情况等进行的独立审查。施工图审查是政府主管部门对工程项目设计质量监督管理的重要环节，是基本建设必不可少的程序，工程建设有关各方必须认真贯彻执行。

（1）施工图设计文件审查管理和审查范围　国务院建设行政主管部门负责全国的施工图审查管理工作。省、自治区、直辖市人民政府建设行政主管部门负责组织本行政区域内的施工图审查工作的具体实施和监督管理工作。建筑工程设计等级分级标准中的各类新建、改建、扩建的工程建设项目均属审查范围，城市市政基础设施工程的施工图以及铁道、交通、水利等专业工程的施工图也需由国务院有关专业部门管理审查工作。

（2）施工图审查的内容　其主要审查内容为：建筑物的稳定性、安全性审查，包括地基基础和主体结构体系是否安全、可靠；是否符合消防、节能、环保、抗震、卫生、人防等有关强制性标准、规范；施工图是否达到规定的深度要求；是否损害公众利益；建设行政主管部门或有关部门规定的其他审查内容。

（3）建设单位提供的材料　建设单位应当将施工图报送建设行政主管部门，由建设行政主管部门委托有关审查机构进行施工图设计文件的审查，审查时还应同时提供下列材料：批准的立项文件或初步设计批准文件；主要的初步设计文件；工程勘察成果报告；结构计算书及计算软件名称。

（4）施工图设计文件的审查　凡需要进行消防、环保、抗震等专项审查的项目，应当逐步做到有关专业审查与结构安全性审查统一报送、统一受理，通过有关专项审查后，由建设行政主管部门统一颁发设计审查批准书。对审查不合格的项目，提出书面意见后，由审查机构将施工图退回建设单位，并由原设计单位修改，重新送审。凡应当审查而未经审查或审查不合格的施工图项目，建设行政主管部门不得发放施工许可证，施工图也不得交付施工。

施工图一经审查批准，不得擅自进行修改，如遇特殊情况需要进行涉及审查主要内容的修改时，必须重新报请原审批部门，由原审批部门委托审查机构审查后再批准实施。工程项目施工竣工验收时，有关部门应当按照审查批准的施工图进行验收。

（5）设计审查机构与审查人员的管理　设计审查机构必须符合相应条件方可申请承担设计审查工作，设计审查人员也必须具备相应条件，经省级建设行政主管部门组织考核认定后，方可从事审查工作。施工图审查机构和审查人员应当依据法律、法规和国家与地方的技术标准认真履行审查职责。施工图审查机构应当对审查的施工图质量负相应的审查责任，但不代替设计单位承担设计质量责任。施工图审查机构不得对本单位或与本单位有直接经济利益关系的设计单位完成的施工图进行审查。审查人员要在审查过的施工图上签字。

四、设计文件使用阶段的管理

设计文件使用阶段的管理内容主要有设计交底、施工图会审、设计变更、现场设计服务和设计技术档案管理等内容。

1. 设计交底与施工图会审

设计交底是指在施工图完成并经审查合格后，设计单位在设计文件交付施工时，按法律规定的义务就施工图设计文件向施工单位和监理单位做出详细的说明。其目的是对施工单位和监理单位正确贯彻设计意图，使其加深对设计文件特点、难点、疑点的理解，掌握关键工程部位的质量要求，确保工程质量。

施工图会审是指承担施工阶段监理的监理单位组织施工单位以及建设单位，材料、设备供货等相关单位，在收到审查合格的施工图设计文件后，在设计交底前进行的全面细致地熟悉和审查施工图的活动。其目的：一是使施工单位和各参建单位熟悉设计图，了解工程特点和设计意图，找出需要解决的技术难题，并制定解决方案；二是为了解决图中存在的问题，减少差错，将图中的质量隐患消灭在萌芽之中。

设计交底与施工图会审不仅是工程项目建设中的惯例，而且是法律、法规规定的相关各方的义务，因此它也是设计管理工作中的一部分组成内容。在管理中要组织好设计交底与施工图会审工作，并且应在施工开始前完成，设计交底应该由设计单位整理会议纪要，施工图会审应由施工单位整理会议纪要，要求与会各方会签。设计交底与施工图会审中涉及设计变更的，应按设计变更的程序办理，设计交底会议纪要、施工图会审会议纪要一经各方签认，即成为施工和监理以及竣工验收的依据。

2. 设计变更管理

在施工图设计文件交于建设单位投入使用前或使用后，均会出现由于建设单位要求，或现场施工条件的变化，或国家政策法规的改变等原因而引起设计变更。设计变更可能由设计单位自行提出，也可能由建设单位提出，还可能由承包单位提出，不论谁提出都必须征得建设单位同意并且办理书面变更手续。凡涉及施工图审查内容的设计变更，还必须报请原审查机构审查后再批准实施。设计变更管理也是工程设计管理中不可缺少的组成部分。

为了确保工程项目的质量，设计变更应进行严格管理和控制。施工中承包单位未得到监理工程师的同意，不允许对工程设计随意变更，如果承包单位擅自变更设计，发生的费用和由此而导致的建设单位的直接损失，应由承包单位承担，延误的工期不予顺延。在设计变更管理中还应注意以下几点：

1）应随时掌握国家政策法规的变化，特别是有关设计、施工的规范、规程的变化，有关材料或产品的淘汰或禁用，并将信息尽快通知监理工程师和建设单位，避免产生设计变更的潜在因素。

2）加强设计阶段的质量控制。特别是施工图设计文件的审查，对各专业图的交叉要严格控制会签工作，力争将矛盾和差错解决在出图之前。

3）对建设单位和承包单位提出的设计变更要求要进行统筹考虑，确定其必要性。同时将设计变更对建设工期和费用的影响分析清楚，并通报给建设单位，非改不可的要调整施工计划，以尽可能减少对工程的不利影响。

4）要严格控制设计变更的签批手续，以明确责任，减少索赔。

3. 现场设计服务管理

现场设计服务管理的主要内容是参与现场质量控制工作，主持处理工程质量问题，参与处理工程质量事故和参与工程验收等工作，这对保证工程建设项目质量，促进施工单位严格按图施工具有重要作用。

在参与现场质量控制方面，要参与工程重点部位及主要设备安装的质量监督；在主持处理工程质量问题和参与处理工程质量事故方面，要进行危害性分析，提出处理的技术措施，或对处理措施组织技术鉴定等工作；在参与工程验收方面，要参与重要隐蔽工程、单位（单项）工程的中间验收工作，以确保施工单位严格照图施工，确保工程质量。

4. 设计技术档案管理

工程项目在服役过程中，不论改建、扩建、改变功能布置或经损坏后维修、修复，甚至拆除等均离不开设计技术文件，即竣工图，因此设计技术档案管理工作显得尤为重要。在设计技术档案管理时，应将设计全部资料，特别是原始计算资料、设计变更资料等，进行分类编目，归档永久保存。

五、标准设计的管理

工程标准设计是指在工程设计中，国家和行业对建设工程、建筑物、构筑物、工程设施、构配件与制品和装置等编制的在一定范围内通用的标准图、通用图和复用图，一般统称为标准图，它是为推广使用新产品、新技术、新工艺和新材料所编制的工程设计文件。标准设计的编制、采用、推广，构成了标准设计管理的主要内容。

1. 采用和推广标准设计的意义

标准设计是在经过大量调查研究，反复总结生产、建设实践经验和吸收科研成果的基础上制定出来的，因此在工程项目中积极采用和推广标准设计具有以下现实意义：

1）有利于提高设计效率，减少重复劳动，缩短设计周期，节约设计费用。据统计，采用标准设计一般可加快设计进度 1 ~2 倍。

2）可使工艺定型、易提高工人技术水平，易使生产均衡，提高劳动生产率和节约材料，有益于较大幅度降低工程项目建设投资。

3）可加快施工准备和定制预制构件等工作，并能使施工速度大大加快，既有利于保证工程质量，又能降低建筑安装工程费用。

4）按通用性条件编制，按规定程序审批，可供大量重复使用，做到既经济又优质，便于采用和推广行之有效的新技术、新成果。

5）贯彻执行国家的技术经济政策，密切结合自然条件和技术发展水平，合理利用资源和材料设备，考虑施工、生产、使用和维修的要求，便于工业化生产。

2. 标准设计的分类

标准设计的种类很多，有工厂全厂的标准设计（如火电厂、糖厂、纺织厂和造纸厂等），有车间或某个单项工程的标准设计，有公用辅助工程（如供水、供电等）的标准设计，有某些建筑物、构筑物（如冷水塔等）的标准设计等等。标准设计从管理权限和适用范围方面来讲，主要类型有：

1）国家标准设计。指在全国范围内需要统一的标准设计。

2）行业标准设计。指在全国各行业范围内需要统一的标准设计，应由主编单位提出并报主管部门审批颁发。

3）省、市、自治区标准设计。指在本地区范围内需要统一的标准设计，由主编单位提出并报省、市、自治区主管基建的综合部门审批颁发。

4）设计单位自行制定的标准设计。指在本单位范围内需要统一，在本单位内部使用的设计技术原则、设计技术规定，由设计单位批准执行并报上一级主管部门备案。

3. 标准设计管理要点

1）标准设计的编制。国家标准设计可以跨行业、跨地区在全国范围内使用，编制标准设计应考虑整体协调，行业和地方标准设计不宜与国家标准设计相重复和抵触，在执行建设工程有关标准的前提下，应提高其通用性。技术经济指标先进，综合效益显著，可以在全国范围内推广和使用的行业或省市标准设计，可推荐修编为国家标准设计。标准设计的编制应当实行合同制。编制标准设计一般按技术设计和施工图设计两个阶段完成。

2）标准设计的质量管理。为保证标准设计质量，应当建立健全论证与审查制度。国家级标准设计由主管部门组织专家委员会论证、审定；行业及地方标准设计由相应的技术委员会论证、审定。编制单位报审的标准设计文件，经相应的专业技术委员会审查通过后，按审批权限上报主管部门批准颁发。编制标准设计应当采用先进技术，认真编制并确保质量和水平。

3）标准设计的推广应用。重复建造的建筑类型及生产能力相同的企业、单独的房屋构筑物均应采用标准设计或通用设计。批准颁发的标准设计是具有技术指导性的设计文件，各类工程项目都应结合实际，积极采用。各级建设行政主管部门，应积极组织开展与标准设计相关的建筑构配件及其制品的推广工作。积极推动标准设计产品的商品化，建立和健全全国标准设计文件供应网络，保障市场供应。强调和采取积极措施推动标准设计的有偿使用。

复习题

1. 简述工程项目勘察设计的阶段划分及各阶段的概念。
2. 工程设计的资质是如何分类和分级的？
3. 简述工程勘察的全过程管理。
4. 简述施工图设计阶段的管理。
5. 简述施工图设计交底和施工图会审的目的和主要内容。

第七章 工程项目施工管理

【主要内容及学习要求】

本章主要介绍工程项目施工管理的内容，要求熟悉施工准备、项目经理责任制、施工组织设计、施工现场管理及施工现场安全管理等内容，并熟练掌握流水施工的基本组织方式。

第一节 工程项目施工管理概述

一、工程项目施工管理的概念、特点及程序

1. 工程项目施工管理的概念

工程项目施工管理就是施工企业运用系统的观点、理论和科学技术对施工项目进行的计划、组织、监督、控制、协调等全过程管理。

工程项目经批准新开工建设，项目便进入了建设施工阶段，这是项目决策的实施、使用、建成投产发挥投资效益的关键环节。工程项目施工是将设计转化为实体工程，在基本建设程序中，是惟一的生产活动。施工阶段所需的投资和资源最多，花费的时间最长，施工管理所面临的对象和内容均有很大特殊性，只有进行科学的施工管理，才能处理好这些特殊性，取得好的经济效益。同时，工程项目施工管理应处理好施工与其他建设程序阶段的各种关系，做到衔接适当、自成体系。

2. 工程项目施工管理的特点

工程项目施工管理有以下特点：

（1）工程项目施工管理的对象是施工项目　施工项目是建设项目或其中的单项工程或单位工程的施工任务，该任务的范围是由工程承包合同界定的。

（2）工程项目施工管理的主体是施工承包企业　虽然参与工程建设施工的单位有建设单位、勘察单位、设计单位、材料供应商、监理单位，且均与施工管理有关，但不能算作工程项目施工管理的主体。

（3）施工管理的内容是在一个长时间进行的有序过程之中按阶段变化的　每个工程项目从开始到结束，要经历较长的时间。随着施工过程时间的推移带来了施工内容的变化，因而要求施工管理内容也随着发生变化。从施工准备到验收交工各阶段管理的内容差异很大，管

理者必须进行有针对性的动态管理，并使资源优化组合，以提高施工效率和施工效益。

(4) 施工管理要求强化组织协调工作 由于施工活动涉及复杂的经济关系、技术关系、法律关系、行政关系和人际关系等，故施工管理中的组织协调工作最为艰难、复杂、多变，必须通过强化组织协调的办法才能保证施工顺利进行。

(5) 施工管理不同于其他管理 施工管理与建设项目管理、生产管理、企业管理在管理主体、管理任务、管理内容和管理范围方面都是不同的，它有其自身的特殊性，但具有"管理"的共同职能，即计划、组织、指挥、控制与协调。

3. 工程项目施工管理的程序

工程项目施工管理的程序是指在施工管理过程中工作开展的先后顺序。施工管理的对象，是施工项目生命周期各阶段的工作。施工项目生命周期可分为：投标、签约阶段，施工准备阶段，施工阶段，验收、交工与结算阶段，用后服务五个阶段。

施工管理的程序可概括为：投标决策→收集资料，掌握信息→编制施工项目管理规划大纲→编制投标书并进行投标→谈判与签订施工合同→选定施工项目经理→项目经理接受企业法定代表人的委托组建项目经理部→企业法定代表人与项目经理签订"项目管理目标责任书"→项目经理部编制"项目管理实施规划"→进行项目开工前的准备→编写开工申请报告→施工期间按"项目管理实施规划"进行管理→在项目竣工验收阶段进行竣工结算，清理各种债权、债务，移交资料和工程→进行经济分析→做出施工项目管理总结报告并送达企业管理层有关职能部门→企业管理层组织考核委员会对施工项目管理工作进行考核评价，并兑现"项目管理目标责任书"中的奖惩承诺→项目经理部解体→在保修期满前企业管理层根据"工程质量保修书"的约定进行项目回访保修。

二、工程项目施工管理的内容

工程项目施工管理是承包人履行施工合同的过程，也是承包人实现该项目预期目标的过程。施工管理的每一过程，都应体现计划、实施、检查、处理（PDCA）的持续改进过程。施工管理的内容应包括：编制"项目管理规划大纲"和"项目管理实施规划"，施工项目进度控制、质量控制、安全控制、成本控制，施工项目人力资源管理、材料管理、机械设备管理、技术管理、资金管理、合同管理、信息管理、施工现场管理，施工项目组织协调，施工项目竣工验收，施工项目考核评价和施工项目回访保修等内容。具体体现在：

1. 建立施工项目管理组织

施工项目管理组织是指为进行施工项目管理，实现组织职能而进行组织系统的设计与建立、组织运行和组织调整。施工项目管理组织机构与企业管理组织机构是局部与整体的关系。企业在实施施工项目管理中合理设置组织机构是一个至关重要的问题。施工项目管理组织机构建立的内容主要有：由企业采用适当的方式选聘称职的项目经理；根据施工项目组织原则，选择适当的组织形式，组建管理机构，明确责任、权限和义务；在遵守企业规章制度的前提下，根据施工管理的需要，制定切实可行的管理制度；建立畅通的信息流通系统。

2. 编制施工项目管理规划

规划是定出目标及安排如何完成这些目标的过程。施工管理必须很好利用规划的手段，编制科学、严密、有效的施工项目管理规划，通过实施该规划达到提高施工项目管理绩效的目的。施工项目管理规划的主要内容相当于传统的施工组织设计，应是施工组织设计的改革产物。

按照我国现行《建筑工程项目管理规范》(GB/T 50326—2006)的规定，项目管理规划应分为项目管理规划大纲和项目管理实施规划。当承包人以编制施工组织设计代替项目管理规划时，施工组织设计应满足项目管理规划的要求。项目管理规划大纲是由企业管理层为工程投标进行编制的。项目管理实施规划必须由项目经理组织项目经理部成员在工程开工之前编制完成。

3. 进行施工项目的目标控制

目标控制是施工项目管理的核心内容。施工项目的目标有阶段性目标和最终目标，实现各项目标是施工管理的目的所在，因此应当坚持以目标控制论理论为指导，进行全过程的科学控制。施工项目控制的直接目的是实现规划目标或计划目标，其最终目的是实现合同目标。因此可以说，施工项目目标控制是排除干扰，实现目标的手段，是施工管理的核心。施工项目管理内容中需要控制的目标主要有进度、质量、成本、安全、施工现场控制等。

4. 进行大量的组织协调工作

组织协调是指正确处理各种关系，其目的是为目标控制服务。组织协调的内容包括人际关系、组织机构关系、协作配合关系、供求关系及约束关系的协调。其内容应根据施工项目不同阶段中出现的主要矛盾作动态调整。

施工管理的协调范围是根据与施工管理组织间关系的松散与紧密状况决定的，大致有内部关系、近外层关系和远外层关系三种。其中内部关系是紧密的自身机体关系；近外层关系是指直接的和间接的合同关系，如施工项目经理部与业主、监理单位及设计单位等的关系；远外层关系是比较松散的关系，如项目经理部与政府部门、银行、服务行业部门、与现场环境相关单位的关系就是这一类。

处理协调这些关系没有定式，但施工组织协调的办法很多，包括利用合同协调、利用计划协调、利用标准协调、利用会议协调、利用制度协调等，协调中要灵活应变，防止单纯依靠相应授权作简单粗糙的指令和决策。当协调困难时，应按有关法规、公共关系准则、经济联系规章等处理。如与政府部门的关系是请示、报告、汇报、接受领导的关系，与现场环境单位的关系则是遵守有关规定，争取给予支持等。

5. 对施工项目的生产要素进行优化配置和动态管理

施工项目的生产要素是施工目标得以实现的保证，主要包括：劳动力、材料、机械设备、资金和技术（即5M）。施工企业应建立和完善施工项目生产要素配置机制，适应施工管理的需要。施工项目生产要素管理应实现生产要素的优化配置、动态控制和降低成本，要适时、适量、比例适当、位置适宜地配备或投入生产要素，以满足施工需要。工程项目的实施过程是一个不断变化的过程，对生产要素的需求也在不断变化，因此生产要素的配置和组合也需要不断调整，这就需要动态管理。动态管理的基本内容就是按照工程项目的内在规律，有效的计划、组织、协调、控制各生产要素，使之在施工中合理流动，在动态中寻求平衡。施工项目生产要素管理的全过程包括生产要素的计划、供应、使用、检查、分析和改进。

6. 施工项目的合同管理

施工项目管理必须依法签订合同，进行履约经营。合同管理的优劣直接涉及施工项目管理及工程施工的技术经济效果和目标实现。施工项目的合同管理应包括施工合同的订立、履行、变更、终止和解决争议。施工合同的主体是发包人和承包人，其法律行为应由法定代表人行使，项目经理应按照承包人订立的施工合同认真履行所承接的任务，按照施工合同的约定，行使权利，履行义务。

合同管理是一项执法、守法的活动过程。施工过程中的各种原因造成的洽商变更内容，必须以书面形式签认，并作为合同的组成部分。在合同管理中，承包人在投标前应按质量管理体系文件的要求进行合同评审。为了取得经济效益，还必须注意搞好索赔，讲究方法和技巧，提供充分的索赔证据。

7. 施工项目的信息管理

现代化管理要依靠信息，施工项目管理是一项复杂的现代化管理活动，更要依靠大量信息并对信息进行管理。信息管理的目的是通过有组织的信息流通，使决策者能及时、准确地获得相应的信息，以作出科学的决策。信息管理要依靠计算机辅助进行施工项目管理和施工项目目标控制。

施工项目信息管理应适应施工管理的需要，为预测未来和正确决策提供依据，提高管理水平。项目经理部应建立施工项目信息管理系统，优化信息结构，实现施工项目管理信息化，应配备信息管理员，及时收集信息，并将信息准确、完整地传递给使用单位和人员。施工项目信息应包括项目经理部在施工管理过程中形成的各种数据、表格、图、文字、音像资料等。

8. 施工项目管理的总结

从管理的循环原理来说，管理的总结阶段既是对管理计划、执行、检查阶段经验和问题的提炼，又是进行新的管理所需信息的来源，其经验可作为新管理制度和标准的源泉，其问题有待于下一循环管理予以解决。由于施工项目的一次性，其信息管理更应注意总结，从而不断提高施工管理水平。总结的内容主要有：①施工项目的竣工检查、验收及资料整理（即工程总结）；②施工项目的竣工结算或决算（即经济总结）；③施工项目管理活动总结（即工作总结）；④施工项目管理质量及效益的分析（即效果总结）。

三、工程项目施工管理的目标管理体系

1. 目标管理方法的应用

目标管理是指集体中的成员亲自参加工作目标的制定，在实施中运用现代管理技术和行为科学，借助人们的事业感、能力、自信、自尊等，实行自我控制，努力实现目标。目标管理是20世纪50年代由美国的德鲁克提出的，其精髓是以目标指导行动。由于目标有未来属性，故目标管理是面向未来的主动管理。目标管理重视成果的管理，重视人的管理。

施工管理应用目标管理方法，可大致划分为以下几个步骤：

（1）目标展开　总目标任务制定后，把目标分解到最小的可控制单位或个人，目标应自上而下地展开。目标分解与展开从三方面进行：①纵向展开，把目标落实到各层次；②横向展开，把目标落实到各层次内的各部门；③时序展开，把年度目标再分解。

（2）明确任务分工　确定施工项目组织内各层次、各部门的任务分工，既对完成施工任务提出要求，又对工作效率提出要求。

（3）把项目组织的任务转换为具体的目标　该目标有两类：一类是成果性目标，如工程质量、进度等；一类是管理效率性目标，如工程成本、劳动生产率等。

（4）落实制定的目标　落实目标要做到：①落实目标的责任主体，即谁对目标的实现负责；②明确目标主体的责、权、利；③落实对目标责任主体进行检查、监督的上一级责任人

及手段；④落实目标实现的保证条件。

(5) 目标实施和经济责任 项目管理层的目标实施和经济责任一般有：①根据工程承包合同要求，完成施工任务，在施工过程中按企业的授权范围处理好施工过程中所涉及的各种外部关系；②努力节约各种生产要素，降低工程成本，实现施工的高效、安全、文明；③努力做好项目核算，做好施工任务、技术能力、进度的优化组合和平衡，最大限度地发挥施工潜力；④做好作业队伍的精神文明建设；⑤及时向决策层和管理层提供信息和资料。

(6) 对目标的执行过程进行调控 监督目标的执行过程，进行定期检查，发现偏差，分析产生偏差的原因，及时进行协调和控制。对目标执行好的主体进行适当的激励。

(7) 对目标完成的结果进行评价 把目标执行结果与计划目标进行对比，评价目标管理的好坏。

2. 工程项目施工管理的目标管理体系

工程项目施工管理的总目标是施工企业目标的一部分，企业的目标体系应以施工项目为中心，形成纵横结合的目标体系结构，如图7-1所示。分析该图可以了解，企业的总目标是一级目标，其经营层和管理层的目标是二级目标，项目管理层（作业管理层）的目标是三级目标。对项目而言，需要制定成果性目标；对职能部门而言，需要制定效率性目标。不同的时间周期，要求有不同的目标，故目标有年、季、月度目标。指标是目标的数量表现，不同的管理主体、不同的时期、不同的管理对象，目标值（指标）不同。

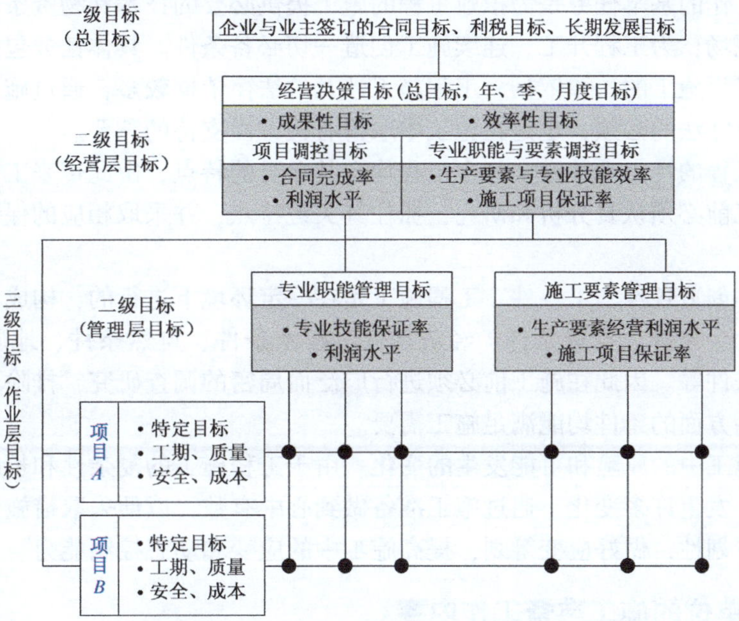

图7-1 工程目标管理体系一般模式

3. 目标管理方法的分类

应用目标管理，需用到各种施工管理方法，施工管理方法按管理目标的不同可分为进度管理方法、质量管理方法、成本管理方法、安全管理方法、现场管理方法等。按管理方法的量性分，有定性方法、定量方法和综合管理方法。最常用的分类方法是按专业性质划分，有行政管理方法、经济管理方法、技术管理方法和法律管理方法等。

一般来说，用行政方法进行施工管理，指令要少些，指导要多些。合同是依法签订的明确双方权利、义务关系的协议，广泛用于施工管理的履约经营，在市场经济中，是最重要的法律管理方法。管理技术方法是管理中的硬方法，以定量方法居多，其科学性更高，能产生的管理效果会更好。

第二节 工程项目施工准备

一、工程项目施工准备的意义和任务

1. 施工准备工作的意义

工程项目施工准备工作是联结设计和施工两大阶段，取得良好施工效果的必经之路，是对拟建工程目标、资源供应和施工方案的选择，及其空间布置和时间排列等诸方面进行的施工决策。“运筹于帷幄之中，决胜于千里之外”，实践证明，凡是重视施工准备工作，积极为拟建工程创造一切施工条件，其工程的施工会顺利地进行。做好施工准备工作的意义在于能坚持基本建设程序，可降低施工风险，可为工程开工和施工创造良好条件，并能正确处理好施工索赔。

2. 施工准备工作的任务

施工准备工作的基本任务是为拟建工程的施工提供必要的技术和物资条件，统筹安排施工力量和施工现场，为工程开工、连续施工创造一切必备条件。具体任务包括：

(1) 取得工程施工的法律依据　工程施工涉及的法律依据较多，通过施工准备取得有关法律依据，既是守法的必须，也是在施工中取得有关方面支持的需要。

(2) 掌握工程的特点和关键　每个工程均有其自身的特点，由此带来工艺上和管理上的特殊性，在施工前必须认真分析和研究，抓住其关键特点，并采取相应的保证措施，以保证施工顺利进行。

(3) 调查并创造各种施工条件　工程施工是在一定环境下进行的，构成了施工的复杂条件，其中包括社会条件、投资条件、经济条件、技术条件、自然条件、地质条件、现场条件、资源供应条件等。因此在施工前必须进行广泛而周密的调查研究，排除不利条件，创造有利条件，使各方面的条件均能满足施工需要。

(4) 预测施工中的风险和可能发生的变化　由于工程施工的复杂性和长周期性，必然会遇到各种风险，发生许多变化。通过施工准备做到心中有数，以便采取措施，减少和避免风险损失，加强计划性，做好应变筹划，提高施工中的应变和动态控制能力。

二、建设单位的施工准备工作内容

从工程项目的基本建设程序看，建设单位施工准备工作的内容应包括：征地拆迁、组织规划设计、完成“三通一平”、大型临时暂设工程安排、组织设备材料订货、报建手续办理、委托建设监理、组织施工招标投标、施工合同签订等内容。

1. 征地拆迁

征地拆迁是建设单位施工准备阶段的一项重要工作内容。征地拆迁工作必须认真贯彻执行珍惜和合理利用土地的方针，全面规划，加强管理，保护开发土地资源，禁止乱占耕地和

滥用土地。征地拆迁工作主要有：征地、补偿、拆迁、安置和申办建设用地规划许可证以及相应土地拍卖、拆迁评估等内容，对于大中型水利水电工程建设征地还包括移民安置问题。

2. 组织规划设计

在工程项目的建设选址工作完成，并取得了建设用地规划许可证后，建设单位应着手组织建设区域内的规划设计工作。规划设计必须符合地区规划或市域规划的要求。其主要工作有：取得建设工程规划许可证，进行工程勘察，进行总体设计、初步设计、技术设计（需要时）和施工图设计以及相应的工程勘察、设计招标，设计文件审查等工作内容。

3. 完成“三通一平”和大型临时暂设工程

在施工单位进入施工现场以前，建设单位应组织完成“三通一平”，即建设场地通路、通电、通水和平整场地（有时称“七通一平”即通水、电、路、蒸汽与煤气、邮电、广播与电视和场地平整），以及安排完成大型临时暂设工程等工作，为施工单位进场创造条件。大型临时暂设工程是指为进行工程施工而在施工现场搭设生产和生活用的大型临时建筑物、构筑物及其他临时设施。

4. 组织设备、材料订货

建设单位应在工程开工前，组织好设备、材料的订货问题。在工程项目实施中，由于设备、材料的品种、规格、数量等的不确定，会使工程无法施工，特别是设备基础的施工，需要预先知道设备规格等有关情况。另外设备、材料订货问题解决得不好，也会使工程停工待料，延误工期，导致索赔，产生经济损失。因此，凡需由建设单位提供的工程所需设备、材料在工程开工前应落实和组织好相应订货问题。

5. 工程建设项目报建

建设单位或其委托的代理机构所编制的工程建设项目可行性研究报告或其他立项文件批准后，须向当地建设行政主管部门或其授权机构进行报建，交验工程建设项目立项的批准文件，包括银行出具的资信证明及批准的建设用地、规划许可等其他有关文件。具备了开工条件后，按住建部《工程建设项目报建管理办法》的规定程序办理有关开工审批手续，如开工许可证的办理。经审查批准后，即可动工兴建。

6. 委托工程建设监理

为了切实保证工程项目建设质量，我国工程项目建设推行工程建设监理制度。按照实施工程建设监理项目的范围，绝大部分工程项目均需要进行工程建设监理。这就要求建设单位在工程开工前通过招标投标等方式确定工程建设监理单位，以确保实施对工程建设项目的施工监督管理。

7. 组织施工招标投标

工程建设项目施工除某些不适宜招标的特殊工程建设项目外，均须实行招标投标。施工招标一般采取公开招标或邀请招标。具备招标机构条件的建设单位可组织招标，不具备的还需委托相应具备招标资格的机构进行施工招标，具体招标投标工作按《中华人民共和国招标投标法》的有关规定执行。通过招标投标的具体工作，优选出施工中标单位，即承包商。这也是在工程开工前建设单位应做的施工准备工作内容。

8. 签订工程施工承包合同

在工程正式开工前，建设单位和承包单位必须书面签订工程建设项目施工承包合同。工程建设项目施工承包合同的签订，必须按照《建设工程施工合同（示范文本）》的“合同条件”，明确约定合同条款，对可能发生的问题，要约定解决办法和处理原则。

为保证工程项目的顺利实施，建设单位的施工准备工作是非常重要的，除上述主要施工准备工作内容外，还应有参与承包商、监理单位的施工准备工作的相关内容，如施工图会审等。

三、承包单位的施工准备工作内容

承包单位的施工准备工作，一般是在接受施工任务后，在土地征购、房屋拆迁、基建物资、水、电、路的连接点以及施工图供应等基本落实的情况下进行的。每项工程施工准备工作的内容，应视该工程本身及其具备的条件而异。有的比较简单，有的却十分复杂。如一般小型项目和规模庞大的大中型项目，新建项目和改扩建项目等，都因工程的特殊需要和特殊条件而对施工准备工作提出各不相同的具体要求。一般工程必需的准备工作内容主要有：

(1) 调查研究　调查研究是施工项目规划与准备工作的一个组成部分，在投标前和中标后都要进行。调查研究需按预先拟订的提纲有目的地进行，主要内容有：调查有关工程项目特征与要求的资料；调查施工场地及附近地区自然条件；调查施工区域的技术经济条件；调查社会生活条件等。

(2) 技术准备　技术准备是施工准备的核心。由于任何技术的差错或隐患都可能引起人身安全和质量事故，造成生命、财产和经济的巨大损失。因此必须认真地做好技术准备工作，其主要内容有：熟悉、审查施工图和有关的设计资料；编制施工图预算和施工预算；编制施工项目管理实施规划。施工项目管理实施规划是施工准备工作的重要组成部分，为了正确处理人与物、主体与辅助、工艺与设备、专业与协作、供应与消耗、生产与储存、使用与维修以及它们在空间布置、时间排列之间的关系，必须根据拟建工程的规模、结构特点和建设单位的要求，在原始资料调查分析的基础上，编制出一份能切实指导该工程全部施工活动的科学方案，即施工项目管理实施规划。

(3) 物资准备　材料、构（配）件、制品、机具和设备是保证施工顺利进行的物资基础，这些物资的准备工作必须在工程开工之前完成。根据各种物资的需要量计划，分别落实货源，安排运输和储备，使其满足连续施工的要求。物资准备工作主要包括建筑材料的准备、构（配）件和制品的加工准备、建筑安装机具的准备和生产工艺设备的准备等内容。物资准备工作的程序是搞好物资准备工作的重要手段（图7-2）。

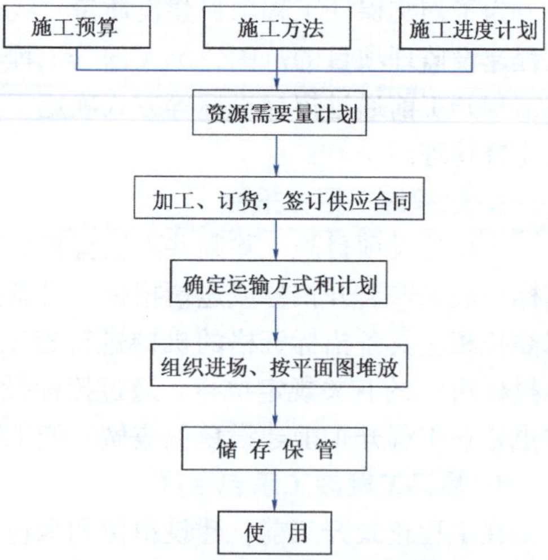

图7-2　物资准备工作程序框图

(4) 劳动组织准备　劳动组织准备是承包单位施工准备工作的关键内容，其主要工作有：建立拟建工程项目的领导机构，建立精干的施工队组，同时要制定出该工程的劳动力需要量计划；集结施工力量、组织劳动力进场，同时进行安全、防火和文明施工等方面的教育，并安排好职工的生活；向施工队组、工人进行施工组织设计、计划和技术交底，建立岗位责任制；建立健全各项管理制度，如工程质量检查与验收制度、工地及班组经济核算制度、材料出入库制度、安全操作制度、机具使用保养制度等。

(5) 施工现场准备 施工现场的准备工作，主要是为了给拟建工程的施工创造有利的施工条件和物资保证。其具体内容主要有：做好施工场地的控制网测量；搞好“三通一平”甚至“七通一平”；做好施工现场的补充勘探；建造临时设施；安装、调试施工机具；做好建筑构（配）件、制品和材料的储存和堆放；及时提供建筑材料的试验申请计划；做好冬雨季施工安排；进行新技术项目的试制和试验；设置消防、安保设施等。

(6) 施工的场外准备 施工准备除了现场内部的准备工作外，还有施工现场外部的准备工作。其具体内容主要有：材料的加工和订货；做好分包工作和签订分包合同；向上级提交开工申请报告等。

(7) 资金准备 资金准备工作具体内容主要有：编制资金收入计划；编制资金支出计划；筹集资金；掌握资金贷款、利息、利润、税收等情况。

四、施工准备工作的实施

施工准备工作实施必须有计划、有领导、有分工、有责任、有检查。具体应做到以下各点：

(1) 编制施工准备工作计划 编制施工准备工作计划（见表7-1），在计划中应列出工作内容、责任者及要求完成日期。由于施工准备工作繁杂，故提倡编制网络计划，以明确各项施工准备工作之间的相互依赖、相互制约关系，找出关键的施工准备工作，以便于检查和调整。

表7-1 施工准备工作计划

序号	项目	施工准备工作内容	要求	负责单位（人）	涉及单位	要求完成日期	备注

(2) 建立严格的施工准备工作责任制 由于施工准备工作范围广、项目多、时间长，故必须建立严格的责任制，使施工准备工作得以真正落实。在编制了施工准备工作计划以后，就要按计划将责任明确到有关部门甚至个人，以便按计划要求的内容及完成时间进行工作。各级技术负责人在施工准备工作中应负的领导责任应予以明确，以便推动和促进各级领导认真做好施工准备工作。现场施工准备工作应由项目经理部全权负责。

(3) 建立施工准备工作检查制度 在施工准备工作实施过程中，应定期进行检查，可按周、半月、月度进行检查。其目的是检查施工准备工作计划的执行情况。如果没有完成计划要求，应进行分析，找出原因，排除障碍，协调施工准备工作进度或调整施工准备工作计划。检查的方法可采用实际与计划进行对比，即“对比法”；还可采用会议法，即相关单位或人员在一起开会，检查施工准备工作情况，当场分析产生问题的原因，提出解决问题的办法。后一种方法见效快，解决问题及时，应在制度中规定，多予采用。

(4) 坚持按建设程序办事，实行开工报告和审批制度 当施工准备工作完成到具备开工条件后，项目经理部应提出开工报告，报企业领导审批方可开工。实行建设监理的工程，企业还应将开工报告送监理工程师审批，由监理工程师发布开工命令，在限定时间内开工，不得拖延。

(5) 施工准备工作必须贯穿于施工全过程的始终　工程开工以后，要随时做好作业条件的施工准备工作。施工顺利与否，就看施工准备工作的及时性和完善性。因此，企业各职能部门要面向施工现场，像重视施工活动一样重视施工准备工作，及时解决施工准备工作中的技术、供应、劳动、资金、管理等各种问题，以提供工程施工的保证条件。项目经理应主抓施工准备工作，加强施工准备工作的计划性，及时做好协调、平衡工作。

(6) 多方争取协作单位的大力支持　由于施工准备工作涉及面广，因此，除了施工单位本身的努力以外，还要取得建设单位、监理单位、设计单位、材料机具等供应单位、银行及其他协作单位的大力支持，分工负责，统一步调，共同做好施工准备工作。

第三节　施工项目经理责任制

一、施工项目经理责任制的概念

施工企业建立和完善以工程项目承包为基点的全员承包管理机制，通过强化建立项目经理全面组织生产诸要素优化配置的责任、权力、利益和风险机制，更有利于对工程项目的工期、质量、成本、安全等各项目标实施强有力的管理。

1. 施工项目经理责任制的含义

施工项目经理责任制是以施工项目经理为责任主体的施工项目管理目标责任制度，是在工程项目建设过程中，用以确立项目承包者与企业、职工三者之间责、权、利关系的一种管理手段和方法。它是以工程项目为对象，以项目经理负责为前提，以施工图预算为依据，以承包合同为纽带，以求得最终产品的最佳经济效益为目的，实行从工程项目开工到竣工验收交付使用的一次性全过程的施工承包经营管理制度。

工程施工项目管理实行项目经理责任制，其目的是建立施工项目管理组织机制和激励机制。施工企业在推行项目经理责任制时，应处理好企业管理层、项目管理层和劳务作业层的关系，并应在“项目管理目标责任书”中明确项目经理的责任、权力和利益。企业管理层应制定和健全施工项目管理制度，对项目管理层的工作应进行全过程指导、监督和检查。项目管理层应做好资源的优化配置和动态管理。企业管理层与劳务作业层应签订劳务分包合同，项目管理层与劳务作业层应建立共同履行劳务分包合同的关系。这种责任制的建立，有利于工程项目发挥最优效益。

2. 施工项目经理责任制的特点

施工项目经理责任制主要有对象终一性、主体直接性、内容全面性和责任风险性等特点。其中对象终一性是指以施工项目为对象，实行建筑产品形成过程的一次性全额承包。主体直接性是指在实行“经理负责、全员管理、集体承包、风险抵押、单独核算、自负盈亏”的经济责任制下，突出项目经理个人在承包中的主要责任。内容全面性是指项目承包根据先进、合理、实用可行的原则，在不超过承包费用的范围内，“包死基数，确保上缴”，并以保证提高工程质量、缩短工期、降低成本、安全文明施工等全面经济效益为内容的多项复合型技术经济指标全额全过程的承包。责任风险性是指项目承包充分体现了“指标突出、责任明确、利益直接、考核严格”的基本要求，承包的最终结果与项目经理部职工，特别是与项目经理行政晋升和奖罚等个人利益直接挂钩，既负盈也负亏。

二、施工项目经理责任制的原则和重点

1. 施工项目经理责任制的原则

(1) 责、权、利、效统一的原则 责、权、利、效的统一，既是企业承包制的基本原则，也是施工项目经理责任制的一项基本原则。

(2) 兼顾企业、承包者和职工三者利益的原则 在施工项目经理责任制中，企业、承包者和职工三者的根本利益是一致的。一方面施工项目承包制应把保证企业利益放在首位，另一方面，也应维护承包者和职工的正当利益。

(3) 实事求是原则 企业应力求从施工项目管理的实际出发，做到：①在指标的确定上，是以承包者经发奋努力才能实现的先进水平为标准，应避免不费力、无风险、稳收入的承包现象；②不同的工程类型和施工条件，采取不同的经济技术指标承包，不同的职能人员实行不同的岗位责任制；③应使每个承包者既要感到风险压力，又能充满承包必胜的信念，建立包、保、核一体化承包制，避免“包而不实”或“以包代保”“以包代管”等现象。

2. 施工项目经理责任制的重点

施工项目经理责任制的主体是经理个人全面负责，项目管理班子集体承包，重点在于管理。效益是目的，管理是动力。如果说企业经理应当是战略家，那么项目经理就应当是战术家。企业经理决定打不打这一仗，是决策者，项目经理研究如何打好这一仗，是管理者。因此，施工项目经理责任制要注重管理的内涵和运用。

三、施工项目经理责任制体系的建立

施工项目经理责任制体系的建立，有利于企业经营机制的转换，建立施工项目经理责任制体系是施工项目经理责任制的核心。应做到承包纵向到底、横向到边、纵横交错、不留死角。下面介绍某些企业采用的一条原则、两个坚持，三种承包类型，四种分配制度的“四全二多”（全员、全额、全过程、全方位、多层次、多形式）式的施工项目经理责任制体系。

1. 一条原则，两个坚持

即本着“宏观控制，微观搞好”的原则。坚持推行以项目管理为核心，业务系统管理为基础，思想政治工作为保证的责任制；坚持运用法律手段建立企业内部全员合同制。

2. 三种承包类型

(1) 以施工项目为对象的三个层次承包 具体指企业对项目经理部的承包、施工项目经理部与栋号（作业）承包队的承包和栋号（作业）承包队对班组实行的承包。

(2) 以施工项目分包单位为对象的承包 这种承包类型表现为：项目经理部与水电承包队之间的总分包制，项目经理部与土方运输专业队之间的承发包制，项目经理部同外包工队伍之间的承发包制。

(3) 以公司机关职能部门与各项目经理部之间的包保责任制 机关部室承包责任制的目的是为项目管理创造和提供服务、指导、协调、控制、监督保证的条件和环境，实行的是业务管理责任承包。

3. 四种工资制度

一线工人实行全额累进计件工资制；二、三线工人实行结构浮动效益工资制；干部实行

岗位效益工资制；对于无法用以上三种方式计酬的部分职工，则视不同情况，分别实行档案工资和内部待业、待岗工资制。

四、施工项目经理责任制的考核

考核是施工项目经理责任制在生效期间的必要内容。考核的目的和作用，是对承包者经营效果或经济责任制履行情况的总结，也可以说是对承包单位和个人经营活动的合法性、真实性、有效性程度做出符合客观事实的评价。

1. 项目经理部承包责任制考核

项目经理部在项目的生产经营中，发挥着相对独立的决策、指挥、协调等各种职能作用，承担着处理企业内外和上下左右各方面的经济关系的责任。因此，对项目经理部的考核内容也应是多渠道、多方面的。考核内容主要是围绕经济效益和社会效益，全面考核并与单位工资总额和个人收入挂钩。工期、质量、安全指标实行单项考核，奖罚同工资总额挂钩浮动。在考核方法上，企业应成立专门的考核委员会。

2. 栋号（作业）承包队的责任制考核

项目经理部下属的栋号（作业）承包队，由项目经理部按双方的承包合同规定负责考核。其方法一般是月预提，季预结，年度全面考核结算。

3. 施工生产班组的责任制考核

施工生产班组以综合施工任务书为依据，实行全额累进计件工资、优质优价和材料节余奖。其考核的内容和范围相对来说比较小，考核单位应把好施工任务书的工前编制下达、工中检查验收、工完结算兑现这三个环节。

第四节　流水施工原理

一、建筑生产流水作业的特点

生产实践已经证明，在所有的生产领域中，流水作业法是组织产品生产的理想方法。连续、均衡生产是整个工业生产发展的方向，也是工程建设项目优质、高效施工的必由之路。

流水作业的基本特征是使生产过程具有连续性和均衡性。在建筑工程施工中，生产人员和机具、材料在空间位置上不断地移动，并把一定数量的材料和半成品在某个部位上进行加工或装配，使其成为建筑物的一部分，然后又流动到另外的部位上，重复同样的工作，从而使建筑生产过程具有连续性和均衡性。在组织多幢同类型房屋或将一幢房屋分成若干个施工区段进行施工时，可以采用依次施工、平行施工和流水施工三种组织方式。

1. 依次施工和平行施工组织方式

依次施工组织方式是将拟建工程项目的整个建造过程分解成若干个施工过程，按照一定的施工顺序，前一个施工过程（或工程）完成后，后一个施工过程（或工程）才开始施工，它是一种最基本的、最原始的施工组织方式。在拟建工程任务十分紧迫、工作面允许以及资源保证供应的条件下，可以组织几个相同的工作队，在同一时间、不同的空间上进行施工，这样的施工组织方式称为平行施工组织方式。实例详见例7-1。

例 7-1 某住宅区拟建三幢结构相同的建筑物，其编号分别为Ⅰ、Ⅱ、Ⅲ，各建筑物的基础工程均可分解为挖土方、浇混凝土基础和回填土三个施工过程，分别由相应的专业队按施工工艺要求依次完成，每个专业队在每幢建筑物的施工时间均为5周，各专业队的人数分别为10人、16人和8人。三幢建筑物基础工程施工的组织方式如图7-3所示。

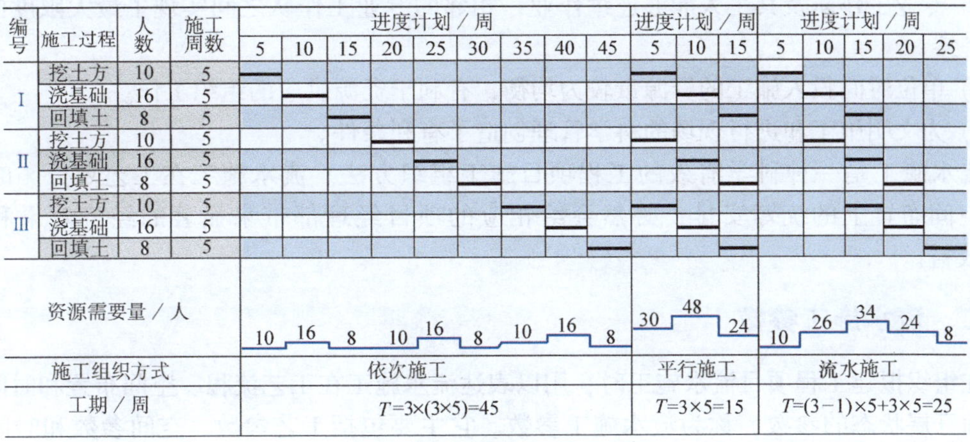

图 7-3 施工组织方式比较图

按照依次施工和平行施工组织方式建造，其施工进度计划如图7-3“依次施工”栏和“平行施工”栏所示。由图7-3可以看出，两者施工组织方式具有以下特点：

1）依次施工工期长，平行施工工期短。

2）两者工作队都不能实现专业化施工，不利于改进工人的操作方法和施工机具，不利于提高工程质量和劳动生产率。

3）两者工作队及工人都不能连续作业。

4）依次施工单位时间内投入的资源量比较少，有利于资源供应的组织工作；平行施工单位时间投入施工的资源量成倍增长，现场临时设施也相应增加。

5）依次施工方式施工现场的组织、管理比较简单，平行施工方式比较复杂。

2. 流水施工组织方式

流水施工组织方式是将拟建工程项目的整个建造过程分解成若干个施工过程，也就是划分成若干个工作性质相同的分部、分项工程或工序；同时将拟建工程项目在平面上划分成若干个劳动量大致相等的施工段，在竖向上划分成若干个施工层，按照施工过程分别建立相应的专业工作队；各专业工作队按照一定的施工顺序投入施工，完成第一个施工段上的施工任务后，在专业工作队的人数、使用的机具和材料不变的情况下，依次地、连续地投入到第二、第三……直到最后一个施工段的施工，在规定的时间内，完成同样的施工任务；不同的专业工作队在工作时间上最大限度地、合理地搭接起来；当第一施工层各个施工段上的相应施工任务全部完成后，专业工作队依次地、连续地投入到第二、第三……施工层，保证拟建工程项目的施工全过程在时间上、空间上，有节奏、连续、均衡地进行下去，直到完成全部施工任务。

在例7-1中，如果采用流水施工组织方式，其施工进度计划如图7-3中“流水施工”栏所示。可以看出，与依次施工、平行施工相比较，流水施工组织方式具有以下特点：

1）科学地利用了工作面，争取了时间，工期比较合理。

2）工作队及其工人实现了专业化施工，可使工人的操作技术熟练，更好地保证工程质量，提高劳动生产率。

3）专业工作队及其工人能够连续作业，相邻的专业工作队之间实现了最大限度的、合理的搭接。

4）单位时间投入施工的资源量较为均衡，有利于资源供应的组织工作。

5）为文明施工和进行现场的科学管理创造了有利条件。

流水施工是一种科学有效的工程项目施工组织方法。流水施工在工艺划分、时间排列和空间布置上的统筹安排，必然会给相应的项目经理部带来显著的经济效果和综合经济效益。

二、流水施工参数

在组织拟建工程项目流水施工时，用以表达流水施工在工艺流程、空间布置和时间排列等方面开展状态的参数，称为流水施工参数。它主要包括工艺参数、空间参数和时间参数三类。

1. 工艺参数

在组织流水施工时，用以表达流水施工在施工工艺上开展顺序及其特征的参数称为工艺参数。通常工艺参数包括施工过程和流水强度两种。

（1）施工过程　在工程项目施工中，施工过程的范围可大可小，既可以是分部、分项工程，又可以是单位、单项工程。它是流水施工的基本参数之一，根据工艺性质不同，它分为制备类施工过程、运输类施工过程和砌筑安装类施工过程三种。施工过程的数目，一般以 n 表示。

1）制备类和运输类施工过程。制备类如砂浆、混凝土、构配件、制品和门窗框扇等的制备过程，运输类施工过程是指将建筑材料、构配件、（半）成品、制品和设备等运到项目工地仓库或现场操作使用地点而形成的施工过程。两者一般都不占有施工对象的空间，不影响项目总工期，因此在项目施工进度表上不表示；只有当其占有施工对象的空间并影响项目总工期时，在项目施工进度表上才列入，如结构安装工程中，采取随运随吊方案的运输过程。

2）砌筑安装类施工过程。它是指在施工对象的空间上，直接进行加工，最终形成建筑产品的过程。如地下工程、主体工程、结构安装工程、屋面工程和装饰工程等施工过程。它占有施工对象的空间，影响着工期的长短，必须列入项目施工进度表上，而且是项目施工进度表的主要内容。

（2）流水强度　某施工过程在单位时间内所完成的工程量，称为该施工过程的流水强度。流水强度一般以 V_i 表示，它可由式（7-1）或式（7-2）计算求得。

1）机械操作流水强度。

$$V_i = \sum_{i=1}^{x} R_i S_i \tag{7-1}$$

式中，V_i 为某施工过程 i 的机械操作流水强度；R_i 为投入施工过程 i 的某种施工机械台数；

S_i 为投入施工过程 i 的某种施工机械产量定额；x 为投入施工过程 i 的施工机械种类数。

2）人工操作流水强度。

$$V_i = R_i S_i \tag{7-2}$$

式中，V_i 为某施工过程 i 的人工操作流水强度；R_i 为投入施工过程 i 的专业工作队工人数；S_i 为投入施工过程 i 的专业工作队平均产量定额。

2. 空间参数

在组织流水施工时，用以表达流水施工在空间布置上所处状态的参数称为空间参数。空间参数主要有：工作面、施工段和施工层等三种。

（1）工作面　某专业工种的工人在从事建筑产品施工生产加工过程中，所必须具备的活动空间，这个活动空间称为工作面。它的大小，是根据相应工种单位时间内的产量定额、建筑安装工程操作规程和安全规程等要求确定的。工作面确定的合理与否，直接影响到专业工种工人的劳动生产效率。为此，必须认真加以对待，合理确定。各工种工作面数据可参考《建筑施工手册》。

（2）施工段　为了有效地组织流水施工，通常把拟建工程项目在平面上划分成若干个劳动量大致相等的施工段落，这些施工段落称为施工段。施工段的数目，通常以 m 表示。

1）划分施工段的原则。一般情况下，一个施工段内只安排一个施工过程的专业工作队进行施工。在一个施工段上，只有前一个施工过程的工作队提供足够的工作面，后一个施工过程的工作队才能进入该段从事下一个施工过程的施工。划分施工段是组织流水施工的基础。

施工段的划分，在不同的分部工程中可以采用相同或不同的划分办法。在同一分部工程中最好采用统一的段数。施工段数要适当，过多了，势必要减少工人数而延长工期；过少了，又会造成资源供应过分集中，不利于组织流水施工。因此，为了使施工段划分得更科学、更合理，通常应遵循以下原则：①专业工作队在各个施工段上的劳动量要大致相等，其相差幅度不宜超过10%～15%；②对多层或高层建筑物，施工段的数目，要满足合理流水施工组织的要求，即 $m \geqslant n$；③为了充分发挥工人、主导机械的效率，每个施工段要有足够的工作面，使其所容纳的劳动力人数或机械台数，能满足合理劳动组织的要求；④为了保证拟建工程项目的结构整体完整性，施工段的分界线应尽可能与结构的自然界线（如沉降缝、伸缩缝等）相一致，如果必须将分界线设在墙体中间时，应将其设在对结构整体性影响小的门窗洞口等部位，以减少留槎，便于修复；⑤对于多层的拟建工程项目，既要划分施工段，又要划分施工层，以保证相应的专业工作队在施工段与施工层之间，组织有节奏、连续、均衡地流水施工。

2）施工段数（m）与施工过程数（n）的关系。具体可分为三种关系：①$m > n$，详见例7-2；②$m = n$，详见例7-3；③$m < n$，详见例7-4。

例7-2　某局部二层的现浇钢筋混凝土结构的建筑物，按照划分施工段的原则，在平面上将它分成4个施工段，即 $m = 4$；在竖向上划分2个施工层，即结构层与施工层相一致；现浇结构的施工过程为支模板、绑扎钢筋和浇注混凝土，即 $n = 3$；各个施工过程在各施工段上的持续时间均为3天，即 $t_i = 3$；则流水施工的开展状况如图7-4所示。

施工层	施工过程名称	施工进度／天									
		3	6	9	12	15	18	21	24	27	30
I	支模板	①	②	③	④						
	绑扎钢筋		①	②	③	④					
	浇混凝土			①	②	③	④				
II	支模板					①	②	③	④		
	绑扎钢筋						①	②	③	④	
	浇混凝土							①	②	③	④

图 7-4　$m>n$ 时流水施工开展状况

由图 7-4 看出：当 $m>n$ 时，各专业工作队能够连续作业，但施工段有空闲，图中各施工段在第一层浇完混凝土后，均空闲 3 天，即工作面空闲 3 天。这种空闲，可用于弥补由于技术间歇、组织管理间歇和备料等要求所必需的时间。在项目实际施工中，若某些施工过程需要考虑技术间歇等，则可用下式确定每层的最少施工段数

$$m_{min}=n+\frac{\sum Z}{K} \tag{7-3}$$

式中，m_{min} 为每层需划分的最少施工段数；n 为施工过程数或专业工作队数；$\sum Z$ 为某些施工过程要求的技术间歇时间的总和；K 为流水步距。

例 7-3　在例 7-2 中，如果将该建筑物在平面上划分成 3 个施工段，即 $m=3$，其余不变，则此时的流水施工开展状况如图 7-5 所示。

施工层	施工过程名称	施工进度／天							
		3	6	9	12	15	18	21	24
I	支模板	①	②	③					
	绑扎钢筋		①	②	③				
	浇混凝土			①	②	③			
II	支模板				①	②	③		
	绑扎钢筋					①	②	③	
	浇混凝土						①	②	③

图 7-5　$m=n$ 时流水施工开展状况

由图 7-5 看出：当 $m=n$ 时，各专业工作队能连续施工，施工段没有空闲。这是理想化的流水施工方案，此时要求项目管理者，提高管理水平，只能进取，不能回旋、后退。

例 7-4　在例 7-2 中，如果将其在平面上划分成 2 个施工段，即 $m=2$，其他不变，则流水施工开展的状况如图 7-6 所示。

由图 7-6 可见：当 $m<n$ 时，专业工作队不能连续作业，施工段没有空闲；但特殊情况下，施工段也会出现空闲，以致大多数专业工作队停工。因一个施工段只供一个专业工作队

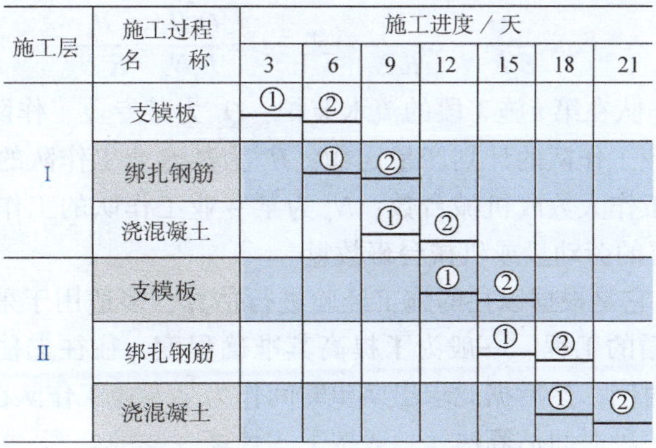

图 7-6 $m<n$ 时流水施工开展状况

施工，这样，超过施工段数的专业工作队就无工作面而停工。在图7-6中，支模板工作队完成第一层的施工任务后，要停工3天才能进行第二层第一段的施工，其他队组同样也要停工3天。故工期延长了。这种情况对有数幢同类型的建筑物，可组织各建筑物之间的大流水施工，来弥补上述停工现象；但对单一建筑物的流水施工是不适宜的，应加以杜绝。

从上面的三种情况可以看出：施工段数的多少，直接影响工期的长短，而且要想保证专业工作队能够连续施工，必须满足

$$m \geqslant n \tag{7-4}$$

应当指出，当无层间关系或无施工层（如某些单层建筑物、基础工程等）时，则施工段数不受式（7-3）和式（7-4）的限制，可按前面所述划分施工段的原则进行确定。

（3）施工层 在组织流水施工时，为了满足专业工种对操作高度和施工工艺的要求，将拟建工程项目在竖向上划分为若干个操作层，这些操作层称为施工层。施工层一般以 r 表示。

施工层的划分，应按工程项目的具体情况，根据建筑物的高度、楼层来确定。如砌筑工程的施工层高度一般为1.2m，室内抹灰、木装饰、油漆、玻璃和水电安装等，可按楼层进行施工层划分。

3. 时间参数

在组织流水施工时，用以表达流水施工在时间排列上所处状态的参数称为时间参数。它包括：流水节拍、流水步距、平行搭接时间、技术间歇时间、组织管理间歇时间和流水施工工期等六种。

（1）流水节拍 在组织流水施工时，每个专业工作队在各个施工段上完成相应的施工任务所需要的工作延续时间，称为流水节拍。通常以 t_i 表示。流水节拍的大小，可以反映出流水施工速度的快慢、节奏感的强弱和资源消耗量的多少。

影响流水节拍数值大小的因素主要有：项目施工时所采取的施工方案，各施工段投入的劳动力人数或施工机械台数，工作班次，以及该施工段工程量的多少。为避免工作队转移时浪费工时，流水节拍在数值上最好是半个班的整倍数。其数值的确定，可按以下方法进行：

1）定额计算法。这是根据各施工段的工程量、能够投入的资源量（工人数、机械台数和材料量等），按下式计算

$$t_i=\frac{Q_i}{S_iR_iN_i}=\frac{P_i}{R_iN_i}\quad 或\quad t_i=\frac{Q_iH_i}{R_iN_i}=\frac{P_i}{R_iN_i}$$

式中，t_i 为某专业工作队在第 i 施工段的流水节拍；Q_i 为某专业工作队在第 i 施工段要完成的工程量；S_i 为某专业工作队的计划产量定额；H_i 为某专业工作队的计划时间定额；R_i 为某专业工作队投入的工作人数或机械台数；N_i 为某专业工作队的工作班次；P_i 为某专业工作队在第 i 施工段需要的劳动量或机械台班数量。

2）经验估算法。它是根据以往的施工经验进行估算，多适用于采用新工艺、新方法和新材料等没有定额可循的工程。一般为了提高其准确程度，往往先估算出该流水节拍的最长、最短和正常三种时间，然后据此求出期望时间作为某专业工作队在某施工段上的流水节拍。这种方法也称为三种时间估算法，一般按下式计算

$$t=\frac{a+4c+b}{6}$$

式中，t 为某施工过程在某施工段上的流水节拍；a 为某施工过程在某施工段上的最短估算时间；b 为某施工过程在某施工段上的最长估算时间；c 为某施工过程在某施工段上的正常估算时间。

3）工期计算法。对某些施工任务在规定日期内必须完成的工程项目，往往采用倒排进度法。具体步骤如下：①根据工期倒排进度，确定某施工过程的工作延续时间；②确定某施工过程在某施工段上的流水节拍。若同一施工过程的流水节拍不等，则用估算法；若流水节拍相等，则按 $t=T/m$ 进行计算，其中，t 为流水节拍，T 为某施工过程的工作持续时间，m 为某施工过程划分的施工段数。

当施工段数确定后，流水节拍大，则工期相应的就长。因此，从理论上讲，总是希望流水节拍越小越好。但实际上由于受工作面的限制，每一施工过程在各施工段上都有最小的流水节拍，其数值可按下式计算

$$t_{\min}=\frac{\mu A_{\min}}{S}$$

式中，$t_{\min}$ 为某施工过程在某施工段的最小流水节拍；$A_{\min}$ 为每个工人所需最小工作面；μ 为单位工作面工程量含量；S 为产量定额。

上式算出的数值，应取整数或半个工日的整倍数，根据工期计算的流水节拍，应大于最小流水节拍。

（2）流水步距　在组织流水施工时，相邻两个专业工作队在保证施工顺序、满足连续施工、最大限度搭接和保证工程质量要求的条件下，在同一施工段上相继投入施工的最小时间间隔，称为流水步距。流水步距以 $K_{j,j+1}$ 表示。

1）确定流水步距的原则。当施工段确定后，流水步距的大小直接影响着工期的长短。如果施工段不变，流水步距越大，则工期越长；反之，工期就越短。当施工段不变时，流水步距随流水节拍的增大而增大，随流水节拍的缩小而缩小。如果人数不变，增加施工段数，使每段人数达到饱和，而该段施工持续时间总和不变，则流水节拍和流水步距都相应地会缩小，但工期拖长了。由此可知确定流水步距的原则是：①流水步距要满足相邻两个专业工作队，在施工顺序上的相互制约关系；②流水步距要保证各专业工作队都能连续作业；③流水步距要保证相邻两个专业工作队，在开工时间上最大限度地、合理地搭接；④流水步距的确

定要保证工程质量，满足安全生产。

2）确定流水步距的方法。流水步距的确定方法很多，而简捷实用的方法，主要有图上分析法、分析计算法和潘特考夫斯基法等，本书仅介绍潘特考夫斯基法。

潘特考夫斯基法也称为“最大差法”，简称累加数列法。此法通常用于计算等节拍、无节奏的专业流水，较为简捷、准确。其计算步骤为：①根据专业工作队在各施工段上的流水节拍，求累加数列；②根据施工顺序，对所求相邻的两累加数列，错位相减；③根据错位相减的结果，确定相邻专业工作队之间的流水步距，即相减结果中数值最大者。

用“最大差法”求流水步距的计算过程详见例7-8中相应内容。需要注意的是：求累加数列是指求同一施工过程（或同一专业工作队）在各个施工段上的流水节拍进行累加，形成累加数列。

（3）平行搭接时间　在组织流水施工时，有时为了缩短工期，在工作面允许的条件下，如果前一个专业工作队完成部分施工任务后，能够提前为后一个专业工作队提供工作面，使后者提前进入前一个施工段，两者在同一施工段上平行搭接施工，这个搭接的时间称为平行搭接时间，通常以 $C_{j,j+1}$ 表示。

（4）技术间歇时间　在组织流水施工时，除考虑相邻专业工作队之间的流水步距外，有时根据建筑材料或现浇构件等的工艺性质，还要考虑合理的工艺等待间歇时间，这个等待时间称为技术间歇时间。如混凝土浇注后的养护时间、砂浆抹面和油漆面的干燥时间等，技术间歇时间以 $Z_{j,j+1}$ 表示。

（5）组织间歇时间　在流水施工中，由于施工技术或施工组织的原因，造成在流水步距以外增加的间歇时间，称为组织间歇时间。如墙体砌筑前的墙身位置弹线，施工人员、机械转移，回填土前地下管道检查验收等等，组织间歇时间以 $G_{j,j+1}$ 表示。

（6）流水施工工期　流水施工工期是指从第一个专业工作队投入流水施工开始，到最后一个专业工作队完成流水施工为止的整个持续时间。由于一项建设工程往往包含有许多流水组，故流水施工工期一般均不是整个工程的总工期。流水施工工期可按下式计算

$$T = \sum K + \sum t_n + \sum Z + \sum G - \sum C \tag{7-5}$$

式中，T 为流水施工工期；$\sum K$ 为各施工过程（或专业工作队）之间流水步距之和；$\sum t_n$ 为最后一个施工过程（或专业工作队）在各施工段上流水节拍之和；$\sum Z$ 为技术间歇时间之和；$\sum G$ 为组织间歇时间之和；$\sum C$ 为平行搭接时间之和。

三、流水施工的分类和表达方式

1. 流水施工的分类

（1）按流水施工对象的范围分类　通常可分为：

1）分项工程流水施工。也称为细部流水施工，它是在一个专业工种内部组织起来的流水施工。

2）分部工程流水施工。也称为专业流水施工，它是在一个分部工程内部、各分项工程之间组织起来的流水施工。

3）单位工程流水施工。也称为综合流水施工，它是在一个单位工程内部、各分部工程之间组织起来的流水施工。在项目施工进度计划表上，它是若干组分部工程的进度指示线段，并由此构成一张单位工程施工进度计划。

4）群体工程流水施工。也称为大流水施工，它是在若干单位工程之间组织起来的流水施工。反映在项目施工进度计划上，是一张项目施工总进度计划。

（2）按施工过程分解的深度分类 根据流水施工组织的需要，有时要求将工程对象的施工过程分解得细些，有时则要求分解得粗些，这就形成了施工过程分解深度的差异。

1）彻底分解流水。这种流水方式是指经过分解后的所有施工过程都是属于单一工种完成的施工过程。为完成该施工过程，所组织的专业队都应该是由单一工种的工人（或机械）组成。

2）局部分解流水。在进行施工过程的分解时将一部分施工工作合并在一起，形成多工种协作的综合性施工过程，这就是不彻底分解的施工过程。这种包含多工种协作的施工过程的流水，就是局部分解流水。

（3）按流水的节奏特征分类 在流水施工中，由于流水节拍的规律不同，决定了流水步距、流水施工工期的计算方法也不同，甚至影响到各个施工过程的专业工作队数目。因此，按照流水节拍的特征将流水施工进行分类，其分类情况如图7-7所示。

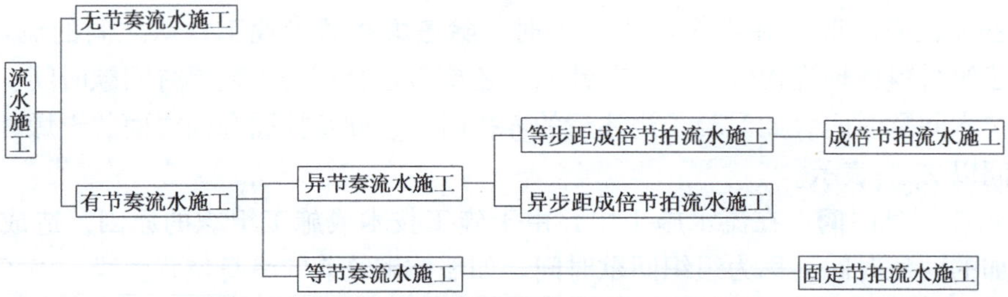

图7-7 流水施工节奏特征分类图

1）有节奏流水施工。有节奏流水施工是指在组织流水施工时，每一个施工过程在各个施工段上的流水节拍都相等的流水施工，它分为等节奏流水施工和异节奏流水施工。其中等节奏流水施工是指在有节奏流水施工中，各施工过程的流水节拍都相等的流水施工，也称为固定节拍流水施工或全等节拍流水施工。异节奏流水施工是指在有节奏流水施工中，同一施工过程的流水节拍各自相等而不同施工过程之间的流水节拍不尽相等的流水施工。在组织异节奏流水施工时，又可以采用等步距和异步距两种方式。等步距异节奏流水施工是指在组织异节奏流水施工时，按每个施工过程流水节拍之间的比例关系，成立相应数量的专业工作队而进行的流水施工，也称为成倍节拍流水施工。异步距异节奏流水施工是指在组织异节奏流水施工时，每个施工过程成立一个专业工作队，由其完成各施工段任务的流水施工。

2）无节奏流水施工。无节奏流水施工是指在组织流水施工时，全部或部分施工过程在各个施工段上的流水节拍不相等的流水施工。这种方式是流水施工中最常见的一种。

2. 流水施工的表达方式

流水施工的表达方式，主要有横道图和网络图等几种表达方式。

（1）水平指示图表 在流水施工水平指示图表的表达方式中，横坐标表示流水施工的持续时间；纵坐标表示开展流水施工的施工过程、专业工作队的名称、编号和数目；呈梯形分布的水平线段表示流水施工的开展情况，像图7-3～图7-6等均是用水平指示图表表达的流水施工。

(2) 垂直指示图表 在流水施工垂直指示图表的表达方式中，横坐标表示流水施工的持续时间；纵坐标表示开展流水施工所划分的施工段编号；n 条斜线段表示各专业工作队或施工过程开展流水施工的情况，如图 7-8 所示。图中各参数的含义为：T 为流水施工计划总工期；T_i 为一个专业工作队或施工过程完成其全部施工段的持续时间；n 为专业工作队数或施工过程数；m 为施工段数；K 为流水步距；t_i 为流水节拍，本图中 $t_i=K$；Ⅰ，Ⅱ，…表示专业工作队或施工过程的编号。

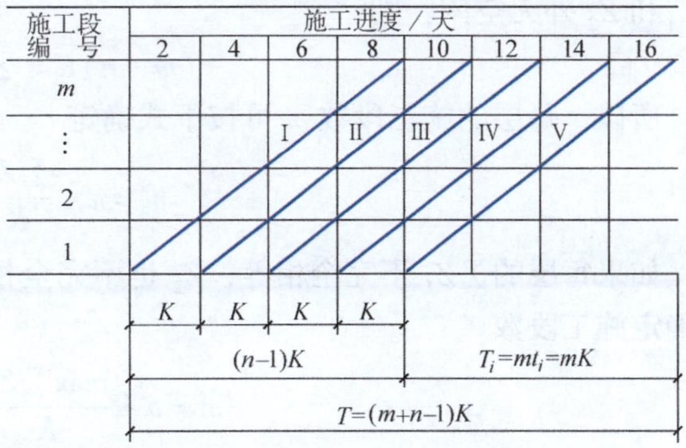

图 7-8 垂直指示图表

(3) 网络图 有关流水施工网络图的表达方式，详见本书第八章中工程项目进度计划的表示方法相关内容。

四、流水施工基本组织方式

按照流水节拍的特征将流水施工分为有节奏流水施工和无节奏流水施工，其中有节奏流水施工主要包括固定节拍流水施工、成倍节拍流水施工。对于管沟、道路等工程，在组织流水作业时，因另具特点，可按线性工程的流水作业组织施工，下面将分别介绍。

1. 固定节拍流水施工

固定节拍流水是指在组织流水施工时，所有的施工过程在各个施工段上的流水节拍彼此相等，这种流水施工组织方式称为固定节拍流水，也称为等节拍流水或全等节拍流水或同步距流水。

(1) 基本特点 固定节拍流水施工是一种最理想的流水施工方式，其特点如下：

1) 所有施工过程在各个施工段上的流水节拍均相等。

2) 相邻施工过程的流水步距相等，且等于流水节拍。

3) 专业工作队数等于施工过程数，即每一个施工过程成立一个专业工作队，由该队完成相应施工过程所有施工段上的任务。

4) 各个专业工作队在各施工段上能够连续作业，施工段之间没有空闲时间。

(2) 组织步骤 具体步骤为：

1) 确定项目施工起点流向，分解施工过程。

2) 确定施工顺序，划分施工段。划分施工段时，其数目 m 的确定方法为：①无层间关系或无施工层时，取 $m=n$；②有层间关系或有施工层时，施工段数目 m 分下面两种情况确定：

第一种情况：无技术和组织间歇时，取 $m=n$。

第二种情况：有技术和组织间歇时，为了保证各专业工作队能连续施工，应取 $m>n$。此时每层施工段空闲数为 $m-n$，一个空闲施工段的时间为 t，则每层的空闲时间为

$$(m-n)t=(m-n)K$$

令一个楼层内各施工过程间的技术、组织间歇时间之和为$\sum Z_1$，楼层间技术、组织间歇时间为Z_2。如果每层的$\sum Z_1$均相等，Z_2也相等，而且为了保证连续施工，施工段上除$\sum Z_1$和Z_2外无空闲，则

$$(m-n)K=\sum Z_1+Z_2$$

所以，每层的施工段数m可按下式确定

$$m=n+\frac{\sum Z_1}{K}+\frac{Z_2}{K} \tag{7-6}$$

如果每层的$\sum Z_1$不完全相等，Z_2也不完全相等，应取各层中最大的$\sum Z_1$和Z_2，并按下式确定施工段数

$$m=n+\frac{\max\sum Z_1}{K}+\frac{\max Z_2}{K} \tag{7-7}$$

3）根据固定节拍专业流水要求，按前述流水节拍数值的确定方法计算流水节拍数值。

4）确定流水步距，$K=t$。

5）计算流水施工的工期。流水施工的工期可按式（7-5）计算，也可按式（7-8）或式（7-9）计算：

不存在施工层时：$T=(m+n-1)K+\sum Z_{j,j+1}+\sum G_{j,j+1}-\sum C_{j,j+1}$ (7-8)

存在施工层时：$T=(mr+n-1)K+\sum Z_{j,j+1}+\sum G_{j,j+1}-\sum C_{j,j+1}$ (7-9)

式中，T为流水施工总工期；m为施工段数；n为施工过程数；r为施工层数；K为流水步距；j为施工过程编号，$1\leqslant j\leqslant n$；$Z_{j,j+1}$为j与$j+1$两个施工过程间的技术间歇时间；$G_{j,j+1}$为j与$j+1$两施工过程间的组织间歇时间；$C_{j,j+1}$为j与$j+1$两个施工过程间的平行搭接时间。

6）绘制流水施工指示图表。

（3）应用举例　详见例7-5和例7-6。

例7-5　某分部工程由4个分项工程组成，划分成5个施工段，流水节拍均为3天，无技术、组织间歇，试确定流水步距，计算工期，并绘制流水施工进度图表。

解：由已知条件$t_i=t=3$可知，本分部工程宜组织等节拍专业流水。

（1）确定流水步距，由等节拍专业流水的特点知：$K=t=3$。

（2）计算工期，由式（7-8）得

$$T=(m+n-1)K=(5+4-1)\times3=24$$

（3）绘制流水施工进度图表，如图7-9所示。

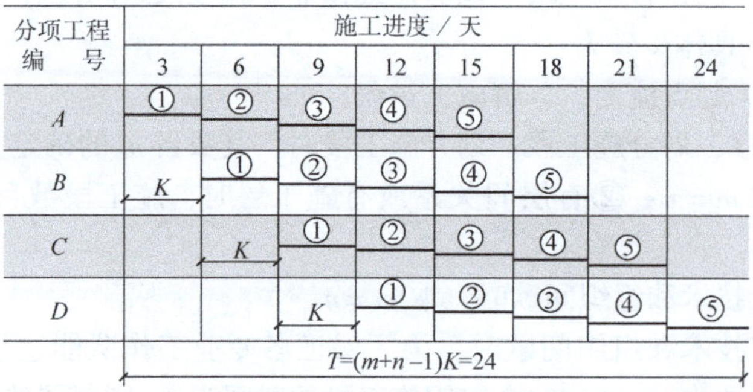

图7-9　等节拍专业流水施工进度

例 7-6　某项目由Ⅰ、Ⅱ、Ⅲ、Ⅳ等 4 个施工过程组成，如分 2 个施工层组织流水施工，施工过程Ⅱ完成后需养护 1 天，下一个施工过程才能施工，且层间技术间歇为 1 天，流水节拍均为 1 天。为了保证工作队连续作业，试确定施工段数，计算工期，绘制流水施工进度图表。

解：(1) 确定流水步距：$K=t=t_i=1$

(2) 确定施工段数。因项目施工时分两个施工层，其施工段数可按式 (7-6) 确定，即

$$m=n+\frac{\sum Z_1}{K}+\frac{Z_2}{K}=4+\frac{1}{1}+\frac{1}{1}=6$$

(3) 计算工期。由式 (7-9) 得

$$T=(mr+n-1)\ K+\sum Z_1-\sum C_{j,j+1}=(6\times2+4-1)\ \times1+1-0=16$$

(4) 绘制流水施工进度图表，如图 7-10 所示。

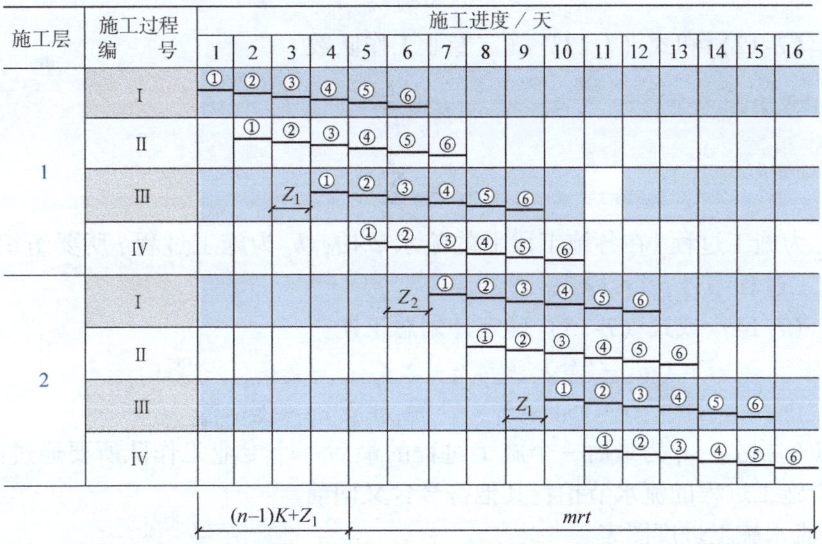

图 7-10　分层并有技术、组织间歇时的等节拍专业流水施工进度

2. 成倍节拍流水施工

通常情况下，组织固定节拍的流水施工是比较困难的。因为在任一施工段上，不同的施工过程，其复杂程度不同，影响流水节拍的因素也各不相同，很难使得各个施工过程的流水节拍都彼此相等。但如果施工段划分得合适，保持同一施工过程各施工段的流水节拍相等是不难实现的，使某些施工过程的流水节拍成为其他施工过程流水节拍的倍数，即形成成倍节拍流水施工。成倍节拍流水施工包括一般的成倍节拍流水施工（每个施工过程成立一个专业工作队）和加快的成倍节拍流水施工。为了缩短流水施工工期，一般均采用加快的成倍节拍流水施工方式。这里主要讨论加快的成倍节拍流水施工。

(1) 基本特点　加快的成倍节拍流水施工的特点如下：

1）同一施工过程在其各个施工段上的流水节拍均相等；不同施工过程的流水节拍不等，但其值为倍数关系。

2）相邻施工过程的流水步距相等，且等于流水节拍的最大公约数 (K)。

3）专业工作队数大于施工过程数，即有的施工过程只成立一个专业工作队，而对于流水节拍大的施工过程，可按其倍数增加相应专业工作队数目。

4）各个专业工作队在施工段上能够连续作业，施工段之间没有空闲时间。

（2）组织步骤 具体步骤为：

1）确定施工起点流向，分解施工过程。

2）确定施工顺序，划分施工段。①不分施工层时，可按划分施工段的原则确定施工段数；②分施工层时，每层的段数可按式（7-10）确定：

$$m = n_1 + \frac{\max \sum Z_1}{K_b} + \frac{\max Z_2}{K_b} \tag{7-10}$$

式中，n_1 为专业工作队总数；K_b 为等步距的异节拍流水的流水步距；其他符号含义同前。

3）按异节拍专业流水确定流水节拍。

4）按式（7-11）确定流水步距

$$K_b = 最大公约数(t_1, t_2, \cdots, t_n) \tag{7-11}$$

5）按式（7-12）和式（7-13）确定专业工作队数

$$b_j = \frac{t_j}{K_b} \tag{7-12}$$

$$n_1 = \sum_{j=1}^{n} b_j \tag{7-13}$$

式中，t_j 为施工过程 j 在各施工段上的流水节拍；b_j 为施工过程 j 所要组织的专业工作队数；j 为施工过程编号，$1 \leqslant j < n$。

6）按式（7-14）或式（7-15）确定计划总工期

$$T = (rn_1 - 1)\ K_b + m_i t_i + \sum Z_{j,j+1} + \sum G_{j,j+1} - \sum C_{j,j+1} \tag{7-14}$$

或

$$T = (mr + n_1 - 1)\ K_b + \sum Z_1 - \sum C_{j,j+1} \tag{7-15}$$

式中，r 为施工层数；m_i 为最后一个施工过程的最后一个专业工作队所要通过的施工段数；t_i 为最后一个施工过程的流水节拍；其他符号含义同前。

7）绘制流水施工进度图表。

（3）应用举例 详见例7-7。

例7-7 某项目由Ⅰ、Ⅱ、Ⅲ等3个施工过程组成，流水节拍分别为 $t_1 = 2$ 天，$t_2 = 6$ 天，$t_3 = 4$ 天，试组织加快的成倍节拍流水施工，并绘制流水施工进度表。

解：（1）按式（7-11）确定流水步距：K_b = 最大公约数（2，6，4）=2

（2）由式（7-12）和式（7-13）求专业工作队数，即

$$b_{\mathrm{I}} = \frac{t_1}{K_b} = \frac{2}{2} = 1$$

$$b_{\mathrm{II}} = \frac{t_2}{K_b} = \frac{6}{2} = 3$$

$$b_{\mathrm{III}} = \frac{t_3}{K_b} = \frac{4}{2} = 2$$

$$n_1 = \sum_{j=1}^{3} b_j = 1 + 3 + 2 = 6$$

（3）求施工段数，为了使各专业工作队都能连续工作，取 $m = n_1 = 6$。

（4）计算工期，由式（7-14）或式（7-15）得

$$T = (6-1) \times 2 + 3 \times 4 = 22$$

或 $$T=(6+6-1)\times 2=22$$

(5) 绘制流水施工进度图表，如图 7-11 所示。

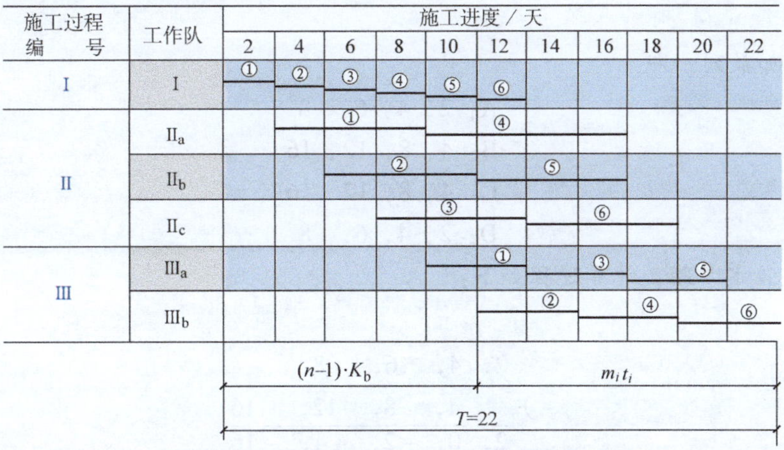

图 7-11　加快的成倍节拍专业流水施工进度

3. 无节奏流水施工

在组织流水施工时，经常由于工程结构形式、施工条件不同等原因，使得各施工过程在各施工段上的工程量有较大差异，或因专业工作队的生产效率相差较大，导致各施工过程的流水节拍随施工段的不同而不同，且不同施工过程之间的流水节拍又有很大差异。这时，流水节拍虽无任何规律，但仍可利用流水施工原理组织流水施工，使各专业工作队在满足连续施工的条件下，实现最大搭接。这种无节奏流水（亦称分别流水）施工方式是工程建设项目流水施工的普遍方式。

（1）基本特点　其特点如下：

1）每个施工过程在各个施工段上的流水节拍，不尽相等。

2）在多数情况下，流水步距彼此不相等，而且流水步距与流水节拍之间存在着某种函数关系。

3）各专业工作队都能连续施工，个别施工段可能有空闲。

4）专业工作队数等于施工过程数，即 $n_1=n$。

（2）组织步骤　具体步骤为：

1）确定施工起点流向，分解施工过程。

2）确定施工顺序，划分施工段。

3）按前述流水节拍数值的确定方法计算各施工过程在各个施工段上的流水节拍。

4）按一定的方法如用“最大差法”确定相邻两个专业工作队之间的流水步距。

5）按式（7-5）计算流水施工工期。

6）绘制流水施工进度图表。

（3）应用举例　详见例 7-8。

例 7-8　某工程由 A、B、C、D 等四个施工过程组成，施工顺序为：A→B→C→D，各施工过程的流水节拍为：$t_A=2$ 天，$t_B=4$ 天，$t_C=4$ 天，$t_D=2$ 天。在劳动力相对固定的条件下，试确定流水施工方案。

解：本例从流水节拍特点看，可组织成倍节拍专业流水，但因劳动力不能增加，无法做到等步距。为了保证专业工作队连续施工，按无节奏专业流水方式组织施工。

(1) 确定施工段数，为使专业工作队连续施工，取施工段数等于施工过程数，即：$m=n=4$。

(2) 求累加数列，即

A：2，4，6，8

B：4，8，12，16

C：4，8，12，16

D：2，4，6，8

(3) 确定流水步距，计算过程如下：

1) $K_{A,B}$：

$$\begin{array}{rrrrrr} & 2, & 4, & 6, & 8 & \\ -) & & 4, & 8, & 12, & 16 \\ \hline & 2, & 0, & -2, & -4, & -16 \end{array}$$

则 $K_{A,B}=\max(2,0,-2,-4,-16)=2$

2) $K_{B,C}$：

$$\begin{array}{rrrrrr} & 4, & 8, & 12, & 16 & \\ -) & & 4, & 8, & 12, & 16 \\ \hline & 4, & 4, & 4, & 4, & -16 \end{array}$$

则 $K_{B,C}=\max(4,4,4,4,-16)=4$

3) $K_{C,D}$

$$\begin{array}{rrrrrr} & 4, & 8, & 12, & 16 & \\ -) & & 2, & 4, & 6, & 8 \\ \hline & 4, & 6, & 8, & 10, & -8 \end{array}$$

则 $K_{C,D}=\max(4,6,8,10,-8)=10$

4) 计算工期，由式(7-5)得：$T=(2+4+10)$天$+(2\times4)$天$=24$天

5) 绘制流水施工进度图表，如图7-12所示。

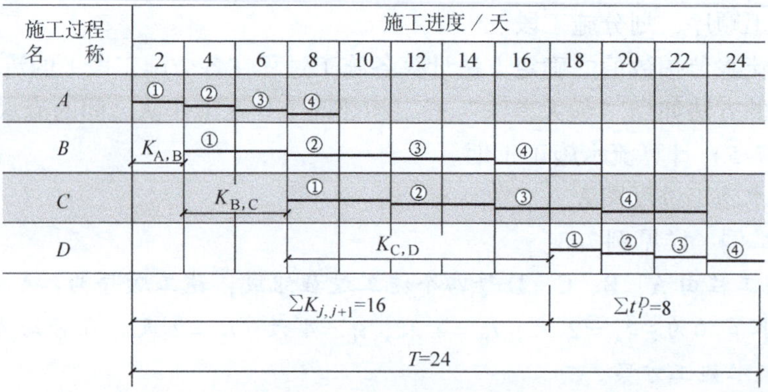

图7-12　流水施工进度图

由图 7-12 可知：当同一施工段上不同施工过程的流水节拍不相同，而互为整倍数关系时，如果不组织多个同工种专业工作队完成同一施工过程的任务，流水步距必然不等，只能用无节奏专业流水的形式组织施工；如果以缩短流水节拍长的施工过程，达到等步距流水，就要在增加劳动力没有问题的情况下，检查工作面是否满足要求；如果延长流水节拍短的施工过程，工期就要延长。

因此，到底采取哪一种流水施工的组织形式，除要分析流水节拍的特点外，还要考虑工期要求和项目经理部自身的具体施工条件。任何一种流水施工的组织形式，仅仅是一种组织管理手段，其最终目的是要实现工程质量好、工期短、成本低、效益高和安全施工的企业目标。

4. 线性工程的流水作业组织

在工程建设中常会遇到延伸很长的结构物如道路、管沟等，通常称为线性工程。组织线性工程流水作业时，可沿其长度划分为若干施工段，根据施工过程组织作业队，按上述固定节拍或成倍节拍方式组织流水施工。如果线性工程的工程量沿程均匀分布，结构形式也一致，则只须将线性工程对象划分成若干个施工过程，组织相应的作业队，按照一定的工艺顺序相继投入施工，各队都以某一不变的速度沿线不断向前推进，每天完成同样进度的工作内容，这样的组织方式称流水线法。工期可按式（7-16）计算

$$T=(n-1)K+L/V \tag{7-16}$$

式中，L 为线性工程的长度；V 为作业队的移动速度；其他符号意义同前。

第五节　施工组织设计概述

一、施工组织设计的概念

工程项目施工组织是研究工程建设的统筹安排与系统管理客观规律的一门学科。实施工程项目管理以后，施工组织设计实质上起着“施工项目管理规划”的作用，它必须服务于施工项目管理的全过程。因此，施工组织设计的定义应是：指导施工项目管理全过程的规划性的、全局性的技术、经济和组织的综合性活动。

施工组织设计是根据对拟建工程的要求，从拟建工程施工全过程中的人力、物力和空间等三个要素着手，在人力与物力、主体与辅助、供应与消耗、生产与储存、专业与协作、使用与维修和空间布置与时间排列等方面进行科学地、合理地部署，为建筑产品生产的节奏性、均衡性和连续性提供最优方案，从而以最少的资源消耗取得最大的经济效果，使最终建筑产品的生产在时间上达到速度快和工期短，在质量上达到精度高和功能好，在经济上达到消耗少、成本低和利润高的目的。

施工组织设计是对拟建工程施工的全过程实行科学管理的重要手段和措施。通过施工组织设计的编制，可以全面考虑拟建工程的各种具体施工条件；能为拟建工程的设计方案在经济上的合理性，在技术上的科学性和在实施工程上的可能性进行论证提供依据；能为建设单位编制基本建设计划和施工企业编制施工计划提供依据；能为施工企业实施施工准备工作计划提供依据；能保证拟建工程施工的顺利进行，取得好、快、省和安全的效果。

二、施工组织设计的分类和主要内容

1. 施工组织设计的分类

施工组织设计按设计阶段的不同、编制对象范围的不同、使用时间的不同和编制内容的繁简程度等的不同，分为以下类型：

(1) 按设计阶段的不同分类　设计按两个阶段进行时，施工组织设计分为施工组织总设计（扩大初步施工组织设计）和单位工程施工组织设计两种。设计按三个阶段进行时，施工组织设计分为施工组织设计大纲（初步施工组织条件设计）、施工组织总设计和单位工程施工组织设计三种。

(2) 按编制对象范围的不同分类　可分为施工组织总设计、单位工程施工组织设计和分部分项工程施工组织设计三种。

(3) 按编制内容的繁简程度的不同分类　可分为完整的施工组织设计和简单的施工组织设计两种。对于工程规模小、结构简单、技术要求和工艺方法不复杂的拟建工程项目，可以编制一般仅包括施工方案、施工进度计划和施工总平面布置图等内容精略的简单施工组织设计。

(4) 按使用时间和编制用途的不同分类　可分为投标前的施工组织设计和投标后的施工组织设计两种。前者又称施工项目管理规划大纲，后者又称施工项目管理实施规划。

2. 施工组织设计的内容

施工组织设计是我国长期工程建设实践中形成的一项管理制度，其内容已约定俗成。根据工程项目管理的需要，施工组织设计的主要内容应包括：

(1) 投标前的施工组织设计内容　内容应包括：

1）项目概况。

2）项目实施条件分析。主要指项目合同条件、现场条件、法律条件的分析。

3）项目投标活动及签订施工合同的策略。

4）项目管理目标。主要指质量、成本、工期和安全的总目标及其所分解的子目标。

5）项目组织结构。

6）质量目标和施工方案。

7）工期目标和施工总进度计划。

8）成本目标。主要是表明投标书对降低工程成本的途径和技术组织措施的分析论证情况，以技术含量和先进的措施管理支撑商务标书的竞争力。

9）项目风险预测和安全目标。主要是指承包人对技术风险、经济风险、社会风险等做出预测分析，制定相应的防范措施和应变方案。

10）项目现场管理和施工平面图。主要是指承包人对施工现场安全、卫生、文明施工、环境保护、建设公害治理、施工用地和平面布置方案等提出的规划安排。

11）投标和签订施工合同。

12）文明施工及环境保护。

(2) 投标后的施工组织设计内容　内容应包括：

1）工程概况。包括工程特点、建设地点及环境特征、施工条件、项目管理特点及总体要求。

2）施工部署。包括项目的质量、进度、成本及安全目标，拟投入的最高人数和平均人数，分包计划、劳动力使用计划、材料供应计划、机械设备供应计划，施工程序，项目管理总体安排。

3）施工方案。包括施工流向和施工顺序、施工阶段划分、施工方法和施工机械选择、安全施工设计、环境保护内容及方法。

4）施工进度计划。包括施工总进度计划和单位工程施工进度计划。

5）资源供应计划。包括劳动力需求计划，主要材料和周转材料需求计划，机械设备需求计划，预制品订货和需求计划，大型工具、器具需求计划。

6）施工准备工作计划。包括施工准备工作组织及时间安排，技术准备及编制质量计划，施工现场准备，作业队伍和管理人员的准备，物资准备，资金准备。

7）施工平面图。包括施工平面图说明、施工平面图、施工平面图管理规划，其中施工平面图应按现行制图标准和制度要求进行绘制。

8）技术组织措施计划。包括保证进度目标、质量目标、安全目标、成本目标、季节施工的措施、保护环境的措施、文明施工的措施。各项措施具体应包括技术措施、组织措施、经济措施及合同措施。

9）项目风险管理。包括风险因素识别一览表，风险可能出现的概率及损失值估计，风险管理的重点，风险防范对策，风险管理责任。

10）信息管理。包括与项目组织相适应的信息流通系统、信息中心的建立规划、项目管理软件的选择与使用规划、信息管理实施规划。

11）技术经济指标分析。包括规划的指标、规划指标水平高低的分析和评价，实施难点的对策。

三、施工组织设计的编制原则

施工组织设计是施工企业和施工项目经理部施工管理活动的重要技术经济文件。根据长期以来的实践经验，结合建筑产品及其生产特点，编制施工组织设计时，应遵守以下几项基本原则：

1）认真执行工程建设程序，严格遵守国家和合同规定的工程竣工及交付使用期限。在工程中标后开工前必须认真执行建设程序，编制出科学而合理的施工组织设计。

2）搞好项目排队，保证重点，统筹安排。根据拟建工程项目是否为重点工程、是否有工期要求、是否为续建工程等进行统筹安排和分类排队，把有限的资源优先用于国家或业主最急需的重点工程项目。

3）遵循施工工艺及其技术规律，合理地安排施工程序和施工顺序。建筑产品及其生产既有建筑施工工艺及其技术方面的规律，也有建筑施工程序和施工顺序方面的规律。遵循这些规律去组织施工，能保证各项施工活动的紧密衔接和相互促进。因此，必须正确处理好：施工准备与正式施工的关系；全场性工程与单位工程的关系；场内与场外的关系；地下与地上的关系；主体结构与装饰工程的关系；空间顺序与工种顺序的关系。

4）采用流水施工方法和网络计划技术，组织有节奏、均衡、连续的施工。流水施工方法具有生产专业化强、劳动效率高、生产节奏性强、资源利用均衡、工人连续作业、成本低等特点。而网络计划技术是现代计划管理的新方法，具有逻辑严密、主要矛盾突出，有利于计划的优化、控制和调整，有利于计算机在计划管理中的应用等特点。因此，在编制施工组织设计时，采用网络计划技术是极为重要的。

5）科学地安排冬雨季施工项目，保证全年生产的均衡性和连续性。拟建工程项目的施工一般要受气候和季节的影响，应采取相应可靠的技术组织措施，保证全年施工的均衡性、连续性。一般在冬雨季进行正常施工，必然会增加一些费用。因此需在安排施工进度计划时综合考虑。

6）提高建筑工业化程度 建筑工业化主要体现在认真执行工厂预制和现场预制相结合的方针，努力提高建筑机械化程度。为此，要因地、因工程制宜，充分利用现有的机械设备。

7）尽量采用国内外先进的施工技术和科学管理方法。先进的施工技术与科学的施工管理手段相结合，是改善施工企业和工程项目经理部的生产经营管理素质、提高劳动生产率、保证工程质量、缩短工期、降低工程成本的重要途径。

8）尽量减少暂设工程，合理地储备物资，减少物资运输量，科学地规划施工平面图。暂设工程在施工结束之后就要拆除，因此在满足施工需要的前提下，应使其数量最少和造价最低。在保证正常供应的前提下，其储存数额要尽可能地减少，要尽量采用当地资源，减少其运输量。同时应选择最优的运输方式、工具和线路，使其运输费用最低。施工平面图在满足施工需要的情况下，尽可能使其紧凑和合理，减少施工用地，降低工程成本。

上述原则，既是建筑产品生产的客观需要，又是加快施工速度、缩短工期、保证工程质量、降低工程成本、提高施工企业和工程项目经理部经济效益的需要，所以在编制施工组织设计中应认真地贯彻执行。

四、施工组织设计的编制、贯彻、检查和调整

施工组织设计编制完成并经会审后，由项目经理签字并报企业主管领导审批。当监理机构对施工组织设计有异议时，经协商后可由项目经理主持修改。施工组织设计在实施中应按专业和子项目进行交底，落实执行责任，并在执行过程中进行检查和调整。当施工项目管理结束后，必须对施工组织设计的编制、执行的经验和问题进行总结分析，并归档保存。

1. 施工组织设计的编制

在编制施工组织设计时，应做到以下几点：

（1）编制的主体 当拟建工程中标后，施工单位必须编制工程项目施工组织设计。工程项目实行总包和分包的，由总包单位负责编制施工组织设计或者分阶段施工组织设计。分包单位在总包单位的总体部署下，负责编制分包工程的施工组织设计。

（2）编制的特殊要求 对结构复杂、施工难度大以及采用新工艺和新技术的工程项目，要进行专业性的研究，必要时组织专门会议，邀请有经验的专业工程技术人员参加，集中群众智慧，为施工组织设计的编制和实施打下坚实的基础。

（3）编制的统筹合作 在施工组织设计编制过程中，要充分发挥各职能部门的作用，吸收他们参加编制和审定；充分利用施工企业的技术素质和管理素质，统筹安排、扬长避短，发挥施工企业的优势，合理地进行工序交叉配合的程序设计；要广泛征求各协作单位的意见。

（4）编制的讨论修改 当比较完整的施工组织设计方案提出之后，要组织参加编制的人

员及单位进行讨论，逐项逐条地研究，修改后确定，最终形成正式文件，送有关部门或机构审批。

2. 施工组织设计的贯彻

施工组织设计贯彻的实质，就是把一个静态平衡方案，放到不断变化的施工过程中，考核其效果和检查其优劣的过程，以达到预定的目标。为了保证施工组织设计的顺利实施，应做好以下几个方面的工作：

（1）传达施工组织设计的内容和要求 经过审批的施工组织设计，在开工前要召开各级的生产、技术会议，逐级进行交底，详细地讲解其内容、要求和施工的关键与保证措施，组织群众广泛讨论，拟定完成任务的技术组织措施，做出相应的决策。同时责成计划部门，制订出切实可行的和严密的施工计划；责成技术部门，拟定科学合理的、具体的技术实施细则，保证施工组织设计的贯彻执行。

（2）制定各项管理制度 施工组织设计贯彻的顺利与否，主要取决于施工企业的管理素质和技术素质及经营管理水平。而体现企业和项目部素质和水平的标志，在于各项管理制度的健全与否。实践经验证明，只有具有科学的、健全的管理制度，企业和项目部的正常生产秩序才能维持，才能保证工程质量，提高劳动生产率，防止可能出现的漏洞或事故。

（3）推行技术经济承包制 技术经济承包是用经济的手段和方法，明确承发包双方的责任。它便于加强监督和相互促进，是保证承包目标实现的重要手段。为了更好地贯彻施工组织设计，应该推行技术经济承包制度，开展劳动竞赛，把施工过程中的技术经济责任同职工的物质利益结合起来。

（4）统筹安排及综合平衡 在拟建工程项目的施工过程中，搞好人力、物力、财力的统筹安排，保持合理的施工规模，既能满足拟建工程项目施工的需要，又能带来较好的经济效果。施工过程中的任何平衡都是暂时的和相对的，平衡中必然存在不平衡的因素，要及时分析和研究这些不平衡因素，进一步完善施工组织设计，保证施工的节奏性、均衡性和连续性。

（5）切实做好施工准备工作 施工准备工作是保证均衡和连续施工的重要前提，也是顺利地贯彻施工组织设计的重要保证。拟建工程项目不仅在开工之前要做好一切人力、物力和财力的准备，而且在施工过程中的不同阶段也要做好相应的施工准备工作。

3. 施工组织设计的检查和调整

（1）施工组织设计的检查 需重点检查的内容是主要指标的完成情况和施工总平面图的合理性。施工组织设计主要指标的检查，一般采用比较法，就是把各项指标的完成情况同计划规定的指标相对比。检查的内容应包括工程进度、工程质量、材料消耗、机械使用和成本费用等，把主要指标数额检查同其相应的施工内容、施工方法和施工进度的检查结合起来，发现其问题，为进一步分析原因提供依据。

检查施工总平面图的合理性时，要求施工总平面图必须按规划要求建造临时设施、敷设管网和运输道路，合理地存放机具、堆放材料；施工现场要符合文明施工的要求，施工现场的局部断电、断水、断路等，必须事先得到有关部门批准；施工的每个阶段都要有相应的施工总平面图，施工总平面图的任何改变都必须经有关部门批准。如果发现施工总平面图存在不合理处，要及时制定改进方案，报请有关部门批准，不断地满足施工进展的需要。

（2）施工组织设计的调整 根据施工组织设计执行情况进行检查，从而发现问题并找出其产生的原因，及时合理地拟定其改进措施或方案，对施工组织设计的待改进部分或指标逐项进行相应调整，对施工总平面图进行修改，使施工组织设计在新的基础上实现新的平衡。

实际上，施工组织设计的贯彻、检查和调整是一项经常性的工作，必须随着施工的进展情况加强反馈并及时地进行，要贯穿拟建工程项目施工过程的始终。

五、施工组织设计的编制程序及依据

1. 施工组织设计的编制程序

概括地讲，编制施工组织设计应遵循的程序是：对施工合同和施工条件进行分析→对施工项目管理目标责任书进行分析→编写目录及框架→分工编写→汇总协调→统一审查→修改定稿→报批。

具体的施工组织设计编制程序若按编制对象范围的不同来说，有施工组织总设计的编制程序、单位工程施工组织设计的编制程序和分部分项工程施工组织设计的编制程序。三种编制程序形式、步骤基本相同，只是其内容的范围和粗细程度不同，编制时都应遵循上述的编制程序，而且除了要采用正确合理的编制方法外，还必须注意有关信息的反馈。

2. 编制施工组织设计的依据

（1）施工组织总设计的编制依据　其编制依据主要有：

1）计划文件。包括可行性研究报告，单位工程项目一览表，分期分批投产的要求，投资指标和设备材料订货指标，建设地点所在地区主管部门的批件，施工单位主管部门下达的施工任务等。

2）设计文件。包括批准的初步设计或技术设计，设计说明书，总概算或修正总概算。

3）合同文件。即施工单位与建设单位签订的工程承包合同。

4）建设地区的调查资料。包括气象、地形、地质和地区性技术经济条件等。

5）定额、规范、建设政策与法规、类似工程项目建设的经验资料等。

（2）单位工程施工组织设计的编制依据　主要有：

1）上级部门的需求，建设单位的意图和要求，工程承包合同、施工图对施工的要求等。

2）施工组织总设计和施工图。

3）年度施工计划对该工程的安排和规定的各项指标。

4）预算文件提供的有关数据。

5）劳动力配备情况，材料、构件、加工品的供应情况，主要施工机械的生产能力和配备情况。

6）建设单位可提供的施工用地、施工用房、水、电等供应条件。

7）设备安装进场时间和对土建的要求，以及对所需场地要求。

8）施工现场的具体情况：地形，地上、地下障碍物，水准点，气象，工程与水文地质，交通运输道路等。

9）建设用地征购、拆迁情况，施工执照办理情况，国家有关规定、规范、规程和定额等。

六、施工方案的技术经济评价

施工方案的确定是单位工程施工组织设计的核心问题。施工方案一般包括的内容：确定施工程序和顺序、施工起点流向、施工方法和施工机械、安全施工设计和环境保护内容及方法等。对施工方案进行技术经济评价是选择最优施工方案的必要环节。施工方案的技术经济评价的目的就是对每一分部分项工程的多个可行施工方案进行筛选，选出一个工期短、质量好、材料省、劳动力安排合理、工程成本低的最优方案。

施工方案的技术经济评价涉及的因素多而复杂，一般只需对一些主要分部分项工程的施工方案进行技术经济比较，有时也需对一些重大工程项目的总体施工方案进行全面的技术经济评价。

一般来说，施工方案的技术经济评价有定性分析评价和定量分析评价两种。

1. 定性分析评价

施工方案的定性技术经济分析评价是结合施工实际经验，对若干施工方案的优缺点进行分析比较。分析评价技术上是否可行，施工复杂程度和安全可靠性如何，劳动力和机械设备能否满足需要，是否能充分发挥现有机械的作用，保证质量的措施是否完善可靠，对冬季施工带来多大困难等问题。

2. 定量分析评价

施工方案的定量技术经济分析评价是通过计算各方案的几个主要技术经济指标，进行综合比较分析，从中选择技术经济指标较佳的方案。定量分析评价通常分为两种方法。

(1) 多指标分析方法　它是用价值指标、实物量指标和工期指标等一系列单个的技术经济指标，对各个方案进行分析对比从中选优的方法。定量分析的指标通常有：

1) 工期指标。当要求工程尽快完成以便尽早投入生产或使用时，选择施工方案就要在确保工程质量、安全和成本较低的条件下，优先考虑缩短工期。

2) 劳动量指标。它能反映施工机械化程度和劳动生产率水平。通常在方案中，劳动消耗量越小，机械化程度和劳动生产率越高。劳动消耗指标以工日数计算。

3) 主要材料消耗指标。反映若干施工方案的主要材料节约情况。

4) 成本指标。反映施工方案的成本高低，一般需计算方案所用的直接费和间接费。

5) 投资额指标。当选定的施工方案需要增加新的投资时，如需购买新的施工机械或设备，则需增加投资额的指标，进行比较。

例 7-9　现欲开挖大模板工艺多层钢筋混凝土结构居住房屋的基坑，其平面尺寸为 147.5m×12.46m，坑深为 3.71m，土方量为 $9000m^3$，挖出的土除就地存放 $1200m^3$ 准备回填之用外，其余土须用汽车及时运走。根据现有劳动力和机械设备条件，可以采用以下三种施工方案。

方案 1：采用 W_1—100 型反铲挖土机开挖，翻斗汽车运土，不需开挖斜道方案。配合挖土机工作每班需普工 2 人，基坑修整所需劳动量 51 工日。反铲挖土机的台班生产率为 $529m^3$，每台班的租赁费为 319.95 元，拖车台班的租赁费为 333.60 元。

方案 2：采用 W—501 正铲挖土机。该方案需先开挖一条供挖土机及汽车出入的斜道，斜道土方量约 $120m^3$，正铲挖土机台班生产率为 $518m^3$，每台班租赁费为 319.95 元。配合挖土机工作需配普工 2 人，斜道回填土需 33 工日，基坑修整需劳动量 51 工日。

方案 3：采用人工开挖，人工装翻斗车运土的方案。需人工开挖两条斜道，以便翻斗车进出。两条斜道土方量约为 $400m^3$。挖土每班配普工 69 人，翻斗车装土每班需配普工 36 人。回填斜道需劳动量为 150 工日，人工挖土方的产量定额为每工日 $8m^3$。

上述三种方案有关指标计算结果汇总列入表7-2。由表中各指标数值可以看出，方案1各指标均较优，故采用方案1。

表7-2 基坑开挖不同方案的技术经济指标比较

开挖方案	工期/天	劳动量/工日	成本/元	方案说明
方案1	17	119	8785.05	反铲挖土机 W_1—100型
方案2	18.5	154	9936.33	正铲挖土机W—501型
方案3	17	1937	28130.34	人工开挖

(2) 综合指标分析方法　综合指标分析方法是以多指标为基础，将各指标的值按照一定的计算方法进行综合后得到一综合指标进行评价。评价时按综合指标值最大者为最优方案。

通常的方法是：首先根据多指标中各个指标在评价中重要性的相对程度，分别定出权值 W_i，再用同一指标依据其在各方案中的优劣程度定出其相应的分值 C_{ij}。设有 m 个方案和 n 种指标，则第 j 方案的综合指标值 A_j 为

$$A_j = \sum_{i=1}^{n} C_{ij} W_i$$

式中，$j=1, 2, \cdots, m$；$i=1, 2, \cdots, n$。

七、施工平面图的科学管理

在工程项目施工组织设计管理中，科学有效地进行施工平面图的管理，有其特别的现实意义。概括地讲，施工平面图的科学管理应做好以下工作：

(1) 建立健全管理制度　建立统一的施工总平面图和单位工程施工平面图的管理制度，划分施工总平面图和单位工程施工平面图的使用管理范围。各区各片有人负责，严格控制各种材料、构件、机具的位置、占用时间和占用面积。遵守管理制度，做到按章办事。

(2) 实行动态管理　实行施工总平面图和单位工程施工平面图的动态管理，定期对现场平面进行实录、复核，修正其不合理的地方，定期召开施工平面图执行检查会议，奖优罚劣，协调各单位关系。

(3) 做好现场的清理和维护工作　在施工现场不准擅自拆迁建筑物和水电线路，不准随意挖断道路。大型临时设施和水电管路不得随意更改和移位。

(4) 完工总结　完工清场后，要及时对施工平面图的管理进行总结，写出总结材料。

第六节　施工现场管理

一、施工现场管理的概念

施工现场是指从事工程施工活动经批准占用的施工场地。该场地既包括红线以内占用的建筑用地和施工用地，又包括红线以外现场附近经批准占用的临时施工用地。它的管理是指对这些场地如何科学安排、合理使用，并与各种环境保持协调关系。搞好施工现场管理是工程建设法律、法规对承包人提出的合理要求。项目经理部应认真搞好施工现场管理，做到文明施工、安全有序、整洁卫生、不扰民、不损害公众利益。

施工现场管理的好坏首先涉及施工活动能否正常进行，施工现场是施工的“枢纽站”，涉及到人流、物流和财流是否畅通；施工现场是一个“绳结”，把各专业管理联系在一起，密切协作，相互影响，相互制约；施工现场管理是一面“镜子”，能照出施工单位的精神面貌、管理面貌、施工面貌；施工现场管理是贯彻执行有关法规的“焦点”，必须有法制观念，执法、守法、护法。

二、施工现场管理的内容

(1) 合理规划施工用地　首先要保证场内占地的合理使用。当场内空间不充分时，应会同建设单位按规定向规划部门和公安交通部门申请，经批准后才能获得并使用场外临时施工用地。

(2) 科学地进行施工总平面设计与布置　施工总平面设计是工程施工现场管理的重要内容和依据，目的是对施工场地进行科学规划，合理利用空间。在施工总平面图上的临时设施，都应各得其所，关系合理合法，从而呈现出现场文明，有利于安全和环境保护，有利于节约，方便于工程施工。

(3) 加强对施工现场使用的检查　现场管理人员应经常检查现场布置是否按平面布置图进行，是否符合各项规定，是否满足施工需要，还有哪些薄弱环节，从而为调整施工现场布置提供有用的信息，也应使施工现场保持相对稳定，不被复杂的施工过程打乱或破坏。

(4) 合理调整施工现场的平面布置　不同的施工阶段，施工的需要不同，现场的平面布置亦应进行调整。施工内容变化是现场平面布置调整的主要原因，不应当把施工现场当成一个固定不变的空间组合。而应当对它进行动态的管理和控制，但调整也不能太频繁，以免造成混乱和浪费。

(5) 建立文明的施工现场　文明施工现场即指按照有关法规的要求，使施工现场保持良好的作业环境、卫生环境和工作秩序。建立文明施工现场有利于提高工程质量和工作质量，提高企业信誉。

(6) 及时清场转移　施工结束后，项目管理班子应及时组织清场，将临时设施拆除，剩余物资退场，组织向新工程转移，以便整治规划场地，恢复临时占用土地，不留后患。

(7) 坚持现场管理标准化，堵塞浪费漏洞　现场管理标准化的范围很广，比较突出而又需要特别关注的是现场平面布置管理和现场安全生产管理，稍有不慎，就会造成浪费和损失。因此必须强调按规定的标准去管理。

(8) 做好施工现场管理评价　在工程完工后，应对施工现场管理进行总结和综合评价。评价内容应包括经营行为管理评价、工程质量管理评价、施工安全管理评价、文明施工管理评价及施工队伍管理评价五个方面。综合评价结果可用作对企业资质实行动态管理的依据之一，作为企业申请资质等级升级的条件，作为对企业进行奖罚的依据。

三、施工现场防火管理

施工现场必须严格按照《中华人民共和国消防法》的规定，建立和执行防火管理制度。现场必须有满足消防车出入和行驶的道路，并设置符合要求的防火报警系统和固定式灭火系统，消防设施应保持完好的备用状态。在火灾易发地区施工或储存、使用易燃、易爆器材时，承包人应当采取特殊的消防安全措施。施工现场的通道、消防出入口、紧急疏散楼道等，均应有明显标志或指示牌。

1. 施工现场防火的特点

施工现场存在的火灾隐患多，产生火灾的危险性大，稍有疏忽，就有可能发生火灾事故。施工现场防火的特点为：

1）施工工地易燃建筑物多且场地狭小，缺乏应有的安全距离。因此，一旦起火，容易蔓延成灾。

2）施工现场易燃材料多，容易失火。

3）施工现场临时用电线路多，容易漏电起火。

4）在施工进展期间，施工方法不同，会出现不同的火灾隐患。

5）施工现场人员流动性大，交叉作业多，管理不便，火灾隐患不易发现。

6）施工现场消防水源和消防道路均系临时设置，消防条件差，一旦起火，灭火困难。

2. 火灾预防管理工作

1）对上级有关消防工作的政策、法规、条例要认真贯彻执行。将防火纳入领导工作的议事日程，做到在计划、布置、检查、总结、评比时均考虑防火工作，制定各级领导防火责任制。

2）企业建立防火制度。防火制度包括各级安全防火责任制；工人安全防火岗位责任制；现场防火工具管理制度；重点部位安全防火制度；安全防火检查制度；火灾事故报告制度；易燃易爆物品管理制度；用火、用电管理制度；防火宣传、教育制度。

3）建立安全防火委员会。在进入现场后立即建立由现场施工负责人主持，有关技术、安全保卫、行政等部门参加的安全防火委员会。其职责是：贯彻国家消防工作方针、法律、文件及会议精神，结合本单位具体情况部署防火工作；定期召开防火委员会会议；开展安全消防教育和宣传；组织安全防火检查，并监督落实；制定安全消防制度及保证防火的安全措施；对防火灭火有功人员奖励，对违反防火制度及造成事故的人员批评、处罚以至追究责任。

4）设专职、兼职防火员，成立义务消防组织。其职责是：监督、检查、落实防火责任制的情况；审查防火工作措施并督促实施；参加制定、修改防火工作制度；经常进行现场防火检查，发现火灾隐患有权指令停止生产或查封，并立即报告有关领导研究解决；推广消防工作先进经验；对工人进行防火知识教育；参加火灾事故调查、处理、上报。

四、施工现场文明施工管理

文明施工有广义和狭义两种理解。广义的文明施工，就是科学地组织施工。这里所讲狭义的文明施工是指在施工现场管理中，要按现代化施工的客观要求，使施工现场保持良好的施工环境和施工秩序，它是施工现场管理的一项综合性基础管理工作。

1. 文明施工的意义

1）文明施工能促进企业综合管理水平的提高。

2）文明施工是现代化施工本身的客观要求。

3）文明施工是企业管理的对外窗口。

4）文明施工有利于培养一支懂科学、善管理、讲文明的施工队伍。

2. 文明施工的措施

文明施工的措施是落实文明施工标准，实现科学管理的重要途径。

（1）组织管理措施 主要措施有：

1）健全管理组织。施工现场应成立以项目经理为组长，主管生产副经理，主任工程师，栋号负责人（或承包队长），生产、技术、质量、安全、消防、保卫、材料、环保、行政卫生等管理人员为成员的施工现场文明施工管理组织。

2）健全管理制度。主要包括：个人岗位责任制；经济责任制；文明施工检查制度；文明施工管理奖惩制度；施工现场持证上岗制度；文明施工会议制度；文明施工各项专业管理制度，如质量、安全、场容、卫生、民工管理等专业制度。

3）健全管理资料。在文明施工管理过程中，应健全有关文明施工的标准、规定、法律法规、施工日志、教育、培训、考核记录以及文明施工会议、检查等活动记录的相应资料。

4）开展竞赛。公司之间、项目经理部之间、现场各个专业管理之间应开展文明施工竞赛活动，并与检查、考评、奖惩相结合。

5）加强宣传教育培训工作。通过文明施工宣传教育培训工作，专业管理人员要熟悉掌握文明施工标准，特别要加强对民工的文明施工岗前教育工作。

6）积极推广应用新技术、新工艺、新设备和现代化管理方法，提高机械化作业程度。文明施工是现代工业生产本身的客观要求，广泛应用新技术、新设备、新材料是实现现代化施工的必由之路，它为文明施工创造了条件，打下了基础。

（2）现场管理措施 主要措施有：

1）开展“5S”活动。“5S”活动是指对施工现场各生产要素所处状态不断地进行整理、整顿、清扫、清洁和素养（这五个词日文罗马拼音的第一个字母都是“S”）。“5S”活动在日本和西方国家企业中广泛实行。整理就是把施工现场不需要和不合理的人、事、物及时处理。整顿就是把施工现场所需要的人、机、物、料等按照施工现场平面布置图规定的位置，科学合理地安排布置。清扫就是要勤加维护打扫，保持现场环境卫生、干净整齐，并使设备运转正常。清洁就是前三项活动的继续和深入，从而预防疾病、消除发生安全事故的根源，使施工现场保持良好的施工与生活环境和施工秩序。素养就是努力提高施工现场全体职工的素质，养成遵章守纪和文明施工习惯，它是开展“5S”活动的核心和精髓。

开展“5S”活动，要特别注意调动全体职工的积极性，由职工自己动手，创造一个整齐、清洁、方便、安全和标准化的施工环境，使全体职工养成遵守规章制度和操作规程的良好风尚；要加强组织、严格管理、领导高度重视，要将“5S”活动纳入岗位责任制，并按照文明施工标准检查、评比与考核。

2）合理定置。合理定置是指把全工地施工期间所需要的物在空间上合理布置，实现人与物、人与场所、物与场所、物与物之间的最佳结合，使施工现场秩序化、标准化、规范化，体现文明施工水平，是实现文明施工的一项重要措施。合理定置设计其实质就是现场空间布置的细化、具体化，要根据原施工现场平面布置图的实际情况及时作出修改、补充、调整，确保科学合理。对合理定置实施方案要推行 PDCA 循环和考核工作，定置管理要贯穿施工的全过程。

3）目视管理。目视管理是一种符合现代化施工要求和生理及心理需要的科学管理方式，是搞好文明施工、安全生产的一项重要措施。目视管理就是用眼睛看的管理，亦可称之为“看得见的管理”。它是利用形象直观、色彩适宜的各种视觉感知信息来组织现场施工生产活动，达到提高劳动生产率、保证工程质量、降低工程成本的目的。目视管理是一种简便适用、便于职工自主管理和自我控制、科学组织生产的一种有效的管理方式。

3. 文明施工管理要点

根据国家住建部对施工现场文明施工管理的规定，施工单位应当贯彻文明施工的要求，推行现代管理方法，科学组织施工，做好施工现场的各项管理工作。其管理要点为：

(1) 施工单位应当按照施工总平面布置图设置各项临时设施　大宗材料、成品、半成品和机具设备的堆放，不得侵占场内道路及安全防护等设施。设置的职工生活设施，应符合卫生、通风、照明等要求。职工的膳食、饮水供应等应当符合卫生要求。工程项目实行总包和分包的，分包单位确需进行改变施工总平面布置图活动的，应当先向总包单位提出申请，经总包单位同意后方可实施。

(2) 标牌和标志　施工现场必须设置明显的标牌，标明工程项目名称、建设单位、设计单位、监理单位、施工单位、项目经理和施工现场总代表的姓名，开、竣工日期，施工许可证批准文号等。施工单位负责施工现场标牌的保护工作。施工现场的主要管理人员在施工现场应当佩戴证明其身份的证卡。施工现场应保证道路畅通、排水系统处于良好的使用状态，保持场容场貌的整洁，随时清理建筑垃圾。在车辆、行人通行的地方施工，应当设置沟井坎穴覆盖物和施工标志。

(3) 施工现场的用电和施工机械　施工现场的用电线路、用电设施的安装和使用必须符合安装规范和安全操作规程，并按照施工组织设计进行架设，严禁任意拉线接电，必须设有保证施工安全要求的夜间照明，危险潮湿场所的照明以及手持照明灯具，必须采用符合安全要求的电压。施工机械应当按照施工总平面布置图规定的位置和线路设置，不得任意侵占场内道路。施工机械进场必须经过安全检查，经检查合格的方能使用，施工机械操作人员必须建立机组责任制，并依照有关规定持证上岗，禁止无证人员操作。

(4) 安全生产和事故处理　施工单位必须执行国家有关安全生产和劳动保护的法规，建立安全生产责任制，加强规范化管理，进行安全交底、安全教育和安全宣传，严格执行安全技术方案。施工现场的各种安全设施和劳动保护器具，必须定期进行检查和维护，及时消除隐患，保证其安全有效。施工现场发生的工程建设重大事故的处理，依照《安全生产事故报告和调查处理条例》执行。

(5) 安全保卫　建设单位或施工单位应当做好施工现场安全保卫工作，采取必要的防盗措施，在现场周边设立围护设施。施工现场在市区的，周围应当设置遮挡围栏，临街的脚手架也应当设置相应的围护设施。非施工人员不得擅自进入施工现场。非建设行政主管部门对工程项目施工现场实施监督检查时，应当通过或者会同当地人民政府建设行政主管部门进行。

五、施工现场环境保护管理

环境保护是我国的一项基本国策。这里介绍的环境保护是指保护和改善施工现场的环境。具体地说，就是按照国家、地方法规和行业、企业要求，采取措施控制施工现场的各种粉尘、废水、废气、固体废弃物以及噪声、振动等对环境的污染和危害。

1. 环境保护的意义

(1) 保护和改善施工环境是保证人们身体健康和社会文明的需要　搞好施工现场环境卫生，改善作业环境，就能保证职工身体健康。搞好环境保护是坚持“以人为本”重要思想的体现。

（2）保护和改善施工现场环境是消除外部干扰保证施工顺利进行的需要 在城市施工，施工扰民问题反映突出，如果及时采取防治措施，就能防止污染环境，消除外部干扰，使施工顺利进行。

（3）保护和改善施工环境是现代化大生产的客观要求 现代化施工广泛应用新设备、新技术、新的生产工艺，对环境质量要求很高。

（4）环境保护是国家和政府的要求，是企业行为准则 我国《宪法》、《环境保护法》等对环境保护都作了明确的规定。加强环境保护是符合人民根本利益和造福子孙后代的一件大事，是保证社会和企业可持续发展的需要。

2. 环境保护的措施

（1）实行环保目标责任制 把环保指标以责任书的形式层层分解到有关单位和个人，列入承包合同和岗位责任制，建立一支懂行善管的环保自我监控队伍。

（2）加强检查和监控工作 要加强检查，加强对施工现场粉尘、噪声、废气的监测和监控工作，要与文明施工现场管理一起检查、考核、奖罚。及时采取措施消除粉尘、废气和污水的污染。

（3）保护和改善施工现场的环境，要进行综合治理 施工单位要采取有效措施控制人为噪声、粉尘的污染和采取技术措施控制烟尘、污水、噪声污染；建设单位应该负责协调外部关系，同当地居委会、办事处、派出所、居民、环保部门加强联系。要做好宣传教育工作，认真对待来信来访。

（4）要有技术措施，严格执行国家的法律、法规 在编制施工组织设计时，必须有环境保护的技术措施。在施工现场平面布置和组织施工过程中都要执行国家、地区、行业和企业有关环境保护的法律、法规和规章制度。

（5）采取措施防止大气污染 施工现场垃圾渣土要及时清理出现场，道路应指定专人定期洒水清扫，形成制度。袋装水泥、白灰、粉煤灰等易飞扬的细颗散体材料，应库内存放。禁止在施工现场焚烧会产生有毒、有害烟尘和恶臭气体的物质。尽量采用消烟除尘型和消烟节能型的工地茶炉、大灶和锅炉。工地搅拌站除尘是治理的重点，有条件要修建集中搅拌站。拆除旧有建筑物时，应适当洒水，防止扬尘。

（6）防止水源污染措施 禁止将有毒有害废弃物作土方回填，施工现场搅拌站废水、现制水磨石的污水须经沉淀池沉淀后再排入城市污水管道或河流。现场存放油料，必须对库房地面进行防渗处理，使用时要采取措施，防止油料跑、冒、滴、漏。工地临时食堂的污水排放可设置简易有效的隔油池。临时厕所、化粪池应采取防渗漏措施，并有防蝇、灭蛆措施。化学药品、外加剂等要妥善保管，库内存放。

（7）防止噪声污染措施 严格控制人为噪声。在人口稠密区进行强噪声作业时，须严格控制作业时间。确系特殊情况须昼夜施工时，尽量采取降低噪声措施，并会同建设单位找当地居委会或居民协调，出安民告示，求得群众谅解。尽量选用低噪声设备和工艺代替高噪声设备与加工工艺，或在声源处安装消声器。在传播途径上采取吸声、隔声、隔振和阻尼等方法来降低噪声。

工程项目施工由于受技术、经济条件限制，对环境的污染不能控制在规定范围内的，建设单位应当会同施工单位事先报请当地人民政府建设行政主管部门和环境行政主管部门批准。

第七节　施工现场安全管理

一、施工现场安全管理的特点

施工现场安全管理就是工程项目在施工过程中，组织安全生产的全部管理活动。施工现场是施工企业安全管理的基础，必须要强化施工现场安全的动态管理。施工现场安全管理的特点是：

(1) 安全管理的难点多　由于施工受自然环境的影响大、高处作业多、地下作业多、大型机械多、用电作业多，易燃物多，因此安全事故引发点多，安全管理的难点必然大量存在。

(2) 安全管理的劳保责任重　这是因为工程施工是劳动密集型，手工作业多，人员数量大，交叉作业多，作业的危险性大。因此，要通过加强劳动保护创造安全施工条件。

(3) 施工现场安全管理处在企业安全管理的大环境之中　包括安全组织系统、安全法规系统和安全技术系统。

(4) 施工现场是安全管理的重点　这是因为施工现场人员集中、物资集中，作业场所事故一般都发生在现场。

(5) 安全管理的严谨性　安全状态具有触发性，其控制措施必须严谨，一旦失控，就会造成损失和伤害。

二、施工现场安全管理的内容

施工现场的安全管理，主要是组织实施企业安全管理规划、指导、检查和决策。施工现场安全管理的内容，大体可归纳为安全组织管理、场地与设施管理（文明施工）、行为控制和安全技术管理四个方面，分别对生产中的人、物、环境的行为与状态，进行具体的管理与控制。

1. 施工现场安全组织管理

施工现场的项目经理为安全生产的第一责任者。施工现场应成立以项目经理为首的，有施工员、安全员、班组长等参加的安全生产管理小组。要建立由工地领导参加的包括施工员、安全员在内的轮流值班制度，检查监督施工现场及班组安全制度的贯彻执行，并做好安全值日记录。工地还要建立健全各类人员的安全生产责任制、安全技术交底、安全宣传教育、安全检查、安全设施验收和事故报告等管理制度。

对总、分包工程，总包单位应统一领导和管理安全工作，并成立以总包单位为主，分包单位参加的联合安全生产领导小组，统筹协调、管理施工现场的安全生产工作。各分包单位都应成立分包工程安全管理组织或确定安全负责人，负责分包工程安全管理，并服从总包单位的安全监督检查。在同一施工现场，由建设单位直接分包分部分项工程的施工单位除负责本单位施工安全外，还应服从现场总包施工单位的监督检查和管理。

2. 施工现场的安全措施要求

(1) 一般工程的施工现场安全措施要求　基本要求如下：

1) 平面布置。施工平面布置图中运输道路、临时用电线路、各种管道、生活设施等临时工程的安排，均要符合安全要求。工地四周应有与外界隔离的围护设置，入口处一般应标示安全纪律或施工现场安全管理规定。工地排水设施应全面规划，其设置不得妨碍交通和工地周围环境。

2）道路运输。工地的人行道、车行道应坚实平坦，保持畅通。工地通道不得任意挖掘或截断。如必须开挖时，有关部门应事先协调，统一规划，同时将通过道路和沟渠，搭设安全牢固的桥板。

3）材料堆放。一切建筑施工器材都应该按施工平面布置图规定的地点分类堆放整齐稳固。作业中使用剩余器材及现场拆下来的模板、脚手架杆件和余料、废料等都应随时清理回收，并且将钉子拨掉或者打弯再分类集中堆放。油漆及其稀释剂和其他对职工健康有害物质，应该存放在通风良好、严禁烟火的专用仓库。

4）施工现场的安全设施。安全设施如安全网、洞口盖板、护栏、防护罩、各种限制保险装置都必须齐全有效，并且不得擅自拆除或移动。

5）安全标牌。施工现场除应设置安全宣传标语牌外，危险部位还必须悬挂按照《安全色》（GB 2893—2008）和《安全标志》（GB 2894—2008）规定制作的标牌。夜间有人经过的坑洞等处还应设红灯示警。

（2）特殊工程施工现场安全措施要求　特殊工程系指工程本身有特殊性或工程所在区域有特殊性或采用的施工工艺、方法有特殊要求的工程。特殊工程施工现场安全管理，除具有一般工程的基本要求外，还应根据特殊工程的性质、施工特点、要求等制定有针对性的安全管理和安全技术措施。其基本要求是：编制特殊工程施工现场安全管理制度并向参加施工的全体职工进行安全教育和交底；特殊工程施工现场周围要设置围护，要有出入制度并设值班人员；强化安全监督检查制度；对从事危险作业如爆破、吊装拆除工程等的人员要进行安全检测和设置监护；施工现场应设医务室或派医务人员；要备有灭火、防爆炸等的器材物资。

（3）防火与防爆安全管理　工程施工现场防爆安全管理工作的主要内容是：对于爆破及引爆物品的储存、保管、领用和各种气瓶的运输、存放、使用都必须严格按规定执行；各种可燃性液体、油漆涂料等在运输、保存、使用中，除按规定外，要根据其性能特点采取相应的防爆措施；向操作者及其有关人员，作好安全交底。

3. 安全技术管理

安全技术管理的工作程序是：根据工程特点进行安全分析、评价、设计、制定对策、组织实施。实施中收集信息反馈，进行必要的技术调整或巩固安全技术效果。安全技术管理分为内业管理和外业管理两部分。

（1）内业管理　内业即技术分析、决策和信息反馈的研究处理。安全技术资料是内业管理的重要工作，它不仅是施工安全技术的指令性文件与实施的依据和记录，而且是提供安全动态分析的信息流，并且对上级制定法规、标准也有着重要的研究价值。

（2）外业管理　外业管理主要是组织实施，监督检查。作业部门及人员都必须认真遵照经审定批准的措施方案和有关安全技术规范进行施工作业。各项安全设施如脚手架、龙门架、模板、塔吊、安全网、施工用电、洞口等的搭设及其防护设置完成后必须组织验收，合格后才准使用。在使用过程中，要进行经常性的检查维修，确保安全有效。各施工作业完成后，安全设施、防护装置确认不再需要时，经批准后方可拆除。对拆除复杂和危险性的设施必须按拆除方案和有关拆除工程规定进行，并派安全监护，同时要划定危险区域，设立警告标志。

三、施工现场安全管理要点

建筑施工企业和施工项目经理部在进行施工现场安全管理工作时，应坚持管生产同时管安全、坚持全员、全过程、全方位、全天候的动态安全管理的基本原则，必须贯彻预防为主的方针，努力做好施工现场安全管理工作。施工现场安全管理的工作要点可归纳为：

（1）进行安全立法、执法和守法　项目经理部在学习国家、行业、地区安全法规的基础上，制定自己的安全管理制度，并以此为依据，对工程项目的安全施工进行经常性的制度化和规范化的管理，也就是执法。守法是按照安全法规的规定进行工作，使安全法规变为行动，产生效果。

（2）落实安全责任，建立安全组织系统及相应的责任系统　施工现场应建立和完善以项目经理为首的安全生产领导组织，从而开展安全管理活动，承担组织、领导安全生产的责任；应建立各级人员安全生产责任制度，明确各级人员的安全责任，抓制度、责任落实，定期检查安全责任落实情况。

（3）安全教育与训练　施工现场进行安全教育与训练，能有效地防止人的不安全行为，减少人的失误。安全教育、训练是进行人的行为控制的重要方法和手段。因此，进行安全教育、训练要适时、宜人，内容合理，方式多样，形成制度。组织安全教育、训练要做到严肃、严格、严密、严谨、讲求实效。安全教育、训练包括安全知识、技能、意识三个方面的教育、训练。

（4）加强安全检查与考核　安全检查是发现不安全行为和不安全状态的重要途径，是消除事故隐患，落实整改措施，改善劳动条件的重要方法。安全检查的形式有普遍检查、专业检查和季节性检查。安全检查的内容主要是查思想、查管理、查制度、查现场、查隐患、查事故处理。安全检查方法常用的有一般检查方法和安全检查表（SCL）法。其中一般方法常采用看、听、嗅、问、测、验、析等方法。安全考核也是安全管理和安全控制的一种重要手段。只有经过严格考核，建立安全奖惩制度，才能鼓励先进、鞭策落后，才能进行安全改进，推广经验，提高安全施工水平。

（5）施工现场安全标准化　实行施工现场安全标准化是实现安全生产的根本措施，是强化安全管理和安全技术的有效途径。各项管理标准和工作标准通过技术标准的实施，将安全生产的基本要求落实到基层。标准化的实施可以增强职工安全意识，提高职工现场安全防护水平，促进现代化安全管理，做到强化管理、落实责任、严肃法规、消灭违章、减少伤亡事故。标准化从人的角度来说，是以标准规范每个管理人员和操作人员的行为，约束人的不安全行为；从物的角度看，标准化是一种技术准则，消除物的不安全状态，建立良好的生产秩序和创造安全的生产环境。

（6）生产技术与安全技术的统一　生产技术工作是通过完善生产工艺过程、规范工艺操作、发挥技术的作用，保证生产顺利进行。包含了安全技术在保证生产顺利进行的全部职能和作用。两者的实施目标虽各有侧重，但工作目的完全统一在保证生产顺利进行、实现效益这一共同的基点上。生产技术、安全技术统一，体现了安全生产责任制的落实。

(7) 开展安全防护和安全施工的研究　通过开展安全防护和安全施工的研究，可以找出并发现施工过程中有损职工身体健康和人身安全的各种因素，开发劳动保护和事故预防的新途径，使安全施工科学化，提高安全施工的保障水平。

(8) 正确对待事故的调查与处理　事故是违背人们意愿，且人们不希望发生的事件。一旦发生事故，不能以违背人们意愿为理由，予以否定。关键在于对事故的发生要有正确认识，并用严肃、认真、科学、积极的态度，处理好已发生的事故，尽量减少损失，采取有效措施，严禁同类事故重复发生。

四、安全管理工作的职责

施工现场安全管理工作必须要明确各单位、各部门和各级管理人员及操作工人的安全职责，要定出履行安全职责的具体措施、手段和各种保证条件，并全面抓好安全职责落实工作。

总体来讲，施工现场安全管理工作的主要职责是：宣传贯彻安全管理法律、法规；对施工安全工作实行分级管理；审查工程项目开工前的安全技术措施；审查施工企业施工资质等级；监督建设单位、施工单位按照国家及各省、市、自治区有关规定，定额支付、使用安全技术措施经费；根据国家有关规定，负责职责范围内的安全技术教育和培训；对竣工工程的施工安全管理进行考证验收；调查、处理工程项目施工中的事故，对死亡及重大事故按照规定会同劳动、公安、检察、工会等部门组织调查、处理。

下面仅介绍施工项目经理的安全职责，具体各单位、各部门和各级管理人员及操作工人的安全职责，如施工现场安全员、作业队长、班组长、操作工人以及分包人、承包人对分包人等的安全职责，就不一一赘述了。

施工项目经理的安全职责是：认真贯彻安全生产方针、政策、法规和各项规章制度，制定和执行安全生产管理办法，严格执行安全考核指标和安全生产奖惩办法，严格执行安全技术措施审批和施工安全技术措施交底制度；作为施工项目安全施工的责任核心，对参加施工的全体职工的安全与健康负责，把安全生产责任落实到每一个生产环节中；组织施工项目中的安全教育；主持处理施工现场发生的重大安全事故；配备施工项目的安全技术人员；定期组织召开安全生产会议，研究安全措施和对策；每天巡视施工现场，发现安全隐患，并组织解决；组织开展现场安全施工活动，建立安全施工工作日志。

复习题

1. 简述工程项目施工管理的内容和程序。
2. 试述承包单位施工准备工作的内容。
3. 简述施工组织设计的主要内容。
4. 试述施工现场安全管理的内容。
5. 某两层现浇钢筋混凝土工程，施工过程分为安装模板、绑扎钢筋和浇注混凝土。已知每段每层各施工过程的流水节拍分别为 $t_{模}=2$ 天，$t_{扎}=2$ 天，$t_{混}=1$ 天。当安装模板工作队转移到第二结构层的第一段施工时，需待第一层第一段的混凝土养护 1 天后才能进行。在保证各工作队连续施工的条件下，求该工程每层最少的施工段数，并绘出流水施工进度图表。

6. 某工程包括三幢结构相同的砖混住宅楼，组织单位工程流水，以每幢住宅楼为一个施工段。已知：（1）地面 ±0.000m 以下部分按土方开挖、基础施工、底层预制板安装、回填土4个施工过程组织固定节拍流水施工，流水节拍为2周；（2）地上部分按主体结构、装修、室外工程组织加快的成倍节拍流水施工，各由专业工作队完成，流水节拍分别为4周，4周，2周。如果要求地上部分与地下部分最大限度的搭接，均不考虑间歇时间，试绘制该工程施工进度计划。

7. 某项目经理部拟承建一工程，该工程有Ⅰ、Ⅱ、Ⅲ、Ⅳ、Ⅴ等5个施工过程。施工时在平面上划分成4个施工段，每个施工过程在各个施工段上的流水节拍见表7-3。规定施工过程Ⅱ完成后，其相应施工段至少要养护2天；施工过程Ⅳ完成后，其相应施工段要留有1天的准备时间。为了尽早完工，允许施工过程Ⅰ与Ⅱ之间搭接施工1天，试编制流水施工方案。

表7-3 流水节拍 （单位：天）

施工过程 / 施工段	Ⅰ	Ⅱ	Ⅲ	Ⅳ	Ⅴ
A	3	1	2	4	3
B	2	3	1	2	4
C	2	5	3	3	2
D	4	3	5	3	1

工程网络计划技术与进度管理

第八章

【主要内容及学习要求】

本章主要介绍工程项目进度管理的相关内容，要求了解工程项目进度管理的概念及其原理，掌握双代号和单代号网络计划、双代号时标网络计划、单代号搭接网络计划的知识，熟悉网络计划的优化、进度计划实施中的监测与调整、设计与施工进度管理等内容。

第一节　工程项目进度管理概述

一、工程项目进度管理的概念及影响因素

1. 工程项目进度管理的概念

工程项目进度管理是指项目管理者围绕目标工期的要求编制计划，付诸实施，并在实施过程中不断检查计划的实际执行情况、分析进度偏差原因、进行相应调整和修改；通过对进度影响因素实施控制及各种关系协调，综合运用各种可行方法、措施，将项目的计划工期控制在事先确定的目标工期范围之内，在兼顾费用、安全、质量控制目标的同时，努力缩短建设工期。工程项目进度管理的对象是项目建设工期。

由于在工程项目建设过程中存在着许多影响进度的因素，因此，进度管理人员必须事先对这些影响因素进行调查分析，预测其影响程度，确定合理的进度管理目标，编制可行的进度计划，使工程建设工作始终按计划进行。但不管进度计划的周密程度如何，都很难照原定的进度计划执行。为此，进度管理人员必须掌握动态控制原理，在分析进度偏差及其产生原因的基础上，通过采取组织、技术、合同、经济等措施，尽量维持原进度计划。如果采取措施后仍不能维持原计划，则需要对原进度计划进行调整或修正，再按新的进度计划实施。只有这样不断地检查和调整，才能保证工程项目进度得到有效控制与管理。

2. 工程项目进度的影响因素

工程项目具有规模庞大、工程结构与工艺技术复杂、建设周期长及相关单位多等特点，决定了工程项目进度将受到许多因素的影响。要想对工程项目进度进行有效地管理，就必须对影响进度的有利因素和不利因素进行全面、细致的分析和预测，以实现对工程项目进度的主动控制和动态控制。

影响工程项目进度的不利因素有很多，大体可包括人员因素，技术因素，组织因素，材料、设备与构配件因素，资金因素，水文、地质与气象因素，环境，社会因素及其他事先难以预料的因素等。若按产生根源的不同，可归结为来自业主单位、设计单位、施工单位、建筑材料和构配件等生产供应单位、政府及建设主管部门、质量监督与检测机构、建设监理单位、工程建设有关配合协作单位及项目建设所在地区周边邻近单位与社区人群等的各种影响因素。若按引起缘由的不同，可归因为：①错误地估计了项目的实际具体情况及项目的实现条件，包括过高估计了有利因素和过低估计了不利因素，缺乏周密的项目风险分析过程；②发生了项目决策、筹备或实施过程中某些方面工作的失误；③发生了不可预见事件。若根据 FIDIC 合同条件下对造成工程进度拖延进行的责任区分及处理办法，又可归结为工程延误和工程延期。若工程项目为国际工程项目，在国外常见的法律制度变化，经济制裁，战争、骚乱、罢工、企业倒闭，汇率浮动和通货膨胀等，都会对工程项目的进度产生不利影响。

二、工程项目进度管理的措施和主要任务

1. 进度管理的措施

为了实施进度管理，进度管理人员必须根据工程项目的具体情况，认真制定进度管理措施，以确保进度管理目标的实现。进度管理的措施应包括组织措施、技术措施、经济措施及合同措施。

（1）组织措施　组织措施主要包括：建立进度管理目标体系，明确工程项目现场组织机构中进度管理人员及其职责分工；建立工程进度报告制度及进度信息沟通网络；建立进度计划审核制度和进度计划实施中的检查分析制度；建立进度协调会议制度；建立施工图审查、工程变更和设计变更管理制度。

（2）技术措施　技术措施主要包括：审查进度计划，以便能在合理的状态下施工；编制进度管理工作细则，指导进度管理人员实施进度控制；采用网络计划技术及其他科学适用的计划方法，并结合计算机的应用，对工程项目进度实施动态控制。

（3）经济措施　经济措施主要包括：及时办理工程预付款及工程进度款支付手续；对应急赶工给予优厚的赶工费用；对工期提前给予奖励；对工程延误收取误期损失赔偿金；加强索赔管理，公正地处理索赔。

（4）合同措施　合同措施主要包括：推行 CM 承发包模式，对工程项目实行分段设计、分段发包和分段施工；加强合同管理，协调合同工期与进度计划之间的关系，保证合同中进度目标的实现；严格控制合同变更，对各方提出的工程变更和设计变更，应严格审查后再补入合同文件之中；加强风险管理，在合同中应充分考虑风险因素及其对进度的影响，以及相应的处理方法。

2. 工程项目实施阶段进度管理的主要任务

（1）设计准备阶段进度管理的任务　主要任务是：收集有关工期的信息，进行工期目标和进度管理决策；编制工程项目建设总进度计划；编制设计准备阶段详细工作计划，并控制其执行；进行环境及施工现场条件的调查和分析。

（2）设计阶段进度管理的任务　主要任务是：编制设计阶段工作计划，并控制其执行；编制详细的出图计划，并控制其执行。

（3）施工阶段进度管理的任务　主要任务是：编制施工总进度计划，并控制其执行；编

制单位工程施工进度计划，并控制其执行；编制工程年、季、月实施计划，并控制其执行。

三、工程项目进度管理原理

工程项目进度管理始于进度计划的编制，是一个不断编制、执行、检查、分析和调整计划的动态循环过程。工程项目进度管理过程中必须遵循以下原理：

（1）动态控制原理　当实际进度按照计划进度进行时，若存在偏差，要分析偏差的原因，采取相应的措施，调整原计划，使两者在新的起点上重合，继续按计划进行工程建设活动。但在新的干扰因素作用下，又需要进行控制，如此反复。工程项目进度管理就是采用这种动态循环的控制方法。

（2）系统原理　将系统原理运用于进度管理的主要含义是：①应按工程项目不同的建设阶段分别编制计划，从而形成严密的进度计划系统；②建立由各个不同管理主体及其不同管理层次组成的进度管理组织实施系统；③进度管理自计划编制开始，经过计划实施过程中的跟踪检查、发现进度偏差、分析偏差原因、制定调整或修正措施等一系列环节再回到对原进度计划的执行或调整，从而构成一个封闭的循环系统；④采用工程网络计划技术编制进度计划并对其执行情况实施严格的量化管理。

（3）信息反馈原理　信息反馈是工程项目进度管理的主要环节。工程的实际进度通过信息反馈给项目进度管理的工作人员，在分工的职责范围内，经过对其加工，再将信息逐级向上反馈，直到项目经理部，项目经理部整理统计各方面的信息，经比较分析做出决策，调整进度计划，仍使其符合预定工期目标。

（4）弹性原理　进度计划编制者充分掌握影响进度的原因并根据统计经验估计出其影响的程度和出现的可能性，并在确定进度目标时，进行实现目标的风险分析，这样编制工程项目进度计划时就会留有余地，使工程进度计划具有弹性。在进行工程项目进度管理时，便可以利用这些弹性，缩短有关工作的时间，或者改变它们之间的搭接关系，使拖延了的工期，通过缩短剩余计划工期的方法，仍然达到预期的计划目标。

（5）封闭循环原理　工程项目进度计划管理的全过程是计划、实施、检查、比较分析、确定调整措施、再计划。从编制项目进度计划开始，经过实施过程中的跟踪检查，收集有关实际进度的信息，比较和分析实际进度与计划进度之间的偏差，找出产生原因和解决办法，确定调整措施，再修改原进度计划，形成一个封闭的循环系统。

（6）网络计划技术原理　在工程项目进度管理中利用网络计划技术原理编制进度计划，根据收集的实际进度信息，比较和分析进度计划，又利用网络计划的工期优化、费用优化和资源优化的理论调整计划。网络计划技术原理是工程项目进度管理的完整的计划管理和分析计算理论基础。

四、进度计划的表示方法和编制程序

1. 工程项目进度计划的表示方法

编制工程项目进度计划通常需借助两种方式，即文字说明与各种进度计划图表。其中前者是用文字形式说明各时间阶段内应完成的工程建设任务及所需达到的工程形象进度要求。后者是指用图表形式来表达工程建设各项工作任务的具体时间顺序安排。根据图表形式的不同，工程进度计划的表达有横道图、斜线图、线型图、网络图等形式。其中横道图又称甘特（Gantt）

图即水平指示图，斜线图即垂直指示图，这些表达方式已在本书第七章流水施工中作了介绍。

(1) 用线型图表示工程进度计划 线型图是利用二维直角坐标系中的直线、折线或曲线来表示完成一定工作量所需时间或在一定的时间内所能完成的工作量的一种进度计划表达方式。线型图可以用时间—距离图和时间—速度图等不同表现形式。其中时间—距离图一般用于长距离管道安装、线路敷设、隧道施工及道路建设工程的进度计划表达；而时间—速度图则一般用于表达计划完成任务量（或金额）与时间之间的相互关系，如将在本章第七节进度计划执行情况检查中介绍的“S”形曲线图和“香蕉”曲线图即为两种典型的时间—速度图。线型图的优点在于其对进度计划进行表达的概括性强，且利用其对比实际进度与计划进度效果直观；不足之处是针对总体工程任务所含多项工作一一画线，其实际绘图操作较为困难，特别是其绘图结果也往往不易阅读清楚。

(2) 用网络图表示工程进度计划 网络图是利用由箭线和节点所组成的网状图形来表示总体工程任务各项工作系统安排的一种进度计划表达方式。与横道图相比，网络图具有如下优点：网络图能全面而明确地表达出各项工作的逻辑关系；能进行各种时间参数的计算；能找出决定工程进度的关键工作；能从许多可行方案中，选出最优方案；某项工作推迟或者提前完成时，可以预见到它对整个计划的影响程度，而且能够迅速进行调整；利用各项工作反映出的时差，可以更好地调配人力、物力，达到降低成本的目的；更重要的是，它的出现与发展使计算机在进度计划管理中得以应用。网络计划技术的缺点是在计算劳动力、资源消耗量时，与横道图相比较为困难。

2. 工程项目进度计划的编制程序

当应用网络计划技术编制工程项目进度计划时，其编制程序一般包括4个阶段10个步骤（见表8-1）。

表8-1 工程项目进度计划编制程序

<table>
<tr><th>编制阶段</th><th>编制步骤</th><th>编制阶段</th><th>编制步骤</th></tr>
<tr><td rowspan="2">Ⅰ. 计划准备阶段</td><td>1. 调查研究</td><td rowspan="3">Ⅲ. 计算时间参数及确定关键线路阶段</td><td>6. 计算工作持续时间</td></tr>
<tr><td>2. 确定网络计划目标</td><td>7. 计算网络计划时间参数</td></tr>
<tr><td rowspan="3">Ⅱ. 绘制网络图阶段</td><td>3. 进行项目分解</td><td>8. 确定关键线路和关键工作</td></tr>
<tr><td>4. 分析逻辑关系</td><td rowspan="2">Ⅳ. 编制正式网络计划阶段</td><td>9. 优化网络计划</td></tr>
<tr><td>5. 绘制网络图</td><td>10. 编制正式网络计划</td></tr>
</table>

(1) 计划准备阶段 分2个步骤：

1）调查研究。调查研究的方法有：实际观察、测算、询问；会议调查；资料检索；分析预测等。

2）确定网络计划目标。网络计划的目标由工程项目的目标所决定，一般可分为时间目标、时间—资源目标和时间—成本目标三类。时间目标即工期目标，是指规定工期或要求工期。时间—资源目标分为资源有限、工期最短和工期固定、资源均衡两类。时间—成本目标是指以限定的工期寻求最低成本或寻求最低成本时的工期安排。

(2) 绘制网络图阶段 分3个步骤：

1）进行项目分解。将工程项目由粗到细进行分解，是编制网络计划的前提。对于控制性网络计划，其工作划分得应粗一些，而对于实施性网络计划，工作应划分得细一些。工作划分的粗细程度，应根据实际需要来确定。

2）分析逻辑关系。分析逻辑关系的主要依据是施工方案、有关资源供应情况和施工经验等。

3）绘制网络图。根据已确定的逻辑关系，即可按绘图规则绘制网络图。

（3）计算时间参数及确定关键线路阶段　分3个步骤：

1）计算工作持续时间。其计算方法见第七章中流水节拍的计算。对于搭接网络计划，还需要确定出各项工作之间的搭接时间。如果有些工作有时限要求，则应确定其时限。

2）计算网络计划时间参数。其计算方法有：图上计算法、表上计算法、公式法等。

3）确定关键线路和关键工作。在计算出网络计划时间参数的基础上，便可根据有关时间参数及其特征确定网络计划中的关键线路和关键工作。

（4）编制正式网络计划阶段　分2个步骤：

1）优化网络计划。根据所追求的目标不同，网络计划的优化包括工期优化、费用优化和资源优化三种。

2）编制正式网络计划。根据网络计划的优化结果，便可绘制正式的网络计划，同时编制网络计划说明书。网络计划说明书的内容应包括：编制原则和依据，主要计划指标一览表，执行计划的关键问题，需要解决的主要问题及其主要措施，其他需要说明的问题。

五、工程项目目标工期的设定

工程项目进度管理既然以项目的建设工期为管理对象，那么工程项目进度管理的成效就必然由项目建设工期即目标工期控制的有效程度来表征。通常情况下，业主单位都会对项目的建设期限作出明确要求并在工程发包合同中约定，即合同工期；若是由国家或地方政府投资兴建的项目往往还会以指令的方式对工程建设期限作出规定，即指令工期。尤其需指明的是，工程项目进度管理过程中还将经常涉及施工工期这一概念，施工工期是构成建设工期的基础，工程项目进度管理往往需要通过对施工工期的控制过程来最终达成对项目建设工期的控制。

工期控制标准除了取决于客观上的合同工期或指令工期要求，目标工期的设定在很大程度上还取决于施工承包企业主观能动性的发挥，因为在合同工期或指令工期不被突破的前提下，施工承包企业在目标工期的确立过程中，通常还可能以预期利润标准确定目标工期、以费用—工期标准确定目标工期，或以资源—工期标准确定目标工期。

六、网络计划技术的发展

网络计划技术是一种科学的计划管理方法，它的使用价值得到了各国的承认。19世纪中叶，美国的Frankford兵工厂顾问H. L. Gantt发表了反映施工与时间关系的Gantt进度图表，即横道图。这是最早对进度计划安排的科学表达方式，并沿用至今。但它的缺点从根本上限制了横道图的适用范围。因此，20世纪50年代末，为了适应生产发展和科学研究工作的需要，国外陆续出现了一些计划管理的新方法。这些方法尽管名目繁多，但内容大同小异，都是采用网络图来表达计划内容的，并且符合统筹兼顾、适当安排的精神，我国著名的华罗庚教授把它们概括地称为统筹法，国外称其为网络计划技术。这种方法得到了世界各国的承认，广泛应用在工业、农业、国防和科研计划与管理中。

应用最早的网络计划技术是关键线路法（CPM）和计划评审法（PERT）。前者1956年由美国杜邦公司提出，并在1957年首先应用于一个价值一千多万美元的化工厂建设工程，取得了良好的效果。后者在1958年由美国海军部武器局的特别计划室提出，首先应用于制定美国海军北极星导弹研制计划，并使其研制工作在时间和成本控制方面取得了显著的效果。这两种方法一出现就显示了其独到的优越性和科学性，立即引起了各国的重视，而被广泛采用。在推广和应用的过程中，不同国家根据本国的实际进行了扩展和改进。前苏联在1964年颁布了一系列有关判定和应用网络计划技术的指示、基本条例等法令性文件，规定所有大的建筑工程都必须采用网络计划技术进行管理。英国不仅将网络计划技术应用于建筑业，而且还广泛应用于工业，要求直接从事管理和有关业务的专业人员必须掌握此技术。在欧洲，为了推动网络技术的不断发展，固定为两年召开一次会议，进行有关网络计划技术的理论与应用方面的交流，互相切磋，共同提高。最近十几年欧美一些国家大力开展研究能够反映各种搭接关系的新型网络计划技术，取得了许多成果，如搭接网络计划技术可以大大简化图形和计算工作，特别适用于大而复杂的计划。

我国从20世纪60年代初在华罗庚教授倡导下，对网络技术进行了研究和应用，收到了一定的效果。我国于1991年颁布了《工程网络计划技术规程》（JGJ/T 1001—1991），现行采用的国家标准是2009年和2012年颁布的《网络计划技术》（GB/T 13400.1—2012，GB/T 13400.2～3—2009），现采用的行业标准是《工程网络计划技术规程》（JGJ/T 121—1999），这为工程网络计划技术在计划编制与控制管理的实际应用中提供了一个可以遵循的、统一的技术标准。

第二节 双代号网络计划

一、网络图的组成

双代号网络图由工作、节点、线路三个基本要素组成。

1. 工作

工作就是计划任务按需要粗细程度划分而成的一个消耗时间或同时也消耗资源的子项目或子任务。它用一根箭线和两个圆圈来表示，如图8-1所示。工作的名称写在箭线的上面，完成工作所需要的时间写在箭线的下面，箭尾表示工作的开始，箭头表示工作的结束。圆圈中的两个号码代表这项工作的名称，由于是两个号表示一项工作，故称为双代号表示法。由双代号表示法构成的网络图称为双代号网络图，如图8-2所示。

工作也称过程、活动、工序，通常可以分为三种：需要消耗时间和资源；只消耗时间而不消耗资源（如混凝土的养护）；既不消耗时间，也不消耗资源（如虚工作）。虚工作以虚

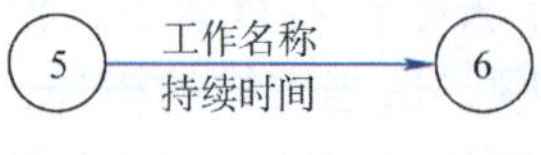

图8-1 双代号表示法

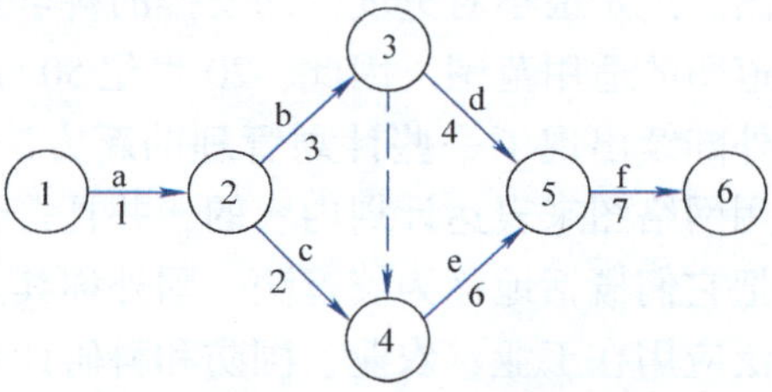

图8-2 双代号网络图

箭线或在实箭线下标以“0”表示。工作箭线的长度和方向，在无时间坐标的网络图中，原则上讲可以任意画，但必须满足网络逻辑关系，在有时间坐标的网络图中，其箭线长度必须根据完成该项工作所需持续时间的大小按比例绘图。

2. 节点

在网络图中箭线的出发和交汇处画上圆圈，用以标志该圆圈前面一项或若干项工作的结束和允许后面一项或若干项工作的开始称为节点，也称结点、事件。在网络图中，节点不同于工作，它只标志着工作的结束和开始瞬间，具有承上启下的衔接作用，而不需要消耗时间或资源，另外，一项工作用其前后两个节点的编号表示。如图8-2中d工作用节点“3—5”表示。

箭线出发的节点称为开始节点，箭线进入的节点称为结束节点。在一个网络图中，表示整个计划开始的节点称为起点节点，表示整个计划最终完成的节点称为终点节点，其余称中间节点。任何一个中间节点都有双重的含义，既是前面工作的结束节点，又是后面工作的开始节点。在一个网络图中，可以有许多工作通向一个节点，也可以有许多工作由同一个节点出发，把通向某节点的工作称为该节点的紧前工作，把从某节点出发的工作称为该节点的紧后工作。

在一个网络图中，每一个节点都有自己的编号，以便计算网络图的时间参数和检查调整网络图。对于一个网络图，只要不重复，各个节点可任意编号，但人们习惯上从起点节点到终点节点，编号由小到大，并且对于每项工作，箭尾的编号一定要小于箭头的编号。节点编号的方法可根据节点编号的方向不同分为沿着水平方向编号和沿着垂直方向编号两种。根据编号的数字是否连续又分为两种：一种是连续编号法，即按自然数的顺序进行编号；另一种是非连续编号法，一般按奇数（或偶数）的顺序来进行编号。采用非连续编号，主要是为了适应计划调整，考虑增添工作的需要，编号留有余地。

3. 线路

网络图中从起点节点开始，沿箭线方向连续通过一系列箭线与节点，最后到达终点节点的通路称为线路。每一条线路都有自己确定的完成时间，它等于该线路上各项工作持续时间的总和，也是完成这条线路上所有工作的计划工期。工期最长的线路称为关键线路或主要矛盾线。位于关键线路上的工作称为关键工作。

关键线路一般用粗箭线或双箭线连接。关键线路在网络图中可能同时存在几条，但这几条线路上的持续时间相同。关键工作没有机动时间即无时差。关键线路并不是一成不变的，当采用了一定的技术组织措施，缩短了关键线路上某些工作的持续时间，就有可能使关键线路发生转移，使原来的关键线路变成非关键线路，而原来的非关键线路却变成关键线路。短于但接近于关键线路持续时间的线路称为次关键线路。位于非关键线路的工作除关键工作外，其余称为非关键工作，它有机动时间即时差，利用非关键工作的机动时间可以科学地、合理地调配资源和对网络计划进行优化。

二、网络图的绘图规则

1. 绘制网络图的基本原则

网络计划技术在建筑业中主要用来编制建筑施工企业或工程项目生产计划和工程施工进度计划。网络图必须正确地表达整个工程的施工工艺流程和各工作开展的先后顺序以及它们之间相互制约、相互依赖的约束关系。因此，在绘制网络图时必须遵循一定的基本规则。

1）必须正确地表达各项工作之间的相互制约和相互依赖的关系。在网络图中，根据施工顺序和施工组织的要求，正确地反映各项工作之间的相互制约和相互依赖关系，这些关系是多种多样的。表8-2列出了常见的几种表示方法。

表8-2　网络图中各工作逻辑关系表示方法

序号	工作之间的逻辑关系	网络图中表示方法	说　明
1	有A、B两项工作按照依次施工方式进行		B工作依赖着A工作，A工作约束着B工作的开始
2	有A、B、C三项工作同时开始	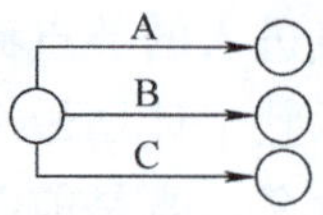	A、B、C三项工作称为平行工作
3	有A、B、C三项工作，C工作只有在A、B完成后才能开始	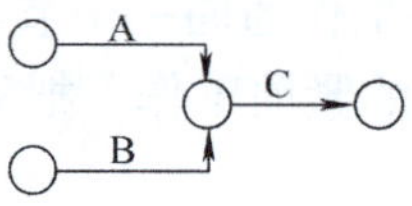	C工作依赖着A、B工作，A、B为平行工作
4	有A、B、C、D四项工作，只有当A、B完成后C、D才能开始	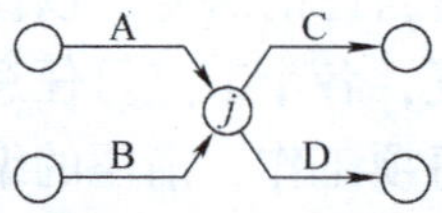	通过中间事件j正确表达了A、B、C、D之间的关系
5	有A、B、C、D四项工作，A完成后C才能开始，A、B完成后D才开始	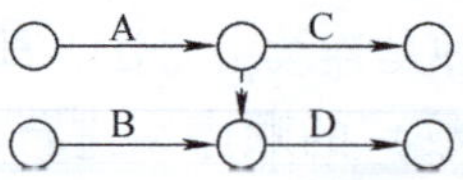	D与A之间引入了逻辑连接（虚工作）只有这样才能正确表达它们之间的约束关系
6	有A、B、C、D、E五项工作，A、B完成后C开始，B、D完成后E开始	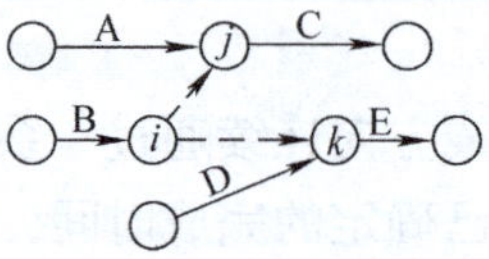	虚工作i—j反映出C工作受到B工作的约束；虚工作i—k反映出E工作受到B工作的约束
7	有A、B、C、D、E五项工作，A、B、C完成后D才能开始，B、C完成后E才能开始	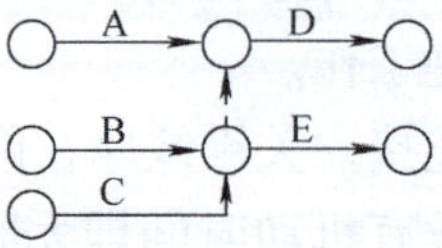	虚工作表示D工作受到B、C工作制约

2）在网络图中，除了整个网络计划的起点节点外，不允许出现没有紧前工作的“尾部节点”，即没有箭线进入的尾部节点。如图8-3a所示的网络图中出现了两个没有紧前工作的节点1和3，这两个节点同时存在造成了逻辑关系的混乱。遇到这种情况，应根据实际的施工工艺流程增加一个虚箭线（图8-3b）才是正确的。

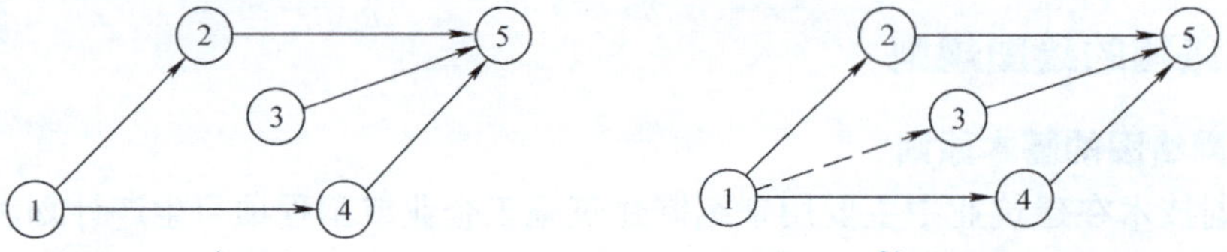

a)　　　　b)

图8-3　起点节点示意图

3）在单目标网络图中，除了整个网络图的终点节点外，不允许出现没有紧后工作的“尽头节点”，即没有箭线引出的节点。若出现同样也造成了逻辑关系的混乱。遇到这种情况，需加入虚箭线来调整。

4）在网络图中不允许出现循环回路。即在网络图中，从一个事件出发沿着某一条线路移动，又回到原出发节点，表明出现了闭合的循环路线（循环回路），导致网络图在逻辑关系上是错误的，在工艺关系上是矛盾的。

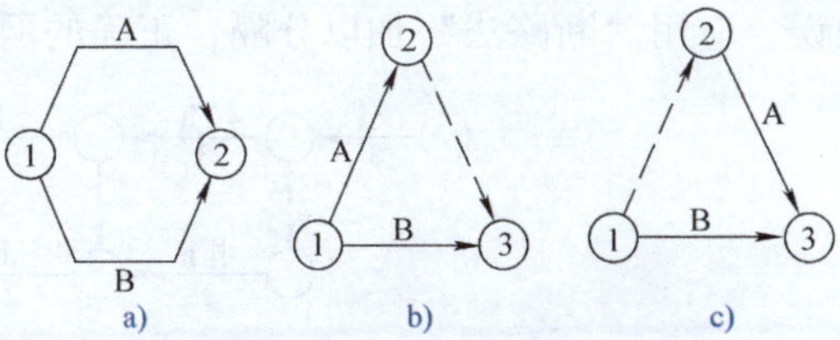

图 8-4　重复编号工作示意图

a）错误　b）正确　c）正确

5）在网络图中不允许出现重复编号的箭线。一个箭线和其相关的节点只能代表一项工作，不允许代表多项工作。如图 8-4a 中 A、B 两项工作，其编号均是1—2，遇到这种情况，增加一个节点和一个虚箭线，图 8-4b、c 的表述都是正确的。

6）在网络图中不允许出现没有开始节点的工作。图 8-5a 表示当 A 工作进行到一定程度时，B 工作才开始，但反映不出 B 工作准确的开始时刻，在网络图中不允许这样表示。正确的画法是：将 A 工作划分两个施工段，引入一个节点分开，如图 8-5b 所示。

7）在网络图中不允许出现带有双向箭头或无箭头的工作。这样会引起逻辑关系的错误。

以上是绘制网络图应遵循的基本规则，这些规则是保证网络图能够正确地反映各项工作之间相互制约关系的前提。

2. 网络图的绘图要求

（1）网络图的布局要条理清楚，重点突出　网络图主要是用以反映各项工作之间的逻辑关系的，为了便于使用，应安排整齐，条理清楚，突出重点。尽量把关键工作和关键线路布置在中心位置，尽量减少斜箭线而采用水平箭线，尽可能避免交叉箭线出现。

（2）交叉箭线的画法　当网络图中不可避免地出现交叉时，不能直接相交画出，如图 8-6a 的画法就是错误的。目前常采用“过桥法”或“指向法”来解决，如图 8-6b、c 所示。

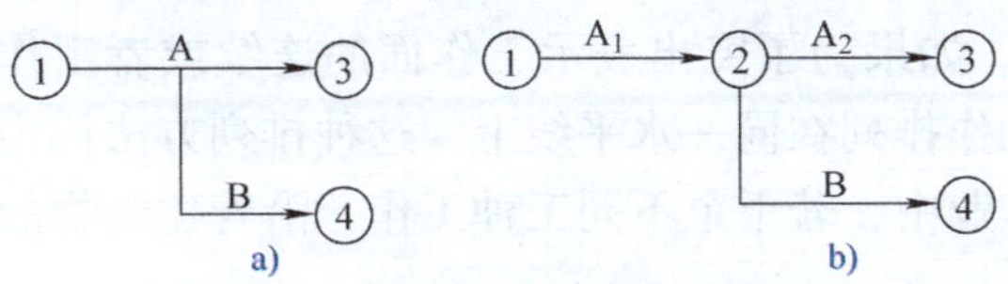

图 8-5　无开始节点工作示意图

a）错误　b）正确

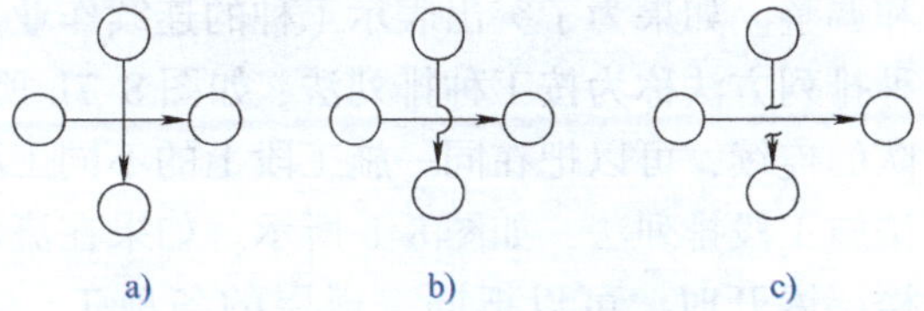

图 8-6　交叉箭线示意图

a）错误　b）过桥法　c）指向法

（3）断路法的应用　一般来说，对施工顺序和施工组织上必须衔接的工作，绘图时不易产生错误，但对不发生逻辑关系的工作就易产生错误。遇到这种情况时，采用“断路法”来处理。即用虚箭线在线路上隔断无逻辑关系的各项工作的方法。例如现浇钢筋混凝土分部工程的网络图，该工程有支模、扎筋、浇筑混凝土三项工作，分三段施工，如绘制成图 8-7a就错了。可以看出：在施工顺序上，支模—扎筋—浇筑混凝土符合施工工艺的要求；在流水关系上，同工种的工作队由第一施工段转入第二施工段再转入第三施工段也符合要求；但在网络逻辑关系上却有错误，第一施工段的浇筑混凝土（浇Ⅰ）与第二施工段的支模板（支Ⅱ）没有逻辑上的关系，同样第二施工段的浇筑混凝土（浇Ⅱ）与第三施工段的支模板（支Ⅲ）也不发生逻辑上的关系；但在图中连起来就是原则性的错误，会导致计算失误。应用“断路法”加以分隔，正确的网络图如图 8-7b 所示。

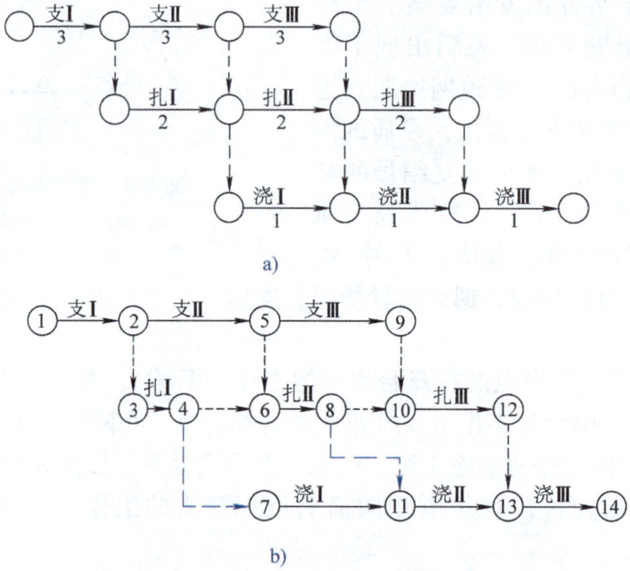

图 8-7　断路法示意图

a）错误　b）正确

断路法有两种。在横向用虚箭线切断无逻辑关系的各项工作称为横向断路法，如图 8-7b 所示，它主要用于无时间坐标的网络图。在纵向用虚箭线切断无逻辑关系的各项工作称为纵向断路法，如图 8-8 所示，它主要用于有时间坐标的网络图中。

（4）施工进度网络图的排列方法　为了使网络计划更形象而清楚地反映工程项目施工的特点，绘图时可根据工程情况、施工组织方法和使用要求，灵活排列，以简化层次，使各工作在工艺上及组织上的逻辑关系准确而清楚，以便于技术人员掌握，便于对计划进行计算和调整。如果为了突出表示工种的连续作业，可以把同一工种工作排列在同一水平线上，这种排列方法称为按工种排列法，如图 8-7b 所示。如果为了突出表示工作面的连续或者工作队的连续，可以把在同一施工段上的不同工种工作排列在同一水平线上，这种排列方法称为按施工段排列法，如图 8-8 所示。如果在流水作业中，若干个不同工种工作，沿着建筑物的楼层展开时，可以把同一楼层的各项工作排在同一水平线上，图 8-9 是内装修工程的三项工作按楼层自上而下的施工流向进行施工的网络图。必须指出，上述几种排列方法可以在一个单位工程施工进度网络计划中同时出现。此外，按单位工程排列、按栋号排列或按施工部位排列的网络计划，其原理同前面的几种排列法一样，在此不一一赘述。工作

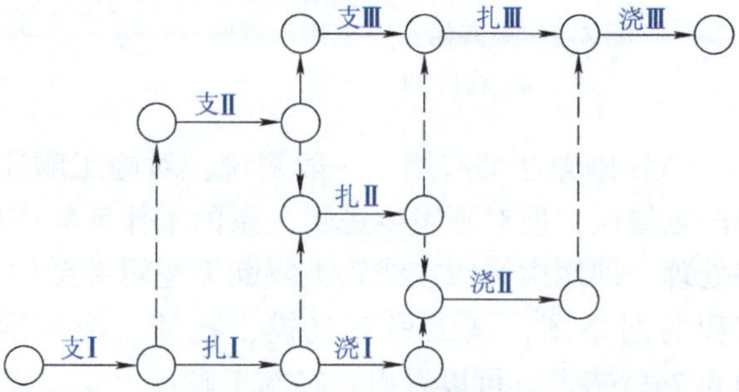

图 8-8　按施工段排列法示意图

中可以按使用要求灵活地选用以上几种网络计划的排列方法。

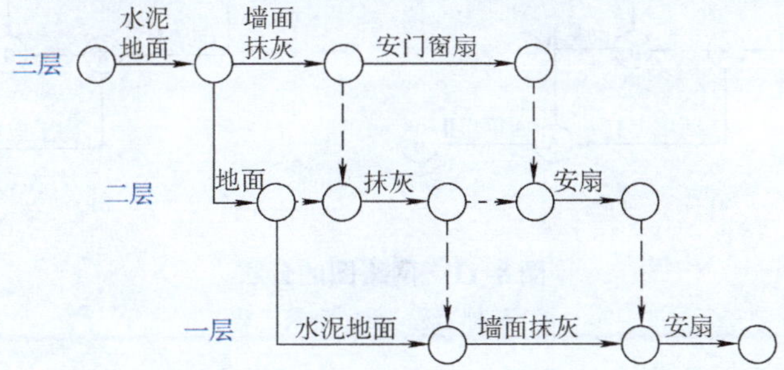

图 8-9　按楼层排列示意图

（5）绘制网络图时，力求减少不必要的箭线和节点　图 8-10a 在施工顺序、流水关系及逻辑关系上都是合理的，但这个网络图过于繁琐。图 8-10b 将这些不必要的箭线和节点去掉，使网络图更简单明了，同时并不改变图 8-10a 反映的逻辑关系。

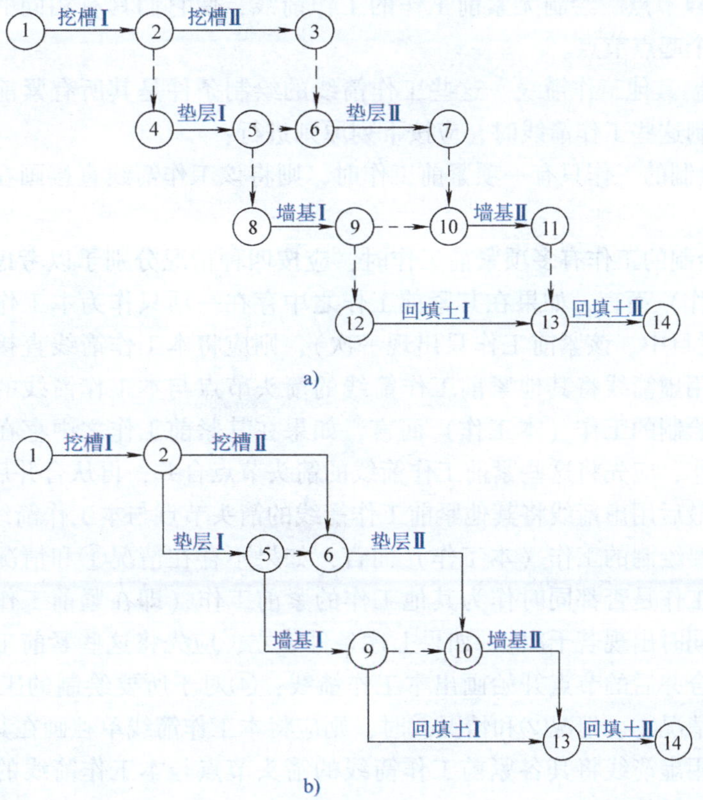

图 8-10　网络图简化示意图

a）繁琐　b）简明

（6）网络图的分解　当网络图中的工作数目很多时，可以把它分成几个小块来绘制。分界点一般选择在箭线和节点较少的位置，或按照施工部位分块。例如某民用住宅的基础工程和砌筑工程，可以分为相应的两块。如图 8-11 所示。

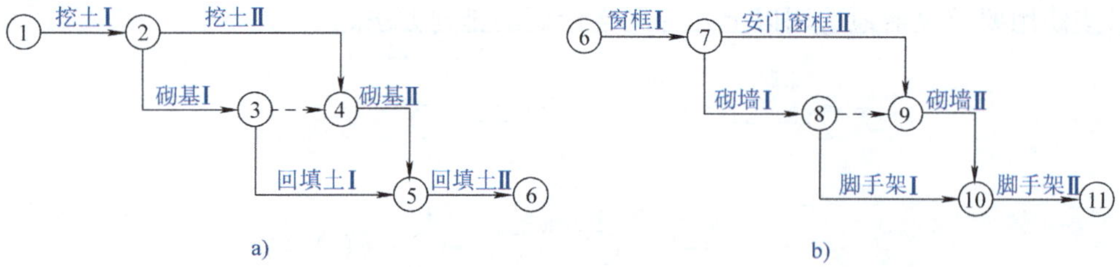

图 8-11　网络图的分解

a）基础工程　b）砌筑工程

分界点要用重复的编号，即前一块的最后一个节点编号与后一块的开始节点编号相同。对于较复杂的工程，把整个施工过程分为几个分部工程，把整个网络计划分成若干个小块来编制，便于使用。

3. 绘图方法

当已知每一项工作的紧前工作时，可按下述步骤绘制双代号网络图：

(1) 绘制起点节点　绘制无紧前工作的工作箭线，使它们具有相同的开始节点，以保证网络图只有一个起点节点。

(2) 依次绘制其他工作箭线　这些工作箭线的绘制条件是其所有紧前工作箭线都已经绘制出来。在绘制这些工作箭线时，应按下列原则进行：

1）当所要绘制的工作只有一项紧前工作时，则将该工作箭线直接画在其紧前工作箭线后即可。

2）当所要绘制的工作有多项紧前工作时，应按四种情况分别予以考虑：①对于所要绘制的工作（本工作）而言，如果在其紧前工作之中存在一项只作为本工作紧前工作的工作(即在紧前工作栏目中，该紧前工作只出现一次)，则应将本工作箭线直接画在该紧前工作箭线之后，然后用虚箭线将其他紧前工作箭线的箭头节点与本工作箭线的箭尾节点分别相连；②对于所要绘制的工作（本工作）而言，如果在其紧前工作之中存在多项只作为本工作紧前工作的工作，应先将这些紧前工作箭线的箭头节点合并，再从合并后的节点开始，画出本工作箭线，最后用虚箭线将其他紧前工作箭线的箭头节点与本工作箭线的箭尾节点分别相连；③对于所要绘制的工作（本工作）而言，如果不存在情况①和情况②时，应判断本工作的所有紧前工作是否都同时作为其他工作的紧前工作（即在紧前工作栏目中，这几项紧前工作是否均同时出现若干次)，如果上述条件成立，应先将这些紧前工作箭线的箭头节点合并后，再从合并后的节点开始画出本工作箭线；④对于所要绘制的工作（本工作）而言，如果不存在情况①、情况②和情况③时，则应将本工作箭线单独画在其紧前工作箭线之后的中部，然后用虚箭线将其各紧前工作箭线的箭头节点与本工作箭线的箭尾节点分别相连，以表达它们之间的逻辑关系。

(3) 绘制终点节点　当各项工作箭线都绘制出来之后，应合并那些没有紧后工作之工作箭线的箭头节点，以保证网络图只有一个终点节点（多目标网络计划除外）。

(4) 当确认所绘制的网络图正确后，即可进行节点编号　网络图的节点编号在满足前述要求的前提下，有时采用不连续的编号方法，以避免以后增加工作时而改动整个网络图的节点编号。

以上所述是已知每一项工作的紧前工作时的绘图方法，当已知每一项工作的紧后工作时，也可按类似的方法进行网络图的绘制，只是其绘图顺序由前述的从左向右改为从右向左。

4. 绘图示例

现举例说明前述双代号网络图的绘制方法。已知各工作之间的逻辑关系（见表 8-3），则可按下述步骤绘制其双代号网络图。

表 8-3　工作逻辑关系表

工作	A	B	C	D
紧前工作	—	—	A、B	B

第一步：绘制工作箭线 A 和工作箭线 B，如图 8-12a 所示。

第二步：按前述绘图方法 2）中的情况①绘制工作箭线 C，如图 8-12b 所示。

第三步：按前述绘图方法 1）绘制工作箭线 D 后，将工作箭线 C 和 D 的箭头节点合并，以保证网络图只有一个终点节点。当确认给定的逻辑关系表达正确后，再进行节点编号。表 8-3 给定逻辑关系所对应的双代号网络图如图 8-12c 所示。

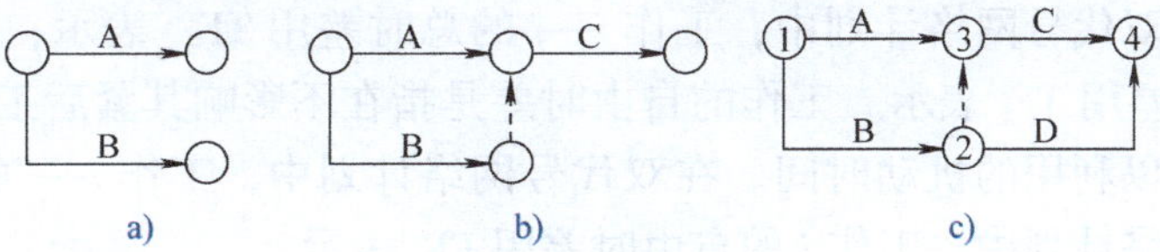

图 8-12　绘图过程

a）第一步　b）第二步　c）第三步

三、双代号网络计划时间参数的计算

（一）网络计划时间参数的概念

所谓时间参数，是指网络计划、工作及节点所具有的各种时间值。

1. 工作持续时间和工期

（1）工作持续时间　工作持续时间是指一项工作从开始到完成的时间。在双代号网络计划中，工作 $i—j$ 的持续时间用 D_{i-j} 表示；在单代号网络计划中，工作 i 的持续时间用 D_i 表示。

（2）工期　工期泛指完成一项任务所需要的时间。在网络计划中，工期一般有以下三种：

1）计算工期。计算工期是根据网络计划时间参数计算而得到的工期，用 T_c 表示。

2）要求工期。要求工期是任务委托人所提出的指令性工期，用 T_r 表示。

3）计划工期。计划工期是根据要求工期和计算工期所确定的作为实施目标的工期，用 T_p 表示。

当已规定了要求工期时，计划工期不应超过要求工期，即

$$T_p \leqslant T_r \tag{8-1}$$

当未规定要求工期时，可令计划工期等于计算工期，即

$$T_p = T_c \tag{8-2}$$

2. 工作的六个时间参数

网络计划中工作的六个时间参数是：最早开始时间、最早完成时间、最迟完成时间、最迟开始时间、总时差和自由时差。

(1) 最早开始时间和最早完成时间　工作的最早开始时间是指在其所有紧前工作全部完成后，本工作有可能开始的最早时刻。工作的最早完成时间是指在其所有紧前工作全部完成后，本工作有可能完成的最早时刻。在双代号网络计划中，工作 i—j 的最早开始时间和最早完成时间分别用 ES_{i-j} 和 EF_{i-j} 表示；在单代号网络计划中，工作 i 的最早开始时间和最早完成时间分别用 ES_i 和 EF_i 表示。

(2) 最迟完成时间和最迟开始时间　工作的最迟完成时间是指在不影响整个任务按期完成的前提下，本工作必须完成的最迟时刻。工作的最迟开始时间是指在不影响整个任务按期完成的前提下，本工作必须开始的最迟时刻。在双代号网络计划中，工作 i—j 的最迟完成时间和最迟开始时间分别用 LF_{i-j} 和 LS_{i-j} 表示；在单代号网络计划中，工作 i 的最迟完成时间和最迟开始时间分别用 LF_i 和 LS_i 表示。

(3) 总时差和自由时差　工作的总时差是指在不影响总工期的前提下，本工作可以利用的机动时间。在双代号网络计划中，工作 i—j 的总时差用 TF_{i-j} 表示；在单代号网络计划中，工作 i 的总时差用 TF_i 表示。工作的自由时差是指在不影响其紧后工作最早开始时间的前提下，本工作可以利用的机动时间。在双代号网络计划中，工作 i—j 的自由时差用 FF_{i-j} 表示；在单代号网络计划中，工作 i 的自由时差用 FF_i 表示。

(4) 各类时差的关系　从总时差和自由时差的定义可知，对于同一项工作而言，自由时差不会超过总时差。当工作的总时差为零时，其自由时差必然为零。工作的自由时差是该工作可以自由使用的时间，但如果利用某项工作的总时差，则有可能使该工作后续工作的总时差减小。另外，在局部网络计划的调整中还会用到干涉时差和从属时差的概念。所谓干涉时差又称相关时差，就是不影响总工期，但影响其后续工作最早可能开始时间的那部分机动时间。某工作的从属时差是指该工作从起点事件的最迟时间到终点事件的最早时间之间所具有的机动时间，它反映在紧前工作干涉时差影响下剩余的局部时差。各类时差在实际计划管理中的作用是不同的，总时差一般用于控制总工期，自由时差用于控制计划实施中的局部进度，干涉时差和从属时差则用于局部计划的调整。

3. 节点最早时间和最迟时间

节点最早时间是指在双代号网络计划中，以该节点为开始节点的各项工作的最早开始时间，节点 i 的最早时间用 ET_i 表示。节点最迟时间是指在双代号网络计划中，以该节点为完成节点的各项工作的最迟完成时间，节点 j 的最迟时间用 LT_j 表示。

4. 相邻两项工作之间的时间间隔

相邻两项工作之间的时间间隔是指本工作的最早完成时间与其紧后工作最早开始时间之间可能存在的差值。工作 i 与工作 j 之间的时间间隔用 $LAG_{i,j}$ 表示。

(二) 双代号网络计划时间参数的计算

双代号网络计划的时间参数既可以按工作计算，也可以按节点计算，下面分别以简例说明。

1. 按工作计算法

按工作计算法就是以网络计划中的工作为对象，直接计算各项工作的六个时间参数和网络计划的计算工期。下面以图 8-13 所示双代号网络计划为例，说明按工作计算法计算时间参数的过程。其计算结果如图 8-14 所示。

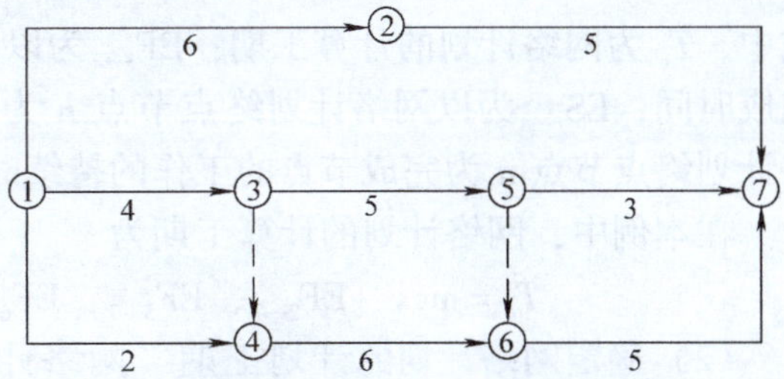

图 8-13 双代号网络计划

(1) 计算工作的最早开始时间和最早完成时间 工作最早开始时间和最早完成时间的计算应从网络计划的起点节点开始，顺着箭线方向依次进行。其计算步骤如下：

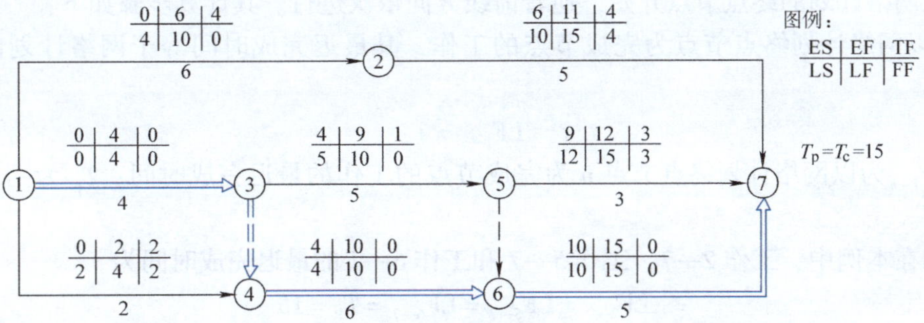

图 8-14 双代号网络计划时间参数计算结果（六时标注法）

1）以网络计划起点节点为开始节点的工作，当未规定其最早开始时间时，其最早开始时间为零。例如在本例中，工作 1—2、工作 1—3 和工作 1—4 的最早开始时间都为零，即

$$ES_{1-2}=ES_{1-3}=ES_{1-4}=0$$

2）工作的最早完成时间可用下式计算

$$EF_{i-j}=ES_{i-j}+D_{i-j} \tag{8-3}$$

式中，EF_{i-j}为工作 $i—j$ 的最早完成时间；ES_{i-j}为工作 $i—j$ 的最早开始时间；D_{i-j}为工作 $i—j$ 的持续时间。

例如在本例中，工作 1—4 的最早完成时间为

$$EF_{1-4}=ES_{1-4}+D_{1-4}=0+2=2$$

3）其他工作的最早开始时间应等于其紧前工作最早完成时间的最大值，即

$$ES_{i-j}=\max\{EF_{h-i}\}=\max\{ES_{h-i}+D_{h-i}\} \tag{8-4}$$

式中，ES_{i-j}为工作 $i—j$ 的最早开始时间；EF_{h-i}为工作 $i—j$ 的紧前工作 $h—i$（非虚工作）的最早完成时间；ES_{h-i}为工作 $i—j$ 的紧前工作 $h—i$（非虚工作）的最早开始时间；D_{h-i}为工作 $i—j$ 的紧前工作 $h—i$（非虚工作）的持续时间。

例如在本例中，工作 3—5 和工作 4—6 的最早开始时间分别为

$$ES_{3-5}=EF_{1-3}=4$$

$$ES_{4-6}=\max\{EF_{1-3},\ EF_{1-4}\}=\max\{4,2\}=4$$

4）网络计划的计算工期应等于以网络计划终点节点为完成节点的工作的最早完成时间的最大值，即

$$T_c = \max\{EF_{i-n}\} = \max\{ES_{i-n} + D_{i-n}\} \tag{8-5}$$

式中，T_c 为网络计划的计算工期；EF_{i-n}为以网络计划终点节点 n 为完成节点的工作的最早完成时间；ES_{i-n}为以网络计划终点节点 n 为完成节点的工作的最早开始时间；D_{i-n}为以网络计划终点节点 n 为完成节点的工作的持续时间。

在本例中，网络计划的计算工期为

$$T_c = \max\{EF_{2-7}, EF_{5-7}, EF_{6-7}\} = \max\{11, 12, 15\} = 15$$

(2) 确定网络计划的计划工期　网络计划的计划工期应按式（8-1）或式（8-2）确定。在本例中，假设未规定要求工期，则其计划工期就等于计算工期，即 $T_p = T_c = 15$。计划工期应标注在网络计划终点节点的右上方，如图 8-14 所示。

(3) 计算工作的最迟完成时间和最迟开始时间　工作最迟完成时间和最迟开始时间的计算应从网络计划的终点节点开始，逆着箭线方向依次进行。其计算步骤如下：

1）以网络计划终点节点为完成节点的工作，其最迟完成时间等于网络计划的计划工期，即

$$LF_{i-n} = T_p \tag{8-6}$$

式中，LF_{i-n}为以网络计划终点节点 n 为完成节点的工作的最迟完成时间；T_p 为网络计划的计划工期。

例如在本例中，工作 2—7、工作 5—7 和工作 6—7 的最迟完成时间为

$$LF_{2-7} = LF_{5-7} = LF_{6-7} = T_P = 15$$

2）工作的最迟开始时间可用下式计算

$$LS_{i-j} = LF_{i-j} - D_{i-j} \tag{8-7}$$

式中，LS_{i-j}为工作 $i—j$ 的最迟开始时间；LF_{i-j}为工作 $i—j$ 的最迟完成时间；D_{i-j}为工作 $i—j$ 的持续时间。

例如在本例中，工作 6—7 的最迟开始时间为

$$LS_{6-7} = LF_{6-7} - D_{6-7} = 15 - 5 = 10$$

3）其他工作的最迟完成时间应等于其紧后工作最迟开始时间的最小值，即

$$LF_{i-j} = \min\{LS_{j-k}\} = \min\{LF_{j-k} - D_{j-k}\} \tag{8-8}$$

式中，LF_{i-j}为工作 $i—j$ 的最迟完成时间；LS_{j-k}为工作 $i—j$ 的紧后工作 $j—k$（非虚工作）的最迟开始时间；LF_{j-k}为工作 $i—j$ 的紧后工作 $j—k$（非虚工作）的最迟完成时间；D_{j-k}为工作 $i—j$ 的紧后工作 $j—k$（非虚工作）的持续时间。

例如在本例中，工作 3—5 和工作 4—6 的最迟完成时间分别为

$$LF_{3-5} = \min\{LS_{5-7}, LS_{6-7}\} = \min\{12, 10\} = 10$$

$$LF_{4-6} = LS_{6-7} = 10$$

(4) 计算工作的总时差　工作的总时差等于该工作最迟完成时间与最早完成时间之差，或该工作最迟开始时间与最早开始时间之差，即

$$TF_{i-j} = LF_{i-j} - EF_{i-j} = LS_{i-j} - ES_{i-j} \tag{8-9}$$

式中，TF_{i-j}为工作 $i—j$ 的总时差；其余符号同前。

例如在本例中，工作 3—5 的总时差为

$$TF_{3-5} = LF_{3-5} - EF_{3-5} = 10 - 9 = 1 \text{ 或 } TF_{3-5} = LS_{3-5} - ES_{3-5} = 5 - 4 = 1$$

(5) 计算工作的自由时差　工作自由时差的计算应按以下两种情况分别考虑：

1）对于有紧后工作的工作。其自由时差等于本工作之紧后工作最早开始时间减本工作最早完成时间所得之差的最小值，即

$$FF_{i-j}=\min\{ES_{j-k}-EF_{i-j}\}=\min\{ES_{j-k}-ES_{i-j}-D_{i-j}\} \tag{8-10}$$

式中，FF_{i-j}为工作 i—j 的自由时差；ES_{j-k}为工作 i—j 的紧后工作 j—k（非虚工作）的最早开始时间；其余符号含义同前。

例如在本例中，工作 1—4 和工作 3—5 的自由时差分别为

$$FF_{1-4}=ES_{4-6}-EF_{1-4}=4-2=2$$

$$FF_{3-5}=\min\{ES_{5-7}-EF_{3-5},ES_{6-7}-EF_{3-5}\}=\min\{9-9,10-9\}=0$$

2）对于无紧后工作的工作。就是以网络计划终点节点为完成节点的工作，其自由时差等于计划工期与本工作最早完成时间之差，即

$$FF_{i-n}=T_p-EF_{i-n}=T_p-ES_{i-n}-D_{i-n} \tag{8-11}$$

式中，FF_{i-n}为以网络计划终点节点 n 为完成节点的工作 i—n 的自由时差；其余符号含义同前。

例如在本例中，工作 5—7 的自由时差为

$$FF_{5-7}=T_p-EF_{5-7}=15-12=3$$

需要指出的是，对于网络计划中以终点节点为完成节点的工作，其自由时差与总时差相等。此外，由于工作的自由时差是其总时差的构成部分，所以，当工作的总时差为零时，其自由时差必然为零，可不必进行专门计算。例如在本例中，工作 1—3、工作 4—6 和工作 6—7 的总时差全部为零，故其自由时差也全部为零。

（6）确定关键工作和关键线路　在网络计划中，总时差最小的工作为关键工作。特别地，当网络计划的计划工期等于计算工期时，总时差为零的工作就是关键工作。如在本例中，工作 1—3、工作 4—6 和工作 6—7 的总时差均为零，故它们都是关键工作。找出关键工作之后，将这些关键工作首尾相连，便构成从起点节点到终点节点的通路，位于该通路上各项工作的持续时间总和最大，这条通路就是关键线路。在关键线路上可能有虚工作存在。关键线路一般用粗箭线或双线箭线标出，也可以用彩色箭线标出。例如在本例中，线路①——③——④——⑥——⑦即为关键线路。关键线路上各项工作的持续时间总和应等于网络计划的计算工期，这一特点也是判别关键线路是否正确的准则。

在上述计算过程中，是将每项工作的六个时间参数均标注在图中，故称为六时标注法，如图 8-14 所示。为使网络计划的图面更加简洁，在双代号网络计划中，除各项工作的持续时间以外，通常只需标注两个最基本的时间参数即各项工作的最早开始时间和最迟开始时间，而工作的最早完成时间、最迟完成时间、总时差和自由时差四个时间参数均可根据工作的最早开始时间、最迟开始时间及持续时间导出，这种方法称为二时标注法。

2. 按节点计算法

按节点计算法就是先计算网络计划中各个节点的最早时间和最迟时间，然后再据此计算各项工作的时间参数和网络计划的计算工期。

（1）计算节点的最早时间　节点最早时间的计算应从网络计划的起点节点开始，顺着箭线方向依次进行。其计算步骤为：

1）网络计划起点节点，如未规定最早时间时，其值等于零。

2）其他节点的最早时间应按下式计算

$$ET_j = \max\{ET_i + D_{i-j}\} \tag{8-12}$$

式中，ET_j 为工作 i—j 的完成节点 j 的最早时间；ET_i 为工作 i—j 的开始节点 i 的最早时间；D_{i-j}为工作 i—j 的持续时间。

3）网络计划的计算工期等于网络计划终点节点的最早时间，即

$$T_c = ET_n \tag{8-13}$$

式中，T_c 为网络计划的计算工期；ET_n 为网络计划终点节点 n 的最早时间。

（2）确定网络计划的计划工期　网络计划的计划工期应按式（8-1）或式（8-2）确定。

（3）计算节点的最迟时间　节点最迟时间的计算应从网络计划的终点节点开始，逆着箭线方向依次进行。其计算步骤如下：

1）网络计划终点节点的最迟时间等于网络计划的计划工期，即

$$LT_n = T_p \tag{8-14}$$

式中，LT_n 为网络计划终点节点 n 的最迟时间；T_p 为网络计划的计划工期。

2）其他节点的最迟时间应按下式计算

$$LT_i = \min\{LT_j - D_{i-j}\} \tag{8-15}$$

式中，LT_i 为工作 i—j 的开始节点 i 的最迟时间；LT_j 为工作 i—j 的完成节点 j 的最迟时间；D_{i-j}为工作 i—j 的持续时间。

（4）计算工作的时间参数　根据节点的最早时间和最迟时间计算工作六个时间参数的步骤为：

1）工作的最早开始时间等于该工作开始节点的最早时间，即

$$ES_{i-j} = ET_i \tag{8-16}$$

2）工作的最早完成时间等于该工作开始节点的最早时间与其持续时间之和，即

$$EF_{i-j} = ET_i + D_{i-j} \tag{8-17}$$

3）工作的最迟完成时间等于该工作完成节点的最迟时间，即

$$LF_{i-j} = LT_j \tag{8-18}$$

4）工作的最迟开始时间等于该工作完成节点的最迟时间与其持续时间之差，即

$$LS_{i-j} = LT_j - D_{i-j} \tag{8-19}$$

5）工作的总时差可根据式（8-9）、式（8-18）和式（8-17）得到，即

$$TF_{i-j} = LF_{i-j} - EF_{i-j} = LT_j - (ET_i + D_{i-j}) = LT_j - ET_i - D_{i-j} \tag{8-20}$$

6）工作的自由时差可根据式（8-10）和式（8-16）得到，即

$$\begin{aligned} FF_{i-j} &= \min\{ES_{j-k} - ES_{i-j} - D_{i-j}\} = \min\{ES_{j-k}\} - ES_{i-j} - D_{i-j} \\ &= \min\{ET_j\} - ET_i - D_{i-j} \end{aligned} \tag{8-21}$$

特别需要注意的是，如果本工作与其各紧后工作之间存在虚工作时，其中的 ET_j 应为本工作紧后工作开始节点的最早时间，而不是本工作完成节点的最早时间。

（5）确定关键线路和关键工作　在双代号网络计划中，关键线路上的节点称为关键节点。关键工作两端的节点必为关键节点，但两端为关键节点的工作不一定是关键工作。关键节点的最迟时间与最早时间的差值最小。特别地，当网络计划的计划工期等于计算工期时，关键节点的最早时间与最迟时间必然相等。关键节点必然处在关键线路上，但由关键节点组成的线路不一定是关键线路。当利用关键节点判别关键线路和关键工作时，还要满足下列判别式

$$\mathrm{ET}_i + D_{i-j} = \mathrm{ET}_j \tag{8-22}$$

或

$$\mathrm{LT}_i + D_{i-j} = \mathrm{LT}_j \tag{8-23}$$

式中，ET_i 为工作 $i—j$ 的开始节点（关键节点）i 的最早时间；D_{i-j}为工作 $i—j$ 的持续时间；ET_j 为工作 $i—j$ 的完成节点（关键节点）j 的最早时间；LT_i 为工作 $i—j$ 的开始节点（关键节点）i 的最迟时间；LT_j 为工作 $i—j$ 的完成节点（关键节点）j 的最迟时间。

如果两个关键节点之间的工作符合上述判别式，则该工作必然为关键工作，它应该在关键线路上。否则，该工作就不是关键工作，关键线路也就不会从此处通过。

（6）关键节点的特性　在双代号网络计划中，当计划工期等于计算工期时，关键节点具有以下一些特性，掌握好这些特性，有助于确定工作的时间参数。

1）开始节点和完成节点均为关键节点的工作，不一定是关键工作。

2）以关键节点为完成节点的工作，其总时差和自由时差必然相等。

3）当两个关键节点间有多项工作，且工作间的非关键节点无其他内向箭线和外向箭线时，则两个关键节点间各项工作的总时差均相等。在这些工作中，除以关键节点为完成节点的工作自由时差等于总时差外，其余工作的自由时差均为零。

4）当两个关键节点间有多项工作，且工作间的非关键节点有外向箭线而无其他内向箭线时，则两个关键节点间各项工作的总时差不一定相等。在这些工作中，除以关键节点为完成节点的工作自由时差等于总时差外，其余工作的自由时差均为零。

（三）标号法

标号法是一种快速寻求网络计划计算工期和关键线路的方法。它利用按节点计算法的基本原理，对网络计划中的每一个节点进行标号，然后利用标号值确定网络计划的计算工期和关键线路。

下面仍以图 8-13 所示网络计划为例，说明标号法的计算过程。其计算结果如图 8-15 所示。

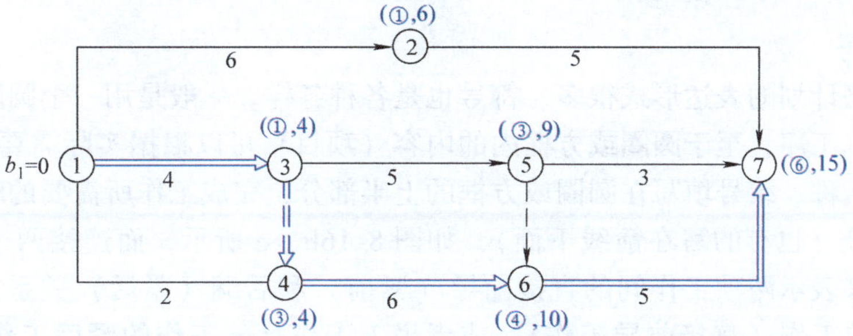

图 8-15　双代号网络计划（标号法）

1）网络计划起点节点的标号值为零。例如在本例中，节点①的标号值为零，即

$$b_1 = 0$$

2）其他节点的标号值应根据下式按节点编号从小到大的顺序逐个进行计算，即

$$b_j = \max\{b_i + D_{i-j}\} \tag{8-24}$$

式中，b_j 为工作 $i—j$ 的完成节点 j 的标号值；b_i 为工作 $i—j$ 的开始节点 i 的标号值；D_{i-j}为工作 $i—j$ 的持续时间。

例如在本例中，节点④的标号值为

$$b_4 = \max\{b_1 + D_{1-4}, b_3 + D_{3-4}\} = \max\{0+2, 4+0\} = 4$$

当计算出节点的标号值后，应该用其标号值及其源节点对该节点进行双标号。源节点就是用来确定本节点标号值的节点。例如在本例中，节点④的标号值4是由节点③所确定，故节点④的源节点就是节点③。如果源节点有多个，应将所有源节点标出。

3）网络计划的计算工期就是网络计划终点节点的标号值。例如在本例中，其计算工期就等于终点节点⑦的标号值15。

4）关键线路应从网络计划的终点节点开始，逆着箭线方向按源节点确定。例如在本例中，从终点节点⑦开始，逆着箭线方向按源节点可以找出关键线路为①——③——④——⑥——⑦。

第三节　单代号网络计划

一、单代号网络计划的特点

单代号网络计划与双代号网络计划相比，它的特点如下：

1）单代号网络图是以节点及其编号表示工作，以箭线表示工作之间的逻辑关系。

2）由于单代号网络图中没有虚箭线，故编制单代号网络计划产生逻辑错误的概率较小。

3）由于工作的持续时间表示在节点之中，没有长度，故不够形象，也不便于绘制时标网络计划，更不能据图优化。

4）表示工作之间逻辑关系的箭线可能产生较多的纵横交叉现象。

二、单代号网络图的绘制

1. 绘图符号

单代号网络计划的表达形式很多、符号也是各种各样。一般是用一个圆圈或方框代表一项工作或活动、工序，至于圆圈或方框内的内容（项目）可以根据实际需要来填写和列出。一般将工作的名称、编号填写在圆圈或方框的上半部分，完成工作所需要的时间写在圆圈或方框的下半部分（也有的写在箭线下面），如图8-16b、c所示，而连接两个节点圆圈或方框间的箭线用来表示两项工作间的直接前导（紧前）和后继（紧后）关系。例如，a工作是b工作的紧前工作（直接前导工作），或者说b工作是a工作的紧后工作（直接后继工作），用双代号和单代号分别表示的方法如图8-16a所示。这种只用一个节点（圆圈或方框）代表一项工作的表示方式称为单代号表示法。

2. 绘图规则

同双代号网络图的绘制一样，绘制单代号网络图也必须遵循一定的逻辑规则。这些基本规则主要是：

（1）在网络图的开始和结束增加虚拟的起点节点和终点节点　这是为了保证单代号网络计划有一个起点和一个终点，这也是单代号网络图所特有的。

（2）在网络图中不允许出现循环回路。

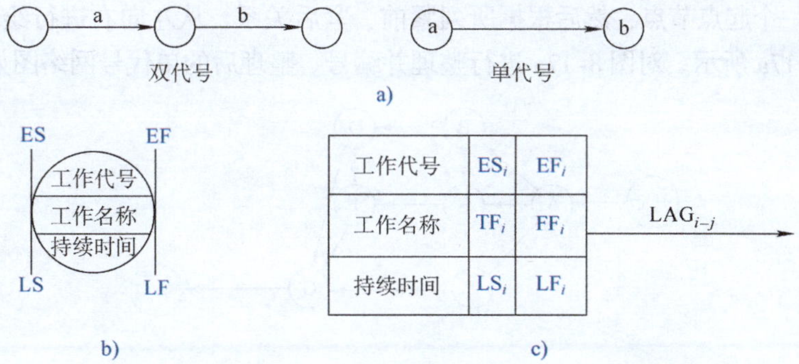

图 8-16　单代号表示法

(3) 网络图中不允许出现有重复编号的工作　一个编号只能代表一项工作。

(4) 在网络图中除起点节点和终点节点外，不允许出现其他没有内向箭线的工作节点和没有外向箭线的工作节点。

(5) 节点编号　为了计算方便，网络图的编号应是后继节点编号大于前导节点编号。

以上都是以单目标单代号网络图的情况来说明其基本规则的。单代号网络图部分工作逻辑关系的表示方法见表 8-4。

表 8-4　单代号网络图工作逻辑关系表示方法

描　　述	图　　示
A 工作完成后进行 B 工作	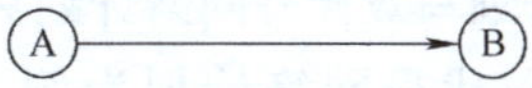
B、C 工作完成后进行 D 工作	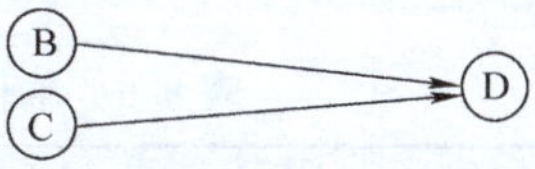
B 工作完成后，D、C 工作同时开始	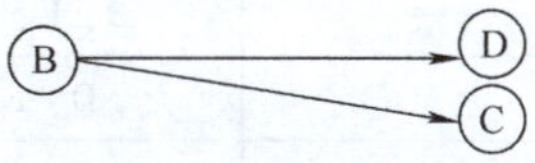
A 工作完成后进行 C 工作，B 工作完成后同时进行 C、D 工作	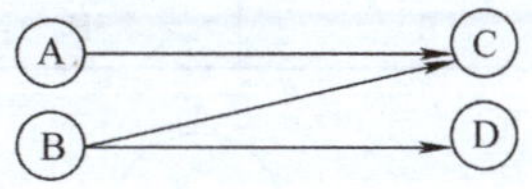

3. 单代号网络的绘制

单代号网络图的绘制步骤与双代号网络图的绘制步骤基本相同，主要包括两部分：

(1) 列出工作一览表及各工作的直接前导、后继工作名称　根据工程计划中各工作在工艺上、组织上的逻辑关系来确定其直接前导、后继工作名称。

(2) 根据上述关系绘制网络图　首先绘制草图，接着对一些不必要的交叉进行整理，绘出简化网络图，然后进行编号。在绘制之前，要首先给出一个虚设的起点节点，网络图绘制最后要有一个虚设的终点节点。下面举例对上述步骤加以说明。

1）各工作名称及其紧前、紧后工作见表 8-5。

2）首先设一个起点节点，然后根据所列紧前、紧后关系，从左向右进行绘制，最后设一个终点节点如图8-17a所示。对图8-17a进行整理并编号。整理后的单代号网络图如图8-17b所示。

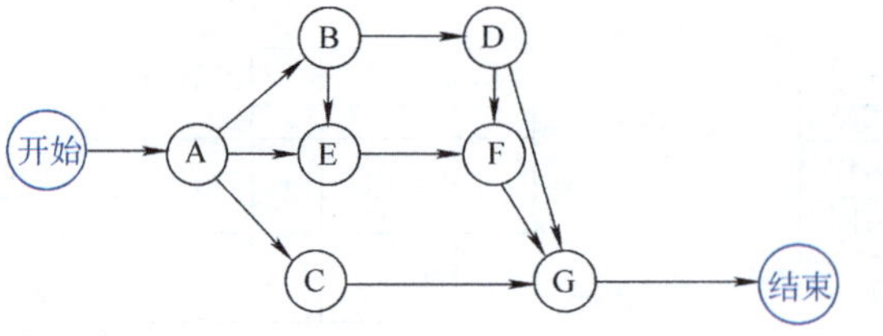

a)

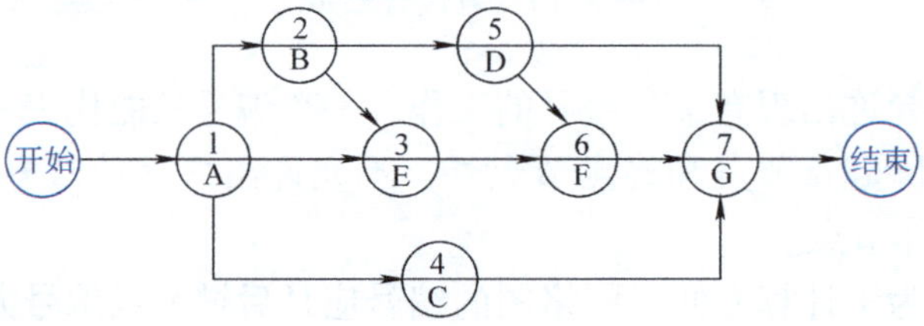

b)

图8-17　单代号网络图

三、单代号网络计划时间参数的计算

单代号网络计划与双代号网络计划只是表现形式不同，它们所表达的内容则完全一样。下面以图8-18所示单代号网络计划为例，说明其时间参数的计算过程。计算结果如图8-19所示。

表8-5　单代号网络图绘制已知条件表

工作名称	紧前工作	紧后工作	工作名称	紧前工作	紧后工作
A	—	B、E、C	E	A、B	F
B	A	D、E	F	D、E	G
C	A	G	G	D、F、C	—
D	B	F、G	—	—	—

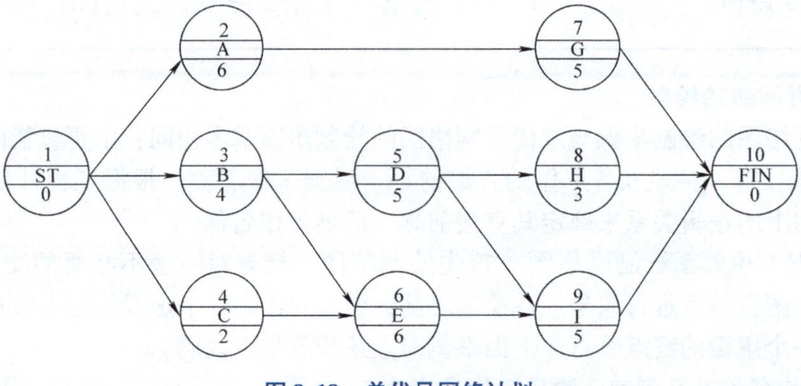

图8-18　单代号网络计划

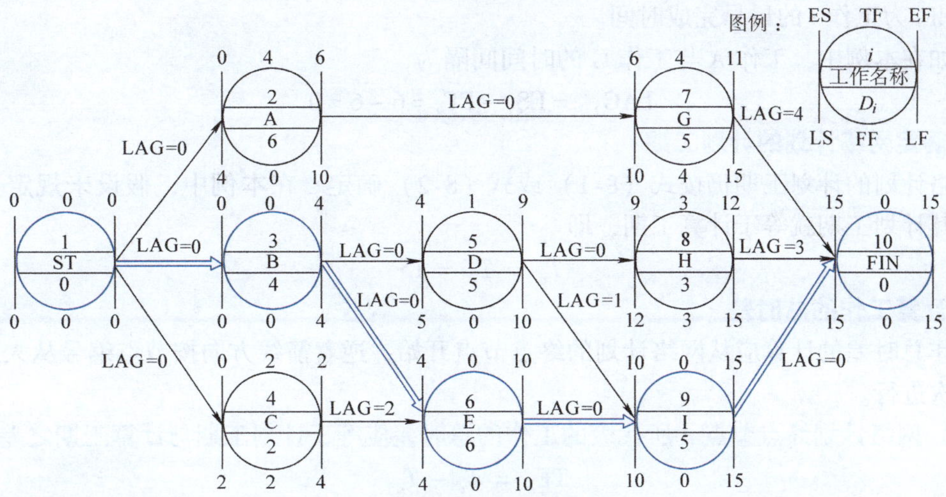

图 8-19　单代号网络计划

1. 计算工作的最早开始时间和最早完成时间

工作最早开始时间和最早完成时间的计算应从网络计划的起点节点开始，顺着箭线方向按节点编号从小到大的顺序依次进行。其计算步骤如下：

(1) 网络计划起点节点所代表的工作，其最早开始时间未规定时取值为零　例如在本例中，起点节点 ST 所代表的工作（虚拟工作）的最早开始时间为零，即

$$ES_1 = 0$$

(2) 工作的最早完成时间应等于本工作的最早开始时间与其持续时间之和　即

$$EF_i = ES_i + D_i \tag{8-25}$$

式中，EF_i 为工作 i 的最早完成时间；ES_i 为工作 i 的最早开始时间；D_i 为工作 i 的持续时间。

例如在本例中，工作 A 的最早完成时间为

$$EF_2 = ES_2 + D_2 = 0 + 6 = 6$$

(3) 其他工作的最早开始时间应等于其紧前工作最早完成时间的最大值　即

$$ES_j = \max\{EF_i\} \tag{8-26}$$

式中，ES_j 为工作 j 的最早开始时间；EF_i 为工作 j 的紧前工作 i 的最早完成时间。

例如在本例中，工作 E 的最早开始时间为

$$ES_6 = \max\{EF_3, EF_4\} = \max\{4,2\} = 4$$

(4) 网络计划的计算工期等于其终点节点所代表的工作的最早完成时间。例如在本例中，其计算工期为

$$T_c = EF_{10} = 15$$

2. 计算相邻两项工作之间的时间间隔

相邻两项工作之间的时间间隔指其紧后工作的最早开始时间与本工作最早完成时间的差值，即

$$LAG_{i,j} = ES_j - EF_i \tag{8-27}$$

式中，$LAG_{i,j}$ 为工作 i 与其紧后工作 j 之间的时间间隔；ES_j 为工作 i 的紧后工作 j 的最早开始

时间；EF_i 为工作 i 的最早完成时间。

例如在本例中，工作A与工作G的时间间隔为

$$LAG_{2,7}=ES_7-EF_2=6-6=0$$

3. 确定网络计划的计划工期

网络计划的计划工期仍按式（8-1）或式（8-2）确定。在本例中，假设未规定要求工期，则其计划工期就等于计算工期，即

$$T_p=T_c=15$$

4. 计算工作的总时差

工作总时差的计算应从网络计划的终点节点开始，逆着箭线方向按节点编号从大到小的顺序依次进行。

（1）网络计划终点节点 n 所代表的工作的总时差应等于计划工期与计算工期之差，即

$$TF_n=T_p-T_c \tag{8-28}$$

当计划工期等于计算工期时，该工作的总时差为零。例如在本例中，终点节点⑩所代表的工作FIN（虚拟工作）的总时差为

$$TF_{10}=T_p-T_c=15-15=0$$

（2）其他工作的总时差应等于本工作与其各紧后工作之间的时间间隔加该紧后工作的总时差所得之和的最小值 即

$$TF_i=\min\{LAG_{i,j}+TF_j\} \tag{8-29}$$

式中，TF_i 为工作 i 的总时差；$LAG_{i,j}$ 为工作 i 与其紧后工作 j 之间的时间间隔；TF_j 为工作 i 的紧后工作 j 的总时差。

例如在本例中，工作D的总时差为

$$TF_5=\min\{LAG_{5,8}+TF_8,LAG_{5,9}+TF_9\}=\min\{0+3,1+0\}=1$$

5. 计算工作的自由时差

（1）网络计划终点节点 n 所代表工作的自由时差等于计划工期与本工作的最早完成时间之差 即

$$FF_n=T_p-EF_n \tag{8-30}$$

式中，FF_n 为终点节点 n 所代表的工作的自由时差；T_p 为网络计划的计划工期；EF_n 为终点节点 n 所代表的工作的最早完成时间（即计算工期）。

例如在本例中，终点节点⑩所代表的工作FIN（虚拟工作）的自由时差为

$$FF_{10}=T_p-EF_{10}=15-15=0$$

（2）其他工作的自由时差等于本工作与其紧后工作之间时间间隔的最小值 即

$$FF_i=\min\{LAG_{i,j}\} \tag{8-31}$$

例如在本例中，工作 D 的自由时差为

$$FF_5=\min\{LAG_{5,8},LAG_{5,9}\}=\min\{0,1\}=0$$

6. 计算工作的最迟完成时间和最迟开始时间

工作的最迟完成时间和最迟开始时间的计算可按以下两种方法进行：

（1）根据总时差计算 工作的最迟完成时间等于本工作的最早完成时间与其总时差之和，工作的最迟开始时间等于本工作的最早开始时间与其总时差之和，即

$$LF_i=EF_i+TF_i \tag{8-32}$$

$$LS_i = ES_i + TF_i \tag{8-33}$$

例如在本例中，工作D的最迟完成时间和最迟开始时间分别为

$$LF_5 = EF_5 + TF_5 = 9 + 1 = 10$$

$$LS_5 = ES_5 + TF_5 = 4 + 1 = 5$$

（2）根据计划工期计算　工作最迟完成时间和最迟开始时间的计算应从网络计划的终点节点开始，逆着箭线方向按节点编号从大到小的顺序依次进行。

1）网络计划终点节点 n 所代表的工作的最迟完成时间等于该网络计划的计划工期。即

$$LF_n = T_P \tag{8-34}$$

例如在本例中，终点节点⑩所代表的工作 *FIN*（虚拟工作）的最迟完成时间为

$$LF_{10} = T_P = 15$$

2）工作的最迟开始时间等于本工作的最迟完成时间与其持续时间之差。即

$$LS_i = LF_i - D_i \tag{8-35}$$

例如在本例中，工作G的最迟开始时间为

$$LS_7 = LF_7 - D_7 = 15 - 5 = 10$$

3）其他工作的最迟完成时间等于该工作各紧后工作最迟开始时间的最小值。即

$$LF_i = \min\{LS_j\} \tag{8-36}$$

式中，LF_i 为工作 i 的最迟完成时间；LS_j 为工作 i 的紧后工作 j 的最迟开始时间。

例如在本例中，工作D的最迟完成时间为

$$LF_5 = \min\{LS_8, LS_9\} = \min\{12, 10\} = 10$$

7. 确定网络计划的关键线路

（1）利用关键工作确定关键线路　如前所述，总时差最小的工作为关键工作。将这些关键工作相连，并保证相邻两项关键工作之间的时间间隔为零而构成的线路就是关键线路。例如在本例中，由于工作B、工作E和工作I的总时差均为零，故它们为关键工作。由于网络计划的起点节点①和终点节点⑩与上述三项关键工作组成的线路上，相邻两项工作之间的时间间隔全部为零，故线路①——③——⑥——⑨——⑩为关键线路。

（2）利用相邻两项工作之间的时间间隔确定关键线路　从网络计划的终点节点开始，逆着箭线方向依次找出相邻两项工作之间时间间隔为零的线路就是关键线路。例如在本例中，逆着箭线方向可以直接找出关键线路①——③——⑥——⑨——⑩。

第四节　双代号时标网络计划

一、时标网络计划的特点和应用范围

双代号时标网络计划简称时标网络计划，是以时间坐标为尺度编制的双代号网络计划。既具有网络计划的优点，又具有横道图直观易懂的优点，它将网络计划的时间参数直观地表达出来。

1. 时标网络计划的特点

1）时标网络计划既是一个网络计划，又是一个水平进度计划。能够清楚地标明计划的时间进程，便于使用。

2）时标网络计划能在图上直接显示出各项工作的开始与完成时间、工作的自由时差及关键线路。在使用过程中，可以随时确定哪些工作已经完成，哪些工作正在进行以及哪些工作就要开始。

3）可以直接统计同一时间对材料、机械、设备以及人力的需要量。因为时标网络图能清楚地表示出哪些工作需要同时进行，有利于资源优化。

4）修改调整比较麻烦。当情况发生变化时，如资源的变动或工期的拖延，就需要对时标网络计划进行修改调整，因为改变工作持续时间就需要改变箭杆的长度和位置，这会引起整个网络图的变动，往往要重新绘图。

5）计划必须以时间坐标为尺度表示工作时间。时标的时间单位应根据需要在编制网络计划之前确定，可以为小时、天、周、旬、月或季。

6）不易产生循环回路之类的逻辑错误。这是因为时标网络计划在绘制中受到时间坐标的限制。

2. 时标网络计划的应用范围

时标网络图比较接近于习惯使用的横道图，有直观的优点，所以在项目施工中是比较受欢迎的。目前时标网络计划多应用于以下几种情况：

1）编制工作项目较少，且工艺过程较简单的工程项目施工计划。能迅速地边绘、边算、边调整。

2）局部网络计划和作业性网络计划。对于大型复杂的工程，特别是不使用计算机时，可以先用时标网络图的形式绘制各分部分项工程的网络计划，然后再综合起来绘制总网络计划；也可先编制一个总的施工网络计划，再对需要的施工区段绘制详细的时标网络计划。如果进度有变化，则不必改动整个网络计划，而只对这一阶段的时标网络进行修订。

3）有时为了便于在图上直接表示每项工作的进程，可将网络计划再复制成时标网络计划。

4）使用实际进度前锋线进行进度控制的网络计划。

二、时标网络计划的编制方法

时标网络计划宜按各项工作的最早开始时间编制。为此，在编制时标网络计划时应使每一个节点和每一项工作（包括虚工作）尽量向左靠，直至不出现从右向左的逆向箭线为止。

在编制时标网络计划之前，应先按已经确定的时间单位绘制时标网络计划表。时间坐标可以标注在时标网络计划表的顶部或底部。当网络计划的规模比较大，且比较复杂时，可以在时标网络计划表的顶部和底部同时标注时间坐标。表中部的刻度线宜为细线。为使图面清晰简洁，此线也可不画或少画。编制时标网络计划应先绘制无时标的网络计划草图，然后按间接绘制法或直接绘制法进行。

1. 间接绘制法

间接绘制法是指先根据无时标的网络计划草图计算其时间参数并确定关键线路，然后在时标网络计划表中进行绘制。在绘制时应先将所有节点按其最早时间定位在时标网络计划表中的相应位置，然后再用规定线型（实箭线和虚箭线）按比例绘出工作和虚工作。当某些工作箭线的长度不足以到达该工作的完成节点时，须用波形线补足，箭头应画在与该工作完成节点的连接处。

2. 直接绘制法

直接绘制法是指不计算时间参数而直接按无时标的网络计划草图绘制时标网络计划。现仍以图8-13所示网络计划为例，说明时标网络计划的绘制过程。为表述简便，图8-13中工作1—2、工作1—3、工作1—4、工作3—5、工作4—6、工作2—7、工作5—7和工作6—7分别用A、B、C、D、E、G、H和I来代表。具体绘图步骤为：

1）将网络计划的起点节点定位在时标网络计划表的起始刻度线上。例如在本例中，将节点①定位在时标网络计划表的起始刻度线“0”位置上。

2）按工作的持续时间绘制以网络计划起点节点为开始节点的工作箭线。例如在本例中，分别绘出工作箭线A、B和C。

3）除网络计划的起点节点外，其他节点必须在所有以该节点为完成节点的工作箭线均绘出后，定位在这些工作箭线中最迟的箭线末端。当某些工作箭线的长度不足以到达该节点时，须用波形线补足，箭头画在与该节点的连接处。例如在本例中，节点②直接定位在工作箭线A的末端；节点③直接定位在工作箭线B的末端；节点④的位置需要在绘出虚箭线3—4之后，定位在工作箭线C和虚箭线3—4中最迟的箭线末端，即坐标“4”的位置上。此时，工作箭线C的长度不足以到达节点④，因而用波形线补足。

4）当某个节点的位置确定之后，可绘制以该节点为开始节点的工作箭线。例如在本例中，在第3）项的基础之上，可以分别以节点②、节点③和节点④为开始节点绘制工作箭线G、D和E。

5）利用上述方法从左至右依次确定其他各个节点的位置，直至绘出网络计划的终点节点。例如在本例中，在第4）项基础上，可以分别确定节点⑤和节点⑥的位置，并在它们之后分别绘制工作箭线H和I。

最后，根据工作箭线G、H和I确定出终点节点的位置。本例所对应的时标网络计划如图8-20所示，图中双箭线表示的线路为关键线路。

在绘制时标网络计划时，特别需要注意的问题是处理好虚箭线。首先，应将虚箭线与实箭线等同看待，只是其对应工作的持续时间为零；其次，尽管它本身没有持续时间，但可能存在波形线，因此，要按规定画出波形线。在画波形线时，其垂直部分仍应画为虚线，如图8-20所示时标网络计划中的虚箭线5—6。

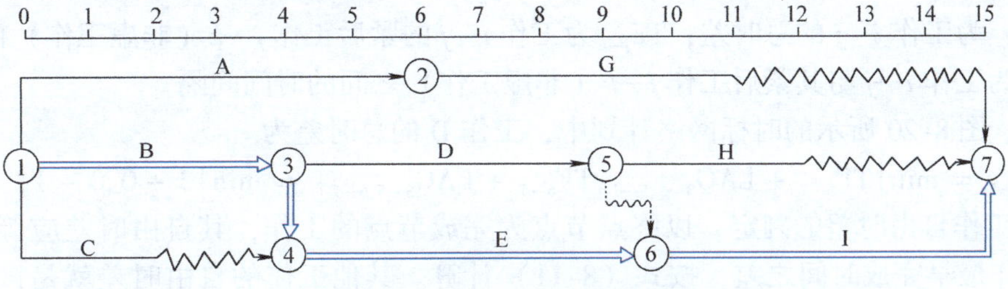

图8-20 双代号时标网络计划

三、时标网络计划中时间参数的判定

1. 关键线路和计算工期的判定

（1）关键线路的判定　关键线路可从时标网络计划的终点节点开始，逆着箭线方向进行判定。凡自始至终不出现波形线的线路即为关键线路。因为没有出现波形线，就说明在这条线路上相邻两项工作之间的时间间隔全部为零，也就是在计算工期等于计划工期的前提下，这些工作的总时差和自由时差全部为零。例如在图8-20中，线路①——③——④——⑥——⑦即为关键线路。

（2）计算工期的判定　网络计划的计算工期应等于终点节点所对应的时标值与起点节点所对应的时标值之差。例如图8-20所示时标网络计划的计算工期为：$T_c = 15 - 0 = 15$。

2. 相邻两项工作之间时间间隔的判定

除以终点节点为完成节点的工作外，工作箭线中波形线的水平投影长度表示工作与其紧后工作之间的时间间隔。例如，图8-20中，工作C和工作E之间的时间间隔为2；工作D和工作I之间的时间间隔为1；其他工作之间的时间间隔均为零。

3. 工作六个时间参数的判定

（1）工作最早开始时间和最早完成时间的判定　工作箭线左端节点中心所对应的时标值为该工作的最早开始时间。当工作箭线中不存在波形线时，其右端节点中心所对应的时标值为该工作的最早完成时间；当工作箭线中存在波形线时，工作箭线实线部分右端点所对应的时标值为该工作的最早完成时间。例如，图8-20中，工作A和工作H的最早开始时间分别为0和9，而它们的最早完成时间分别为6和12。

（2）工作总时差的判定　工作总时差的判定应从网络计划的终点节点开始，逆着箭线方向依次进行。

1）以终点节点为完成节点的工作，其总时差应等于计划工期与本工作最早完成时间之差。即

$$TF_{i-n} = T_p - EF_{i-n} \tag{8-37}$$

式中，TF_{i-n}为以网络计划终点节点n为完成节点的工作的总时差；T_p为网络计划的计划工期；EF_{i-n}为以网络计划终点节点n为完成节点的工作的最早完成时间。

例如，图8-20所示的时标网络计划中，假设计划工期为15，则工作G的总时差为

$$TF_{2-7} = T_p - EF_{2-7} = 15 - 11 = 4$$

2）其他工作的总时差等于其紧后工作的总时差加本工作与该紧后工作之间的时间间隔所得之和的最小值。即

$$TF_{i-j} = \min\{TF_{j-k} + LAG_{i-j,j-k}\} \tag{8-38}$$

式中，TF_{i-j}为工作$i—j$的总时差；TF_{j-k}为工作$i—j$的紧后工作$j—k$（非虚工作）的总时差；$LAG_{i-j,j-k}$为工作$i—j$与其紧后工作$j—k$（非虚工作）之间的时间间隔。

例如，图8-20所示的时标网络计划中，工作D的总时差为

$$TF_{3-5} = \min\{TF_{5-7} + LAG_{3-5,5-7}, TF_{6-7} + LAG_{3-5,6-7}\} = \min\{3+0, 0+1\} = 1$$

（3）工作自由时差的判定　以终点节点为完成节点的工作，其自由时差应等于计划工期与本工作最早完成时间之差，按式（8-11）计算。其他工作的自由时差就是该工作箭线中波形线的水平投影长度，但当工作之后只紧接虚工作时，则该工作箭线上一定不存在波形

线，而其紧接的虚箭线中波形线水平投影长度的最短者为该工作的自由时差。例在图 8-20 所示的时标网络计划中，工作 A、工作 B、工作 D 和工作 E 的自由时差均为零，工作 C 的自由时差为 2，而工作 G 的自由时差为

$$FF_{2-7} = T_p - EF_{2-7} = 15 - 11 = 4$$

(4) 工作最迟开始时间和最迟完成时间的判定　工作的最迟开始时间等于本工作的最早开始时间与其总时差之和，工作的最迟完成时间等于本工作的最早完成时间与其总时差之和，可按式（8-9）移项求得。例如，图 8-20 所示的时标网络计划中，工作 H 的最迟开始时间和最迟完成时间分别为

$$LS_{5-7} = ES_{5-7} + TF_{5-7} = 9 + 3 = 12$$
$$LF_{5-7} = EF_{5-7} + TF_{5-7} = 12 + 3 = 15$$

图 8-20 所示时标网络计划中时间参数的判定结果应与图 8-14 所示网络计划时间参数的计算结果完全一致。

第五节　单代号搭接网络计划

一、搭接网络计划的特点

双代号和单代号网络计划所表达的工作之间的逻辑关系是一种衔接关系，即只有当其紧前工作全部完成之后，本工作才能开始。但在工程建设实践中，有许多工作的开始并不是以其紧前工作的完成为条件。只要其紧前工作开始一段时间后，即可进行本工作，而不需要等其紧前工作全部完成之后再开始，工作之间的这种关系称为搭接关系。在工程项目建设实践中，搭接关系是大量存在的，然而传统的单代号和双代号网络计划却不能表示这种搭接关系。遇到搭接关系，不得不将前一项工作进行分段处理，以符合前面工作不完成后面工作不能开始的要求，这就使得网络计划变得复杂起来，绘制、调整都不方便。针对这一重大问题和普遍需要，各国陆续出现了许多表示搭接关系的网络计划，统称为“搭接网络计划法”。其共同特点是：当前一项工作没有结束的时候，后一项工作即可插入进行，将前后工作搭接起来；符合实际情况，大大简化了网络计划的编制工作；工作的时间参数计算复杂化，大型的复杂项目可借助计算机进行计算。搭接网络计划一般都采用单代号网络图的表示方法，即以节点表示工作，以节点之间的箭线表示工作之间的逻辑顺序和搭接关系。

二、搭接关系

在搭接网络计划中，工作之间的搭接关系是由相邻两项工作之间的不同时距决定的。所谓时距就是在搭接网络计划中相邻两项工作之间的时间差值。单代号网络图的五种搭接关系是：

(1) 结束到开始（FTS）　从结束到开始的搭接关系如图 8-21a 所示，这种搭接关系在网络计划中的表达方式如图 8-21b 所示。例如，在房屋装修工程中，油漆干燥后才安玻璃，油漆与安玻璃之间的等待时间就是 FTS 时距。当 FTS 时距为零时，就说明本工作与其紧后工作之间紧密衔接。当网络计划中所有相邻工作只有 FTS 一种搭接关系且其时距均为零时，整个搭接网络计划就成为前述的单代号网络计划。

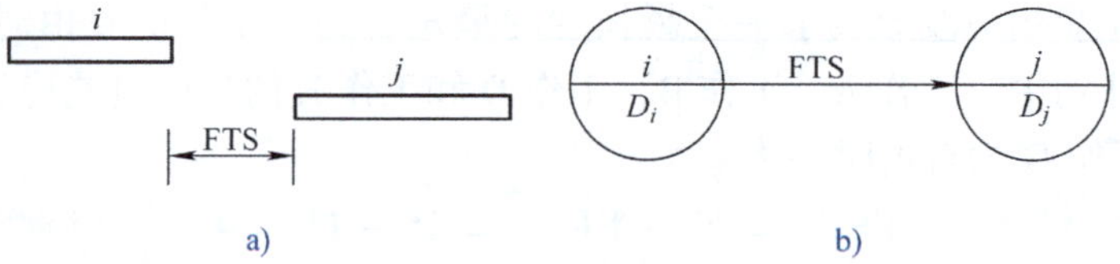

图 8-21　FTS 搭接关系及其在网络计划中的表达方式

a）搭接关系　b）网络计划中的表达方式

（2）开始到开始（STS）　从开始到开始的搭接关系如图 8-22a 所示，这种搭接关系在网络计划中的表达方式如图 8-22b 所示。例如在道路工程中，当路基铺设工作开始一段时间为路面浇筑工作创造一定条件之后，路面浇筑工作即可开始，路基铺设工作的开始时间与路面浇筑工作的开始时间之间的差值就是 STS 时距。

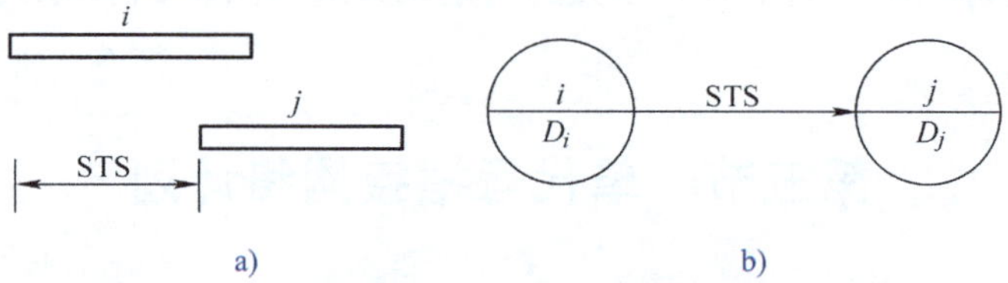

图 8-22　STS 搭接关系及其在网络计划中的表达方式

a）搭接关系　b）网络计划中的表达方式

（3）结束到结束（FTF）　从结束到结束的搭接关系如图 8-23a 所示，这种搭接关系在网络计划中的表达方式如图 8-23b 所示。例如在前述道路工程中，如果路基铺设工作的进展速度小于路面浇筑工作的进展速度，须考虑为路面浇筑工作留有充分的工作面；否则，路面浇筑工作就因没有工作面而无法进行。路基铺设工作的完成时间与路面浇筑工作的完成时间之间的差值就是 FTF 时距。

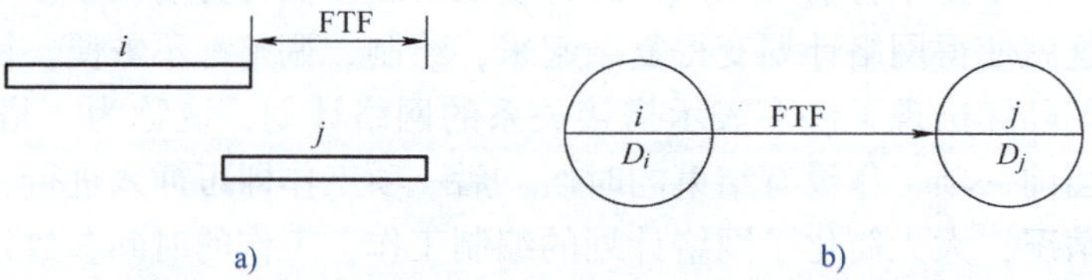

图 8-23　FTF 搭接关系及其在网络计划中的表达方式

a）搭接关系　b）网络计划中的表达方式

（4）开始到结束（STF）　从开始到结束的搭接关系如图 8-24a 所示，这种搭接关系在网络计划中的表达方式如图 8-24b 所示。

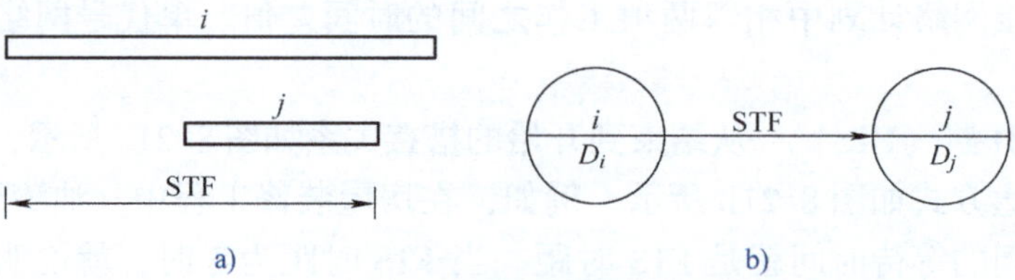

图 8-24　STF 搭接关系及其在网络计划中的表达方式

a）搭接关系　b）网络计划中的表达方式

(5) 混合搭接关系　在搭接网络计划中，除上述四种基本搭接关系外，相邻两项工作之间有时还会同时出现两种以上的基本搭接关系。如工作 i 和工作 j 之间可能同时存在 STS 时距和 FTF 时距，或同时存在 STF 时距 FTS 时距等，其表达方式如图 8-25 和图 8-26 所示。

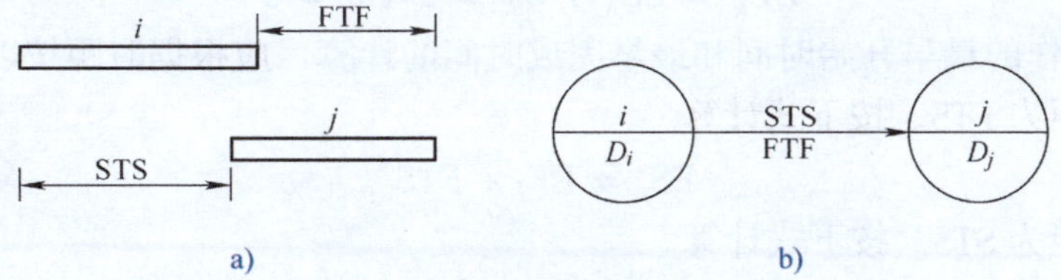

图 8-25　STS 和 FTF 混合搭接关系及其在网络计划中的表达方式

a) 混合搭接关系　b) 网络计划中的表达方式

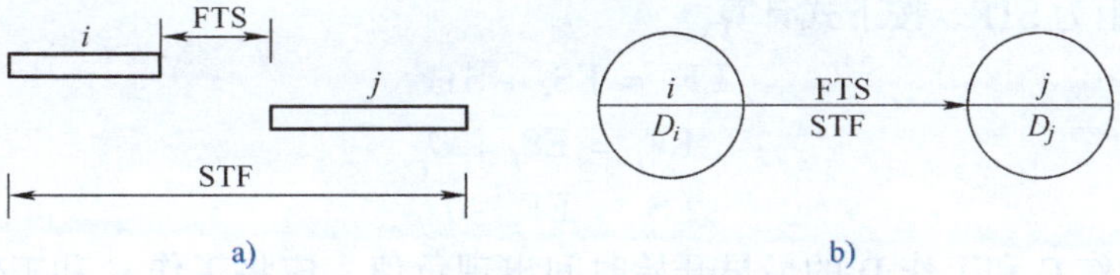

图 8-26　STF 和 FTS 混合搭接关系及其在网络计划中的表达方式

a) 混合搭接关系　b) 网络计划中的表达方式

三、搭接网络计划时间参数的计算

单代号搭接网络计划时间参数的计算与前述单代号网络计划和双代号网络计划时间参数的计算原理基本相同。现以图 8-27 所示单代号搭接网络计划为例，说明其计算方法。

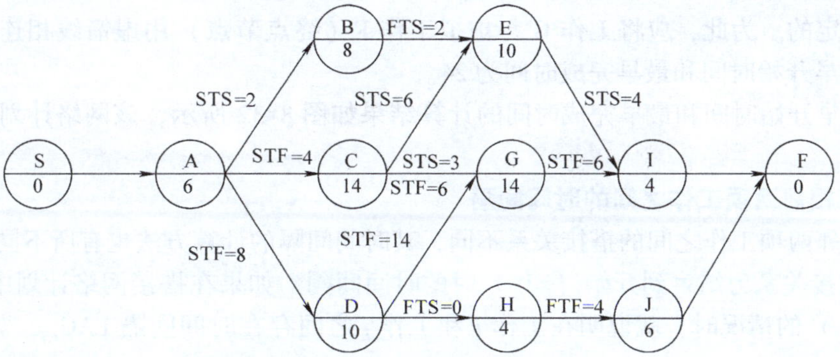

图 8-27　单代号搭接网络计划

1. 计算工作的最早开始时间和最早完成时间

工作最早开始时间和最早完成时间的计算应从网络计划的起点节点开始，顺着箭线方向依次进行。

(1) 起点节点　因其在单代号搭接网络计划中一般都代表虚拟工作，故最早开始时间和最早完成时间均为零，即：$ES_S = EF_S = 0$。

(2) 凡与网络计划起点节点相联系的工作，其最早开始时间为零　例如在本例中，工作 A 的最早开始时间就应等于零，即：$ES_A = 0$。

(3) 凡与网络计划起点节点相联系的工作，其最早完成时间应等于其最早开始时间与持续时间之和　例如在本例中，工作 A 的最早完成时间为

$$EF_A = ES_A + D_A = 0 + 6 = 6$$

(4) 其他工作的最早开始时间和最早完成时间的计算　应根据时距按以下公式计算。

1）相邻时距为 FTS。按下式计算

$$ES_j = EF_i + FTS_{i,j} \tag{8-39}$$

2）相邻时距为 STS。按下式计算

$$ES_j = ES_i + STS_{i,j} \tag{8-40}$$

3）相邻时距为 FTF。按下式计算

$$EF_j = EF_i + FTF_{i,j} \tag{8-41}$$

4）相邻时距为 STF。按下式计算

$$EF_j = ES_i + STF_{i,j} \tag{8-42}$$

$$EF_j = ES_j + D_j \tag{8-43}$$

$$ES_j = EF_j - D_j \tag{8-44}$$

在本例中工作 C 和工作 D 的最早开始时间出现负值，应将工作 C 和工作 D 与虚拟工作 S（起点节点）用虚箭线相连，重新计算工作 C 和工作 D 的最早开始时间和最早完成时间。工作 E 和工作 I 同时有两项紧前工作，应根据其之间的搭接关系分别计算其最早开始时间，然后从中取最大值。工作 G 不仅有两项紧前工作 C 和 D，而且在该工作与其紧前工作 C 之间存在着两种搭接关系，这时也应分别计算最早开始时间后取其中的最大值。

(5) 终点节点所代表的工作　其最早开始时间按理应等于该工作紧前工作最早完成时间的最大值。但由于在搭接网络计划中，决定工期的工作不一定是最后进行的工作。例如在本例中，由于工作 G 的最早完成时间 24 为最大，故网络计划的计算工期是由工作 G 的最早完成时间决定的。为此，应将工作 G 与虚拟工作 F（终点节点）用虚箭线相连，于是得到工作 F 的最早开始时间和最早完成时间为 24。

工作最早开始时间和最早完成时间的计算结果如图 8-32 所示，该网络计划的计算工期为 24。

2. 计算相邻两项工作之间的时间间隔

由于相邻两项工作之间的搭接关系不同，其时间间隔的计算方法也有所不同。

(1) 搭接关系为结束到开始（FTS）时的时间间隔　如果在搭接网络计划中出现 $ES_j >(EF_i + FTS_{i,j})$ 的情况时，就说明在工作 i 和工作 j 之间存在时间间隔 $LAG_{i,j}$，如图 8-28 所示。由图 8-28 可得

$$LAG_{i,j} = ES_j - (EF_i + FTS_{i,j}) = ES_j - EF_i - FTS_{i,j} \tag{8-45}$$

(2) 搭接关系为开始到开始（STS）时的时间间隔　如果在搭接网络计划中出现 $ES_j >(ES_i + STS_{i,j})$ 的情况时，就说明工作 i 和工作 j 之间存在时间间隔 $LAG_{i,j}$，如图 8-29 所示。由图 8-29 可得

$$LAG_{i,j} = ES_j - (ES_i + STS_{i,j}) = ES_j - ES_i - STS_{i,j} \tag{8-46}$$

(3) 搭接关系为结束到结束（FTF）时的时间间隔　如果在搭接网络计划中出现 $EF_j >(EF_i + FTF_{i,j})$ 的情况时，就说明在工作 i 和工作 j 之间存在时间间隔 $LAG_{i,j}$；如图 8-30 所

示。由图 8-30 可得

$$LAG_{i,j} = EF_j - (EF_i + FTF_{i,j}) = EF_j - EF_i - FTF_{i,j} \tag{8-47}$$

（4）搭接关系为开始到结束（STF）时的时间间隔　如果在搭接网络计划中出现 $EF_j > (ES_i + STF_{i,j})$ 的情况时，就说明在工作 i 和工作 j 之间存在时间间隔 $LAG_{i,j}$，如图 8-31 所示。由图 8-31 可得

$$LAG_{i,j} = EF_j - (ES_i + STF_{i,j}) = EF_j - ES_i - STF_{i,j} \tag{8-48}$$

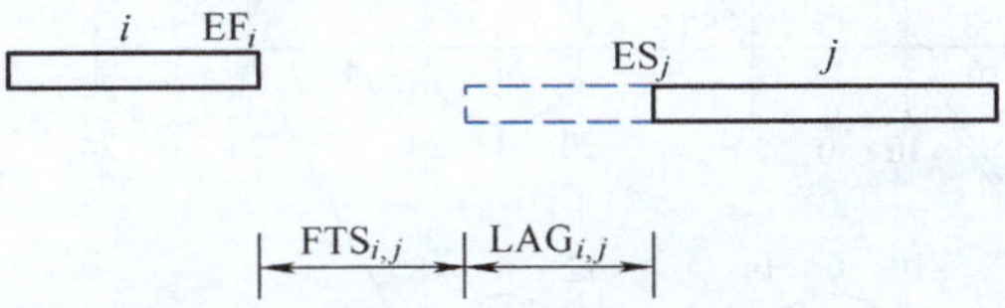

图 8-28　时距为 FTS 时的时间间隔

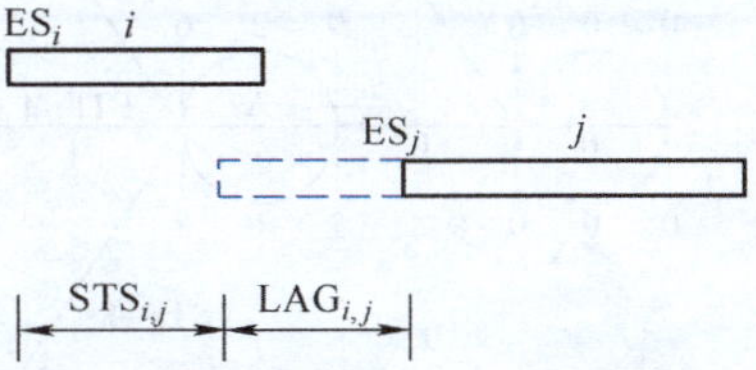

图 8-29　时距为 STS 时的时间间隔

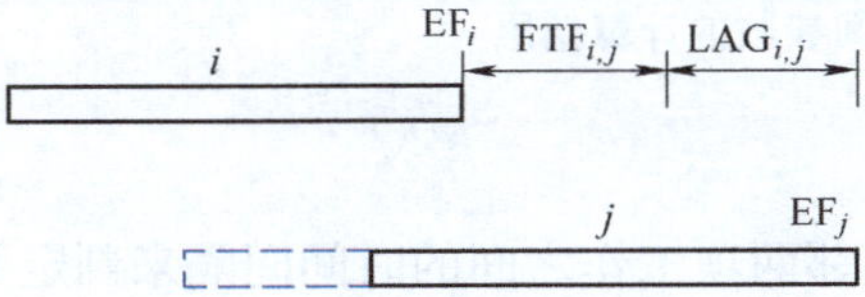

图 8-30　时距为 FTF 时的时间间隔

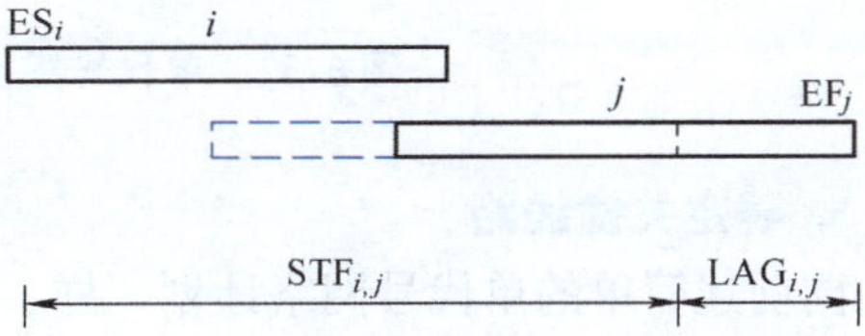

图 8-31　时距为 STF 时的时间间隔

（5）混合搭接关系时的时间间隔　当相邻两项工作之间存在两种时距及以上的搭接关系时，应分别计算出时间间隔，然后取其中的最小值，即

$$LAG_{i,j} = \min\begin{Bmatrix} ES_j - EF_i - FTS_{i,j} \\ ES_j - ES_i - STS_{i,j} \\ EF_j - EF_i - FTF_{i,j} \\ EF_j - ES_i - STF_{i,j} \end{Bmatrix} \tag{8-49}$$

根据上述计算公式即可计算出本例中相邻两项工作之间的时间间隔，其结果见图 8-32 中箭线下方数字。

3. 计算工作的时差

搭接网络计划同前述简单的网络计划一样，其工作的时差也有总时差和自由时差两种。

（1）工作的总时差　搭接网络计划中工作的总时差可利用式（8-28）和式（8-29）计算。但在计算出总时差后，需要根据式（8-32）判别该工作的最迟完成时间是否超出计划工期。例如在本例中，按上述方法进行计算可得，工作 E 的总时差是 4，其最迟完成时间为 22 + 4 = 26，将超出计划工期 24，这显然不合理。为此，将工作 E 与虚拟工作 F（终点节点）用虚箭线相连（见图 8-32）。此时，工作 E 与虚拟工作 F 之间的时间间隔为 2，而工作的总时差也为 2。工作总时差的计算结果如图 8-32 所示。

（2）工作的自由时差　搭接网络计划中工作的自由时差可利用式（8-30）和式（8-31）计算，其结果如图 8-32 所示。

4. 计算工作的最迟完成时间和最迟开始时间

工作的最迟完成时间和最迟开始时间可利用式（8-32）和式（8-33）计算，其结果如图8-32所示。

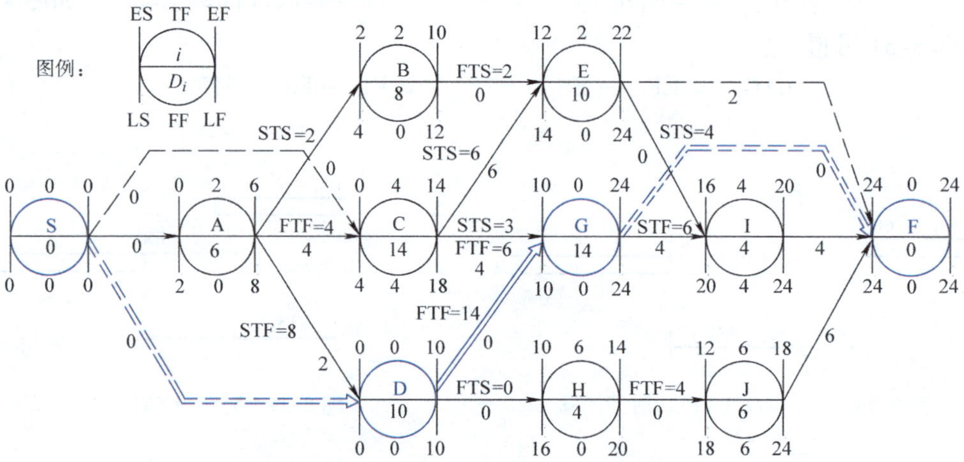

图8-32 单代号搭接网络计划时间参数的计算结果

5. 确定关键线路

同前述简单的单代号网络计划一样，可以利用相邻两项工作之间的时间间隔来判定关键线路。即从搭接网络计划的终点节点开始，逆着箭线方向依次找出相邻两项工作之间时间间隔为零的线路就是关键线路。关键线路上的工作即为关键工作，关键工作的总时差最小。在本例中，线路S——D——G——F为关键线路。关键工作是工作D和工作G，而工作S和工作F为虚拟工作，它们的总时差均为零。

第六节 网络计划的优化

一、工期优化

网络计划的优化内容，包括工期、费用和资源的优化。其中，工期优化是指网络计划的计算工期不能满足要求工期时，通过压缩关键工作的持续时间以满足要求工期目标的过程。

1. 工期优化的计算步骤

网络计划的工期优化可按下列步骤进行：

1）确定初始网络计划的计算工期和关键线路。

2）按要求工期计算应缩短的时间ΔT。即$\Delta T = T_c - T_r$，这里T_c为计算工期；T_r为要求工期。

3）选择缩短持续时间的关键工作。选择时主要考虑：缩短持续时间对质量和安全影响不大的工作；有充足备用资源的工作；缩短持续时间所需增加的费用最少的工作；如果网络计划有两条以上关键线路时，可选择压缩公用的关键工作，或选择两条线路上的关键工作同时压缩同样时间。

4）将选定的关键工作的持续时间压缩至最短，重新确定计算工期和关键线路。若被压缩的工作变成非关键工作，则应延长其持续时间，使之仍为关键工作。

5）当计算工期仍超过要求工期时，则需重复上述2）~4）项，直至计算工期满足要求工期或计算工期已不能再缩短为止。

6）当所有关键工作的持续时间都已达到其能缩短的极限而寻求不到继续缩短工期的方案，但网络计划的计算工期仍不能满足要求工期时，应对网络计划的原技术方案、组织方案进行调整，或对要求工期重新审定。

2. 使关键工作时间缩短的措施

为使关键工作取得可压缩时间，必须采取一定的措施。这些措施主要是：增加资源数量；增加工作班次；改变施工方法；组织流水作业；采取技术措施等。如果这些方法均不能奏效，则应改变要求工期或改变施工方案。

3. 工期优化示例

工期优化示例见例8-1。

例8-1 已知某工程双代号网络计划如图8-33所示，图中箭线下方括号外数字为工作的正常持续时间，括号内数字为最短持续时间；箭线上方括号内数字为优选系数，该系数综合考虑质量、安全和费用增加情况而确定。选择关键工作压缩其持续时间时，应选择优选系数最小的关键工作。若需要同时压缩多个关键工作的持续时间，则优选系数之和（组合优选系数）最小者应优先作为压缩对象。现假设要求工期为15，试对其进行工期优化。

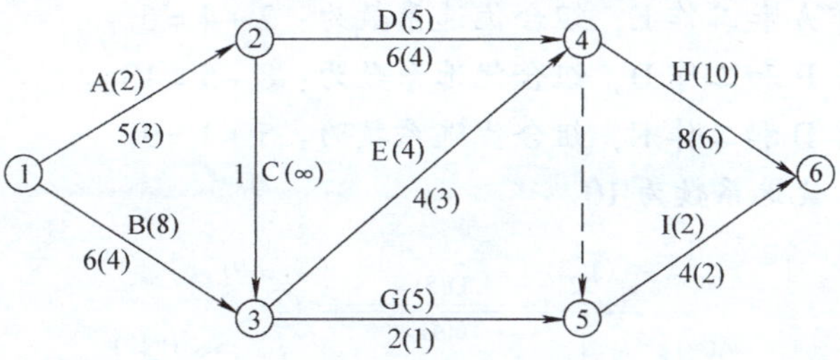

图8-33 初始网络计划

解：该网络计划的工期优化步骤为：

（1）根据各项工作的正常持续时间，用标号法确定网络计划的计算工期和关键线路 如图8-34所示，此时关键线路为①—②—④—⑥。

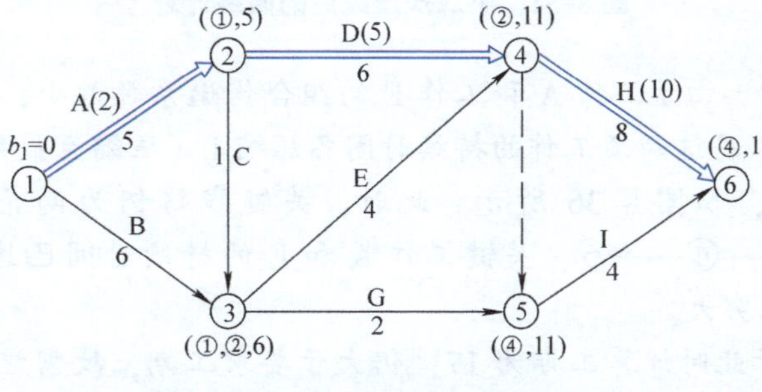

图8-34 初始网络计划中的关键线路

(2) 计算应缩短的时间 $\Delta T = T_c - T_r = 19 - 15 = 4$

(3) 优先压缩工作A 由于关键工作A、工作D和工作H中，工作A的优选系数最小，故应优先压缩工作A。压缩关键工作A至最短持续时间为3，利用标号法确定新的计算工期和关键线路。此时，关键工作A被压缩成非关键工作，故将其持续时间3延长为4，使之成为关键工作。工作A恢复为关键工作之后，网络计划出现两条关键线路，即：①——②——④——⑥和①——③——④——⑥，如图8-35所示。

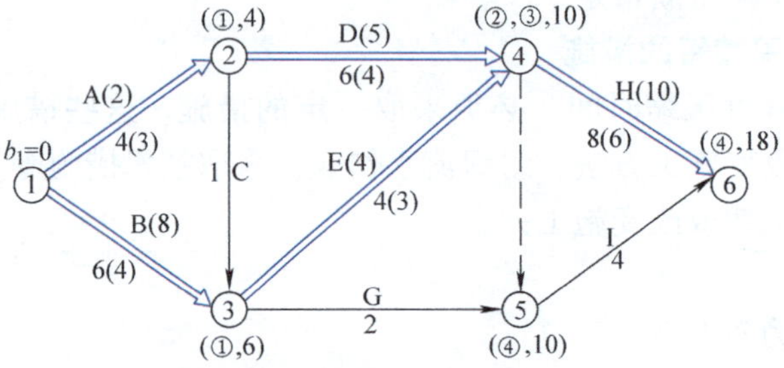

图8-35 第一次压缩后的网络计划

(4) 继续压缩 由于此时计算工期为18，仍大于要求工期，故需继续压缩。需要缩短的时间 $\Delta T_1 = 18 - 15 = 3$。在图8-35所示网络计划中，有以下五个压缩方案：

1) 同时压缩工作A和工作B，组合优选系数为：2 + 8 = 10。
2) 同时压缩工作A和工作E，组合优选系数为：2 + 4 = 6。
3) 同时压缩工作B和工作D，组合优选系数为：8 + 5 = 13。
4) 同时压缩工作D和工作E，组合优选系数为：5 + 4 = 9。
5) 压缩工作H，优选系数为10。

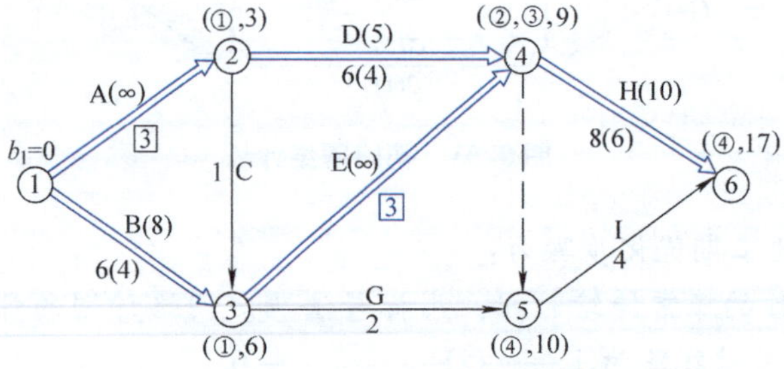

图8-36 第二次压缩后的网络计划

在上述压缩方案中，由于工作A和工作E的组合优选系数最小，故应选择同时压缩工作A和工作E的方案。将这两项工作的持续时间各压缩1（压缩至最短），再用标号法确定计算工期和关键线路，如图8-36所示。此时，关键线路仍为两条，即：①——②——④——⑥和①——③——④——⑥。关键工作A和E的持续时间已达最短，不能再压缩，它们的优选系数变为无穷大。

(5) 再压缩 由于此时计算工期为17，仍大于要求工期，故需继续压缩。需要缩短的时间 $\Delta T_2 = 17 - 15 = 2$。在图8-36中，由于关键工作A和E已不能再压缩，故此时只有两个压缩方案：

1）同时压缩工作B和工作D，组合优选系数为：8＋5＝13。

2）压缩工作H，优选系数为10。

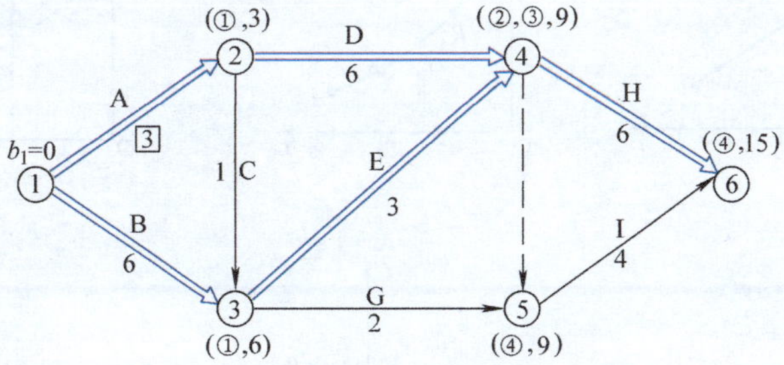

图8-37　工期优化后的网络计划

由于工作H的优选系数最小，故应选择压缩工作H的方案。将工作H的持续时间缩短2，再用标号法确定计算工期和关键线路，如图8-37所示。此时，计算工期为15，已等于要求工期，故图8-37所示网络计划即为优化方案。

二、费用优化

费用优化又称工期—成本优化，是指寻求工程总成本最低时的工期安排，或按要求工期寻求最低成本的计划安排的过程。

1. 工程成本与工期的关系

工程成本由直接费与间接费组成。施工方案不同，直接费就不相同；施工方案一定，如工期不同，直接费也不同。间接费一般会随着工期的增加而增加。考虑工程总成本时，还应考虑拖期要接受罚款，提前竣工会得到奖励，提前投产而得到收益。

工期—成本优化的目的是：求出与最低工程总成本相对应的工程总工期或求出在规定工期条件下工程最低成本。网络计划中工期的长短取决于关键线路的持续时间。为了达到工期—成本优化的目的，必须研究分析网络计划中工作的持续时间和费用之间的关系。

2. 工作持续时间和费用的关系

工作持续时间和费用的关系有以下几种类型：

1）连续直线型。如图8-38a所示，*A*、*B*间各点的时间费用关系点都在*AB*的连线上。就整个工程讲，可认为直线型关系有其使用价值，会给优化工作带来方便。

2）折线型。如图8-38b所示，表示不同时间的费用变化率是不同的。对一项表示小型工程的网络来讲，这种线型有实际应用意义，且比较精确。

3）突变型。如图8-38c所示，*AS*段代表一种方案费用和时间的关系；*RB*段表示另一种施工方案因增加资源时间缩短与费用增加的关系。在优化时，可用*AB*线表示这种关系的近似值。

4）断裂型。如图8-38d所示，它表示时间和费用的关系不是连续型的。*AS*和*RB*分别代表两种不同施工方案的时间费用关系。这种情况多属不同的机械施工方案。

5）离散型。如图8-38e所示，这也多属机械施工方案，各方案之间无任何关系，工作也不能逐天缩短，只能在几个方案中选择。

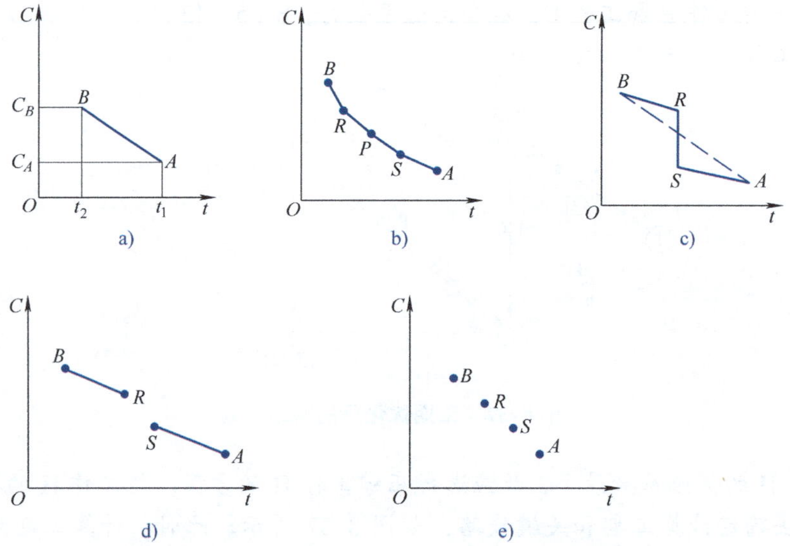

图 8-38 工作的时间—费用关系类型

a）连续直线型 b）折线型 c）突变型 d）断裂型 e）离散型

在工期—成本优化中，直线型关系用得较多。工期—成本优化的基本思想就在于：不断从这些工作的时间和费用关系中，找出能使工期缩短而又能使得直接费用增额最少的工作，缩短其持续时间，然后考虑间接费随工期缩短而减少的情况。把不同工期时的直接费和间接费分别迭加，即可求出工程成本最低时相应的最优工期或工期指定时相应的最低工程成本。

3. 费用优化的步骤

1）绘制正常时间下的网络计划。

2）求出网络计划中各项工作采取可行方案后可加快的时间。

3）求出正常工作时间和加快工作时间下工作的直接费，并用下式求出费用变化率

$$a_{i-j}=\frac{C_B-C_A}{t_A-t_B}$$

4）寻找可以加快的工作。这些工作应当满足：是关键工作；是可以压缩的工作；它的费用变化率在可压缩的关键工作中是最低的。

5）确定本次压缩可以加快的时间和增加的费用。决策的标准为：①若网络计划中有几条关键线路，则几条关键线路都要压缩同样数值，而压缩的时间应是各条关键线路中可压缩时间的最小值；②每次压缩以恰好使原来的非关键线路变成关键线路为度，即压缩后非关键工作不出现负总时差。

6）根据所选加快的关键工作及加快的时间限制，逐个加快工作，每加快一次都要重新计算参数，以判断下次加快的幅度，直到形成以下两者之一时为止：①有一条关键线路的全部工作的可缩短时间均已用完；②为加快工程施工进度所引起的直接费增加数值，开始超过因提前完工而节约的间接费。

7）求出优化后的总工期、总成本，绘制费用优化后的网络计划，付诸实施。

4. 费用优化示例

费用优化示例见例 8-2。

例 8-2 已知某工程双代号网络计划如图 8-39 所示，图中箭线下方括号外数字为工作的正常时间，括号内数字为最短持续时间；箭线上方括号外数字为工作按正常持续时间完成时所需的直接费，括号内数字为工作按最短持续时间完成时所需的直接费。该工程的间接费用率为 0.8 万元/天，试对其进行费用优化。图中单位：费用/万元，时间/天。

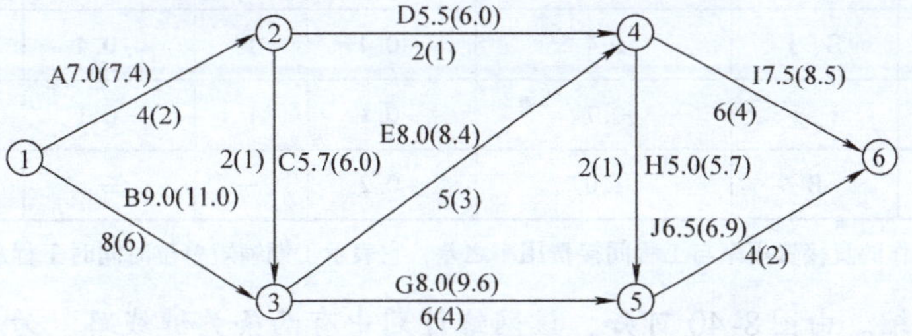

图 8-39 初始网络计划

该网络计划的费用优化可按以下步骤进行：

(1) 根据各项工作的正常持续时间，用标号法确定网络计划的计算工期和关键线路 如图 8-40 所示，计算工期为 19 天，关键线路有两条，即：①—③—④—⑥和①—③—④—⑤—⑥。

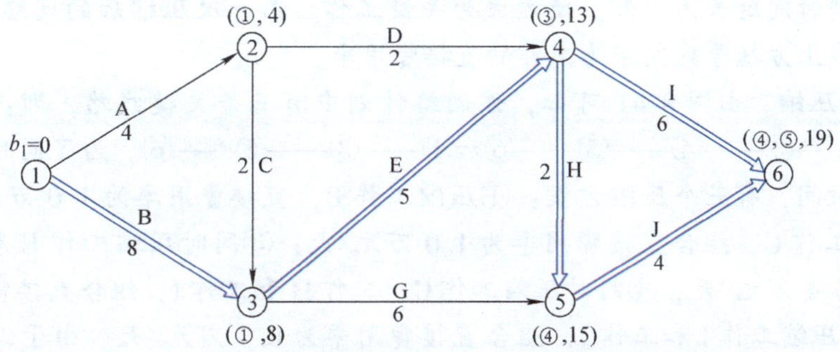

图 8-40 初始网络计划中的关键线路

(2) 计算各项工作的直接费用率 即

$$\Delta C_{1-2}=\frac{CC_{1-2}-CN_{1-2}}{DN_{1-2}-DC_{1-2}}=\frac{7.4-7.0}{4-2}=0.2$$

同理可得：$\Delta C_{1-3}=1.0$，$\Delta C_{2-3}=0.3$，$\Delta C_{2-4}=0.5$，$\Delta C_{3-4}=0.2$，$\Delta C_{3-5}=0.8$，$\Delta C_{4-5}=0.7$，$\Delta C_{4-6}=0.5$，$\Delta C_{5-6}=0.2$。

(3) 计算工程总费用 经计算网络在正常持续时间工作下，直接费总和为 62.2 万元；间接费总和为 0.8 万元/天 ×19 天 = 15.2 万元；工程总费用为 77.4 万元。

(4) 通过压缩关键工作的持续时间进行费用优化 优化过程见表 8-6 并介绍如下：

表8-6　优化表

压缩次数	被压缩的工作代号	被压缩的工作名称	直接费用率或组合直接费率/(万元/天)	费率差/(万元/天)	缩短时间	费用增加值/万元	总工期/天	总费用/万元
0	—	—	—	—	—	—	19	77.4
1	3—4	E	0.2	-0.6	1	-0.6	18	76.8
2	3—4，5—6	E、J	0.4	-0.4	1	-0.4	17	76.4
3	4—6，5—6	I、J	0.7	-0.1	1	-0.1	16	76.3
4	1—3	B	1.0	+0.2	—	—	—	—

注：费率差是指工作的直接费用率与工程间接费用率之差，它表示工期缩短单位时间时工程总费用增加的数值。

1）第一次压缩。由图8-40可知，该网络计划中有两条关键线路，为了同时缩短两条关键线路的总持续时间，有四个压缩方案：①压缩工作B，直接费用率为1.0万元/天；②压缩工作E，直接费用率为0.2万元/天；③同时压缩工作H和工作I，组合直接费用率为1.2万元/天；④同时压缩工作I和工作J，组合直接费用率为0.7万元/天。由于方案②中工作E的直接费用率最小，故选择工作E作为压缩对象。工作E的直接费用率小于间接费用率0.8万元/天，说明压缩工作E可使工程总费用降低。将工作E的持续时间压缩至最短持续时间3天，利用标号法重新确定计算工期和关键线路。此时关键工作E被压缩成非关键工作，故将其持续时间延长为4天，使之成为关键工作。第一次压缩后的网络计划如图8-41所示。图中箭线上方括号内数字为工作的直接费用率。

2）第二次压缩。由图8-41可知，该网络计划中有三条关键线路，即：①——③——④——⑥、①——③——④——⑤——⑥和①——③——⑤——⑥。为了同时缩短三条关键线路的总持续时间，有五个压缩方案：①压缩工作B，直接费用率为1.0万元/天；②同时压缩工作E和工作G，组合直接费用率为1.0万元/天；③同时压缩工作E和工作J，组合直接费用率为0.4万元/天；④同时压缩工作G、工作H和工作I，组合直接费用率为2.0万元/天；⑤同时压缩工作I和工作J，组合直接费用率为0.7万元/天。由于工作E和工作J的组合直接费用率最小，且小于间接费用率0.8万元/天，故应选择同时压缩工作E和工作J来使工程总费用降低。由于工作E的持续时间只能压缩1天，工作J的持续时间也只能随之压缩1天。工作E和工作J的持续时间同时压缩1天后，利用标号法重新确定计算工期和关键线路。此时关键线路由压缩前的三条变为两条，即：①——③——④——⑥和①——③——⑤——⑥。原来的关键工作H未经压缩而被动地变成了非关键工作。第二次压缩后的网络计划如图8-42所示。此时关键工作E的持续时间已达最短，不能再压缩，故其直接费用率变为无穷大。

3）第三次压缩。由图8-42可知，由于工作E不能再压缩，而为了同时缩短两条关键线路①——③——④——⑥和①——③——⑤——⑥的总持续时间，只有三个压缩方案：①压缩工作B，直接费用率为1.0万元/天；②同时压缩工作G和工作I，组合直接费用率为1.3万元/天；③同时压缩工作I和工作J，组合直接费用率为0.7万元/天。由于工作I和工作J的组合直接费用率最小且小于间接费用率0.8万元/天，故选择同时压缩工作I和工作J

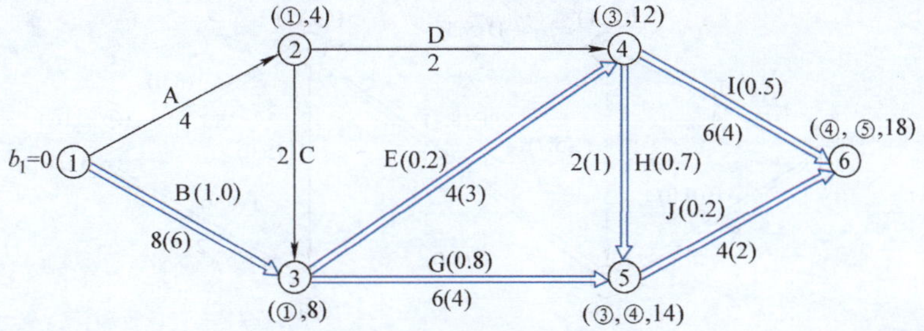

图 8-41　第一次压缩后的网络计划

来使工程总费用降低。由于工作 J 的持续时间只能压缩 1 天，工作 I 的持续时间也只能随之压缩 1 天。经同时压缩 1 天后，利用标号法重新确定计算工期和关键线路。此时关键线路仍然为两条，即：①——③——④——⑥和①——③——⑤——⑥。第三次压缩后的网络计划如图 8-43 所示。此时关键工作 J 的持续时间已达最短，不能再压缩，故其直接费用率变为无穷大。

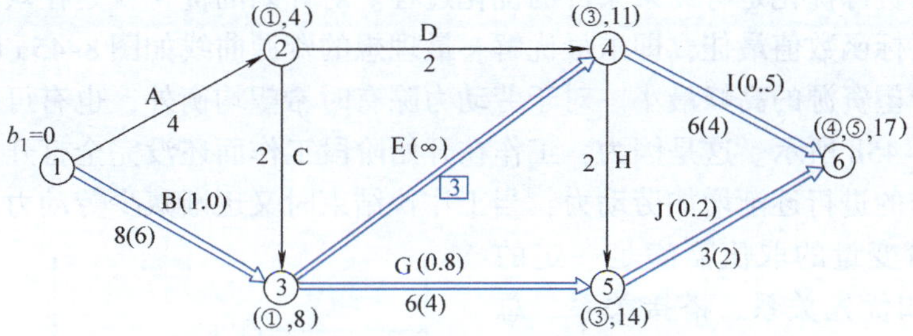

图 8-42　第二次压缩后的网络计划

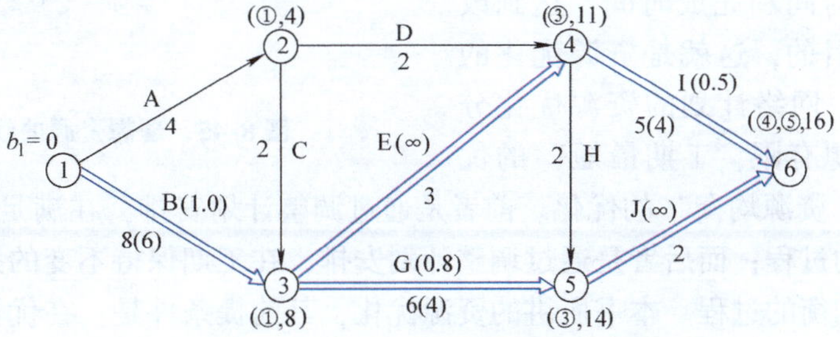

图 8-43　第三次压缩后的网络计划

4）第四次压缩。由图 8-43 可知，由于工作 E 和工作 J 不能再压缩，而为了同时缩短两条关键线路①——③——④——⑥和①——③——⑤——⑥的总持续时间，只有两个压缩方案：①压缩工作 B，直接费用率为 1.0 万元/天；②同时压缩工作 G 和工作 I，组合直接费用率为 1.3 万元/天。由于其直接费用率和组合直接费用率均大于间接费用率 0.8 万元/天，说明压缩哪一个方案的工作都会使工程总费用增加。因此，优化方案已得到，优化后的网络计划如图 8-44 所示。图中箭线上方括号内数字为工作的直接费。

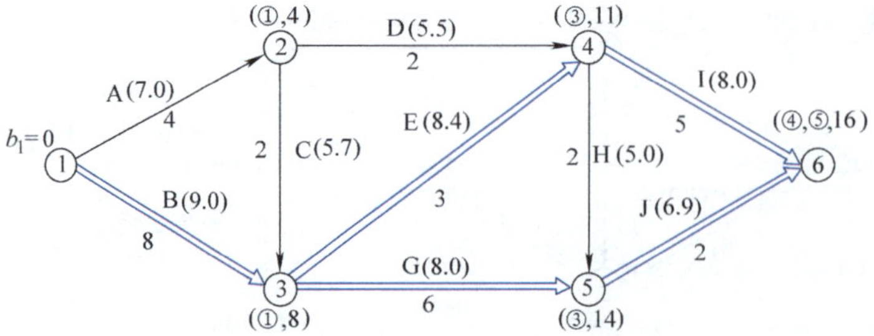

图 8-44　费用优化后的网络计划

(5) 计算优化后的工程总费用　直接费总和为63.5万元，间接费总和为0.8万元/天×16天=12.8万元，工程总费用为76.3万元。

三、资源优化

1. 资源优化的基本原理

网络计划的资源优化是有约束条件的优化过程。对计划的优化就是在众多的决策中选择一个决策，使目标函数值最佳，即求最优解。最理想的资源曲线如图8-45a所示。对需要量很大的资源，希望资源的高峰最小。对于劳动力除有时希望均衡外，也有可能希望劳动力的资源曲线如图8-45b所示。这是因为：工作在开始阶段工作面还没完全打开，需要的劳动力较少，随着工作的进行逐渐增加劳动力，当工作快结束时又逐渐减少劳动力。

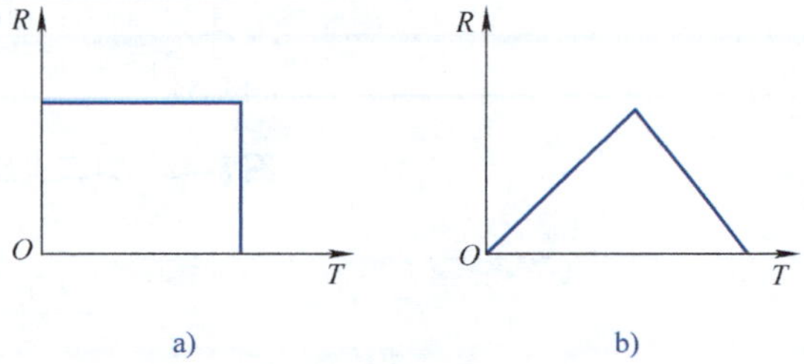

图 8-45　理想资源曲线示意图

优化中决策变量的取值需满足一定的约束条件，比如优先关系、搭接关系、总工期、资源的高峰等。一般是从通常的网络图（CPM）参数计算的结果出发，逐步修改工序的开工时间和完成时间，达到改善目标函数值的目的，这就是资源优化的基本原理。通常，网络计划的资源优化分为两种，即“资源有限，工期最短”的优化和“工期固定，资源均衡”的优化。前者是通过调整计划安排，在满足资源限制条件下，使工期延长最少的过程；而后者是通过调整计划安排，在工期保持不变的条件下，使资源需用量尽可能保持均衡的过程。本书所讲的资源优化，其前提条件是：在优化过程中，不改变网络计划中各项工作之间的逻辑关系；不改变网络计划中各项工作的持续时间；网络计划中各项工作的资源强度（单位时间所需资源数量）为常数，而且是合理的；除规定可中断的工作外，一般不允许中断工作，应保持其连续性；为简化问题，假定网络计划中的所有工作需要同一种资源。

2. “资源有限，工期最短”的优化

(1) 优化步骤　“资源有限，工期最短”的优化一般可按以下步骤进行：

1）绘出资源需用量动态曲线。按照各项工作的最早开始时间安排进度计划，计算网络计划每个时间单位的资源需用量。

2）从计划开始日期起，逐个检查每个时段（每个时间单位资源需用量相同的时间段）

资源需用量是否超过所能供应的资源限量。如果在整个工期范围内每个时段的资源需用量均能满足资源限量的要求，则可行优化方案就编制完成；否则，必须转入下一步进行计划的调整。

3）分析超过资源限量的时段。如果在该时段内有几项工作平行作业，则采取将一项工作安排在与之平行的另一项工作之后进行的方法，以降低该时段的资源需用量。对于两项平行作业的工作 m 和工作 n 来说，为了降低相应时段的资源需用量，将工作 n 排在工作 m 之后进行，如图 8-46 所示。将工作 n 安排在工作 m 之后进行，网络计划的工期延长值为

$$\Delta T_{m,n} = EF_m + D_n - LF_n = EF_m - (LF_n - D_n) = EF_m - LS_n \tag{8-50}$$

式中，$\Delta T_{m,n}$为将工作 n 安排在工作 m 之后进行时网络计划的工期延长值；EF_m 为工作 m 的最早完成时间；D_n 为工作 n 的持续时间；LF_n 为工作 n 的最迟完成时间；LS_n 为工作 n 的最迟开始时间。

在有资源冲突的时段中，对平行作业的工作进行两两排序，即可得出若干个 $\Delta T_{m,n}$，选择其中最小的 $\Delta T_{m,n}$，将相应的工作 n 安排在工作 m 之后进行，既可降低该时段的资源需用量，又使网络计划的工期延长最短。

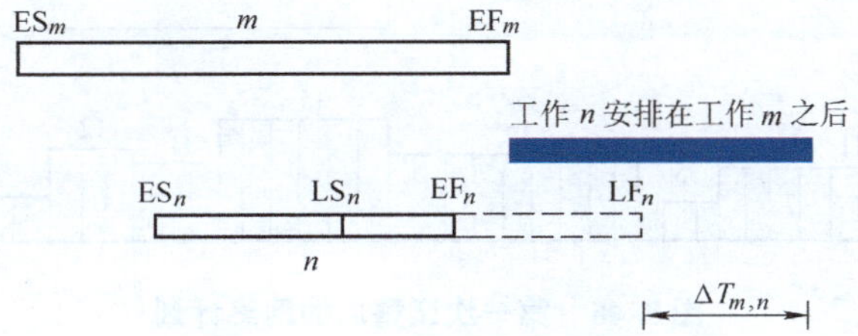

图 8-46 m，n 两项工作的排序

4）对调整后的网络计划安排重新计算每个时间单位的资源需用量。

5）重复上述 2）~4）项，直至整个工期范围内每个时间单位的资源需用量均满足资源限量为止。

（2）优化示例 详见例 8-3。

例 8-3 已知某工程双代号网络计划如图 8-47 所示，图中箭线上方数字为工作的资源强度，箭线下方数字为工作的持续时间。假定资源限量 $R_a = 12$，试对其进行“资源有限，工期最短”的优化。

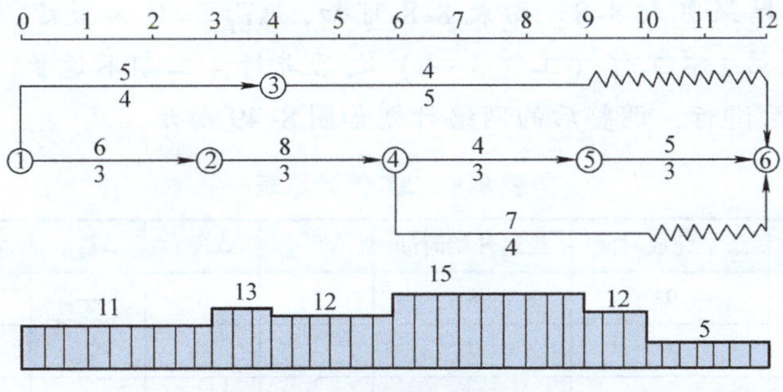

图 8-47 初始网络计划

该网络计划“资源有限，工期最短”的优化可按以下步骤进行：

1）计算网络计划每个时间单位的资源需用量，绘出资源需用量动态曲线，如图8-47下方动态曲线所示。

2）从计划开始日期起，经检查发现第二个时段［3，4］存在资源冲突，即资源需用量超过资源限量，故应首先调整该时段。

3）在时段［3，4］有工作1—3和工作2—4两项工作平行作业，利用式（8-50）计算ΔT值，其结果见表8-7。由表8-7知，$\Delta T_{1,2}=1$最小，说明将第2号工作（代号2—4）安排在第1号工作（代号1—3）之后进行，工期延长最短，只延长1。因此，将工作2—4安排在工作1—3之后进行，调整后的网络计划如图8-48所示。

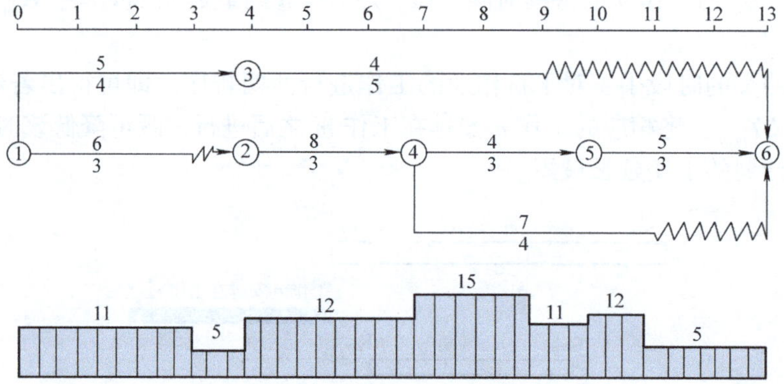

图8-48 第一次调整后的网络计划

表8-7 ΔT值计算表

工作序号	工作代号	最早完成时间	最迟开始时间	$\Delta T_{1,2}$	$\Delta T_{2,1}$
1	1—3	4	3	1	—
2	2—4	6	3	—	3

4）绘出调整后资源需用量动态曲线。如图8-48下方动态曲线所示，在第四时段［7，9］存在资源冲突，故应调整该时段。

5）在时段［7，9］有工作3—6、工作4—5和工作4—6三项工作平行作业，由式（8-50）计算ΔT值，其结果见表8-8。由表8-8可知，$\Delta T_{1,3}=0$为最小，说明将第3号工作（工作4—6）安排在第1号工作（工作3—6）之后进行，工期不延长。因此，将工作4—6安排在工作3—6之后进行，调整后的网络计划如图8-49所示。

表8-8 ΔT值计算表

工作序号	工作代号	最早完成时间	最迟开始时间	$\Delta T_{1,2}$	$\Delta T_{1,3}$	$\Delta T_{2,1}$	$\Delta T_{2,3}$	$\Delta T_{3,1}$	$\Delta T_{3,2}$
1	3—6	9	8	2	0	—	—	—	—
2	4—5	10	7	—	—	2	1	—	—
3	4—6	11	9	—	—	—	—	3	4

6）重新绘出调整后的资源需用量动态曲线，如图 8-49 下方动态曲线所示。由于此时整个工期范围内的资源需用量均未超过资源限量，故图 8-49 所示方案即为最优方案，其最短工期为13。

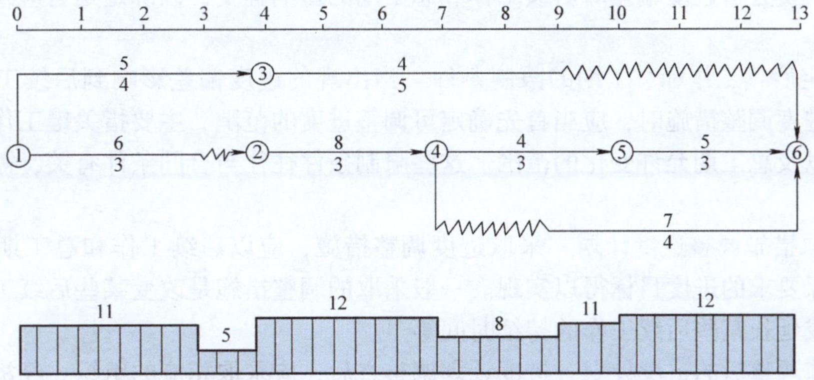

图 8-49 优化后的网络计划

3. “工期固定，资源均衡”的优化

“工期固定，资源均衡”的优化方法有多种，如方差值最小法、极差值最小法、削高峰法等。限于篇幅，读者可参考其他书籍学习，这里不再赘述。

第七节 工程项目进度计划实施中的监测与调整

一、进度计划实施中监测与调整的系统过程

编制一个科学、合理的进度计划是进度管理人员实现进度控制的首要前提。但外部环境和条件的变化均可能会对工程进度计划的实施产生影响，从而造成实际进度偏离计划进度。为此，进度管理人员应经常地、定期地对进度计划的执行情况进行跟踪检查，采取有效的监测手段进行进度计划监控，以便及时发现问题，并运用行之有效的进度调整方法和措施，确保进度总目标的实现。这便构成了工程项目进度监测与调整的系统过程。具体来说：

（1）跟踪检查进度　跟踪检查进度计划的执行情况是计划执行信息的主要来源，是进度分析和调整的依据。跟踪检查的主要工作是定期收集反映工程实际进度的有关数据，收集的进度报表资料数据应当全面、真实、可靠，经常派管理人员常驻现场进行工程进展情况的现场实地检查，定期召开现场会议，了解工程实际进度状况，协调有关进度方面的问题。

（2）进度数据的加工处理　要想进行实际进度与计划进度的比较，必须对收集到的实际进度数据进行加工处理，形成与计划进度具有可比性的数据。如对检查时段实际完成工作量的进度数据进行整理、统计和分析，确定本期累计完成的工作量、本期已完成的工作量占计划总工作量的百分比等。

（3）进度的对比分析　将实际进度数据与计划进度数据比较，可以确定进度实际执行状况与计划目标间的差距。为了直观反映实际进度偏差，常采用表格或图形进行实际进度与

计划进度的对比分析，从而得出实际进度比计划进度超前、滞后还是一致的结论。

(4) 进度偏差原因和影响程度的分析　当发现进度偏差时，为了采取有效措施调整进度计划，必须深入现场进行调查，认真分析产生进度偏差的原因。而且当查明进度偏差产生的原因之后，要分析进度偏差对后续工作和总工期的影响程度，以确定是否应采取措施调整进度计划。

(5) 确定后续工作和总工期的限制条件　当出现的进度偏差影响到后续工作或总工期而需要采取进度调整措施时，应当首先确定可调整进度的范围，主要指关键工作、后续工作的限制条件以及总工期允许变化的范围。这些限制条件往往与合同条件有关，需要认真分析后确定。

(6) 采取措施调整进度计划　采取进度调整措施，应以后续工作和总工期的限制条件为依据，确保要求的进度目标得以实现。一般采取的调整措施是改变某些后续工作间的逻辑关系和缩短或延长某些后续工作的持续时间等。

(7) 实施调整后的进度计划　进度计划调整之后，应采取相应的组织、经济、技术等措施执行，并继续监测其执行情况。

二、进度计划检查及方法

进度的检查与进度计划的执行是融汇在一起的。进度计划的检查方法主要是对比法，即实际进度与计划进度进行对比。一般最好是在图表上进行对比，计划图形的不同便产生了多种检查方法。常用的进度比较方法有横道图、S 曲线、香蕉曲线、前锋线、列表比较法和网络计划比较法等几种。

1. 横道图比较法

横道图比较法是指将项目实施过程中检查实际进度收集到的数据，经加工整理后直接用横道线平行绘于原计划的横道线处，进行实际进度与计划进度的比较方法。采用横道图比较法，可以形象、直观地反映实际进度与计划进度的比较情况。

另外，横道图比较法还可以用双比例单侧横道图比较法和双比例双侧横道图比较法两种形式，如图 8-50 和图 8-51 所示。两种方法的相同之处是在工作计划横道线上下两侧作两条时间坐标线，并在两坐标线内侧逐日（或每隔一个单位时间）分别书写与记载相应工作的计划与实际累计完成比例，即形成所谓的“双比例”；其不同之处是前一方法用单侧附着于计划横道线的涂黑粗线表示相应工作的实际起止时间与持续天数，后一方法则是以计划横道线总长表示计划工作量的 100%，再将每日（或每单位时间）实际完成的工作量占计划工作总量的百分比逐一用相应比例长度的涂黑粗线交替画在计划横道线的上下两侧，借以直观反映计划执行过程中每日（或每单位时间）实际完成工作量的数量比例。

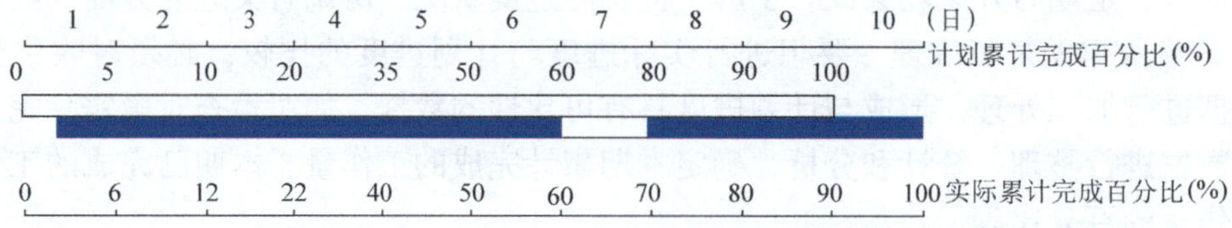

图 8-50　双比例单侧横道图比较法

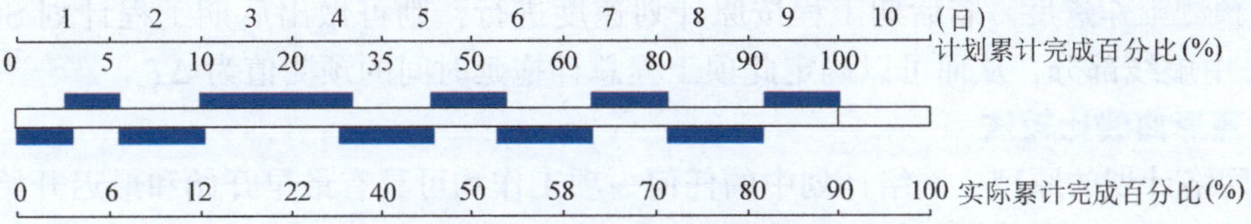

图 8-51 双比例双侧横道图比较法

由图 8-50 可知，原计划用 9 天完成的一项工作其实际完成时间为 10 天，实际与计划相比拖延一天，工作实际开始时间比计划推迟半天，且在第 7 天停工一天；而图 8-51 则表示计划用 9 天完成的一项工作其实际完成时间为 10 天，实际与计划相比拖延一天（计划横道线延长部分表示实际完成这项工作尚需的作业天数），同时通过该图计划横道线两侧涂黑粗线长度的相互比较还可一目了然地观察每天实际完成工作量的多少。最后，通过以上两图中两条时间坐标线上计划与实际累计完成百分比数的比较，还可直观反映计划执行中的每一天实际进度较计划进度的超前或滞后幅度。

2. S 形曲线比较法

从工程项目建设进展的全过程看，单位时间内完成的工作任务量一般都随着时间的递进而呈现出两头少、中间多的分布规律，即工程的开工和收尾阶段完成的工作任务量少而中间阶段完成的工作任务量多。这样以横坐标表示进度时间，以纵坐标表示累计完成工作任务量而绘制出来的曲线将是一条 S 形曲线，如图 8-52 所示。S 形曲线比较法就是将进度计划确定的计划累计完成工作任务量和实际累计完成工作任务量分别绘制成 S 形曲线，并通过两者的比较借以判断实际进度与计划进度相比是超前还是滞后，并可得出其他各种有关进度信息的进度计划执行情况的检查方法。应用 S 形曲线比较法比较实际和计划两条 S 形曲线可以得出以下分析与判断结果：

（1）实际进度与计划进度比较情况　对应于任意检查日期，与相应的实际进展 S 形曲线上的一点，若位于计划 S 形曲线左侧表示此时实际进度比计划进度超前，位于右侧则表示实际进度比计划进度滞后。在图 8-52 中，ΔT_a 表示 T_a 时刻实际进度超前的时间，ΔT_b 表示 T_b 时刻实际进度滞后的时间。ΔQ_a 表示 T_a 时刻超额完成的工作任务量，ΔQ_b 表示在 T_b 时刻拖欠的工作任务量。

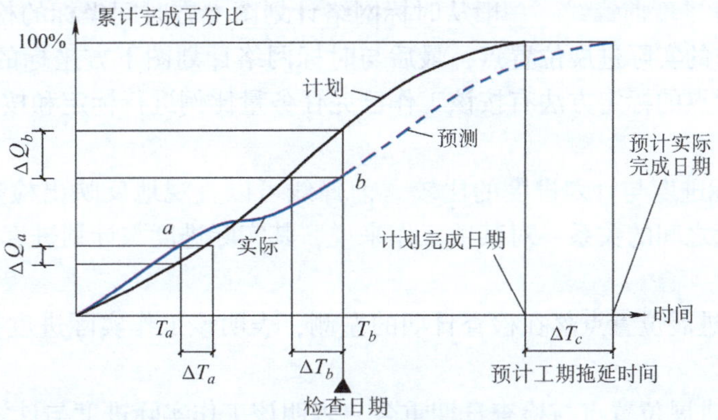

图 8-52 S 形曲线比较法

（2）预测工作进度 若后期工程按原计划速度进行，则可做出后期工程计划S形曲线如图8-52中虚线部分，从而可以确定此项工程总计拖延时间的预测值为ΔT_c。

3. 香蕉形曲线比较法

根据网络计划的原理，网络计划中的任何一项工作均可具有最早开始和最迟开始两种不同的开始时间，而一项计划工作任务随着时间的推移其逐日累计完成的工作任务量可以用S形曲线表示。于是，对工程网络计划而言，其逐日累计完成的工作任务量就必然都可借助于两条S形曲线概括表示：一是按工作的最早开始时间安排计划进度而绘制的S形曲线称ES曲线；二是按工作的最迟开始时间安排计划进度而绘制的S形曲线称LS曲线。两条曲线除在开始点和结束点相重合外，ES曲线的其余各点均落在LS曲线的左侧，使得两条曲线围合成一个形如香蕉的闭合曲线圈，故称为香蕉形曲线，如图8-53所示。

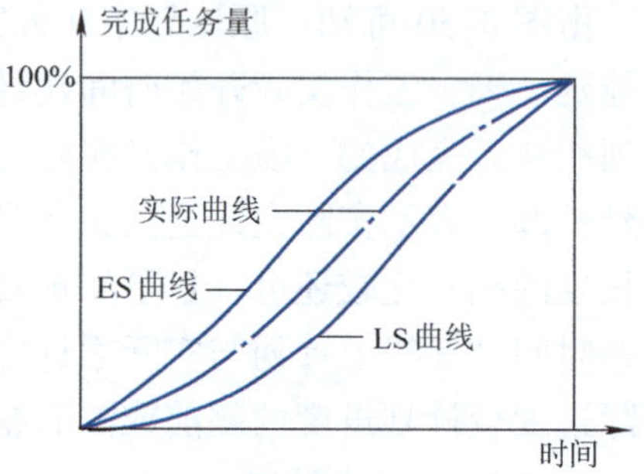

图8-53 香蕉形曲线比较法

在项目实施过程中进度管理的理想状况是在任一时刻按实际进度描出的点均落在香蕉形曲线区域内，呈正常状态。而一旦按实际进度描出的点落在ES曲线的上方（左侧）或LS曲线的下方（右侧），则说明与计划要求相比实际进度超前或滞后，已产生进度偏差。进度超前或滞后的时间与超额或拖欠的工作任务量均可直接从图中量测或计算得到。香蕉形曲线还可用于对工程实际进度进行合理的调整与安排，或确定在计划执行情况检查状态下后期工程的ES曲线和LS曲线的变化趋势。

4. 前锋线比较法

前锋线是指在原时标网络计划上，从检查时刻的时标点出发，用点划线依此将各项工作实际进展位置点连接而成的折线。前锋线比较法就是在时标网络计划中通过绘制某检查时刻工程项目实际进度前锋线，并与原进度计划中各工作箭线交点的位置来判断工作实际进度与计划进度的偏差，进而判定该偏差对后续工作及总工期影响程度的一种方法。采用前锋线比较法进行实际进度与计划进度的比较，其步骤为：

（1）绘制时标网络计划图 实际进度前锋线是在时标网络计划图上标示，为清楚起见，可在时标网络计划图的上方和下方各设一时间坐标。

（2）绘制实际进度前锋线 一般从时标网络计划图上方时间坐标的检查日期开始绘制，依次连接相邻工作的实际进展位置点，最后与时标网络计划图下方坐标的检查日期相连接。工作实际进展位置点的标定方法有按该工作已完任务量比例进行标定和按尚需作业时间进行标定两种。

（3）进行实际进度与计划进度的比较 前锋线可以直观地反映出检查日期有关工作实际进度与计划进度之间的关系。对某项工作来说，其实际进度与计划进度之间的关系可能存在三种情况：

1）工作实际进展位置点落在检查日期的左侧，表明该工作实际进度拖后，拖后时间为两者之差。

2）工作实际进展位置点与检查日期重合，表明该工作实际进度与计划进度一致。

3）工作实际进展位置点落在检查日期的右侧，表明该工作实际进度超前，超前时间为两者之差。

(4) 预测进度偏差对后续工作及总工期的影响　通过实际进度与计划进度的比较确定进度偏差后，还可根据工作的自由时差和总时差预测该进度偏差对后续工作及项目总工期的影响。

例如，某工程项目时标网络计划如图 8-54 所示，该计划执行到第 6 周末检查实际进度时，发现工作 A 和 B 已经全部完成，工作 D、E 分别完成计划任务量的 20% 和 50%，工作 C 尚需 3 周完成，试用前锋线法进行实际进度与计划进度的比较。

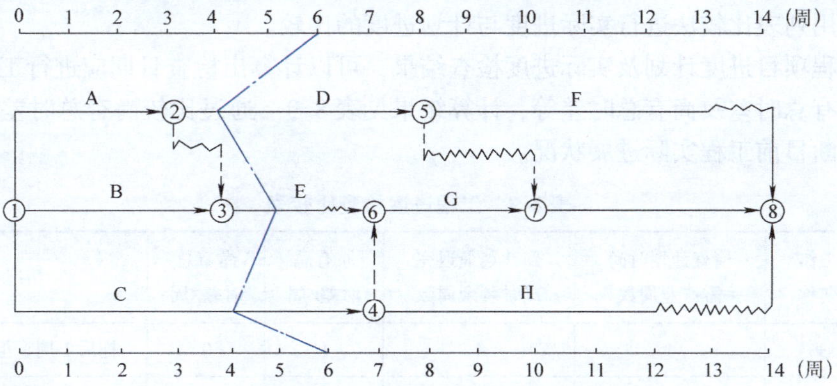

图 8-54　某工程前锋线比较图

根据第 6 周末实际进度的检查结果绘制前锋线，如图 8-54 中点划线所示，通过比较可以看出：①工作 D 实际进度拖后 2 周，将使其后续工作 F 的最早开始时间推迟 2 周，使总工期延长 1 周；②工作 E 实际进度拖后 1 周，既不影响总工期，也不影响其后续工作的正常进行；③工作 C 实际进度拖后 2 周，将使其后续工作 G、H、J 的最早开始时间推迟 2 周。由于工作 G、J 开始时间的推迟，从而使总工期延长 2 周；④如果不采取措施加快进度，该工程项目的总工期将延长 2 周。

5. 列表比较法

若工程进度计划用非时标网络图表示时，可以采用列表比较法进行实际进度与计划进度的比较。这种方法是记录检查日期应该进行的工作名称及其已经作业的时间，然后列表计算有关时间参数，并根据工作总时差进行实际进度与计划进度比较的方法。采用列表比较法进行实际进度与计划进度的比较，其步骤如下：

(1) 对于实际进度检查日期应该进行的工作，根据已经作业的时间，确定其尚需的作业时间。

(2) 根据原进度计划计算检查日期应该进行的工作从检查日期到原计划最迟完成时尚余的时间。

(3) 计算工作尚有总时差　其值等于工作从检查日期到原计划最迟完成时间尚余时间与该工作尚需作业时间之差。

(4) 比较实际进度与计划进度　可能有以下几种情况：

1) 如果工作尚有总时差与原有总时差相等，说明该工作实际进度与计划进度一致。

2）如果工作尚有总时差大于原有总时差，说明该工作实际进度超前，超前的时间为两者之差。

3）如果工作尚有总时差小于原有总时差，且其差值为非负值，说明该工作实际进度拖后，拖后的时间为两者之差，但不影响总工期。

4）如果工作尚有总时差小于原有总时差，且其差值为负值，说明该工作实际进度拖后，拖后的时间为两者之差，此时工作实际进度偏差将影响总工期。

例如，某工程项目进度计划仍如图8-54所示。该计划执行到第10周末检查实际进度时，发现工作A、B、C、D、E已经全部完成，工作F已进行1周，工作G和工作H均已进行2周，试用列表比较法进行实际进度与计划进度的比较。

根据工程项目进度计划及实际进度检查结果，可以计算出检查日期应进行工作的尚需作业时间、原有总时差及尚有总时差等，计算结果见表8-9。通过比较尚有总时差和原有总时差，即可判断目前工程实际进展状况。

表8-9 工程进度检查比较表

工作代号	工作名称	检查计划时尚需作业周数	到计划最迟完成时剩余周数	原有总时差/周	尚有总时差/周	情况判断
5—8	F	4	4	1	0	拖后1周，但不影响工期
6—7	G	1	0	0	−1	拖后1周，影响工期1周
4—8	H	3	4	2	1	拖后1周，但不影响工期

6. 利用网络计划检查

（1）记录实际作业时间 例如某项工作计划为8天，实际进度为7天，如图8-55所示，将实际进度记录于括弧中，显示进度提前1天。

（2）标注已完工作 可以在网络图上用特殊的符号、颜色记录其已完成部分，如图8-56所示，阴影部分为已完成部分。

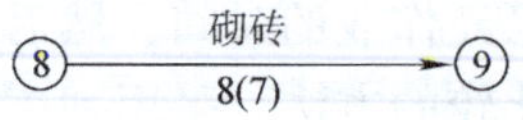

图8-55 实际作业时间记录

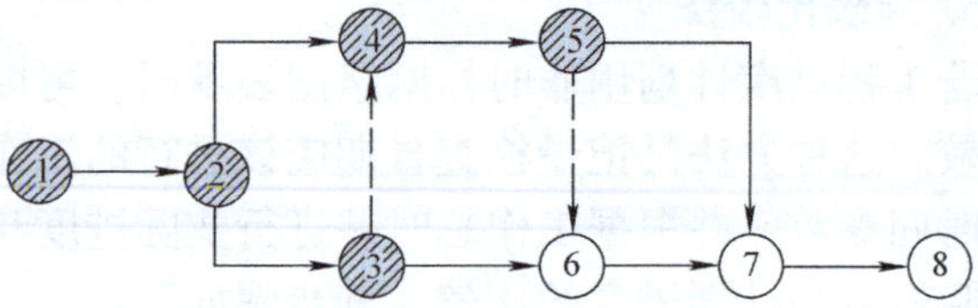

图8-56 已完工作的记录

（3）用切割线进行实际进度记录。如图8-57所示，点划线称为“切割线”。在第10天进行记录时，D工作尚需1天（方括号内的数）才能完成，G工作尚需8天才能完成，L工作尚需2天才能完成。这种检查方法可利用列表比较法（见表8-10）进行分析。经过计算，进度进展情况是：D、L工作正常，G延期1天。由于G工作是关键工作，所以它的拖期很有可能影响整个计划导致拖期。

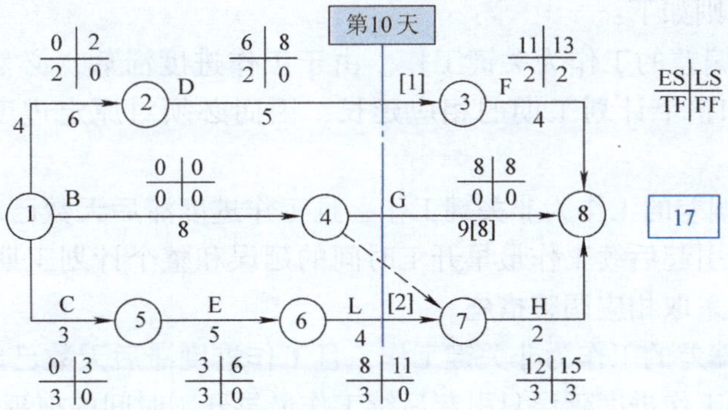

图 8-57　用切割线记录实际进度

表 8-10　网络计划进行到第 10 天的检查结果

工作编号	工作代号	检查时尚需时间/天	到计划最迟完成前尚有时间/天	原有总时差/天	尚有时差/天	情况判断
2—3	D	1	13 − 10 = 3	2	3 − 1 = 2	正常
4—8	G	8	17 − 10 = 7	0	7 − 8 = −1	拖期 1 天
6—7	L	2	15 − 10 = 5	3	5 − 2 = 3	正常

三、进度计划实施中的偏差调整

1. 进度计划实施中偏差调整原则

进度计划执行过程中如发生实际进度与计划进度不符，则必须调整原定计划，使之与变化后的实际情况相适应。由于每一工作的完成往往均可以采用不同的施工方法与组织方法，使得工作持续时间、费用和资源投入种类、数量均可具有不同要求，因此，进度计划的调整同样也会具有多种调整方式。但调整究竟有无必要、是否可行还应视进度偏差的具体情况而定。进度偏差调整原则如下：

（1）进度偏差体现为某项工作的实际进度超前　由网络计划原理可知，一项非关键工作的实际进度的超前一般不会对计划工期形成影响，即计划工期不会因非关键工作的进度提前而同步缩短。但加快某些工作的实施进度，往往可导致资源使用情况发生变化，管理过程中稍有疏忽可能打乱整个原定计划对资源使用的合理安排。特别是在有多个平行分包单位施工的情况下，由此而引起的后续工作时间安排的变化往往会给项目管理者的协调工作带来许多麻烦，使得加快非关键工作进度而付出的代价并不能够收到缩短计划工期的相应效果。另一方面，尽管网络计划中的某些关键工作其实施进度提前可引起计划工期的缩短，但基于上述原因，往往同样也会使缩短部分工期的实际效果得不偿失。因此，当进度计划执行过程中产生的进度偏差体现为某项工作的实际进度超前，若超前幅度不大，此时计划不必调整；当超前幅度过大时，则此计划需要调整。

（2）进度偏差体现为某项工作的实际进度滞后　进度计划执行过程中若出现实际工作进度滞后，此时是否调整原定计划通常应视进度偏差和相应工作总时差及自由时差的比较结果而定。具体调整原则如下：

1）若出现进度偏差的工作为关键工作。由于工作进度滞后，必然会引起后续工作最早开工时间的延误和整个计划工期的相应延长，因而必须对原定进度计划采取相应调整措施。

2）当出现进度偏差的工作为非关键工作，且工作进度滞后天数已超出其总时差。由于工作进度延误同样会引起后续工作最早开工时间的延误和整个计划工期的相应延长，因而，必须对原定进度计划采取相应调整措施。

3）若出现进度偏差的工作为非关键工作，且工作进度滞后天数已超出其自由时差而未超出其总时差。由于工作进度延误只引起后续工作最早开工时间的拖延而对整个计划工期并无影响，因而此时只有在后续工作最早开工时间不宜推后的情况下，才考虑对原定进度计划采取相应调整措施。

4）若出现进度偏差的工作为非关键工作，且工作进度滞后天数未超出其自由时差。由于工作进度延误对后续工作的最早开工时间和整个计划工期均无影响，因而不必对原定进度计划采取调整措施。

2. 进度计划的调整方法

按上述进度计划的调整原则，实际工作进展若超前或滞后均可引起对进度计划进行调整。其中针对工作进度超前的情况显然其调整的措施是适当放慢工作进度，为此该情况下进度计划的调整方法是适当延长某些后续工作的持续时间。在工程进度计划的如期完成不受影响的情况下，适当延长某些计划工作的持续时间往往不但可使工程质量得到更为可靠的保证，而且相应能降低工程成本。

对实际工作进度滞后引起后续工作开工时间或计划工期延误的情形，进度计划的调整方法则相对复杂，一般主要有两种调整方法。

（1）改变某些后续工作之间的逻辑关系　若进度偏差已影响计划工期，且有关后续工作之间的逻辑关系允许改变，此时可变更位于关键线路或位于非关键线路但延误时间已超出其总时差的有关工作之间的逻辑关系，从而达到缩短工期的目的。例如可将按原计划安排依次进行的工作关系改变为平行进行、搭接进行或分段流水进行的工作关系。通过变更工作逻辑关系缩短工期往往简便易行且效果显著。

（2）缩短某些后续工作的持续时间　当进度偏差已影响计划工期时，在不改变工作之间逻辑关系的情况下，通过压缩某些后续工作的持续时间，以借此加快后期工程进度来满足原计划工期。需要说明的是，欲压缩持续时间的关键线路或某些非关键线路上的工作，应确实具有压缩余地。另外，采用该方法缩短工期不仅可能会使工程建设项目在质量、费用和资源供应均衡性保持方面蒙受损失，而且还要受到必要的技术间歇时间、气候、施工场地、施工作业空间及施工单位的技术能力和管理素质等诸多条件的限制，因此应用这一方法必须注重从工程具体实际情况出发，以确保方法应用的可行性和实际效果。

缩短某些后续工作的持续时间的方法通常是在网络图中借助图上分析计算直接进行。其一般计算分析步骤为：首先删去截止计划执行情况检查时刻已完成的工作，将检查计划时的当前日期作为剩余网络的开始日期形成剩余网络；然后将正处于进行过程中的工作的剩余持续时间标注于剩余网络图中，并计算剩余网络的各项时间参数；再根据剩余网络时间参数的计算结果推算有关工作持续时间的压缩幅度。缩短某些后续工作持续时间的具体调整方法一般可分为以下两种情况：

1）网络计划中某项工作进度拖延的时间已超过其自由时差但未超过其总时差。此时，在进行调整前，需要确定其后续工作允许拖延的时间限制，并以此作为进度调整的限制条件，该限制条件的确定常常较复杂，尤其是当后续工作由多个平行的承包单位负责实施时更是如此。该种情况的调整方案是：①后续工作拖延的时间无限制：如果后续工作拖延的时间完全被允许，可将拖延后的时间参数带入原计划，并化简网络图（即去掉已执行部分，以进度检查日期为起点，将实际数据带入，绘制出未实施部分的进度计划），即可得调整方案；②后续工作拖延的时间有限制：如果后续工作不允许拖延或拖延的时间有限制，需要根据限制条件对网络计划进行调整，寻求最优方案。一般情况下，可利用工期优化的原理确定后续工作中被压缩的工作，从而得到满足后续工作限制条件的最优调整方案。

2）网络计划中某项工作进度拖延的时间超过其总时差。此时，无论该工作是否为关键工作，其实际进度都将对后续工作和总工期产生影响。其进度计划的调整方法又可分为：①项目总工期不允许拖延：如果工程项目必须按照原计划工期完成，则只能采用工期优化的方法缩短关键线路上后续工作持续时间来达到调整计划的目的；②项目总工期允许拖延：如果项目总工期允许拖延，则此时只需以实际数据取代原计划数据，并重新绘制实际进度检查日期之后的简化网络计划即可；③项目总工期允许拖延的时间有限：如果项目总工期允许拖延的时间有限，则当实际进度拖延的时间超过此限制时，也需要对网络计划进行调整，具体的调整方法是以总工期的限制时间作为规定工期，对检查日期之后尚未实施的网络计划进行工期优化，即通过缩短关键线路上后续工作持续时间的方法来使总工期满足规定工期的要求。

值得注意的是，当某项工作实际进度拖延的时间超过其总时差而需要对进度计划进行调整时，除需考虑总工期的限制条件外，还应考虑网络计划中后续工作的限制条件，特别是对总进度计划的控制更应注意这一点。因为在这类网络计划中，后续工作也许就是一些独立的合同段。时间上的任何变化，都会带来协调上的麻烦或者引起索赔。同样道理，当网络计划中某些后续工作对时间的拖延有限制时，同样需要以此为条件，按前述方法进行调整。

第八节 工程项目设计进度管理

一、设计进度管理的意义和主要任务

1. 工程项目设计进度管理的意义

1）设计进度管理是设备和材料供应进度管理的基础。设计单位必须提出设备清单，才能进行加工订货或购买。

2）设计进度管理是施工进度管理的前提。通常必须是先有设计图，然后才能按图施工。只有及时供应设计图，才可能有正常的施工进度。

3）设计进度管理是工程项目进度管理的重要内容。工程项目设计进度是工程项目总进度的组成部分，其设计周期也是建设工期的构成部分。

2. 工程项目设计进度管理的主要任务

工程项目设计进度管理的主要任务是出图控制，也就是通过采取有效措施使工程设计者

如期完成初步设计、技术设计、施工图设计等各阶段的设计工作，并提交相应的设计文件。为此，设计单位要制订科学的设计进度计划和各专业的出图计划，并在设计实施过程中，跟踪检查这些计划的执行情况，定期将实际进度与计划进度进行比较，进而纠正或修订进度计划，若发现进度拖后，设计单位应采取有效措施加快进度。

二、设计进度管理的目标体系

工程项目设计进度管理的最终目标是按质、按量、按时间要求提供施工图设计文件。为了对设计进度进行有效地管理，需要将进度管理总目标按设计进展阶段和专业进行分解，从而形成设计阶段进度管理目标体系。

1. 设计进度管理分阶段目标

工程项目设计主要包括设计准备、初步设计、技术设计、施工图设计等阶段的工作，为了确保设计进度管理总目标的实现，应明确每一阶段的进度管理目标。

1）设计准备工作时间目标。设计准备工作阶段主要包括规划设计条件的确定、设计基础资料的提供以及委托设计等工作，它们都应有明确的时间目标。

2）初步设计、技术设计工作时间目标。初步设计应根据建设单位所提供的设计基础资料进行编制，技术设计应根据初步设计文件进行编制。为了确保工程项目设计进度总目标的实现，并保证工程设计质量，应根据工程项目的具体情况，确定出合理的初步设计和技术设计时间目标。该时间目标中，除了要考虑设计工作本身及进行设计分析和评审所花的时间外，还应考虑设计文件的报批时间。

3）施工图设计工作时间目标。施工图设计应根据批准的初步设计文件（或技术设计文件）和主要设备订货情况进行编制。施工图设计是工程设计的最后一个阶段，其工作进度将直接影响工程项目的施工进度，进而影响工程项目设计进度总目标的实现。因此，必须确定合理的施工图设计交付时间，确保工程项目设计进度总目标的实现，从而为工程施工的正常进行创造良好的条件。

2. 设计进度管理分专业目标

为了有效地管理工程项目设计进度，还应将各阶段设计进度目标具体化，进行进一步分解。例如，可以将初步设计工作时间目标分解为方案设计时间目标和初步设计时间目标；将施工图设计时间目标分解为基础设计时间目标、结构设计时间目标、装饰设计时间目标及安装图设计时间目标，或分解为总图或工艺设计时间目标、建筑设计时间目标、结构设计时间目标和水暖电等设备设计时间目标等。这样，设计进度管理目标便构成了一个从总目标到分目标的完整的目标体系。

三、设计进度管理措施

工程项目设计工作属于多专业协作配合的智力劳动。在工程设计过程中，影响其进度的因素有很多，如建设意图及要求改变的影响、设计审批时间的影响、设计各专业之间不协调配合等的影响。这些影响因素发生时，都会改变工程项目的设计进度，并产生进度偏差。为了履行设计合同，按期提交施工图设计文件，要求设计单位必须事先充分考虑这些影响因素，对设计进度进行有效管理。其管理措施主要有：

1）建立进度计划部门。负责设计单位年度计划的编制和工程项目设计进度各目标计划的编制。

2）建立健全设计技术经济定额。设计要经济合理，避免返工，并按定额要求进行计划的编制与考核。

3）实行设计工作技术经济责任制。将职工的经济利益与其完成任务的质量和设计进度挂钩。

4）编制切实可行的设计总进度计划、阶段性设计进度计划和设计进度作业计划。在编制计划时，加强与业主、监理单位、科研单位及承包商的协作与配合，使设计进度计划积极可靠。

5）精心实施设计进度计划，力争设计工作有节奏、有秩序、合理搭接地进行。在执行计划时，要经常检查计划的执行情况，发现有偏差应及时对设计进度进行调整，使设计工作始终处于可控状态，保证将各设计阶段的每一张图（包括其相应的设计文件）的进度都纳入监控之中。

6）坚持按基本建设程序办事。尽量避免“边设计、边准备、边施工”的“三边”设计。

7）不断分析总结设计进度管理工作经验，逐步提高设计进度管理工作水平。

8）推广和应用标准设计。在设计工作中，尽量推广和应用标准设计，以加快设计进度。并能不断总结和自行编制本设计单位使用或本专业使用的通用图和复用图。

9）与业主、监理单位密切配合。要严格管理设计变更，消除业主对设计进度的不利影响。当业主委托监理单位进行工程设计监理时，应积极配合监理人员对设计进度的监控，以加快设计进度。

10）处理好 *CM*（*Construction Management*）方法的应用。对周期长、工期要求紧迫的大型复杂工程项目，当采用 *CM* 承发包模式时，由于采取分阶段发包，使设计与施工充分地搭接，这就对设计方案的施工可行性和合理性、设计文件的质量和设计进度提出了更高、更严的要求。进度管理人员必须采取有效措施，使工程设计与施工能协调地进行，避免出现因设计进度拖延而导致施工进度受影响的不正常情况，最终确保工程项目进度总目标的实现。

第九节　工程项目施工进度管理

一、施工进度管理目标体系

工程项目实体的形成阶段是施工阶段，对其进度实施管理是工程项目进度管理的重点。工程项目施工阶段进度管理的最终目的是保证工程项目按期建成交付使用。为了有效地控制施工进度，首先要将施工进度总目标从不同角度进行层层分解，形成施工进度管理目标体系，从而作为实施进度管理的依据。工程项目不但要有项目建成交付使用的确切日期这个总目标，还要有各单位工程交工动用的分目标以及按承包单位、施工阶段和不同计划期划分的分目标。各目标之间相互联系，共同构成工程项目施工进度管理目标体系。

在确定施工进度分解目标时，主要考虑工程项目总进度目标对施工工期的要求、工期定额、类似工程项目的实际进度、工程难易程度和工程条件的落实情况等，还要合理安排好土建与设备的综合施工；要做好资金供应能力、施工力量配备、物资供应能力与施工进度的平衡工作；要考虑外部协作条件的配合情况和工程项目所在地区地形、地质、水文、气象等方面的限制条件。具体施工进度目标分解和要求如下：

(1) 按项目组成分解，确定各单位工程开工及动用日期 将建设工程项目分解成多个单位工程，各单位工程的进度目标在工程项目总进度计划及工程项目年度计划中都有体现。在施工阶段应进一步明确各单位工程的开工和交工动用日期，以确保施工总进度目标的实现。

(2) 按承包单位分解，明确分工条件和承包责任 在一个单位工程中有多个承包单位参加施工时，应按承包单位将单位工程的进度目标分解，明确不同承包单位工作面交接的条件和时间。

(3) 按施工阶段分解，划定进度管理分界点 根据工程项目的特点，应将其施工分成几个阶段，如土建工程可分为基础、结构和内外装修等阶段。每一阶段的起止时间都要有明确的标志。

(4) 按计划期分解，组织综合施工 将工程项目的施工进度管理目标按年度、季度、月（或旬）进行分解，并用实物工程量、货币工作量及形象进度表示，这样会更有利于明确对各承包单位的进度要求。同时，还可以据此督促其实施，检查其完成情况。计划期愈短，进度目标愈细，进度跟踪就愈及时，发生进度偏差时也就更能有效地采取措施予以纠正。

二、施工进度管理的工作内容

工程项目施工进度管理工作从事先分析工程项目施工进度的影响因素开始，直至工程项目保修期满为止，其工作内容主要有：

(1) 认真分析工程项目施工进度的影响因素 进度管理人员必须对影响工程项目施工进度的因素进行认真分析，进而提出保证施工进度计划实施成功的措施，以实现对工程项目施工进度的主动控制。

(2) 编制施工进度管理工作细则 施工进度管理工作细则的主要内容包括：施工进度管理目标分解图；施工进度管理的主要工作内容和深度；进度管理人员的职责分工；与进度管理有关各项工作的时间安排及工作流程；进度管理的方法（包括进度检查周期、数据采集方式、进度报表格式、统计分析方法等）；进度管理的具体措施（包括组织、技术、经济及合同措施等）；施工进度管理目标实现的风险分析；尚待解决的有关问题等。

(3) 审核施工进度计划 施工进度计划审核的内容主要有：进度安排是否符合工程项目总进度计划中总目标和分目标的要求；施工总进度计划中的项目是否有遗漏，分期施工是否满足分批动用的需要和配套动用的要求；施工顺序的安排是否符合施工工艺的要求；劳动力、材料、构配件、设备及施工机具、水、电等生产要素的供应计划是否能保证施工进度计划的实现，供应是否均衡，需求高峰期是否有足够能力实现计划供应；总承包、分包单位分别编制的各单位工程施工进度计划之间是否相协调，专业分工与计划衔接是否明确合理等。

(4) 工程开工令 根据承包单位和业主双方关于工程开工的准备情况，选择合适的时机发布工程开工令。工程开工令的发布，要尽可能及时，因为从发布工程开工令之日算起，加上合同工期后即为工程竣工日期。如果开工令发布拖延，就等于推迟了竣工时间，甚至可能引起索赔。

(5) 施工进度计划的实施　这是工程项目施工进度管理的经常性工作。进度管理人员要经常进行现场实地进度检查，在对工程实际进度资料进行整理的基础上，应将其与计划进度相比较，以判定实际进度是否出现偏差。如果出现进度偏差，应进一步分析此偏差对进度管理目标的影响程度及其产生的原因，以便研究对策、提出纠偏措施。必要时还应对后期工程进度计划作适当的调整。

(6) 组织现场协调会　进度管理人员应每月、每周定期组织召开不同层级的现场协调会议，以解决工程施工过程中的相互协调配合问题。在平行、交叉施工的单位数量多以及工序交接频繁且工期紧迫的情况下，现场协调会甚至需要每日召开。在会上通报和检查当天的工程进度，确定薄弱环节，部署当天的赶工任务，以便为次日正常施工创造条件。

(7) 整理和提交工程进度资料　进度管理人员应随时整理进度资料，并做好工程记录，定期向业主、监理工程师提交工程进度报告。工程完工后，应将工程进度资料收集起来，进行归类、编目和建档，以便为以后其他类似工程项目的进度管理提供参考。

(8) 处理好工程延期与工程延误　由承包商自身原因引起的工程进度拖延称为工程延误，由承包商以外的原因引起的进度拖延称为工程延期。当出现工程延误时，承包商应采取有效措施加快施工进度。若经过赶工后，仍明显出现不能按期竣工的情况时，应修改进度计划，且应获得进度管理人员和监理工程师的重新确认。当出现工程延期时，应根据合同规定合理地批准工程延期，承包商应按延期修改后的施工进度计划来有效控制施工进度。

三、施工进度计划的编制

(1) 施工进度计划编制的基本概念　施工进度计划是施工计划或施工组织设计的重要组成部分。它具体安排各项工程的开竣工日期和相互衔接关系，规定了工程施工的顺序和速度。编制施工进度计划的目的是组织均衡连续施工，确保项目在国家或合同规定的期限内优质、快速、高效地建成投产。施工进度计划是在拟定施工方案的基础上分阶段分级进行编制的。分级多少、繁简程度都随工程规模、结构复杂程度不同而异。各级计划总是环环相扣，一级比一级具体而详尽，但计划控制的范围一级比一级小。在编制上一级进度计划时，要充分考虑到各下一级项目在规定工期内完成的实际可能性；在编制下一级进度计划时，要以上一级进度进行控制，保证本级项目的投资、分年度投资和施工进度计划满足上一级进度计划的要求。采用分级编制进度计划的方法，除了管理上的需要外，也是网络计划技术的需要。分级后，各级进度计划所包含的工序数得到控制，有利于网络计划的计算、调整和优化。

(2) 施工总进度计划的编制　施工总进度计划是施工现场各项施工活动在时间上的体现，是根据施工部署中的施工方案和工程项目的开展程序，对全工地的所有工程项目做出时间上的安排。编制施工总进度计划的基本要求是保证拟建工程在规定的期限内完成，迅速发挥投资效益，保证施工的连续性和均衡性，节约施工费用。因此，正确地编制施工总进度计划具有重要的现实意义和经济效果。通常，施工总进度计划编制的步骤为：

1) 收集编制依据。施工总进度计划的编制依据与施工组织总设计的编制依据是一致的。

2）列出工程项目一览表并计算工程量。在列工程项目一览表时，项目划分不宜过细，通常按照分期分批投产顺序和工程开展程序列出，并突出每个交工系统中的主要工程项目，一些附属项目及小型工程、临时设施可以合并列出。在工程项目一览表的基础上，按工程的开展顺序，以单位工程计算主要实物工程量，以便选择施工方案和主要的施工运输机械，初步规划主要施工过程的流水施工，估算各项目的完成时间，计算劳动力和技术物资的需要量。

3）确定各单位工程的施工期限。工程项目各单位工程的施工期限，由于各承包企业的施工技术与管理水平、机械化程度、劳动力和材料供应情况等不同，而有很大差别。因此应根据各承包企业的具体条件，并考虑工程施工项目的建筑结构类型、体积大小和现场地形与水文地质、施工条件等因素加以确定。此外，也可参考有关的工期定额来确定各单位工程的施工期限。

4）确定各单位工程的开竣工时间和相互搭接关系。在确定各单位工程的施工期限后，通过对各主要建筑物或构筑物的工期进行分析，就可以进一步安排各建筑物或构筑物的开竣工时间和搭接施工时间。

5）编写施工进度计划说明书和安排施工进度。在说明书中应阐述清有关编制依据和特殊进度安排情况等内容。施工总进度计划可以用横道图表达，也可以用网络图表达。由于施工总进度计划只是起控制性作用，因此不必编写得过细。

6）施工总进度计划的调整与修正。施工总进度计划表绘制完后，将同一时期各项工程的工作量加在一起，用一定的比例画在施工总进度计划的底部，即可得出资源需要量动态曲线。若曲线上存在较大的高峰或低谷，则表明在该时间段里各种资源的需求量变化较大，需要调整一些单位工程的施工速度或开竣工时间，以便消除高峰或低谷，使各个时期的资源需求量尽量达到均衡。

编制完成的各个单位工程的施工进度，在实施过程中，随着进度偏差的出现，也应随着施工的进展及时作必要的调整；对于跨年度的工程项目，还应根据年度国家基本建设投资或业主投资情况，对施工进度计划予以调整。

（3）单位工程施工进度计划的编制 单位工程施工进度计划是按照施工总进度计划的安排，在确定了施工方案的基础上，对工程的施工顺序，各个施工过程的持续时间及各施工过程之间的搭接关系，工程的开工时间、竣工时间及总工期等做出安排。在此基础上，可以编制劳动力计划，材料供应计划，成品、半成品计划，机械需用量计划等。通常，其编制步骤为：

1）收集单位工程施工进度计划的编制依据。其编制依据包括：施工总进度计划，施工方案，施工预算，预算定额，施工定额，资源供应状况，领导对工期的要求，建设单位对工期的要求（合同要求）等。这些依据中，有的是通过调查研究得到的。

2）明确单位工程施工进度计划的编制程序。其编制程序如图8-58所示。

3）划分施工过程。施工过程是进度计划的基本组成单元。其包含的内容多少、划分的粗细程度，应根据计划的需要来决定。一般来说，单位工程进度计划的施工过程应明确到分项工程或更具体，以满足指导施工作业的要求。通常划分施工过程应按顺序列成表格，编排序号，查对是否遗漏或重复。凡是与工程对象施工直接有关的内容均应列入。辅助性内容和服务性内容则不必列入。划分施工过程应保持与施工方案一致。

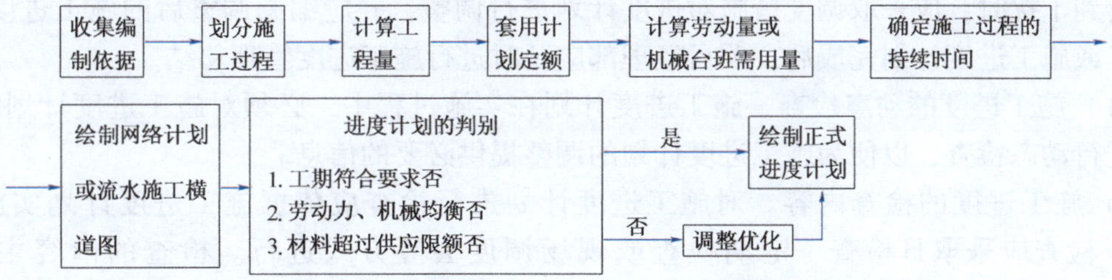

图 8-58 单位工程施工进度计划编制程序

4）计算工程量和持续时间。计算工程量应针对划分的每一个施工过程分段计算。可套用施工预算的工程量，并经加工整理，也可以由编制者根据施工图并按施工方案安排自行计算，施工过程的持续时间最好是按正常情况确定，它的费用一般是最低的。待编制出初始计划并经过计算再结合实际情况作必要的调整，这是避免因盲目抢工而造成浪费的有效办法。现在一般也多采用简便的办法，即按照实际施工条件来估算项目的持续时间。

5）确定施工过程的施工顺序。施工顺序是在施工方案中确定的施工流向和施工程序的基础上，按照所选施工方法和施工机械的要求确定的。一般编制施工进度计划往往要对施工顺序进行反复调整，因此施工顺序是在施工进度计划中正式定案的。

6）组织流水作业并绘制施工进度计划图。流水作业原理是组织施工、编制施工进度计划的基本原理，在第七章中已作了详细介绍。具体编制施工进度计划时，还应注意：①选择进度图的形式，提倡使用网络计划，使用网络计划可优先使用有时标的；②安排计划时应先安排各分部工程的计划，然后再组合成单位工程施工进度计划；③安排各分部工程施工进度计划应首先确定主导施工过程，并以它为主导，尽量组织等节奏或异节奏流水，从而组织单位工程的综合流水；④施工进度计划图编制以后要计算总工期，并绘制资源动态曲线（主要是劳动力动态曲线），进行资源均衡程度的判别。

7）施工进度计划的检查与调整。当施工进度计划初始方案编制好后，需要对其进行检查与调整，以便使进度计划更加合理。进度计划检查的主要内容包括：①各工作项目的施工顺序、平行搭接和技术间歇是否合理；②总工期是否满足合同规定；③主要工种的工人是否能满足连续、均衡施工的要求；④主要机具、材料等的利用是否均衡和充分。在这四个方面检查内容中，只有在前两个方面均达到要求的前提下，才能进行后两个方面的检查与调整。前者是解决可行与否的问题，而后者则是优化的问题。若进度计划的初始方案是网络计划，则可以利用本章第六节“网络计划的优化”所述的方法分别进行工期优化、费用优化及资源优化。待优化结束后，最好将优化后的方案用时标网络计划表达出来，以便于有关人员更直观地了解进度计划。这样经优化完成后所绘制的正式单位工程施工进度计划图就可付诸实施。

四、施工进度计划实施中的检查与调整

进度计划编制完成并经审核后，进度管理的主要工作即是在进度执行过程中及时发现进度偏差、分析进度偏差原因，从而形成针对性的纠偏措施以及最终解决进度偏差问题。承包单位在执行施工进度计划的过程中，应对施工进度计划采取动态跟踪检查，当发现进度计划

执行受到干扰时，应采取调度措施对进度计划进行调整，并应编制调整后的施工进度计划。当施工或施工进度计划完成后，项目经理部应及时进行施工进度管理总结。

(1) 施工进度的动态检查 施工进度计划在实施过程中，必须对施工进度计划的执行情况进行动态检查，以便为施工进度计划的调整提供必要的信息。

1) 施工进度的检查内容。对施工进度计划进行检查应依据施工进度计划实施记录进行，检查应采取日检查、定期检查或现场调度会等方式进行。检查的内容主要有：检查期内实际完成和累计完成工程量，实际参加施工的人力、机械数量及生产效率，窝工人数、窝工机械台班数及其原因分析，进度偏差情况，进度管理情况，影响进度的特殊原因及分析等。实施检查后，应给企业、监理工程师和业主提供月度施工进度报告。

2) 施工进度的检查方法。施工进度检查的主要方法是对比法。即利用本章第八节所述的方法将经过整理的实际进度数据与计划进度数据进行比较，从中发现是否出现进度偏差以及进度偏差的大小。通过检查分析，如果进度偏差比较小，应在分析其产生原因的基础上采取有效措施，解决矛盾，排除障碍，继续执行原进度计划。如果经过努力，确实不能按原计划实现时，再考虑对原进度计划进行必要的调整，即适当延长工期，或改变施工速度。计划的调整一般是不可避免的，但应当慎重，尽量减少变更计划性的调整。

(2) 施工进度计划的调整 通过检查分析，如果发现原有进度计划已不能适应实际情况，为了确保进度管理目标的实现或需要确定新的计划目标，就必须对原有进度计划进行调整，以形成新的进度计划，作为进度管理的新依据。施工进度计划的调整方法如本章第七节“工程项目进度计划实施中的监测与调整”所述，在实际工作中应根据具体情况选用这些方法进行进度计划的调整。

当采用压缩关键工作的持续时间来缩短工期时，通常需要采取一定的措施来达到目的。其具体措施包括：①组织措施。如增加工作面，组织更多的施工队伍，增加每天的施工时间（如采用三班制等），增加劳动力和施工机械的数量等；②技术措施。如改进施工工艺和施工技术，缩短工艺技术间歇时间，采用更先进的施工方法以减少施工过程的数量（如将现浇框架方案改为预制装配方案），采用更先进的施工机械等；③经济措施。如实行包干奖励，提高奖金数额，对所采取的技术措施给予相应的经济补偿等；④其他配套措施。如改善外部配合条件，改善劳动条件，实施强有力的调度等。一般来说，不管采取哪种措施，都会增加费用。因此，在调整施工进度计划时，应利用费用优化的原理选择费用增加量最小的关键工作作为压缩对象。

当采用组织搭接作业或平行作业这种方法时，对大型工程建设项目，由于其单位工程较多且相互间的制约比较小，可调整的幅度比较大，所以容易采用平行作业的方法来调整施工进度计划。而对于单位工程项目，由于受工作之间工艺关系的限制，可调整的幅度比较小，所以通常采用搭接作业的方法来调整施工进度计划。但不管是搭接作业还是平行作业，工程项目在单位时间内的资源需求量将会增加。

除了分别采用上述两种方法来缩短工期外，有时由于工期拖延得太多，当采用某种方法进行调整，其可调整的幅度又受到限制时，还可以同时利用这两种方法对同一施工进度计划进行调整，以满足工期目标的要求。

复习题

1. 简述工期优化的原理。
2. 简述工程项目设计进度管理的措施。
3. 试述工程项目施工进度管理的工作内容。
4. 某网络计划的有关资料见表8-11，要求：(1) 试绘制双代号网络计划，并在图中标出各个节点的最早时间和最迟时间，并据此判定各项工作的六个主要时间参数；(2) 试绘制双代号时标网络计划；(3) 用双箭线标明关键线路。

表8-11　工作持续时间及逻辑关系表

工作	A	B	C	D	E	G	H	I	J	K
持续时间	2	3	5	2	3	3	2	3	6	2
紧前工作	—	A	A	B	B	D	G	E、G	C、E、G	H、I

第九章 工程项目费用管理

【主要内容及学习要求】

本章主要介绍工程项目费用管理的相关内容，要求了解工程项目费用的组成及索赔，熟悉工程项目费用管理的相关知识，掌握费用与进度综合控制的挣值法等内容。

第一节 工程项目费用组成

根据国家发改委和原建设部发布的《建设项目经济评价方法与参数（第三版）》（发改投资［2006］1325号）的规定，建设投资（总费用）包括工程费用、工程建设其他费用和预备费三部分。建设工程项目总投资的具体构成内容如图9-1所示。

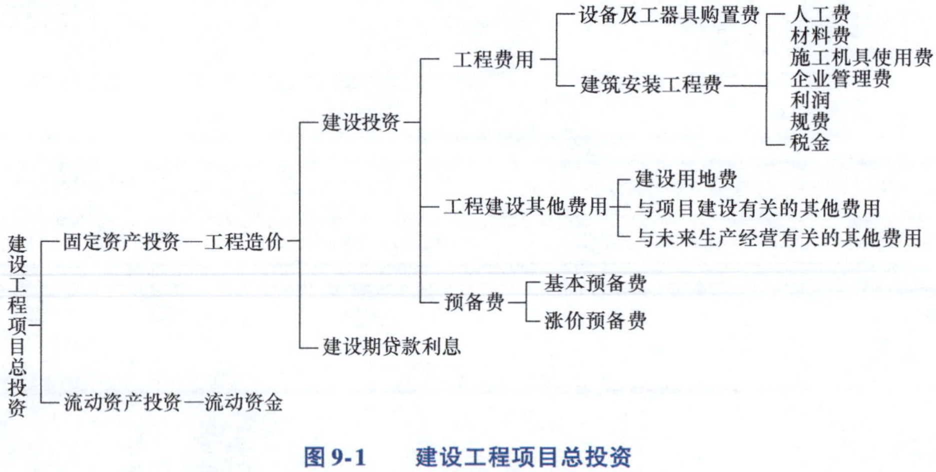

图9-1　建设工程项目总投资

一、建筑安装工程费的组成

根据建标［2013］44号关于印发《建筑安装工程费用项目组成》的通知，我国现行建筑安装工程费项目构成有以下两种划分方式，分别按费用构成要素划分和造价形成顺序划分。

1. 按费用构成要素组成划分

建筑安装工程费项目按费用构成要素组成划分为人工费、材料费、施工机具使用费、企业管理费、利润、规费和税金（见图9-2）。

(1) 人工费　人工费是指按工资总额构成规定，支付给从事建筑安装工程施工的生产工人和附属生产单位工人的各项费用。内容包括：①计时工资或计件工资；②奖金；③津贴补贴；④加班加点工资；⑤特殊情况下支付的工资（如产假、探亲假、定期休假等原因按计时工资标准或计时工资标准的一定比例支付的工资）。

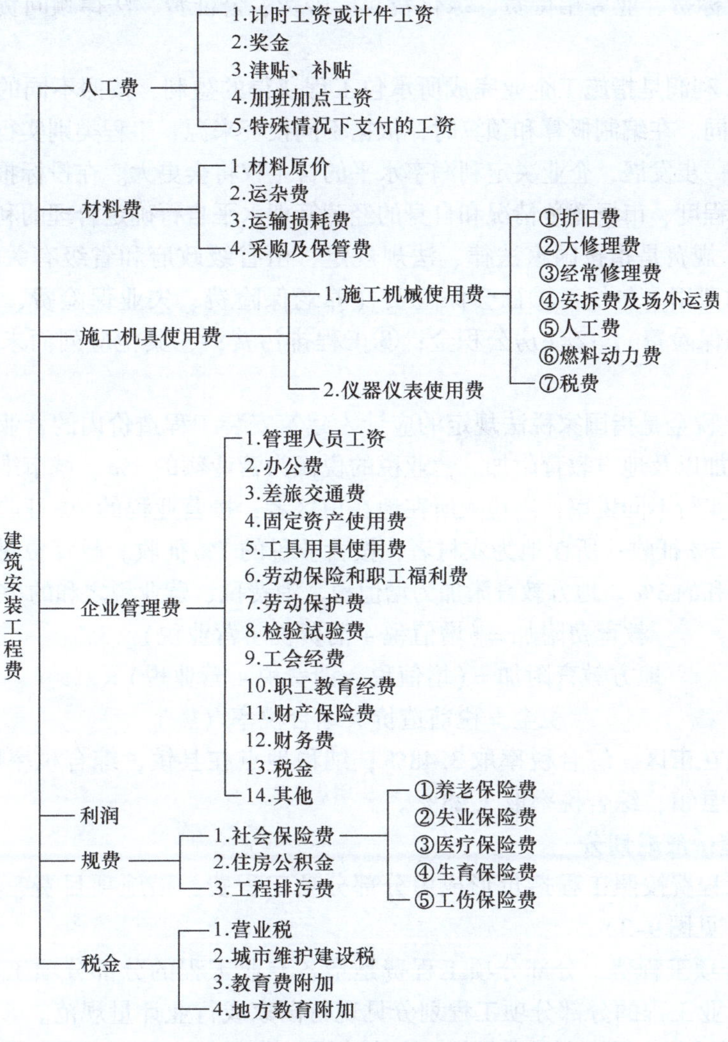

图9-2　建筑安装工程费项目组成（构成要素划分）

(2) 材料费　材料费是指施工过程中耗费的原材料、辅助材料、构配件、零件、半成品或成品、工程设备的费用。内容包括：①材料原价；②运杂费（指运至工地仓库或指定堆放地点所发生的费用）；③运输损耗费；④采购及保管费。

(3) 施工机具使用费　施工机具使用费是指施工作业所发生的施工机械、仪器仪表使用费或其租赁费。内容包括：①施工机械使用费（含折旧费、大修理费、经常修理费、安拆费及场外运费、机上司机和其他操作人员的人工费、燃料动力费、税费)；②仪器仪表使用费（施工所需使用仪器仪表的摊销及维修费用）。

(4) 企业管理费　企业管理费是指建筑安装企业组织施工生产和经营管理所需的费用。内容包括：①管理人员工资；②办公费；③差旅交通费；④固定资产使用费（管理和试验部门及附属生产单位使用的属于固定资产的房屋、设备、仪器等的折旧、大修、维修或租赁费)；⑤工具用具使用费；⑥劳动保险和职工福利费；⑦劳动保护费；⑧检验试验费；⑨工会经费；⑩职工教育经费；⑪财产保险费；⑫财务费；⑬税金；⑭其他（包括技术转让费、技术开发费、投标费、业务招待费、绿化费、广告费、公证费、法律顾问费、审计费、咨询费、保险费等)。

(5) 利润　利润是指施工企业完成所承包工程获得的盈利，按照不同的计价程序，利润的形成也有所不同。在编制概算和预算时，依据不同投资来源、工程类别实行差别利润率。随着市场经济的进一步发展，企业决定利润率水平的自主权将会更大。在投标报价时，企业可以根据工程的难易程度、市场竞争情况和自身的经营管理水平自行确定合理的利润率。

(6) 规费　规费是指按国家法律、法规规定，由省级政府和省级有关权力部门规定必须缴纳或计取的费用。包括：①社会保险费（养老保险费、失业保险费、医疗保险费、生育保险费和工伤保险费)；②住房公积金；③工程排污费；④其他应列而未列入的规费，按实际发生计取。

(7) 税金　税金是指国家税法规定的应计入建筑安装工程造价内的营业税、城市维护建设税、教育费附加以及地方教育附加。营业税的税额为营业额的3%。城市维护建设税依据纳税人所在地不同实行不同税率，纳税人所在地在市区者，按营业税的7%征收；所在地为县镇者，按营业税的5%征收；所在地为农村者，按营业税的1%征收。教育费附加为营业税、消费税、增值税之和的3%。地方教育附加为增值税、消费税、营业税之和的2%。计算公式为：

$$教育费附加=(增值税+消费税+营业税)\times 3\%$$

$$地方教育附加=(增值税+消费税+营业税)\times 2\%$$

$$税金=税前造价\times 综合税率(\%)$$

式中，纳税地点在市区，综合税率取3.48%；纳税地点在县镇，综合税率取3.41%；纳税地点不在市区、县镇，综合税率取3.28%。

2. 按工程造价形成划分

建筑安装工程费按照工程造价形成由分部分项工程费、措施项目费、其他项目费、规费、税金组成（见图9-3)。

(1) 分部分项工程费　分部分项工程费是指各专业工程的分部分项工程应予列支的各项费用。各类专业工程的分部分项工程划分见现行国家或行业计量规范。

(2) 措施项目费　措施项目费是指为完成建设工程施工，发生于该工程施工前和施工过程中的技术、生活、安全、环境保护等方面的费用。包括：①安全文明施工费（指环境保护费、文明施工费、安全施工费和临时设施费)；②夜间施工增加费；③二次搬运费；④冬雨季施工增加费；⑤已完工程及设备保护费；⑥工程定位复测费；⑦特殊地区（指沙漠或其边缘地区、高海拔、高寒、原始森林等）施工增加费；⑧大型机械设备进出场及安拆费；⑨脚手架工程费。措施项目及其包含的内容详见各类专业工程的现行国家或行业计量规范。

(3) 其他项目费　其他项目费包括：①暂列金额；②计日工；③总承包服务费。

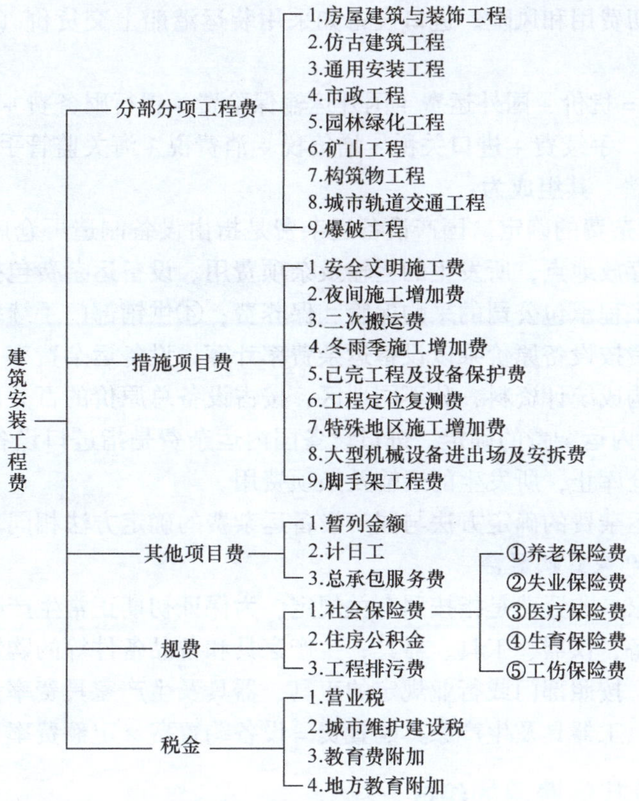

图 9-3 建筑安装工程费用项目组成（工程造价形成划分）

（4）规费与税金 规费、税金与前按构成要素划分相同。

二、设备及工器具购置费的组成

设备及工器具购置费是指为工程项目购置或自制达到固定资产标准的设备、配置的首批工器具，以及生产家具所需的费用，设备及工器具购置费由设备购置费和工器具及生产家具购置费组成。

1. 设备购置费

设备购置费包括设备原价或进口设备抵岸价和设备运杂费，即

设备购置费 = 国产设备原价或进口设备抵岸价 + 设备运杂费

（1）国产设备原价 国产设备原价分标准设备原价和非标准设备原价。

1）标准设备原价。标准设备原价一般是指设备制造厂的交货价，即出厂价。

2）非标准设备原价。非标准设备是指国家尚无定型标准，各设备生产厂不可能在工艺过程中采用批量生产，只能根据具体的设备图样制造的设备。非标准设备原价有多种不同的计算方法，如成本计算估价法、系列设备插入估价法、分部组合估价法、定额估价法等。

（2）进口设备抵岸价 进口设备抵岸价是指抵达买方边境港口或边境车站，且缴完关税以后的价格。进口设备抵岸价由进口设备货价和进口从属费用组成。

我国进口设备采用最多的是装运港船上交货价 FOB（Free On Board），又称“离岸价格”。FOB 这一价格术语是指卖方在合同规定的装运港把货物装到买方指定的船上，并负责

货物上船为止的一切费用和风险。进口设备如采用装运港船上交货价（FOB），其抵岸价构成可概括为

进口设备抵岸价=货价+国外运费+国外运输保险费+银行财务费+外贸手续费+进口关税+增值税+消费税+海关监管手续费

（3）设备运杂费 其组成为：

1）国产设备运杂费的确定。国产设备运杂费是指由设备制造厂仓库或交货地点运至施工工地仓库或设备存放地点，所发生的运输及杂项费用。设备运杂费包括：①运费；②包装费；③建设单位或工程承包公司的采购保管和保养费；④供销部门手续费。

国产设备运杂费按设备原价乘以设备运杂费率计算，设备运杂费率一般由各主管部门根据历年设备购置费构成统计资料，分不同地区，按占设备总原价的百分比确定。

2）进口设备国内运杂费的确定。进口设备国内运杂费是指进口设备由我国到岸港口或边境车站起到工地仓库止，所发生的运输及杂项费用。

进口设备国内运杂费的确定方法与国产设备运杂费的确定方法相同。

2. 工器具及生产家具购置费

工器具及生产家具购置费是指按照有关规定，为保证初期正常生产必须购置的没有达到固定资产标准的设备、仪器、工具、器具、生产家具和备品备件等的购置费用。一般以设备购置费为计算基数，按照部门或行业规定的工具、器具及生产家具费率计算。计算公式为

工器具及生产家具购置费=设备购置费×定额费率

三、工程建设其他费用的组成

工程建设其他费用是指从工程筹建起到工程竣工验收交付使用止的整个建设期间，除建筑安装工程费用和设备及工器具购置费用以外的，为保证工程建设顺利完成和交付使用后能够正常发挥效用而发生的各项费用。

1. 建设用地费

建设用地费是指为获得工程项目建设土地的使用权而在建设期内发生的各项费用，包括通过划拨方式取得土地使用权而支付的土地征用及迁移补偿费，或者通过土地使用权出让方式取得土地使用权而支付的土地使用权出让金。

建设用地的取得，实质是依法获得国有土地的使用权。除出让方式和划拨方式两种基本方式外，还包括租赁和转让方式。建设用地如通过行政划拨方式取得，则需承担征地补偿费用或对原用地单位或个人的拆迁补偿费用；若通过市场机制取得，则不仅承担以上费用，还需向土地所有者支付有偿使用费，即土地使用权出让金。

（1）征地补偿费用 征地补偿费用主要包括：①土地补偿费；②青苗补偿费和地上附作物补偿费；③安置补助费；④新菜地开发建设基金；⑤耕地占用税；⑥土地管理费。

（2）拆迁补偿费用 拆迁补偿费用是指在城市规划区内国有土地上实施房屋拆迁，应当对被拆迁人给予的补偿、搬迁、安置补助费用。其拆迁补偿方式可以是货币补偿，也可以实行房屋产权调换。

（3）土地使用权出让金 土地使用权出让金为用地单位向国家支付的土地所有权收益，出让金标准一般参考城市基准地价并结合其他因素制定。在有偿出让和转让土地时，政府对地价不做统一规定。

2. 与项目建设有关的其他费用

(1) 建设管理费 建设管理费是指建设单位为组织完成工程项目建设，在建设期内发生的各类管理性费用。建设管理费包括建设单位管理费和工程监理费。建设单位管理费是指建设单位发生的管理性质的开支，包括工作人员工资、工资性补贴、施工现场津贴、职工福利费、住房基金、基本养老保险费、基本医疗保险费等。工程监理费是指建设单位委托工程监理单位实施工程监理的费用。建设单位管理费的计算公式为

建设单位管理费 = 工程费用 × 建设单位管理费费率

(2) 可行性研究费 可行性研究费是指在工程项目投资决策阶段，依据调研报告对有关建设方案、技术方案或生产经营方案进行的技术经济论证，以及编制、评审可行性研究报告所需的费用。

(3) 研究试验费 研究试验费是指为建设项目提供或验证设计数据、资料等进行必要的研究试验及按照相关规定在建设过程中必须进行试验、验证所需的费用。包括自行或委托其他部门研究试验所需的人工费、材料费、实验设备及仪器使用费等。这项费用按照设计单位根据本工程项目的需要提出的研究试验内容和要求计算。在计算时要注意不包括以下项目：应由科技三项费用开支的项目；应在建筑安装工程费中列支的施工企业对建筑材料、构件和建筑物进行一般鉴定、检查所发生的费用及技术革新的研究试验费；应由勘察设计费或工程费用中开支的项目。

(4) 勘察设计费 勘察设计费是指对工程项目进行工程水文地质勘察、工程设计所发生的费用。包括：工程勘察费、初步设计费（基础设计费）、施工图设计费（详细设计费）和设计模板制作费。

(5) 环境影响评价费 环境影响评价费是指按照《中华人民共和国环境保护法》《中华人民共和国环境影响评价法》等规定，在工程项目投资决策过程中，对其进行环境污染或影响评价所需的费用。包括编制环境影响报告书、环境影响报告表以及对环境影响报告书、环境影响报告表进行评估等所需的费用。

(6) 劳动安全卫生评价费 劳动安全卫生评价费是指按照原劳动部《建设项目（工程）劳动安全卫生监察规定》和《建设项目（工程）劳动安全卫生预评价管理办法》的规定，在工程项目投资决策的过程中，为编制劳动安全卫生评价报告所需的费用。包括编制建设项目劳动安全卫生预评价大纲和劳动安全卫生预评价报告书以及为编制上述文件所进行的工程分析和环境状况调查等所需费用。

(7) 场地准备及临时设施费 建设项目场地准备费是指为使项目的建设场地达到开工条件，由建设单位组织进行的场地平整等准备工作而发生的费用。建设单位临时设施费是指建设单位为满足工程项目建设、生活、办公的需要，用于临时设施建设、维修、租赁、使用所发生或摊销的费用。

(8) 引进技术及引进设备其他费 引进技术和引进设备其他费是指引进技术和设备发生的但未计入设备购置费中的费用。包括引进项目图纸资料翻译复制费、备品备件测绘费、出国人员费用、来华人员费用、银行担保及承诺费。

(9) 工程保险费 工程保险费是指为转移工程项目建设的意外风险，在建设期内对建筑工程、安装工程、机械设备和人身安全进行投保而发生的费用。包括建筑安装工程一切险、引进设备财产保险和人身意外伤害险等。

(10) 特殊设备安全监督检验费 特殊设备安全监督检验费是指安全监察部门对在施工现场组装的锅炉及压力容器、压力管道、消防设备、燃气设备、电梯等特殊设备和设施实施

安全检验收取的费用。

(11) 市政公用设施费 市政公用设施费是指使用市政公共设施的工程项目，按照项目所在地省级人民政府有关规定建设或缴纳的市政设施建设配套费用，以及绿化工程补偿费用。

3. 与未来生产经营有关的其他费用

(1) 联合试运转费 联合试运转费是指新建或新增加生产能力的工程项目，在交付生产前按照设计文件规定的工程质量标准和技术要求，对整个生产线或装置进行负荷联合试运转所发生的费用净支出。试运转支出包括试运转所需原材料、燃料及动力消耗、低值易耗品、其他物料消耗、工具用具使用费、机械使用费、保险金、施工单位参加试运转人员工资及专家指导费等；试运转收入包括试运转期间的产品销售收入和其他收入。联合试运转费不包括应有设备安装工程费用开支的调试及试车费用，以及在试运转中暴露出来的因施工原因或设备缺陷等发生的处理费用。

(2) 专利及专有技术使用费 专利及专有技术使用费包括：国外设计及技术资料费、引进有效专利、专有技术使用费和技术保密费；国内有效专利、专有技术使用费；商标权、商誉和特许经营权费等。

(3) 生产准备及开办费 在建设期内，建设单位为保证项目正常生产而发生的人员培训费、提前进场费以及投资使用必备的办公、生活家具用具及工器具购置费用。包括：人员培训费及提前进场费；为保证初期正常生产所必需的生产办公、生活家具用具购置费；为保证初期正常生产必须的第一套不够固定资产标准的生产工具、器具、用具购置费。不包括备品备件费。

四、预备费的组成

按我国现行规定，预备费包括基本预备费和涨价预备费。

1. 基本预备费

基本预备费是指针对项目实施过程中的可能发生难以预料的支出而事先预留的费用，又称工程建设不可预见费。主要包括：设计变更及施工过程中可能增加工程量的费用；一般自然灾害造成的损失和预防自然灾害所采取的措施费用；竣工验收时为鉴定工程质量对隐蔽工程进行必要的挖掘和修复费用；超规超限设备运输增加的费用。计算公式为

基本预备费 = (工程费用 + 工程建设其他费) × 基本预备费率

2. 涨价预备费

涨价预备费是指为在建设期内利率、汇率或价格等因素的变化而预留的可能增加的费用，亦称为价格变动不可预见费。涨价预备费包括：人工、设备、材料、施工机械的涨价费；建筑安装工程费及工程建设其他费用调整；利率、汇率调整增加的费用。计算公式为

$$\mathrm{PF} = \sum_{t=1}^{n} I_t[(1+f)^m(1+f)^{0.5}(1+f)^{t-1}-1]$$

式中，PF为涨价预备费；n为建设期年分数；I_t估算静态投资额中第t年投入的工程费用；f为年涨价率；m为建设前期年限（从编制估算到开工建设）。

五、专项费用

1. 建设期贷款利息

建设期贷款利息是指工程项目在建设期间发生并计入固定资产的利息。包括向国内银行

和其他非银行金融机构贷款、出口信贷、外国政府贷款、国际商业银行贷款以及在境内外发行的债券等在建设期间内应偿还的借款利息。建设期贷款利息实行复利计算，为了简化计算，在编制投资估算时通常假定借款均在每年的年中支用，借款第一年按半年计息，其余各年份按全年计息。计算公式为

$$各年应计利息 = (年初借款本息累计 + 本年借款额/2) \times 年利率$$

2. 铺底流动资金

铺底流动资金是指为保证项目投产后能正常生产经营所需要的最基本的周转资金数额。铺底流动资金属于项目总投资中的一个组成部分，需在项目决策阶段落实，其数额取决于流动资金的大小，一般为定额流动资金的30%。其中，定额流动资金是指财务中的营运资金。

第二节　建设单位的工程项目费用管理

一、建设单位费用管理的概念和基本原则

从建设单位角度看，工程项目费用管理贯穿于工程建设全过程。即在项目投资决策阶段、设计阶段、招标发包阶段、施工阶段及竣工验收阶段，通过综合运用技术、经济、合同、法律等方法和手段，对工程项目费用进行合理的确定和有效的控制，使得人力、物力、财力能够得到有效的使用，并取得良好的经济效益和社会效益。工程项目费用管理工作可概括为两个方面：一是在项目建设的各个阶段，合理确定项目的投资估算、初步设计概算、施工图预算、承包合同价、竣工结算和竣工决算；二是在项目建设的各个阶段，把工程项目费用控制在批准的目标限额以内，随时纠正发生的偏差以确保工程项目目标的实现。

要想做好工程费用控制工作，必须遵循以下几项原则：

1）合理设置工程费用控制目标。工程费用控制目标的设置应随工程项目建设过程的不断深入而分阶段进行。费用控制目标是有机联系的整体，各阶段目标相互制约、相互补充，前者控制后者，后者补充前者，共同组成工程费用控制的目标系统。

2）以设计阶段为重点的建设全过程控制。工程费用控制贯穿于项目建设全过程，但工程造价控制的关键在于施工前的投资决策和设计阶段。据西方一些国家分析，设计费一般只相当于建设工程全生命周期费用的1%以下，但正是这少于1%的费用对工程造价的影响度占75%以上，由此可见，设计质量对整个工程建设的效益是至关重要的。

3）对工程费用进行主动控制。工程费用的控制不仅要及时地分析目标值与实际值的偏差及产生偏差的原因，并确定下一步的对策，更重要的是要立足于事先主动地采取预防控制措施，尽可能地减少以至避免目标值与实际值的偏离。

4）技术与经济相结合进行工程费用的控制。要有效地控制工程费用，应从组织、技术、经济、合同及信息管理等多方面采取措施。如在技术上采取的措施，包括重视设计方案选择，严格审查监督初步设计、技术设计、施工图设计、施工组织设计，深入技术领域研究节约投资的可能等。

二、投资决策阶段工程费用的控制

在建设项目投资决策阶段，项目的各项技术经济决策对工程费用以及项目建成后的经济

效益有着决定性的影响，是工程费用控制的重要阶段。该阶段工程费用控制的主要内容有：

1）分析决策阶段影响工程费用的主要因素。

2）进行建设项目的可行性研究，并对拟建项目进行财务评价和国民经济评价，选择技术上可行、经济上合理的建设方案。

3）在优化建设方案的基础上，编制项目投资估算，全面准确地估算建设项目的总费用，并以此作为项目建设过程中控制工程费用的总目标。

有关投资决策阶段对于工程费用的控制具体可参见本书第三章的相关内容。

三、设计阶段工程费用的控制

设计阶段是控制工程造价费用的关键阶段。在该阶段建设单位应通过合同、经济等手段，组织设计单位共同做好如下工作。

1. 设计方案的优化与评价

设计方案的优化与评价是控制工程费用有效手段之一。不同类型的建筑，使用目的及功能要求不同，设计方案的评价内容、方法也不同。通常多采用综合评价法。以下以某民用建筑设计方案为例，说明这一方法的应用。

例9-1 目前多层建筑物常用的结构类型为砖混结构和框架结构，这两种结构存在墙体材料选择局限、建筑物自重较大、施工复杂等不足和缺陷。由某科研单位提出的密肋轻板结构较好地解决上述问题，密肋轻板结构是由截面及配筋较小的钢筋混凝土梁柱为结构框架，内嵌以炉渣、粉煤灰等工业废渣为主要原料的加气硅酸盐块组成的密肋式复合墙板作为结构的主要受力构件，共同承担结构的竖向荷载和抵抗外部水平力，以替代传统的黏土砖。为此大大提高了结构的强度、刚度和墙板的保温性能，实现了建筑生产的工厂化，既有效利用了工业废料，节约了钢材，又降低了工程造价。现对多层民用建筑分别采用这三种结构体系进行设计方案评价。

解：(1) 指标体系建立　经过调查研究，选用如图9-4所示的指标进行三种结构体系的比较。

(2) 典型工程的选择及有关数据的测算　在对这三种结构体系进行综合评价比较时，以某学生公寓工程作为研究对象，该工程占地面积1421m^2，建筑面积10487m^2。由某设计院分别设计了砖混结构、框架结构和密肋轻板三种结构图，确定了不同结构体系下主要消耗指标，见表9-1。

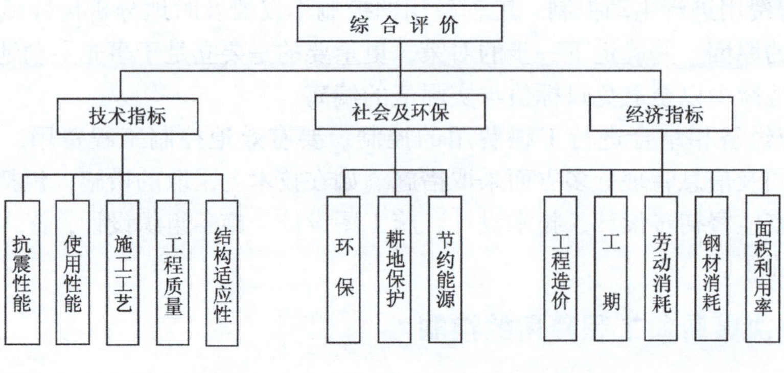

图9-4 设计方案评价因素示意图

表 9-1 造价、工期及工料消耗表

结构类型	造价 /(元/m^2)	工期/天	劳动消耗 /(工日/m^2)	净面积利用率 (%)	钢材质量 /(kg/m^2)
砖混	576.4	360	2.23	92.7	23.1
框架	838.7	420	3.78	93.2	46.7
轻板	672.1	270	3.33	94.2	19.8
最满意值	500	250	1.03	95	11.2
最不满意值	1500	500	5.71	58.6	50

注：表中相关指标的最满意值和最不满意值是根据统计资料调查得到的。

(3) 综合评价方法　设 F 为评价指标（因素）集，具体为

F = {抗震性能、使用性能、施工工艺、工程质量、结构适应性、环保、耕地保护、节约能源、工程造价、工期、劳动消耗、钢材消耗、面积利用率}

$= \{F_1, F_2, \cdots, F_i, \cdots\} \quad (i = 1, 2, \cdots, m)$

评价对象（方案）集 A 为

A =（砖混结构，框架结构，密肋轻板结构）

$= (A_1, A_2, A_3) = (A_j) \quad (j = 1, 2, 3)$

各方案可用其评价指标值表示，构成集合 $X = (X_{ij})_{m \times n}$，对 X_{ij} 进行同趋势化，把最满意的指标值取为 1，最不满意的指标值取为 0，即得其映射值或称属性度，转换公式为

$$r_{ij} = \frac{X_{ij} - X_e}{X_b - X_e}$$

式中，r_{ij} 为 j 个方案第 i 个指标值 X_{ij} 的映射值；X_b 为第 i 个指标的指标值中最满意者；X_e 为第 i 个指标的指标值中最不满意者。

采用 M（×·+）综合评判模型，得

$$U_j = \sum W_i r_{ij} \quad (j = 1, 2, 3)$$

式中，U_j 为最大者即为最佳方案。

对定性指标采用专家打分法，确定的属性度见表 9-2。对表 9-1 各定量指标值进行同趋势化，结果见表 9-3。

表 9-2 定性指标属性度

结构类型	抗震性能	使用性能	施工工艺	工程质量	结构适应性	环保	耕地保护	节约能源
砖混	0.500	0.500	0.250	0.500	0.250	0.250	0.375	0.375
框架	0.875	0.625	0.625	0.875	0.875	0.250	0.375	0.500
轻板	0.750	0.875	0.750	0.750	0.500	0.875	0.875	0.750

表 9-3 定量指标属性度

结构类型	工程造价	工期	劳动消耗	钢材消耗	面积利用率
砖混	0.924	0.56	0.693	0.663	0.818
框架	0.662	0.32	0.385	0.083	0.830
轻板	0.828	0.92	0.418	0.775	0.885

根据表9-2和表9-3确定的关系矩阵为

$$R=\begin{bmatrix}0.500 & 0.500 & 0.250 & 0.500 & 0.250 & 0.250 & 0.375 & 0.375 & 0.924 & 0.56 & 0.693 & 0.663 & 0.818\\ 0.875 & 0.625 & 0.625 & 0.875 & 0.625 & 0.250 & 0.375 & 0.500 & 0.662 & 0.32 & 0.385 & 0.083 & 0.830\\ 0.750 & 0.750 & 0.750 & 0.750 & 0.500 & 0.875 & 0.875 & 0.750 & 0.828 & 0.92 & 0.418 & 0.775 & 0.885\end{bmatrix}$$

权重矩阵为

$$W_i=[0.025\quad 0.027\quad 0.09\quad 0.025\quad 0.114\quad 0.198\quad 0.102\quad 0.042\quad 0.009\quad 0.089\quad 0.038\quad 0.242]^{\mathrm{T}}$$

据综合评判模型计算这三种方案的综合属性度，得向量 $U_j=(0.46,\ 0.369,\ 0.747)^{\mathrm{T}}$ 从而可知密肋轻板方案的综合属性度最大，为0.747，所以该方案为最优方案。

2. 应用价值工程优化设计方案

（1）价值工程原理　价值工程方法是20世纪40年代由美国通用电气公司劳伦斯·麦尔斯提出的。价值工程中价值的含义是产品的一定功能与获得这种功能所支出的费用之比，即

$$价值\ V=\frac{功能\ F}{成本\ C}$$

式中，功能指研究对象（产品）所具有的能够满足某种需要的属性或效用；成本指产品在生命周期内所花费的全部费用，包括生产成本和使用成本。

由此可见，提高产品价值有以下五种途径：在提高功能水平的同时，降低成本；在保持成本不变的情况下，提高功能水平；在保持功能水平不变的情况下，降低成本；成本稍有增加，但功能水平大幅度提高；功能水平稍有下降，但成本大幅度下降。

（2）价值工程的工作步骤　价值工程是一项有组织的管理活动，涉及面广，过程复杂，必须按照一定的程序进行。价值工程的工作程序是：

1）对象选择。明确研究目标、选择影响产品成本和功能的关键因素。

2）组成价值工程领导小组，并制订工作计划。

3）收集与研究对象相关的信息资料。

4）功能分析。这是价值工程的核心，通过功能分析应明确功能的本质和要求，弄清研究对象各项功能之间的关系以及功能评价标准，调整功能间的比重，使研究对象功能结构更合理。

5）功能评价。计算研究对象的成本和功能评价值，分析各项功能与成本之间的匹配程度，从而明确功能改进区域及改进思路，为方案创新打下基础。

6）方案创新及评价。在前面功能分析与评价的基础上，提出各种不同的方案，并从技术、经济和社会等方面综合评价各方案的优劣，选出最佳方案，并将其编写为提案。

7）方案实施与检查。制订实施计划、组织实施，并跟踪检查，对实施后取得的技术经济效果进行成果鉴定。

3. 推行限额设计

（1）限额设计的概念　限额设计就是按照批准的可行性研究和投资估算额进行初步设计，按照初步设计的概算额进行施工图设计，根据施工图预算额对各专业设计进行限额分配，使各专业在分配的投资限额内进行设计并保证各专业满足使用功能的要求，最终保证总的投资额不被突破。限额设计强化了设计人员的工程造价意识，改变了设计过程不算账、设

计完成后再计算的被动现象，达到事前主动控制工程投资的目的。设计阶段费用控制的目的是要编制出既满足使用要求，又不能突破批准的投资限额的设计文件，限额设计正是基于这种目的而推行的，它是设计阶段费用控制的最主要手段。

（2）限额设计费用控制目标的确定　限额设计的目标值，一般是在初步设计开始之前，根据批准的可行性报告及其投资估算额来确定划分的。其限额设计指标经项目经理或总设计师提出，经设计负责人审批下达，其总额度一般按直接工程费用的90%左右下达，以便项目经理或总设计师及各专业设计室主任留有一定的机动调节指标，限额设计指标用完后，必须经过批准才能调整，各专业之间或专业内部设计节约下来的分配指标费用，未经批准，不能相互平衡及相互调用。

（3）限额设计的实施过程　实施限额设计的过程为：

1）用投资估算的限额控制各单项或单位工程的设计限额。

2）根据各单项或单位工程的分配限额进行初步设计。

3）用初步设计的设计概算判定设计方案的造价是否符合限额要求，若超过限额，就修正初步设计。

4）当初步设计符合限额要求后，确定各单位工程的施工图设计限额。

5）根据单位工程施工图设计限额进行各专业施工图方案设计，并确定施工图预算，根据施工图预算论证各专业方案设计的经济合理性。

6）当施工图预算满足限额要求，施工图设计的经济论证就可通过，限额设计的目标就得以实现，就可以进行正式的施工图设计及归档。

（4）限额设计的实施要求和条件　具体为：

1）投资分解。这是实行限额设计的首要条件和基础工作，投资分解的方法是按照项目特点和相关技术经济指标，将上一阶段审定的投资限额切块分配、层层分解，作为各专业、各分部分项工程设计的控制目标。

2）优化设计方案，确保限额目标的实现。优化设计是以系统理论为基础，应用现代化技术和方法对设计方案、参数匹配、材料及设备选型、成本、效益等进行分析、评价和完善的过程，是保证投资不超出限额的重要措施和行之有效的方法。

3）健全和加强限额设计的经济责任制。应制定设计单位内部限额设计责任制，并建立限额设计奖惩机制。建设单位也可与设计单位在设计合同中约定实行限额设计的节奖超罚条款：对于设计单位节约投资予以奖励或节约额提成；对于因设计单位设计错误、漏项或扩大规模和提高标准而导致的工程投资超支，按一定比例扣减设计费。

4. 编制和审查设计概算

设计概算是指在初步设计或扩大初步设计阶段，由设计单位根据初步设计图、概算定额或概算指标、设备价格、各项费用定额或取费标准、建设地区的技术经济条件等资料，预先对工程造价进行的概略计算，它是设计文件的组成部分。其内容包括建设项目从筹建到竣工验收的全部建设费用。设计概算是确定和控制建设项目总投资的依据，是编制基本建设计划的依据，是实行投资包干和办理工程拨款、贷款的依据，是评价设计方案的经济合理性，选择最优设计方案的重要尺度，同时也是控制施工图预算，考核建设成本和投资效果的依据。当采用三阶段设计时，在技术设计阶段，设计单位还应对投资进行具体核算，对初步设计概算进行修正，编制修正概算。

5. 编制和审查施工图预算

施工图预算是指在施工图设计阶段，根据施工图、预算定额、取费标准、建设地区技术经济条件以及其他有关规定等编制的，用来确定建筑安装工程全部建设费用的文件。施工图预算主要是作为确定建安工程预算造价和承发包合同价的依据，同时也是建设单位与施工单位签订施工合同，办理工程价款结算的依据，是落实和调整年度基本建设投资计划的依据，是设计单位评价设计方案的经济尺度，是发包单位编制标底的依据，是施工单位加强经营管理、实行经济核算、考核工程成本以及进行施工准备、编制投标报价的依据。

四、施工发承包阶段工程造价的控制

施工发承包阶段工程造价控制工作的主要内容有：

1）发包单位编制招标文件，确定招标工程标底。

2）承包单位编制投标文件，合理确定投标报价。

3）通过评价定标，选择中标单位，并确定承包合同价。

具体内容参见本书第四章工程项目招标与投标的相关内容。

五、施工阶段工程费用的控制

建设单位在施工阶段对工程造价的控制主要应做好工程价款结算、控制工程变更、妥善处理施工索赔。

（一）建安工程价款结算

1. 工程预付备料款

施工企业实行包工包料的工程，发包单位在开工前拨付给承包单位一定数额的工程预付备料款。此预付款支付给施工企业作为该工程储备主要材料、结构件所需的周转金。

按工程承包合同规定，由发包单位供应材料的，其材料可按材料预算价格转给承包单位。材料价款在结算工程款时陆续抵扣。这部分材料，承包单位不应收取备料款。

（1）预付备料款的拨付时间和要求　《建设工程施工合同（示范文本）》中规定：预付款的支付按照专用合同条款约定执行，但最迟应在开工通知载明的开工日期7天前支付。预付款应当用于材料、工程设备、施工设备的采购及修建临时工程、组织施工队伍进场等。除专用合同条款另有约定外，预付款在进度付款中同比例扣回。在颁发工程接收证书前，提前解除合同的，尚未扣完的预付款应与合同价款一并结算。发包人逾期支付预付款超过7天的，承包人有权向发包人发出要求预付的催告通知，发包人收到通知后7天内仍未支付的，承包人有权暂停施工，并按发包人违约的情形执行。

（2）预付备料款的数额　预付备料款的数额主要取决于主要材料、构件占建安工程量的比例、材料储备期、施工工期等。一般可按下式计算

$$预付备料款数额=\frac{年度承包工程总价\times 主要材料费比重}{年度施工天数}\times 材料储备天数$$

一般建筑工程不应超过当年建筑工程量（包括水、电、暖）的30%，安装工程按年度安装工程量的10%；材料占比重较多的安装工程可按年计划产值的15%左右拨付。

在实际工作中，备料款的数额要根据工程类型、合同工期、承包方式等条件而定。如工业项目中钢结构和管道安装占比重较大的工程，其主材费所占比重比一般安装工程要高，因

而备料款数额也要相应提高；工期短的工程比工期长的工程备料款数额要高。

(3) 备料款的扣回　发包单位拨付给承包单位的备料款属于预支性质，随着工程的实施所需主要材料的储备会逐步减少，备料款应以抵冲工程价款的方式陆续扣回，扣回的方法由双方在合同中约定。常见的备料款扣回方法有以下两种：

1）当未完工程尚需的主要材料及构件费等于备料款数额时起扣，从每次结算工程价款中，按材料费比重扣抵工程价款，竣工前全部扣清。其基本表达式是

$$T = P - \frac{M}{N}$$

式中，T为起扣点，即预付备料款开始扣回时的累计完成工作量金额；M为预付备料款限额；N为主要材料所占比重；P为承包工程价款总额。

例9-2　某工程合同金额200万元，合同工期5个月，预付备料款30万元，主材费所占比重60%，每月完成工程量40万元，预付备料款如何扣回？

解：(1) 预付款起扣点　$T = P - \frac{M}{N} = \left(200 - \frac{30}{60\%}\right)$万元$=150$万元

即当累积完成工程量达到150万元时，起扣预付备料款。

(2) 预付款扣回时间及数额　根据每月完成工程量（见表9-4）可知，前3个月累积完成工程量为120万元<150万元，不扣除预付备料款；到第4个月结束累积完成工程量为160万元>150万元，应从第4个月开始扣预付款，数额为（160－150）万元×60%＝6万元，第5个月扣预付款数额为（30－6）万元＝24万元。计算结果列于表9-4。

表9-4　预付款扣回时间及数额　（单位：万元）

月　份	第1个月	第2个月	第3个月	第4个月	第5个月
完成工程量	40	40	40	40	40
扣预付款数额	—	—	—	6	24
进度款支付额	40	40	40	34	16

2）当承包方累计完成工作量金额达到合同总价的一定比例后，发包方应从每次应付给承包方的工程款中扣回工程预付备料款，发包方至少应在合同规定的完工期前将预付款全部逐次扣回。

实际情况比较复杂，工期短、造价低的工程无需分期扣回；工期长、跨年度工程，当年可以扣回部分预付备料款，而将未扣回部分转入次年，直到竣工年度全部扣回。

2. 工程计量与进度款支付

工程进度款的支付主要涉及两方面问题：一是工程量的计量，二是工程单价的确定。

(1) 工程量的计量　《建设工程施工合同（示范文本）》中对工程计量都有较为详细的规定。

1）计量原则。工程量计量按照合同约定的工程量计算规则、设计图及变更指示等进行计量。工程量计算规则应以相关的国家标准、行业标准等为依据，由合同当事人在专用合同条款中约定。

2）计量周期。除专用合同条款另有约定外，工程量的计量按月进行。

3）计量方式。按照现行的《建设工程施工合同（示范文本）》工程计量分为单价合同

的计量、总价合同的计量和其他价格形式合同的计量三种方式。

(2) 工程单价的计算　工程单价主要根据合同约定的计价方法确定。目前我国工程价格的计价方法一般分为工料单价和综合单价两种方法。工料单价法是指分部分项工程单价，只包括人工、材料、机械等直接成本单价，间接成本、利润、税金等另按现行方法计算。综合单价法是指分部分项工程量的单价是全部费用单价。两者在选择时，既可采取可调价格的方式，也可采取固定价格的方式。实践中采用较多的是可调工料单价法和固定综合单价法。

(3) 工程款的支付　工程进度款的支付，一般按当月实际完成工程量进行结算，工程竣工后办理竣工结算。在工程竣工前，承包人收取的工程预付款和进度款的总额一般不超过合同总额（包括工程合同签订后经发包人签证认可的增减工程款）的95%，其余5%作为尾款，在工程竣工结算时扣除保证金后清算。工程款的支付时间及责任在《建设工程施工合同（示范文本）》中也作出了相应的规定。

3. 工程保证金的扣留与返还

(1) 质量保证金的形式　承包人提供质量保证金有以下三种方式：①质量保证金保函；②相应比例的工程款；③双方约定的其他方式。除专用合同条款另有约定外，质量保证金原则上采用上述第①种方式。

(2) 质量保证金的扣留　质量保证金的扣留有以下三种方式：①在支付工程进度款时逐次扣留，质量保证金的计算基数不包括预付款的支付、扣回以及价格调整的金额；②工程竣工结算时一次性扣留质量保证金；③双方约定的其他扣留方式。除专用合同条款另有约定外，质量保证金的扣留原则上采用上述第①种方式。发包人累计扣留的质量保证金不得超过结算合同价格的5%。

(3) 工程保证金的返还　除专用合同条款另有约定外，发包人应在颁发最终结清证书后7天内完成支付。发包人逾期支付的，按照中国人民银行发布的同期同类贷款基准利率支付违约金；逾期支付超过56天的，按照中国人民银行发布的同期同类贷款基准利率的2倍支付违约金。

4. 工程其他费用的支付

(1) 安全施工方面的费用　承包人按工程质量、安全及消防管理有关规定组织施工，采取严格的安全防护措施，承担由于自身的安全措施不力造成事故的责任和因此发生的费用。非承包人责任造成安全事故，由责任方承担责任和发生的费用。

(2) 专利技术及特殊工艺涉及的费用　发包人要求使用专利技术或特殊工艺，须负责办理相应的申报手续，承担申报、试验、使用等费用。承包人按发包人要求使用，并负责试验等有关工作。承包人提出使用专利技术或特殊工艺，报工程师认可后实施。承包人负责办理申报手续并承担有关费用。擅自使用专利技术侵犯他人专利权，责任者承担全部后果及所发生的费用。

(3) 文物和地下障碍物涉及的费用　在施工中发现古墓、遗址等文物及化石或其他有考古研究价值的物品时，承包人应立即保护好现场并于4h内以书面形式通知工程师，工程师应于收到书面通知后24h内报告当地文物管理部门，承发包双方按文物管理部门的要求采取妥善保护措施。发包人承担由此发生的费用，延误的工期相应顺延。施工中发现影响施工的地下障碍物时，承包人应于8h内以书面形式通知工程师，同时提出处置方案，工程师收到处置方案后8h内予以认可或提出修正方案。发包人承担由此发生的费用，延误的工期相应顺延。

5. 工程竣工结算

(1) 竣工结算的含义及要求 工程竣工结算是指施工企业按照合同规定的内容和要求全部完成所承包的工程，经验收质量合格，向发包单位进行的最终工程价款结算的文件。《建设工程施工合同（示范文本）》对竣工结算作了以下详细规定：

1）除专用合同条款另有约定外，监理人应在收到竣工结算申请单后14天内完成核查并报送发包人。发包人应在收到监理人提交的经审核的竣工结算申请单后14天内完成审批，并由监理人向承包人签发经发包人签认的竣工付款证书。监理人或发包人对竣工结算申请单有异议的，有权要求承包人进行修正和提供补充资料，承包人应提交修正后的竣工结算申请单。发包人在收到承包人提交竣工结算申请书后28天内未完成审批且未提出异议的，视为发包人认可承包人提交的竣工结算申请单，并自发包人收到承包人提交的竣工结算申请单后第29天起视为已签发竣工付款证书。

2）除专用合同条款另有约定外，发包人应在签发竣工付款证书后的14天内，完成对承包人的竣工付款。发包人逾期支付的，按照中国人民银行发布的同期同类贷款基准利率支付违约金；逾期支付超过56天的，按照中国人民银行发布的同期同类贷款基准利率的2倍支付违约金。

3）承包人对发包人签认的竣工付款证书有异议的，对于有异议部分应在收到发包人签认的竣工付款证书后7天内提出异议，并由合同当事人按照专用合同条款约定的方式和程序进行复核，或按照争议解决约定处理。对于无异议部分，发包人应签发临时竣工付款证书，并完成付款。承包人逾期未提出异议的，视为认可发包人的审批结果。

(2) 竣工结算公式 办理工程价款竣工结算的一般公式为

竣工结算工程款 = 合同价款 + 施工中合同价款调整额 − 预计及已结算工程款 − 保修金

(3) 竣工结算的审查 认真审查竣工结算是建设单位及审计部门等在竣工阶段控制工程费用的一项重要工作。经审查核定的工程竣工结算是核定建设工程造价的依据，也是建设项目验收后编制竣工决算和核定新增固定资产价值的依据。一般的审查工作主要是：核对质量验收合格证书；明确结算要求；检查隐蔽验收记录；核对设计变更签证；按图核实工程量；认真核实单价；核实结算子目及计算结果，防止漏算、重算和计算偏差。

(4) 竣工结算示例 见例9-3。

例9-3 某工程承包合同总额为600万元，主材费占合同总额的62.5%，预付备料款额度为25%，当未完工程尚需的主材费相等于预付款数额时起扣，从每次中间结算工程价款中，按材料费比重抵扣工程价款。保留金为合同总额的5%。实际施工中因设计变更和现场签证发生了60万元合同调增额，在竣工结算时支付。各月实际完成合同价值见表9-5。试计算各月工程款结算额及竣工价款结算额。

表9-5 实际完成合同价值 （单位：万元）

月份	一月	二月	三月	四月	五月
工作量	80	120	180	180	40

解： 1）预付备料款 = 600万元 × 25% = 150万元。

2）求预付备料款的起扣点。

预付备料款起扣点 =(600 − 150/62.5%) 万元 =360 万元

3) 一月完成合同价值 80 万元，结算工程款 80 万元。

4) 二月完成合同价值 120 万元，结算工程款 120 万元，累计结算工程款 200 万元。

5) 三月完成合同价值 180 万元，到三月份累计完成合同价值 380 万元，超过了预付备料款的起扣点。

三月份应扣预付款 =(380 − 360) 万元 ×62.5% =12.5 万元

三月份结算工程款 =(180 − 12.5) 万元 =167.5 万元，累计结算工程款 367.5 万元。

6) 四月份完成合同价值 180 万元，应扣预付款 =180 万元 ×62.5% =112.5 万元。

四月份结算工程款 =(180 − 112.5) 万元 =67.5 万元，累计结算工程款 435 万元

7) 五月份完成合同价值 40 万元，应扣预付款 =40 万元 ×62.5% =25 万元。

五月份本应扣保留金，但例中有足够的合同调增价可用来支付，故可以不扣保留金。如果变更发生时，在当月进度款中已支付过合同调增价，则仍应在最后一月进度款中预扣保留金。

五月份结算价款 =(40 − 25) 万元 =15 万元，累计结算价款 450 万元，已支付总价款 =(450 + 150) 万元 =600 万元。

8) 保留金数额 =(600 + 60) 万元 ×5% =33 万元。

9) 竣工结算价款 = 合同总价 − 已支付价款 − 保留金 =(660 − 600 − 33) 万元 =27 万元。

6. 工程价款的动态结算

由于工程建设周期较长，人工、材料等价格常会发生较大变化，为准确反映工程实际耗费，维护双方正当权益，可对工程价款进行动态结算。常用的动态结算方法有以下几种。

(1) 按实际价格结算法　该方法是按主要材料的实际价格对原合同价进行调整，承包商可凭发票实报实销。该方法优点是简便具体，但建设单位承担风险过大，为此，造价管理部门要定期公布最高结算限价，同时合同文件中应规定建设单位有权要求承包商选择更廉价的供应来源。

(2) 按主材计算价差　发包人在招标文件中列出需要调整价差的主要材料表及其基期价格（一般采用当时当地造价管理机构公布的信息价或结算价），工程竣工结算时按竣工当时当地造价管理机构公布的材料信息价或结算价，与招标文件中列出的基期价比较计算材料价差。

(3) 主料按量计算价差，其他材料按系数计算价差　主要材料按施工图预算计算的用量和竣工当月当地造价管理机构公布的材料结算价或信息价与基价对比计算价差；其他材料按当地造价管理机构公布的竣工调价系数计算价差。

(4) 竣工调价系数法　按工程造价管理机构公布的竣工调价系数及调价计算方法计算价差。

(5) 调值公式法（又称动态结算公式法）　根据国际惯例，对建设工程已完成投资费用的结算，一般采用此法。建安工程费用价格调值公式包括固定部分、材料部分和人工部分三项。调值公式为

$$P = P_0\left(a_0 + a_1\frac{A}{A_0} + a_2\frac{B}{B_0} + a_3\frac{C}{C_0} + a_4\frac{D}{D_0} + \cdots\right)$$

式中，P 为调值后合同价款或工程实际结算款；P_0 为合同价款中工程预算进度款；a_0 为固

定要素，代表合同支付中不能调整的部分；a_1、a_2、a_3、a_4…代表有关成本要素（如：人工、钢筋、水泥、木材、钢构件、运输费用等）在合同总价中所占的比重，$a_0+a_1+a_2+a_3+a_4+\cdots=1$；$A_0$、$B_0$、$C_0$、$D_0$…为基准日期与$a_1$、$a_2$、$a_3$、$a_4$…对应的各项费用的基期价格指数或价格；$A$、$B$、$C$、$D$为工程结算部分与$a_1$、$a_2$、$a_3$、$a_4$…对应的各项费用的现行价格指数或价格。

(二) 设备、工器具和材料价款的支付与结算

1. 国内设备、工器具价款的支付与结算

建设单位对订购的设备、工器具，一般不预付定金，收到设备、工器具后，要按合同规定及时结算付款，如不足而延期付款，要支付一定的赔偿金。对制造期在半年以上的大型专用设备，可按合同约定分期付款。如某合同规定：当设备开始制造时，收取20%货款；设备制造进行70%时，收取40%货款；设备制造完托运时，收取35%货款；剩余5%作为质量保证金，待设备运抵现场验收合格或质量保证期届满时再返还给制造方。

2. 进口设备、工器具和材料价款的支付与结算

进口设备分为标准机械设备和专制机械设备两类。这两种设备、工器具及材料价款结算如下：

1）进口标准机械设备的结算。进口标准设备的结算，大都使用国际贸易广泛使用的不可撤消的信用证。这种信用证在合同生效之后一定日期由买方委托银行开出，经买方认可的卖方所在地银行为议付银行。以卖方为收款人的不可撤消的信用证，其金额与合同总额相等。

一般分为首次合同付款和最终合同付款两部分，当采购货物已装船，卖方提交完备有关文件的单证后，即可支付合同总价的90%。在机械设备保证期截止时，卖方提交完有关单证后，再支付合同总价的10%的余款。

2）进口专制机械设备的结算。专制机械设备的结算一般分为三个阶段，即预付款、阶段付款和最终付款。一般专制机械设备在合同签订后开始制造前，由买方向卖方提供合同总价的10%~20%为预付款，当机械制造开始加工到一定阶段，可按合同价的一定百分比支付阶段款，阶段的划分是当机械设备加工制造到关键部位时进行一次付款，最终付款是在保证期结束后付款，以上每阶段付款，都应有完备的相关文件单证才可实施。

3）利用出口信贷方式支付进口设备、工器具和材料价款。对进口设备、工器具和材料价款的支付，也可以利用出口信贷的形式办理，出口信贷根据借款的对象分为卖方信贷和买方信贷两种形式。

卖方信贷是卖方将产品赊销给买方，买方在一定时期内延期或分期付款，卖方通过向本国银行申请出口的信贷，来填补占用的借款，采用这种方式结算时，一般是在签订合同后先预付10%的定金，最后一批货物装船后再付10%，在货物运抵目的地，验收后付5%，待质量保证期满后再付5%，剩下的70%应在规定的年内一次或分次付清。

买方信贷有两种形式，一种是由产品出口国银行把出口信贷直接贷给买方，买卖双方以即期现汇成交。另一种是由出口国银行把出口信贷给进口国银行，再由进口国银行转贷给买方，买方用现汇支付借款，进口国银行分期向出口国银行偿还借款本息。

（三）工程变更的控制

1. 工程变更的概念

项目在实施过程中，由于现场施工条件、自然条件、社会环境、材料设备的供应以及施工技术水平等因素的影响，导致设计图、工程量、工程进度、工程内容等的变化，这些变化统称为工程变更。工程变更的内容主要有：

1）设计变更。由于提高标准、增加建筑面积、改变结构布局，或发现设计错误等引起设计变更。提出设计变更的主体可为发包人、承包人、设计人、监理工程师等。

2）施工条件变更。由于地质条件、现场情况的变化而引起的工程变更。

3）进度计划变更。由于某种需求或因素的改变导致进度计划的加快或减缓。

4）增减工程项目内容。由于为完善功能或调整功能提出新增或减少某些工程项目内容。

2. 工程变更的控制及处理程序

工程变更会导致工程费用和工期的改变，甚至会影响工程质量，建设单位应该严格控制。不扩大建筑面积，不提高建筑标准，不增加某些不必要的工程内容，要建立工程变更控制的相关制度。规划要树立超前意识，还要强化勘察、设计制度，落实勘察设计责任制。尤其是要建立严格的工程变更处理程序。

1）设计单位提出的工程变更，应编制设计变更文件，报监理工程师审查。建设单位或承包单位提出的变更，先交监理工程师审查，再交原设计单位编制设计变更文件。当工程变更涉及安全、环保，或超过原批准的建设规模时，应按规定经有关部门批准审定。

2）监理工程师审查同意后，必须根据实际情况、设计变更文件以及施工合同等其他有关资料，对工程变更的费用和工期做出评估：①确定工程变更项目的工程量；②确定工程变更的单价或总价；③确定工期调整时间。

3）监理工程师应就工程变更费用及工期的评估情况与承包单位和建设单位进行协调。如果双方未能就工程变更费用达成协议时，监理工程师应提出一个暂定价格，作为临时支付工程款的依据。竣工结算时，应以双方达成的协议为依据。

4）监理工程师签发工程变更单。工程变更单内容包括变更要求及说明、变更费用和工期等内容，设计变更应附设计变更文件。

5）项目监理工程师根据项目变更单监督承包单位实施。未经监理工程师审查同意而实施的工程变更，不予计量，由此导致的发包人的直接损失，由承包人承担，延误的工期不得顺延。

3. 工程变更价款的确定方法

《建设工程施工合同（示范文本）》规定：

1）承包人应在收到变更指示后14天内，向监理人提交变更估价申请。变更估价按《建设工程施工合同（示范文本）》相应条款处理。

2）监理人应在收到承包人提交的变更估价申请后7天内审查完毕并报送发包人，监理人对变更估价申请有异议，通知承包人修改后重新提交。

3）发包人应在承包人提交变更估价申请后14天内审批完毕。

4）发包人逾期未完成审批或未提出异议的，视为认可承包人提交的变更估价申请。

（四）工程索赔的控制

1. 工程索赔的概念及特征

工程索赔是指在合同履行过程中，合同当事人一方因非自身原因而遭受到经济损失或权利损害时，通过一定的合法程序向对方提出经济或时间补偿的要求。其特征为：

1）索赔是双向的，不仅承包人可以向发包人索赔，发包人同样也可以向承包人索赔。

2）提出索赔的前提条件是由于非己方原因造成的，且实际发生了经济损失或权利损害。

3）索赔是一种未经确认的单方行为。它与工程签证不同，签证是双方达成一致的补充协议，可以直接作为工程款结算的依据，而索赔必须通过确认后才能实现。

2. 索赔事件产生的原因

1）当事人违约。当事人违约常常表现为没有按照合同约定履行自己的义务。

2）不可抗力事件。不可抗力系指某种异常事件或情况。如施工过程中遇到地震、洪水、战争、罢工等造成工期延误或经济损失。

3）合同缺陷。合同缺陷表现为合同文件规定的不严谨甚至矛盾，以及合同中的遗漏或错误等。

4）合同变更。合同变更表现为设计变更、施工方法变更、工程范围变更等，合同变更通常会导致施工成本增加或工期延长。

5）工程师指令。工程师指令有时也会产生索赔，如工程师指令承包人加速施工导致施工成本增加，引起索赔。

6）其他原因引起的索赔。

3. 工程索赔的分类

1）按提出索赔的主体分为索赔与反索赔。索赔是合同一方向对方提出经济补偿或时间补偿的要求。反索赔则是针对对方的索赔，另一方所实施的反驳。在施工实践中，通常把承包商向业主提出的相关补偿要求称索赔；把业主向承包商提出的相关补偿要求，称为反索赔。

2）按索赔的目的分为工期索赔和费用索赔。工期索赔是承包商向业主要求延长工期，推迟竣工日期。费用索赔是承包商向业主要求补偿费用，调整合同价格，弥补经济损失或额外开支。

3）按索赔的复杂程度分为单项索赔和综合索赔。单项索赔通常原因单一，责任单一，涉及的金额一般较小，双方容易达成协议，处理起来也比较简单。综合索赔又称一揽子索赔，一般在工程竣工移交前，将工程实施过程中因各种原因未能及时解决的单项索赔集中起来进行综合考虑，提出综合索赔报告。

4）按索赔涉及有关当事人可分为承包商同业主之间的索赔、承包商同分包商之间索赔、承包商同供货商之间的索赔等。

4. 索赔事件的处理原则

索赔是一种正当的权利要求，是合同履行过程中经常发生的正常现象。索赔的性质是一种补偿行为，而不是惩罚行为。处理索赔事件的原则为：

1）索赔必须以合同为依据。

2）必须注意资料的可靠性，缺乏支撑和佐证索赔事件的资料，索赔不能成立。

3）及时、合理地处理索赔，防止新的索赔发生。

4）加强索赔的前瞻性，有效避免过多索赔事件的发生。

5. 索赔的处理程序及规定

《建设工程施工合同（示范文本）》中对索赔的程序和时间要求有明确而严格的限定。

1）递交索赔意向通知。承包人应在索赔事件发生后的28天内向工程师递交索赔意向通知，表明将对此事件提出索赔。如果超出这个期限，工程师和业主有权拒绝承包人的索赔要求。

2）递交索赔报告。索赔意向通知提交后的28天内，承包人应递交正式的索赔报告。如果索赔事件持续进行时，承包人应当阶段性地提出索赔要求和证据资料。在索赔事件终了后28天内，报出最终索赔报告。

3）工程师审查索赔报告。工程师在收到承包人送交的索赔报告和有关资料后，于28天内给予答复，或要求承包人进一步补充索赔理由和证据。工程师在28天内未予答复或未对承包人作进一步要求，视为该项索赔已经认可。

4）发包人做出索赔处理决定。发包人应在监理人收到索赔报告或有关索赔的进一步证明材料后的28天内，由监理人向承包人出具经发包人签认的索赔处理结果。发包人逾期答复的，则视为认可承包人的索赔要求。

5）承包商决定是否接受最终索赔处理。如果承包商接受最终的索赔处理决定，索赔事件的处理即告结束，索赔款项在当期进度款中进行支付。如果承包商不同意，就会导致合同争议，可进一步通过协商、仲裁或诉讼解决。

承包人未能按合同履行自己的义务给发包人造成损失的，发包人也可按上述时限向承包人提出索赔。

6. 常见的索赔内容

（1）承包商向业主的索赔　主要有：

1）不利的自然条件与人为障碍引起的索赔。不利的自然条件或人为障碍是指实际遇到的比招标文件中所描述的更为困难和恶劣，且是承包商难以合理预见的施工条件，导致承包商在施工过程中必须花费更多的时间和费用，在这种情况下，承包商可以向业主提出索赔要求。

2）工程变更引起的索赔。工程变更一般伴随着工程价款的变更，在办理工程价款结算时已做过调整。但如果工程师确定的工程变更价格不合理，或缺乏说服承包商的依据，则承包商有权就此向业主进行索赔。

3）工程延期引起的索赔。由于合同文件的内容出错、业主未能按时提供施工图或现场不利的自然条件、现场发现有价值的文物等导致工程延期。此时承包商可以提出要求延长工期和补偿经济损失两方面的索赔。但这两方面的索赔报告要分别编制，因为工期和费用索赔并不一定同时成立。

4）加速施工引起的索赔。如果由于业主的原因，迫使承包商加班赶工来完成工程，从而导致工程成本增加，承包商可以要求费用补偿。

5）业主不正当地终止工程而引起的索赔。由于业主不正当地终止工程，承包商有权要求补偿损失，其数额是承包商在被终止工程中的人工、材料、机械设备的全部支出，以及各项管理费用、保险费、贷款利息、保函费用的支出，并有权要求赔偿其盈利损失。

6）物价上涨引起的索赔。工程进行中由于物价上涨，使人工费和材料费不断增长，引起工程成本的增加。此时，业主和承包商如何处理物价上涨引起的合同价调整问题，取决于合同类型及条款规定。

7）法律、货币及汇率变化引起的索赔。如果在基准日期（投标截止日期前的28天）以后，由于业主国家法规发生变更，导致承包商成本增加，业主应予补偿。如果在基准日期以后，且工程所在国政府对支付合同价格实行货币汇兑限制，那么由于货币及汇率变化导致承包商受到的损失，业主应予补偿。如果以外币支付，则不受支付外币与工程所在国货币之间汇率变化的影响。

8）拖延支付工程款引起的索赔。如果业主在规定的应付款时间内未能按工程师的任何证书向承包商支付应支付的款额，承包商可在提前通知业主的情况下，暂停工作或减缓工作速度，并有权获得任何误期的补偿和其他额外费用的补偿（如利息）。

9）业主风险或不可抗力引起的索赔。业主的风险是指战争、恐怖活动、革命、政变以及一个有经验的承包商不能合理预期的任何自然力的作用。如果上述风险达到对工程造成损害的程度，承包商应立即通知工程师，并应按照工程师的要求，修正此类损害。由此造成工程延误或施工成本增加，业主应予补偿。

（2）业主向承包商的索赔　由于承包商不履行或不完全履行合同约定的义务，或者由于承包商的行为使业主受到损失时，业主可向承包商提出索赔。

1）工期延误索赔。由于承包商原因使工期延误，影响到业主对该工程的使用，给业主带来经济损失，业主可按合同条款向承包商索赔。累计赔偿额一般不超过合同总额的5%～10%。

2）质量不满足合同要求的索赔。当承包商使用的设备、材料或施工质量不符合合同的要求，以及在缺陷责任期未满前未完成应该负责修补的工程时，业主有权向承包商追究责任，要求补偿所受的经济损失。

3）承包商不履行的保险费用索赔。如果承包商未能按照合同条款指定的项目投保，并保证保险有效，业主可以投保并保证保险有效，业主所支付的必要的保险费可在应付给承包商的款项中扣回。

4）对超额利润的索赔。如果工程量增加很多或由于法规的变化，使承包商预期的收入增大，应重新调整合同价格，收回部分超额利润。

5）对指定分包商的付款索赔。在承包商未能提供已向指定分包商付款的合理证明时，业主可以直接按照工程师的证明书，将承包商未付给指定分包商的所有款项（扣除保留金）付给这个分包商，并从应付给承包商的任何款项中如数扣回。

6）业主合理终止合同或承包商不正当地放弃工程的索赔。如果业主合理地终止承包商的承包，或者承包商不合理放弃工程，则业主有权从承包商手中收回由新的承包商完成工程所需的工程款与原合同未付部分的差额。

7. 索赔费用的组成

不同的索赔事件可索赔的费用不同，一般包括：

1）人工费。索赔费用中的人工费指完成合同计划以外的额外工作所增加的人工费用；由于非承包商责任的劳动效率降低所增加的人工费用；超过法定工作时间加班劳动以及法定人工费的增长等。

2）材料费。由于索赔事件导致材料实际用量超过计划用量和材料价格大幅度上涨可以进行材料费的索赔。为了证明材料单价的上涨，承包商应提供可靠的订货单、采购单或官方公布的材料价格调整指数。

3）施工机械费。索赔费用的施工机械费包括由于索赔事件导致施工机械额外工作、工效降低而增加的机械使用费、机械窝工费及机械台班单价上涨费等。

4）工地管理费。索赔费用中的工地管理费，是指承包商完成额外工程以及工期延长期间的现场管理费用。

5）总部管理费。索赔费用中的总部管理费指由于索赔事件使施工企业为此而多支付的对该工程进行指导和管理的费用。

6）利息。利息索赔常包括：延时付款的利息；增加施工成本的利息；索赔款的利息；错误扣款的利息等。

7）分包费。由于发包人的原因而使工程费用增加时，分包人可以提出索赔，但分包人的索赔应如数列入总包人的索赔款总额以内。

8）保险费。索赔费用中的保险费指由于发包人原因导致工程延期增加的保险费。

9）保函手续费。索赔费用中的保函手续费指由于发包人原因导致工程延期增加的保函手续费。

10）利润。一般来说，由于工程范围的变更以及业主未能提供现场等引起的索赔，承包商可以列入利润。而延误工期的索赔，由于利润是包括在每项工程内容的价格之内，工程暂停并未导致利润减少。所以，工程师很难同意在工程暂停的费用索赔中加进利润损失。

8. 索赔费用的计算方法

索赔费用的计算方法通常有实际费用法、总费用法和修正总费用法。

1）实际费用法。实际费用法是以承包商为某项索赔工作所支付的实际开支为根据，向业主要求费用补偿，是工程索赔计算最常用的一种方法。

2）总费用法。当发生多次索赔事件以后，重新计算出该工程项目的实际总费用，再从这个实际总费用中减去投标报价时的预算总费用，即为要求补偿的索赔费用。在实际索赔工作中，总费用法采用得不多。

3）修正总费用法。在总费用计算的基础上，只计算受影响的某项工作所受的损失，并按受影响工作的实际单价重新核算投标报价费用。即

索赔金额 = 某项工作调整后的实际总费用 − 该项工作的报价费用

修正总费用法较总费用法有了实质性的改进，它的准确程度已接近于实际费用法。

9. 索赔案例分析

例9-4 某工程于2002年3月12日开工，2003年3月12日竣工验收合格。该工程供热系统于2005年7月出现部分管道漏水，业主检查发现原施工单位所用管材与其向监理工程师报验的不符，属不合格产品。全部更换这批供热管道需人民币30万元，并造成该工程部分项目停产损失计人民币20万元。试分析业主可向承包商和监理单位提出哪些索赔要求。

解：1）要求施工单位全部返工更换厂房供热管道。因为管道漏水是由于施工单位使用不合格管材造成的，应负责返工、修理，该项工作不受保修期期限限制。

2）要求施工单位赔偿停产损失人民币20万元。因为按现行法律，工程质量不合格造

成的损失应由责任方赔偿。

3）要求监理公司对全部返工工程免费监理。因为依据现行法律法规，监理单位对施工单位的责任引起的损失不负连带赔偿责任，但应承担失职责任。

六、竣工验收阶段工程费用的控制

竣工验收阶段工程造价控制工作主要内容有：及时组织竣工验收；及时准确地编报竣工决算；认真做好项目回访与保修工作，以使项目达到最佳的使用状况，降低生产运行费用，发挥最大的经济效益。具体内容参见本书第十二章工程项目竣工验收的相关内容。

第三节 施工项目成本管理与控制

一、工程施工成本管理概述

1. 成本及工程成本的概念

（1）成本的概念 成本是企业在生产经营过程中发生的有关费用支出。费用是指企业为销售商品、提供劳务等日常活动所发生的经济利益的流出，表现为资产的减少或负债的增加。

财务会计意义上的成本与费用是两个不同的概念：虽然成本和费用都是企业经济资源的耗费，但成本是针对一定的成本核算对象（产品）而言的，企业发生的费用支出不一定全部计入产品成本，这主要取决于国家宏观调控政策和财务制度，即成本开支范围和开支标准因一定时期宏观调控的要求和行业特点而有所不同；费用则是针对一定的期间而言的，是一个比成本更为广义的概念，如按照经济用途可将费用分为生产成本和期间费用两大类。生产成本是指构成产品实体、计入产品成本的那部分费用。期间费用是指企业当期发生的，与具体产品没有直接联系，必须从当期收入中得到补偿的费用。由于期间费用的发生仅与当期实现的收入相关，因而应当直接计入当期损益。期间费用主要包括管理费用、财务费用和营业费用。

（2）工程成本的概念 工程成本是施工企业在建筑安装工程施工过程中为生产产品而发生的各种生产费用支出，包括物化劳动的耗费和活劳动中必要劳动的耗费，前者是指工程耗用的各种生产资料的价值，后者是指支付给劳动者的报酬。工程成本的高低，直接体现着企业工程价款中用于生产耗费补偿数额的大小，还是反映施工企业工作质量的一个综合指标。此处，施工企业的工程成本即指施工项目成本。

（3）工程成本的构成 按照完全成本法，工程成本由工程费用项目中的直接费和间接费组成。其中直接费包括人工费、材料费、机械费及措施费；间接费包括规费和企业管理费。

按照制造成本法，工程成本由直接成本和间接成本组成。直接成本包括人工费、材料费、机械使用费、其他直接费和临时设施费；间接成本包括现场管理费用。企业管理费和财务费用则作为期间费用核算，不列入工程成本。此外，企业下列支出不仅不得列入工程项目制造成本，也不得列入企业成本：如为购置和建造固定资产、无形资产和其他资产的支出；对外投资支出；没收的财务，支付的滞纳金、罚款、违约金、赔偿金，企业赞助、捐赠支出；国家法律、法规规定以外的各种付费和国家规定不得列入成本费用的其他支出。

2. 工程成本的分类

为了认识和掌握工程成本的特性，搞好成本管理，根据管理的需要，可从不同的角度将成本划分为不同的成本形式。

（1）按成本发生时间划分　工程成本可分为预算成本、计划成本和实际成本。预算成本是根据施工图预算中的直接费和间接费确定的工程成本。计划成本是指施工企业（项目经理部）根据计划期的有关资料和拟采用的降低成本措施，在实际成本发生前预先确定的目标成本。通常根据施工预算确定的项目成本基本接近企业的计划成本。实际成本是施工项目在报告期内实际发生的各项生产费用的总和。它反映了企业的实际耗费，是工程的最终成本。

（2）按生产费用计入成本的方法划分　工程成本可划分为直接成本和间接成本。直接成本是指直接耗用并能直接计入工程对象的费用。间接成本是指非直接用于也无法直接计入工程对象，但为进行工程施工所必须发生的费用，通常按照直接成本的比例来计算。

（3）按生产费用与工程量关系划分　工程成本可划分为固定成本和变动成本。固定成本是指为保持企业正常生产经营活动在一定期间和一定的工程量范围内，其发生的成本额不受工程量增减变动的影响而相对固定的成本。如折旧费、管理人员工资、办公费等。变动成本是指发生总额随着工程量的增减而成比例变动的费用，如直接用于工程的材料费、实行计件工资制的人工费等。这种分类方法对于成本管理具有重要作用，是成本控制的前提条件。

3. 施工项目成本管理的概念及内容

（1）施工项目成本管理的概念及特点　施工项目成本管理是指施工企业以实现项目目标为目的，以项目经理部为中心，在项目施工过程中，对所发生的成本支出，有组织、有系统地进行预测、计划、控制、核算、考核、分析等一系列工作的总称。工程项目成本管理是以正确反映工程项目施工生产的经济成果，不断降低工程项目成本为宗旨的一项综合性管理工作，其特点如下：

1）施工项目成本管理是一个动态管理过程。必须根据施工过程内外部环境的变化，不断调整项目成本计划和控制措施，保证项目的实际成本能够控制在预定的计划成本范围内。

2）施工项目成本管理是由工程项目投标报价、成本预测、成本计划、成本统计、质量成本、成本控制、成本核算、成本分析、成本考核等工作形成的一个成本管理系统，是一个复杂的系统工程。

3）施工项目成本管理的主体是施工项目经理部。充分体现“谁承包谁负责”，并与承包者的经济利益挂钩的原则。

4）施工项目成本管理的组织、实施、控制、反馈、核算、分析、核实和考核等过程是以工程项目为单位，构成封闭式循环，周而复始，直至工程项目竣工交付使用。

（2）施工项目成本管理的意义　施工项目成本管理可以促进企业改善经营管理水平，合理补偿施工耗费，保证企业再生产的顺利进行。具体表现为：加强项目成本管理，实施经济核算，有利于降低工程成本，提高工程项目的经济效益和社会效益；实行项目成本管理，有利于提高企业经济效益，增强企业发展的原动力；有利于理顺各种经济关系和落实各种承包责任制；实行项目成本管理，要求项目责任者必须具备相应的专业技术水平、管理能力和经验，有利于提高项目管理水平和企业管理水平。也有助于推动企业管理人才的培养和锻炼。

(3) 施工项目成本管理的内容　其内容包括：成本预测、成本计划、成本控制、成本核算、成本分析和成本考核检查等。其中，成本预测和计划为事前管理内容；项目成本控制和核算为事中管理内容；项目成本分析和成本考核检查为事后管理内容。

施工项目成本管理系统中每一个环节都是相互联系和相互作用的。成本预测是成本决策的前提，成本计划是成本决策所确定目标的具体化。成本控制则是对成本计划的实施进行监督，保证成本目标实现，而成本分析和成本核算又是成本计划是否实现的最后检验，它所提供的成本信息又对下一个施工项目成本预测和决策提供基础资料。成本考核是实现成本目标责任制的保证和实现决策目标的重要手段。

二、施工项目成本预测

施工项目成本预测是根据企业利润目标、合同价格、项目的具体情况等有关资料，运用一定的专门方法，对项目未来的成本水平及其可能发展趋势作出科学的估计。其实质是在项目施工以前对成本进行的测算和估计。通过成本预测，可以在满足业主要求的前提下，选择最佳施工方案，并能够在施工项目成本形成过程中，针对薄弱环节，加强成本控制。因此，施工项目成本预测是施工项目成本决策与计划的依据；是加强成本管理，降低施工成本的重要措施；也是投标决策的依据。

施工项目成本预测方法较多，可归纳为时间序列预测法、回归预测法和详细预测法。其中，时间序列法和回归预测法属于一种简单预测法，即以过去的类似工程作为参照，预测目前施工项目成本；详细预测法属于一种修正预测法，即以近期内的类似工程成本为基数，通过结构与建筑差异调整，以及人工费、材料费等直接费和间接费的修正来测算目前施工项目的成本。

三、施工项目成本计划

1. 施工项目成本计划的概念

施工项目成本计划是在成本预测的基础上，以货币形式编制的施工项目从开工到竣工计划必须支出的施工生产费用，是指导施工项目降低成本的技术经济文件，是施工项目目标成本的具体化形式。

施工项目成本计划工作是成本管理和项目管理的一个重要环节，是企业生产经营计划工作的重要组成部分，是对施工项目成本进行计划管理的有效工具，是对生产耗费进行分析和考核的重要依据，是建立企业成本管理责任制、开展经济核算的基础，是挖掘降低成本潜力的有效手段，也是检验施工企业技术水平和管理水平的重要手段。

2. 施工项目成本计划的编制方法

施工项目成本计划的编制工作主要是在项目经理负责下，在成本预测基础上进行的，编制成本计划的核心是确定目标成本，这是成本管理所要达到的目的。施工项目成本计划的编制方法主要有以下几种方法。

(1) 施工预算法 施工预算法是根据施工图中的实物工程量，套用施工消耗定额，计算工料消耗量，进行工料汇总，再乘以相应的工料单价用货币形式反映其施工生产耗费水平。

用施工预算确定的计划成本基本上是一个常数。施工项目要实现较高的经济效益，就必须在这个基础上采取技术组织措施，降低消耗量和工料价格。因此，采用施工预算法编制成本计划时，必须结合技术节约措施计划，以进一步降低施工生产耗费水平。其表达式为

$$计划成本=施工预算成本-技术组织措施节约额$$

(2) 定额估算法 在概预算编制力量较强，企业定额比较完备的情况下，通常以施工图预算与施工预算对比的差额，并考虑技术组织措施的节约额来估算计划成本的降低额，公式为

$$计划成本降低额=两算对比定额差+技术组织措施计划节约额$$

$$计划成本=预算成本-计划成本降低额$$

(3) 成本习性法 成本习性法是将成本分成固定成本和变动成本两类，以此作为计划成本。具体划分可采用费用分解法。

1）材料费。与产量有直接联系，属于变动成本。

2）人工费。计时工资部分属于固定成本，计件工资部分属于变动成本。

3）机械使用费。其中，燃料动力费属变动成本，折旧费、大修理费等属于固定成本。

4）现场发生的材料二次搬运费等其他直接费，多数与产量发生联系，属于变动成本。

5）施工管理费。基本上属于固定成本。

在成本按习性划分为固定成本和变动成本后，即有

$$施工项目计划成本=项目变动成本总额+项目固定成本总额$$

(4) 按实计算法 按实计算法就是以该项目施工图预算的工料分析资料为依据，根据施工项目经理部执行施工定额的实际水平，由项目经理部有关职能部门归口计算各项计划成本。

1）人工费的计划成本＝计划用工量×实际水平的工资价格

2）材料费的计划成本＝∑（主要材料的计划用量×实际价格）＋∑（周转材料的使用量×日期×租赁单价）

3）机械使用费的计划成本＝∑（施工机械的计划台班数×规定的台班单价）

4）现场二次搬运费等其他费的计划成本，根据施工方案和统计资料按实测算。

5）间接费用的计划成本，一般根据施工项目经理部内的计划职工平均人数按历史成本的间接费用以及压缩费用的措施人均支出数进行测算。

3. 施工项目成本计划表

成本计划编制后还需要通过各种成本计划表的形式将成本降低任务落实到整个项目的施工过程，并借以在项目实施过程中实现对成本的管理。常见的成本计划表主要有成本计划任务表（见表9-6）和技术组织措施表（见表9-7）。

表 9-6 项目成本计划任务表

工程名称： 项目经理： 日期： 单位：

项 目	预算成本	计划成本	计划成本降低额	计划成本降低率
人工费				
材料费				
机械使用费				
措施费				
施工管理费				
合计				

表 9-7 技术组织措施表

工程名称： 项目经理： 日期： 单位：

措施内容	涉及对象			降低成本来源		成本降低额				
	项目名称	单价	数量	预算收入	计划开支	人工费	材料费	机械费	措施费	管理费

4. 量本利分析法在施工项目成本计划编制中的应用

量本利分析，全称为产量成本利润分析，又称盈亏平衡分析。这是一个简单而实用的管理技术，用于施工项目成本管理中，可以分析项目的工程量、成本及合同价格之间的相互关系，预测项目的利润水平，为项目成本计划和成本决策提供依据。

量本利分析的核心是盈亏平衡点的分析。盈亏平衡点是指在一定的销售量下，企业的销售收入等于总成本，即利润为零。以盈亏平衡点为界限，销售收入高于此点企业盈利，反之企业亏损。因此，盈亏平衡点的销售量越低，实现盈利的可能性越大。

量本利分析的基本公式为

$$E=(p-b)X-a$$

式中，E 为利润；p 为销售单价；b 为单位变动成本；a 为固定成本；X 为产量。

根据盈亏平衡点定义，企业的产量处在盈亏平衡点时，企业的利润为零，即企业不亏不盈。则产量盈亏平衡点为

$$X_0=\frac{a}{p-b}$$

将上式用图形表示，即为盈亏平衡分析图（见图 9-5）。

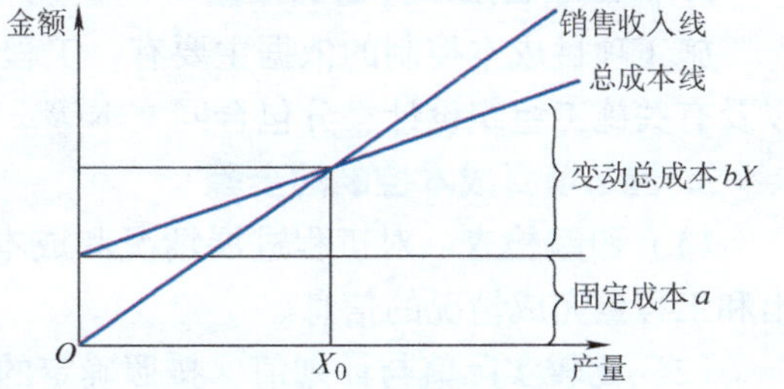

图 9-5 盈亏平衡分析图

例 9-5 根据某企业统计资料，承建一栋普通住宅搂工程的单位面积平均变动成本为 400 元/m^2，固定成本为 20 万元，合同价 600 元/m^2，试确定拟投标工程的建筑面积不得低于多少？若某工程建筑面积为 1500m^2，试确定承建该工程的预期利润。

解：施工项目保本建筑面积为

$$X_0=\frac{a}{p-b}=\left(\frac{200000}{600-400}\right)\text{m}^2=1000\text{m}^2$$

施工项目建筑面积为 1500m^2 时的预期利润为

$$\begin{aligned}E&=(p-b)X-a=(600-400)\ \text{元}/\text{m}^2\times1500\text{m}^2-200000\ \text{元}\\&=100000\ \text{元}=10\ \text{万元}\end{aligned}$$

四、施工项目成本控制

施工项目成本控制是指项目在施工过程中，对影响施工项目成本的各种因素加强管理，并采取各种有效措施，将施工中实际发生的各种消耗和支出严格控制在成本计划范围内。

施工项目成本控制的核心是对施工过程和成本计划进行实时监控，严格审查各项费用支出是否符合标准，计算实际成本和计划成本之间的差异并进行分析，使之最终实现甚至超过预期的成本目标。

1. 施工项目成本控制的原则

(1) 全面控制原则　全面控制包括全员控制和全过程控制。

1) 全员控制。施工项目成本控制涉及与成本形成有关的各部门，也与每个职工切身利益有关。因此，需要把成本目标责任落实到每个部门乃至个人，真正树立起全员控制的观念。

2) 全过程控制。施工项目成本控制应贯穿在施工项目从招标投标阶段开始直到项目竣工验收的全过程，它是企业全面成本管理的重要环节。

(2) 开源与节流相结合的原则　成本控制的目的是提高经济效益，其途径包括降低成本支出和增加预算收入两个方面。这就需要在成本形成过程中，一方面加强费用支出控制；另一方面加强合同管理，及时办理合同价款的结算。

(3) 目标管理原则　目标管理是进行任何一项管理工作的基本方法和手段，成本控制也应遵循这一原则，仿照这一原则执行以下步骤：目标设定→目标的责任到位和执行→检查目标的执行结果→评价和修正目标，从而形成目标管理的计划、实施、检查、处理循环。只有将成本控制置于这样一个良性循环之中，成本目标才得以实现。

(4) 责、权、利相结合的原则　要使成本责任得以落实，责任人应享有一定的权限，这是成本控制得以实现的重要保证。

2. 施工项目成本控制的依据

施工项目成本控制的依据主要有：工程承包合同，施工成本计划，进度报告，工程变更以及有关施工组织设计、分包合同文本等。

3. 施工项目成本控制的步骤

(1) 跟踪检查　对工程进展情况和成本计划执行情况进行跟踪检查，收集有关费用支出和工程量完成情况的信息。

(2) 比较实际值与计划值　按照确定的方法将施工成本计划值与实际值逐项进行比较，以发现施工成本是否已超支。

(3) 分析偏差原因　在比较的基础上，对比较的结果进行分析，以确定偏差的严重性及偏差产生的原因，从而采取有针对性的措施，减少或避免相同原因的再次发生或减少由此造成的损失。

(4) 预测与估算完工成本 根据项目实施情况估算项目完成时的成本，预测的目的在于为纠偏与调整提供依据。

(5) 纠偏与调整 当实际施工成本出现了偏差，应当根据工程的具体情况、偏差分析和预测的结果，采取适当措施，以期达到使施工成本偏差尽可能小的目的，这是施工成本控制中最具实质性的一步。

(6) 循环 重复上述第 (1) ~ (5)步。

4. 施工项目成本控制的方法

施工成本控制的方法很多，这里着重介绍偏差分析法和价值工程法。

(1) 偏差分析法 在施工成本控制中，把施工成本的实际值与计划值的差异称做施工成本偏差，即

施工成本偏差 = 已完工程计划成本 − 已完工程实际成本

已完工程计划成本 = 已完工程量 × 计划单位成本

已完工程实际成本 = 已完工程量 × 实际单位成本

上式施工成本偏差的计算结果为负表示施工成本超支，结果为正表示施工成本节约。但必须指出，进度偏差对施工成本偏差分析的结果有重要影响，如某一阶段的施工成本超支，可能是由于进度超前导致的。所以，必须将成本偏差和进度偏差综合考虑，具体方法参见本章第四节费用与进度综合控制的挣值法。

(2) 价值工程法 为了降低施工成本，施工企业可以应用价值工程法进行成本控制，其具体方法的应用通过下面示例说明。

例9-6 某企业承建了某写字楼工程，该工程划分为地基处理工程、地下结构工程、主体结构工程、装饰装修工程。企业要求该工程项目经理部降低成本8%。项目经理部拟采用价值工程方法寻求降低成本的途径。试简述价值工程研究对象的选择原则，并用价值工程确定成本降低目标。

解：(1) 选择原则。根据价值工程原理，应当选择价值系数低、降低成本潜力大的工程作为价值工程的对象，一般原则是：选择数量大，应用面广的构配件；选择成本高的工程和构配件；选择结构复杂的工程和构配件；选择体积与重量大的工程和构配件；选择对产品功能提高起关键作用的构配件；选择在使用中维修费用高、能耗大或使用期总费用较大的工程和构配件；选择畅销产品，以保持优势，提高竞争力；选择在施工（生产）中容易保证质量的工程和构配件；选择施工（生产）难度大、材料和工时花费多的工程和构配件；选择可利用新材料、新设备、新工艺及在科研上已有先进成果的工程和构配件。

(2) 用价值工程确定成本降低目标。方法如下：

1) 对各分部工程进行功能评分。

2) 根据施工图预算确定各主要分部工程的预算成本。

3) 计算分部工程的功能评价系数、成本系数和价值系数。

4) 用价值工程求出降低成本的工程对象和目标。

企业要求的成本降低率为8%，即目标成本 = 10000 万元 ×（1 − 8%）= 9200 万元。按功能评价系数进行分配，如地基处理工程目标成本为 9200 万元 × 0.06 = 552 万元，成本降低额为（500 − 552）万元 = −52 万元，其他项目依次类推。

以上1) ~4)项的分析和计算结果见表9-8。

表 9-8 价值工程分析表

分部工程	功能评分	评价系数	预算成本/万元	成本系数	价值系数	目标成本/万元	成本降低额/万元
地基处理工程	6	0.06	500	0.05	1.20	552	-52
地下结构工程	9	0.09	1000	0.10	0.90	828	172
主体结构工程	42	0.42	4000	0.40	1.05	3864	136
装饰装修工程	43	0.43	4500	0.45	0.956	3956	544
合计	100	1.00	10000	1.00	—	9200	800

根据价值工程原理，价值系数小于1的项目，应该在功能水平不变的条件下降低成本，或在成本水平不变的条件下提高功能；价值系数大于1的项目，如果是重要的功能，应该增加成本投入，如果该项功能不重要，可不做改变。从表9-8中成本降低额和价值系数可见，降低成本潜力最大的是装饰装修工程，其次是地下结构和主体结构工程，地基处理工程预算成本低于目标成本，可考虑不用降低成本。

5. 降低施工项目成本的途径和措施

主要有：认真会审施工图，积极提出修改意见；加强合同管理，增加工程预算收入；制订技术先进、经济合理的施工方案；组织均衡施工，加快施工进度；加强资源消耗管理，降低材料成本，提高工效和机械利用率；加强现场管理科学化，堵塞浪费漏洞；加强质量管理，控制质量成本等等。

五、施工项目成本核算

1. 工程成本核算的含义

核算意为查对与确定，施工项目成本核算包括两层含义：一是按照规定的成本开支范围对施工费用进行归集，确定施工费用的实际发生额，即按照成本项目归集企业在施工生产经营过程中所发生的应计入成本核算对象的各项费用；二是根据成本核算对象，采用适当的方法，计算出该施工项目的总成本和单位成本。施工项目成本核算所提供的各种成本信息，是成本分析和成本考核的依据。因此，加强施工项目成本核算工作，对降低施工项目成本、提高企业的经济效益有积极的作用。

2. 工程成本核算对象

（1）工程成本核算对象的概念及划分原则　工程成本核算对象是指施工企业在进行产品成本核算时，所选择的工程成本承担者，即用来归集和分配建筑产品生产成本的工程对象。

实际工作中，如果对工程成本核算对象划分过粗，把相互之间没有联系或联系不大的单项工程或单位工程合并起来，作为一个工程成本核算对象，就不能反映独立施工的各个单项工程或单位工程的实际成本水平，不利于分析和考核工程成本的升降情况；反之，如果对工程成本核算对象划分过细，就会出现许多间接费用需要分摊，其结果是不仅增加了工程成本核算的工作量，而且也不能保证正确、及时地计算出各项工程的实际成本。

（2）工程成本核算对象的确定方式　工程成本核算对象的确定方法主要有：

1）以单项施工承包合同作为施工工程成本核算对象。这样，不仅便于将工程的实际成本与工程的预算成本进行比较，以检查预算的执行情况，也有利于核算、分析和考核施工合同的成本降低或超支情况。

2）对合同分立以确定施工工程成本核算对象。如果一项施工承包合同包括建造多项资产，而每项资产均有独立的建造计划，施工企业可以与业主就每项资产单独进行谈判，确认双方能够接受或拒绝与每项资产有关的合同条款，并且可单独辨认建造每项资产的收入和成本。在这种情况下，应对该项施工承包合同作分立处理，即以每项资产作为施工工程成本核算对象。

3）对合同合并以确定施工工程成本核算对象。如果一项或数项资产签订一组合同，该组合同无论对应单个客户还是几个客户均按一揽子交易签订，每项合同实际上已构成一项综合利润率工程的组成部分，并且该组合同要求同时或依次履行。在这种情况下，应对该组施工承包合同作合并处理，即将该组施工承包合同合并作为施工工程成本核算对象。

施工企业的成本核算对象应在工程开工以前确定，且一经确定后不得随意变更，更不能混淆。施工企业所有反映工程成本费用的原始记录和核算资料都必须按照确定的成本核算对象填写清楚，以便于准确地归集和分配施工生产费用。为了集中地反映和计算各个成本核算对象本期应负担的施工生产成本，财务会计部门应该按每一成本核算对象设置工程成本明细账，并按成本项目分设专栏来组织成本核算，以便于正确计算各个成本核算对象的实际成本。

3. 工程成本核算的基本要求

（1）严格遵守国家规定的成本、费用开支范围　成本、费用开支范围是指国家对企业发生的各项支出，允许其在成本、费用中列支的范围。施工企业与施工生产经营活动有关的各项支出，都应当按照规定计入企业的成本、费用。按照企业财务制度的规定，不得列入产品成本的有：资本性支出，如企业为购置和建造固定资产、无形资产和其他长期资产而发生的支出；投资性支出，如施工企业对外投资的支出以及分配给投资者的利润支出；期间费用支出，如施工企业的管理费用和财务费用；营业外支出，如施工企业固定资产盘亏、债务重组损失、罚款支出等；在公积金、公益金中开支的支出；其他不应列入产品成本的支出，如施工企业被没收的财物，支付的滞纳金、违约金、赔偿金，以及赞助、捐赠等支出。

（2）加强成本核算的各项基础工作　成本核算的各项基础工作是保证成本核算工作正常进行，以及保证成本核算工作质量的前提条件。施工企业成本核算的基础工作主要包括：建立健全原始记录制度；建立健全各项财产物资的收发、领退、清查和盘点制度；制定或修订企业定额。

（3）划清各种费用界限　为了使施工企业有效地进行成本核算，控制成本开支，避免重计、漏计、错计或挤占成本的情况发生，施工企业应在成本核算过程中划清有关费用开支的界限。主要有：划清生产成本与期间费用之间的界限；划清各成本项目之间的界限；划清各期施工生产成本之间的界限；划清成本核算对象之间的界限；划清已完合同成本与未完合同成本的界限；划清实际成本与计划成本、预算成本之间的界限。

（4）加强费用开支的审核和控制　施工企业要由专人负责，依据国家有关法律、政策及企业内部制定的定额或标准等，对施工生产经营过程中发生的各项耗费进行及时的审核和控制，以监督检查各项费用是否应该开支，是否应该计入施工成本或期间费用，以节约消耗，降低费用，确保成本目标的实现。

(5) 建立工程项目台账 由于施工项目具有规模大、工期长等特点，工程施工有关总账、明细账无法反映各工程项目的综合信息，为了对各工程项目的基本情况做到心中有数，便于及时向企业决策部门提供所需信息，同时为有关管理部门提供所需要的资料，施工企业还应按单项施工承包合同建立工程项目台账。其具体内容包括：工程项目名称、建设单位名称、合同规定的开工与完工日期；工程合同总价、合同变更调整金额、索赔款、奖励款等；预计工程总成本、累计已发生成本以及完成合同尚需的成本；本年和累计的已在利润表中确认的合同收入、合同成本、毛利及毛利率，已获业主签证确认的工作量、已办理结算的工程价款；实际收到的工程价款，包括预付款和已收工程进度款等。

4. 工程成本核算的程序

工程成本核算程序是指企业在具体组织工程成本核算时应遵循的步骤与顺序。按照核算内容的详细程度，工程成本核算程序主要分为两大步骤。

(1) 工程成本的总分类核算 施工企业对施工过程中发生的各项工程成本，应先按其用途和发生的地点进行归集。其中直接费用可以直接计入受益的各个工程成本核算对象的成本中；间接费用则需要先按照发生地点进行归集，然后再按照一定的方法分配计入受益的各个工程成本核算对象的成本中。并在此基础上，计算当期已完工程或已竣工工程的实际成本。

(2) 工程成本的明细分类核算 为了详细地反映工程成本在各个成本核算对象之间进行分配和汇总的情况，以便计算各项工程的实际成本，施工企业除了进行工程成本的总分类核算以外，还应设置各种施工生产费用明细账，组织工程成本的明细分类核算。

施工企业一般应按工程成本核算对象设置“工程成本明细账”，用来归集各项工程所发生的施工费用。此外，施工企业还应按部门以及成本核算对象或费用项目分别设置“辅助生产明细账”“机械作业明细账”“待摊费用明细账”“预提费用明细账”和“间接费用明细账”等，以便于归集和分配各项施工生产费用。

工程成本核算的步骤是：①分配各项施工生产费用；②分配待摊费用和预提费用；③分配辅助生产费用；④分配机械作业；⑤分配施工间接费用；⑥结算工程价款；⑦确认合同毛利；⑧结转完工施工产品成本。

六、施工项目成本分析

施工项目成本分析是在成本形成过程中，对施工项目成本进行的对比评价和总结工作。主要利用施工项目的成本核算资料，与计划成本、预算成本以及类似项目的实际成本等进行比较，了解成本的变动情况，要分析主要技术经济指标对成本的影响，系统地研究成本变动的因素，检查成本计划的合理性，深入揭示成本变动的规律，寻找降低施工项目成本的途径，以便有效地进行成本控制。

1. 施工成本分析的依据

施工成本分析主要是根据会计核算、业务核算和统计核算提供的资料进行。

(1) 会计核算 会计核算主要是价值核算。会计是对一定单位的经济业务进行计量、记录、分析和检查，做出预测，参与决策，实行监督，旨在实现最优经济效益的一种管理活动。它通过记账、填审凭证、成本计算和编制会计报表等方法，来记录企业的一切生产经营活动，并提出一些综合性经济指标，如企业资产、负债、所有者权益、营业收入、成本、利润等会计指标。由于会计核算记录具有连续性、系统性、综合性等特点，所以它是施工成本分析的重要依据。

(2) 业务核算　业务核算是各业务部门根据业务工作的需要而建立的核算制度，它包括原始记录和计算登记表，如工程进度登记、质量登记、工效登记、物资消耗记录、测试记录等。它的特点是对经济业务进行单项核算。只是记载单一的事项，最多略有整理或稍加归类，不求提供综合性指标。业务核算的范围比会计和统计核算要广，但核算范围不固定，方法也很灵活。业务核算的目的，在于迅速取得资料，在经济活动中及时采取措施进行调整。

(3) 统计核算　统计核算是利用会计核算资料和业务核算资料，把企业生产经营活动客观现状的大量数据，按统计方法加以系统整理，表明其规律性。它的计量尺度比会计宽，可以用货币计算，也可以用实物或劳动量计量。它通过全面调查和抽样调查等特有的方法，不仅能提供绝对数指标，还能提供相对数和平均数指标，可以计算当前的实际水平，确定变动速度，可以预测发展的趋势。统计除了主要研究大量的经济现象以外，也很重视个别先进事例与典型事例的研究。

2. 施工成本分析的方法

施工成本分析的方法根据分析对象和方法特点的不同，可分为基本分析方法和综合成本的分析方法两类。

(1) 成本分析的基本方法　施工成本分析的基本方法包括：比较法、因素分析法、差额计算法、比率法等。

1) 比较法。比较法又称“指标对比分析法”，就是通过技术经济指标的对比，检查目标的完成情况，分析产生差异的原因，进而挖掘内部潜力的方法。这种方法，具有通俗易懂、简单易行、便于掌握的特点，因而得到了广泛的应用，但在应用时必须注意各技术经济指标的可比性。比较法通常有以下应用的形式：①实际指标与目标指标对比；②本期实际指标与上期实际指标对比；③与同行业平均水平、先进水平对比。

例 9-7　某项目当年节约“三材”的目标为 20 万元，实际节约 22 万元，上年节约 19 万元，本企业先进水平为节约 23 万元。试将当年实际数与当年目标数、上年实际数、企业先进水平对比。

解：具体计算过程见表 9-9，结果表明：实际数比目标数和上年实际数均有所增加，但是本企业比先进水平还少 1 万元，尚有潜力可挖。

表 9-9　成本分析比较表　（单位：万元）

指　　标	本年目标数	上年实际数	企业先进水平	本年实际数	差异数		
					与目标比	与上年比	与先进比
“三材”节约额	20	19	23	22	+2	+3	-1

2) 因素分析法。又称连锁置换法或连环代替法。这种方法可用来分析各种因素对成本的影响程度。在进行分析时，首先要假定众多因素中的一个因素发生了变化，而其他因素则不变，然后逐个替换，分别比较其计算结果，并以确定各个因素的变化对成本的影响程度。

因素分析法的计算步骤是：①确定分析对象，即所分析的技术经济指标，并计算出实际数与目标数的差异；②确定该指标是由哪几个因素组成的，并按其相互关系进行排序，排序规则是：先实物量，后价值量；先绝对值，后相对值；③以目标数为基础，将各因素的目标数相乘，作为分析替代的基数；④将各个因素的实际数按照上面的排列顺序进行替换计算，并将替换后的实际数保留下来；⑤将每次替换计算所得的结果，与前一次的计算结果相比较，两者的差异即为该因素对成本的影响程度。

注意：各个因素的影响程度之和，应与分析对象的总差异相等。

例9-8 某工程浇筑地下基础结构商品混凝土，目标成本为364000元，实际成本为383760元，成本增加19760元，资料列于表9-10。用因素分析法分析成本增加的原因。

表9-10 商品混凝土目标成本与实际成本对比表

项 目	单 位	计 划	实 际	差 额
产量	m^3	500	520	+20
单价	元	700	720	+20
损耗率	%	4	2.5	-1.5
成本	元	364000	383760	+19760

解：(1) 分析对象是浇筑地下基础结构商品混凝土的成本，实际成本与目标成本的差额为19760元。该指标是由产量、单价、损耗率三个因素组成的，其排序见表9-10。

(2) 以目标数（500×700×1.04）元=364000元为分析替代的基础。则

第一次替代产量因素：以520替代500，（520×700×1.04）元=378560元

第二次替代单价因素：以720替代700，并保留上次替代，（520×720×1.04）元=1389376元

第三次替代损耗率因素：以1.025替代1.04，并保留上两次替代，（520×720×1.025）元=383760元

(3) 计算差额。则有

第一次替代与目标数的差额=（378560-364000）元=14560元

第二次替代与第一次替代的差额=（389376-378560）元=10816元

第三次替代与第二次替代的差额=（383760-389376）元=-5616元

(4) 产量增加使成本增加了14560元，单价提高使成本增加了10816元，而损耗率下降使成本减少了5616元。

(5) 各因素的影响程度之和=（14560+10816-5616）元=19760元，等于实际成本与目标成本的总差额。

为简便起见，可运用因素分析表来进行成本分析，其具体形式见表9-11。

表9-11 商品混凝土成本变动因素分析表

项 目	连环替代计算	差异/元	因素分析
目标数	500×700×1.04	—	—
第一次替代	520×700×1.04	14560	由于产量增加20m^3，成本增加14560元
第二次替代	520×720×1.04	10816	由于单价提高20元，成本增加10816元
第三次替代	520×720×1.025	-5616	由于损耗率下降1.5%，成本减少5616元
合计	—	19760	

3）差额计算法。差额计算法是因素分析法的一种简化形式，它利用各个因素的目标值与实际值的差额来计算其对成本的影响程度。

例 9-9　某施工项目某月的实际成本降低额比目标数提高了 2.4 万元，见表 9-12。试用差额分析法分析成本减低且超过目标的原因，以及成本降低率对成本降低额的影响程度。

表 9-12　差额分析法分析表

项　目	单位	计划降低	实际降低	差异
预算成本	万元	300	320	+20
成本降低率	%	4	4.5	+0.5
成本降低额	万元	12	14.40	+2.40

解：成本增加对成本降低额的影响程度：(320 - 300) 万元 × 4% = 0.80 万元

成本降低率提高对成本降低额的影响程度：(4.5% - 4%) × 320 万元 = 1.60 万元

以上合计：(0.80 + 1.60) 万元 = 2.40 万元。其中成本降低率的提高是主要原因，根据有关资料可进一步分析成本降低率提高的原因。

4）比率法。比率法是指用两个以上指标的比例进行分析的方法。它的基本特点是先把对比分析的数值变成相对数，再观察其相互之间的关系。常用的比率法有以下几种。

相关比率法：由于项目经济活动的各个方面是相互联系，相互依存，又相互影响的，因而可以将两个性质不同而又相关的指标加以对比，求出比率，并以此来考查经营成果的好坏。如产值和工资是两个不同的概念，但它们的关系又是投入与产出的关系，用产值工资率指标来考核人工费的支出水平。

构成比率法：又称比重分析法或结构对比分析法。通过构成比率，可以考查成本总量的构成情况及各成本项目占成本总量的比重，同时也可看出量、本、利的比例关系（即预算成本、实际成本和降低成本的比例关系），从而为寻求降低成本的途径指明方向。

动态比率法：动态比率法就是将同类指标不同时期的数值进行对比，求出比率，以分析该项指标的发展方向和发展速度。动态比率的计算，通常采用基期指数和环比指数两种方法。动态比率法样式见表 9-13。

表 9-13　动态比率法样表

指　标	第一季度	第二季度	第三季度	第四季度
降低成本/万元	45.60	47.80	52.50	64.30
基期指数（%）	100	104.82	115.13	141.01
环比指数（%）（上一季度 = 100）	—	104.82	109.83	122.48

(2) 综合成本的分析方法　涉及多种生产要素，并受多种因素影响的成本费用，如分部分项工程成本，月（季）度成本、年度成本等，都是随着项目施工的进展而逐步形成的，与生产经营有着密切的关系。因此，做好上述成本的分析工作，无疑将促进项目的生产经营管理，提高项目的经济效益。

1）分部分项工程成本分析。分部分项工程成本分析是施工项目成本分析的基础。其对象为已完分部分项工程。分析的方法是：进行预算成本、目标成本和实际成本的“三算”对比，分别计算实际偏差和目标偏差，分析偏差产生的原因，为今后的分部分项工程成本寻求节约途径。

分部分项工程成本分析的资料来源是：预算成本来自投标报价成本，目标成本来自施工预算，实际成本来自施工任务单的实际工程量、实耗人工和限额领料单的实耗材料。由于施工项目包括很多分部分项工程，不可能也没有必要对每一个分部分项工程都进行成本分析，一般必须对主要分部分项工程进行成本分析，而且要做到从开工到竣工进行系统的成本分析。

2）月（季）度成本分析。月（季）度成本分析是施工项目定期的、经常性的中间成本分析。通过月（季）度成本分析，可以及时发现问题，以便按照成本目标指定的方向进行监督和控制，保证项目成本目标的实现。

月（季）度成本分析的依据是当月（季）的成本报表。分析的方法通常有：①通过实际成本与预算成本的对比，分析当月（季）的成本降低水平，通过累计实际成本与累计预算成本的对比，分析累计的成本降低水平，预测实现项目成本目标的前景；②通过实际成本与目标成本的对比，分析目标成本的落实情况，以及目标管理中的问题和不足，进而采取措施，加强成本管理，保证成本目标的落实；③通过对各成本项目的成本分析，可以了解成本总量的构成比例和成本管理的薄弱环节，以采取对应的增收节支措施；④通过主要技术经济指标的实际值与目标值对比，分析产量、工期、质量、机械利用率等对成本的影响；⑤通过对技术组织措施执行效果的分析，寻求更加有效的节约途径；⑥分析其他有利条件和不利条件对成本的影响，这些有利因素和不利因素，包括工程结构的复杂性和施工技术上的难度，施工现场的自然地理环境，以及物资供应渠道和技术装备水平等。

3）年度成本分析。企业成本要求一年结算一次，不得将本年成本转入下一年度。而项目成本则以项目的生命周期为结算期，要求从开工到竣工结束连续计算，最后结算出成本总量及其盈亏。由于项目的施工周期一般较长，除进行月（季）度成本核算和分析外，还要进行年度成本的核算和分析。这不仅是为了满足企业汇编年度成本报表的需要。

年度成本分析的依据是年度成本报表。年度成本分析的内容，除了月（季）度成本分析的几个方面以外，重点是针对下一年度的施工进展情况规划提出切实可行的成本管理措施，以保证施工项目成本目标的实现。

4）竣工成本的综合分析。凡是有几个单位工程而且是单独进行成本核算（即成本核算对象）的施工项目，其竣工成本分析应以各单位工程竣工成本分析资料为基础，再加上项目经理部的经营效益（如资金调度、对外分包等所产生的效益）进行综合分析。如果施工项目只有一个成本核算对象（单位工程），就以该成本核算对象的竣工成本资料作为成本分析的依据。

单位工程竣工成本分析，应包括：①竣工成本分析；②主要资源节超对比分析；③主要技术节约措施及经济效果分析。

通过以上分析，可以全面了解单位工程的成本构成和降低成本的来源，对今后同类工程的成本管理很有参考价值。

七、施工项目成本考核

1. 施工项目成本考核的概念

成本考核就是施工项目完成后，对施工项目成本形成中的各责任者，按施工项目成本目标责任制的有关规定，将成本的实际指标与计划指标进行对比和考核，评定施工项目成本计划的完成情况和各责任者的业绩，并以此给以相应的奖励和处罚。

施工项目成本考核的目的，在于贯彻落实责权利相结合的原则，促进成本管理工作的健康发展，更好地完成施工项目的成本目标。施工项目的成本考核，可分为月度考核、阶段考核和竣工考核三种。

2. 施工项目成本考核的内容

施工项目的成本考核，可以分为两个层次：一是企业对项目经理的考核；二是项目经理对所属部门、施工队组的考核。每个层次的考核内容，包括责任成本完成情况的考核和成本管理工作业绩的考核。具体来说，企业对项目经理考核的内容包括：项目成本目标和阶段成本目标的完成情况；成本管理责任制的落实情况；成本计划的编制和落实情况；各部门、各施工队组责任成本的执行情况；在成本管理中贯彻责权利相结合原则的执行情况。项目经理对所属各部门的考核内容包括本部门、本岗位责任成本的完成情况和成本管理责任的执行情况。项目经理对各施工队的考核内容包括：对劳务合同规定的承包范围和承包内容的执行情况；劳务合同以外的补充收费情况；对班组施工任务单的管理情况，以及班组完成施工任务后的考核情况；考核班组责任成本的完成情况。

3. 施工项目成本考核的实施方法

（1）施工项目成本考核可采取评分制　具体方法各企业可以根据自己的具体情况确定。如可先按考核内容评分，然后按责任成本完成情况和成本管理工作业绩加权平均。

（2）施工项目的成本考核要与相关指标的完成情况相结合　将成本考核的评分作为奖罚的依据，相关指标的完成情况作为奖罚的条件。也就是在根据评分计奖的同时，还要参考相关指标的完成情况嘉奖或扣罚。

与成本考核相结合的相关指标，一般有进度、质量、安全和现场标准化管理。

（3）强调项目成本的中间考核　可从两方面考虑：

1）月度成本考核。一般是在月度成本报表编制以后，根据月度成本报表的内容进行考核。在进行月度成本考核的时候，不能单凭报表数据，还要结合成本分析资料和施工成本管理的实际情况，然后才能做出正确的评价，带动今后的成本管理工作，保证项目成本目标的实现。

2）阶段成本考核。项目的施工阶段，一般可分为基础、结构、装饰、室外工程等四个阶段。如果是高层建筑，可对结构阶段的成本进行分层考核。阶段成本考核的优点在于能对施工告一段落后的成本进行考核，可与施工阶段其他指标（如进度、质量等）的考核结合得更好，也更能反映施工项目的管理水平。

（4）正确考核施工项目的竣工成本　施工项目的竣工成本是在工程竣工和工程款结算的基础上编制的，它是竣工成本考核的依据。

施工项目的竣工成本是项目经济效益的最终反映。它既是上交利税的依据，又是进行职工分配的依据。由于施工项目的竣工成本关系到国家、企业、职工的利益，必须做到核算正确，考核正确。

（5）施工项目成本的奖罚　对成本完成情况的经济奖罚，应在成本考核的基础上立即兑现，不能只考核不奖罚，或者考核后拖了很久才奖罚。

由于月度成本和阶段成本都是假设性的，正确程度有高有低。因此，在进行月度成本和阶段成本奖罚的时候应留有余地，然后再按照竣工成本结算的奖金总额进行调整。

施工项目成本奖罚的标准，应通过合同的形式明确规定，任何人都无权中途变更，或者拒不执行。在确定施工项目成本奖罚标准的时候，必须从本项目的客观情况出发，既要考虑职工的利益，又要考虑项目成本的承受能力。一般情况下，造价低的项目，奖金水平要定得低一些；造价高的项目，奖金水平可以适当提高。具体的奖罚标准，应该经过认真测算来确定。

此外，企业领导和项目经理还可对完成项目成本目标有突出贡献的部门、班组和个人进行随机奖励。这是项目成本奖励的另一种形式，不属于上述成本奖罚范围。而这种奖励形式，往往能起到立竿见影的效用。

第四节　费用与进度综合控制的挣值法

一、挣值法的产生背景

项目费用管理过程中，仅仅依靠计划费用与实际费用的偏差无法判断费用是否超支或有节余，如某项工程计划第一个月完成100万元的工作量，监测结果表明第一个月实际完成了108万元的工作量。这种情况有可能是进度正常，费用超支了8万元；也有可能是费用支出正常，进度提前超额完成了8万元的工作量；或是更为复杂的其他情况。因此，有必要研究费用偏差和进度偏差之间的关系，引入费用/进度综合度量指标，此即为挣值法。

挣值法也称赢得值法，是一种能全面衡量工程费用/进度整体状况的偏差分析方法。挣值法的实质是用价值指标（工作量）代替实物工程量来测定工程进度的一种项目监控方法。

1967年，美国国防部针对大型合同的管理，提出了一套成本/进度控制系统标准，这些标准被称为C/SCSC或CS标准。该标准关注于项目开发时的成本/进度综合绩效评价数据，为此正式采用了挣得值的概念。CS系统标准共有35条准则，主要内容包括：

1）组织机构。本部分要求承包商利用合同工作分解结构（Contract WBS）将项目任务指派给负责执行该工作的组织机构。

2）规划和预算。该部分要求必须将所有批准的工作安排妥当，并将预算按照计划分段分配给指定的单位，从而可以与实际执行情况进行比较。

3）会计。承包商所用的系统必须能够详细地记录合同的所有直接和间接的费用，并能从规定的层次直接汇总。

4）分析。CS标准建立了有关挣得值的五个基本数据，即ACWP、BCWP、BCWS、BAC和EAC。

5）修订。为保证度量计划执行情况的一致性，承包商必须按规定的方式修订计划。

目前，挣得值的概念在国际上被广泛采用。另外，挣值法既可应用于承包商的成本控制，也可应用于业主的费用控制，此处对费用和成本的概念不加严格区分。

二、挣值法的基本理论

1. 挣值的概念及挣值法的三个基本参数

挣值法主要运用三个基本费用参数进行分析，它们都是时间的函数，这三个参数分别是已完工程预算费用、拟完工程预算费用和已完工程实际费用。

（1）已完工程预算费用（BCWP） 已完工程预算费用 BCWP（Budgeted Cost for Work Performed）是指在某一时间已经完成的工程，乘以批准认可的预算单价为标准所得的资金总额。由于业主正是根据这个值为承包商完成的工程量支付相应的费用，也就是承包商获得（挣得）的金额，故称赢得值或挣得值（Earned Value）。即

已完工程预算费用 = 实际已完成工程量 × 预算单价

（2）拟完工程预算费用（BCWS） 拟完工程预算费用 BCWS（Budgeted Cost for Work Scheduled）也称计划完成工作预算费用，是指在某一时刻计划应当完成的工程，乘以预算单价为标准所得的资金总额。一般来说，除非合同有变更，拟完工程预算费用在工作实施过程中应保持不变。即

拟完工程预算费用 = 计划完成工程量 × 预算单价

（3）已完工程实际费用（ACWP） 已完工程实际费用 ACWP（Actual Cost for Work Performed）是指在某一时刻已经完成的工程实际所花费的资金总额。即

已完工程实际费用 = 实际已完成工程量 × 实际单价

2. 挣值法的四个评价指标

在这三个费用参数的基础上，可以确定挣值法的四个评价指标，它们也都是时间的函数。

（1）费用偏差 CV（Cost Variance） 即

费用偏差 = 已完工程预算费用 − 已完工程实际费用

当 $CV<0$ 时，表示项目运行的实际费用超出预算费用；当 $CV>0$ 时，表示项目实际运行费用节约；当 $CV=0$ 时，实际费用与预算费用一致。

（2）进度偏差 SV（Schedule Variance） 即

进度偏差 = 已完工程预算费用 − 拟完工程预算费用

当 $SV<0$ 时，表示进度延误，即实际进度落后于计划进度；当 $SV>0$ 时，表示实际进度提前；当 $SV=0$ 时，实际进度与计划进度一致。

（3）费用绩效指数 CPI（Cost Performed Index） 即

$$\text{费用绩效指数} = \frac{\text{已完工程预算费用}}{\text{已完工程实际费用}}$$

当 $CPI<1$ 时，表示实际费用高于预算费用；当 $CPI>1$ 时，表示实际费用低于预算费用；当 $CPI=1$ 时，实际费用与预算费用一致。

（4）进度绩效指数 SPI（Schedule Performed Index） 即

$$\text{进度绩效指数} = \frac{\text{已完工程预算费用}}{\text{拟完工程预算费用}}$$

当 $SPI<1$ 时，表示实际进度比计划进度拖后；当 $SPI>1$ 时，表示实际进度比计划进度提前；当 $SPI=1$ 时，实际进度与计划进度一致。

例 9-10 假设某项目预算费用 300 万元，第三个月检查计划时，累计应完工程预算费用 150 万元，累计已完工程预算费用 100 万元，累计已完工程实际费用 130 万元（见表 9-14）。则到第 3 个月末累计工程进展状况为：

$$CV = \sum_{i=1}^{3}(BCWP_i - ACWP_i) = (100-130)\text{万元} = -30\text{万元}$$，费用超支 30 万元。

$$SV = \sum_{i=1}^{3}(BCWP_i - BCWS_i) = (100-150)\text{万元} = -50\text{万元}$$，进度拖后的工作量为 50 万元。

$CPI=\sum_{i=1}^{3}(BCWP_i/ACWP_i)=100/130=0.77$，表明费用超支，实际支出费用应降低到77% 才可与计划保持一致。

$SPI=\sum_{i=1}^{3}(BCWP_i/BCWS_i)=100/150=0.67$，表明进度拖后，实际进度只相当于计划进度的67%。

表9-14　某项目费用完成情况　（单位：万元）

费用项目	第1月	第2月	第3月	第4月	第5月	第6月
BCWS	50	50	50	50	50	50
BCWP	40	30	30	—	—	—
ACWP	50	40	40	—	—	—

3. 预测项目完工时的总费用

预计完工时的总费用 EAC（Estimate At Completion）是指在检查时刻估算的项目全部工作完成时所需的总费用。EAC 的计算是以项目的实际执行情况为基础，再加上项目未完工程的费用预测。在不同的情况下，对未完工程的费用预测不同，因此 EAC 的计算方法也不同。最常见的 EAC 计算有以下几种：

（1）未完工程按目前效率进行　则

预计完工时总费用 = 累计已完工程实际费用 + 未完工程按目前效率进行时的费用估算

即

$$EAC=\sum_{i=1}^{t}ACWP_i+\left(\sum_{j=1}^{n}BCWS_j-\sum_{i=1}^{t}BCWP_i\right)/CPI$$

式中，t 为检查时刻；n 为总工期。

在例 9-10 中，预计完工时的总费用 = 130 万元 +（300 − 100）万元/0.77 = 389.74 万元，即项目完工时总费用会超支 89.74 万元。

（2）未完工程按原计划效率进行　则

预计完工时总费用 = 累计已完工程实际费用 + 未完工程预算费用

即假定剩余的未完工程完全按计划进行，费用不超支。计算公式为

$$EAC=\sum_{i=1}^{t}ACWP_i+\left(\sum_{j=1}^{n}BCWS_j-\sum_{i=1}^{t}BCWP_i\right)$$

在例 9-10 中，预计完工时的总费用 = 130 万元 +（300 − 100）万元 = 330 万元，即项目完工时总费用会超支 30 万元。

（3）重估未完工程所需费用　当目前的项目执行情况表明先前的费用估算有根本缺陷或由于条件改变而不再适用新的情况时，需要对所有未完工作重新估算费用，可以使用该方法。

预计完工时总费用 = 累计已完工程实际费用 + 未完工程所需费用的重新估算额

4. 偏差百分比分析

设 SPCI 表示进度偏差百分比，CPCI 表示费用偏差百分比，则

$$SPCI=\sum_{i=1}^{t}BCWP_i/\sum_{j=1}^{n}BCWS_j$$

$$CPCI = \sum_{i=1}^{t} ACWP_i / \sum_{j=1}^{n} BCWS_j$$

在例9-10中，进度偏差百分比和费用偏差百分比分别为：SPCI = 100/300 = 33%；CPCI = 130/300 = 43%。说明费用已累计支出了预算费用的43%，而工作量只完成了计划的33%，实际工作进度只是计划进度的33%。

三、挣值法应用示例

例9-11 某施工单位按合同工期要求编制了混凝土结构工程施工进度时标网络计划，如图9-6所示，并经专业监理工程师审核批准。

该工程于某年1月开始正式施工，各项工作均按最早开始时间安排，且各工作每月所完成的工程量相等。各工作的计划工程量和实际工程量见表9-15。工作D、E、F的实际工作持续时间与计划工作持续时间相同。合同约定，混凝土结构综合单价为1000元/m^3，按月结算。结算价按项目所在地混凝土结构工程价格指数进行调整，项目实施期间各月的混凝土结构工程价格指数见表9-16。以合同签定之日作为基期。

施工期间，由于建设单位原因使工作H的开始时间比计划的开始时间推迟1个月，并由于工作H工程量的增加使该工作的工作持续时间延长了1个月。

问题：1）请计算每月和累计拟完工程计划投资，并简要写出其步骤。

2）计算工作H各月的已完工程计划投资和已完工程实际投资。

3）计算混凝土结构工程已完工程计划投资和已完工程实际投资。

4）列式计算8月末的投资偏差和进度偏差。

解：1）将各工作计划工程量与单价相乘后，除以该工作持续时间，得到各工作每月拟完工程计划投资额；再将时标网络计划中各工作分别按月纵向汇总得到每月拟完工程计划投资额；然后逐月累加得到各月累计拟完工程计划投资额，结果见表9-17。

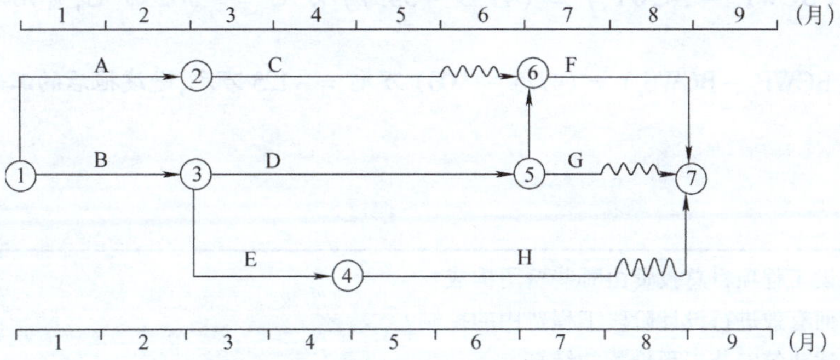

图9-6 施工进度时标网络计划

表9-15 计划工程量和实际工程量表 （单位：m^3）

工　作	A	B	C	D	E	F	G	H
计划工作量	8600	9000	5400	10000	5200	6200	1000	3600
实际工程量	8600	9000	5400	9200	5000	5800	1000	5000

表9-16 混凝土工程价格指数

时间	基期	1月	2月	3月	4月	5月	6月	7月	8月	9月
价格指数（%）	100	115	105	110	115	110	110	120	110	110

2）H工作6～9月每月完成工程量为5000m^3÷4月=1250m^3/月；H工作6～9月每个月已完工程计划投资均为1250m^3×1000元/m^3=125万元；H工作6～9月每个月已完工程实际投资如下：

6月：125万元×110%=137.5万元；

7月：125万元×120%=150.5万元；

8月：125万元×110%=137.5万元；

9月：125万元×110%=137.5万元。

3）混凝土结构工程已完工程计划投资和已完工程实际投资，计算结果见表9-17。

表9-17 混凝土结构工程投资完成状况表 （单位：万元）

项目	投资数据								
	1月	2月	3月	4月	5月	6月	7月	8月	9月
每月拟完工程计划投资	880	880	690	690	550	370	530	310	—
累计拟完工程计划投资	880	1760	2450	3140	3690	4060	4590	4900	—
每月已完工程计划投资	880	880	660	660	4109	355	515	415	125
累计已完工程计划投资	880	1760	2420	3080	3490	3845	4360	4775	4900
每月已完工程实际投资	1012	924	726	759	451	390.5	618	456.5	137.5
累计已完工程实际投资	1012	1936	2662	3421	3872	4262.5	4880.5	5337	5474.5

4）计算8月末的投资偏差和进度偏差。

$$CV = \sum_{i=1}^{8}(BCWP_i - ACWP_i) = (4775 - 5337)\text{万元} = -562\text{万元}$$，费用超支562万元。

$$SV = \sum_{i=1}^{8}(BCWP_i - BCWS_i) = (4775 - 4900)\text{万元} = -125\text{万元}$$，进度拖后的工作量为125万元。

复习题

1. 建设工程项目总投资由哪些费用构成？
2. 如何有效进行设计阶段工程费用的控制？
3. 简述建筑安装工程价款的结算。
4. 工程索赔有哪些内容？常见的索赔费用有哪些？
5. 试述工程成本的类型。
6. 简述施工项目的成本管理。
7. 某土方工程总挖方量为6000/m^3，预算单价为55元/m^3，计划15天完工。项目进行到第6天结束时，项目部对项目的执行情况进行了检查，发现项目已完成挖方2000/m^3，支付给承包单位的工程进度款累计已达14000元。试按照挣值法对项目的执行情况进行分析，并提出相应的纠正措施。

第十章 工程项目质量管理

【主要内容及学习要求】

本章主要介绍工程项目质量管理的相关内容，要求熟悉并掌握工程项目勘察设计质量管理、施工质量管理、质量事故处理及质量控制统计分析方法等内容。

第一节 工程项目质量管理概述

一、工程项目质量的概念及特点

1. 基本概念

工程项目质量是国家现行的有关法律、法规、技术标准、设计文件及工程合同中对工程的安全、适用、耐久、环境保护、经济、美观等特性的综合要求。工程项目质量是基本建设实现经济效益的基本保证。工程建设活动是应业主的要求进行的，不同的业主有不同的产品使用功能要求，其意图已通过文字或设计图反映在合同中。工程项目是按照合同条件承包建设的，因此，工程项目质量是在“合同环境”下形成的。

从功能和使用价值来看，工程项目的质量特性通常表现为以下几个方面（见图 10-1）。

1）工程投产运行后所生产的产品（或服务）的质量。即工程的可用性、使用效益、运行的安全性和稳定性。

2）工程结构设计和施工的安全性和可靠性。

3）所使用的材料、设备、工艺的质量以及它对工程的耐久性和寿命的影响。

4）工程的其他方面。如外观造型、与环境的协调、项目运行费用高低以及可维护性和可检查性等。

工程项目由检验批、分项工程、分部（子分部）工程和单位（子单位）工程组成。工程项目的建设通过一道道工序来完成，所以工程项目的质量包含检验批质量、工序质量、分项工程质量、分部（子分部）工程质量和单位（子单位）工程质量。工程项目质量不仅包括活动或过程的结果，还包括活动或过程本身，即包括项目建设的全过程。

工程项目质量也包含工作质量。工作质量是指参与工程的建设者，为了保证工程项目质量

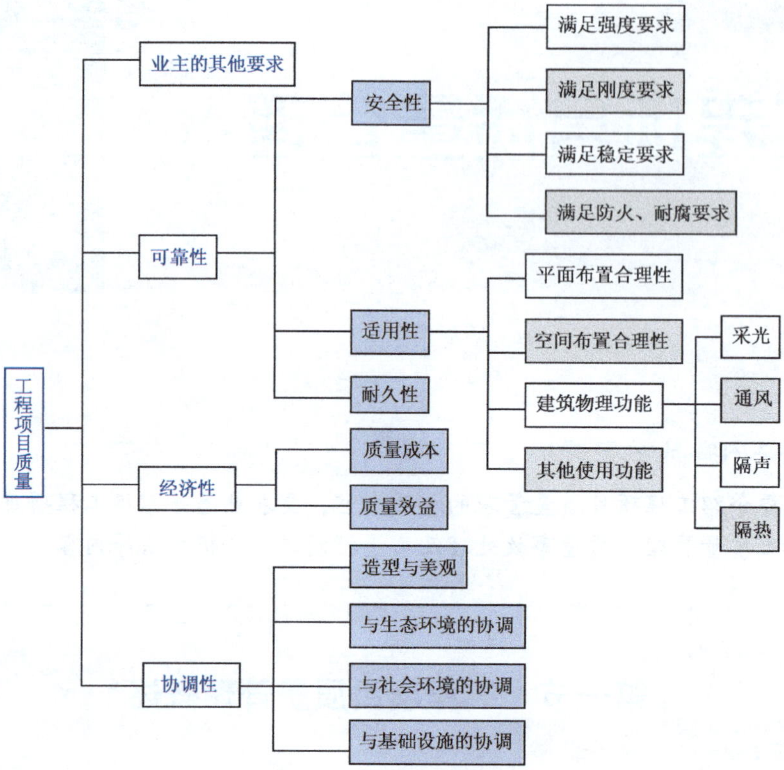

图 10-1　工程项目质量构成

所从事工作的水平和完善程度。工作质量包括：社会工作质量，如社会调查、质量回访和保修服务等，生产过程工作质量，如管理工作质量、技术工作质量和后勤工作质量等。工程项目质量的好坏是决策、计划、勘察、设计、施工等单位各方面、各环节工作质量的综合反映，不能单纯靠质量检验检查出来。要保证工程项目的质量，就要求各有关部门的人员尽心工作，对决定和影响工程质量的所有因素严加控制，即通过提高工作质量来保证和提高工程项目的质量。

2. 工程项目质量的特点

（1）影响因素多　决策、设计、环境、材料、机械、施工工艺、施工方案、监理制度、施工人员素质等都会直接或间接地影响工程项目的质量。

（2）质量波动大　工程建设项目因其具有复杂性、单件性，不像一般工业产品的生产那样具有固定的生产流水线；不具有规范化的生产工艺和完善的检测技术；不具有成套的生产设备和稳定的生产环境；不具有相同系列规格和相同功能的产品，所以其质量波动性比较大。

（3）质量变异大　由于影响工程质量的因素较多，任一因素出现质量问题，均会引起工程建设系统的质量变异，造成工程质量事故。

（4）质量隐蔽性　工程项目在施工过程中，由于工序交接多，中间产品多，隐蔽工程多，若不及时检查并发现其中存在的质量问题，事后可能表面质量很好，却容易产生第二判断错误，即将不合格的产品认为是合格的产品。

（5）成品检验局限性大　工程项目建成后，不可能像某些工业产品那样，可以拆卸或解体来检查内在的质量。所以工程项目验收时难以发现工程内在的、隐蔽的质量缺陷。

所以，对工程质量更应重视事前控制、事中严格监督，防患于未然，将质量事故消灭于萌芽之中。

二、工程项目质量形成过程与影响因素分析

1. 工程项目质量形成过程

(1) 工程项目质量形成的系统过程　工程项目质量是按照工程建设程序，经过工程建设的各个阶段而逐步形成的。工程项目质量形成的五个阶段及其主要内容见表10-1。

表10-1　工程项目质量形成的系统过程

序号	工程建设阶段	主要内容
1	项目可行性研究	论证项目在技术上的可行性与经济上的合理性，为决策立项和确定质量目标与质量水平提供依据
2	项目决策	决定项目是否投资建设，确定项目质量目标和水平
3	工程设计	工程项目质量目标和水平的具体化
4	工程施工	合同要求与设计方案的具体实现，最终形成工程实体质量
5	工程验收及质量保修	最终确认工程质量水平高低，确保工程生命期内质量可靠

(2) 工程建设的各个阶段对质量形成的影响　严格执行工程建设程序是控制工程项目质量的关键，工程项目建设的不同阶段，对工程项目质量的形成起着不同的作用和影响。具体表现为：

1）项目可行性研究对工程项目质量的影响。在项目的可行性研究阶段，需要确定工程项目的质量要求，并要与投资目标相协调。项目的可行性研究直接影响项目的决策质量和设计质量。

2）项目决策阶段对工程项目质量的影响。在项目决策阶段，主要确定工程项目应达到的质量目标及水平。项目决策阶段是影响工程项目质量的关键阶段，要能充分反映业主、政府、社会等对质量的要求和意愿。在进行项目决策时，应根据国民经济发展的长期计划和资源与环境条件，有效地控制投资规模与投资种类，以确定工程项目最佳的投资方案、质量目标和建设周期，使工程项目的预定质量标准，在投资、进度、安全目标达到的情况下能顺利实现。

3）工程设计阶段对工程项目质量的影响。工程项目设计阶段，是根据项目决策阶段已确定的质量目标和质量水平，通过工程设计使其具体化。设计在技术上是否可行、工艺上是否先进、经济上是否合理、设备是否配套、结构是否可靠、环境是否协调等，都会决定工程项目建成后的使用价值和功能。因此，设计阶段是影响工程项目质量的决定性环节。

4）工程施工阶段对工程项目质量的影响。工程项目施工阶段，是根据设计文件、施工图、规范及法规的要求，通过施工形成工程实体。这一阶段直接影响工程的最终质量。因此，施工阶段是工程质量控制的关键环节。

5）工程竣工验收阶段对工程项目质量的影响。工程项目竣工验收阶段，就是对项目施工阶段的质量进行试车运转、检查评定，考核质量目标是否符合设计阶段的质量要求。这一阶段是工程建设向生产转移的必要环节，这一阶段的质量控制影响工程能否最终形成生产能力，也是工程质量水平的最终体现。因此，工程竣工验收阶段是工程质量控制的最后一个重

要环节。

综上所述，工程项目质量的形成是一个系统工程，即工程质量是可行性研究、投资决策、工程设计、工程施工和竣工验收各阶段质量的综合反映。

2. 工程项目质量控制过程

质量控制是保证工程项目质量的有效方法之一，是工程项目管理的核心，是决定工程项目建设成败的关键，应贯穿在工程项目建设的全过程中。从工程项目质量的形成过程可知，要控制工程项目的质量，就应按照建设程序依次控制各阶段的工程质量。因为任何一个阶段的某个方面出现问题，都必然会影响后期的质量控制，进而影响工程的质量目标。

(1) 在项目决策阶段的质量控制　要保证选址合理，使项目的质量标准符合业主的要求，使建设的项目以及投资目标与所在地区环境相协调，为项目的长期使用创造良好的运行条件和环境。

(2) 在工程设计阶段的质量控制　这个阶段要选择好设计单位，通过设计招标，组织设计方案竞赛，从中选择能保证设计质量的设计单位；要保证各部分的设计符合决策阶段确定的质量要求；要保证各部分设计符合有关技术法规和技术标准的规定；要保证各专业设计部分之间的协调；要保证设计文件、施工图符合现场和施工的实际条件，其深度应能满足施工的要求。

(3) 在工程施工阶段的质量控制　这个阶段要开展施工招标，认真审核投标单位的标书，重视审核保证工程质量的措施和施工方案，择优选择承建商，将能否保证工程质量作为选择承建商的重要依据；严格监督承建商，严格按设计施工图进行施工，并最终形成符合合同文件规定质量要求的最终产品。

(4) 在工程验收阶段的质量控制　要按照承包合同商定的质量条款及承包内容进行质量验收，对工程项目（单位工程或子单位工程）做出质量水平评价，确定是否达到合同商定的质量要求和承包内容。

3. 影响工程质量因素的控制

在工程建设中，影响质量的因素可概括为人、材料、机械、方法和环境五方面。因此，事先对这五方面的因素予以严格控制，是保证工程项目质量的关键。

(1) 人的控制　人是指直接参与工程建设的决策者、组织者、指挥者和操作者。在工程建设中，人的素质、理论与技术水平、生理状况和违纪违章等都属于人对工程质量的影响因素。为了避免人的行为失误，增强人的责任感和质量观，达到保证工程质量的目的，除了加强政治思想教育、劳动纪律教育、职业道德教育、专业技术知识培训，健全岗位责任制，改善劳动条件，进行公平合理的激励外，还需根据工程项目的特点，从确保质量出发，遵循因才适用，扬长避短的用人原则。

(2) 材料、构配件的质量控制　材料质量是工程质量的基础，材料质量不符合要求，工程质量也就不可能符合标准。所以，加强材料的质量控制，是提高工程质量的重要保证，是创造正常施工条件的前提。在工程建设中，对材料质量的控制应着重做好以下工作：掌握材料信息、优选供货厂家、合理组织材料供应；合理组织材料使用；加强材料运输、仓库保管工作，健全现场材料管理制度；加强材料检查验收，严把材料质量关，重视材料的使用认证，防止错用或使用不合格材料。材料质量控制的内容主要有：材料的质量标准，材料的性能，材料取样、试验方法，材料的适用范围和施工要求等。

(3) 机械设备的控制　包括生产机械设备控制和施工机械设备控制。在设计阶段，主要是控制设备的选型和配套；在施工阶段，主要是控制设备的购置、设备的检查验收、设备的安装质量和设备的试车运转。要求按生产工艺、配套投产、充分发挥效能来确定设备类型；按设计选型购置设备，设备进场时要按设备的名称、型号、规格、数量的清单逐一检查验收；设备安装要符合有关设备的技术要求和质量标准；要求设备试车运行正常，能配套投产。

在项目施工阶段，必须综合考虑施工现场条件、机械设备性能、施工工艺和方法、施工组织与管理、建筑技术经济等各种因素，制定出合理的机械化施工方案，使之合理装备、配套使用，以充分发挥建筑机械的效能，力求获得较好的综合经济效益。从保证工程项目施工质量角度出发，应着重从机械设备的选型、机械设备的主要性能参数和机械设备的使用操作要求等方面予以控制。

(4) 方法的控制　指对在工程项目整个建设周期内所采取的技术方案、工艺流程、组织措施、检测手段、施工组织设计等的控制。其中，施工方案是直接影响工程项目顺利实现的关键。为此，在制定和审核施工方案时，必须结合工程实际，从技术、组织、管理、工艺、操作、经济等方面进行全面分析、综合考虑，以求方案技术可行、经济合理、工艺先进、措施得力、操作方便，有利于提高质量、加快进度、降低成本。

(5) 环境因素的控制　影响工程项目质量的环境因素较多，有工程技术环境、工程管理环境和劳动环境等。环境因素对工程质量的影响，具有复杂而多变的特点。往往前一工序就是后一工序的环境。对环境因素的控制，与施工方案和技术措施紧密相关。如在冬季、雨季、风季、炎热季节施工中，针对工程的特点，必须拟定季节性施工保证质量和安全的有效措施，以免工程质量受到冻害、干裂、冲刷、坍塌的危害。同时，要不断改善施工现场的作业环境；要加强对自然环境和文物的保护；要尽可能减少施工所产生的危害对环境的污染；要健全施工现场管理制度，使施工现场程序化、标准化、规范化，实现文明施工。

三、工程项目质量管理的含义和内容

1. 工程项目质量管理的含义

工程项目质量管理是为达到工程项目质量要求所采取的作业技术和活动。工程项目质量要求主要表现为工程合同、设计文件、规范规定的质量标准。工程项目质量管理就是为了保证达到工程合同规定的质量标准而采取的一系列措施、手段和方法。

质量管理是确定质量方针、目标和职责，并在质量体系中通过质量策划、质量控制、质量保证和质量改进等工作使其实施的全部管理职能的所有活动。因此，质量管理即为组织围绕着使产品质量能满足不断更新的质量要求而开展的策划、组织、计划、实施、检查和监督审核等所有管理活动的总和。它是组织中各级职能部门领导的职责，而且由组织最高领导负全责。工程项目质量管理按其实施者不同，包括三个方面：

(1) 业主方面的质量管理　业主方面的质量管理是指监理单位受业主委托，为保证工程合同规定的质量标准对工程项目进行的质量管理。其目的在于保证工程项目能够按照工程合同规定的质量要求达到业主的建设意图，取得良好的投资效益。其管理依据除国家制定的法律、法规外，主要是合同文件、设计施工图等。

(2) 政府方面的质量管理　政府监督机构的质量管理是指政府建立的工程质量监督机构，根据有关法规和技术标准，对本地区（本部门）的工程质量进行监督检查。其目的在于维护社会公共利益，保证技术性法规和标准的贯彻执行。其管理依据主要是有关的法律文件和法定技术标准。

(3) 承包商方面的质量管理　承包商方面的质量管理是设计承包商与施工承建商在项目建造过程中对项目设计、项目施工进行的内部的、自身的管理。

2. 工程项目质量管理的内容

主要有：

1）确定管理对象。如一个检验批、一道工序、一个分项工程、一个安装过程等。

2）规定管理标准。即详细说明管理对象应达到的质量要求。

3）制定具体的管理方法。如工艺规程、管理用图表等。

4）明确所采用的检验、检测方法，包括检验、检测手段。

5）实际进行检验、检测。

6）分析实测数据与标准之间产生差异的原因。

7）解决差异所采取的措施、方法。

四、工程项目质量管理的发展过程

1. 工程项目质量管理的发展过程

我国在春秋战国时代，就有文献记载质量管理的意识。随着生产的不断发展，技术和管理不断进步，质量管理也得到不断发展，就世界范围而言，质量管理经历了三个发展阶段。

(1) 质量检验阶段（20世纪初～40年代）　20世纪初美国人泰罗总结了工业革命的经验、发表了《科学管理原理》等著作，其中一项重要的主张是“制造和检验要分离”。由此产生了专职的产品质量检验这一独立的工作部门，大大促进了产品质量的提高。这一阶段质量管理所使用的手段是各种各样的检验设备和仪表，检验方法是以对零件与产品进行全数检查和筛选为主，基本方式是整个生产过程层层把关，防止不合格品流入下道工序或出厂。

(2) 统计质量管理阶段（20世纪40～60年代）　第二次世界大战初期，由于战争的需要，大批工厂转为生产军用品，战争的紧迫性和严酷性对军用产品的质量要求有更高的保证率，因此迫切需要事先能对不合格产品进行控制，于是人们采用了美国统计学家休哈特“预防缺陷”的理论，利用统计质量控制图，了解质量变动的先兆，进行预防，使不合格品率大为下降。但由于当时过分强调统计工具的作用，忽视了组织管理和职工的作用，反而限制了统计质量控制方法的普及、推广及其作用的发挥。

(3) 全面质量管理阶段（20世纪60年代以后）　20世纪60年代以后，随着科学技术的发展，人们在生产、生活中对安全性和可靠性的要求逐渐提高，质量检验的标准与用户所需要的功能标准之间也存在差距。“保护消费者权益”运动的兴起和消费者组织的建立，迫使企业必须对其产品和服务负责，并作出对质量的保证。所有这一切，使人们意识到单纯用统计检验手段已不能满足大规模的工业化生产的要求了，因为这时质量保证除与设备、工艺、材料、环境等因素有关外，与职工的思想意识、技术素质和企业的生产技术管理等也密切相关。

20 世纪 60 年代，美国的费根堡姆博士根据他积累的丰富的质量管理知识和经验，首先提出了全面质量管理的概念和一套完整的措施。同时美国质量管理与统计学家戴明博士创立了质量管理 PDCA 循环工作程序。其后这些思想被日本人融合贯通，经过生产实践的充实和完善，创造了日本式的全面质量管理。引发了日本的质量革命，创造了日本的战后工业奇迹。

（4）GB/T 19001—2008 标准与 ISO9000 标准　“ISO”是国际标准化组织的英文名称“International Standard Organization”的缩写，该组织是由各国标准化团体组成的世界性联合会，它所制定的系列标准，在世界各国得到了广泛采用。ISO9000 系列标准是在 ISO8402《质量——术语》的基础上产生的，由质量管理和质量保证技术委员会（ISO/TC176）制定的质量管理体系标准。

1987 年 3 月，ISO 正式公布了 ISO9000、ISO9001、ISO9002、ISO9003、ISO9004 五个标准，在 1994 年、2000 年和 2008 年，该系列标准又进行了第二次、第三次和第四次修订，在最新 2008 版 ISO9000 族标准中，包括 4 项核心标准：ISO9000、ISO9001、ISO9004、ISO9011。

我国采用了 ISO9000 系列标准，形成了我国的 GB/T 19001—2008 系列标准。2008 年 12 月 30 日，国家质量监督检验检疫总局、国家标准化管理委员会批准了 GB/T 19001—2008 系列标准，该标准自 2009 年 3 月 1 日起开始施行。

2. 2008 版 ISO9000 族标准的构成

2008 版 ISO9000 族标准由核心标准和其他支持性的标准和文件组成，见表 10-2。

表 10-2　2008 版 ISO9000 族标准的构成

2008 版 ISO9000 族标准	核心标准	ISO9000	质量管理体系　基础和术语
		ISO9001	质量管理体系　要求
		ISO9004	质量管理体系　业绩改进指南
		ISO19011	质量和（或）环境管理体系审核指南
	支持性标准和文件	ISO10012	测量控制系统
		ISO/TR10006	质量管理——项目管理质量指南
		ISO/TR10007	质量管理——技术状态管理指南
		ISO/TR10013	质量管理体系文件指南
		ISO/TR10014	质量经济性管理指南
		ISO/TR10015	质量管理——培训指南
		ISO/TR10017	统计技术指南
		小册子	质量管理原则
			选择和使用指南
			小型组织实施指南

注：编号中“TR”，表示该文件是技术报告。

五、工程项目质量管理计划

1. 质量计划的概念

国家标准 GB/T 19000—2008 对质量计划的定义就工程行业而言是指，确定项目应达到的质量标准和如何达到这些质量标准的工作计划与安排。

质量手册和质量体系程序所规定的内容是各种产品都适用的通用要求和方法。但各种特定产品都有其特殊性，通过质量计划，可将产品、项目或合同的特定要求与现行的通用的质量体系程序相联结。通常，质量计划引用质量手册或程序文件中的适用条款。质量计划应明确指出所开展的质量活动，并直接或间接通过相应程序或其他文件指出如何实施这些活动。

2. 质量计划的作用

质量计划是一种工具，其作用为：在企业内部，通过产品或项目的质量计划，使产品的特殊质量要求能通过有效的措施得以满足，是质量管理的依据；在合同情况下，供方可向顾客证明其如何满足特定合同的特殊质量要求，这是顾客实施质量监督的依据。

3. 质量计划的内容

质量计划的内容主要包括：编制依据；项目概况；质量目标；组织机构；质量控制及管理组织协调的系统描述；必要的质量控制手段，施工过程、服务、检验和实验程序等；确定关键工序和特殊过程及作业的指导书；与施工阶段相适应的检验、试验、测量、验证要求；更改和完善质量计划的程序。

4. 质量计划的编制

项目（或产品）的质量计划是针对具体项目（或产品）的特殊要求，以及应重点控制的环节，所编制的对设计、采购、施工、安装、检验等进行质量控制的方案。质量计划一般是由一系列文件组成的。开始编制质量计划时，可以从总体上考虑如何保证产品质量，可以是一个带有规划性的较粗的质量计划。随着设计、施工、安装工作的进展，再编制相应各阶段较详细的质量计划，如设计控制计划、施工控制计划、安装控制计划和检验计划等。质量计划应随设计、施工、安装的进度作必要的调整和完善。为编好质量计划，应注意以下问题：

1）项目经理必须亲自主持和组织质量计划的编制工作。

2）质量计划应体现从检验批、工序、分项工程、分部（子分部）工程到单位（子单位）工程的过程控制，且应体现从资源投入到完成工程质量最终检验和试验的全过程控制。

3）质量计划应成为对外质量保证和对内质量控制的依据。

5. 质量计划的实施

质量管理人员应按照分工控制质量计划的实施，并应按规定保存控制记录。当发生质量缺陷或事故时，必须分析原因、分清责任、进行整改。

6. 质量计划的验证

项目技术负责人应定期组织具有资格的质量检查人员和内部质量审核员验证质量计划的实施效果。当项目质量控制中存在问题或隐患时，应提出解决措施。对重复出现的质量问题，责任人应按规定承担责任，并应依据验证评价的结果进行处罚。

六、工程项目质量保证及其保证体系

工程项目建设质量体系由业主方的项目质量监控系统和承包方的项目质量保证体系构

成。在实行监理制的工程项目上，业主方的质量监控系统主要指以监理工程师为中心的质量监控系统；在总承包方式下，承包方的质量保证体系主要指总承包商的质量保证体系。工程项目建设质量体系的核心是承包商的项目质量保证体系，它是内因条件。如果承包商建立健全了企业的质量体系，那么建立承包商的项目质量保证体系就有了基础。

1. 明确项目质量目标

无论是业主方还是承包方的项目质量控制系统，都必须有明确的质量目标并符合一个总目标的要求。建立工程项目质量体系的第一步，就是业主和承包商的每一个组织都要明确并切实吃透自己的质量目标。

业主方要根据项目的生产工艺特性和国家有关标准、规范提出项目质量总目标，经过项目决策阶段的可行性研究及项目评估。在多方案论证比较及优化的基础上，最终通过设计任务书明确规定出项目的质量水平及标准，作为业主方质量控制系统的目标。工程发包后，工程承包合同（总承包合同、设计合同、施工合同）应明确地反映出设计任务书所确立的质量目标，并且详细规定出设计、采购、施工等的质量要求和标准。

承包方则以工程承包合同为基本依据，逐级分解目标以形成承包方在合同环境下项目质量保证体系的各级质量目标。项目质量目标的分解主要从两个角度展开：

1）从时间角度展开，实行全过程的控制。通过目标的展开，把整个项目所要达到的产品质量要求与总体施工计划联系在一起，按照施工进度的要求分解质量目标，明确什么时候达到什么样的质量标准。同时，在一些工程关键时期建立质量目标考核点，以便考核质量目标的完成情况。

2）从空间角度展开，实现全方位和全员的质量目标管理。通过目标的展开、把质量目标分解到项目实施的各个方面，包括项目的各专业部门、各专业队、各作业组、各工序和各岗位，以全面落实质量目标。

2. 编制工程项目建设质量计划

无论是业主方的项目质量监控系统，还是承包方的项目质量保证体系都应有可行的质量计划。工程项目质量计划可以根据工作环节划分为总体质量计划、设计质量计划、采购质量计划、施工质量计划、试车质量计划、试验检验质量计划、生产准备质量计划、建成后服务质量计划等。工程项目质量计划也可以按内容分为质量工作计划和质量成本计划。质量工作计划主要包括：质量目标的定性描述和定量描述；项目建设质量形成的各工作环节的责任、权限的明确和分配；采用的特定程序、方法和工作指导书；重要工序（工作）的试验、检验、验证和审核大纲；质量计划修订程序；为达到质量目标所采取的其他措施。质量成本计划是规定最佳质量成本水平的费用计划，是开展质量成本管理的基准。

3. 编制质量保证程序

工程项目质量保证程序是指承包商针对项目建设而建立的具体工作程序。包括按项目质量体系要素制定同类活动的质量体系程序，也包括详细的可独立操作的活动程序，如作业指导书等。工程项目质量保证程序是工程项目质量体系文件的核心内容，由承包商编制，业主或监理工程师评价认可。工程项目质量保证程序要详细具体，要明确记载程序的管辖范围，组织设置，各成员的责任、权限、业务范围、工作质量标准，各部门的信息关系、沟通方式，问题的处理方法、确认方法以及各项工作的时间、空间要求等。质量保证程序的核心内容是质量保证工作流程图，如图 10-2 所示。

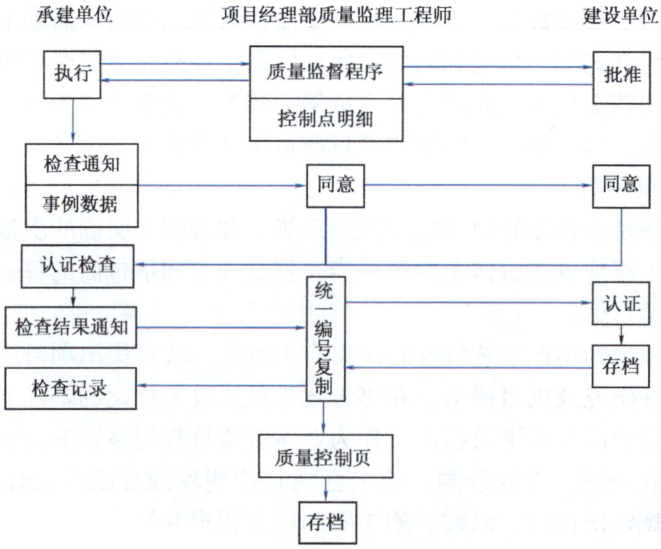

图 10-2 质量保证工作流程图

工程项目质量控制点要根据工程合同、质量技术标准规定的检查项目来确定。引进项目或在国外承包工程中，可参照技术标准结合有关特殊要求来确定。

工程项目质量控制点是分层次划分的。首先是按照工作环节划分设计质量控制点、采购质量控制点、施工质量控制点、试车质量控制点等；其次是在各工作环节内按专业（单位工程）划分，如土建工程、设备工程、管道工程质量控制点等；再次是在各专业工程（或单位工程）内按分部分项工程划分质量控制点；最后对重要工序设置质量控制点。

质量控制点划分的结果由总承包商（或监理工程师）以质量控制点明细表的形式编制出来，该表经业主认可后作为质量认可有效性的参考标准。

4. 准备工程项目质量记录表格

质量记录作为质量满足要求程度的客观依据，在工程项目建设质量体系实施中非常重要。为了使质量体系有效地运行，应当在建立工程项目建设质量体系时就准备好各种专业、工序、环节等部位检验的质量记录表格，这些表格要与企业（公司）的质量记录表相衔接，还要与质量控制点明细表相配套。

第二节 工程项目勘察设计质量管理

一、勘察设计质量的概念及控制依据

1. 设计质量的概念

搞好设计质量的控制，是确保工程质量、缩短工期、节约投资、提高经济效益的关键性工作。工程项目质量目标与水平，是通过设计使其具体化，据此作为施工依据。设计质量涉及面广，影响因素多，其影响因素如图 10-3 所示。

作为目标层，设计的项目首先应满足业主所需的功能和使用价值，符合业主投资的意

图。而业主所需的功能和使用价值，又受到资金、资源、技术、环境等因素的限制，这些因素都会使项目的质量目标与水平受到限制。

工程设计都必须遵守有关城规、环保、质量、防灾、抗灾、安全等一系列的技术标准和技术规程。实践证明，不遵守有关技术标准、法规，不但业主所需的功能和使用价值得不到保障，还有可能造成更大的危害和损失。因此，设计质量就是在严格遵守技术标准、法规的基础上，正确处理和协调资金、资源、技术、环境条件的制约，使设计项目能更好地满足业主所需要的功能和使用价值，能充分发挥项目投资的经济效益。

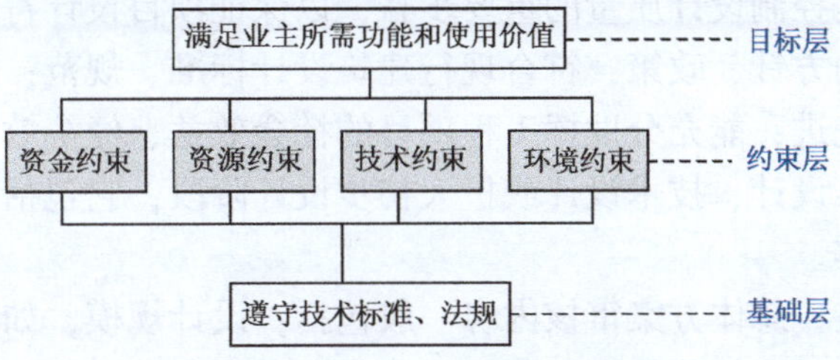

图 10-3 设计质量影响因素

2. 设计质量的控制依据

经国家决策部门批准的设计任务书，是项目设计阶段质量控制及评定的主要依据。设计合同根据项目设计任务书规定的质量水平及标准，提出工程项目的具体质量目标。因此，设计合同是开展设计工作质量控制及评定的直接依据。此外，作为设计质量控制及评定的依据还有：有关工程建设及质量管理方面的法律、法规，有关工程建设的技术标准，经批准的项目可行性研究报告、项目评估报告、项目选址报告，有关建设主管部门核发的建设用地规划许可证，反映项目建设过程及使用寿命周期的有关自然、技术、经济、社会协作等方面情况的数据资料。

二、勘察设计质量控制的要点

1. 设计准备中的质量控制

设计准备是提高项目设计工作质量的必经步骤，是项目规划阶段工作内容的自然延续。在设计准备中的质量控制主要包括以下几方面的工作：

（1）设计纲要的编制　在设计准备阶段，正确掌握建设标准，编制设计纲要是确保设计质量的重要环节。设计纲要是确定工程项目的质量目标、质量水平、反映业主的意图、编制设计文件的主要依据，是决定工程项目成效的关键。

设计纲要的内容一般包括：项目建设的目的和依据；项目的规模、产品方案和生产纲领；生产方法和工艺流程；矿产资源、水文、地质和原材料、燃料、动力、供水、供电、交通运输等协作配合条件；资源综合利用和“三废”治理的要求；建设地区和地点及占用土地的估算；防灾、抗灾要求，建设工期；投资控制额；要求达到的经济效益和技术水平等事项。对改建、扩建的大中型项目设计纲要，还应包括原有固定资产的利用和现有生产潜力的发挥情况。自筹资金的大中型项目设计纲要，还应注明资金、材料、设备的来源，并附有同级财政和物资部门签署的意见。

（2）组织设计招标或方案竞选　这项工作是在提出初步勘察任务，取得初步勘察报告后进行的。通过选择中标的设计方案，使得在设计单位的选择上引进了竞争机制，体现优胜劣汰。

(3) 签订设计合同 根据设计招标或方案竞选最后批准的设计方案，在对设计承包单位的资质进行审查认可后才与其签订设计合同，并在合同中写明承包方的质量责任。当工程项目位于城市规划地域内，设计方案还需向城市规划部门报批，设计单位应及时办理方案报批手续，并取得有关部门批准。

2. 设计方案的审核

设计方案的审核是控制设计质量的重要步骤，以保证项目设计符合设计纲要的要求；符合国家有关工程建设的方针、政策；符合现行建筑设计标准、规范；适应国情并结合工程实际；工艺合理、技术先进；能充分发挥工程项目的社会效益、经济效益和环境效益。设计方案的审核应贯穿于初步设计、技术设计或扩大初步设计阶段，它包括总体方案和各专业设计方案的审核两部分内容。

(1) 总体方案审核 总体方案审核内容一般包括：设计规模，如设计年生产能力、设计容量等；总建筑面积及组成部分的面积分配；生产工艺及技术水平，主要工艺设备选型等；建筑平面造型及立面构图，建筑总高度等；城市规划及市政方面的要求。

总体方案的审核，主要在初步设计时进行，重点审核设计依据、设计规模、产品方案、工艺流程、项目组成及布局、设施配套、占地面积、协作条件、三废治理、环境保护、防灾抗灾、建设期限、投资估算等的可靠性、合理性、经济性、先进性和协调性，是否满足决策质量目标和水平。

(2) 专业设计方案审核 专业设计方案的审核，重点是审核设计方案设计参数、设计标准、设备和结构选型、功能和使用价值等方面，是否满足适用、经济、美观、安全、可靠等要求。专业设计方案审核应从不同专业的角度分别进行，一般包括建筑、结构、通风、空调、厂内运输设计方案以及动力、供热、通信、给水排水、三废治理等工程设计方案。

对设计方案的审核，不是就方案论方案，单纯地讨论技术问题，而是要和投资联系起来。所以，设计方案的审核还应依据相应工程的投资概算资料，进行多方案的技术经济论证。

3. 设计图的审核

设计图是设计工作的最终成果，又是工程施工的直接依据。设计阶段质量控制的任务，最终还要体现在设计图的质量上。

(1) 业主（监理工程师）对设计图的审核 不同的阶段有不同的审核内容，主要是：

1）初步设计阶段。设计图的审核，侧重于工程所采用的技术方案是否符合总体方案的要求，是否达到项目决策阶段确定的质量标准，并同时审核相应的概算文件，做到限额设计。

2）技术设计阶段。技术设计图的审核侧重于各专业设计是否符合预定的质量标准和要求，并同时审核相应的修正概算文件。

3）施工图设计。对施工图的审核，应注重于反映使用功能及质量要求是否得到满足。对不同专业审核的内容主要是：①建筑施工图，简称“建施”：主要应审核房间、车间尺寸及布置情况，门窗及内外装修，材料选用，要求的建筑功能是否满足等；②结构施工图，简称“结施”：主要应审核承重结构布置情况，结构材料的选择，施工质量的要求等；③给水排水施工图，简称“水施”：主要应审核水处理工艺设备及管道布置和走向，加工安装的质量要求等；④电气施工图，简称“电施”：主要应审核供、配电设备，灯具及电器设备的布置，电气线路的走向及安装质量要求等；⑤供热、采暖施工图，简称“暖施”：主要应审核供热、采暖设备的布置和走向，加工安装的质量要求等。

（2）政府机构对设计图的审核　政府机构对设计图的审核主要内容有：

1）是否符合城市规划方面的要求。工程项目占地面积及界限；建筑红线；建筑层数及高度；立面造型及与所在地区的环境协调等。

2）工程建设对象本身是否符合法定的技术标准。如在安全、防火、卫生、三废治理等方面是否符合有关标准的规定。

3）有关专业工程设计的审核。如对供水、排水、供电、供热、供煤气、交通道路、通信等专业工程的设计，应主要审核是否与工程所在地区的各项公共设施相协调、相衔接等。

4. 施工图会审

为了严格工程设计质量的审查，加强设计与采购、施工、试车各个环节的联系，需要实行各环节负责单位共同参加的联合会审制度。联合会审时要充分吸收多方面意见，提高设计的可操作性和安全性。

施工图会审的内容包括：是否属于无证设计或越级设计，施工图是否经设计单位正式签署；地质勘探资料是否齐全；设计图与说明是否齐全，有无分期供图的时间表；设计地震烈度是否符合当地要求；几个设计单位共同设计的专业图相互间有无矛盾，专业图之间、平立剖面图之间有无矛盾，标注有无遗漏；总平面与施工图的几何尺寸、平面位置、标高等是否一致；防火、消防要求是否满足；建筑图与结构图的表示方法是否清楚，是否符合制图标准，预埋件是否表示清楚，有无钢筋明细表或钢筋的构造要求在图中是否表示清楚；施工图中所列各种标准图册施工单位是否具备；材料来源有无保证，能否代换，图中所要求的条件能否满足，新材料、新技术的应用有无问题；地基处理方法是否合理，建筑与结构构造是否存在不能施工、不便于施工的技术问题，或容易导致质量、安全、工程费用增加等方面的问题；工艺管道、电气线路、设备装置、运输道路与建筑物之间或相互间有无矛盾，是否合理；施工安全、环境卫生有无保证等。

三、工程项目设计方案的质量控制

根据工程设计开展的先后次序，工程项目设计方案质量控制的主要内容有：

1）收集和熟悉资料。包括：已批准的项目建议书、可行性研究报告、选址报告、城市规划部门的批文、土地使用要求、环保要求；工程地质和水文地质勘察报告、区域图、地形图；动力、资源、设备、气象、人防、消防、地震裂度、交通运输、生产工艺、基础设施等资料；有关设计规范、标准和技术经济指标等。

2）分析研究可行性研究报告和有关批文、资料，对项目总目标系统进行论证，分析设计准备阶段的投资、进度计划。

3）根据建设项目总目标的要求，编制方案竞选文件，组织设计方案竞选。

4）协调、落实外部有关条件，如水、电、气、热、通信、运输、消防、人防、环保等。

5）参与主要设备、材料的选型，对设计工作进行协调、控制，检查控制设计进度，按期完成设计任务。

6）组织对设计方案的评审或咨询，审查设计方案、设计图、概算和主要设备材料清单，保证各部分设计符合质量目标的要求，符合有关技术法规和技术标准的规定，保证有关设计文件、设计图符合现场和施工的实际条件，保证工程造价符合投资限额。

四、施工图设计的质量控制

1. 施工图设计阶段质量控制存在的主要问题

(1) 对设计阶段监理的重视程度不够高　虽然设计阶段对整个工程建设的影响大，但错误的认为：工程项目质量、投资、进度控制的重点是在施工阶段，甚至认为设计阶段的管理属政府管理职能，而且设计公司本身有一套完善的管理制度，花钱搞设计监理没有必要。这种观点，一方面造成了业主在工程项目设计阶段很少委托监理，另一方面，也影响了设计阶段监理的范围及深度。

(2) 设计阶段监理的成效急待提高　目前设计阶段监理的内容、手段等方面有许多不完善之处，并没有充分发挥高智能监理人员的作用，具体表现在：只重视对建筑方案的审查，而忽视对相应结构方案、设备方案的审查；只重视事后控制，而忽视事前、事中的控制，设计阶段监理并没有深入到工程设计中去，其监理手段多为事后的设计成果审查；忽视合同管理，设计合同中涉及双方责权利的条款粗略，确定合同标的的具体特征不具体，缺乏对合同履行情况的检查与监督；监理人员素质不高。

2. 施工图设计阶段质量控制

为了切实提高施工图设计质量，必须对设计过程中各目标进行事前指导、事中检查和事后审核的控制。落实好相应的组织、技术和经济措施，及时收集项目实施过程中有关目标值并与目标规划值进行比较，一旦发生偏差，应及时纠偏。

(1) 施工图设计的事前控制　主要内容有：

1）确定设计目标。制定设计目标时要充分考虑投资、进度与质量目标的辨证关系，质量目标应从适用性、可靠性、美观和环境协调等方面入手，明确使用功能要求、生产工艺要求、建筑装修标准和对主要设备的要求，以及占地、环保、环境协调等要求。

2）完善质量保证体系。设计合同签订后，设计单位应立即着手建立质量保证体系，进行检查并完善。质量保证体系是保证和提高设计质量的根本措施。

3）审核设计纲要。在满足项目总目标前提下，设计单位应制定项目设计各专业的设计控制子目标，并对各专业的设计纲要进行审核。

4）设置目标控制点。目标控制点就是重点控制的关键部位或薄弱环节。如结构专业中的结构体系和结构布置方案是否合理，新工艺是否可靠等。对这些目标控制点应预先提出，并制定预控措施，避免事后出现问题而引起返工。

(2) 施工图设计的事中控制　主要内容有：

1）参与各专业设计方案的定案工作。结合设计纲要及设计目标对各专业设计方案进行审核。在对各专业的设计方案进行审核比选时，不仅要从技术先进性方面审核，还要进行多方案的经济分析。做到各专业之间相互协调，并积极鼓励设计人员采用新技术。

2）定期对各子目标的质量情况进行检查。主要是分析检查专业之间设计成果的配套情况，从建筑使用功能、工艺路线、设备选型，以及施工难易程度等方面综合评价所采用的设计成果；审查依据资料的可靠性、计算数据的正确性、与国家规范及标准的相容性；核查设计力量是否能够切实保证质量。

3）协调设计各部门和专业的工作。一般大中型工程项目往往由若干个单项工程组成，可能由多个设计单位参与设计，一个单项工程的设计又由若干个专业构成，因此做好各单位各专业之间的协调工作是保证设计质量的重要条件。在协调时要落实任务和分工，确定重大设计原则，统一设计标准。此外还要加强与规划、消防、人防、防汛、环保、供电、供水、供气等部门和材料、设备供应商的协调工作。

（3）施工图设计的事后控制　主要内容有：审核施工图及预算；做好设计技术交底及后期现场服务工作；设计变更的控制；合同的管理，处理好索赔。

第三节　工程项目施工质量管理

一、工程项目施工质量管理的系统过程

施工阶段的质量控制是一个由对投入的资源和条件的质量控制（事前控制），进而对生产过程及各环节质量进行控制（事中控制），直到对所完成的工程产出品的质量进行检验与控制（事后控制）为止的全过程的系统控制过程。事前控制即施工前的准备阶段进行的质量控制；事中控制即施工过程中进行的所有与施工过程有关各方的质量控制，也包括对施工过程中的中间产品（工序产品或分部、分项工程产品）的质量控制；事后控制是指对于通过施工过程所完成的具有独立的功能和使用价值的最终产品（单位工程或整个工程项目）及其有关方面（例如质量文档等）的质量进行控制。质量监控的系统过程及其所涉及的主要内容如图 10-4 所示。

1. 施工阶段质量控制的依据

根据施工阶段质量控制适用的范围及性质，其控制依据大体上可分为以下两大类：

（1）质量控制的一般性依据　包括：

1）工程承包合同文件。文件中规定了承包商与业主在质量控制方面的权利和义务的条款。

2）设计文件。经过批准的设计图和技术说明书等设计文件，是质量控制的重要依据。

3）国家及政府有关部门颁布的有关质量管理方面的法律、法规性文件。如《建设工程质量管理条例》《建筑法》等法律、法规文件。这些文件规定了质量管理、质量监督等工作的要求，工程建设参与各方的质量责任、义务以及它们的资质等级的标准和认证，质量问题的处理等方面的内容。

（2）有关质量检验与控制的专门技术法规性依据　主要是针对不同行业、不同的质量控制对象而制定的技术法规性的文件，包括各种有关的标准、规范、规程或规定。技术标准有国际标准、国家标准、行业标准和企业标准之分。概括地说，属于这类专门的技术法规性的依据主要有：

1）工程项目质量检验评定标准。这类标准主要是由国家或部门统一制定的，用以作为检验和评定工程项目质量水平或等级所依据的技术法规性文件。

2）有关工程材料、半成品和构配件质量控制方面的专门技术法规性依据。如关于材料及其制品质量的技术标准，像水泥、钢材、绝缘材料以及其他材料或制品的质量标准等。

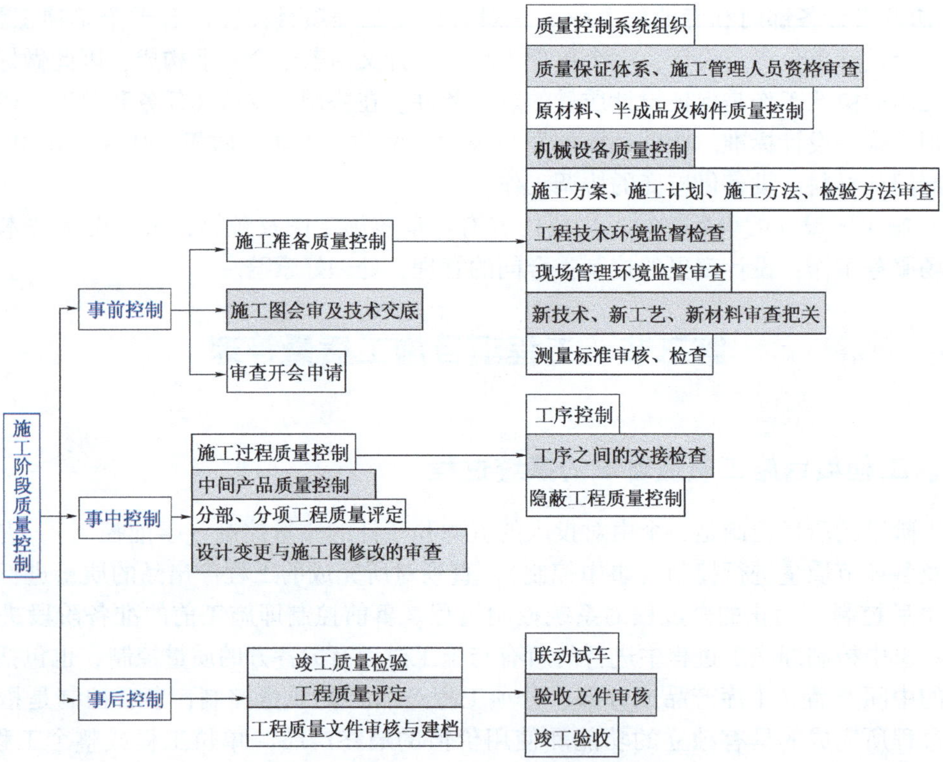

图 10-4　施工阶段质量控制系统

3）控制施工工序质量等方面的技术法规性依据。关于建筑安装作业方面的操作规程，如电焊操作规程等；关于工程施工及验收规范，如 GB 50300—2013《建筑工程施工质量验收统一标准》等。

4）采用新工艺、新技术、新方法的工程所制定的有关质量标准和施工工艺规程。应事先进行试验，并应具有权威技术部门的技术鉴定书及有关的质量数据、指标。

2. 质量控制的内容

主要有：确定控制对象，如一个检验批、一道工序、一个分项工程、安装过程等；规定控制标准，即详细说明控制对象应达到的质量要求；制定具体的控制方法，如工艺规程、控制用图表等；明确所采用的检验方法、检验手段；实际进行检验；分析实测数据与标准之间生成差异的原因；解决差异所采取的措施、方法。

二、工程项目施工质量控制方法概述

业主（监理工程师）在施工阶段进行质量监控主要是通过审核有关文件、报表、检查及试验的途径和相应的方法实现的。

1. 审核有关技术文件、报告或报表

这是对工程质量进行全面监督、检查与控制的重要途径。其具体内容包括：审查进入施工现场的分包单位的资质证明文件；审批施工承包单位提交的有关材料、半成品和构配件质量证明文件（出厂合格证、质量检验或试验报告等）；审核施工单位提交的反映工序施工质量的动态统计资料或管理图表；审核施工单位提交的有关工序产品质量的证明文件（检验记录及试验报告）、工序交接检查（自检）、隐蔽工程检查、分部分项工程质量检查报告等文件、资料；审批有关设计变更、修改设计图；审核有关应用新技术、新工艺、新材料、新结构等的技术鉴定书，审批其应用申请报告；审批有关工程质量缺陷或质量事故的处理报告；审核与签署现场有关质量技术签证、文件等。

2. 现场质量监督与检查

（1）现场监督检查的内容　主要有：

1）开工前的检查。主要是检查开工前准备工作的质量，能否保证正常施工。

2）工序施工中的跟踪监督、检查与控制。主要是监督、检查在工序施工过程中，人员、施工机械设备、材料、施工方法、操作以及环境条件是否处于良好状态，是否符合保证工程质量的要求。

3）对于重要的和对工程质量有重大影响的工序（例如预应力钢筋的张拉工序），还应在现场进行施工过程的旁站监督与控制，确保使用材料及工艺过程质量。

4）工序产品的检查、工序交接检查及隐蔽工程检查。在施工单位自检与互检的基础上，监理人员还应进行工序交接检查。隐蔽工程须经监理人员检查确认其质量后，才允许加以覆盖。

5）复工前的检查。当工程因质量问题或其他原因监理指令停工后，在复工前应经监理人员检查认可后，下达复工指令，方可复工。

6）分项、分部（子分部）工程完成后，应经监理人员检查认可后，签署中间交工证书。

7）对施工难度大的工程结构或容易产生质量通病的施工对象，监理人员还应进行现场的跟踪检查。

（2）现场质量检查的方法　对于现场所用原材料、半成品、工序过程或工程产品质量进行检查的方法有以下三类：

1）目测法。即凭借感官进行检查，也可以叫做感觉性检验。这类方法主要是采用看、摸、敲、照等手法对检查对象进行检查。

2）量测法。就是利用量测工具或计量仪表，通过实际量测结果与规定的质量标准或规范的要求相对照，从而判断质量是否符合要求。量测的手法可归纳为：靠、吊、量、套。

3）试验法。指通过进行现场试验或试验室试验等理化试验手段，取得数据，分析判断质量情况。包括理化试验和无损测试或检查。

三、施工质量控制的工作程序

为了保证工程施工质量，监理工程师（业主）应对工程建设对象的施工生产进行全过程、全面的质量监督、检查与控制，即包括事前的各项施工准备工作质量控制，施工过程中的控制，以及各单项工程及整个工程项目完成后，对建筑施工及安装产品质量的事后控制。同时，施工承包单位也应加强自己的内部质量管理，严格遵循质量控制的各道程序。

根据整个质量控制系统所涉及的内容，监理工程师（业主）和施工承包单位在施工阶段对质量控制方面应当遵循的质量控制工作流程如图 10-5 ~ 图 10-8 所示。

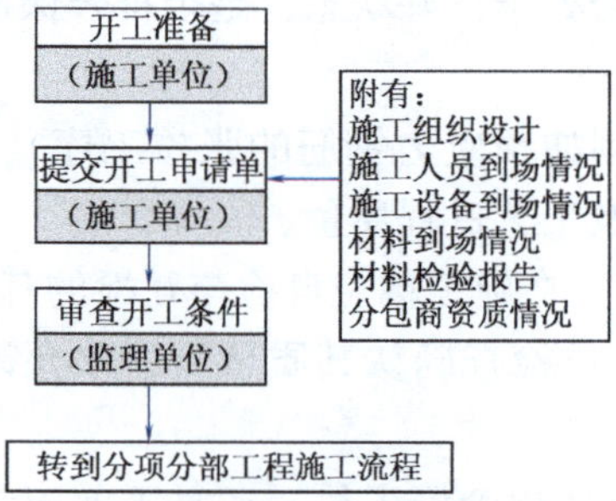

图 10-5　开工准备流程

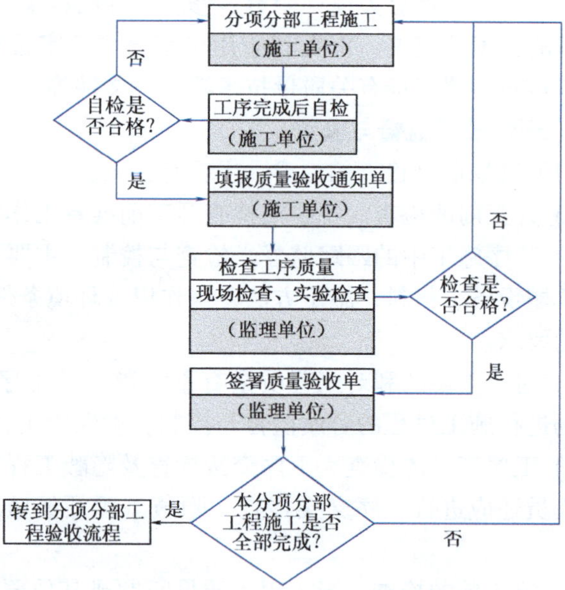

图 10-6　分项分部工程施工流程图

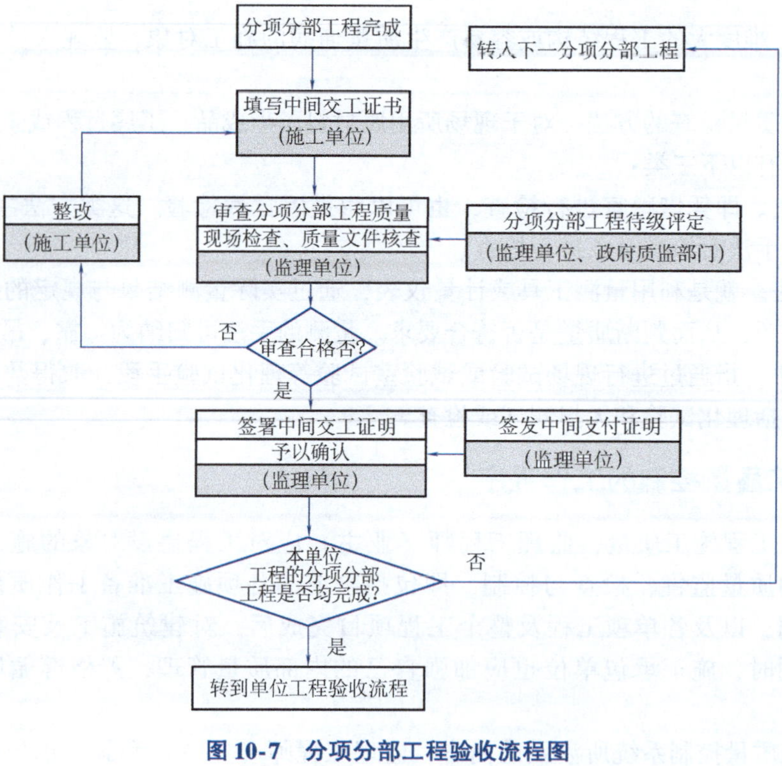

图 10-7　分项分部工程验收流程图

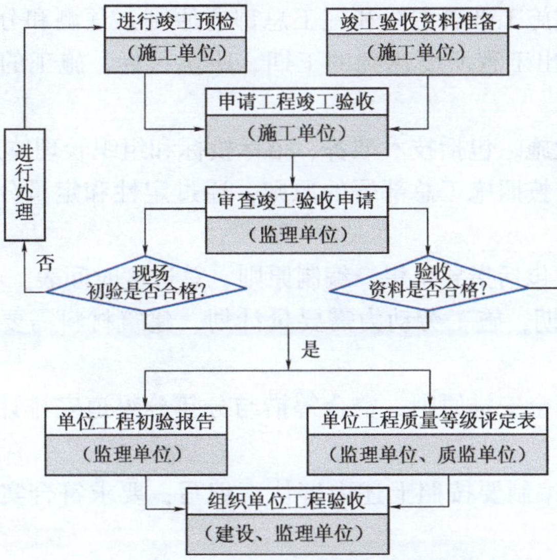

图 10-8　单位工程验收流程图

四、施工准备的质量控制

1. 施工准备工作

工程项目开工前的准备工作是保证建筑施工与安装顺利进行的重要环节，它直接影响工程建设的速度、质量和工程成本，因此必须予以重视。

由于建筑产品的多样性及建筑施工的流动性，每项建设工程都要单独地进行施工准备工作。施工准备工作的内容繁多，一般要延续到建筑安装施工的全过程，而且还需要分阶段进行。首先要进行建设项目开工前的全场性施工准备；一个单项工程开工前还要再进行单项工程的施工准备；在施工全过程中要进行经常性的作业准备和冬雨季施工准备等。从管理主体看，有建设单位的施工准备和施工单位的施工准备。

2. 建设单位的施工准备质量控制

在承发包合同签订后，建设单位、施工单位、监理单位都应对自己责任内的事情努力去做，都要为项目的按时开工积极创造条件，而建设单位的工作更不容忽视。建设单位责任内的准备工作质量控制主要是对其准备工作内容逐条逐项认真完成，为工程项目的开工创造一切有利条件。详细的建设单位的施工准备工作内容已在第七章第二节中作了叙述。这里重点阐述建设单位施工准备工作中施工组织设计大纲的编制及其质量控制内容。

大中型工程项目施工组织设计大纲是组织工程实施的指导性文件，也是降低工程造价、保证工程质量、控制总概算、合理安排项目工期、制订投资计划的主要依据之一。施工组织设计大纲应在初步设计批准后，由项目法人或项目法人委托设计单位编制。施工组织设计大纲不同于施工组织设计，施工组织设计大纲是编制和审核施工组织总设计的依据。施工组织设计大纲的编制内容与质量控制要求如下：

1）工程概况。

2）与工程相关的周围环境概况。指与工程建设有相互影响的工业和农业情况。

3）施工配套条件。指出可能相互影响的因素（包括文物和环境保护）和解决办法。

4）施工总部署。制定施工部署主线和施工总部署原则；预测和分析整个工程的资源需求和分年供给的可能；提出工程所要达到的工期、质量目标，施工的主要技术经济指标和要求。

5）施工准备与临建设施。包括技术准备、招标投标和组织管理体系等准备工作的安排。

6）施工总平面布置。按照施工总部署的原则，通过定性和定量分析，以文字和图表方式表现。

7）施工总进度计划。包括指导思想，编制原则，总进度时间表，各单项工程合理工期，设备到货、安装和调试工期，施工劳动力需要量计划、建筑材料需要量计划、施工图设计进度。

8）资金计划。包括资金安排原则，资金筹措与分年分渠道安排计划，其他工程费用使用计划。

施工组织设计大纲的编制要按照上述内容认真编写，要求符合实际，满足质量控制的要求。

3. 承包商的施工准备质量控制

详细的施工单位的施工准备工作内容已在第七章第二节中作了叙述。承包商的施工准备质量控制其重点是对承包商的技术准备的质量控制，而技术准备的质量控制的关键是施工项目管理实施规划（质量计划）的编制和审核。承包商施工技术准备中的施工项目管理实施规划的质量控制要求如下：

1）施工项目管理实施规划的编制、审查和批准要符合规定的程序。

2）施工项目管理实施规划应符合国家的技术政策，充分考虑承包合同规定的条件、施工现场条件及法规条件的要求，突出“质量第一、安全第一”的原则。

3）施工项目管理实施规划要具有针对性和可操作性。

4）技术方案要具有先进性。

5）质量管理和技术管理体系以及质量保证措施要健全且切实可行。

6）安全、环保、消防和文明施工措施应切实可行并符合有关规定。

综上所述，施工准备工作应贯穿于整个施工全过程中，既有阶段性又有连续性，必须按规定做好。各项准备工作达到规定程度即可申报开工。

五、施工过程的质量控制

施工过程的质量控制是施工阶段工程质量控制的重点。施工过程中质量控制的主要工作应当是：以工序质量控制为核心，设置质量控制点，进行预控，严格质量检查和加强成品保护。

1. 施工工序质量的控制

施工过程是由一系列相互联系与制约的工序而构成，工序是人、材料、机械设备、施工方法和环境等因素对工程质量综合起作用的过程，所以对施工过程的质量监控，必须以工序质量控制为基础，落实在各项工序的质量监控上。工序质量监控主要包括对工序活动条件的监控和对工序活动效果的监控。

（1）工序活动条件的监控　主要是指对于影响工序生产质量的各因素进行控制，也就是要使工序活动能在良好的条件下进行，以确保工序产品的质量。

1）施工准备方面的控制。即在工序施工前，应对影响工序质量的因素或条件进行监控。

2）施工过程中对工序活动条件的监控。工序活动是在经过审查施工准备的条件下展开的，对于施工过程中工序活动条件的监控，要注意各因素或条件的变化，如果发现某种因素或条件不利于工序质量，应及时予以控制或纠正。在各种因素中，投入施工的物品如材料、半成品等以及施工操作或工艺是最活跃和易变化的因素，应予以特别注意监督与控制，使它们的质量始终处于控制之中。工序质量监控内容如图 10-9 所示。

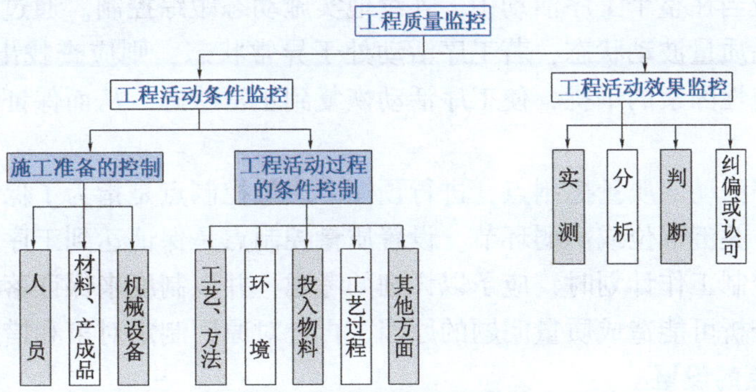

图 10-9 工序质量监控内容

(2) 工序活动效果的监控 工序活动效果的监控主要反映在对工序产品质量性能的特征指标的控制上。主要是指对工序活动的产品采取一定的检验手段进行检验，根据检验结果分析、判断该工序活动的质量（效果），从而实现对工序质量的控制。其监控步骤如下：

1）实测。即采用必要的检测手段，对抽取的样品进行检验，测定其质量特性指标。

2）分析。即对检测所得数据进行整理、分析、找出规律。

3）判断。根据对数据分析的结果，判断该工序产品是否达到了规定的质量标准；如果未达到，应找出原因。

4）纠正或认可。如发现质量不符合规定标准，应采取措施纠正；如果质量符合要求则予以确认。

2. 工序活动质量监控实施要点

实施工序活动质量监控，应当分清主次抓住关键，依靠完善的质量体系和质量检查制度，完成工序活动的质量控制。其实施要点如下：

(1) 确定工序质量控制计划 工序质量控制计划要明确规定质量监控的工作流程和质量检查制度，作为监理单位和施工单位共同遵循的准则。

(2) 进行工序分析，分清主次，重点控制 工序分析就是要在众多的影响工序质量的因素中，找出对待定工序重要的或关键的质量特性指标起支配性作用或具有重要影响的那些主要因素，以便能在工序施工中针对这些主要因素制定出控制措施及标准，进行主动的、预防性的重点控制，严格把关。工序分析一般可按以下步骤进行：

1）选定分析对象，分析可能的影响因素，找出支配性的要素。

2）针对支配性要素，拟定对策计划，并加以核实。

3）将核实的支配性要素编入工序质量表，纳入标准或规范。

4）对支配性要素落实责任，按标准的规定实施重点管理。

(3) 对工序活动实施动态控制跟踪　影响工序活动质量的因素可能表现为偶然性和随机性，也可能表现为系统性。前者表现为工序产品的质量特征数据以平均值为中心，上下波动不定，呈随机性变化，此时的工序质量基本上是稳定的，一般对产品质量影响不大，在管理上是容许的。而后者则表现为在工序产品质量特征数据方面出现异常大的波动或离散，其数据波动呈一定的规律性或倾向性变化，这种质量数据的异常波动通常是由于系统性的因素造成的，在质量管理上是不允许的，应要求施工单位采取措施设法加以消除。

施工管理者应当在整个工序活动中，连续地实施动态跟踪控制。通过对工序产品的抽样检验，判定其产品质量波动状态，若工序活动处于异常状态，则应查找出影响质量的原因，采取措施排除系统性因素的干扰，使工序活动恢复到正常状态，从而保证工序活动及其产品的质量。

(4) 设置工序活动的质量控制点，进行预控　质量控制点是指为了保证工序质量而确定的重点控制对象、关键部位或薄弱环节。设置质量控制点是保证达到工序质量要求的必要前提，在拟定质量控制工作计划时，应予以详细的考虑，并以制度来保证落实。对于质量控制点，一般要事先分析可能造成质量问题的原因，再针对原因制定对策和措施进行预控。

3. 质量控制点的设置

(1) 设置质量控制点应考虑的因素　设置质量控制点的目的是根据工程项目的具体特点，抓住影响工序质量的主要因素。就一个单位工程来说，应设置多少个质量控制点，在何处设置质量控制点，是由工程实践经验决定的。一般来说，应考虑的因素有：①施工工艺：施工工艺复杂时多设，不复杂时少设；②施工难度：施工难度大时多设，难度不大时少设；③建设标准：建设标准高时多设，标准不高时少设；④施工单位：施工单位信誉高时少设，信誉不高时多设。

(2) 选择质量控制点的原则　一般应考虑的原则是：①施工过程中的关键工序、关键环节；②隐蔽工程；③施工中的薄弱环节，质量不稳定的工序或部位；④对后续工序质量有重大影响的工序或部位；⑤采用新工艺、新材料、新技术的部位或环节；⑥施工单位无足够把握的工序或环节。

4. 工程质量的预控

工程质量预控，就是针对所设置的质量控制点或分部、分项工程，事先分析在施工中可能发生的质量问题和隐患，分析可能的原因，并提出相应的对策，制定对策表，采取有效的措施进行预先控制，以防止在施工中发生质量问题。质量预控和预控对策的表达方式主要有：①文字表达；②用表格形式表达的质量预控对策表；③用解析图形式表达的质量预控及对策。

5. 做好技术管理工作

工程施工过程中技术管理工作是保证施工质量的核心。主要工作有：

(1) 施工单位的质量检验　工程质量受多种主客观因素的影响，即使在严密的质量体系中运行也难免出现质量的波动，为了控制和保证质量，必须在工程实施后进行质量检验。

1）单位工程或分部分项工程开工前要对施工图进行会审。

2）技术负责人按照设计图、施工组织设计或施工技术方案，填写技术交底卡。

3）严格审查材料、设备合格证，对数据不全或有疑义的应进行复验。

4）对代用材料或产品，除有合格证外，还要具有技术签定证书和说明书，以及设计人员确认和业主同意的证明。

5）对施工中各种技术问题，要区分重要程度分别由总工程师、主任工程师及时组织技术人员研究处理，并且要做好记录。

6）对攻关性技术问题，发挥 QC 小组活动的作用，以加快技术攻关速度，提高工程质量。

多年来，我国施工企业总结了一套行之有效的施工质量检验制度和办法，如“三检一评”制度。“三检一评”是指自检、互检、交接检验和工程质量评定。

① 自检是对操作者自己和所在班组施工的工程进行检验的活动。它是在一个分项工程或部分分项工程结束后，在互检和交接检验之前进行的质量检验工作。自检工作是质量检验工作中最基础的一步。

② 互检是操作者之间对施工的工程相互进行检验的活动。一般是在同一工序操作者之间、下道工序与上道工序操作者之间、班组的质量检查负责人与本班组的施工者之间进行。通过互检可以纠正自检没有发现的差错，从而保证本工序质量。

③ 交接检验是互检的一种特殊形式，是本工序转入下道工序或由于其他原因需要更换施工班组时进行的交接检验。交接检验合格后，才能办理工序交接手续。交接检验是落实岗位责任制，贯彻“谁施工谁负责”原则的重要环节。

④ 工程质量评定是工程项目质量检测的重要内容之一。进行质量评定的目的在于：对建筑安装工程质量等级进行全面正确的评价；通过逐级的质量评定工作，可以起到把关和保证工程质量的作用，防止不合格产品交付使用；通过质量评定，统计质量指标的完成情况，可以直观地了解单项工程质量现状，发现存在的问题，及时采取措施，保证工程质量，确保质量目标的实现。

（2）业主（监理工程师）的施工质量检验　业主是工程项目的最终使用者，有权对项目建设各环节的质量进行检查、认可和最终验收。在委托监理体制下，该工作则由监理工程师实施。

1）施工过程中的旁站监督和现场巡视检查。在施工阶段，许多工程的质量问题是由于现场施工或操作不当或操作不符合规程、标准所致，只有通过监理人员的现场旁站监督与检查，才能发现问题并对不符合质量要求的及时进行纠正和严格控制。

2）在施工过程中严格实施技术复核制度。技术复核制度是施工阶段技术管理制度的组成部分。它要求在分项工程施工前，对各项技术工作进行复核性检查，严格把关，及早发现问题，及时纠正，防患于未然。技术复核工作主要包括隐蔽工程的检查验收、工序间交接检查验收和工程施工预检（或复核性预检）。技术复核的一般程序是：施工单位先向监理工程师提交有关质量资料（如隐蔽工程记录），然后监理工程师对照施工单位提交的质量文件进行检查、目测或试验等复核工作，若经检查、复核后证明其质量符合要求，则监理工程师予以书面确认，若发现与施工图或技术规程、标准等不符，则以书面形式指令施工单位改正或返工。

6. 加强成品保护

（1）成品保护的概念　成品保护是指在施工过程中，有些分项工程已经完成，而其他一些分项工程尚在施工；或者是在分项工程施工过程中，某些部位已完成，而其他部位正在施工，在这种情况下，施工单位必须负责对已完成部分采取妥善措施予以保护，以免因成品缺乏保护或保护不善而造成损伤或污染，影响工程整体质量。同时，监理人员应对施工单位所承担的成品保护工作的质量与效果进行经常性的检查。

(2) 成品保护的要求　在施工单位向业主或建设单位一方提出其工程竣工验收申请或向监理工程师提出分部、分项工程的中间验收时，其提请验收工程的所有组成部分均应符合与达到合同文件规定的或施工图等技术文件所要求的质量标准。

(3) 成品保护的一般方法　根据需要保护的建筑产品的特点不同，可以分别对成品采取“防护”“包裹”“覆盖”“封闭”等保护措施，以及合理安排施工顺序等来达到保护成品的目的。防护就是针对被保护对象的特点采取各种防护的措施，如对进出口台阶可垫砖或方木搭脚手板供人通过的方法来保护台阶等。包裹就是将被保护物包裹起来，以防损伤或污染，如铝合金门窗可用塑料布包扎保护等。覆盖就是用表面覆盖的办法防止堵塞或损伤，如对地漏、落水口排水管等安装后加以覆盖，以防止异物落入而被堵塞。封闭就是采取局部封闭的办法进行保护，如垃圾道完工后，可将其进口封闭起来，以防止建筑垃圾堵塞通道。合理安排施工顺序，主要是通过合理安排不同工作间的施工顺序先后以防止后道工序损坏或污染前道工序，如采取房间内先喷浆或喷涂而后安装灯具的施工顺序可防止喷浆污染、损害灯具。

六、工程施工质量验收

工程质量的评定是承包商进行质量控制结果的表现，也是竣工验收组织确认质量的主要法定方法和手段，主要由承包商来实施，并经第三方的工程质量监督部门或竣工验收组织确认。工程项目竣工验收是工程建设的最后一个程序，是全面检验工程建设是否符合设计要求和施工质量的重要环节。

建设项目质量验收应划分为单位（子单位）工程、分部（子分部）工程、分项工程和检验批。

1. 建设项目的划分

(1) 单位工程、分部工程和分项工程　建设项目、单位工程、分部工程和分项工程的概念和划分已在第一章第三节中作了叙述。从中可知道：单位工程是由若干分部工程组成，分部工程是由若干分项工程组成，分项工程是由一个或若干检验批组成。

(2) 检验批　检验批是指按同一的生产条件或按规定的方式汇总起来供检验用的，由一定数量样本组成的检验体。检验批可根据施工质量控制和专业验收需要按楼层、施工段、变形缝等进行划分。检验批的检验项目分为主控项目和一般项目。主控项目是建筑工程中的对安全、卫生、环境保护和公众利益起决定性作用的检验项目。一般项目是除了主控项目以外的检验项目。

2. 建设项目的质量验收

在对整个项目进行验收时，应首先评定检验批的质量，以检验批的质量评定各分项工程的质量，以各分项工程的质量来综合评定分部（子分部）工程的质量，再以分部工程的质量来综合评定单位（子单位）工程的质量，在质量评定的基础上，再与工程合同及有关文件相对照，决定项目能否验收。

(1) 检验批合格　其质量应符合下列规定：

1）主控项目和一般项目的质量经抽样检验合格。

2）具有完整的施工操作依据、质量检查记录。

检验批的质量验收记录应由施工项目专业检查员填写，监理工程师组织项目专业质量检查员等进行验收。

(2) 分项工程质量验收合格　应符合下列规定：

1）分项工程所含的检验批均应符合合格质量的规定。

2）分项工程所含的检验批的质量验收记录应完整。

分项工程质量应由监理工程师组织项目专业技术负责人等进行验收。

(3) 分部（子分部）工程质量验收合格　应符合下列规定：

1）分部（子分部）工程所含分项工程的质量均应验收合格。

2）质量控制资料应完整。

3）地基与基础、主体结构和设备安装等分部工程有关安全及功能的检验和抽样检测结果应符合有关规定。

4）观感质量验收应符合要求。

分部（子分部）工程质量应由总监理工程师组织施工项目经理和有关勘察、设计单位项目负责人进行验收。

(4) 单位（子单位）工程质量验收合格　应符合下列规定：

1）单位（子单位）工程所含分部（子分部）工程的质量均应验收合格。

2）质量控制资料应完整。

3）单位（子单位）工程所含分部工程有关安全和功能的检测资料应完整。

4）主要功能项目的抽查结果应符合相关专业质量验收规范的规定。

5）观感质量验收应符合要求。

单位（子单位）工程质量验收记录应由施工单位填写，验收结论由监理（建设）单位填写，综合验收结论由参加验收各方共同商定，由建设单位填写，应对工程质量是否符合设计和规范要求及总体质量水平进行评价。

(5) 施工现场质量管理检查记录　施工现场质量管理检查记录应由施工单位填写，总监理工程师进行检查，并做出检查结论。

第四节　工程项目质量事故处理

一、工程质量事故成因

1. 常见的工程质量事故原因

工程质量事故的表现形式多种多样，如结构倒塌、倾斜、错位、不均匀或超量沉陷、变形、强度不足、尺寸偏差过大等。总的来说，引发工程质量事故的原因有技术、管理、社会和经济等方面的原因。具体来说主要有：

1）违背基本建设程序。如未做好调查分析就拍板定案，未搞清地质情况就仓促开工，边设计、边施工等，这些经常是导致重大工程质量事故的重要原因。

2）违反有关法规和工程合同的规定。如无证设计、无证施工、越级设计、越级施工、转包或分包、擅自修改设计、投标过程中的不公平竞争等导致重大事故的原因。

3）对地基处理不当。如对软弱土、杂填土、冲填土、大孔性土或湿陷性黄土、膨胀土、红黏土洞、岩层等不均匀地基未进行处理或处理不当也是导致重大事故的原因。

4）设计计算问题。如盲目套用其他项目设计图，结构方案不正确，计算简图与实际受力不符，荷载取值过小，内力分析有误，沉降缝设置不当，悬挑结构未进行抗倾覆验算等，均是诱发质量事故的隐患。

5）建筑材料及制品不合格。如水泥安定性不良，预制构件断面尺寸不准，支承、锚固长度不足，未可靠地建立预应力值，漏放或少放钢筋，板面开裂等均可能出现断裂、坍塌事故。

6）施工与管理问题。如未经设计部门同意，擅自修改设计，或不按图施工；施工图未经会审就仓促施工，或不熟悉施工图，盲目施工；不按有关的施工规范和操作规程施工；管理混乱，施工方案考虑不周，施工顺序错误，技术交底不清，违章作业，疏于检查验收等，均可能导致质量事故。

7）自然条件的影响。如空气温度、湿度、暴雨、风、雷电等均可能成为质量事故的诱因。

8）建筑结构或设施的使用不当。如未经校核验算就任意对建筑物加层，任意拆除承重结构部位，任意在结构物上开槽、打洞、削弱承重结构截面等也会引起质量事故。

2. 质量事故的原因分析方法

引起质量事故的原因错综复杂，而且一项质量事故常常是由多种原因引起的，究竟哪类事故由何种具体原因引起，应对事故的特征表现以及其在施工中和使用时所处的实际情况和条件进行具体分析。对工程质量事故的原因分析可概括为以下的方法和步骤：

1）对事故情况进行细致的现场调查研究，充分了解与掌握质量事故或缺陷的现象和特征。

2）收集资料（如施工记录等），调查研究，摸清质量事故对象在整个施工过程中所处的环境及面临的各种情况。

3）分析造成质量事故的原因。根据对质量事故的现象及特征的了解，结合当时在施工过程中所面临的各种条件和情况，进行综合分析、比较和判断，找出最可能造成质量事故的原因。

对于某些工程质量事故，除要作上述的调查、分析外，还要结合专门的计算进行验证，才能做出综合判断，找出其真正的原因。

二、工程质量事故的分类

工程质量事故是指由工程质量不合格或质量缺陷，而造成或引发经济损失、工期延误或危及人的生命和社会正常秩序的事件。

根据我国有关质量、质量管理和质量保证方面的国家标准的定义，凡工程产品质量没有满足某个规定的要求，就称之为质量不合格。而没有满足某个预期的使用要求或合理的期望，则称之为质量缺陷，在建设工程中通常所称的工程质量缺陷，一般是指工程不符合国家或行业现行有关技术标准、设计文件及合同中对质量的要求。建筑工程的质量事故一般可按下述不同的方法分类。

1. 按事故造成的后果区分

(1) 未遂事故　发现了质量问题，经过及时采取措施，未造成经济损失、延误工期或其他不良后果者的事故。

(2) 已遂事故　出现不符合质量标准或设计要求，造成经济损失、工期延误或其他不良后果的事故。

2. 按事故责任区分

(1) 指导责任事故　指由于在工程实施中指导或领导失误而造成的质量事故。如由于赶工、追进度而放松或不按质量标准进行控制和检验，施工时降低质量标准等。

(2) 操作责任事故　指在施工过程中，由于实施操作者不按规程或标准实施操作，而造成的质量事故。如浇筑混凝土时随意加水，压实土方含水量及压实遍数不按要求控制操作等。

3. 按照事故造成的人员伤亡或直接经济损失划分

(1) 特别重大事故　造成30人以上死亡，或者100人以上重伤，或者1亿元以上直接经济损失的事故。

(2) 重大事故　造成10人以上30人以下死亡，或者50人以上100人以下重伤，或者5000万元以上1亿元以下直接经济损失的事故。

(3) 较大事故　造成3人以上10人以下死亡，或者10人以上50人以下重伤，或者1000万元以上5000万元以下直接经济损失的事故。

(4) 一般事故　造成3人以下死亡，或者10人以下重伤，或者100万元以上1000万元以下直接经济损失的事故。

三、工程质量事故防治

事故是一种不幸事件，它的发生给人们留下一些经验和教训，工程建设人员应该尽力做好事故的防范工作，本着“防患于未然”的原则，将事故消灭在萌芽之中。通常可以从工程技术、教育及管理三个方面采取预防措施。

1. 工程技术措施

工程技术措施内容广泛，具有代表性的有冗余技术和互锁装置。

假设一个系统由若干个体单元组成，如果其中任何一个个体单元出现故障都会造成整个系统出现故障，那么，这种组成方式称为“串联方式”。如果改进组成方式，使其中一个个体单元出现故障时，整个系统仍然能够正常工作，这种组成方式称为“并联方式”。这种因在系统中纳入了多余的个体单元而保证系统安全的技术，便是“冗余技术”，通常也称为备用方式。

互锁装置是一种常见的、重要的工程技术措施。“互锁”是指某种装置利用它的某一个部件或者某一机构的作用，能够自动产生或阻止发生某些动作或某些事情。互锁装置可以从简单的机械联锁到复杂的电路系统联锁。一旦出现危险，能够保障作业人员及设备的安全。

在工程实践中，安全保护措施即可采用冗余技术，如安全帽、安全绳、安全网形成对人身安全的立体保护，不至于一种保护措施失效就酿成事故。互锁装置应用较多是漏电保护措施，如采用一机一闸、保护接地、保险丝等措施来保护现场用电的安全。

2. 教育措施

教育措施通常以安全教育为主，安全教育一般包括安全知识教育、安全技术教育、安全思想教育、典型事故案例教育等，安全教育可采取多种形式，但最重要的是落到实处，深入人心。

3. 管理措施

工程项目从立项、设计、施工、验收、使用、维修等每一个过程都涉及管理的问题，就工程质量事故的防范而言，以下管理措施是值得借鉴的。

(1) 建立、健全建筑法律法规　国家提出的“质量终身负责制”对每一个工程技术人员都是一种严峻的考验，只有建立健全建设法规，并落到实处，才能规范建筑市场、预防事故的发生。

(2) 注重人员综合素质提高，建立培训制度　一项合格的建设工程需要各方面技术人员齐心努力才能完成，人员的综合素质包括技术素质、心理素质以及职业道德等。工程是靠人干出来的，因此对人员加强培训并形成制度十分必要。

(3) 建立事故档案，追究事故责任　从事故中汲取经验教训，建立事故档案是一项十分重要的工作。另外，应加大惩罚力度，严肃追查事故责任，照章办事，赏罚分明。培养人们的法律意识也十分必要。

四、工程质量事故处理的依据和程序

1. 工程质量事故处理依据

工程质量事故发生后，事故处理主要应解决的问题是搞清原因、落实措施、妥善处理、消除隐患、界定责任。但无论是分析原因、界定责任以及做出处理决定，都要以充分的、准确的有关资料作为决策基础和依据。工程质量事故处理，一般必须具备以下资料：

(1) 与工程质量事故有关的施工图　指施工图和设计说明等。

(2) 与工程施工有关的资料、记录　例如建筑材料的试验报告，各种中间产品的检验记录和试验报告（如混凝土试块强度试验报告），施工记录等。

(3) 事故调查分析报告　一般应包括的内容有：质量事故的情况；事故性质；事故原因；事故评估；设计、施工以及使用单位对事故的意见和要求；事故涉及的人员与主要责任者的情况等。

2. 工程质量事故处理程序

工程质量事故发生后，一般可以按以下程序进行处理，如图10-10所示。

(1) 发现工程出现质量缺陷或事故　应停止有质量缺陷部位和其有关部位及下道工序施工，需要时，还应采取适当的防护措施。同时，要及时上报主管部门。

(2) 进行质量事故调查　主要目的是要明确事故的范围、缺陷程度、性质、影响和原因，为事故的分析处理提供依据。调查力求全面、准确、客观。

(3) 在事故调查的基础上进行事故原因分析，正确判断事故原因　事故原因分析是确定事故处理措施方案的基础。只有对充分提供的调查资料、数据进行详细、深入的分析后，才能由表及里、去伪存真，找出造成事故的真正原因。

(4) 研究制定事故处理方案　事故处理方案的制定应以事故原因分析为基础。制定的事故处理方案应体现安全可靠、不留隐患、满足建筑物的功能和使用要求、技术可行、经济合

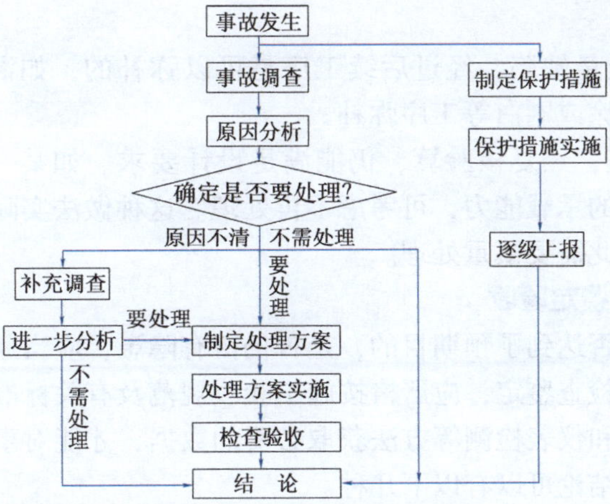

图 10-10 质量事故处理程序

理等原则。如果一致认为质量缺陷不需专门处理，则必须经过充分的分析、论证。

(5) 按确定的处理方案对质量缺陷进行处理 质量事故不论是否是施工承包单位的责任，质量缺陷的处理通常都是由施工承包单位负责实施。但如果不是施工单位方面的责任，则处理质量缺陷所需的费用或延误的工期，应给予施工单位补偿。

(6) 质量缺陷处理完毕 应组织有关人员对处理结果进行严格检查、鉴定和验收，由监理工程师写出“质量事故处理报告”，提交业主或建设单位，并上报有关主管部门。

五、工程质量事故处理方案的确定及鉴定验收

1. 事故处理方案的确定

质量事故处理方案，应当在正确地分析和判断事故原因的基础上进行，通常可以根据质量缺陷的情况，做出以下四类不同性质的处理方案。

(1) 修补处理 这是最常采用的一类处理方案。当工程的某些部分的质量虽未达到规范、标准或设计规定的要求，存在一定的缺陷，但经过修补后还可达到标准要求，又不影响使用功能或外观要求时，可以做出进行修补处理的决定。属于修补的具体方案有很多，如封闭保护、复位纠偏、结构补强、表面处理等。

(2) 返工处理 当工程质量未达到规定的标准要求，有明显的严重质量问题，对结构的使用和安全有重大影响，而又无法通过修补的办法纠正所出现的缺陷情况时，可以做出返工处理的决定。如某防洪堤坝填筑压实后，其压实土的干重度未达到规定的要求，核算结果将影响防洪堤坝的稳定和抗渗要求，就要进行返工处理，即挖除不合格土，重新填筑。

(3) 限制使用 当工程质量缺陷按修补方式处理无法保证达到规定的使用要求和安全的情况下，可以做出结构卸荷或减荷以及限制使用的决定。

(4) 不做处理 某些工程质量缺陷虽然不符合规定的要求或标准，但如果情况不严重，对工程或结构的使用及安全影响不大，经过分析、论证和慎重考虑后，也可做出不作专门处理的决定。可以不做处理的情况一般有以下几种：

1) 不影响结构安全和使用要求。如有的建筑物出现放线定位偏差，若要纠正则会造成重大经济损失，若其偏差不大，不影响使用要求，在外观上也无明显影响，经分析论证后，

可不做处理。

2）有些不严重的质量缺陷，经过后续工序是可以弥补的，如混凝土的轻微蜂窝麻面，可通过后续的抹灰、喷涂或刷白等工序弥补。

3）出现的质量缺陷，经复核验算、仍能满足设计要求。如某一结构构件断面做小了，但复核后仍能满足设计的承载能力，可考虑不再处理。这种做法实际上是挖掘设计潜力或降低设计的安全系数，因此需要慎重处理。

2. 质量事故处理的鉴定验收

质量事故的处理是否达到了预期目的，是否仍留有隐患，应当通过检查鉴定和验收做出确认。事故处理的质量检查鉴定，应严格按施工验收规范及有关标准的规定进行，必要时还应通过实际量测、试验和仪表检测等方法获取必要的数据，才能对事故的处理结果做出确切的结论。检查和鉴定的结论可以有以下几种：

1）事故已排除，可继续施工。

2）隐患已消除，结构安全有保证。

3）经修补、处理后，完全能够满足使用要求。

4）基本上满足使用要求，但使用时应有附加的限制条件。

5）对耐久性的结论。

6）对建筑物外观影响的结论等。

7）对短期难以做出结论者，可提出进一步观测检验的意见。

事故处理后，监理工程师还必须提交事故处理报告，其内容包括：事故调查报告，事故原因分析，事故处理依据，事故处理方案、方法及技术措施，处理施工过程的各种原始记录资料，检查验收记录，事故结论等。

第五节　工程项目质量控制的统计分析方法

一、质量统计数据

数据是进行质量控制的基础，是工程项目质量监控的基本出发点。在实际应用中，数据的产生依赖于抽样，根据样本的质量特征，对总体（如工序、产品）的质量特征做出科学的分析判断。

1. 数据的收集

数据的收集应建立在随机即机会均等的基础上，常用的方法如下：

（1）单纯随机法　这种方法是用随机数表、随机数生成器或随机数色子来进行抽样，广泛应用于原材料、购配件的进货检验和分项工程、分部工程、单位工程竣工后的检验。

（2）系统抽样　这种方法是每隔一定的时间或空间抽取一个样本的方法，其第一个样本是随机的，所以，又称为机械随机抽样法。这种方法主要用于工序间的检验，如混凝土的塌落度检验。

（3）二次抽样　又称二次随机抽样。当总体很大时，将总体分为若干批，先从这些批中随机地抽几批，再随机地从抽中的几批中抽取所需的样品。如对批量很大的砖的抽样就可按二次抽样的方法进行。

(4) 分层抽样　分层抽样是先将检验批分为若干层，然后从每层中抽取样本的方法，这种方法是为了使样本具有较好的代表性。如砂、石、水泥等散料的检验和分层码放的构配件的检验，都可用这种方法抽取样品。

2. 样本数据特征

统计推断是用样本的数据去分析、判断总体的质量状况，常用的样本数据特征值有均值、中位数、极值、极差、标准偏差、变异系数几种。

二、质量变异分析

1. 质量变异分析

分析生产过程中影响质量变化的因素可以判定生产过程是否稳定。影响质量的因素很多，可归结为4M1E，即人、机械、材料、方法及环境。由于这些因素，使产品质量间存在差异，这种差异称为质量的变异。

根据对质量的影响程度，在数理统计上，又把影响质量变异的因素分为偶然性因素和系统性因素两大类，区别一个因素究竟属于偶然性因素还是系统性因素，必须根据具体情况而定。

(1) 偶然性因素　又称随机性因素，如原材料的规格、型号都一致，但是材质不均匀；还有就是像一天中的温度、湿度的微小变化等，都会对工程质量产生影响，使工程质量产生微小的波动，这种质量的变异为正常变异，属于正常波动。质量的这种波动是不可避免的，所以，偶然性因素是无法或难以控制的因素。严格地讲，材质的不均匀或气候微小的变化也是可以设法消除的，但技术上不易识别和消除，经济上也不值得去消除，因为这种微小的波动在工程上是允许的。工程质量只是偶然性因素影响时，生产处于稳定状态，质量数据的大小、方向不确定，但都在平均值附近波动。

(2) 系统性因素　系统性因素是可控制的、易消除的因素。这类因素不经常发生，但对工程质量的影响较大。系统性因素有一定的规律，对工程质量的影响，其大小、方向均不变。如材料的规格、型号不对，则对工程质量影响很大，这时，质量的波动属于非正常波动，即非正常变异。

质量控制的目的（或目标）就是要查找异常波动的原因（即系统性因素）并加以排除，使质量只受随机性因素的影响。因此，生产处于稳定状态时，只有偶然性因素的影响，质量正常波动；若生产发生了异常波动，则既有偶然性因素，又有系统性因素的影响。

随着科学技术的发展，过去无法控制和管理的偶然性原因，逐渐会通过技术的进步来进行控制，保证提高产品质量的要求。两类因素在一定条件下可以相互转化,因而它们的区别是相对的，关键是要加强对它们的预测和控制。

2. 质量数据的波动

生产处于正常、稳定的情况下，质量数据具有波动性和统计规律性，一般符合正态分布。正态分布曲线如图10-11所示，它具有以下特征：

1）分布曲线对称于 $x=\mu$。

2）当 $x=\mu$ 时，曲线位于最高点。

3）曲线下所包围的面积为1，$\mu\pm3\delta$ 所围成的面积为99.73%。

总体呈正态分布用 $N(\mu, \delta^2)$ 表示，δ^2 称为总体的方差；样本呈正态分布用 $N(\bar{x}, S^2)$ 表示，S^2 称为样本的方差。

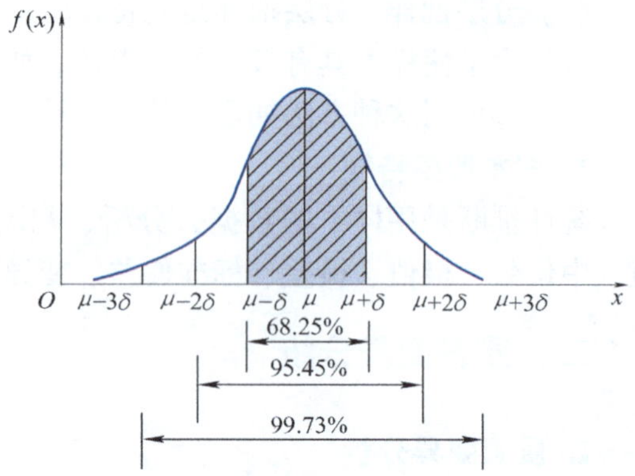

图 10-11 正态分布曲线

三、常用统计分析方法

工程中的质量问题，大多数可用简单的统计分析方法来解决，广泛地采用统计技术能使质量管理工作的效益和效率不断提高。质量控制中常用的七种工具和方法是：分层法、调查表法、排列图法、因果分析图法、相关图法、直方图法和控制图法。下面主要介绍排列图法、因果分析图法、直方图法。

1. 排列图法

排列图法又叫主次因素分析图或帕累特图（见图 10-12），是用来寻找影响工程（产品）质量的主要因素的一种有效工具。排列图由两个纵坐标，一个横坐标，若干个直方形和一条曲线组成。其中左边的纵坐标表示频数，右边的纵坐标表示频率，横坐标表示影响质量的各种因素。若干个直方形分别表示质量影响因素的项目，直方形的高度则表示影响因素的大小程度，按大小由左向右排列，曲线表示各影响因素大小的累计百分数。这条曲线叫帕累特曲线。一般把影响因素分为三类，累计频率在 0 ~ 80% 范围的因素，称为 A 类因素，是主要因素；在 80% ~ 90% 范围内的为 B 类，是次要因素；在 90% ~ 100% 范围内的为 C 类，是一般因素。

排列图的基本做法如下：

第一步，确定调查对象，收集数据并加以整理。

第二步，绘制排列图。

例如，某混凝土构件厂在一个时期不良品较多，需要查清原因。抽查了 1000 块预制板，其中 138 块板存在不同的质量问题。根据检查记录，按不良品数大小进行整理排列，算出频率和累计频率，如图 10-13 所示。

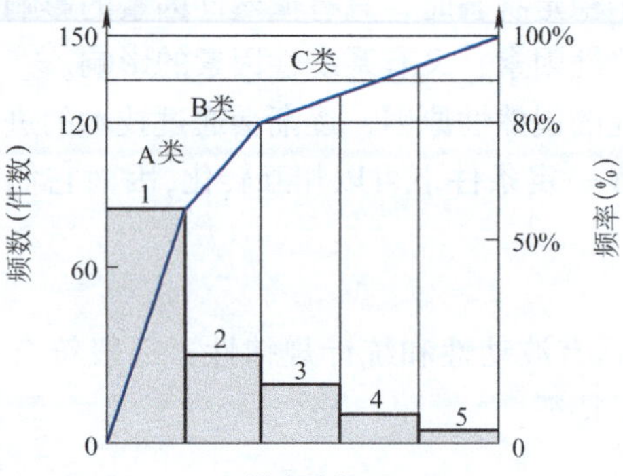

图 10-12 排列图

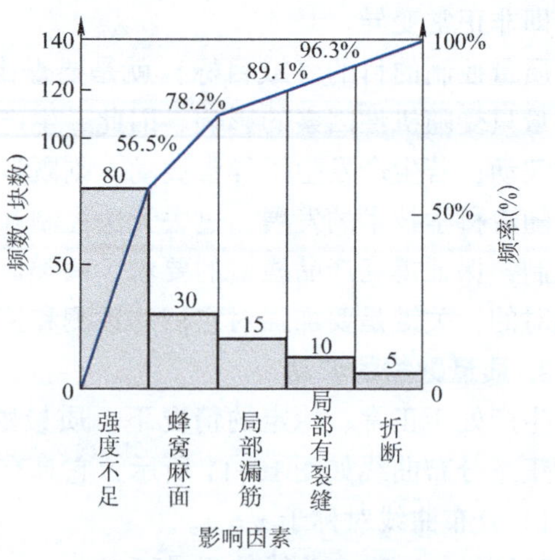

图 10-13 某厂预制板影响因素项目排列图

通过排列图可以看出哪一项是最主要的问题。具体就是要看直方形的高矮，哪个高就是影响质量的最主要因素。另外，从排列图可以看出各个因素在全部因素中占有的地位，以及消除某些因素可取得多大的效果。还可以利用排列图（见图 10-12）找出重点改进的项目，即 A 类因素，以便集中力量加以解决。采取措施后再画出排列图，并与采取措施前的排列图比较，可以看采取措施的效果如何。

2. 因果分析图法

因果分析图法又称特性要因图、树枝图或鱼刺图，是用来寻找质量问题产生原因的有效工具。

因果分析图的做法是：首先明确质量特性结果，绘出质量特性的主干线，也就是明确制作什么质量的因果图，如图 10-13 中预制板强度不足，把它写在右边，从左向右画上带箭头的框线。然后分析确定可以影响质量特性的大原因（大枝），一般有人、机械、材料、方法和环境五个方面。再进一步分析确定影响质量的中、小和更小原因，即画出中小细枝，如图 10-14 所示。

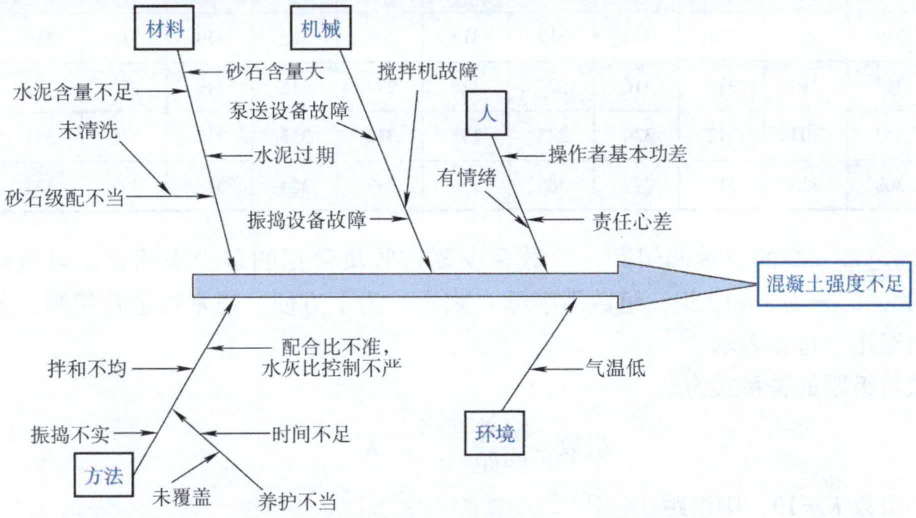

图 10-14　混凝土强度不足因果分析图

对重要的影响原因还要用标记或文字说明，以引起重视。最后对照各种因素逐一落实，制定对策，限期改正，只有这样才能起到因果分析的作用。

画图时应注意找准质量特性结果，以便查找原因。同时要广泛正确征求意见，特别是现场有实践经验人员的意见，并集中有关人员，共同分析，确定主要原因。分析原因要深入细致，从大到小，从粗到细，抓住真正的原因。

3. 直方图法

直方图又称为质量分布图、矩形图，它是对数据加工整理、观察分析和掌握质量分布规律，判断生产过程是否正常的有效方法。直方图还可用来估计工序不合格品率的高低、制定质量标准、确定公差范围、评价施工管理水平等。在直方图中，以直方图的高度表示一定范围内数值所发生的频数（频率）。据此可掌握产品质量的波动情况，了解质量特征的分布规律，以便对质量状况进行分析判断。下面举例来说明直方图的画法及应用。

(1) 直方图的画法 具体画法为：

1) 数据的收集与整理。例如某工地在一个时期内生产的C30混凝土，共做100组试块测试抗压强度，数据见表10-3。从表中找出全体数据中最大值为347N/10mm^2，最小值为274N/10mm^2，两者之差为73N/10mm^2，称为极差，用符号R表示。

表10-3 混凝土试块强度统计表 (单位：N/10mm^2)

序号	数据										最大值	最小值
1	323	310	326	301	320	311	327	316	294	319	327	294
2	322	320	287	310	295	314	317	309	318	316	322	287
3	314	341	314	340	335	326	309	308	316	304	341	304
4	315	327	326	320	324	317	327	294	317	316	327	294
5	309	329	314	308	331	330	313	329	317	316	327	294
6	303	304	306	309	310	314	330	313	319	318	330	304
7	319	309	311	313	319	313	308	305	314	313	319	305
8	317	316	322	316	327	326	274	316	319	320	327	274
9	347	303	312	320	343	335	316	313	316	310	347	303
	308	320	313	297	305	316	317	304	311	327	327	297

2) 确定直方图的组数和组距。组数多少要按收集数据的多少来确定。当数据总数为50~100时，可分为8~12组，组数用字母K表示。为了方便，通常可选定组数，然后算出组距，组距用字母h表示。

组数与组距的关系式为

$$\text{组数}=\frac{\text{极差}}{\text{组距}},\quad \text{即}\ K=\frac{R}{h}$$

本例组数$K=10$，则组距

$$h=\frac{R}{K}=\frac{73\text{N}/10\text{mm}^2}{10}=7.3\text{N}/10\text{mm}^2\approx 8\text{N}/10\text{mm}^2$$

3) 确定数据分组区间。数据分组区间应遵循以下的规则来确定：①相邻区间在数值上应当是连续的，即前一区间的上界值应等于后一区间的下界值；②要避免数据落在区间的分界上。为此，一般将区间分界值比数据值提高一级精度。在第一区间的下界值，可取最小值减0.5；上界值采用最小值减0.5加组距，具体到本例中设定如下：

第一区间下界值＝最小值$-0.5=(274-0.5)$ N/10mm^2 $=273.5$N/10mm^2

第一区间上界值＝最小值$-0.5+h=(274-0.5+8)$ N/10mm^2 $=281.5$N/10mm^2

第二区间下界值＝第一区间上界值$=281.5$N/10mm^2

第二区间上界值＝其下界值$+h=281.5$N/10mm^2 $+8$N/10mm^2 $=289.5$N/10mm^2

以下依此类推。

4) 编制频数分布统计表。根据确定的各个区间值，就可以进行频数统计。编制出频数分布统计表，见表10-4。

表 10-4 频数分布统计表

序号	分组区间/(N/10mm²)	频数	频率（%）	序号	分组区间/(N/10mm²)	频数	频率（%）
1	273.5～281.5	1	1	6	313.5～321.5	37	37
2	281.5～289.5	1	1	7	321.5～329.5	15	15
3	289.5～297.5	4	4	8	329.5～337.5	5	5
4	297.5～305.5	8	8	9	337.5～345.5	3	3
5	305.5～313.5	25	25	10	345.5～353.5	1	1
合计		频数	100	频率（%）	100		

5）绘制频数直方图。用横坐标表示数据分组区间，纵坐标表示各数据分组区间出现的频数。本例中混凝土强度频数直方图如图 10-15 所示。

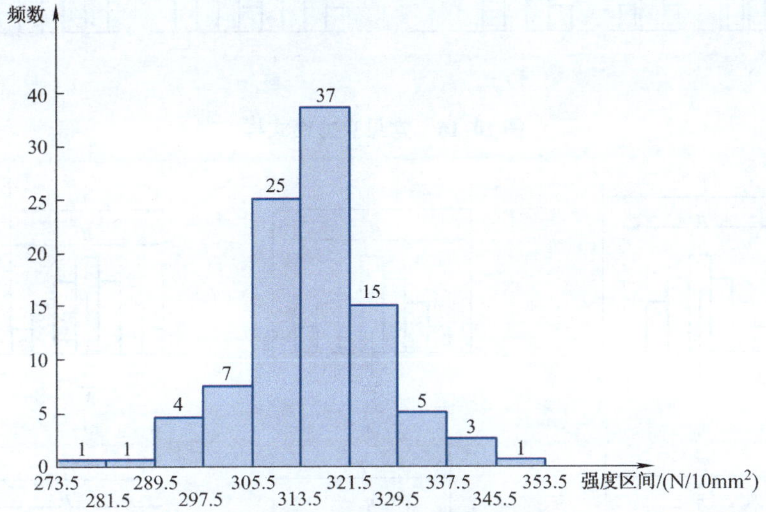

图 10-15 混凝土强度直方图

(2) 直方图分析　直方图的分析通常从以下两方面进行：

1）分布状态分析。对直方图的分布状态进行分析，可以判断生产过程是否正常，一些常见的直方图分析如下：①对称分布（正态分布）（见图 10-16a），说明生产过程正常、质量稳定；②偏态分布（见图 10-16b、c），由于技术上、习惯上的原因出现的偏态分布，属于异常生产情况；③锯齿分布（见图 10-16d），多数原因是由于分组的组数不当，组距不是测量单位的整倍数，或测试时所用方法和读数有问题所致；④孤岛分布（见图 10-16e），原因是由于少量材料不合格，短期内工人操作不熟练所造成；⑤陡壁分布（见图 10-16f），往往是剔除不合格品、等外品或超差返修后造成的；⑥双峰分布（见图 10-16g），一般是由于在抽样检查以前、数据分类工作不够好，使两个分布混淆在一起所致；⑦平峰分布（见图 10-16h），一般是生产过程中有缓慢变化的因素起主导作用的结果。

2）同标准规格比较。将正常型直方图与质量标准进行比较，判断实际施工（加工）能力。如图 10-17 所示，T 表示质量标准要求的界限，B 代表实际质量特性值分布范围。比较结果一般有以下几种情况：①B 在 T 中间，两边各有一定余地，这是理想的情况，如图 10-17a所示；②B 虽在 T 之内，但偏向一边，有超差的可能，要采取纠偏措施，如图 10-17b

所示；③B与T相重合，实际分布太宽，易大量超差，要采取措施减少数据的分散，如图10-17c所示；④B过分小于T，说明加工过于精确，不经济，如图10-17d所示；⑤由于B过分偏离T的中心，造成很多废品，需要调整，如图10-17e所示；⑥实际分布范围B过大，产生大量废品，说明工序能力不能满足技术要求，如图10-17f所示。

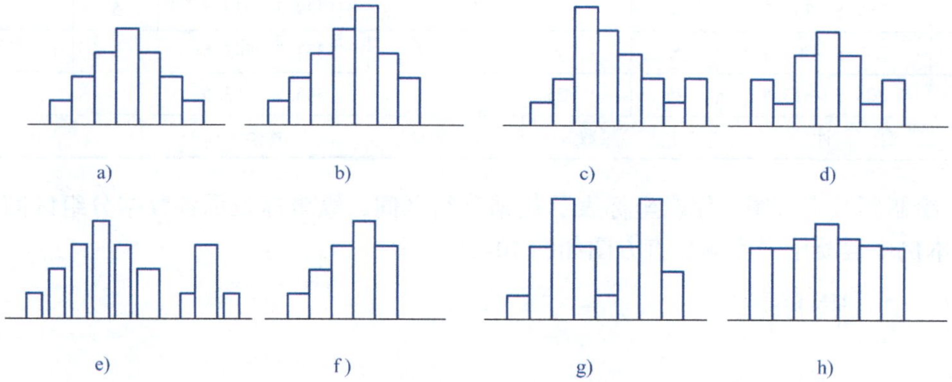

图10-16　常见直方图式样

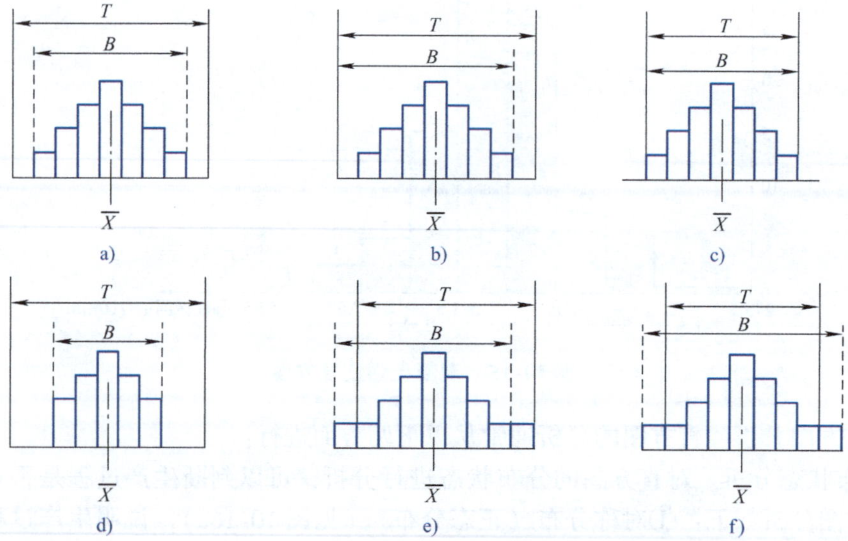

图10-17　实际质量分布与标准质量分布比较

四、抽样检验方案

对于主要的建筑材料、半成品或构件等，由于数量大，通常采取抽样检验。与全数检验相比较，抽样检验具有检验数量少，比较经济，所需时间较少等优点，适合于需要破坏性试验的检验项目。

1. 抽样检验的基本知识

（1）单位产品　单位产品是指构成产品总体的基本单位。对于建设项目的抽样检验，单位产品可认为是分部、分项工程。一个单位产品的任何一个特征不符合规定的技术要求，都称为单位产品不合格。如对于砌体的砌筑质量检验就要求砂浆的饱满度、砂浆的配合比、灰缝的均匀度（皮数）、墙面的平整度等均合格。不含有任何不合格的单位产品称为合格品，否则称为不合格品。建设项目合格即为所含所有分部分项工程均合格，否则，为建设项目不合格。

（2）检验批 检验批是指需要检验并且由各种型号的产品所组成的集合。检验批简称批。

1）检验批的构成。构成一个检验批的产品，要具备以下两个基本条件：①生产条件基本相同，包括设备、工艺过程、原材等；②产品的种类型号相同，如钢筋以同一品种、同一型号、同一炉号为一个检验批。

2）批量。一批产品所包含的单位产品总数叫做批量。国家建设主管部门对检验项目批量的大小有明确规定，一般地，质量不太稳定的产品以小批量为宜；质量很稳定的产品，批量可以取大些。

3）批质量的衡量方法。批质量是指单个提交检验批的质量。批质量依据被检单位产品质量特性值的种类不同可分别用计量方法或计数方法来衡量。计数法常用的质量指标有批不合格品率、每百单位产品不合格品数及每百单位产品不合格数等。计件质量特性的批质量用批不合格品率（见式10-1）或每百单位产品不合格品数（见式10-2）表示，计点质量特性的批质量用批内单位产品平均不合格数（见式10-3）或每百单位产品不合格数（见式10-4）表示。而计量法常用的质量指标有批平均值（见式10-5）、批标准差（见式10-6）和批不合格品率（见式10-7）。

$$批不合格品率=\frac{批中不合格品个数}{批量}\times 100\% \tag{10-1}$$

$$每百单位产品平均不合格数=\frac{批中不合格品个数}{批量}\times 100 \tag{10-2}$$

$$批内单位产品平均不合格数=\frac{批中所有产品不合格品个数}{批量} \tag{10-3}$$

$$每百单位产品不合格数=\frac{批中所有产品不合格品个数}{批量}\times 100 \tag{10-4}$$

$$批平均值\mu=\frac{批中单位产品质量特征值之和}{批量} \tag{10-5}$$

$$批标准差\sigma=\sqrt{\frac{\sum_{i=1}^{N}(x_i-\mu)^2}{N}} \tag{10-6}$$

$$批不合格品率P=\frac{批中产品质量特征值超出公差范围的件数}{批量} \tag{10-7}$$

式中，x_i 为批中第 i 个单位产品质量特性值。

（3）抽样检验方案的分类 抽样方案大致可以按以下特征进行分类：

1）按检验产品的质量特性分类。可分为：①计数抽样方案：指测量样本单位产品时用“计数”的方法，定性地把产品划分为合格（品）或不合格（品），判断批质量时，只用到样本中的不合格品数或不合格数，而不管样本中各单位产品的质量特性值如何；②计量抽样方案：指测量样本中每个单位产品的质量特性值，并计算出样本的平均质量特性值、标准差和不合格品数来判定批的质量水平。

这两类抽样方案的本质区别在于抽样检验的方法不同，前者采用计数方式，后者采用计量方式。

2）按抽取样本个数分类（或按抽样程序分类）。可分为：①一次抽样方案：即只需从批中抽取一个样本，根据样本的检验结果即可判定批合格与否的抽样方案；②二次抽样方案：从批中最多抽取两个样本检验后即可判定批合格与否的抽样方案；③多次抽样方案：从批中最多抽出两个以上的样本，才能判断批合格与否的抽样方案。

3）按交付产品是否形成批分类。可分为：①逐批抽样方案：指把产品集中成一批同时交付给检验人员，而且对每一批都分别进行抽样检验的抽样方案，这类抽样方案广泛用于成品的交付验收检验中；②连续抽样方案：是为了适应对流水作业线上的在制品的抽检而设计的检验方案，这主要是缺乏组成批的条件，如工序间紧密衔接，生产速度快或产品贮存场所不够，不能一批批堆集好再交付检验，可采用连续抽样方案。

4）按抽样方案是否调整分类。可分为：①调整型抽样方案：根据已抽检的交验批提供的质量信息，随质量的变化按转移规则变更方案，连续批的逐批检验，目前在抽样检验中应用最广泛；②非调整型抽样方案：不考虑产品批的质量历史，抽样方案也不变更，对孤立批的质量检验较为适宜，容易被检验人员掌握，如标准型抽样方案。

2. 抽样检验的目的

对于非破坏性检验，如果批量小且检验费用低，采用 100% 的检验是可行的。如果批量大或检验费用高，采用 100% 的检验是不可行的。对于破坏性检验，如钢筋质量鉴定、砌块的强度检测等，绝对不允许进行 100% 的检验，只允许抽样检验。

复习题

1. 工程项目质量管理的含义和内容是什么？
2. 简述施工图设计的质量控制。
3. 试述施工质量控制的工作程序。
4. 试述施工过程的质量控制内容。
5. 工程质量事故处理的依据和程序是什么？
6. 项目部质量管理部门对墙体混凝土施工质量进行了检测，得出质量检查统计结果见表 10-5。请用排列图的方法找出未达到预定目标的主要质量问题，并提出相应的防治措施。

表 10-5　混凝土墙体质量检查统计表

项　目	界面尺寸	表面平整度	预留洞口中心线位置偏移	蜂窝、孔洞	露筋	合计
检查点数	100	100	100	100	100	500
不合格点数	35	3	5	4	3	50

工程项目风险管理与信息管理

第十一章

【主要内容及学习要求】

本章主要介绍工程项目风险及信息管理的相关内容，要求熟悉工程项目风险管理的方法及流程，了解项目信息管理系统及辅助工具等相关知识。

第一节 工程项目的风险

一、风险的基本概念

1. 风险的含义

从不同的角度来考查风险，可以得到风险的不同含义。无论是保险学、经济学还是项目管理学等，由于着重点不一样，对风险的理解以及处理风险的方法就会有所差别。总体而言，风险是指在某一特定环境下，在某一特定时间段内，某种损失发生的可能性。从本质上讲，风险来源于不确定性，而不确定性则来源于信息的缺乏。一般来说，风险包含以下三个方面的含义。

(1) 风险的不确定性　风险是某些不确定性及其可能引起的偏离预定目标的不良后果的综合。不确定性与风险的概念紧密相连，但严格地说却有实质性区别。不确定性可能会产生损失，也可能带来收益，还可能是其他的后果，或者说，不确定性的后果可以是多样的。风险是一种不确定性，是人们不希望的后果发生的潜在可能性。相反，不确定性不一定是风险，因为有时不确定性的后果对事件或活动来说是正面的。

(2) 风险必然导致不良后果　从保险业的角度出发，往往更加强调风险所导致的不良后果，对于进行风险活动来获取更大的经济收益不是人们关心的重点。从工程项目管理的角度出发，重要的是如何预见在项目进行过程中可能出现损失或损害，并且考虑如何处理不利后果。基于这种考虑，风险可以被认为是一种必然会导致不良后果的不确定性，或者说是一种损失的不确定性，不会产生不良后果的不确定性一般不称为风险。

(3) 风险是可以度量的　从项目管理的实用性上说，区分风险和不确定性没有什么实际意义，特别是在项目成本估算、预测或是进度控制方面。但从理论上说，区分不确定性和风险是有价值的，不确定性的可能后果较为多样，难以进行度量；而风险是可以进行度量的，比较适合于保险，这也是风险的概念最早在保险中出现的原因。

2. 风险的属性

（1）风险的客观性和普遍性　作为损失发生的不确定性，风险的存在是不以人们的意志为转移的，这是因为决定风险的各种因素对于风险主体来说是独立存在的，不论风险主体是否意识到风险的存在，只要风险的诱因存在，一旦条件形成，风险就会导致损失。风险存在于项目的全生命周期内，风险是无处不在的。

（2）风险的偶然性和必然性　风险是客观存在的，但并不是任何一个风险因素最终都会演变为风险事件，风险事件的发生具有随机性、偶然性，有时需要一定的时间和诱因。由于工程项目环境的变化、项目的实施遵循一定的规律，所以风险的发生和影响也有一定的规律性。风险事件是否发生、风险的程度有多大、何时发生、发生之后造成什么样的后果，这些都是不确定的。从总体上说，风险事件的发生是必然的，但具体风险事件的发生却带有偶然性。

（3）风险的相对性　风险总是相对人类活动或事件的主体而言的，不同主体对风险的承受能力是不一样的，同样的风险对于不同的主体有不同的影响。风险主体对风险的承受能力受到收益大小、投入大小和风险主体的地位和拥有资源的影响，风险也因此具有相对性。当然，同一个风险主体对风险的承受能力也会因不同的活动、时间而异。

（4）风险的可变性　在项目实施的整个过程中，各种风险在质和量上是变化的。随着项目的进行，有些风险得到控制并消除，有些风险会发生并得到处理，同时在项目的每一阶段都可能产生新的风险。风险的可变性具有三层不同的含义：

1）风险性质的变化。某些风险事件随着时间的进程发生了变化，原来的风险事件或因素已经不再成其为风险。

2）风险量的变化。随着人们对风险的意识、预测和防范水平的变化，风险事件发生的概率和造成的损失也会发生变化。

3）原有风险因素会发生变化。随着人们管理水平的提高、技术的进步以及项目风险控制措施的运用，某些风险因素可能会消除，也可能会导致新的风险因素产生。

（5）风险的可测性　个别的风险事件是很难预测的，但可以应用现代技术手段对其发生的概率进行分析，并可以评估其发生的影响，同时利用这些分析预测的结果为决策者预防风险事件的发生、降低风险发生造成的损失提供服务。

二、工程项目风险的概念

项目的一次性使其不确定性要比其他一些经济活动大得多，因而项目风险的可预测性也就差得多，项目一旦出了问题，很难进行补救。从工程项目风险管理的角度来说，更重要的是如何能在预计的时间内，使项目在一定的安全水平下以合理的质量标准和工程造价完成。如果由于某种原因使项目不能达到上述目标，风险就出现了。

将工程项目作为考虑的对象，工程项目的风险可定义为：造成工程项目达不到预期目标的不确定性，或者说是指那些影响工程项目目标实现的、消极的不确定性。工程项目的目标是一个十分复杂的系统。工程项目的构思、目标设计、可行性研究、设计和计划都是基于对将来情况预测基础上进行的，是基于正常、理想的技术和管理与组织之上的。而在工程建设和运行过程中，这些因素都有可能会产生变化，都存在着不确定性。这些变化会使得原计划、方案受到干扰，使原定的目标不能实现。这些事先不能确定的内部和外部干扰因素，就是工程项目风险。

通常认为工程项目的建设是一项风险十分巨大的活动，工期延长和投资超标是一种十分普遍的现象，施工安全也往往是人们担心的主要方面。在考虑工程项目风险的时候，需要注意以下几点：

(1) 工程项目具有的单件性和多样性　每一个项目都在特定的时间、特定的场地上建造和安装，有自身的物理特性，经历不同的天气条件影响，以及不同时间的材料规格、价格，不同时间的管理和技术水平等。项目所具有的多样性客观上决定了任何项目都不可能完全一致。

(2) 参与工程项目活动的主体多　如业主、设计人、监理人、承包商及供货商等。不同的主体经济利益不同，立场和目标不同，承担的风险不同，对风险的理解和态度不同，对风险的承受能力也不同。

(3) 工程项目实施的过程长　工程项目在漫长的实施过程中，遇到的不确定性会很多，而且，不同阶段不确定性的出现频率和属性都会不同。对于工程项目来说，最大的不确定性往往存在于项目的早期。随着项目的进展，不确定性会逐渐减少。

(4) 项目各组成部分之间的关系复杂　项目各组成部分往往是互相制约、互相依赖的，而且项目的工作内容和项目所处的环境息息相关。只有认真地研究风险事件本身和环境以及两者之间的关系、相互影响和相互作用，才能正确识别所面临的风险。

(5) 工程项目的投资巨大　一旦项目的风险因素产生不良的后果，造成的损失往往是十分巨大的。因此，对风险的前期评估就显得尤为重要。

三、工程项目风险因素和风险承担主体

对于工程项目来说，参与项目建设活动的不同主体均存在不同形式的风险，要真正搞好项目的风险管理，必须界定其风险责任范围，而这种界定应主要依据合同的约定。一般的工程项目风险因素及其承担主体见表 11-1。

表 11-1　工程项目风险因素和风险承担主体

风险类型	风 险 因 素	风险主要承担主体
政治风险	政府政策，民众意见，意识形态的变化，宗教，法规，战争，恐怖活动，暴乱	业主，承包商，供应商，设计人，监理人
环境风险	环境污染，许可权，民众意见，国内/社团的政策，环境法规或社会习惯	业主，承包商，监理人
计划风险	许可要求，政策和惯例，土地使用，社会经济影响，民众意见	业主
市场风险	需求，竞争，经营陈旧化，顾客满意程度	业主，承包商，设计人，监理人
经济风险	财政政策，税制，物价上涨，利率，汇率	业主，承包商
融资风险	破产，利润，保险，风险分担	业主，承包商，供应商
自然风险	不可预见的地质条件，气候，地震，火灾或爆炸，考古发现	业主，承包商
项目风险	采购策略，规范标准，组织能力，施工经验，计划和质量控制，施工程序，劳动力和资源，交流和文化	业主，承包商
技术风险	设计充分，操作效率，安全性	业主，承包商

（续）

风险类型	风 险 因 素	风险主要承担主体
人为风险	错误，无能力，疏忽，疲劳，交流能力，文化，缺乏安全，故意破坏，盗窃，欺骗，腐败	业主，承包商，设计人，监理人
安全风险	规章，危险物质，冲突，倒塌，洪水，火灾或爆炸	业主，承包商

四、工程项目风险管理的工作流程

1. 风险管理的概念

工程项目风险管理就是工程项目管理实施者通过风险识别、风险估计和风险评价，并以此为基础合理地使用多种管理方法、技术和手段对项目活动涉及的风险实行有效的控制，采取主动行动，创造条件，尽量扩大风险事件的有利结果，妥善地处理风险事故造成的不利后果，以最少的成本保证安全、可靠地实现项目的总目标。

2. 风险管理的工作流程

（1）风险识别　工程项目的实施过程中存在众多风险，进行风险管理的第一步是要对风险进行识别，风险识别是风险管理的基础。

（2）风险评估　风险评估是对工程项目风险发生的条件、概率及风险事件对项目的干扰进行分析，并评估它们对项目目标的影响程度，从而确定该风险是否为项目实施者所接受。

（3）风险控制　风险控制包括两方面内容：一是根据识别和评估的风险，制定风险的应对措施，进而实施这些措施；二是风险监控，实施风险控制措施后，观察风险是否得到了有效的控制或避免，在措施实施过程中是否有新的风险发生，及时发现新风险并采取应对措施。

第二节　工程项目风险管理

一、风险识别

由于项目不同阶段的目标设计、工程设计和项目计划以及环境调查的深度不同，人们对风险的认识程度也不相同。但不管哪个阶段，都应先将对项目的实施过程和目标系统有影响的各种风险因素罗列出来，然后采用系统的方法加以分析。

1. 风险识别的定义与步骤

（1）风险识别的定义　风险识别是指风险管理人员在收集资料和调查研究之后，运用系统论的方法对项目尚未发生的潜在风险以及客观存在的各种风险进行系统归类和全面识别。

（2）风险识别的步骤　风险识别包括以下几个阶段：收集资料、分析不确定性、确定风险事件和编制风险识别报告。

1）收集资料。只有得到广泛的资料和数据才能有效辨别风险。应主要收集的资料和数据有：①工程项目环境方面的数据资料；②类似工程的有关数据资料；③工程的设计、施工文件等。

2）分析不确定性。在基本数据收集的基础上，应对如下几方面进行分析：①不同建设阶段的不确定性分析；②不同目标的不确定性分析；③工程结构的不确定性分析；④工程建设环境的不确定性分析。

3）确定风险事件并将其归纳、分类。在工程项目不确定性分析的基础上，进一步分析这些不确定因素引发工程项目风险的大小，然后对这些风险进行归纳、分类。

4）编制工程项目风险识别报告。在工程项目风险分类的基础上，应编制风险识别报告。该报告是风险识别的成果，报告中应列出已识别出的风险、潜在的工程项目风险和工程项目风险征兆。

2. 风险识别的内容与方法

风险识别的主要内容有：识别引起风险的主要因素，识别风险的性质，识别风险可能引起的后果。项目风险识别过程中一般要借助一些方法和工具，从而使得风险识别的过程效率高、操作规范并且不易产生遗漏。目前比较常用的方法有：德尔菲法、头脑风暴法、情景分析法、核对表法、面谈法、WBS 分析法、流程图分析法、财务报表分析法等。

工程项目风险识别是一个相当复杂且具有独特性的过程。作为风险管理者必须要结合具体项目的实际情况，灵活采用多种风险识别方法，同时在风险管理实践中不断积累经验，才能更好地识别出工程项目中的风险因素。

二、风险评估

项目风险评估包括风险估计与风险评价两个内容。风险评估的主要任务是对风险发生概率、风险后果严重程度、风险影响范围大小以及风险发生时间进行估计和评价。

1. 风险分析

（1）风险分析的概念　风险分析是对风险的规律性进行研究和量化分析，而风险识别是从定性的角度去了解和认识风险因素。

（2）风险分析的内容　风险分析包括风险衡量与风险评价两部分内容。风险衡量主要是对单一风险因素的估计，包括风险发生的概率、影响范围以及可能造成损失的大小；风险评价主要是探讨多种风险因素对项目目标的总体影响。

（3）风险分析的目的　风险分析的目的主要是：①确定单个风险的概率、影响程度和风险量的大小；②确定风险大小的先后顺序；③确定多个风险事件间的内在联系；④将工程项目中的风险转化为机会。

2. 风险的衡量

（1）风险衡量的定义　风险衡量是指对工程项目中各个阶段风险事件发生的可能性大小、可能出现的结果、可能发生的时间和影响范围等进行的估计。

（2）风险衡量的内容　风险衡量的内容包括：①风险发生的可能性（P）；②风险的影响和损失估计（Q）；③风险量（R）；④风险发生的时间。

3. 风险评价

（1）风险评价的步骤　风险评价分以下三步：

1）确定项目风险评价标准。工程项目风险评价标准是工程项目主体针对不同项目风险确定的可以接受的风险率。

2）确定评价时的工程项目风险水平。包括单个风险水平和整体风险水平，工程项目整体风险水平是综合了所有风险事件之后确定的。

3）比较。将工程项目单个风险水平和单个评价标准，整体评价标准和整体风险水平进行比较，进而确定其是否在可接受的范围之内，或考虑采取何种风险应对措施。

（2）风险评价的方法 在工程实践中，风险识别、风险衡量和风险评价常常互相重叠，需要反复交替进行，因此，具体方法也是互通使用的。工程项目风险评价常用方法有调查与专家打分法、层次分析法（AHP）、模糊数学、统计数学、敏感性分析、蒙特卡罗模拟、CIM模拟、影响图等。其中，前两种方法侧重于定性分析，中间三种方法侧重于定量分析，后三种方法侧重于综合分析。

三、风险控制

风险控制就是运用风险管理技术对风险所采取的对策、措施，风险控制策略是项目实施策略的一部分。通常对风险可采取的控制对策主要有：

1. 减轻风险

减轻风险的目标是降低风险发生的可能性或减少后果的不利影响。其具体目标，则在很大程度上取决于风险是已知风险、可预测风险还是不可预测风险。对于已知风险，项目管理者可以在很大程度上加以控制，可以动用项目现有资源减少风险。可预测风险或不可预测风险是项目管理者很少或根本不能够控制的风险，直接动用项目资源一般难以收到较好的效果，必须进行深入细致的调查研究。

2. 预防风险

预防策略通常采取有形或无形的预防手段。其中，有形的预防手段包括防止风险因素出现、减少已存在的风险因素及将风险因素同人、财、物在时间和空间上隔离。无形的预防手段有教育法和程度法。

3. 转移风险

转移风险又叫合伙分担风险，其目的不是降低风险发生的概率和不利后果的大小，而是借用合同或协议，在风险事故一旦发生时将损失的一部分转移到项目以外的第三方身上。转移风险有控制型非保险转移、财务型非保险转移和保险三种形式。控制型非保险转移，转移的是损失的法律责任，它通过合同或协议，消除或减少转让人对受让人的损失责任或对第三者的损失责任；财务型非保险转移是转让人通过合同或协议寻求外来资金补偿其损失；保险是通过专门的机构，根据有关法律，运用大数法则，签订保险合同，当风险事故发生时，就可以获得保险公司的赔偿，从而将风险转移给保险公司，如建筑工程一切险、安装工程一切险和建筑安装工程第三者责任险。

4. 回避风险

回避风险是指当项目风险潜在威胁发生的可能性太大，不利后果也太严重，又无其他策略可用时，主动放弃项目或改变项目目标与行动方案，从而回避风险的一种策略。通过回避风险，可以在风险事件发生时完全彻底地消除某一特定风险可能造成的种种损失，而不仅仅是减少损失的影响程度。回避风险是对所有可能发生的风险尽可能地回避，这样可以直接消除风险损失。回避风险具有简单、易行、全面、彻底的优点，能将风险的概率保持为零，从而保证项目的安全运行。

回避风险的具体方法有：放弃或终止某项活动，改变某项活动的性质，放弃某项不成熟工艺，如初冬时期，为避免混凝土受冻，不用矿渣水泥而改用硅酸盐水泥等。在采取回避风险时，应注意：①当风险可能导致损失频率和损失幅度极高，且对此风险有足够的认识时，这种策略才有意义；②当采用其他风险策略的成本和效益的预期值不理想时，可采用回避风险的策略；③不是所有的风险都可以采取回避策略，如地震、洪灾、台风等不可抗力因素发生时；④回避风险只是在特定范围内及特定的角度上才有效，因此，会出现避免了回避某种风险的同时又产生另一种新风险的情况。

5. 自留风险

自留风险又称承担风险，它是一种由项目组织自己承担风险事故损失的措施。项目管理者可以把风险事件的不利后果自愿接受下来。自愿接受可以是主动的，也可以是被动的。

自留风险可分为：主动自留风险与被动自留风险，全部自留风险和部分自留风险。主动自留风险又称计划性承担，是指经合理判断、慎重研究后将风险承担下来，通常有以准备金的方式自留和以基金的方式自留两种。被动自留风险是由于疏忽未探究风险的存在或损失过小而承担下来，属非计划性的承担。全部自留风险是对那些损失频率高、损失幅度大，且当最大损失额发生时，项目组织有足够的财力来承担时采取的方法。部分自留风险是依靠自己的财力，处理一定数量的风险。

6. 后备措施

有些风险要求事先制定后备措施，一旦项目实际进展情况与计划不同，就动用后备措施。主要有费用、进度和技术三种后备措施。

第三节 工程保险

一、保险的定义及职能

1. 保险的定义

“保险”通常意义下是指商业保险，即通过合同形式，运用商业化经营原则，由专门机构向投保人收取保险费，建立保险基金，用作对被保险人在合同范围内的财产损失进行补偿，对人身伤亡以及年老丧失劳动能力者经济损失给付的一种经济保障制度。

2. 保险的职能

保险是依靠多数成员的分摊而集中起来的保险基金，用来补偿少数成员因灾害事故所造成的经济损失和因死亡丧失劳动能力所带来的经济困难的一种方法。这就决定了保险从产生的那天起，就具备了两个固有的基本职能，即分摊和补偿职能。

（1）分摊职能　分摊职能是指把参加保险的少数成员因自然灾害或意外事故所造成的损失，分摊给多数成员来承担。保险的主要特征就是分散风险，分摊损失，起到互助共济的作用。正因为保险具有这种分摊损失的职能，才使保险深受欢迎，成为了现代经济社会的一个重要标志。

（2）补偿职能　补偿职能是指把参加保险的全体成员建立起来的保险基金用于少数成员因遭遇自然灾害或意外事故所受损失的经济补偿。分摊损失本身不是目的，目的是为了补偿损失，通过补偿损失来抵抗灾害、保障经济活动的顺利进行以及给予受损者相应的经济补偿。

分摊和补偿这两个职能是相互联系、相辅相成和互不可缺的。分摊是补偿的前提，补偿是分摊的目的；没有分摊就无法补偿，没有补偿也就无须分摊。

二、工程保险的发展

工程保险（Engineering Insurance）是对建筑工程、安装工程及各种机器设备因自然灾害和意外事故所造成的物质财产损失和第三者责任进行赔偿的保险。它以各种工程项目为主要的承保对象。

从工程保险的发展进程来看，它是适应现代工程技术和建筑业的发展的，由火灾保险、意外伤害保险及责任保险等演变而成的一类综合性财产保险险种。工程保险最早起源于英国锅炉爆炸保险，在20世纪30年代末以后迅速发展起来。第二次世界大战后，随着建筑、安装业的发展，在欧洲保险市场上出现了一种非传统的工程保险——工程意外事故保险。该险种根据火灾保险、责任保险、其他意外伤害保险的原理对机器本身损失除外的所有工程及机械设备的意外损毁提供保险保障，被称为“一切险”。究其原因，来自两个方面：一方面，欧洲是第二次世界大战的主要战场之一，许多建筑物遭到了战争的严重破坏，战后各国为了恢复和发展经济，进行了大规模的工程建设。在大规模的重建过程中，承包人为转嫁工程建设期间的各种风险，产生了对建筑工程保险的需求。于是，建筑工程保险一开始就以“一切险”的面目出现，成为工程保险的主要业务，并带动了安装工程保险等险种的发展。另一方面，随着各种大规模工程建设的开展，为完善承包合同条款，在承包合同中引进了承包人投保工程保险的义务，也对工程保险起了极大的推动作用。1945年，英国土木建筑业者联盟、工程技术协会及土木建筑者协会共同研究并制定了《承包合同标准化条款》，并引入了承包人投保工程保险的义务。1950年，国际土木工程师和承包建筑工程师组织制定了标准的《土木建筑工程合同条款》，规定要求承包人办理保险，对建筑、安装工程各关系方的权利和义务作了明确规定，从而为建筑、安装工程保险成为世界性的财产保险险种奠定了基础。目前，国际咨询工程师协会所编写的FIDIC合同文本中，对工程项目不同参与主体的责任和保险作出了比较恰当的安排（见表11-2）。于是，土木工程，特别是大型土木工程的保险得到迅速的发展。

表11-2 FIDIC合同中不同合同主体的保险安排

风　险	业　主	工　程　师	承　包　商
1. 工程造成的损失和损害			
（1）战争；暴乱、骚乱或混乱	—	—	—
（2）核装置和压力波风险、危险的爆炸	—	—	—
（3）不可预见的自然力	建筑工程一切险		
（4）运输中的损失和损坏	—	—	运输保险
（5）不合格的材料和工艺	—	—	建筑工程一切险
（6）工程师粗心设计	—	职业责任保险	—
（7）工程师非疏忽性的缺陷设计	业主正常保险计划	—	—
（8）被业主使用或占用	—	—	—
（9）其他原因	—	—	—
2. 对设备的损失与损坏	—	—	—
（1）战争；暴乱、骚乱或混乱	—	—	不保险
（2）核装置和压力波风险、危险的爆炸	—	—	不保险
（3）运输中的损失和损坏	—	—	运输保险
（4）其他原因	—	—	建筑工程一切险

（续）

风　　险	业　　主	工 程 师	承 包 商
3. 第三方损失			
（1）在执行合同中无法避免的结果	业主的第三者责任	—	—
（2）业主的疏忽	业主的第三者责任	—	—
（3）承包商的疏忽	—	—	承包商的第三者责任险
（4）工程师的职业疏忽	—	职业责任保险	—
（5）工程师的其他疏忽	—	工程师的第三者责任	—
4. 承包商/分包商的雇员的人身伤害			
（1）承包商的疏忽	—	—	承包商的除外责任
（2）业主的疏忽	业主的第三者责任	—	—
（3）工程师的职业疏忽	—	职业责任保险	—
（4）工程师的其他疏忽	—	工程师的第三者责任	—

在我国，工程保险始于20世纪80年代初，首先承保的是涉外业务，包括建筑工程一切险、安装工程一切险、机器损坏险、船舶建造险及科技工程险等。近年来又开设了设计责任险和监理职业责任险等，工程保险在国内也得到了迅速的发展。但总体而言，我国的工程保险只能算是起步，与国内经济持续增长的建筑安装工程的大发展不相适应。因此，工程保险有着进一步发展的广阔市场潜力。

三、工程保险的类型

按照保险市场上的承保惯例，工程保险一般分为以下几类：

1. 建筑工程保险

建筑工程保险（Contractor All Risk Insurance），即建筑工程一切险，简称建工险，是承保以土木建筑为主体的工程在整个建设期间因自然灾害和意外事故造成的物质损失，以及被保险人对第三者人身伤亡或财产损失依法应承担的赔偿责任为保险标的的保险。

2. 安装工程保险

安装工程保险（Erection All Risk Insurance），即安装工程一切险，简称安工险，是指以各种大型机器设备安装工程项目在整个安装期间因自然灾害或意外事故造成的物质损失，以及被保险人对第三者人身伤亡或财产损失依法应承担的赔偿责任为保险标的的保险。

3. 职业责任保险

工程保险中的职业责任保险（Professional Liability Insurance）是专门针对直接为工程服务的专业人士（如建筑师、工程师、监理工程师等）在工作中的疏忽和过失而设立的一种保险。从性质上来说属于责任保险的范畴，其保险的标的是责任而不是财产，这一点和建工险、安工险不同。该险种除了适用于工程领域的专业人士外，同样也适用于其他的专业人士（如医生、律师等）。

第四节 工程项目信息管理基础知识

一、信息及信息管理概念

工程项目的实施过程中所产生的资源流动主要有工作流、物流、资金流和信息流，这四种流动过程之间相互联系、相互依赖又相互影响，共同构成了项目实施和管理的总过程。其中，信息流对项目管理有特别重要的意义。信息流将项目的工作流、物流、资金流与项目的环境结合起来，它不仅反映而且控制和指挥着工作流、物流和资金流。

1. 信息与信息管理的定义

信息是一个抽象的概念，对信息的定义目前还没有统一的说法。一般认为信息是经过加工后，对客观世界产生影响的数据。从本质上看，信息是对社会、自然界的事物特征、现象、本质及规律的描述。信息通常以文字、声音或图像的形式来表现，是数据按有意义的关联排列的结果，由意义和符号组成。例如，对混凝土的抗压强度数据进行统计处理，就可以得到有关混凝土浇筑质量的信息，这些信息可以为施工项目管理，进行质量控制提供依据。

信息与数据是两个不可分割的概念。数据是人们用来反映客观世界而记录下来的、可以鉴别的符号，是语言、文字、图形等有意义的组合。这种组合具体地对事物进行了描述。这种描述可以是表示数量概念的数值数据，如施工人数、混凝土浇筑量、钢筋直径等；也可以是非数值数据，即数据处理中所使用的文字、图表、标点等各种符号，如施工机械名称、分部分项工程名称等。信息管理中所指的数据是数值数据与非数值数据之和。例如，“2014 年 10 月 1 日已经完成地下室墙体混凝土浇筑 1000m^3。”其中，1000m^3 是数值数据，其余部分则是非数值数据。

信息管理（Information Management，IM）是人类为了有效地开发和利用信息资源，以现代信息技术为手段，对信息资源进行计划、组织、领导和控制的社会活动。简单地说，信息管理就是人对信息资源和信息活动的管理。信息管理的过程包括信息收集、信息传输、信息加工和信息存储。信息一般经由两种方式从信息产生者向信息利用者传递：一种是由信息产生者直接流向信息利用者，称为非正规信息流；另一种是信息在信息系统的控制下流向信息利用者，称为正规信息流。

2. 项目信息的特征

（1）可识别性　信息可以通过感官直接识别，也可以通过各种测试手段间接识别。不同的信息源有不同的识别方法。如混凝土强度和墙面平整度这两个不同的信息源需要分别采用间接识别和直接识别的方式。

（2）可存储性　信息是可以通过各种方法存储的。如利用计算机内存储器和外部存储器进行信息的存储。

（3）可扩充性　信息随着项目的进展将不断扩充丰富，并可以通过显示、打印、绘图等形式进一步具体化和形象化。

（4）可处理性　人们获取的信息有时可能是错误或表象的信息，需要对其进行加工、整理、概括、归纳，经过整理筛选、去粗取精、去伪存真，从而获得有用的信息。

(5) 可传递性 信息的可传递性是信息的本质特征。项目管理中的信息传递可以通过文字、图表和各种文件、指令、报告等形式来实现。借助于电子数据管理计算和计算机网络技术，还可以实现信息的充分共享。

(6) 可转换性 信息是可以由一种形态转换成另一种形态的。如物质信息可以转换成语言、文字、图像、图表等信息形式，也可以转换为计算机的代码、电子信号等。这种转换还可以是双向的。

(7) 特定范围有效性 人们通常认为在自己工作范围内的信息是有效的、有价值的，而不在自己工作范围内的信息是无效的、无价值的。当然，这就会产生在某人看来是无价值的信息而对于另一个人而言也许是十分有价值的情况。

3. 项目信息的载体

(1) 信息载体 通常有：

1）纸张。如各种图样、说明书、合同、信件、表格等。

2）软盘、磁带以及其他电子文件的载体。

3）照片、微型胶片、X光片。

4）其他。如录像带、光盘等。

(2) 信息载体选用 其影响因素有：

1）科学技术的发展，不断提供新的信息载体，不同的载体有不同的介质技术和信息存取技术要求。

2）项目信息系统运行成本的限制。不同的信息载体需要不同的投资，有不同的运行成本，在符合管理要求的前提下，尽可能降低信息系统运行成本，是信息系统设计的目标之一。

3）信息系统运行速度的要求。如气象、地震预防、国防、宇航之类的工程项目要求信息系统运行速度快，必须采取相应的信息载体和处理、传输手段。

4）特殊要求。如合同、备忘录、工程项目变更指令、会谈纪要等必须采用书面形式，由双方或一方签署才有法律证明效力。

5）信息处理和传递技术和费用的限制。

二、工程项目管理中的信息分类

由于工程项目管理中的信息面广量大，为了便于管理和应用，有必要将种类繁多的信息进行分类。

1. 按照工程项目管理的目标划分

(1) 成本控制信息 成本控制信息是指与成本控制直接有关的信息。如工程项目的成本计划、施工任务单、限额领料单、施工定额、对外分包合同、成本统计报表、原材料价格、机械设备台班费、人工费、运杂费等。

(2) 质量控制信息 质量控制信息是指与工程项目质量控制直接有关的信息。如国家或地方政府部门颁布的有关质量的政策法规和标准、质量目标的分解图表、质量控制的工作流程和工作制度、质量保证体系的组成、质量抽样检查的数据、各种材料设备的合格证、质量证明书、检测报告等。

(3) 进度控制信息 进度控制信息是指与工程项目进度控制直接有关的信息。如工程项目进度计划、施工工期定额、进度控制的工作流程和工作制度、进度目标的分解图表、材料和设备的到货计划、各分项分部工程的进度计划、进度记录等。

2. 按工程项目管理的工作流划分

(1) 计划信息　计划信息包括已有的统计资料、要完成的各项指标、上级部门或企业的有关计划等。

(2) 执行信息　执行信息包括下达的各项计划、指示、命令等。

(3) 检查信息　检查信息包括工程的实际进度、成本、质量、安全等的实施状况。

(4) 反馈信息　反馈信息包括各项调整措施、意见、改进的办法和方案等。

3. 按信息的来源划分

(1) 工程项目的内部信息　内部信息来自工程项目本身，如工程概况、项目的成本目标、质量目标及进度目标等。

(2) 工程项目的外部信息　来自工程项目其他单位及外部环境的信息称为外部信息。如监理通知、设计变更、国家有关的政策及法规、类似工程的进度计划等。

除上述分类外，还可以按信息的稳定程度划分为固定信息和流动信息；按信息的性质划分为生产信息、技术信息、经济信息、资源信息等。

通过按照一定的标准将工程项目管理中的信息予以分类，有助于根据工程项目管理工作的不同要求，提供适当信息，从而保证工程项目管理工作的顺利进行。

三、工程项目信息管理

1. 工程项目信息管理的基本要求

为了能够全面、及时、准确地向项目管理人员提供有关信息，项目信息管理应满足的基本要求有：

(1) 有严格的实效性　一项信息如果不严格注意时间，那么信息的价值就会随之消失。因此能适时提供信息，往往对指导工程施工十分有利，甚至可以取得很大的经济效益。

(2) 有必要的精度　要使信息具有必要的精度，需要对原始数据进行认真的审查和必要的校核，避免计算错误。即使是加工整理后的资料，也需要做仔细的复核，这样才能使信息有效可靠。但信息的精度应以满足使用要求为限，并不一定是越精确越好，因为不必要的精度，需耗用更多的精力、费用和时间，容易造成浪费。

(3) 要考虑信息成本　各项资料的收集和处理所需要的费用直接与信息收集的多少有关，如果要求愈细、愈完整，则费用愈高。因此，在进行工程项目信息管理时，必须要综合考虑信息成本及信息所产生的收益，寻求最佳的切入点。

(4) 要有针对性和实用性　信息管理的重要任务之一，就是如何根据需要，提供针对性强、十分实用的信息。如果仅能提供大量的细部资料，且只能反映一些普通的、并不重要的变化，使决策者不仅要花费许多时间去阅览这些作用不大的繁琐细况，而且还不能准确得到决策所需要的信息，信息管理就起不到应有的作用。

2. 工程项目信息管理的内容

工程项目信息管理的内容包括建立信息代码系统、明确信息流程、制定信息收集制度及进行信息处理。

(1) 建立信息代码系统　在信息管理的过程中，随时都可能产生大量的信息，用文字来描述其特征已不能满足现代化信息管理的要求。因此，需要赋予信息一组能反映其主要特征的代码，用以表征信息的实体或属性，以便利用计算机进行管理。

（2）明确信息流程　信息流程反映了工程项目上各有关单位、人员及专业之间的关系。信息流程畅通，将给工程项目信息管理工作带来很大的方便和好处。为了保证工程项目管理工作的顺利进行，必须使信息在工程管理的上下级之间、有关单位之间、各专业之间和外部环境之间流动，这种流动称为“信息流”。在工程项目管理中，通常接触到的信息流有：

1）管理信息系统的纵向信息流。包括由上层下达到基层，或由基层反映到上层的各种信息。既可以是命令、通知等，也可以是报表、统计资料等。

2）管理信息系统的横向信息流。包括同一层次、各工作部门之间的信息关系。有了横向信息，各部门之间就能做到分工协作，共同实现目标。在工程项目管理中往往存在由于横向信息不通畅而造成进度拖延的现象。

3）外部系统的信息流。包括同工程项目其他有关单位及外部环境之间的信息关系。

图 11-1 是某单位工程成本信息示意图。

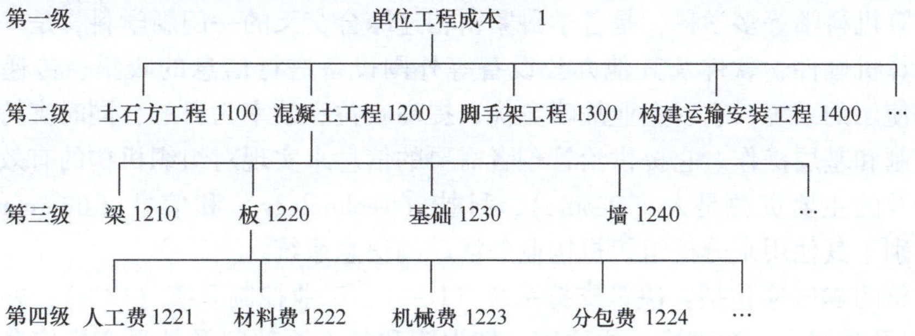

图 11-1　单位工程成本信息示意图

（3）制定信息收集制度　工程项目管理中的信息收集是指收集工程项目中与管理有关的原始信息，是一项很重要的基础工作。一般而言，信息收集制度中应包括信息来源、要收集的信息内容、标准、时间要求、反馈的范围、工作程序等有关内容。需要收集的信息内容由工程项目管理的客观需求决定，通常包括工程的实际状况、文档资料、环境变化等有关的信息和资料。

（4）进行信息处理　信息处理的要求、内容和方式是：

1）信息处理的要求。要使信息能有效地发挥作用，在处理它的过程中就必须做到：①及时。处理信息的速度要快，能够及时处理完对项目进行动态管理所需要的大量信息。②准确。在信息处理中，必须做到去伪存真，使经过处理后的信息能客观、如实地反映实际情况。③适用。经处理后的信息必须能满足项目管理工作的实际需要。④经济。信息处理采取什么样的方式，能取得最大的经济效益。

2）信息处理的内容。信息处理的内容主要有：①收集。收集原始数据，保证原始数据的可靠性和全面性。②加工。原始数据收集后，需要将其进行加工，以使其成为有用的信息。③传输。信息借助于一定的载体，在参与项目管理工作的各部门、各单位之间进行传播。④存储。对处理后的信息进行存储。⑤检索。对某个或某些需要使用的信息进行查找的方法和手段；⑥输出。将处理好的信息按管理层次的不同要求编制打印成各种报表和文件，或以电子邮件、Web 网页等形式加以发布。

3）信息处理的方式。信息处理的方式一般有：①手工处理方式。是最简单和最原始的一种信息处理方式，它对信息单纯依靠人力进行手工处理。②机械处理方式。是利用机械或简单的电子设备、工具进行数据加工和信息处理的一种方式。③计算机处理方式。是利用计算机进行信息处理的方式。在工程项目管理中，特别是大型项目目标控制时，需要对项目的大量动态信息及时进行快速、准确地处理，此时，仅依靠手工处理方式或机械处理方式将无法满足管理要求，必须借助于计算机这一现代化工具来完成。

第五节 工程项目管理信息系统

一、项目管理信息系统的概念

管理信息系统（Management Information System，MIS）涉及经济学、管理学、运筹学、统计学、计算机科学等多学科，是各学科紧密相连综合交叉的一门新学科，是一个以人为主导，利用计算机硬件、软件及其他办公设备等外围设备进行信息的收集、传递、存储、加工、维护和使用的系统。它以企业战略竞优、提高收益和效率为目的，同时支持企业高层决策、中层控制和基层操作。它提供给管理者需要的信息来实现对组织机构的有效管理。管理信息系统涉及的主要资源是人（People）、科技（Technology）和信息（Information）。管理信息系统有别于其他用来分析组织机构业务活动的信息系统。

一个完整的 MIS 应包括：决策支持系统（DSS）、工业控制系统（CCS）、办公自动化系统（OA）以及数据库、模型库、方法库、知识库和与上级部门及外界交换信息的接口。其中，办公自动化系统（OA）、与上级部门及外界交换信息等离不开企业内部网络（Intranet）的应用。可以这样说，现代企业 MIS 不能没有 Intranet，但 Intranet 的建立又必须依赖于 MIS 的体系结构和软、硬件环境。

项目管理信息系统的总体模式如图 11-2 所示。

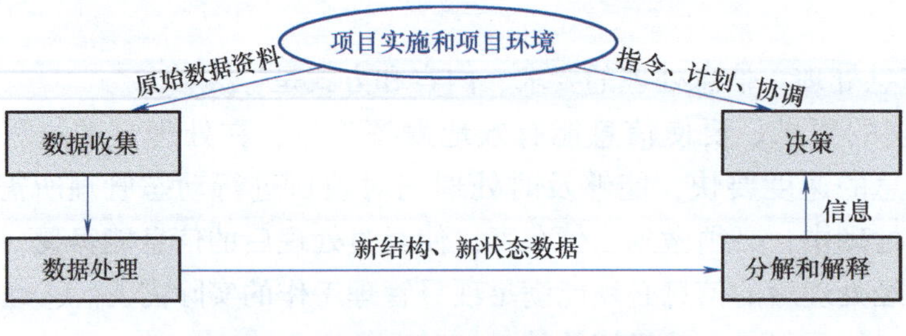

图 11-2 项目管理信息系统总体模式

二、项目管理信息系统的主要功能

1）满足项目全生命周期管理的需求。实现项目从策划、启动、规划到实施、竣工的全过程动态管理。

2）满足项目不同管理层级的项目管理需求。从单项目信息层、单项目管理层、多项目管理层直至企业管理层，支持集团性、企业级的远程项目管理应用，实现多项目、多计划、多组织的灵活管理与综合分析，不仅面向单个项目的管理，更可以服务于整个企业。

3）严格遵循项目管理的国家标准与行业规程，以此作为软件功能设计的基础，实现项目的综合化、规范化管理。

4）以成本控制作为系统的管理目标，将合同、进度、资源、目标成本、工程预决算等管理要素紧密结合；以质量管理为操作目标，按照工程管理规范设计各类数据、报表和管理流程，实现质量管理工作的自动化。

5）综合运用各类项目管理技术。如项目结构分解技术（PBS）、组织结构分解技术（OBS）、工作任务分解技术（WBS）、费用结构分解技术（CBS）、网络计划技术、赢得值分析技术，实现信息技术与项目管理的完美有机结合。

6）系统提供丰富实用的各类报表功能。包括计划类报表、检测类报表、成本类报表、合同类报表等，可以使项目管理人员从不同层面、不同角度考查项目，提供多维的价值评估。

7）采用 B/S 体系结构。适用于集团型、分布式的管理架构，具有高度灵活的可维护性，能够很好地满足业务需求的不断变化，快速地实现软件升级；同时系统运行环境可以多元化，满足企业的高端与低端技术需求，实现从高性能平台到低成本开放代码技术平台的转换。

三、项目管理信息系统的建立过程

国际上对建设工程项目管理信息系统的定义是处理项目信息的人—机系统。它通过收集、存储及分析项目实施过程中的有关数据，辅助工程项目的管理人员和决策者规划、决策和检查，其核心是对项目目标的控制。

建设工程项目管理信息系统的基本功能应包括投资控制、进度控制、质量控制及合同管理四个子系统。如投资控制子系统应实现的功能是：投资分配分析，项目概算和预算；投资分配与项目概算的对比分析；项目概算与项目预算的对比分析；合同价与投资分配、概算、预算的对比分析；实际投资与概算、预算、合同价的对比分析；项目投资变化趋势预测；项目结算与预算，合同价的对比分析；项目投资的各类数据查询；提供各种项目投资报表。

近年来，基于互联网的项目管理信息系统和全生命集成化的项目管理信息系统也得到快速发展，使在项目实施过程中，对项目参与各方产生的信息和知识进行集中式管理，主要是项目信息的共享和传递。

项目管理信息系统的建立要确定以下基本问题：

1）管理者的信息需求。项目管理者和各职能部门为了决策、计划和控制需要的信息，以及以什么形式、何时、从什么渠道取得信息。

2）信息的收集和加工。在项目实施过程中，每天都要产生大量的原始资料，如记工单、领料单、任务单、施工图、报告、指令、信件等。必须确定由谁负责这些原始数据的收集，这些资料、数据的内容、结构、准确程度怎样，由什么渠道获得这些原始数据、资料，并具体落实到责任人。这些原始资料面广量大、形式丰富多彩，必须经过信息加工才能符合不同层次项目管理的要求，信息加工的概念很广，包括：一般的信息处理方法，如排序、分类、合并、插入、删除等；数学处理方法，如数学计算、数值分析、数理统计等；逻辑判断方法，包括评价原始资料的置信度、来源的可靠性、数值的准确性，利用资料进行项目诊断和风险分析等。

3）编制索引和存储。为了查询、调用的方便，建立项目文档系统，将所有信息分类编目，妥善保存，要做到既安全可靠，又使用方便。

4）信息的使用和传递渠道。信息的传递是信息系统活性和效率的表现。信息传递的特点是仅传输信息的内容，而保持信息结构不变。在项目管理中，要设计好信息的传递路径，按不同的要求选择快速的、误差小的、成本低的传输方式。

四、项目管理信息系统总体描述

项目管理信息系统可以从以下几个角度进行总体描述：

(1) 项目参加者之间的信息流通　项目的信息流就是信息在项目参加者之间的流通。在信息系统中，每个参加者为信息系统网络上的一个节点，他们都负责具体信息的收集（输入）、传递（输出）和信息处理工作。项目管理者要具体设计这些信息的内容、结构、传递时间、精确程度和其他要求。如在项目实施过程中，其信息有：

1）业主需要的信息有：①项目实施情况月报，包括工程质量、成本、进度总报告；②项目成本和支出报表，一般按分部工程和承包商做成本和支出报表；③供审批用的各种设计方案、计划、施工方案、施工图、建筑模型等；④决策前所需要的专门信息、建议等；⑤各种法律、规定、规范以及其他与项目实施有关的资料等。

2）业主发出的信息有：①各种指令，如变更工程、修改设计、变更施工顺序、选择承包商等；②审批各种计划、设计方案、施工方案等；③向董事会提交工程项目实施情况报告。

3）监理工程师需要的信息有：①承包商的工作情况报表、汇报、报告、工程问题请示；②业主的各种口头和书面的指令，各种批准文件；③项目环境的各种信息。

4）监理工程师发出的信息有：①向业主提交各种工程报表、报告；②向业主提出决策用的信息和建议；③向社会其他方面提交工程文件，这些通常是按法律必须提供的，或为审批用的；④向承包商下达各种指令、答复各种请示、落实项目计划、协调各方面工作等。

(2) 项目管理职能部门之间的信息流通　项目管理系统是一个非常复杂的系统，它由许多子系统构成。如成本管理信息系统、合同管理信息系统、质量管理信息系统、材料管理信息系统等。它们是为专门的职能部门服务的，用来解决职能部门之间的信息流通问题。

(3) 项目实施过程的信息流通　项目实施中的工作程序既可以表示项目的工作流，又可以表示项目的信息流。如在项目计划阶段，既需要大量的信息，也产生大量的信息，这样便构成了项目计划管理系统的信息流。所以，按照项目生命期过程，项目还可以划分为可行性研究信息系统、计划管理信息系统、实施控制信息系统。

五、BIM 技术在项目管理信息系统中的应用

1. BIM 技术的概念及其发展

建筑信息模型（Building Information Modeling，BIM）一词由 Autodesk 所创。BIM 是指基

于先进三维数字设计解决方案所构建的可视化的数字建筑模型。这个概念是由 Jerry Laiserin 用来把 Autodesk、奔特力系统软件公司、Graphisoft 所提供的技术向公众推广。BIM 技术的应用使得整个工程项目在设计、施工和使用等各个阶段都能够有效实现节省能源、节约成本、降低污染的目标。因此，BIM 被誉为建筑行业的第二次革命。

自美国国家 BIM 标准（NBIMS Part 1 Version 1）建立以来，国内外众多项目均采用了 BIM 技术。目前，80% 的世界建筑行业 300 强企业已经采用了 BIM 技术。BIM 在发达国家的发展与应用如图 11-3 所示。

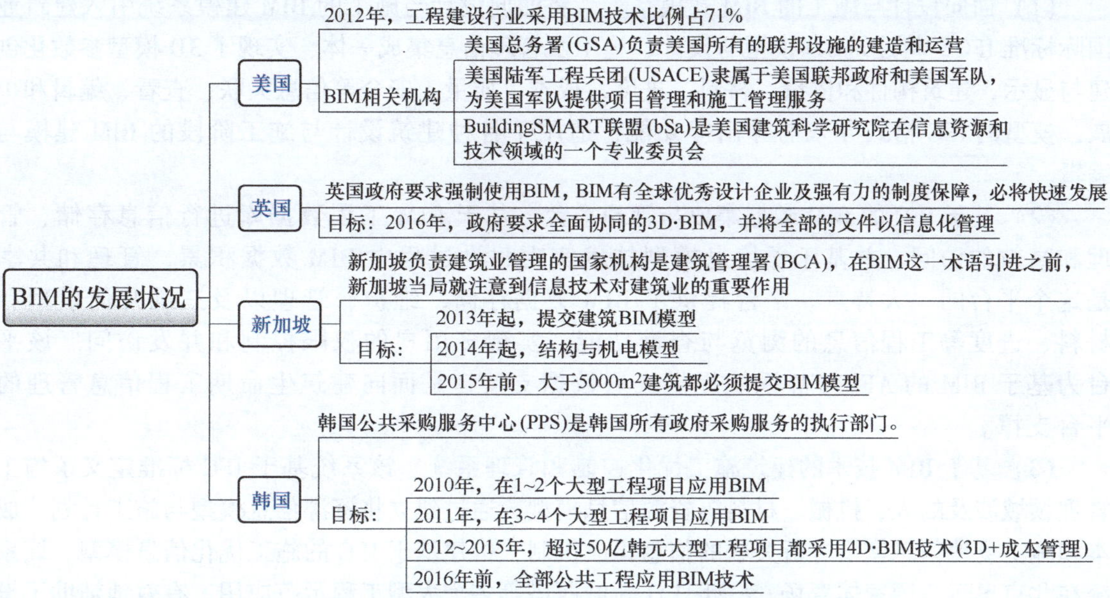

图 11-3 BIM 技术在发达国家的发展与应用

在我国，BIM 理念正逐步为建筑行业所知。目前，其应用主要以设计公司为主，施工企业、业主、政府及行业协会也越来越重视 BIM。著名的广东东塔、天津 117、上海中心大厦等项目业主要求必须使用 BIM 技术进行设计、施工等。北京奥运会和上海世博会等项目在建设过程中也广泛应用了 BIM 技术。2012 年 1 月，住建部“关于印发 2012 年工程建设标准规范制订修订计划的通知”宣告了中国 BIM 标准制定工作的正式启动，其中包含五项 BIM 相关标准：《建筑工程信息模型应用统一标准》《建筑工程信息模型存储标准》《建筑工程设计信息模型交付标准》《建筑工程设计信息模型分类和编码标准》《制造工业工程设计信息模型应用标准》工程建设行业的 BIM 热度日益高涨。

2. 应用 BIM 进行工程项目管理构建的优势

传统的建设工程项目管理信息系统，由于工程管理涉及的单位和部门众多，信息输入只能停留在本部门或者单体工程的界面，常常出现滞后现象，难以进行及时整体工程的相互传输，阻碍了整个工程的信息汇总，常常形成信息孤岛。基于 BIM 构建的工程项目管理信息系统除了具有传统管理信息系统的特征优势外，还能满足以下要求：

（1）集成管理要求　随着工程总承包模式的不断推广和运用，人们越来越强调项目的集成化管理，同时对管理信息系统的要求也越来越高。例如，将项目的目标设计、可行性研究、决策、设计和计划、供应、实施控制、运行管理等综合起来，形成一体化的管理过程；将项目管理的各种职能，如成本管理、进度管理、质量管理、合同管理、信息管理等综合起来，形成一个有机的整体。

（2）全生命周期管理要求　全生命周期管理理念就是要求工程项目的建设和管理要在考虑工程项目全生命周期过程的平台上进行，在工程项目全生命期内综合考虑工程项目建设的各种问题，使得工程项目的总体目标达到最优。

3. BIM 的研究方法

（1）面向设计与施工的 BIM 建模系统　将面向设计与施工的 BIM 建模系统引入建筑业国际标准 IFC，将建筑 3D 模型与设计、施工及管理信息集成一体，实现了 3D 模型参数化创建与显示，建筑构件和体量、材料、进度、成本、质量、安全等信息关联、查看、编辑和扩展，模型的 IFC 格式导入与导出等功能，适用于各种建筑设计与施工阶段的 BIM 建模与编辑。

（2）基于 IFC 的 BIM 数据集成与管理平台　基于 BIM 工程数据库进行信息存储、管理和高效的访问，并基于子信息模型技术实现建设过程中 BIM 数据积累、管理和共享是这个平台的一大特点。平台提供了 BIM 数据存储、维护、管理以及三维几何模型和材料、进度等工程信息的浏览与查询功能，实现多用户的权限控制和并发访问。该平台为基于 BIM 的 AEC/FM 系统提供底层数据支持，是面向建筑生命期工程信息管理的平台支撑。

（3）基于 BIM 技术的建筑施工优化控制和管理系统　该系统基于 IFC 标准定义了施工管理领域涉及的人、机械、材料等资源信息模型，通过建立将资源信息模型与施工计划、成本和施工场地信息模型进行关联的信息集成机制，构建基于 IFC 的施工优化信息模型。该系统在北京奥运会国家体育场、广州珠江新城西塔等多个大型工程示范应用，有效地辅助了设计施工人员进行施工进度安排与优化，场地布置和施工操作优化，明显提高了关键工序的施工效率和精度，提高了信息化管理水平。

4. BIM 技术的应用前景

BIM 是一种全新的理念，它涉及从规划、设计理论到施工、维护技术的一系列创新和变革，是建筑业信息化的发展趋势。目前，我国 BIM 技术的基础性研究得到国家的大力支持，并取得了卓有成效的研究成果。与此同时，建筑业信息化应用的实际需求也催生了 BIM 技术的广泛应用。我国正在进行着世界最大规模的基础设施建设，工程项目规模日益扩大，结构形式愈加复杂，尤其是超大型工程项目层出不穷，使企业和项目都面临着巨大的投资风险、技术风险和管理风险。应用 BIM 技术，从根本上解决建筑生命期各阶段和各专业系统间信息断层问题，从设计、施工技术到管理全面提高信息化水平和应用效果，已成为建设企业的迫切需求。其对于实现建筑生命期管理，提高建筑行业设计、施工、运营的科学技术水平，促进建筑业全面信息化和现代化，具有重要的应用价值和广阔的应用前景。

另外，建筑信息模型的快速开发和利用，尤其是 BIM 的管理平台，优化控制与管理系统及其施工及安全分析系统的全面改进使得建筑项目的管理信息化实施有了实质性改变，工作效率、成本、人员冗余等各方面大大得到优化，进而推动着建筑工程项目管理水平的不断提高。

第六节　计算机辅助工程项目管理

一、计算机在工程项目管理中的应用

计算机的广泛应用是项目管理现代化的主要标志之一，在国外一些大的承包企业、工程项目管理公司，计算机已广泛应用于项目管理的可行性研究、计划、实施控制各个阶段，应用于成本管理、合同管理、进度控制、风险管理、工程经济分析、文档管理、索赔管理等各个方面。它已成为日常项目管理工作和辅助决策不可缺少的工具，它在项目管理中的作用如下：

1）可以大量地储存信息，大量地、快速地处理和传输信息，使项目管理信息系统能够高速有效的运行。

2）能够进行复杂的计算工作，如网络分析、资源和成本的优化、线性规划等。

3）通过计算机能使一些现代化的管理手段和方法在项目中卓有成效地使用，如预测和决策方法、模拟技术等。

4）能提高项目管理效率，降低管理费用，减少管理人员数目，使管理人员有更多的时间从事更有价值的计算机不能取代的工作。

5）计算机网络技术的应用，使人们能够同时对多项目进行计划、优化和控制，对远程项目进行及时控制。

二、计算机辅助项目管理的基础工作

为了适应计算机辅助项目管理的要求，首先必须逐步实现管理工作的程序化、管理业务的标准化、报表文件的统一化、数据资料的完善化与代码化。

1）管理工作程序化。建立完善的项目信息流程，使项目各参与单位之间的信息关系明确化，从流程图上一眼就能看清楚各参与单位的管理工作是如何一环扣一环地进行，同时结合项目的实际情况，对信息流程进行不断的优化和调整，找出不合理，冗余的流程予以更正，以适应信息系统运行的需要。

2）管理业务标准化。就是把管理工作中重复出现的业务，按照现代化生产对管理的客观要求以及管理人员长期积累的经验，规定成标准的工作程序和工作方法，用制度将它固定下来，成为行动的准则。

3）基础数据管理制度化。注重基础数据的收集和传递，建立基础数据管理的制度，保证基础数据全面、及时、准确地按统一格式输入信息系统，这是建设工程管理信息系统的基础所在。

4）报表文件的统一化。对信息系统的输入/输出报表进行规范和统一，要设计一套通盘的报表格式和内容，并以信息目录表的形式固定下来。

5）数据资料代码化。建立统一的项目信息编码体系，包括项目编码、项目各参与单位组织编码、投资控制编码、计划年度控制编码、质量控制编码、合同管理编码等。

三、计算机辅助工程项目管理应用软件简介

目前，国内外正在使用的项目管理软件已有2000多种，项目管理软件的应用已成为当今项目管理工作的一个主要内容。我国在建筑工程项目管理中应用计算机虽然起步较晚，但近年来发展迅速，国内当前比较流行的工程项目管理软件基本情况如下：

1. Primavera P6软件

Primavera P6软件，是由美国Primavera公司于2007年7月推出的专业项目管理系统平台，相对于原来的P3、P3ec及Expedition，目前主要由Project Management（PM）、Team Member、Timesheet、my Primavera Portfolio、my Primavera Projects、my Primavera Resource、Contract Manager等模块组成；根据用户不同的工作岗位角色，采用不同的工作模块，由系统进行项目管理信息的共享、集成及计算，系统为所有用户提供全面的项目信息，从而实现对企业所有项目的进度、成本控制，对有限的人工、设备、材料资源的统筹使用，以及项目管理所有干系人之间的协作与沟通。

Primavera P6项目管理系统采用B/S结构，完全基于Web部署，所有用户均可在互联网浏览器下协同工作，打破了项目管理人员的地域限制，实现了随时随地参与项目管理的目标。该系统是成熟的商品化软件，经过了国际标准的IT技术测试，数据库可选择MS SQL Server或Oracle；采用Java技术编制，支持Windows及Unix、Solaris等操作系统，多国语言及货币，开放的API技术及SDK接口，可以与MS Excel MS Project直接交换数据，用户不必为软件的成熟度与标准开放度担心。

Primavera P6项目管理系统，采用了目前国际上通用的项目管理方法（PMP或IPMP），并以此作为系统的管理思想，结合原来的P3、P3ec及Expedition的成熟技术，从而成为目前国际上流行的专业项目管理系统。

P6的部分主要功能如图11-4～图11-9所示。

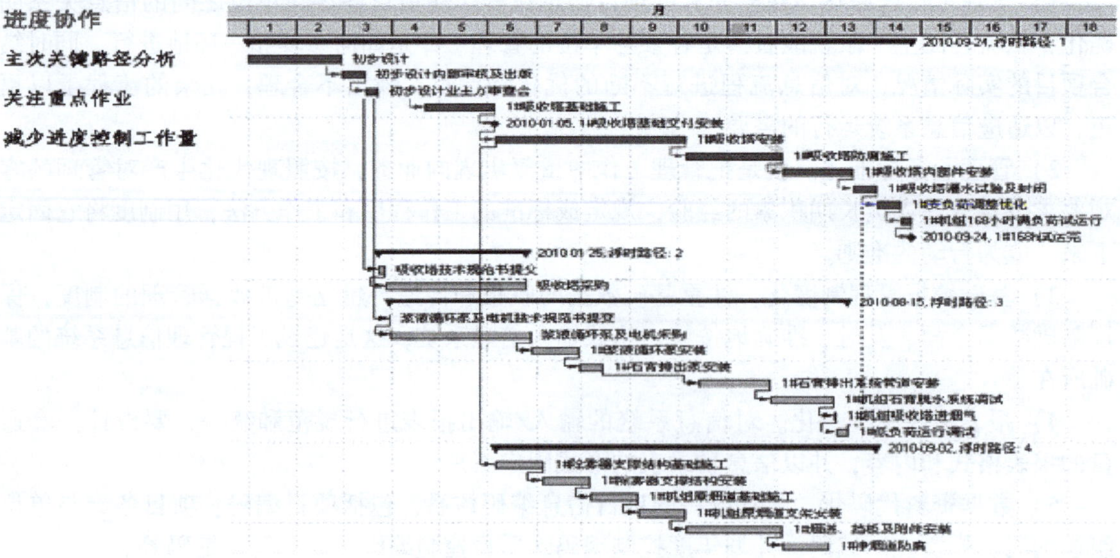

图11-4　P6进度协作示意图

目标控制

多基准目标对比；

聚焦本期计划作业；

通过进度线快速查看项目执行进度。

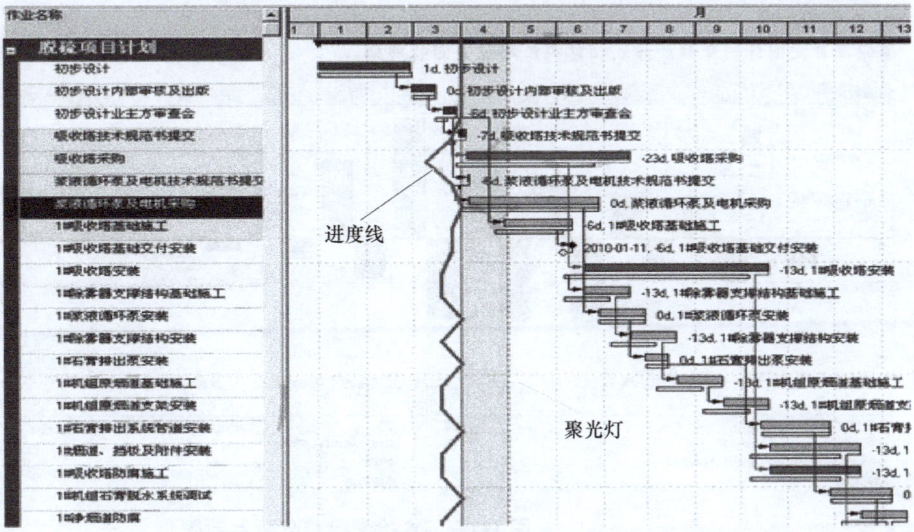

图 11-5　P6 目标控制示意图

投资曲线分布

自动按年、季、月形成项目资金分布曲线图。

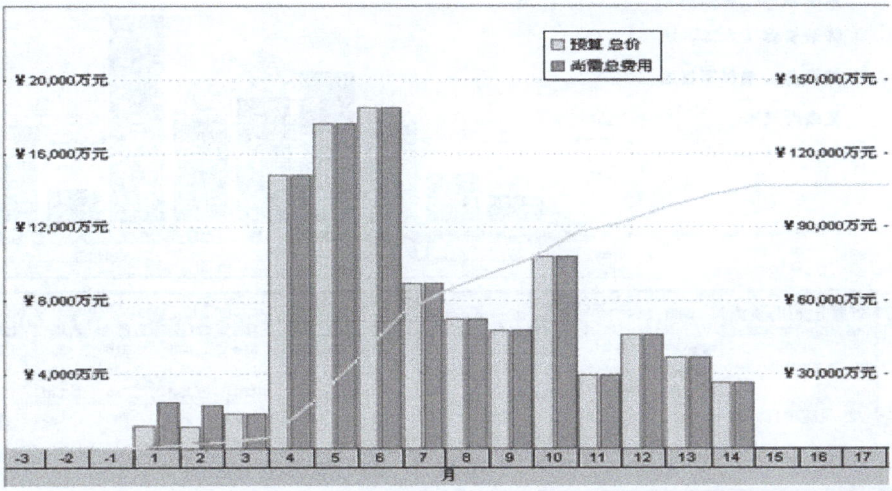

图 11-6　P6 投资曲线示意图

2. Microsoft Project

Microsoft Project（或 MSP）是由微软公司开发销售的项目管理软件程序。软件设计目的在于协助项目经理改进计划、为任务分配资源、跟踪进度、管理预算和分析工作量。该软件可生成关键路径日程表——第三方 ProChain 和 Spherical Angle 也有提供关键路径关联模块。日程表可以以资源为标准，而且可以生成关键路径的甘特图。其最新版本为 Microsoft Project Professional 2013 和 Microsoft Project Standard 2013。图 11-10 为其进度管理界面示意图。

投资收益分析（ROI）

根据项目支出计划及收益计划测算项目的投资回收周期。

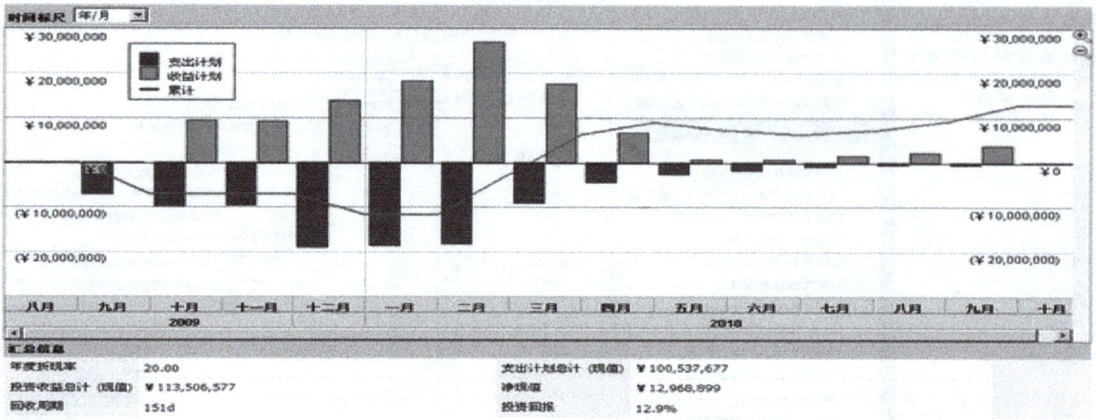

图 11-7 P6 投资收益分析示意图

优化资源分配

分析资源在项目中的使用负荷，合理调配稀缺资源（人工、机械设备），确保项目进度按时完成。

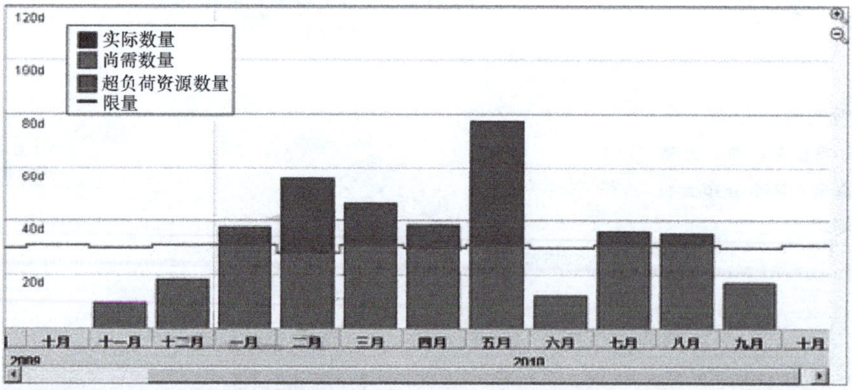

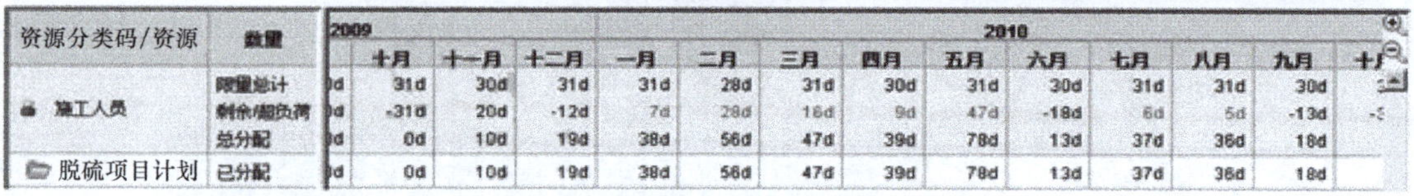

图 11-8 P6 优化资源分配图

文档管理

统一组织项目执行过程中使用的所有文档；文档使用权限管理；文档版本控制；文档流转审批；与作业进度关联，便于查阅；文档历史使用记录。

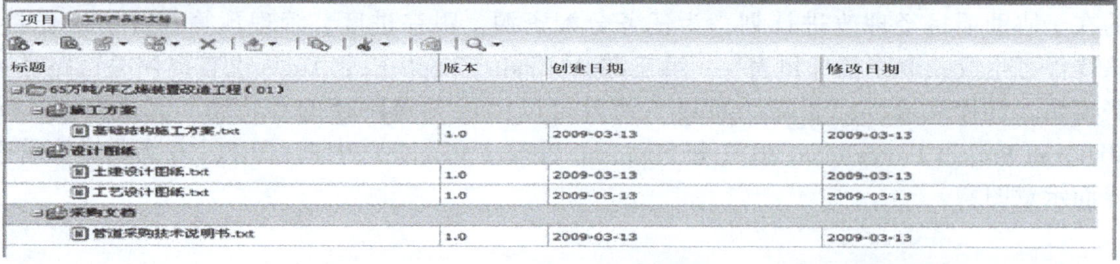

图 11-9 P6 文档管理示意图

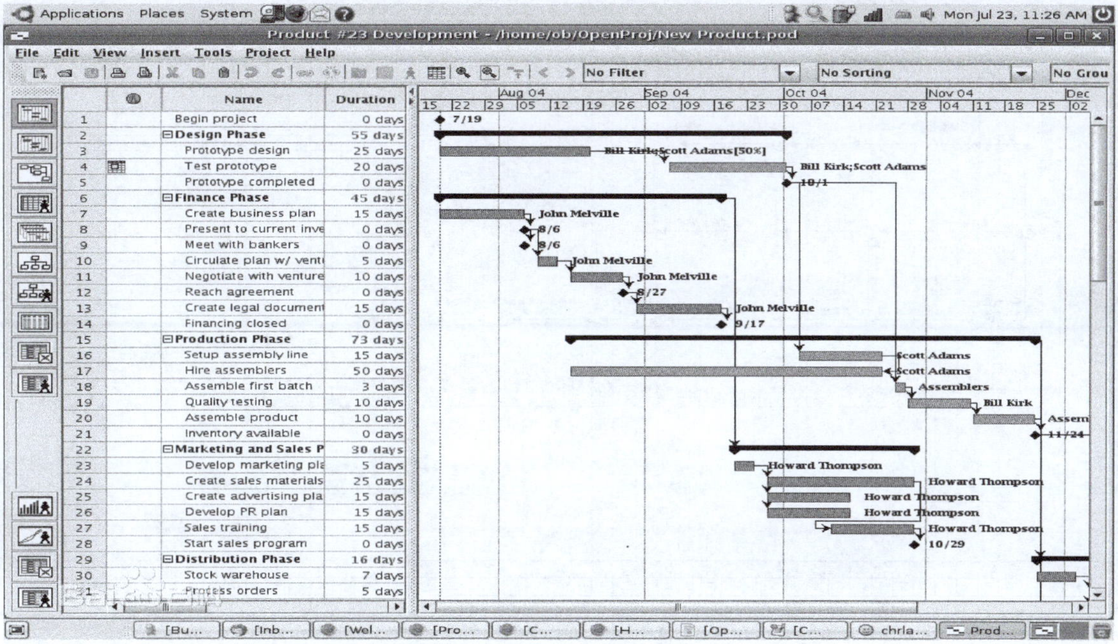

图 11-10 Microsoft Project 进度管理界面示意图

3. 清华斯维尔智能项目管理软件

该软件从项目管理知识体系（PMBOK）的角度出发，其功能全面涵盖了项目的范围管理、时间管理、人力资源管理、成本管理等四大方面的内容。项目管理者利用该软件能够对其最为关心的项目进度、资源、成本三方面内容进行全面的管理与控制，同时利用实际进度前锋线等技术对项目进度进行追踪管理，从而实现项目的动态控制。另外，软件精心设计了内容丰富实用、功能强大的报表系统，从而使项目管理工作者可以多视角、全方位地了解项目的各类信息。图 11-11 为利用该软件进行项目进度管理的一个实例。

4. 梦龙智能项目管理集成系统

梦龙智能项目管理集成系统是国内软件公司开发的项目管理软件。该软件由智能项目管理动态控制、建设项目投资控制系统、机具设备管理、合同管理与动态控制、材料管理系统、图纸管理系统和安全管理系统组成，可对工程项目进行全方位的管理。

5. Welcom Open Plan 项目管理软件

Welcom 公司的 Open Plan 也是一个企业级的项目管理软件，Open Plan 中的项目专家功能提供了几十种基于美国项目管理学会（PMI）专业标准的管理模板，用户可以使用或自定义管理模板，建立 C/SCSC（费用/进度控制系统标准）或 ISO（国际标准化组织）标准，帮助用户自动应用项目标准和规程进行工作。Open Plan 集成了风险分析和模拟工具，可以直接使用进度计划数据计算最早时间、最迟时间和时差的标准差和作业危机程度指标，不需要另行输入数据。

除上述介绍的几种主要软件外，还有维新项目管理软件、广联达项目管理软件、建设项目全过程投资管理及审计系统、易利项目管理软件、中科院项目管理研究所研发的双代号网络图处理系统 AonAPlot 和风险分析系统 PriskA 等项目管理软件，这些软件都在一定的领域为项目管理现代化做着积极的贡献。

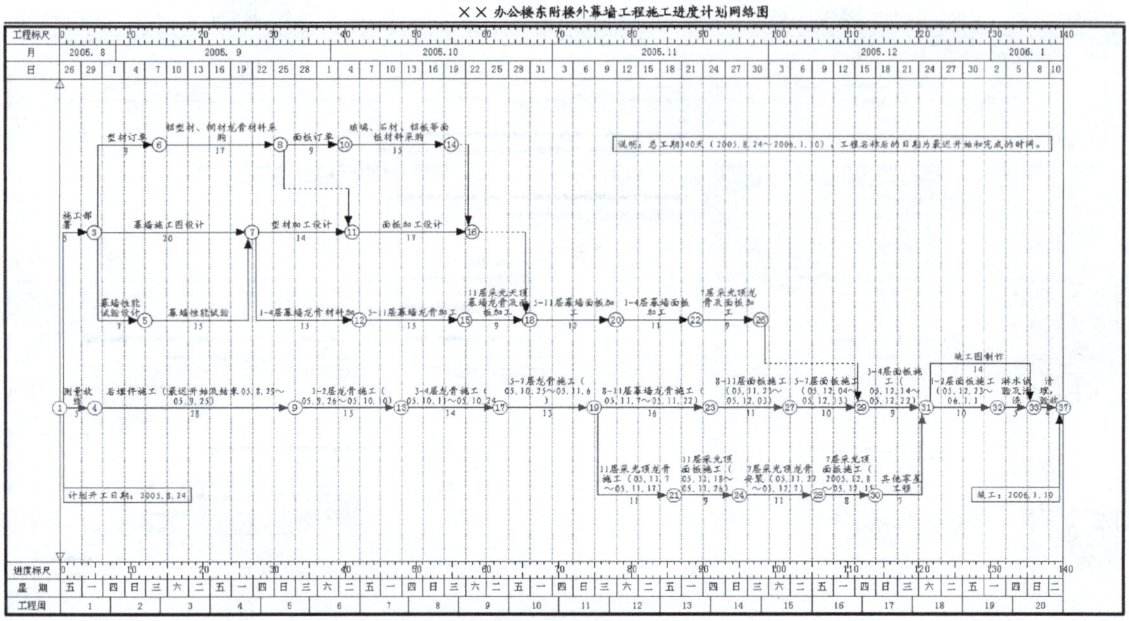

图11-11　清华斯维尔项目进度管理实例图

复习题

1. 试述工程项目风险的概念。
2. 简述工程项目风险管理的工作流程。
3. 试论述风险控制的对策。
4. 工程项目中常有哪些信息？
5. 试述工程项目管理信息系统。
6. 常见的工程项目管理软件有哪些？

第十二章 工程项目竣工验收管理

【主要内容及学习要求】

本章主要介绍工程项目竣工验收管理的相关内容，要求了解工程项目竣工验收概念和程序，熟悉工程竣工资料移交与归档管理、工程验收报告与竣工验收备案制度、项目生产准备与试运行阶段的管理等相关内容。

第一节 工程项目竣工验收概述

一、竣工验收概念及作用

竣工验收是由项目验收主体及交工主体等组成的验收机构，以批准的项目设计文件、国家颁布的施工验收规范和质量检验标准为依据，按照一定的程序和手续，在项目建成后，对项目总体质量和使用功能进行检验、评价、鉴定和认证的活动。

工程项目竣工验收的交工主体是施工单位，验收主体是项目法人，竣工验收的客体应是设计文件规定、施工合同约定的特定工程对象。

竣工验收是工程项目建设周期的最后一道程序，是我国工程建设管理的一项基本法律制度，是建设成果转入生产使用的标志，也是项目管理的重要内容。工程项目竣工验收的主要作用是：

1）从整体上看，实行竣工验收制度，是国家全面考核工程项目决策、设计、施工及设备制造安装质量，总结项目建设经验，提高项目管理水平的重要环节。

2）从投资者和建设单位角度看，项目竣工验收是加强固定资产投资管理、促进项目达到设计能力和使用要求、提高项目运营效果的需要。

3）从承包者角度看，项目竣工验收是承包者对所承担的工程建造任务接受建设单位和国家主管部门的全面检查和认可，是承包者完成合同义务的标志。及时办理竣工移交手续，收取工程价款，有利于促进建筑企业健康发展，也有利于企业总结经验教训，提高项目管理水平。

4）从项目本身看，通过竣工验收，有利于项目及早投入使用、发挥效益，有利于发现和解决项目遗留问题，如“三废”治理未达标问题等。

因此，工程项目竣工验收是项目转入投产使用的必备程序，原国家计委颁布的《建设项目工程竣工验收办法》中规定：“已具备竣工验收条件的项目，3 个月内不办理验收投产和移交固定资产手续，取消企业和主管部门的基建试车分成，由银行监督全部上交财政。如 3 个月内办理竣工验收确有困难，经验收主管部门批准，可以适当延长期限。”

二、竣工验收的阶段划分

从统计意义上看，工程项目竣工验收可分为单位工程验收、单项工程验收和全部工程验收三大阶段。对规模较小、施工内容简单的工程项目，可以一次进行全部项目的竣工验收。

1. 单位工程（或专业工程）竣工验收

以单位工程或某专业工程内容为对象，独立签订建设工程施工合同的，达到竣工条件后，承包人单独进行交工，发包人根据竣工验收的依据和标准，按施工合同约定的工程内容组织竣工验收。承包商的施工达到竣工条件后，自己应首先进行预检验，修补有缺陷的工程部位，设备安装工程还应与业主和监理工程师共同进行无负荷的单机和联动试车。在完成了上述工作和准备好竣工资料后，即可向业主提交竣工验收报告。这种验收方式，在一些大型或群体工程中普遍存在，也符合国际惯例，它可以有效控制分部分项工程和单位工程的质量，保证建设工程项目系统目标的实现。

2. 单项工程竣工验收

建设项目中的某个单项工程已按施工图规定的工程内容全部竣工，能满足生产要求或具备使用条件，并符合其他竣工验收条件要求，可由业主组织施工单位、监理单位、设计单位及使用等有关部门共同进行验收。对于工业设备安装工程的竣工验收，则要根据设备技术规范说明书和单机试车方案，逐级进行设备的试运行。验收合格后应签署设备安装工程竣工验收报告。

单项工程验收对大型工程项目的建设有重要意义，特别是某些能独立发挥作用、产生效益的单项工程，验收合格后业主方可投入使用，因此应竣工一项验收一项，这样可以使工程项目及早发挥效益。

由业主组织的单项工程交工验收，主要是依据国家颁布的有关技术规范和施工承包合同，对以下几方面进行检查或检验。

1）检查、核实竣工项目准备移交给业主的所有技术资料的完整性、准确性。

2）按照设计文件和合同检查已完工程是否有漏项。

3）检查工程质量、隐蔽工程验收资料、关键部位的施工记录等，考查施工质量是否达到合同要求。

4）检查试车记录及试车中所发现的问题是否已得到改正。

5）在交工验收中发现需要返工、修补的工程，明确规定完成期限。

6）其他涉及的有关问题。

单项工程验收合格后，业主和承包商共同签署交工验收证书。然后由业主将有关技术资料，连同试车记录、试车报告和交工验收证书一并上报主管部门，经批准后该部分工程即可投入使用。验收合格的单项工程，在全部工程验收时，原则上不再办理验收手续。

3. 全部工程竣工验收

建设项目的验收是按设计规定全面建成，达到竣工验收条件，在单位工程、单项工程竣工验收的基础上，由项目主管单位或验收委员会组织验收的过程。一般情况下，大中型和限额以上项目由国家发改委或由其委托项目主管部门或地方政府部门组织验收委员会验收。小型和限额以下项目由项目主管部门组织验收委员会验收。验收委员会由建设单位、监理单位、施工单位、设计单位以及银行、物资、环保等单位组成。对已经交付竣工验收的单位工程或单项工程并已办理了移交手续的，不再重复进行竣工验收，但应将单位工程或单项工程竣工验收报告作为全部工程竣工验收的附件加以说明。

全部工程竣工验收的主要任务是：负责审查建设工程的各个环节验收情况；听取各有关单位的工作报告；审阅工程竣工档案资料；实地察验工程并对设计、施工、监理等方面工作和工程质量、试车情况等作综合全面评价。

全部工程竣工验收分为验收准备、预验收和正式验收三个阶段。各阶段的工作内容和程序见表 12-1。整个工程项目进行竣工验收后，业主应迅速办理固定资产交付使用手续。

表 12-1 全部工程竣工验收工作内容

工作阶段	职 责	工作内容
验收准备	业主组织施工、设计、监理单位共同进行	（1）核实建筑安装工程的完成情况，列出工程完成情况一览表 （2）提出财务决算分析 （3）检查工程质量，提出具体竣工时间 （4）整理汇总项目档案资料，绘制好工程竣工图 （5）编制固定资产构成分析表 （6）落实生产准备工作，提出试车检查的情况报告 （7）编写竣工验收报告
预验收	上级主管部门或业主会同施工、设计、监理及有关部门组成预验收组	（1）核实竣工项目档案资料的完整性，是否符合归档要求 （2）检查项目建设标准，评定质量 （3）检查财务账表是否齐全、真实，开支是否合理 （4）检查试车情况和生产准备情况 （5）督促返工、补做及收尾工程的完工。 （6）编写竣工预验收报告和移交生产准备情况报告 （7）预验收合格后，业主向主管部门提出正式验收报告
正式验收	由国家有关部门组成的验收委员会主持，业主及有关单位参加	（1）听取业主对项目建设的工作报告 （2）审查竣工项目移交生产使用的各种档案资料 （3）评审项目质量，鉴定工程设计的先进性和合理性 （4）审查试车规程，检查投产试车情况 （5）对遗留问题提出处理意见 （6）审查预验收鉴定报告，对项目动用的可靠性做出结论

三、竣工验收的范围、标准及依据

1. 验收工程范围

按照国家颁布的建设法规规定，凡新建、改扩建的建设项目和技术改造项目，按批准的设计文件所规定的内容建成，符合验收标准，即工业项目经过投料试车（带负荷运转）合格，形成生产能力的，非工业项目符合设计要求，能够正常使用的，都应及时组织验收，办理移交固定资产手续。对以下特殊情况，工程施工虽未全部按设计要求完成，也应进行验收。

1）因少数非主要设备或某些特殊材料短期内不能解决，虽然工程内容尚未全部完成，但已可投产或使用的工程项目。

2）按规定的内容已完建，但因外部条件的制约，如流动资金不足，生产所需原材料不能满足等，而使已建成工程不能投入使用的项目。

3）有些建设项目或单项工程，已形成部分生产能力或实际上生产单位已经使用，但近期内不能按原设计规模续建，应从实际情况出发经主管部门批准后，可缩小规模对已完成的工程和设备组织竣工验收，移交固定资产。

2. 竣工验收应达到的基本条件

按照国家规定，建设项目竣工验收、交付使用，应满足以下基本条件：

（1）设计文件和合同约定的各项施工内容已施工完毕　具体为：

1）民用建筑工程完工后，包括单体工程和群体工程，承包商按照施工及验收规范和质量验评标准进行自检，不合格品已自行返修或整改，达到验收标准。水、电、气、设备、智能化系统、电梯经过试验，符合使用要求。

2）生产性工程、辅助设施及生活设施，按合同约定全部施工完毕，主要工艺设备配套设施经联动负荷试车合格，形成生产能力，能够生产出设计文件所规定的产品。室内工程和室外工程全部完成，建筑物、构筑物周围2m以内的场地平整，障碍物已清除，给水排水、动力、照明、通信等系统畅通，达到竣工条件。

3）各种管道设备、电气、空调、仪表、通信等专业施工内容，已全部安装结束，已做完清洗、试压、吹扫、油漆、保温等，经过试运转，全部符合工业设备安装施工及验收规范和质量标准的要求。

4）其他专业工程按照合同约定和施工图规定的工程内容，全部施工完毕，已达到相关专业技术标准，质量验收合格，达到交工条件。

（2）有完整并经核定的工程竣工资料，符合验收规定　工程竣工资料的整理符合要求，移交归档的文件应符合《建设工程文件归档整理规范》（GB/T 50328—2014）的规定，分类组卷应符合自然形成规律，并按国家有关规定，将竣工档案资料装订成册，达到归档范围的要求。

（3）有勘察、设计、施工、监理等单位签署确认的工程质量合格文件　工程施工完毕，勘察、设计、施工、监理单位按照《建设工程质量管理条例》的规定，已按各自的质量责任和义务，签署了工程质量合格文件。

承包人按照合同要求，提交的全套竣工资料，应经专业监理工程师审查，确认无误后，由总监理工程师签署认可意见。

（4）有工程使用的主要建筑材料、构配件、设备进场的证明及试验报告　现场使用的主要建筑材料应有材质合格证，必须有符合国家标准、规范要求的抽样试验报告。对水泥、钢材等还应注明主要使用部位。混凝土预制构件、钢构件、铝塑门窗等应有生产单位的出厂合格证书，必要时，应附主要建筑材料的材质证明。混凝土、砂浆等施工试验报告，应按结构部位和楼层依次填写清楚，取样组数应符合施工及验收规范和设计规定。设备进场必须开箱检验，并有出厂质量合格证，检验完毕要如实做好各种进场设备的检查验收记录。

3. 工程竣工验收标准

由于工程建设是复杂的系统工程，涉及多部门、多行业、多专业，而各部门、各行业、各专业的要求又有所不同，质量验收标准很难以一概全。因此，对各类工程的检验和评定，都有相应的技术标准。对竣工验收而言，总的要求是必须依法办事，符合工程建设强制性标准、设计文件和施工合同的规定。建设工程管理规范对竣工验收的质量标准作了四条原则规定，具体内涵是：

（1）合同约定的工程质量标准　工程质量应达到协议书约定的质量标准，质量标准的评定以国家或行业的质量检验评定标准为依据。合同约定的质量标准具有强制性，规范了承发包双方的质量责任和义务，承包人必须确保工程质量达到验收标准，不合格不得交付验收和使用。

（2）单位工程竣工验收的合格标准　《建筑工程施工质量验收统一标准》（GB50300—2013）对单位工程质量验收合格规定是：单位工程所含分部工程的质量均应验收合格；质量控制资料应完整；单位工程所含分部工程有关安全和功能的检测资料应完整；主要功能项目的抽查结果应符合相关专业质量验收规范的规定；观感质量验收应符合要求。

其他专业工程的竣工验收标准，也必须符合各专业工程质量验收标准的规定。合格标准是工程验收的最低标准，不合格一律不允许交付使用。

（3）单项工程达到使用条件或满足生产要求　建设项目的某个单项工程已按设计要求完成，即每个单位工程都已竣工、相关的配套工程整体收尾已完成，能满足生产要求或具备使用条件，工程质量经验收合格，竣工资料整理符合规定，发包人可组织竣工验收。

（4）建设项目能满足建成投入使用或生产的各项要求　建设项目的全部单项工程均已完成，符合交付竣工验收的要求。在此基础上，项目能满足使用或生产要求并应达到的标准是：生产性工程和辅助公用设施，已按设计要求建成，能满足生产使用；主要设备及配套设施经试运行合格，形成生产能力，能产生设计文件规定的产品；必要的设施已按设计要求建设；生产准备工作能适应投产的需要；其他环保设施、安全卫生、消防系统已按设计要求与主体工程同时建成使用。

4. 竣工验收依据

建设工程的形成，是承包人依据若干技术、经济、管理文件，组织项目实施，最终达成的竣工成果。交付竣工验收是承包人完成承建工程后办理的交工手续。办理竣工验收手续应依据与该建设工程有关的文件，这些文件具有规定性和约束力。

（1）上级主管部门批准的各种文件、施工图及说明书　主要包括上级批准的设计任务书或可行性研究报告；用地、征地、拆迁文件；地质勘察报告；初步设计以及施工图及有关说明等。

（2）施工合同　工程竣工验收时，对照合同约定的主要内容，可以检查承包人和发包人的履约情况，有无违约责任。

（3）设备技术说明书　设备技术说明书是进行设备安装调试、检验、试车、验收和处理设备质量、技术等问题的重要依据。

（4）设计变更通知书　设计变更通知书是施工图补充和修改的记录。《建筑法》规定：“工程设计的修改由原设计单位负责。建筑施工企业不得擅自修改工程设计”。

（5）国家颁布的各种标准和规范　施工中要遵循的工程建设规范和标准很多，主要有施工及验收规范、工程质量检验评定标准等。对不按照强制性标准施工，质量达不到合格标准的，不得进行竣工验收。

（6）外资工程应依据我国有关规定提交竣工验收文件　国家规定，凡有引进技术和引进设备的建设项目，要做好引进技术和引进设备的图样、文件的收集、整理工作，无论通过何种渠道得到的与引进技术或引进设备有关的档案资料，均应交档案部门统一管理。

四、竣工验收程序

1. 验收前的准备

1）依据合同法律规定，施工单位应全面完成合同约定的工程施工任务，包括土建与设备安装、室内外装修、室外环境工程等，不留尾项。

2）依据城建档案归档有关法规，建设单位应当通知城建档案机构对有关工程建设的设计、施工过程中应归档的技术资料进行归档资料预验收。

3）依据建筑工程安全生产监督管理法规规定，施工单位应当通知建设工程安全监督站进行安全生产和文明施工方面的验收评价。

2. 交工验收

1）工程完工后，施工单位按照有关工程竣工验收和评定标准，全面检查所承建的工程质量后，自评工程质量等级，并准备好建筑工程竣工验收有关工程质量评定的统一文表，同时准备好所有的工程质量保证资料，填好工程质量保证资料备查明细表，向建设单位提交工程竣工报告，申请工程竣工验收。实际操作中为了统一、规范起见，一般制定统一的“工程竣工验收申请表”代替竣工验收申请报告或者以申请报告加“工程竣工验收申请表”的形式。

2）实施监理的工程，工程竣工报告、质量评定文件和工程质量保证资料检查表格须经总监理工程师签署意见。监理单位应准备完整的监理资料，并对该工程的质量进行评估，填写工程质量评估报告。

3）建设单位收到工程竣工报告后，对符合竣工验收要求的工程，组织勘察、设计、施工、监理等单位和其他有关方面的专家组成验收组，制定验收方案。

4）建设单位应当在工程竣工验收7个（有的地方为15个）工作日前将验收的时间、地点、验收组名单书面报送负责监督该工程的工程质量监督站，并向工程质量监督站填交“工程竣工验收条件审核表”。

5）工程质量监督机构对验收条件进行审核，符合验收条件的，可按原计划验收；不符合验收条件的，发出整改通知书，待整改完毕再进行验收。

6）建设单位组织工程竣工验收。其程序是：①召开验收会，建设、勘察、设计、施工、监理单位分别汇报工程合同履约情况和在工程建设各个环节执行法律、法规和工程建设强制性标准的情况；②审阅建设、勘察、设计、施工、监理单位的工程档案资料；③实地查验工程质量；④对工程勘察、设计、施工、设备安装质量和各个环节等方面做出全面评价，形成经验收组人员签署的工程竣工验收意见，载入“工程竣工验收报告”中；⑤参与工程竣工验收的建设、勘察、设计、施工、监理等各方不能形成一致意见时，应当协商提出解决办法。

7）工程质量监督机构应当在工程竣工验收后5日内，向备查机关提交“工程质量监督报告”。

8）移交竣工资料，办理工程移交手续。工程正式组织竣工验收，建设、设计、施工、监理和其他有关单位已在工程竣工验收报告上签认，工程竣工结算办完，承包人应与发包人办理工程移交手续，签署工程质量保修书。原施工合同中未包括工程质量保修书附件的，在移交竣工工程时，应按有关规定签署或补签工程质量保修书。

向发包人移交钥匙时，工程室内外应清洁干净，达到窗明、地净、灯亮、水通、排污畅通、动力系统可以使用。向发包人移交工程竣工资料，在规定的时间内，按工程竣工资料清单目录，进行逐项交接，办清交验签章手续。

撤出施工现场，恢复临时占用土地，解除施工现场管理责任。

3. 政府行政职能部门验收

政府行政职能主管部门验收主要包括城市规划、消防、人防、环保以及档案管理机构的验收。这些不同的职能主管部门验收的侧重点和业务管理范围不同，但他们的验收程序基本一样。

1）建设单位分别向有关各主管部门递交验收申请报告。

2）主管部门安排现场察看。主要是检查项目建成效果是否符合主管部门在项目报建进行审核时所确定的要求和建设标准。查验出不符合要求的地方，及时提出整改意见。

3）查验合格或整改合格者，由主管部门核发验收合格证明文件。

4. 项目主管部门正式验收

对大型或限额以上建设项目，还需要由国家有关部门组成的验收委员会主持，业主及有关单位参加，进行正式验收。听取业主对项目建设的工作报告，审查竣工预验收鉴定报告，签署“国家验收鉴定书”，对整个项目做出验收鉴定和对项目动用的可靠性做出结论。

5. 签署验收评价意见，进行验收备案

验收评价意见，是由建设单位组织参与工程勘察、设计、施工、监理单位在竣工验收会议上，对工程勘察、设计、施工、设备安装等各方面的管理和质量问题进行全面评价，经参与验收的各方专家签署后形成的验收文件。验收评价意见要写入工程竣工验收报告中，作为工程质量评价资料，向建设行政主管部门备案后在城建档案馆存档，长期保存，以备日后需要时作为分析责任的材料，以及建筑物使用、维修、改扩建时参考、查阅。

工程竣工验收程序如图 12-1 所示。

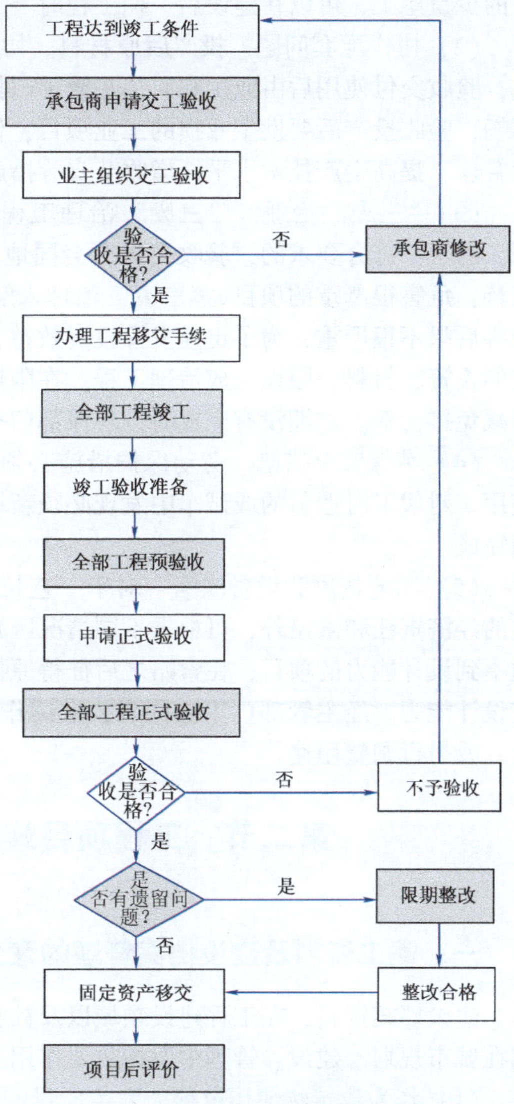

图 12-1 工程竣工验收程序

五、竣工验收中遗留问题的处理

建设项目在竣工验收时不可能什么问题都已解决，不留尾巴。因此，即使已达到竣工验收标准办理了验收和移交固定资产手续的投资项目，可能还存在某些影响生产和使用的遗留问题。

《建设项目（工程）竣工验收办法》规定，不合格的工程不予验收，对遗留问题提出具体解决意见，限期落实完成。常见的遗留问题主要有：

（1）遗留的尾工　属于承包合同范围内遗留的尾工，要求承包商在限定时间内扫尾完成。属于承包合同之外的工程少量尾工，业主可以一次或分期划给生产单位包干实施。基本建设的投资仍由银行监督结转使用，但从包干投资划归生产单位起，大中型项目即从计划中销号，不再列为大中型工程收尾项目。分期建设分期投产的工程项目，前一期工程验收时遗留的少量尾工，可以在建设后一期工程时一并组织实施。

（2）协作配套问题　投产后原材料、协作配套供应的物资等外部条件不落实或发生变化，验收交付使用后由业主和有关主管部门抓紧解决。由于产品成本高、价格低或产品销路不畅，验收投产后要发生亏损的工业项目，仍应按时组织验收。交付生产后，业主应抓好经营管理、提高生产技术水平、增收节支等措施解决亏损。

（3）“三废”治理　“三废”治理工程必须严格按照规定与主体工程同时建成交付使用。对于不符合要求的，验收委员会会同地方环保部门，根据“三废”危害程度予以区别对待：危害很严重的项目，“三废”治理未解决前不允许投料试车，否则要追究责任。如果危害后果不很严重，为了迅速发挥投资效益，可以同意办理固定资产移交手续，但要安排足够的投资、材料，限期完成治理工程。在限期内，环保部门根据具体情况，如果同意，可酌情减免排污费。逾期没有完成时，环保部门有权勒令停产或征收排污费。

（4）劳保安全措施　劳动保护措施必须严格按照规定与主体工程同时建成，同时交付使用。对竣工时遗留的或试车中发现必须新增的安全、卫生保护设施，要安排投资和材料限期完成。

（5）工艺技术和设备缺陷　对于工艺技术有问题、设备有缺陷的项目，除应追究有关方的经济责任和索赔外，可根据不同情况区别对待：经过投料试车考核，证明设备性能确实达不到设计能力的项目，在索赔之后征得原批准单位同意，可在验收中根据实际情况重新核定设计能力。经主管部门审查同意，继续作为投资项目调整、攻关，以期达到预期生产能力，或另行调整用途。

第二节　工程项目竣工资料移交与归档管理

一、竣工资料及建设档案管理的意义

建设档案资料，在工程建设领域以及社会经济建设中有着十分重要意义和使用价值，特别在城市规划、建设、管理中发挥重要作用。

（1）作为建筑物使用过程中发生质量问题的原因分析和核查资料的依据　建筑物在使用过程中，有可能暴露和发生质量事故。如果发生了工程质量事故，分析核查原因时，就需调用工程档案资料，分析查找质量原因。

（2）作为建筑物扩建、改建、翻修的依据　建筑物使用后很可能因发展需要扩建、改建、或者使用年久需要翻修，这时就要调用原建筑物的档案资料作为扩建、改建的参考依据。

（3）作为相邻以及周边建筑物整体规划建设时或者类似建筑物异地再建时的参考　位于重要地段的建筑物，当其相邻或者周边新建建筑物因城市景观需要整体协调时，或者区域内的道路、管线要作整体更新改造规划时，也需要用原建筑物的档案资料作参考。

一些有特殊功能、特殊造型、采用新技术新材料的建筑物异地拟再建时，经过一定批准手续，可以建筑档案资料作参考。

（4）城市建设事业整体评价、研究、统计的主要依据　为适应城市建设事业不断发展，需要对一段时期的新增建筑物进行整体评价，总结这段时期城市建设的经验教训，以指导今后的城市建设。这时，城市建筑物档案资料，就成为研究的主要对象。建设档案资料也是城市建设统计资料的来源。

（5）城市建设档案资料是城市经济发展的重要文献　重要地段、重要建筑物、具有纪念意义建筑物的建设档案资料，将和该建筑物一样，随着时代的推移，成为重要的历史文物。

因此，建设、勘察、设计、施工、监理等单位应将工程文件的形成和积累纳入工程建设管理的各个环节和有关人员的职责范围。对一项工程而言，建设文档管理有三方面含义：一是建设、勘察、设计、施工、监理等单位对本单位在工程建设过程中形成的文件的管理并向本单位档案管理机构移交；二是勘察、设计、施工、监理等单位将本单位在工程建设过程中形成的文件向建设单位档案管理机构移交；三是建设单位向当地城建档案馆移交符合规定的工程档案。这里主要介绍施工企业竣工资料管理和建设工程文件资料归档管理。

二、施工企业竣工资料的管理

1. 施工企业竣工资料管理基本要求

施工企业应建立健全竣工资料管理制度，制定行之有效的工程竣工资料形成、收集、整理、交接、立卷、归档的管理程序，实行科学收集、定向移交、统一归口、按时交接的原则，保证竣工资料完整、准确、系统和规范，便于存取和检索。

1）施工项目竣工资料的管理要在企业总工程师的领导下，由归口管理部门负责日常业务工作。相关的职能部门，如工程、技术、质量安全、试验、材料等部门要密切配合，督促、检查、指导各项目经理部工程竣工资料收集和整理的基础工作。

2）施工竣工资料的收集和整理，要在项目经理的领导下，由项目技术负责人牵头，安排内业技术员负责收集整理工作。施工现场的其他管理人员要按时交接资料，统一归口整理，保证竣工资料组卷的有效性。工作流程如图 12-2 所示。

3）施工项目实行总承包的，分包项目经理部负责收集、整理分包范围内工程竣工资料，交总包项目经理部汇总、整理。工程竣工验收时，由总包人向发包人移交完整、准确的工程竣工资料。

4）施工项目实行分别平行发包的，由各承包人项目经理部负责收集、整理所承包工程范围的工程竣工资料。工程竣工报验时，交发包人汇总、整理，或由发包人委托一个承包人

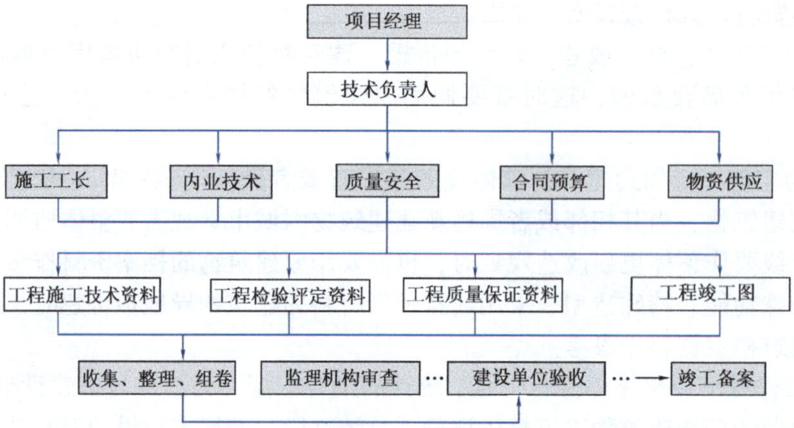

图 12-2 施工项目竣工资料工作流程

进行汇总、整理，竣工验收时进行移交。

5）为了加强对工程竣工资料的统一管理，确保施工项目顺利交工，工程竣工资料应随着施工进度进行及时整理，应按系统和专业分类组卷。实行建设监理的工程，还应具备取得监理机构签署认可的报审资料。

6）项目经理部在进行工程竣工资料的整理组卷排列时，应达到完整性、准确性、系统性的统一，做到字迹清晰、项目齐全、内容完整。各种资料表式一律按各行业、各部门、各地区规定的统一表格使用。

7）整理竣工资料的依据：一是国家有关法律法规、规范对工程档案和竣工资料的规定；二是现行建设工程施工及验收规范和质量标准对资料内容的要求；三是国家和地方档案管理部门和工程竣工备案部门对竣工资料移交的规定。

2. 施工项目竣工资料的内容分类

施工项目竣工资料主要由工程施工技术资料、工程质量保证资料、工程检验评定资料、竣工图以及其他资料构成。

（1）工程施工技术资料　这是工程项目施工全过程的真实记录，是施工各阶段产生的工程施工技术文件。工程施工技术资料的主要内容包括：①施工技术准备文件；②施工现场准备文件；③地基处理记录；④工程施工图变更记录；⑤施工记录；⑥设备、产品检查安装记录；⑦预检记录；⑧工程质量事故处理记录；⑨室外工程施工技术资料；⑩工程竣工文件。

（2）工程质量保证资料　这是施工过程中全面反映工程质量控制和保证的证明资料，诸如原材料、构配件、器具及设备等质量证明、出厂合格证明、进场材料复试试验报告、隐蔽工程检查记录、施工试验报告等。根据行业和专业的特点不同，依据施工及验收规范和质量检验标准不同，具体又分为土建工程、建筑给水排水及采暖工程、建筑电气安装工程、通风与空调工程、电梯安装工程、建筑智能化工程以及其他专业工程质量保证资料。

（3）工程检验评定资料　这是施工过程中按照国家现行工程质量检验标准，对分项工程、分部工程、单位工程逐级质量做出综合评定的资料。由于各专业特点不同，各类工程的检验评定均有相应的技术标准，工程检验评定资料的建立应按相关的技术标准办理。

工程检验评定资料的主要内容：①单位工程质量竣工验收记录；②分部工程质量验收记录；③分项工程质量验收记录；④检验批质量验收记录。

（4）竣工图 竣工图是工程施工完毕的实际成果和反映，是建设工程竣工验收的重要备案资料。竣工图的编制整理、审核盖章、交接验收应按国家对竣工图的要求办理。承包人应根据施工合同的约定，提交合格的竣工图。

（5）规定的其他应交资料 包括：①建设工程施工合同；②施工图预算、竣工结算；③工程施工项目经理部及负责人名单；④凡有引进技术或引进设备的项目，要做好引进技术和引进设备的图样、文件的收集和整理；⑤地方行政法规、技术标准已有规定和施工合同约定的其他应交资料，均应作竣工资料汇总移交；⑥工程质量保修书；⑦施工项目管理总结等。

3. 竣工图整理组卷的具体要求

（1）竣工图编制的有关规定 竣工图是工程竣工验收后，真实反映工程项目施工结果的图样。竣工图真实、准确、完整地记录了各种地下和地上建筑物、构筑物等详细情况，是工程竣工验收、投产或交付使用后进行维修、扩建、改建的依据，是生产使用单位必须长期妥善保存和进行竣工备案的重要工程档案资料。对竣工图的编制、整理、审核、交接、验收必须符合国家规定，施工单位不按时提交合格竣工图的，不算完成施工任务，并应承担责任。

对编制竣工图所需的费用，按下列办法处理：①因设计失误造成变更较大，施工图不能代用或利用的，由设计单位绘制竣工图，并承担其费用；②因建设单位或主管部门要求变更设计，需要重新绘制竣工图时，由建设单位绘制或委托设计单位绘制，其费用由建设单位在基建投资中解决；③其他情况则由施工单位负责编制竣工图，所需费用由施工单位自行解决。

（2）竣工图编制的基本要求 具体为：

1）施工图没有变更、变动的，可由承包人在原施工图上加盖“竣工图”章标志，即作为竣工图。在施工中，虽有一般设计变更，但能将原施工图加以修改补充作为竣工图的，可不再重新绘制，由承包人负责在原施工图（但必须是新蓝图）上注明修改的部分，并附设计变更通知单和施工说明，加盖“竣工图”章标志后，即可作为竣工图。

2）施工发生结构形式改变、工艺改变、平面布置改变、项目改变以及其他重大的改变，不宜在原施工图上修改、补充的，应重新绘制改变后的竣工图。由于设计原因造成的，由设计人负责重新绘制；由于施工原因造成的，由承包人重新绘制；由于其他原因造成的，由发包人（或监理人）自行绘制或委托设计人绘制，承包人在新图上加盖“竣工图”章标志，并附上相关记录和说明作为竣工图。重大的改建、扩建工程涉及原有工程项目变更时，应将相关项目的竣工图资料统一整理归档，并在原案卷内增补必要的说明。

3）各种建设工程隐蔽部位都应绘制竣工图。在施工中应做好隐蔽工程检查验收记录，整理好设计变更文件，确保竣工图的编制质量。在编制竣工图前，对工程的全部变更文件应逐一进行审查核对，并分别盖上“已执行”或“未执行”章。

4）竣工图必须与实际情况和竣工资料相符，要保证图样质量，做到规格统一，图面整洁、字迹清楚，不得用圆珠笔或其他易褪色的墨水绘制，并要经项目技术负责人审核签认。按照现行规定，竣工图还要提交监理人审查签认，作为竣工资料备案方为有效。竣工图的编制一般不得少于两套，有特殊要求的，可另增加一套，并按规定的初步验收和竣工验收程序移交，作为工程档案长期保存。

4. 施工项目竣工资料的移交验收

承包人应从施工准备开始就建立起工程档案，收集、整理有关资料，把这项工作贯穿到施工全过程直到交付竣工验收为止。凡是列入归档范围的竣工资料，都必须按规定的竣工验收程序、建设工程文件归档整理规范和工程档案验收办法进行正式审定。承包人在工程承包范围内的竣工资料应按分类组卷的要求移交发包人，发包人则按照竣工备案制的规定，汇总整理全部竣工资料，向档案主管部门移交备案。施工项目竣工资料的交接程序如下：

1）总包人必须对竣工资料的质量负全面责任，对各分包人做到“开工前有交底，施工中有检查，竣工时有预验”，确保竣工资料达到一次交验合格。

2）总包人根据总分包合同的约定，负责对分包人的竣工资料进行中检和预验，有整改的待整改完成后，进行整理汇总一并移交发包人。

3）承包人根据建设工程施工合同的约定，在建设工程竣工验收后，按规定和约定的时间，将全部应移交的竣工资料交给发包人，并要符合城建档案管理的要求。

4）根据竣工资料移交验收办法，建设工程发包人应组织有关单位的项目负责人、技术负责人对资料的质量进行检查，验证手续应完备，应移交的资料不齐全的，不得进行验收。

三、建设工程文件资料归档管理

1. 工程文档资料管理基本规定

（1）建设单位在工程文档管理工作中应履行的职责　主要有：

1）在工程招标以及与勘察、设计、施工、监理等单位签订合同时，应对工程文件的套数、费用、质量、移交时间等提出明确要求。

2）收集和整理工程准备阶段、竣工验收阶段形成的文件，并应进行立卷归档。

3）负责监督和检查勘察、设计、施工、监理等单位的工程文件的形成、积累和立卷归档工作。

4）收集汇总勘察、设计、施工、监理等单位立卷归档的工程档案。

5）在组织工程竣工验收前，应提请当地的城建档案管理机构对工程档案进行预验收；未取得工程档案验收认可文件，不得组织工程竣工验收。

6）对列入城建档案馆接收范围的工程，工程竣工验收后3个月内，向当地城建档案馆移交一套符合规定的工程档案。

（2）勘察、设计、施工、监理等单位在工程文件档案管理工作中应履行的职责　主要有：

1）勘察、设计、施工、监理等单位应将本单位形成的工程文件立卷后向建设单位移交。

2）工程项目实行总承包的，总包单位负责收集汇总各分包单位形成的工程档案，并应及时向建设单位移交；各分包单位应将本单位形成的工程文件整理立卷后及时移交总包单位。工程项目由几个单位承包的，各承包单位负责整理、立卷其承包项目的工程文件，并应及时向建设单位移交。

（3）城建档案管理机构在工程文件档案管理工作中应履行的职责　主要有：

1）应对工程文件的立卷归档工作进行监督、检查、指导。在工程竣工验收前，应对工程档案进行预验收，验收合格后，须出具工程档案认可文件。

2）在工程竣工验收后，应督促建设单位及时移交工程档案资料，并进行妥善保管。

2. 工程文件的归档范围及质量要求

（1）工程文件的归档范围及保管期限　对与工程建设有关的重要活动、记载工程建设主要过程和现状、具有保存价值的各种载体的文件，均应收集齐全，整理立卷后归档。

工程文件的保管期限分为永久、长期、短期三种期限。永久是指工程档案需永久保存；长期是指工程档案的保存期限等于该工程的使用寿命；短期是指工程档案保存20年以下。同一案卷内有不同保管期限的文件，该案卷保管期限应从长。

（2）归档文件的保管密级　密级分为绝密、机密、秘密三种。同一卷内有不同密级的文件，应以高密级为本卷密级。

（3）归档文件的质量要求　具体为：

1）归档的工程文件应为原件。

2）工程文件的内容及其深度必须符合国家有关工程勘察、设计、施工、监理等方面的技术规范、标准和规程。

3）工程文件应采用耐久性强的书写材料，如碳素墨水、蓝黑墨水，不得使用易褪色的书写材料，如红色墨水、纯蓝墨水、圆珠笔、复写纸、铅笔等。

4）工程文件应字迹清楚，图样清晰，图表整洁，签字盖章手续完备。

5）工程文件中文字材料幅面尺寸规格宜为A4幅面，图纸宜采用国家标准图幅。

6）工程文件的纸张应采用能够长期保存的韧力大、耐久性强的纸张。图纸一般采用蓝晒图，竣工图应是新蓝图。计算机出图必须清晰，不得使用计算机出图的复印件。

7）所有竣工图均应加盖竣工图章。

8）利用施工图改绘竣工图，必须标明变更修改依据；凡施工图结构、工艺、平面布置等有重大改变，或变更部分超过图面1/3的，应当重新绘制竣工图。

3. 工程文件的立卷

立卷指按照一定的原则和方法，将有保存价值的文件分门别类的整理成案卷，亦称组卷。

（1）立卷的原则和方法　立卷应遵循工程文件的形成规律，保持卷内文件的有机联系，便于保管和利用。一个建设工程由多个单位工程组成时，工程文件应按单位工程组卷。

工程文件可按建设程序划分为工程准备阶段文件、监理文件、施工文件、竣工图、竣工验收文件五部分。工程准备阶段文件可按建设程序、专业、形成单位等组卷；监理文件、施工文件可按单位工程、分部工程等组卷；竣工验收文件和竣工图可按单位工程、专业等组卷。

（2）卷内文件的排列　通常为：

1）文字材料按事项、专业顺序排列。同一事项的请示与批复、同一文件的印本与定稿、主体与附件不能分开，并按批复在前、请示在后，印本在前、定稿在后，主体在前、附件在后的顺序排列。

2）竣工图按专业排列，同专业图按图号顺序排列。

3）既有文字材料又有图的案卷，文字材料排前，图排后。

（3）文件的编制单位　工程准备阶段文件和竣工验收文件的编制单位一般为建设单位；

勘察、设计文件的编制单位一般为工程的勘察、设计单位；监理文件的编制单位一般为监理单位；施工文件的编制单位一般为施工单位。

4. 工程文件的归档

工程文件的归档应符合下列规定：

1）归档文件必须完整、准确、系统，能够反映工程建设活动的全过程。

2）归档的文件必须经过分类整理，并应组成符合要求的案卷。

3）根据建设程序和工程特点，归档可以分阶段进行，也可以在单位或分部工程通过竣工验收后进行。

4）勘察、设计单位应当在勘察设计任务完成时，施工、监理单位应当在工程竣工验收前，将各自形成的有关工程档案向建设单位移交归档。

5）勘察、设计、施工单位在收齐工程文件并整理立卷后，建设单位、监理单位应根据城建管理机构的要求对档案文件完整、准确、系统情况和案卷质量进行审查，审查合格后向城建管理机构移交。

6）工程档案一般不少于两套，一套由建设单位保管，一套（原件）移交当地城建档案馆。

7）勘察、设计、施工、监理等单位向建设单位移交档案时，应编制移交清单，双方签字，盖章后方可交接。

8）凡设计、施工及监理单位需要向本单位归档的文件，应按国家有关规定的要求单独立卷归档。

5. 工程档案的验收与移交

城建档案管理机构负责对工程档案进行验收。列入城建档案馆档案接收范围的工程，建设单位在组织工程竣工验收前，应提请城建档案管理机构对工程档案进行预验收，建设单位未取得城建档案管理机构出具的认可文件，不得组织工程竣工验收。建设单位在工程竣工验收后3个月内，必须向城建档案馆移交一套符合规定的工程档案。

停建、缓建建设工程的档案，暂由建设单位保管。对改扩建和维修工程，建设单位应组织设计、施工单位据实修改补充和完善原工程档案。对改变的部位，应重新编制工程档案，并在工程验收后3个月内向城建档案馆移交。

建设单位向城建档案馆移交工程档案时，应办理移交手续，填写移交目录，双方签字、盖章后交接。

第三节　工程验收报告与竣工验收备案制度

一、施工单位的工程验收报告

承包人确认工程竣工，具备竣工验收条件，并经监理单位认可签署意见后，向发包人提交“工程竣工报验单”，发包人收到“工程竣工报验单”后，应在约定的时间和地点，组织有关单位进行竣工验收。工程竣工报验单也称工程验收报告，它与建设单位的竣工验收报告是两个不同的概念，工程验收报告是承包人申请交工验收的文件，竣工验收报告是工程验收合格后，发包人向建设行政主管部门提交备案的文件。

工程竣工报验的方法和要求如下：

1）该工程已完成设计和施工合同约定的各项内容，工程质量符合有关法律、法规和工程建设强制性标准的规定。

2）分包与总包项目经理部应在竣工验收准备阶段完成各项竣工条件的自检工作，报所在企业复检。

3）工程竣工报告内容按要求填写，自检意见应表述明确，项目经理、企业技术负责人、企业法定代表人应签字，并加盖企业公章。

4）“工程竣工报验单”的附件应齐全，以证明工程已按合同约定完成并符合竣工验收要求。

5）总监理工程师组织专业监理工程师对承包人报送的竣工资料进行审查，并对工程质量进行竣工验收。对存在的问题应要求承包人所在项目经理部及时进行整改。整改完毕，总监理工程师应签署工程竣工报验单，提出工程质量评估报告。工程竣工报验单未经总监理工程师签字，不得进行竣工验收。

6）承包人根据工程监理机构签署认可的工程竣工报验单和质量评估结论，向发包人递交竣工验收通知，具体约定工程交付竣工验收的时间、会议地点和有关安排。

二、建设单位的竣工验收报告

工程竣工验收报告是建设单位在工程竣工验收后15日内向建设行政主管部门提交备案的主要材料之一，是建设行政主管部门对建设工程直接监督管理的重要手段，也是建设单位对工程竣工验收质量的认可和接受。

工程竣工验收报告主要包括：

1）工程概况。包括工程名称、地址、建筑面积、层数、设备台件、开工日期、竣工验收日期；建设、勘察、设计、施工、监理和质量监督单位名称；完成设计文件和合同约定工程内容的情况，包括工程量、设备试运行等内容。

2）工程竣工验收时间、程序、内容和竣工验收组织形式。

3）质量验收情况。包括建筑工程质量、给水排水与采暖工程质量、建筑电气安装工程质量、通风与空调工程质量、电梯安装工程质量、建筑智能化工程质量、工程竣工资料审查结论和其他专业工程质量等。

4）竣工验收采用的程序。或按工程规模大小划分，或按工程项目竣工先后组织，或按施工合同约定的程序进行。

5）建设单位执行基本建设程序情况。

6）对工程勘察、设计、施工、监理等方面的评价。

7）工程竣工验收意见等内容。

8）签名盖章确认。

工程竣工验收报告内容要全面，情况要准确，文字要简练，观点要鲜明，数据要正确。工程竣工验收报告还应附有下列文件：①施工许可证；②施工图设计文件审查意见；③施工单位工程质量评估报告；④监理单位工程质量评估报告；⑤设计单位的设计变更通知书及有关质量检查单；⑥城市规划、消防监督、人防管理、环境保护等政府主管部门验收合格的证明文件；⑦验收组人员签署的工程竣工验收意见；⑧市政基础设施工程应附有质量检测和功能性试验资料；⑨施工单位签署的工程质量保修书；⑩法规、规章规定的其他有关文件。

三、工程竣工验收备案制度

建设单位应当自工程竣工验收合格之日起15日内，向工程所在地的县级以上地方人民政府建设行政主管部门备案。备案是向主管机关报告情况，挂号登记，存案备查。

工程竣工验收备案制度是建设行政主管部门对建设工程实施监督的最后一项手续。建设行政主管部门在接收备案阶段，对工程的竣工验收，还要进行最后核查。

1. 工程竣工备案文件组成

工程竣工备案文件包括：工程竣工验收备案表；工程竣工验收报告；法律、行政法规规定应当由规划、环保等部门出具的认可文件或者准许使用文件；法律规定应当由公安消防部门出具的对大型人员密集场所和其他特殊建设工程验收合格的证明文件；施工单位签署的工程质量保修书；法规、规章规定必须提供的其他文件。住宅工程还应当提交“住宅质量保证书”和“住宅使用说明书”。

2. 备案机关对竣工验收的监管责任

备案机关收到建设单位报送的竣工验收备案文件，验证文件齐全后，应当在工程竣工验收备案表上签署文件收讫。备案机关发现建设单位在竣工验收过程中有违反国家有关建设工程质量管理规定行为的，应当在收讫竣工验收备案文件15日内，责令停止使用，重新组织竣工验收。在工程竣工验收合格之日起15日内未办理工程竣工验收备案的，备案机关责令限期改正，处20万元以上50万元以下罚款。备案机关决定重新组织竣工验收的工程，在重新组织竣工验收前，擅自使用的，备案机关将责令停止使用，处工程合同价款的2%以上4%以下罚款。建设单位采用虚假证明文件办理工程竣工验收备案的，工程竣工验收无效，备案机关责令停止使用，重新组织竣工验收，处20万元上50万元以下罚款；构成犯罪的，依法追究刑事责任。备案机关决定重新组织竣工验收并责令停止使用的工程，建设单位在备案之前已投入使用或者建设单位擅自继续使用造成使用人损失的，由建设单位依法承担赔偿责任。若建设单位竣工验收备案文件齐全，备案机关不办理备案手续的，由有关机关责令改正，对直接责任人员给予行政处分。

第四节 项目生产准备与试运行阶段的管理

一、项目试车

项目试车分交工前试车和竣工验收试车。

1. 交工前试车

交工前试车主要检验设备安装施工是否达到合同要求，以及能否发挥预期的设计能力。分单机无负荷试车和联动无负荷试车两个阶段进行。

（1）单机试车　设备安装工程具备单机无负荷试车条件时由施工单位组织试车，并在试车48h前通知业主代表，通知包括试车内容、时间、地点。施工单位准备试车记录，业主为试车提供必要条件。试车费用已包括在合同价款之内，由施工单位承担。试车通过，双方在记录上签字。

（2）联动试车　设备安装工程具备联动无负荷试车条件，由业主组织试车，并在试车48h前通知对方。通知包括试车内容、时间、地点和对施工单位应做准备工做的要求。施工单位按要求做好准备工作和试车记录。试车通过，双方在记录上签字后方可进行竣工验收。

试车费用除已包括在合同价款之内或合同内另有约定外，均由业主承担。业主代表对试车中发现的问题未在合同规定时间内提出修改意见，或试车合格而不在试车记录上签字，试车结束24h后记录自行生效，施工单位可继续施工或办理交工移交手续。试车不合格的责任划分见表12-2。

表12-2　试车达不到验收要求的责任划分

<table>
<tr><th colspan="2">事故原因</th><th>业主权利和义务</th><th>承包商权利和义务</th></tr>
<tr><td colspan="2">设计原因</td><td>（1）业主组织修改设计
（2）承担修改设计及重新安装的费用
（3）给承包商顺延合同工期</td><td>按修改后的设计重新安装</td></tr>
<tr><td colspan="2">施工原因</td><td>试车后24h内提出修改意见</td><td>（1）修改后重新试车
（2）承担修改和重新试车的费用
（3）合同工期不得顺延</td></tr>
<tr><td rowspan="2">设备制造原因</td><td>业主采购的设备</td><td>（1）负责重新购置或修理
（2）承担拆除、重新购置、安装的费用
（3）给承包商顺延合同工期</td><td>负责拆除和重新安装</td></tr>
<tr><td>承包商采购的设备</td><td>试车后24h内指示承包商修理或重新购置设备</td><td>（1）负责拆除、重新购置、安装，并承担相应费用
（2）合同工期不得顺延</td></tr>
</table>

2. 竣工验收试车

单机试车和联动试车暴露的问题予以解决后，已完工的设备安装工程即移交给业主管理和使用。业主在使用过程中又分为投料试车和试产考核两个阶段。

（1）投料试车　投料试车应严格按照操作手册和安全规程等要求进行，不得逾越程序。为了使投料试车阶段顺利进行，一般在各个试车步骤之前安排一段停车整修时间，以解决试车中暴露出的设备、材料、设计和施工等留下的隐患和问题，确保下一阶段试车的顺利进行。

（2）试产考核　完成投料试车、生产出合格产品并能稳定操作之后，才可进入试产考核阶段。考核的最终成果，是对照设计规定的工艺指标、消耗指标、生产能力、产品质量和经济效益指标，看其是否能够达到设计规定的保证值指标范围。

二、项目的投产准备

项目投产准备工作应与施工同时进行，并在竣工前完成投产的全部准备工作。

1. 组建投产准备管理机构

工程项目施工阶段，业主就应组建投产准备管理机构，由其负责投产的准备工作，以及投产后的运行管理。施工期间的投产准备工作内容较为单一，机构设置和人员配备不要过于复杂，但应兼顾正式投产运营后的组织管理模式和职责分工的衔接关系。依据项目的特点、生产规模、科学的管理理论等设置组织机构。

2. 编制投产准备计划

投产准备管理机构建立后，首先要抓紧编制投产准备计划。计划内容应包括生产准备工作的全部内容，如生产机构的设置，人员培训，技术准备，物资准备，外部条件的落实，各项管理制度的制定，试运行、试生产分年度进度的安排，以及完成这些任务的责任者，做到职责明确，相互协调地完成生产准备工作。

3. 生产人员的配备和培训

（1）企业定员编制　企业定员的编制一般在该项目的设计文件中已有规定，是根据项目规模及所采用的工艺流程等确定的。由于项目性质和特点不同，所以定员编制的方法也不一样。

（2）人员培训　为满足现代化项目投产的需要，在项目投产前应有计划地完成职工上岗前的培训工作。对人员的培训大致可分为三种形式。

1）到同类型的先进生产企业进行对口岗位培训。培训对象主要是准备上岗的新工人。

2）进行专题培训。如数控机床使用、自动控制仪表操作等，引进国外技术的项目根据需要可送职工到国外去培训。

3）组织技术工人参加设备安装调试。在安装调试过程中了解和熟悉设备、仪表等的作用和性能，掌握设备状况，这对今后的生产操作和维护十分有利。

4. 生产技术准备

项目正式投产前的技术准备工作，主要包括：

1）参与设计审查。生产技术人员应重点参加工艺设计的审查工作，全面了解工艺和主要设备选型方面的要求。

2）生产工艺准备。根据生产工艺的特点和技术要求，制定各种原材料、半成品、成品、工器具的技术标准。

3）建立健全技术管理制度。

5. 物资准备

为了满足试运行和投产初期的需要，必须在建厂前确定大宗原料、燃料、材料的供货来源。在建设后期应根据物资的数量和规格分期分批组织进货，为投产试运行做好物质准备。

6. 外部协作条件的准备

在项目竣工验收前，项目所需水、电、气、通信、交通运输等外部协作条件必须根据生产需要，并结合建设进度逐项落实。投入试运行前，应与协作单位签订正式合同，明确供应时间、数量、质量要求及其他有关事宜。

7. 生产经营管理准备

新建工程项目能否尽快达到设计能力，更好地发挥投资效果，投产后的经营管理起着重要的作用。在投产准备工作中，就应结合项目特点建立起一整套生产、供应、销售、检查和考核制度，统计制度，劳动、成本、质量管理制度，经济核算和财务管理制度，以及企业内部各级各类的责任制度等。

三、项目试运行阶段的管理

1. 工程保修期内的管理工作

虽然建筑产品在施工过程及竣工时已进行了质量检验，但这些检验基本上都是在没有承受荷载的静态条件下进行的，在运行条件下项目的施工质量是否最终达到了设计标准，需要设置项目保修期加以检验。建设项目竣工验收后，虽然通过了交工前的各种检验，但仍可能存在质量问题或隐患，直到使用过程中才能逐步暴露出来。如建筑工程的屋面是否漏雨，建筑物的基础是否产生超过规定的不均匀沉降等，均需要在使用过程中检查和观测。实行建设项目保修制度，是检验在正常运行条件下项目的施工质量是否达到了设计标准的必要途径。

（1）建设单位在工程保修期内的管理工作　主要是：

1）严格按操作程序使用工程。在工程投入试运行前，业主应按照设计文件中的工程使用说明制定出操作运行规章制度，并严格执行，避免出现危害工程质量和安全的操作事故。如水库工程在试运行期内，要充分考虑到坝体承受水荷载后因不均匀沉降导致的应力变化，必须按操作程序分阶段控制水库的蓄水高程。

2）照管好试运行工程。保修期内照管好工程是业主的责任，不仅要正确地使用工程并防止任何外部因素对工程造成的损害，而且要承担正常运行过程中的维护和修理责任。如供水渠道的正常清淤工作，超过设计流速运行而导致的水毁工程部位修复工作等。只有在正常运行条件下能证明确属于施工质量的缺陷，承包方才承担责任。

3）试运行期间的质量监督检查工作。试运行期间业主应全面监督检查工程的运行状况，发现工程质量缺陷，及时通知承包商修复，并监督承包商的修复工作。

（2）施工单位在工程保修期内的管理工作　按照《建设工程质量管理条例》等的有关规定，在合同双方办理了工程竣工移交手续后，对已完成工程的照管责任就从承包方转移给业主。但这一转移并不意味已经解除了承包商对工程施工应承担的质量责任，只有当保修期满，工程在试运行条件下检验证明完全达到了合同约定的设计标准，才能最终解除其应承担的质量责任。因此，施工单位对竣工移交的项目在保修期内有回访和保修缺陷部位的义务。施工单位在向业主提交竣工验收报告时，应向业主出具质量保修书，质量保修书中应当明确工程保修范围、保修期限和保修责任等。

2. 工程保修期限与保证金

（1）工程保修期限　按照《建设工程质量管理条例》规定，在正常使用条件下，工程最低保修期限规定如下：

1）基础设施工程、房屋建筑的地基基础工程和主体结构工程，为设计文件规定的该工程的合理使用年限。

2）屋面防水工程、有防水要求的卫生间、房间和外墙面的防渗漏，为5年。

3）供热与供冷系统，为2个采暖期、供冷期。

4）电气管线、给水排水管道、设备安装和装修工程，为2年。

5）其他项目的保修期限由发包方和承包方约定。

建设工程在超过合理使用年限后仍需要继续使用的，产权所有人应当委托具有相应资质等级的勘察、设计单位鉴定，并根据鉴定结果采取加固、维修等措施，重新界定使用期。

依据《建设工程施工合同（示范文本）》（GF－2013－0201）的规定，保修期（缺陷责任期）自实际竣工日期起计算，合同当事人应在专用合同条款约定其具体期限，但该期限最长不超过24个月。分单项验收的工程，按单项工程分别计算保修期。

（2）工程质量保证金 为了体现施工单位对试投产期间的工程质量仍负有责任，国家有关法规规定采用质量保证金作为保障措施。在办理竣工结算时，业主应将不超过合同工程款总价的5%留作质量保证金，并以专门账户存入银行。工程保修期满后14天内，双方办理质量保证金结算手续，由业主出具证明，通过银行将剩余保证金和按合同内约定的利率计算的利息一起拨付给承包单位，不足部分由承包单位交付。如果合同内约定承包单位向业主提交履约保函或有其他保证形式时，可不再扣留质量保证金。

3. 保修期内工程缺陷部位修复的经济责任和维修程序

（1）工程缺陷部位的维修程序 具体为：

1）保修期内工程在试运行条件下发现质量缺陷时，业主应及时向承建单位发出工程质量返修通知书，说明发现的质量问题和工程部位。

2）不论工程保修期内出现质量缺陷的原因属于哪一方责任，承建单位均负有修复工程缺陷的义务，在接到工程质量返修通知书后两周内，应派人到达现场与业主共同确定返修内容，尽快进行修理。

3）承建单位在收到返修通知书后两周内未能派人到现场修理，业主应再次发出通知，若在接到第二次通知书后一周内仍不能到达时，业主有权在不提高工程标准的前提下，自行修理或委托其他单位修理，修理费用由质量缺陷的责任方承担。如果工程缺陷原因属于承包商责任，在修复工作结束后，业主应书面将返修的项目、返修工程量和费用清单通知承建单位。承建单位由于未能派人到场，对所发生的费用不得提出异议，该项费用业主在保修金内扣除，不足部分由承建单位进一步支付。

4）承建单位派人到现场后，与业主共同查找质量缺陷原因，确定修复方案。如果修复工作需要部分或全部停产时，双方还应约定返修的期限。

5）承建单位修复缺陷工程时，业主应给予配合，提供必要的方便条件，包括部分或全部停止试运行。

6）缺陷工程修复所需的材料、构配件，由承担修建任务的单位解决，既可能是原承建单位，也可能是业主委托的其他施工单位。

7）返修项目的质量验收，以国家规范、标准和原设计要求为准。

8）返修工程质量验收合格后，业主应出具返修合格证明书，或在工程质量返修通知书内的相应栏目，填写对返修结果的意见。

（2）工程缺陷部位维修的经济责任 具体是：

1）施工承包单位未按国家有关规范、标准和设计要求施工，造成的质量缺陷，由施工承包单位负责返修并承担经济责任。

2）由于设计方面造成的质量缺陷，由设计单位承担经济责任，由施工承包单位负责维修，其费用按有关规定通过业主单位向设计单位索赔，不足部分由业主单位负责。

3）因建筑材料、构配件和设备质量不合格引起的质量缺陷，属于施工承包单位采购的或经其验收同意的，由施工承包单位承担经济责任；属于业主单位采购的，由业主单位承担经济责任。

4）因使用单位使用不当造成的质量缺陷，由使用单位自行负责。

5）因地震、洪水、台风等不可抗拒原因造成的质量问题，施工承包单位、设计单位不承担经济责任。

4. 项目的回访

保修制度要求，在项目保修期内，施工单位应对竣工移交的工程进行回访。通过回访，可以听取和了解使用单位对工程施工质量的评价和改进意见，及时发现问题，及时解决，维护自己的信誉，不断提高自己的管理水平。

（1）回访的方式和次数　回访的次数，一般工程在保修期内至少回访一次；大中型项目、重点项目、有质量问题隐患的项目，应派常驻代表观察质量变化情况，听取使用单位意见。回访的方式一般有：

1）季节性回访。大多数是雨季回访屋面、墙面的防水情况，冬期回访锅炉房及采暖系统的情况。如发现问题，采取有效措施，及时加以解决。

2）技术性的回访。主要了解在工程施工过程中所采用的新材料、新技术、新工艺、新设备等的技术性能和使用后的效果，发现问题及时加以补救和解决。同时，也便于总结经验，获取科学依据，不断改进与完善，并为进一步推广创造条件。这种回访既可定期进行，也可以不定期进行。

3）保修期届满前的回访。这种回访一般是在保修即将届满之前，既可以解决出现的问题，又标志着保修期即将结束，使业主单位注意建筑物的维修和使用。

（2）回访的方法　回访的方法可以采用书信、面谈、实测等多种手段，可视工程规模大小和问题多少而定。主要采用座谈会和实测手段，一般由业主单位组织座谈会，施工单位的领导组织生产、技术、质量等有关方面的人员参加，并察看建筑物和设备的运转情况等。回访必须认真，必须解决问题，并应写出回访纪要。

复习题

1. 工程项目竣工验收的程序是什么？
2. 试述工程项目文件资料的归档管理。
3. 工程项目竣工验收备案文件由哪些组成？
4. 简述工程项目试运行阶段的管理。

参考文献

[1] 丛培经．工程项目管理［M］．北京：中国建筑工业出版社，2003.

[2] 成虎，肖静，虞华．工程项目管理［M］．2 版．北京：高等教育出版社，2013.

[3] 柴晓东，刘国胜．工程建设违法违纪行为认定与处理全书［M］．北京：中国人民公安大学出版社，1999.

[4] 李世蓉，邓铁军．工程建设项目管理［M］．武汉：武汉理工大学出版社，2002.

[5] 《中国工程项目管理知识体系》编委会．中国工程项目管理知识体系［M］．北京：中国建筑工业出版社，2003.

[6] 黄永彦，杨生茂．建设项目管理实用手册［M］．北京：中国计划出版社，1993.

[7] 彭圣浩．建筑施工组织设计实例手册［M］．北京：中国建筑工业出版社，2001.

[8] 安学锋．现代工业企业管理学［M］．北京：经济管理出版社，2002.

[9] 李建伟，徐伟．土木工程项目管理［M］．上海：同济大学出版社，2002.

[10] 闫文周．工程项目管理实务手册［M］．北京：中国建筑工业出版社，2001.

[11] 雷宏刚．钢结构事故分析与处理［M］．北京：中国建材工业出版社，2003.

[12] 吴涛．建设工程项目管理规范实施手册［M］．北京：中国建筑工业出版社，2002.

[13] 王洪．建设项目管理［M］．北京：机械工业出版社，2004.

[14] 刘伊生．建设工程项目管理理论与实务［M］．北京：中国建筑工业出版社，2011.